Reichsstadt im Religionskonflikt

Studien zur Reichsstadtgeschichte

Band 4

Herausgegeben vom Mühlhäuser Arbeitskreis für Reichsstadtgeschichte
und der Friedrich-Christian-Lesser-Stiftung, Nordhausen

Reichsstadt im Religionskonflikt

4. Tagung des Mühlhäuser Arbeitskreises für Reichsstadtgeschichte
Mühlhausen 8. bis 10. Februar 2016

Herausgegeben von Thomas Lau und Helge Wittmann

MICHAEL IMHOF VERLAG
Petersberg 2017

Umschlagabbildung: Im Ring, Verkündigung und Narrengerichtsbarkeit. Detail aus: Werner Tübke (1929–2004), Frühbürgerliche Revolution in Deutschland (1983–87), Panorama Museum Bad Frankenhausen, © VG Bild-Kunst, Bonn 2016

Mühlhäuser Arbeitskreis für Reichsstadtgeschichte

Kontakt über:
Stadtarchiv Mühlhausen
Ratsstraße 25
D-99974 Mühlhausen
Tel.: +49 3601 452-141; Fax: +49 3601 452-137
stadtarchiv@muehlhausen.de; www.reichsstaedte.de

und

Friedrich-Christian-Lesser-Stiftung
Rondell Neuwittelsbach 9
D-80639 München
Tel.: +49 89 216688-0; Fax: +49 89 216688-79
lesser@lesser-stiftung.de; www.lesser-stiftung.de

Impressum:
Studien zur Reichsstadtgeschichte. Band 4
Reichsstadt im Religionskonflikt. 4. Tagung des Mühlhäuser Arbeitskreises für Reichsstadtgeschichte, Mühlhausen 8. bis 10. Februar 2016, hrsg. von Thomas Lau und Helge Wittmann
Redaktion: Helge Wittmann

© 2017
Michael Imhof Verlag GmbH & Co. KG
Stettiner Straße 25
D-36100 Petersberg
Tel.: +49 661 2919166-0; Fax: +49 661 2919166-9
info@imhof-verlag.de; www.imhof-verlag.com

Gestaltung und Reproduktion: Anja Schneidenbach, Michael Imhof Verlag
Druck: druckhaus köthen GmbH & Co. KG, Köthen (Anhalt)

Printed in EU

ISBN 978-3-7319-0457-1

Inhalt

Vorwort 7

THOMAS LAU Reichsstadt im Religionskonflikt – Eine Vorbemerkung........................ 9

CHRISTHARD SCHRENK Juden in der Reichsstadt Heilbronn 21

ANDREAS WILLERSHAUSEN Die Reichsstädte der Wetterau im Zeitalter
der Hussitenkriege (1419–1431) – Religiöse und militärische Aspekte 43

INGRID WÜRTH Reichsstadt und Häresie im Spätmittelalter 77

WOLFGANG REINHARD Reichsstadt und Reformation 101

WERNER FREITAG Autonomiestädte und Reich im Zeitalter der Reformation –
Das Beispiel Westfalen... 111

GÉRALD CHAIX Reichsstadt und Konfession 125

KLAUS KRÜGER Das Bild des Toten im Religionskonflikt – Vom Umgang mit
und Wandel der Sepulkralkultur in der Reformationszeit....................................... 139

THOMAS T. MÜLLER Frühreformation und Bauernkrieg –
Die Thüringer Reichsstädte Nordhausen und Mühlhausen im Vergleich 161

MICHAEL MATTHÄUS Die Reformation in Frankfurt –
Zwischen Kaisertreue und Protestantismus 177

THOMAS KIRCHNER Welchem Kaiser gehorchten die Aachener?
Beziehungen zum Stadtherrn während eines reichsstädtischen Religionskonfliktes........ 205

CHRISTIAN HELBICH Reichsunmittelbarkeit und *ius reformandi* im
Reichskammergerichtsprozess zwischen dem Stift und der Stadt Essen 1568–1670....... 225

HELGE WITTMANN *cujus corpus in hanc incorruptus inter Heterodoxos
sub humo latitat Mühlhusii* – Der hl. Hermann als katholischer Erinnerungsort
in der protestantischen Reichsstadt Mühlhausen 253

ROLF HAMMEL-KIESOW Glaubenspolitik im Vergleich –
Die Aufnahme von Glaubensflüchtlingen in Hamburg und Lübeck
im späten 16. und 17. Jahrhundert 289

ANDREA RIOTTE Die Parität in Biberach 1649 bis 1825 –
Wunschbild und Wirklichkeit 315

HANSPETER JECKER Täufertum und Pietismus als Herausforderung
für Obrigkeit und Kirche in Bern 1650–1720 363

ANDRÉ KRISCHER Vormoderne Städte und ihre Religionskonflikte –
Eine Rückschau 383

Register 389

Die Autorinnen und Autoren 398

Vorwort

Die vorliegende Aufsatzsammlung dokumentiert die vierte Tagung des Mühlhäuser Arbeitskreises für Reichsstadtgeschichte, die unter dem Titel „Reichsstadt im Religionskonflikt" vom 8. bis 10. Februar 2016 im Puschkinhaus Mühlhausen stattgefunden hat. Alle Referentinnen und Referenten haben so rechtzeitig ihre Beiträge überarbeitet und für den Druck zur Verfügung gestellt, dass auch der vierte Tagungsband in der Schriftenreihe des Arbeitskreises „Studien zur Reichsstadtgeschichte" innerhalb eines Jahres erscheinen konnte. Allen Beteiligten sei dafür herzlich gedankt. Der vorgelegte Band bietet abermals ein breites geografisches Spektrum derjenigen Städte, deren Geschichte sich die Autorinnen und Autoren unter der gewählten Themenstellung gewidmet haben. Dabei finden neben großen und bedeutenden Reichsstädten erneut auch solche Berücksichtigung, die für Kaiser und Reich weit weniger zentral waren, die damit aber gleichwohl einen erheblichen Teil der Reichsstädte insgesamt repräsentieren.

Die Mühlhäuser Tagung des Jahres 2016 wurde in einer bereits Tradition gewordenen Weise durch die Stadt Mühlhausen großzügig unterstützt. Zu danken ist darüber hinaus dem Evangelischen Kirchenkreis Mühlhausen und der Katholischen Pfarrgemeinde St. Josef, Mühlhausen, die gemeinsam die öffentliche Abendveranstaltung im Haus der Kirche am Kristanplatz ausgerichtet haben. In gewohnter Weise war uns wieder der Mühlhäuser Geschichts- und Denkmalpflegeverein e. V. Partner vor Ort, dessen Mitglieder an den Vortragssektionen rege teilgenommen haben und der die Exkursion ins Panoramamuseum Bad Frankenhausen mit der Besichtigung von Werner Tübkes Monumentalbild „Frühbürgerliche Revolution in Deutschland" (1976–1987) organisiert hat. Erneut vermerken wir mit großem Dank auch eine ausgezeichnete Zusammenarbeit mit dem Michael Imhof Verlag, Petersberg, insbesondere mit Herrn Verleger Dr. Michael Imhof und Frau Anja Schneidenbach. Schließlich sei hervorgehoben, dass die Tagungen und Publikationen des Mühlhäuser Arbeitskreises für Reichsstadtgeschichten ohne die auf Jahre fest zugesagte und großzügig bemessene Unterstützung der Friedrich-Christian-Lesser-Stiftung, Nordhausen, nicht möglich wären. Der Stiftung mit ihrem Stifter und Stiftungsvorstand, Herrn Dipl.-Kfm. Andreas Lesser aus München, gilt dafür unser herzlichster Dank.

Am Beginn der 2016er Reichsstadttagung haben wir in Trauer und Dankbarkeit dem Freund und Kollegen Dr. Klaus-Joachim Lorenzen-Schmidt (1948–2015) gedacht. LORI, wie ihn fast alle nannten, gehörte zu den allerersten, die sich für den heutigen Mühlhäuser Arbeitskreis für Reichsstadtgeschichte engagiert haben. Am 30. August 2015 ist er nach lange tapfer ertragener schwerer Krankheit verstorben.

Der gebürtige Elmshorner hat von 1969 bis 1974 Geschichte, Soziologie sowie Vor- und Frühgeschichte an der Universität Hamburg studiert. 1979 wurde er mit einer

Arbeit über die Sozial- und Wirtschaftsstruktur schleswig-holsteinischer Landesstädte zwischen 1500 und 1550 promoviert. Von 1989 bis zum 31. Dezember 2013 war Klaus-Joachim Lorenzen-Schmidt als Archivar am Staatsarchiv Hamburg tätig. Er gehörte zu den Mitbegründern des Arbeitskreises für Wirtschafts- und Sozialgeschichte Schleswig-Holsteins und war darüber hinaus in den verschiedensten wissenschaftlichen Vereinigungen aktiv. Mit seinem beeindruckenden wissenschaftlichen Œvre gehörte er zu den profiliertesten Historikern Norddeutschlands. Und so war es eine besondere Freude, dass gerade er die Initiative zur Gründung eines neuen Arbeitskreises zur vergleichenden Erforschung der Reichsstadtgeschichte freudig aufgenommen hat. Als Referent hat er sich im Jahre 2013 an der Premierentagung „Tempi passati – Die Reichsstadt in der Erinnerung" beteiligt und danach seinen Beitrag zum Druck gebracht. Den zugesagten Vortrag auf der nachfolgenden Tagung „Reichszeichen – Darstellungen und Symbole des Reichs in Reichsstädten" (2014) musste er dann wegen der schlimmen Diagnose und ersten Behandlungen kurzfristig absagen und doch hat er unter größten körperlichen Beeinträchtigungen seinen Beitrag „Das alte Hamburger Rathaus und seine Kaiserfiguren" als Aufsatz für den Tagungsband fertiggestellt. Immer optimistisch hatte er sich gemeinsam mit seiner Ehefrau schon für die Tagung 2015 zu „Kaiser, Reich und Reichsstadt in der Interaktion" angemeldet, doch verhinderte ein neuer Rückschlag das Kommen. Ein halbes Jahr später ist er gestorben. Verloren haben wir mit LORI einen überaus geschätzten Kollegen, dessen großartige Herzlichkeit als das hervorstechendste Merkmal seiner Persönlichkeit in Erinnerung bleiben wird.

Thomas Lau und Helge Wittmann
Freiburg/CH und Mühlhausen/Thür. im Dezember 2016

Thomas Lau

Reichsstadt im Religionskonflikt – Eine Vorbemerkung

Etwa 15 Kilometer nordöstlich von der türkischen Stadt Şanlıurfa entfernt, befindet sich die Ausgrabungsstätte Göbekli Tepe, die seit 1995 durch das Deutsche Historische Institut intensiv untersucht wird. Grabungsleiter Klaus Schmidt hatte den Ort 1994 durch Zufall entdeckt, als er auf dem rund 15 Meter hohen Hügel einige Pfeilspitzen fand. Eine nähere Untersuchung ergab Erstaunliches. Schmidt befand sich auf den Überresten eines rund 12.000 Jahre alten Wallfahrtsortes. Mehr als 20 Ovale, gebildet aus monumentalen, zum Teil reich verzierten T-förmigen Quadern, wurden gefunden.[1] Die Archäologen standen und stehen noch immer vor einem Rätsel. Offenbar handelt es sich um Heiligtümer – wer sie gebaut hatte, welche Götter verehrt wurden, bleibt im Dunkeln.[2] Unbestritten ist lediglich, dass die Menschen, die diese Bauten über einen Zeitraum von mehr als 1.500 Jahren nutzten, über eine bemerkenswerte Organisationsdichte verfügten und offenbar keine Anstalten machten, sich an diesem heiligen Ort niederzulassen.[3] Der Bau zentraler Sakralstätten und die Entstehung von Städten hingen offenbar nicht unmittelbar zusammen. Immerhin legen die Funde den Schluss nahe, dass neben Klimaveränderungen und hoher Populationsdichte soziale und kulturelle Veränderungen die Entwicklung landwirtschaftlicher Produktionsprozesse und damit auch die dauerhafte Besiedlung der bewirtschafteten Regionen förderten.
Dies legen auch die Grabungsergebnisse des rund 700 Kilometer östlich von Göbekli Tepe gelegenen Fundortes Çatalhöyük nahe. Der Ort ist jüngeren Datums – die ersten Siedlungen sind etwa 9.500 Jahre alt. Auf dem etwa 13 Hektar großen Areal siedelten zwischen 3.500 und 8.000 Menschen und damit eine beeindruckend hohe Zahl. Nicht ein einziger Zentralbau ist in dieser Agglomeration zu erkennen, weder ein Palast noch ein Tempel.[4] Dabei gibt es klare Hinweise darauf, dass Ahnenkult und Riten im Leben der unbekannten Bewohner eine wichtige Rolle spielten.[5] Das oder der Abwesende waren, wenngleich nicht fassbar, im Erdboden verborgen, doch in symbolischer Form anwesend; ein Phänomen, das als religiös gewertet werden kann. Das religiöse Leben in Çatalhöyük bedurfte aber offenbar keines zentralen Bezugspunktes innerhalb ihrer Siedlung.[6]
Tempel, Märkte und Paläste konnten also durchaus ohne einen urbanen Gürtel bestehen und Städte konnten sich ohne diese Agglomerationskerne bilden. Gleichwohl spielt die

Entstehung von Sakralkulturen offenbar eine wichtige, wenngleich oft indirekte Rolle beim Wachsen von Siedlungen hin zu Städten. Der Konnex zwischen beidem ist schon deshalb schwer zu eruieren, weil die zugrundeliegenden Beobachtungskategorien Stadt und Religion wissenschaftlich so schwer zu fassen sind. Die Frage, was Religion eigentlich ist, füllt Bibliotheken und gibt einem ganzen Wissenschaftszweig seine Daseinsberechtigung.[7] Wird Religion im Durkheimschen Sinne verstanden als ein System von Glaubenssätzen und Praktiken, durch die eine Gemeinschaft Profanes von Sakralem trennt, sie Mythen und Tabus aufrichtet, so ist der funktionale Zusammenhang zwischen der Formation komplexer gesellschaftlicher Strukturen und der Genese eines gemeinsamen sakralen Bezugspunktes offenbar.[8] Dies ist auch nicht weiter erstaunlich, denn diese Definition entstand in einem Kulturraum, in dem dieser Zusammenhang als selbstverständlich erschien. Außerhalb Europas war und ist er das nicht. Glaubenssysteme bedürfen keineswegs funktionsnotwendigerweise einer kollektiven Affirmation, noch müssen Riten zwingend an Dogmensysteme gekoppelt sein.[9] Was Glauben ist, was Religiosität, lässt sich weder essentialistisch noch funktionalistisch fassen, sondern ist diachron und kulturell jeweils neu und anders zu definieren.[10]

Ähnliches lässt sich in Bezug auf den Stadtbegriff konstatieren. Die Frage, ab welcher Siedlungsdichte ein Dorf zur Stadt wird, ist schlicht unbeantwortbar. Auch andere Versuche, dem Stadtbegriff eine unverrückbare Substanz zu geben, haben sich als wenig erfolgreich erwiesen – wie etwa der juristische (auf den Erhalt von Stadtrechten) begründete Definitionsversuch oder die Suche nach Stadtmauern, die als klarer Indikator für die Existenz einer Stadt bemüht wurden. Was bleibt, ist die von den meisten Autoren akzeptierte Festlegung höchst unscharfer Indikatoren, wie jener, dass es sich um eine Siedlungsagglomeration handelt, die sich in asymmetrischem Ressourcentransfer mit ihrer Umwelt befindet. Die Bestimmung dessen, was eine Stadt ist, vor allem aber, wo die Grenze zwischen Stadt und Land verläuft, fällt damit anhand valider empirischer Daten schwer.[11] Ob es sich bei einer Agglomeration um eine Stadt handelt oder nicht, wird vielmehr in einem kulturell gebundenen Prozess der Fremd- und Selbstzuweisung bestimmt, in dem sakrale Zeichensysteme eine wichtige Rolle spielen können.[12]
Wenn spätmittelalterliche Städte die Topographie Jerusalems nachzuahmen suchen, wenn sie in der Benennung von Stadtämtern auf römische Vorbilder rekurrieren[13], wenn sie im Zuge von Prozessionen dem steingewordenen Zeichensystem dynamisch Sinn geben[14], wenn die Struktur von Nachbarschaften und Vierteln durch Kirchen und Bruderschaften gekennzeichnet wird[15], so ist die enge Verzahnung kirchlich-religiöser und urbaner Vergemeinschaftung im mittelalterlichen und frühneuzeitlichen Zentraleuropa offenkundig.[16]
Bürgergemeinschaft und Sakralgemeinschaft sind indes auch hier keineswegs deckungsgleich.[17] So sind die Kleriker nicht Teil der Bürgerschaft, auch die Beisassen innerhalb

der Stadt sind es nicht. Beide Gruppen gehören dementsprechend zwar nicht zur städtischen Schwurgemeinschaft, sie sind aber im Rahmen religiöser Festivitäten Glieder und Mitgestalter der Sakralgemeinschaft.[18] Andere Einwohner, wie die Juden, waren Teil der Interaktionsgemeinschaft Stadt, aus sakralen Vergemeinschaftungsprozessen waren sie jedoch ausgeschlossen. Auch die äußeren Grenzen der urbanen Sakralgemeinschaft waren unklar – Prozessionen bewegten sich auch außerhalb der Stadtmauern und bezogen die Topographie des Umlandes in den urbanen Sakralraum mit ein.[19] Zudem verstellt die inszenierte Harmonie des gemeinsamen Schwörens, Betens und Prozessierens den Blick für den Fortbestand magischer Praktiken, die sich dem kollektiv akzeptierten Dogmensystem entzogen und dennoch von erheblicher Bedeutung blieben.[20] Zugleich teilte sich die städtische Sakralgemeinschaft[21] in zahlreiche Einzeleinheiten, in Sakralgemeinschaften, Bruderschaften und auch Zünfte, die in Kooperation, aber auch in Konfrontation standen.[22]

Konflikt ist eine Grundbefindlichkeit menschlicher Gesellschaften.[23] Einzel- und Kollektivakteure bewerten ihre momentane Situation, definieren Gefährdungen ihrer Positionen, prognostizieren zukünftige Entwicklungen und entwickeln Strategien um das, was sie als essentielle Güter (gleich ob sie materieller oder immaterieller Natur sind) definiert haben, zu erwerben und zu verteidigen.[24] Der jeweils andere Akteur, mit dem sie in Interaktion treten, kann dabei als Partner, als Konkurrent oder als Feind wahrgenommen werden. Entscheidend ist dabei, ob sie als kompatibel, teilkompatibel oder inkompatibel mit der eigenen Haltung bewertet werden. Konflikte sind damit Ergebnis von Kommunikationsprozessen, sie stellen aber auch eine Form der Kommunikation dar. Sie sind gekennzeichnet durch die Eigen- und Fremdzuweisung von Rollen, aber auch durch eine dynamische Veränderung der Form und Intensität der Interaktion.[25] Gewaltsame Zusammenstöße sind mögliche, aber nicht notwendige Konsequenzen eines Konfliktes. Gesellschaften stellen zahlreiche Möglichkeiten des gewaltfreien Konfliktverlaufes und eines Interessenausgleiches zur Verfügung. Gelingt beides, so stärkt dies die Autorität der Machthaber und Herrschaftsträger.[26] Konflikte können in diesem Falle dynamische Veränderungsprozesse einleiten, die Tragfähigkeit der gesellschaftlichen Normen stärken, den Gruppenzusammenhalt der Konfligierenden festigen und schließlich die Kommunikation zwischen den Konfliktparteien innerhalb und außerhalb der Stadt stärken.[27]
Geht es allerdings um emotional aufgeladene Streitpunkte oder gar um transzendente Wahrheiten, so sind Wege zum Kompromiss schwer zu finden und ein gewaltsamer Konfliktaustrag wird wahrscheinlicher. Dies gilt vor allem für Konfliktparteien, die enge soziale Beziehungen unterhalten.[28] Innerstädtische Religionskonflikte bergen damit eine hohe destruktive Potenz. Sie können bestehende Friktionen vertiefen oder gar zementieren. Eine Möglichkeit, sie zu beenden, besteht im Überschreiben der bestehenden

Antagonismen. Mohammeds neue Offenbarungsreligion war 622 in Medina nicht zuletzt deshalb Erfolg beschieden, weil sie einen Ausweg aus den erbitterten Auseinandersetzungen zwischen den jüdischen und den arabischen Clans innerhalb der Stadt bot.[29] Das Fundament für die Ausbreitung dieser Weltreligion lag also in der erfolgreichen Entschärfung innerstädtischer Religionsstreitigkeiten.

Es lassen sich auch gegenteilige Entwicklungen beobachten: Sakraler Dissens kann durch die Wechselwirkung mit wirtschaftlichen und sozialen Antagonismen so weit verschärft werden, dass sich die Sakralfraktionen aus Suprastrukturen lösen.[30] Religiöser Dissens kann also nicht nur destruktive Wirkungen auf soziale Gemeinschaften entfalten, sondern soziale Konflikte auch umgekehrt sakrale Gemeinschaften sprengen.[31] Oft sind die Wechselwirkungen zwischen beiden Prozessen in einem unentwirrbaren Spiel des Provozierens und Reagierens miteinander verbunden – die Waldenserbewegung legte davon ebenso Zeugnis ab wie die Hussiten oder die Reformation.

Führt religiöse Differenz, soweit sie als unüberbrückbarer Dissens formuliert wird, damit unvermeidbar zu einer ungeregelten, letztlich auf die Auslöschung der Gegenseite zielenden Eskalation von Konflikten? Eine mögliche Antwort auf diese Frage, legt ein illustres Beispiel aus unserer Gegenwart nahe, anhand dessen sich Religionskonflikte geradezu täglich beobachten lassen – Jerusalem.[32]

Je weiter sich ein Besucher dem Tempelberg nähert, umso mehr Pilgern wird er begegnen. Gerade hat der äthiopische Mönch die Straße überquert und um Haaresbreite zwei orthodoxe Juden umgelaufen, ein armenischer Christ beeilt sich, zur Prozession in die Grabeskirche zu gelangen, und drängt sich an einer russisch orthodoxen Reisegruppe vorbei. Es ist schwierig durchzukommen, denn die Straße wird von einer singenden katholischen Pilgergruppe aus den Vereinigten Staaten blockiert. Sie tragen ein Holzkreuz auf der Schulter – es ist preisgünstig am Beginn der Via Dolorosa zu mieten – und sind ergriffen vom Leide Christi, während in den umliegenden Geschäften die arabischen Händler ihrem Treiben nachgehen. Auf die den nächsten Hymnus anstimmenden Menschen vor ihnen werfen sie kaum einen Blick. Die heilige Stadt der drei Weltreligionen und zahllosen Einzelbekenntnisse wimmelt nur so von Menschen – Gästen wie Einheimischen. Jede der hier vertretenen Religionen feiert ihr eigenes Jerusalem, jede von ihnen definiert die Stadt anders.[33] Es sind andere Ereignisse und Personen, die ihrem Jerusalem jeweils Bedeutung geben. Es sind andere Orte, andere Häuser, andere Symbole, andere Gegenstände, die dem steinernen Gassengewirr einen transzendenten Sinn geben. Und es sind dementsprechend distinkte Riten, distinkte Zeitvorstellungen und Klangwelten, die diesen Prozess immer wieder aufs Neue forcieren – die dem Kollektiv sein Jerusalem geben – ein Jerusalem, das die Gemeinden brauchen, um zu wissen, wer sie sind.[34]

Mit dem jeweils anderen wird natürlich interagiert. Araber und Juden, Katholiken und Armenier sie handeln miteinander, sie arbeiten miteinander und manchmal treffen sie auch gemeinsame politische Entscheidungen. Und doch ist ihr jeweiliges Jerusalem ein anderes als das des Nachbarn, und wenn sie ihre Riten vollziehen, wenn sie pilgern, fasten und beten, so übersehen sie einander. Der andere wird allenfalls als Hemmnis in der Fortbewegung wahrgenommen, nicht jedoch in dem, was er tut. Die Jerusalemer Bevölkerungen leben so nebeneinander her. Erst dann, wenn der andere in den eigenen Stadtraum einbricht, wenn er einen Stein verrückt oder beseitigt, ein Tor verschließt oder öffnet, wenn er das eigene Jerusalem stört oder zerstört, beginnt die Wahrnehmung und mit der Wahrnehmung der Konflikt.[35] Er kann das Ergebnis der Achtlosigkeit sein, denn was für den einen marginal ist, ist für den anderen zentral oder bewusste Provokation durch jene, die den Konflikt suchen, um die eigene Raumdeutung zu monopolisieren. Tag für Tag schwebt Jerusalem zwischen gewaltfreier Ignoranz und Konflikt. Tag für Tag muss neu entschieden werden, ob die Vielfalt der Religionen aneinander vorbeilebt oder einander auszurotten sucht. Erst wenn die Differenz benannt und mit einem Streit um Deutungshoheiten – und damit um eine knappe Ressource – verbunden wird, beginnt der Konflikt.[36]

Dieser Befund ist nur unter Vorbehalten auf Gemeinwesen der Früh- und Vormoderne übertragbar – lässt sich doch das Beispiel des heutigen Jerusalem nur vor dem Hintergrund der Existenz eines Staatswesens verstehen, das zumindest in der Theorie Religionsfreiheit garantiert und jede Störung mit einem hohen Sanktionsrisiko belegt. Das Nebeneinander der Religionen im heutigen Jerusalem findet damit unter geschützten, spezifisch modernen Rahmenbedingungen statt.

Indes, auch früh- und vormoderne europäische Städte kennen das Phänomen der Koexistenz unterschiedlicher sakraler Gemeinschaften. Das spanische oder das normannische Palermo etwa ist über Jahrzehnte vom Zusammenleben von Muslimen und Christen geprägt. In Frankfurt, Amsterdam oder Kazimierz waren es Christen und Juden, die innerhalb derselben Stadtmauern dauerhaft zusammenlebten. Diese Modelle waren gekennzeichnet durch eine asymmetrische Beziehung der Religionsgemeinschaften zueinander. Die christliche Gemeinschaft war gegenüber den anderen privilegiert – ein Faktum, das in der alltäglichen urbanen Interaktion permanent neu fixiert wurde. Stabilität erhielten diese komplexen Beziehungen dadurch, dass der jeweilige Status der Gemeinschaften nicht nur durch innerstädtischen Interessenausgleich und performativ vollzogene Handlungsketten der wechselseitigen Anerkennung, sondern auch durch den Stadtherrn garantiert wird. Die Sakralgemeinschaft Stadt und die Sakralgemeinschaften in der Stadt waren auch Teile anderer, über – oder gleichgeordneter sakraler Gemeinschaften. Bischöfe, Stadtherren, Päpste, Gelehrte, Pilger – sie alle nahmen Einfluss auf urbane religiöse Praktiken, beobachteten die städtischen Religionskonflikte, bezogen Stellung und nahmen an ihnen teil. Diese enge Verflechtung zwischen städtischen und nichtstädtischen Akteuren (wobei die Grenzen zwischen beiden Kategorien oft fließend waren) ließ die Stadt zwangsläufig zur Partei oder zum Konfliktfeld bei Streitigkeiten werden, die weit über die Stadtgrenzen hinausgingen. Sakrale Fraktionen innerhalb der Stadt konnten, wie etwa während der Reformation, auf Bündnispartner und Protektoren außerhalb der Stadt zugreifen. Möglich war auch, dass die Stadt als Ganze in einem Religionskonflikt Position bezog, innere Brüche nivellierte und ihr Profil als Sakralgemeinschaft schärfte – so etwa im Umfeld der Hussitenkriege.[37]

Eine spezifische Form des Zusammenspiels zwischen der urbanen, der regionalen und der transregionalen Konfliktebene war insbesondere für die deutschen Reichsstädte konstitutiv. Kaiser und Reich garantierten ihren Bestand und limitierten die Möglichkeit regionaler Mächte, sie in ihre Herrschaftsräume zu integrieren.[38] Zugleich hatten sich die urbanen Akteure der Beobachtung und der potentiellen Intervention von Reichsakteuren zu stellen. Religionskonflikte, an denen die Reichsstadt partizipierte, besaßen damit auch eine reichsrechtliche und reichspolitische Dimension. Dies führte hinsichtlich der urbanen Sakrallandschaft des Spätmittelalters, vor allem aber der Frühen Neuzeit, zu einzigartigen Ergebnissen. Gleiches trifft auf den Schutz der jüdischen Gemeinden durch die kaiserlichen Gerichte zu,[39] aber auch auf die erzwungene symmetrische Koexistenz zweier Konfessionen in den bikonfessionellen Reichsstädten.[40] Diese Besonderheiten sollten nicht den Blick dafür verstellen, dass das Verhältnis zwischen Reich und Reichsstadt außerordentlich kompliziert war. Die Interventionsmöglichkeiten und der Interventionswille der Reichsinstanzen waren von Fall zu Fall höchst unterschiedlich ausgeprägt. Dabei kann weder von einem linear verlaufenden Verdichtungsprozess ausgegangen werden, noch lässt sich eine vereinfachende Trennung zwischen reichsnahen und reichsfernen Regionen empirisch erhärten.[41] Tatsächlich war es eine Vielzahl von Faktoren, die darüber entschieden, in welchem Maße das Reich in reichsstädtische Religionskonflikte eingriff bzw. Reichsstädte sich in Religionskonflikten auf Reichsebene engagierten.

Deutlich wird dies etwa am Beispiel jener Reichsstädte, in denen es dem Reich nicht gelang, Bikonfessionalität zu garantieren.[42] Eine dieser Städte war Mühlhausen in Thüringen.[43] In der dem Niedersächsischen Reichskreis zugehörigen Reichsstadt konnte sich die Reformation lutherischer Prägung erst spät etablieren. Nach der bekannten, mit den Namen Pfeiffer und Müntzer verbundenen radikalen Reformation, ist ein kurzer Versuch der Einführung der Reformation ab 1542 zu nennen.[44] Die endgültige Hinwendung zum Luthertum erfolgte unter Druck ab 1556.[45] Zunächst, so erklärte der Rat später, habe er Divi Blasii, dann St. Marien und schließlich deren Filialkirchen in lutherische Hände überführt.[46] Den Altgläubigen blieben indes Stätten, um ihren Glauben weiter zu praktizieren.[47] Dies war zum einen die Barfüßerkirche am Kornmarkt[48], wobei die Rechtsgrundlage der Nutzung umstritten war, und vermutlich auch das Kloster Maria Magdalena. Zugleich setzte der Rat in einem Dekret – das in den späteren Prozessakten nur als undatierte Kopie vorliegt – fest, dass die Alt- und Neugläubigen sich in ihren Zeremonien nicht stören durften und jede Form von gegenseitiger Schmähung streng untersagt war.[49] Der Rat verordnete den Religionsgemeinschaften damit die wechselseitige Ignoranz, ein gewaltloses Nebeneinander. Die Friedenspflicht der Bürger wurde dabei auf die Religionsfrage ausgedehnt, die wie Ehrenhandel zu behandeln war. Nicht wer im Recht war, sondern wer die Waffe gezogen hatte, war entscheidend. Die Stadt erklärte sich für die Entscheidung der Religionsfrage für nicht zuständig und wachte lediglich über das rechtsförmige Zusammenleben ihrer Bürger. 1566 endete dieses Experiment. Die Barfüßerkirche wurde geschlossen und die Instrumente des katholischen Kults wurden beschlagnahmt.[50] Einige der altgläubigen Bürger verließen nunmehr die Stadt und emigrierten in das Territorium der Kurfürsten von Mainz, vornehmlich in die Stadt Erfurt. Nach unbeantwortet gebliebenen Suppliken erhoben sieben von ihnen im Spätjahr 1567 Klage gegen den Rat vor dem kaiserlichen Reichshofrat in Wien. Sie verlangten die Wiederöffnung ihrer Kirche und die Möglichkeit der Ausübung ihres Glaubens in der Stadt.[51] Als Rechtsgrundlage nannten sie den Augsburger Religionsfrieden, der dies für alle Reichsstädte, in denen bereits 1555 zwei Konfessionen bestanden hätten, zusichere.[52] Der Kaiser habe zumindest im Falle von Dinkelsbühl[53] dieses Prinzip durchgesetzt und gleiches erbitte man nun im Falle Mühlhausens, in dem den Altgläubigen furchtbares Unrecht geschehen sei.[54] Sie hätten stets alle Gebote des Rates getreulich befolgt. Erst als dieser ihre Kirche geschlossen und jene, die den Übertritt zum evangelischen Glauben verweigerten, inhaftiert habe, hätten sie die Stadt verlassen und um ihr Recht gekämpft. Der Rat habe entgegen den Prinzipien des Reichsrechts gehandelt, er habe ihre Gewissen versucht zu knechten und habe unbescholtene Bürger ihres Broterwerbs beraubt und damit gegen ein Grundprinzip der städtischen Ordnung verstoßen.

Wie sah demgegenüber die Position des Rates aus? Sie ließ einige Zeit auf sich warten. Mühlhausens Räte formulierten einige in sich widersprüchliche Rechtfertigungsschriften, bis sie schließlich in einer längeren Stellungnahme vom 6. Juli 1568 ausführlich auf die gegen sie erhobenen Vorwürfe eingingen.[55] Zunächst machten sie deutlich, dass das bikonfessionelle Arrangement Ergebnis eines Kompromisses zwischen den verschiedenen Interessengruppen innerhalb des Rates war. Es war damit von Anfang an in seinem Bestand gefährdet. Dass es schließlich aufgegeben wurde, habe mehrere Gründe gehabt – einer davon war der äußere Druck, der auf der Stadt lastete. Der Deutsche Orden und das Kurfürstentum Sachsen hätten deutlich zu verstehen gegeben, dass sie die katholische Nutzung der Barfüßerkirche für illegal hielten. Wichtiger aber sei der Dauerkonflikt gewesen, der in der Stadt entstanden sei.[56] Die Katholiken hätten immer wieder Anlass zu Skandalen gegeben – einer ihrer Prediger sei ein entlaufener Mönch gewesen, der eine Nonne geehelicht habe und nun die Protestanten mit Schmähworten bedachte.[57] Das Konzept des Nebeneinanderherlebens funktionierte in Mühlhausen, wie der Rat erklärte, nicht. Die Gefahr von Aufruhr und Tumulten sei beständig gewachsen und sei aufgrund der Vorgeschichte einer Stadt, die von den umliegenden Territorien ohnehin als Hort der Rebellion gesehen werde, nicht mehr länger hinnehmbar. Es musste gehandelt werden. Was die Argumentation der Altgläubigen angehe, so lehne man sie ohnehin ab. *Dann wir nit glauben konnen, das derselbe* [der Religionsfriede; Erg. d. Verf.] *das vermöge, das ener jederen privat person sonderliche kirchen und Religion zuhaben und der Obrigkeit zuwider zu trotze ahnzurichten frey stehe, sondern viel mehr wolle das sich die unterthanen inn alle weeg nach ihrer obrikeit richten, unnd solcher muthwilliger wiese nit widdersetzig machen.*[58] Der Rechtsstreit sollte den Reichshofrat noch über Jahrzehnte beschäftigen. Das Gericht ernannte wiederholt Kommissionen, die ihn auf dem Vergleichswege beenden sollten. 1603 schließlich befahl Kaiser Rudolf II. dem Kurfürsten von Sachsen, die Rechte des Katholiken durchzusetzen – vergeblich.[59] Der Vollständigkeit halber sei noch erwähnt, dass parallel zum Reichshofratsprozess auch vor dem Reichskammergericht geklagt wurde – ebenfalls ohne Erfolg.

Der Fall Mühlhausen gegen Mühlhausen, als solcher ist er in den Alten Prager Akten des Haus- Hof- und Staatsarchivs abgelegt, zeigt noch einmal eine Reihe der angesprochenen, für urbane bzw. reichsstädtische Räume spezifischen Aspekte des Religionskonfliktes. Deutlich werden an ihm erstens die destruktiven Kräfte des Konfliktes. Religiöse Konflikte zu beenden, ist aufgrund der emotionalen Beteiligung der Konfliktparteien und der hohen Bedeutung, die transzendenten Wissensbeständen für den Fortbestand der Gemeinschaft zugemessen werden, außerordentlich schwierig.[60] Diese emotionale Beteiligung rührte dabei weniger aus den theologischen Kenntnissen der Akteure oder deren persönlichem Interesse an den Positionen der Gegner her, als vielmehr aus der propagandistischen Perhorreszierung des anderen und den Zwängen, die die Konfliktrolle den Akteuren auferlegte.[61] Diese destruktiven Effekte manifestieren sich allerdings erst dann, wenn religiöse Differenz in religiösen Konflikt überführt wird. Vor dem Gegeneinander steht das Nebeneinander – ja, das Gegeneinander wird immer wieder durch das Nebeneinander durchbrochen.[62] Konflikt ist nicht alternativlos. Er bedarf eines Auslösers und Akteure, die ihn am Leben erhalten.[63] Einer der Schlüssel für sein Ausbrechen und sein Fortbestehen liegt in der unterschiedlichen Wahrnehmung und Bedeutungsgebung der Stadt – in der Frage etwa, welche Rolle die Barfüßerkirche in der sakralen Topographie der Stadt spielt und wie diese Bedeutung generiert werden darf.[64] Um einen Prozess der Deeskalation herbeizuführen, muss der konfliktuale Kommunikationsprozess durchbrochen werden. Konkret bedeutet dies eine Tabuisierung diffamierender Sprechakte, aber auch eine Neuregelung des Zuganges zu sakralen Orten und deren Neukontextualisierung im urbanen Raum – die Akteure stehen vor der Aufgabe, Wege zu finden, einander wieder zu ignorieren.

Dies verdeutlicht drittens die strukturverändernde Kraft des Konfliktes. Das Zusammenleben nach dem Konflikt ist und kann keine Rückkehr zu einem vorkonfliktualen Zustand sein.[65]

Noch ein vierter Punkt sei noch einmal betont. Der Konflikt in Mühlhausen fand in einem spezifisch reichsstädtischen Kräftefeld statt. Die Aktionen und Reaktionen der

Interessengruppen waren von den möglichen oder vermuteten Bewertungen[66] durch die benachbarten Reichsstände, den Kreis, den Deutschen Orden, den Reichshofrat und den Kaiser mit beeinflusst.[67] Das Reich prägt die spezifischen Regeln des reichsstädtischen Religionskonflikts, zugleich aber verändert der Konflikt die Regeln des Reiches.[68] Das ist bei einigen Konfessionskonflikten in und um Reichsstädte deutlicher als im Fall Mühlhausen – die Fälle Aachen und Donauwörth seien hier genannt. Doch auch ein Nichtereignis kann wirkungsmächtig sein: Dass die Rechte der katholischen Bürger Mühlhausens vom Kaiser nicht geschützt werden können, hat natürlich Auswirkungen auf das komplexe Interaktionsgeflecht Reich.

Anmerkungen

1 Klaus SCHMIDT, Beyond Daily Bread. Evidence of Early Neolithic Ritual from Gobekli Tepe, in: Neo-Lithics 2 (1998), S. 1–5. Schmidt, Klaus: Sie bauten die ersten Tempel. Das rätselhafte Heiligtum der Steinzeitjäger. Die archäologische Entdeckung am Göbekli Tepe, München 2006; DERS., Göbekli Tepe: The Stone Agel Sanctuaries. New result of ongoing excavations with a special focus on sculptures and high reliefs, in: 17th Neoloithic Studies, hrsg. von Mihael BUDJA. Documenta Praehistorica 17 (2010), S. 239–256.

2 Eine wichtige methodische Differenzierung nimmt vor Metin YISLYURT, Die wissenschaftliche Interpretation von Göbeklitepe. Die Theorie und das Forschungsprogramm, Berlin 2014.

3 Zur allgemeinen Bewertung: Religionen des Alten Orients. Hethiter und Iran. Grundrisse zum Alten Testament, hrsg. von Volker HAAS und Heidemarie KOCH, Göttingen 2011, S. 155–158.

4 Ian HODDER, Probing religion at Catahöyük. An interdisciplinary experiment, in: Religion in the Emergence of Civilization. Catalhöyük as a Case Study, hrsg. von DEMS., Cambridge 2010, S. 1–31.

5 Maurice BLOCH, Is there religion in Catahöyük ... or are there just houses, in: ebd., S. 146–162.

6 Ian HODDER, Conclusions and Evaluations, in: ebd., S. 332–356.

7 Streitfall „Religion". Diskussionen zur Bestimmung und Abgrenzung des Religionsbegriffs, hrsg. von Ernst FEIL (= Studien zur systematischen Theologie und Ethik 21), Münster 2000.

8 Emile DURKHEIM, Die Elementaren Formen des religiösen Lebens. Aus dem Französischen übersetzt von Ludwig SCHMIDTS, Berlin ³2014. Vgl. auch: Clifford GEERTZ, Religion as a cultural system, in: DERS., The Interpretation of Cultures: Selected Essays, London 1993, S. 87–125, hier S. 90.

9 So Asad in seiner Kritik an der Definition von Clifford Geertz: Talal ASAD, Anthropological Conceptions of Religion. Reflexions on Geertz, in: Man 18 (1983), S. 237–259.

10 Einführung in die Religionswissenschaft. Gegenstände und Begriffe, hrsg. von Hans G. KIPPENBERG und Kocku VON SUCKRAD, München 2003; Hans G. KIPPENBERG, Diskursive Religionswissenschaft. Gedanken zu einer Religionswissenschaft, die weder auf einer allgemeingültigen Definition von Religion noch auf einer Überlegung von Wissenschaft basiert, in: Neue Ansätze in der Religionswissenschaft, hrsg. von Burkhard GLADIGOW und Hans G. KIPPENBERG (= Forum Religionswissenschaft 4), München 1983, S. 9–28. Vgl. dazu die von Smith vorgeschlagene sehr allgemeine Unterscheidung zwischen „Faith" und „Belief": Wilfried Cantwell SMITH, Faith and Belief, Princeton 1979.

11 Dietrich DENECKE, Der geographische Stadtbegriff und die räumlich funktionale Betrachtungsweise bei Siedlungstypen mit zentraler Bedeutung in Anwendung auf historische Siedlungsepochen, in: Dietrich Denecke. Wege der historischen Geographie und Kulturlandschaftsforschung. Ausgewählte Beiträge, hrsg. von

Klaus Fehn und Anngret Simms, Stuttgart 2005, S. 111–131. Eine Begriffsgeschichte: Alfred Heit, Vielfalt der Erscheinung – Einheit des Begriffs? Die Stadtdefinition in der deutschsprachigen Stadtgeschichtsforschung seit dem 18. Jahrhundert, in: Vielerlei Städte. Der Stadtbegriff, hrsg. von Peter Johanek und Franz-Joseph Post (= Städteforschung. Reihe A: Darstellungen 61), Köln 2004, S. 1–12.

12 Die Stadt im Raum. Vorstellungen, Entwürfe und Gestaltungen im vormodernen Europa, hrsg. von Karsten Igel und Thomas Lau (= Städteforschung. Reihe A: Darstellungen 89), Köln/Weimar/Wien 2016, S. 13–18.

13 Hans-Joachim Schmidt, Symbolische Aneignung des Unverfügbaren. Jerusalem und das Heilige Grab in Pilgerberichten und Bildern des Mittelalters, in: ebd., S. 67–88.

14 Gabriela Signori, Ereignis und Erinnerung. Das Ritual in der Städtischen Memorialkultur des ausgehenden Mittelalters (14. und 15. Jahrhundert, in: Prozessionen, Wallfahrten, Aufmärsche. Bewegung zwischen Religion und Politik in Europa und Asien seit dem Mittelalter, hrsg. von Jörg Gengnagel, Monika Horstmann und Gerald Schwedler (= Menschen und Kulturen. Beihefte zum Saeculum, Jahrbuch für Universalgeschichte 4), Köln/Weimar/Wien 2008, S. 108–121.

15 Eric Piltz, Die Teile und das Ganze. Überlegungen zu Stadtvierteln und kommunalen Leistungen in der Frühen Neuzeit, in: Die Stadt im Raum (wie Anm. 12), S. 145–156.

16 Max Weber sieht in der spezifischen Form der Schwurgemeinschaft, der sich selbst zusammenschließenden Sakralgemeinschaft der Gleichen den Schlüsseln zum Verständnis der okzidentalen Stadt, die anders als orientalische Palaststädte in der Lage gewesen sei, sich aus der fürstlichen Dominanz zu lösen: Max Weber, Wirtschaft und Gesellschaft (= Hauptwerke der großen Denker), Paderborn 2006, S. 859–862 (Teil 2, Kapitel VII, § 2).

17 Vgl. die bekannten Thesen von Bernd Moeller, Reichsstadt und Reformation. Neue Ausgabe, hrsg. von Thomas Kaufmann, Tübingen 2011.

18 Zu den Beisassen: Wilfried Ehbrecht, Zu Ordnung und Selbstverständnis städtischer Gesellschaft im späten Mittelalter, in: Ders., Konsens und Konflikt. Skizzen und Überlegungen zur älteren Verfassungsgeschichte deutscher Städte, hrsg. von Peter Johanek (= Städteforschung. Reihe A: Darstellungen 56), Köln/Weimar/Wien 2001, S. 27–45, hier S. 38.

19 Sabine Reichert, „Heiliges Trier". Die Sakralisierung des städtischen Raumes im Mittelalter, in: Die Stadt im Raum (wie Anm. 12), S. 89–100.

20 Von Greyerz plädiert für eine Unterscheidung zwischen Religion, Konfession und Kirche: Kaspar von Greyerz, Stadt und Reformation. Stand und Aufgaben der Forschung, in: Archiv für Reformationsgeschichte 76 (1985), S. 6–63.

21 Zur Historiographie des Forschungsbegriffes „Sakralgemeinschaft" im Rahmen der Stadtgeschichte: Christopher Ocker, „Rechte Arme" und „Bettler Orden". Eine neue Sicht der Armut und die Delegitimierung der Bettelmönche, in: Kulturelle Reformation. Sinnformation im Umbruch 1400–1600, hrsg. von Bernhard Jussen und Craig Kollofsky (= Veröffentlichungen des Max-Planck-Instituts für Geschichte 145), Göttingen 1999, S. 129–158, hier S. 141.

22 Die gemeinsame Sakralgemeinschaft wurde vom Rat vor allem dann beschworen, wenn sie brüchig war: Vera Isaiasz und Matthias Pohlig, Soziale Ordnung und ihre Repräsentationen. Perspektiven der Forschungsrichtung „Stadt und Religion", in: Stadt und Religion in der frühen Neuzeit. Soziale Ordnungen und ihre Repräsentation, hrsg. von Vera Isaiasz u. a. (= Eigene und fremde Welten. Repräsentationen sozialer Ordnungen im Wandel 4), Frankfurt a. M. 2007, S. 9–32.

23 In Abwandlung von: Siegfried Bäuerle, „Konfliktlösung in der Schule", in: Schülerfehlverhalten. Lehrertraining zum Abbau von Schülerfehlverhalten in Theorie und Praxis, hrsg. von Dems. Regensburg 1985, S. 203–212, S. 211.

24 Zum Folgenden allgemein: Alexander Siedschlag, Politische Institutionalisierung und Konflikttransformation. Leitideen, Theoriemodelle und europäische Praxisfälle, Opladen 2000, S. 169–282.

25 Otomar J. Bartos und Paul Wehr, Using Conflict Theories, Cambridge 2002.

26 Autorität und Konfliktregulierung: Ralf Dahrendorf, Toward a Theory of Social Conflict, in:

The Journal of Conflict Resolution 2 (1958), S. 170–183.
27 Lewis COSER, Social Conflict and the Theory of Social Change, in: The British Journal of Sociology 8 (1957), S. 197–207.
28 Lewis COSER, The Functions of Social Conflict, New York/ London 1964, S. 67–119.
29 Serdar DEMIREL, The Prophet Muhammad's Models of Coexistence and the Constitution of Medina, in: The Journal of Rotterdam Islamic and Social Sciences 4 (2014), S. 1–10.
30 Hans-Jürgen GOERTZ, Deutschland 1500–1648. Eine zertrennte Welt (= UTB 2606), Paderborn 2004.
31 Thomas A. BRADY, Ruling Class, Regime and Reformation at Strassbourg 1520–1555 (= Studies in medieval and reformation thought 22), Leiden 1978.
32 Wendy PULLAN, Maximilian STERNBERG, Lefkos KYRIACOU, Craig LARKIN und Michael DUMPER, The Struggle for Jerusalem's Holy Places, London 2013.
33 Aus radikal handlungstheoretischer Sicht: Benno WERLEN, Gesellschaft, Handlung und Raum. Grundlagen handlungstheoretischer Sozialgeographie, Stuttgart ³1997. Vgl. Joachim SCHEINER, Die Mauer in den Köpfen – und in den Fußen? Wahrnehmungs- und Aktionsraummuster im vereinten Berlin (= Berlin Forschung), Berlin 1999.
34 Karl SCHLÖGEL, Im Raume lesen wir die Zeit. Über Zivilisationsgeschichte und Geopolitik, Frankfurt a. M. 2006; Sigrid WEIGEL, Zum topographical turn. Kartographie, Topographie und Raumkonzepte in den Kulturwissenschaften, in: KulturPoetik 2/2 (2002), S. 151–165.
35 Martina LÖW, Raumsoziologie, Frankfurt a. M. 2007; Einfuhrung in die Stadt- und Raumsoziologie, hrsg. von DERS., Silke STEETS und Sergej STOETZER (= UTB 8348), Opladen 2008.
36 Thomas LAU, Unruhige Städte. Die Stadt, das Reich und die Reichsstadt (= Bibliothek Altes Reich 10), München 2012.
37 Andreas WILLERSHAUSEN, Die Reichsstädte der Wetterau im Zeitalter der Hussitenkriege (1419–1431) – Religiöse und militärische Aspekte, in diesem Band.
38 Reichskreis und Territorium: Die Herrschaft uber der Herrschaft? Supraterritoriale Tendenzen in Politik, Kultur, Wirtschaft und Gesellschaft. Ein Vergleich suddeutscher Reichskreise, hrsg. von Wolfgang WUST (= Augsburger Beiträge zur Landesgeschichte Bayerisch-Schwabens 7), Sigmaringen 2000; Martin FIMPEL, Reichsjustiz und Territorialstaat. Wurttemberg als Kommissar von Kaiser und Reich im Schwäbischen Kreis (1648–1806) (= Frühneuzeit-Forschungen 6), Tubingen 1999.
39 Christhard SCHRENK, Juden in der Reichsstadt Heilbronn, in diesem Band.
40 Eine kritische Bilanz zieht Andrea RIOTTE, Parität in Biberach 1649 bis 1825 – Wunschbild und Wirklichkeit, in diesem Band.
41 Zur Problematik des Reichsstadtbegriffes als wissenschaftlicher Beobachtungskategorie siehe Werner FREITAG, Autonomiestädte und Reich im Zeitalter der Reformation – das Beispiel Westfalen, in diesem Band.
42 Luise SCHORN-SCHUTTE, Bikonfessionalität als Chance? Zur Entstehung konfessionsspezifischer Sozialehren im ausgehenden 16. und beginnenden 17. Jahrhundert, in: The Reformation in Germany and Europe: Interpretations and Issues, hrsg. von Hans R. GUGGISBERG und Gottfried G. KRODEL, Gutersloh 1993, S. 299–318. Zur Parität in Kaufbeuren: Karl ALT, Reformation und Gegenreformation in der ehemaligen freien Reichsstadt Kaufbeuren (= Einzelarbeiten aus der Kirchengeschichte Bayerns 15), Munchen 1932; Fritz JUNGINGER, Geschichte der Stadt Kaufbeuren im 17. und 18. Jahrhundert, Neustadt 1965; Joachim BERGER, Auswirkungen des Westfälischen Friedens auf die Reichsstadt Kaufbeuren, in: Kaufbeurer Geschichtsblätter 13 (1994), S. 255–275.
43 Zum Folgenden Philipp KNIEB, Geschichte der katholischen Kirche in der freien Reichsstadt Mühlhausen in Thüringen von 1525 bis 1629, Freiburg i. Brsg. 1907, S. 77–145.
44 Heinrich NEBELSIECK, Reformationsgeschichte der Stadt Mühlhausen in Th., Magdeburg 1905, S. 155–177.
45 Chronicon Molhusinum (StadtA Mühlhausen, 61/4), S. 409: *Freitags nach ostern* [1556; Erg. d. Verf.] *kam Doctor Niclaus Knottenschmit von der Naumburg wegen des Landt Comturs, handelte der religion halben so viel, ddas den Evangelischen eine Kirche bewillliget wart, dan ein*

Rath hatte an Konig Ferdinandum derenthalben geschrieben undt eine resolution bekommen.

46 Druckmittel des Komturs war das Auslaufen der Pachtverträge: Chronicon Molhusinum (wie Anm. 45), S. 417.

47 Aus protestantischer Sicht dargestellt als ein Streit der Bürgergemeinde gegen eine kleine, reiche, aristokratische Minderheit: Chronicon Molhusinum (wie Anm. 45), S. 412: *Die anderen Kirchen waren noch Papistisch Aber des mehrer teil der Rathe und burger, hielten sich zum Evangelio, darumb muste der Rath, ohne der Oberst willen etwas thun, da wart die Schule auch reformiert Blasii, das gefiel etlichen grossen Herrn nicht, aber Gott gab Gnad.*

48 Mit den dabei entstandenen Streitigkeiten: Chronicon Molhusinum (wie Anm. 45), S. 419–420.

49 HHStA Wien, Alte Prager Akten, 113, Mühlhausen contra Mühlhausen, Anlage A.

50 Chronicon Molhusinum (wie Anm. 45), S. 453.

51 HHStA Wien, Alte Prager Akten, 113, Mühlhausen contra Mühlhausen, Klage der katholischen Bürger, 16. September 1567.

52 So bereits in der Supplikation an den Rat: HHStA Wien, Alte Prager Akten, 113, Mühlhausen contra Mühlhausen, Anlage B.

53 Paul WARMBRUNN, Zwei Konfessionen in einer Stadt. Das Zusammenleben von Katholiken und Protestanten in den Paritätischen Reichsstädten Augsburg, Biberach, Ravensburg und Dinkelsbühl von 1548 bis 1648 (= Veröffentlichungen des Instituts für Europäische Geschichte Mainz 111), Wiesbaden 1983.

54 Vor eben dieser Option warnt der Kurfürst von Sachsen: HHStA Wien, Alte Prager Akten, 113, Mühlhausen contra Mühlhausen, 2. April 1568.

55 HHStA Wien, Alte Prager Akten, 113, Mühlhausen contra Mühlhausen, 6. Juli 1568.

56 Tatsächlich gibt es kaum Hinweise auf offene Konflikte vor dem Spätjahr 1565: Chronicon Molhusinum (wie Anm. 45), S. 452.

57 Vgl.: Chronicon Molhusinum (wie Anm. 45), S. 449–450.

58 HHStA Wien, Alte Prager Akten, 113, Mühlhausen contra Mühlhausen, 6. Juli 1568, S. 13.

59 HHStA Wien, Alte Prager Akten, 113, Mühlhausen contra Mühlhausen, Mandat Februar 1603.

60 Die Reintegration der Bürgergemeinschaft als Sakralgemeinschaft nach dem Religionskonflikt ist daher mit einer ikonographischen Neuausrichtung – einer Kulturrevolution – verbunden: Klaus KRÜGER, Das Bild des Toten im Religionskonflikt – Vom Umgang mit und Wandel der Supulkralkultur in der Reformationszeit, in diesem Band.

61 Der Konfessionskonflikt wirkte allerdings auch als Motor und Legitimationslieferant der Verdichtung herrschaftlicher Befugnisse: Hanspeter JECKER, Täufertum und Pietismus als Herausforderung für Obrigkeit und Kirche in Bern 1650–1720, in diesem Band.

62 Ingrid WÜRTH, Reichsstadt und Häresie im Spätmittelalter, und Gérald CHAIX, Reichsstadt und Konfession, in diesem Band.

63 Zur konfessionellen Indifferenz der Essener Bürger Christian HELBRICH, Reichsunmittelbarkeit und *ius reformandi* im Reichskammergerichtsprozess zwischen dem Stift und der Stadt Essen 1568–1670, in diesem Band.

64 Helge WITTMANN, *cujus corpus incorruptus inter Heterodoxos sub humo latitat Mühlhusii* – Der hl. Hermann als katholischer Erinnerungsort in der protestantischen Reichsstadt Mühlhausen, in diesem Band.

65 Unabhängig vom Ausgang des Konfliktes: Thomas T. MÜLLER, Frühreformation und Bauernkrieg – Die Thüringer Reichsstädte Nordhausen und Mühlhausen im Vergleich, in diesem Band. Zu den ökonomischen Folgen der unterschiedlichen Positionierung von Reichsstädten im Religionskonflikt: Rolf HAMMEL-KIESOW, Glaubenspolitik im Vergleich – Die Aufnahme von Glaubensflüchtlingen in Hamburg und Lübeck im späten 16. und 17. Jahrhundert, in diesem Band.

66 Thomas KIRCHNER, Welchem Kaiser gehorchten die Aachener? Beziehungen zum Stadtherrn während eines reichsstädtischen Religionskonfliktes, in diesem Band.

67 Zur Bedeutung von kulturellen und sozialen Verflechtungen für die städtische Reformationsgeschichte: Wolfgang REINHARD, Reichsstadt und Reformation, in diesem Band.

68 Michael MATTHÄUS, Die Reformation in Frankfurt – Zwischen Kaisertreue und Protestantismus, in diesem Band.

Christhard Schrenk

Juden in der Reichsstadt Heilbronn

Einleitung

Heilbronn trat im Jahr 741 ins Licht der Geschichte. Das Gemeinwesen wurde 1281 zur Stadt erhoben und 1371 Reichsstadt. 1802/03 verlor Heilbronn den Reichsstadtstatus wieder. 1944 – gegen Ende des Zweiten Weltkrieges – wurde die Innenstadt durch einen englischen Luftangriff total zerstört.
Dabei wurden auch wesentliche Teile des städtischen Archivbestandes vernichtet. Unter anderem ist der komplette reichsstädtische Aktenbestand zum Thema Juden untergegangen. Deshalb ist die Quellenlage für die Zeit vor dem Zweiten Weltkrieg in Heilbronn im Generellen und zum Thema Juden im Speziellen schlecht. Aber immerhin existiert ein sehr gutes Urkundenbuch in vier Bänden, das über die Urkunden hinaus alle anderen relevanten Quellen von Anbeginn der Schriftlichkeit bis zum Jahr 1532 enthält. Die Quellen werden zum Teil originalgetreu und zum Teil in den Worten der jeweiligen Bearbeiter wiedergegeben. Zeitlich überlappend dazu beginnt 1503 die Serie der Heilbronner Ratsprotokolle, die bis auf eine Lücke in der Phase des Nationalsozialismus vollständig vorliegen.
Außerdem steht im Hinblick auf das Thema „Juden in der Reichsstadt Heilbronn" eine relativ breite Palette von einschlägiger Literatur zur Verfügung. Die Reihe beginnt 1865 mit Meir Wiener, der einen Aufsatz über die Geschichte der Juden in Heilbronn vorlegte.[1] Die Zielrichtung Wieners war es, die junge israelitische Gemeinde in Heilbronn in ihren Bemühungen um den Bau einer Synagoge zu unterstützen. Die nächste größere Publikation ist eine 1927 von Oskar Mayer vorgelegte Festschrift[2] zum 50-jährigen Bestehen der Heilbronner Synagoge, die von der Hoffnung auf eine positive Entwicklung der künftigen Rolle der israelitischen Gemeinde in Heilbronn geprägt ist.
Der Heilbronner Stadtarchivar Götz Krusemarck begann 1938 die Schriftenreihe des Archivs der Stadt Heilbronn mit einer Arbeit über die Juden in Heilbronn im Lauf der Jahrhunderte.[3] Der langjährige Heilbronner Archivar Hubert Weckbach bezeichnete 1992 diese Arbeit als ein „‚Machwerk', ganz im Sinne der nationalsozialistischen Judenhetze". Er betonte aber auch, dass Krusemarck vom Heilbronner NSDAP-Kreisleiter Richard Drauz gezwungen worden sei, den Text so lange umzuarbeiten, bis er den Wünschen des Kreisleiters entsprach.[4]

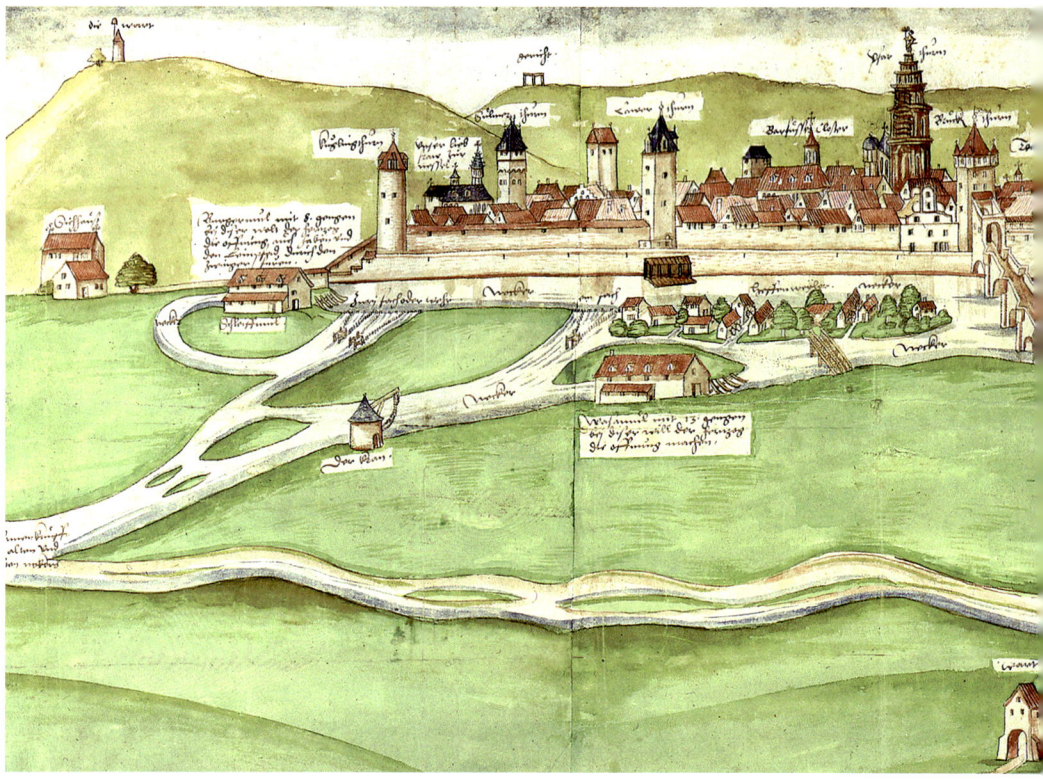

Von großer Bedeutung ist nach wie vor die Monografie, die Hans Franke 1963 unter dem Titel „Geschichte und Schicksal der Juden in Heilbronn" vorlegte.[5] Diese Publikation entstand unter dem Eindruck des schrecklichen Schicksals, das die ehemaligen Heilbronner jüdischen Mitbürgerinnen und Mitbürger in der Zeit der nationalsozialistischen Schreckensherrschaft erlitten hatten. Sie ist ein dokumentarisch ausführliches und für die Nachkriegszeit richtungsweisendes Werk, das zahlreiche Einzelschicksale beschreibt und dadurch ein eindrucksvolles Gesamtbild zeichnet.

1986 publizierten Wolfram Angerbauer und Hans Georg Frank einen umfassenden Sammelband über jüdische Gemeinden in Kreis und Stadt Heilbronn, der auch Beiträge über die jüdischen Gemeinden in Heilbronn und in eingemeindeten Orten (Biberach, Hipfelhof, Horkheim, Kirchhausen und Sontheim) enthält.[6]

Außerdem sind verschiedene Spezialuntersuchungen erschienen. Zu nennen sind ein Aufsatz von Friedrich Battenberg insbesondere über den Schutzbrief für die Heilbronner Juden von 1414,[7] ein Aufsatz von Christhard Schrenk über die Chronologie der Reichspogromnacht in Heilbronn[8] und ein Aufsatz von Susanne Schlösser, der sich insbesondere mit der „judenfreien Zeit" vor 1828 beschäftigt.[9]

Die Autoren der Literatur, die vor 1944 erschienen ist, griffen mehr oder weniger intensiv auf den reichsstädtischen Aktenbestand zurück. Über diese Spiegelung lässt sich einiges

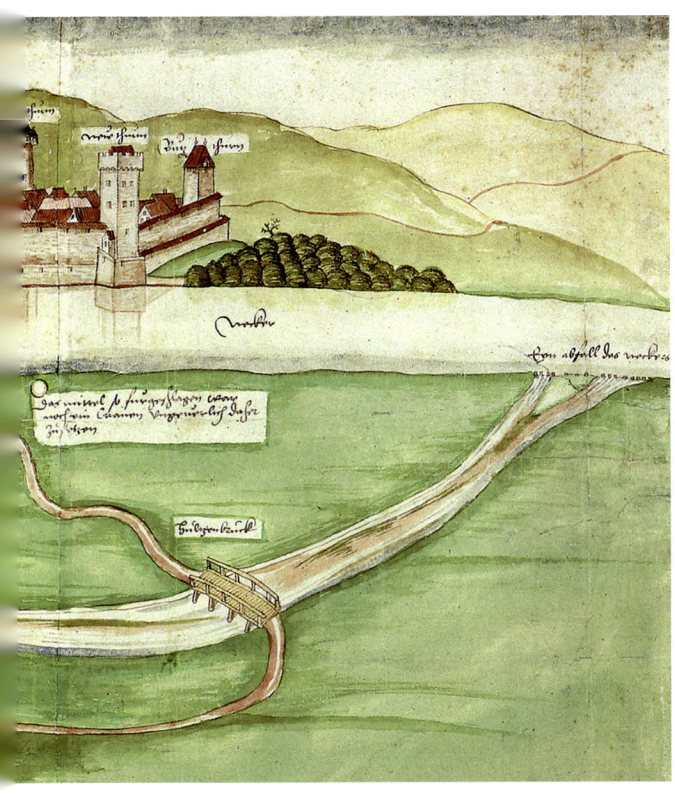

Abb. 1: Älteste Stadtansicht von Heilbronn, um 1554 (Stadtarchiv Heilbronn, E005-533, CC BY-SA 3.0 DE)

darüber erschließen, was in diesen Akten einst zum Thema „Juden in Heilbronn" gestanden hat.

Jüdische Geschichte im Überblick

Die Anfänge der Geschichte der Juden in Heilbronn liegen im Dunkeln. Auf jeden Fall hat bereits um das Jahr 1050 eine jüdische Gemeinde in Heilbronn existiert. Ein erhalten gebliebener Gedenkstein für Nathan den Vorsteher beweist dies. Das Zentrum dieser jüdischen Gemeinde befand sich am Nordrand der damaligen Siedlung Heilbronn (in der heutigen Lohtorstraße) – in Nachbarschaft zur Schiffsanlände. Dort konnten eine Mikweh (die gelegentlich auch als Totenwaschraum interpretiert wird) und eine Synagoge nachgewiesen werden.
Ende des 13. Jahrhunderts begann eine traurige Kette von Pogromen, die sich in Heilbronn gegen die Juden richteten. Am Anfang stand 1298 das sog. Rintfleischpogrom. Im Sommer 1298 hatte ein Franke namens Rintfleisch aus angeblich religiösen Gründen ein Judenpogrom entfacht. Die Massenmord-Bewegung breitete sich in Franken aus und erreichte im Oktober 1298 Heilbronn. Hier wurden etwa 150 Juden umgebracht.

Ihr Besitz fiel an die Stadt, ihre Schuldbriefe wurden ungültig.[10] Danach erholte sich die jüdische Gemeinde langsam wieder. 50 Jahre später – 1348/49 – fegte die große Pestwelle über Europa. In diesem Zusammenhang wurden die Juden vielerorts zum Beispiel der Brunnenvergiftung beschuldigt und hart verfolgt. Für Heilbronn lässt sich allerdings nicht genau klären, wie stark die Juden in der Stadt davon tatsächlich betroffen waren.[11] 1349 – zwischen Ende Februar und Mitte April – kam es jedoch offenbar zu einer Judenverfolgung. Zuvor war der Rat der Stadt von Würzburg angefragt worden, ob man in Heilbronn etwas über das Thema Brunnenvergiftung wisse. Heilbronn antwortete darauf sehr zurückhaltend. Man wisse zwar von den Vorwürfen, halte das aber für „böswilliges Geschwätz und üble Gerüchtemacherei"[12]. 1414 erhielten die in Heilbronn ansässigen Juden von König Sigismund einen Schutzbrief mit umfassenden Privilegien.

1437/38 scheiterte der Heilbronner Versuch, die Juden aus der Stadt zu vertreiben, am Widerstand des Königs. Aber schon 1469 setzte sich Heilbronn durch, so dass während der gesamten reichsstädtischen Zeit offiziell keine Juden mehr in Heilbronn wohnten. Das änderte sich erst im 19. Jahrhundert. Heilbronn gehörte inzwischen zum Königreich Württemberg. 1828 erließ der württembergische König Wilhelm I. das sogenannte Judenemanzipationsgesetz. Danach konnten sich wieder Juden in Heilbronn ansiedeln. Ihre Zahl nahm zu, sodass 1861 eine Israelitische Gemeinde gebildet werden konnte. Diese gründete 1862 eine Religionsschule, schuf im Gewann Breitenloch einen Friedhof und errichtete 1874/77 eine Synagoge, welche an einem städtebaulich zentralen Platz lag. Sie wurde im maurisch-byzantinischen Stil erbaut und mit einer Orgel ausgestattet. 1910 spaltete sich eine orthodoxe Gemeinschaft ab, zu der 1933 ca. 60 der damals 790 Heilbronner Juden zählten.

Viele der jüdischen Mitbürger in Heilbronn nahmen im späten 19. und frühen 20. Jahrhundert in oft herausragender Weise am politischen, wirtschaftlichen und kulturellen Leben der Stadt teil. Sie betrieben Firmen, Arztpraxen, Anwaltskanzleien und hatten Gemeinderatsmandate inne. Nachdem Adolf Hitler an die Macht gekommen war, kam es in Heilbronn schon im März 1933 zu tätlichen Übergriffen gegenüber Juden. An dem reichsweit gesteuerten Boykott gegen jüdische Geschäftsleute, Ärzte und Rechtsanwälte am 1. April 1933 beteiligten sich die Heilbronner Nationalsozialisten mit besonderem Eifer. In der Folgezeit wurden die Übergriffe auf Ehre, Besitz, Leib und Leben der jüdischen Mitbürger immer gewaltsamer und einschneidender, bis schließlich in der Reichspogromnacht 1938 eine von oben gesteuerte Welle der Zerstörung und Gewalt durch die Stadt tobte. Am Ende standen Deportation und Ermordung von vielen Heilbronner Juden – 234 von ihnen verloren durch die nationalsozialistische Verfolgung ihr Leben. Die Ruine der Synagoge wurde 1940 abgebrochen.

Nach dem Zweiten Weltkrieg kehrten nur ganz wenige Juden nach Heilbronn zurück. Deren Zahl vergrößerte sich erst in jüngerer Vergangenheit mit dem vermehrten Zuzug von Menschen aus Osteuropa merklich. 2004 konnte in Heilbronn wieder eine israelitische Gemeinde als Filiale der Israelitischen Religionsgemeinschaft in Württemberg gegründet werden. Sie umfasst heute ca. 150 Mitglieder, die größtenteils aus der ehemaligen Sowjetunion stammen.

Judenschutz in der frühen Reichsstadtzeit

1359 hören wir von einer in Heilbronn ansässigen Jüdin namens Mintz, die zusammen mit ihrem Sohn Abraham gegenüber Engelhard von Weinsberg die Rückzahlung von 50 Gulden Schulden quittierte.[13] Zwei Jahre später, 1361, also kurz bevor Heilbronn Reichsstadt wurde, legte Kaiser Karl IV. in einem Schutzbrief fest, dass Heilbronn Juden aufnehmen und ihnen Schutz gewähren sollte. Im Gegenzug mussten die Juden die übliche Judensteuer an den Kaiser entrichten.[14] Daraufhin ließen sich mehrere Juden in Heilbronn nieder. Diese waren offenbar wirtschaftlich sehr erfolgreich. Das lässt sich aus den Heilbronner Betbüchern schließen. Bei der Bet handelt es sich um eine Vermögenssteuer, die jährlich erhoben wurde und ½ Prozent des Vermögens betrug. Ein Vermögen von weniger als 200 Gulden blieb steuerfrei.[15] Das älteste für Heilbronn erhaltene Betbuch stammt von 1387/88.[16] Darin sind 1350 steuerpflichtige Personen verzeichnet. 15 davon, also 1,1 Prozent, waren Juden. Diese 15 Juden entrichteten insgesamt zehn Prozent der Heilbronner Vermögenssteuer. Ihr Vermögen war folglich – 25 Jahre nach dem Schutzbrief Kaiser Karls IV. – weit überdurchschnittlich groß.[17]

Der nächste Meilenstein in der jüdischen Geschichte Heilbronns fällt ins Jahr 1414 und steht im Zusammenhang mit übergeordneten politischen Ereignissen. Die Hauptrolle dabei spielt Sigismund aus dem Hause Luxemburg, der 1411 zum König gewählt worden war. Sigismund sah es als eine wichtige Aufgabe an, die große Kirchenspaltung – das abendländische Schisma – zu beseitigen. Deshalb veranlasste er die Einberufung des Konstanzer Konzils auf November 1414. Im Herbst 1414 zog Sigismund von Nürnberg über Speyer zu seiner Königskrönung nach Aachen[18] und von dort weiter nach Konstanz. Unterwegs machte er vom 11. bis zum 16. Oktober in Heilbronn Station, um hier einen sogenannten „Provinzialtag"[19] abzuhalten. Bereits auf den 3. Oktober 1414 hatte er zahlreiche geistliche und weltliche Fürsten und Vertreter von Städten in Schwaben, am Rhein und im Elsass nach Heilbronn gerufen. Darunter waren die Erzbischöfe von Mainz und Trier, die Bischöfe von Speyer und Straßburg, der Kurfürst von der Pfalz, Markgraf Bernhard von Baden sowie Graf Eberhard von Württemberg.[20] Gegenstand der Beratungen war ein Landfrieden.[21] Sigismund unterbreitete in Heilbronn diesbezügliche Vorschläge, auf welche die Würdenträger auf dem Konstanzer Konzil antworten sollten.

Abb. 2: Schutzbrief Sigismunds für die Heilbronner Juden von 1414, Reproduktion von 1938 (Stadtarchiv Heilbronn, Fotosammlung)

In Heilbronn nahm der Herrscher von Juden aus verschiedenen Städten große Geldspenden entgegen. So gaben die Juden von Nürnberg 12.000 Gulden, die von Köln ebenfalls 12.000 Gulden, drei Juden aus Heilbronn schenkten Sigismund zusammen 1.200 Gulden, ein Jude aus Windsheim (Unterfranken) steuerte 2.400 Gulden bei, ein weiterer aus (Schwäbisch) Hall 2.000 Gulden. Zusammengerechnet erhielt der König in Heilbronn die stattliche Summe von 29.600 Gulden von Juden geschenkt.[22] Gleichzeitig verlieh Sigismund den Heilbronner Juden einen umfassenden Schutzbrief. Darin stellte der Herrscher ihr Leben und ihr Eigentum unter Schutz. Außerdem gewährte er ihnen Autonomie in innerjüdischen Angelegenheiten sowie Religionsfreiheit, regelte das Verfahren bei Streitigkeiten zwischen Juden und Christen, stellte die Juden bezüglich Zollverpflichtungen und Aufenthaltsmöglichkeiten den Christen gleich und schrieb die Verpflichtung der Juden fest, den jährlich an Weihnachten fälligen *güldenen opferpfennyng* zu bezahlen.[23]

Dieser Heilbronner Schutzbrief stellte keine Einzelfallvergünstigung dar. Vielmehr konnten alle reichsstädtischen Juden entsprechende Schutzgewährungen als Gegenleistung für die von Sigismund geforderte Krönungssteuer bekommen.[24] Mehr noch: die Privilegien, die im Zusammenhang mit der Krönungssteuer verliehen wurden, flossen in ein Generalprivileg ein, das Sigismund 1415 in Konstanz zugunsten aller deutschen Juden ausstellte.[25] Hintergrund dieser Schutzbriefverleihung ist die sogenannte Kammerknechtschaft der Juden, also die Pflicht der Juden, gegenüber der kaiserlichen Kammer besondere Zahlungen zu leisten. Diese Zahlungen korrelierten mit einer erhöhten Schutzpflicht und Schutzleistung des Herrschers gegenüber den Juden.[26]

Auf der Basis des Schutzbriefes von 1414 stabilisierte sich die Situation der Heilbronner Juden weiter. So überließ der Rat der Stadt 1415 den ortsansässigen Juden ein Areal von knapp 900 qm[27] zur Anlegung eines ummauerten jüdischen Friedhofs außerhalb der Stadtmauern.[28] Und 1425 wird erstmals eine „Judenschule" erwähnt.[29] Für das Jahr 1430 ist sogar nachgewiesen, dass ein Jude namens Leow das Heilbronner Bürgerrecht besaß.[30] Ab 1420 erfahren wir vielfach von Schulden von Heilbronner Bürgern bei den Juden.[31] So hatten sich der Heilbronner Peter Eichholz und seine Frau Eva von der Jüdin Samsonin 30 Gulden geliehen und dafür ihr „Haus in der Kirchbach" verpfändet.[32] Viele Heilbronner waren auch beim Juden Abraham verschuldet.[33]

Abb. 3: Ältester in Heilbronn erhaltener jüdischer Grabstein, um 1420 (Foto: Fred Naleppa)

1422 quittierte Konrad von Weinsberg in seiner Funktion als Reichserbkämmerer den Heilbronner Juden 400 rheinische Gulden. Diese Summe hatte König Sigismund als Beitrag zu seinen Aufenthaltskosten in Nürnberg gefordert, wo er lange gewesen war. Im Gegenzug erhielten die Heilbronner Juden „dieselben Gnaden und Freiheiten", wie sie die Juden in Nürnberg vom König bekommen hatten.[34] 1434 forderte und erhielt Sigismund anlässlich seiner Kaiserkrönung[35] ein weiteres „Ehrengeschenk" von den Heilbronner Juden. Der Herrscher bestätigte diesen daraufhin ihre Rechte und sicherte zu, ihnen für die nächsten zehn Jahre keine außerordentliche Steuer aufzuerlegen.[36]

Vertreibung 1437/1469

Trotzdem wurden 1437 die Juden aus der Stadt Heilbronn vertrieben. Der Grund, der dazu geführt hatte, ist nur indirekt zu erschließen. Nach Markus J. Wenninger wurde diese Vertreibung durch judenfeindliche Äußerungen des Baseler Konzils (1434) ausgelöst – übrigens entsprechend auch in Mainz und in Augsburg.[37] Die einschlägige ortsgeschichtliche Literatur geht dagegen davon aus, dass sich in der Stadt eine Missstimmung gegen die Juden ausgebreitet habe – möglicherweise auch im Zusammenhang mit der zunehmenden Verschuldung von Heilbronner Bürgern bei Juden.[38]

Von der Tatsache der Juden-Vertreibung von 1437 berichten die Heilbronner Quellen nur deshalb, weil sich daraus ein Streit zwischen der Stadt und dem Reichserbkämmerer Konrad von Weinsberg entsponnen hatte.[39] Konrad von Weinsberg verlangte im Januar 1438 von der Stadt Heilbronn, dass sie die Juden wieder dort wohnen lassen solle, weil sonst sowohl ihm persönlich als auch dem Reich die jährliche Judensteuer entgehe.[40] Heilbronn antwortete darauf umgehend, dass sie die Juden nicht „beurlaubt habe", um Konrad oder sonst jemandem zu schaden. Vielmehr sei die Stadt durch „offenbare Notdurft und grossen Schaden der Ihrigen gezwungen worden", so zu handeln. Hier findet sich also das Motiv der Missstimmung, von dem die Heilbronner Stadtgeschichtsschreibung ausgeht. Gleich danach wird aber auch die judenfeindliche Grundhaltung des Baseler Konzils erkennbar. Denn die Heilbronner fahren in ihrer Argumentation gegenüber Konrad von Weinsberg fort, dass sie die Juden schon früher hätten vertreiben sollen, weil „sie sich durch Duldung des Wuchers der Juden gegen Gott, ihren Nächsten und sich selbst versündigen" würden.[41]

Darauf entgegnete wiederum Konrad, dass fromme und gelehrte Leute, auch die Päpste, gestattet hätten, „Juden zu halten". Außerdem habe er persönlich ein Recht auf die Judensteuer, die ihm durch die Vertreibung der Juden nun entgehe.[42] Damit konnte sich Konrad aber zunächst nicht durchsetzen, obwohl er in dieser Angelegenheit zweimal persönlich nach Heilbronn kam.[43] Doch im Juli 1438 erhielt Konrad in seiner Eigenschaft als Reichserbkämmerer den Auftrag, bei den Juden im ganzen Reich die Krönungssteuer in Höhe des Dritten Pfennigs einzuziehen. Die Heilbronner Juden hätte 400 Gulden bezahlen müssen. Da diese vertrieben waren, kam jedoch kein Geld herein.[44] Für Konrad von Weinsberg war dies eine willkommene Gelegenheit, die Vertreibung der Heilbronner Juden auf dem Reichstag zu Nürnberg zur Verhandlung zu bringen. Tatsächlich wies Kaiser Sigismund daraufhin Heilbronn an, die Juden wieder aufzunehmen. Andernfalls müsse er die 400 Gulden von der Stadt einfordern.[45] In dieser Situation lenkte Heilbronn ein. Und schon im Oktober 1438 bezahlten Juden in Heilbronn an Konrad von Weinsberg 200 Gulden.[46] In den folgenden Jahren konnten sich die Juden in Heilbronn weiter etablieren und zu Wohlstand gelangen. Wir wissen das, weil das Heilbronner Privatvertragsbuch von 1442 bis 1473 zahlreiche Schulden von Heilbronner Bürgern bei Juden verzeichnet.[47] Und für die Jahre 1462 bis 1471 erfahren wir sogar von 16 erfolgreichen Klagen Heilbronner Juden gegen diverse Schuldner vor dem Rottweiler Hofgericht. Besonders häufig taucht dabei Mosse zu Lauingen als Kläger auf.[48]

Unabhängig von den Auseinandersetzungen mit Schuldnern gab es auch Streitigkeiten innerhalb der jüdischen Gemeinde. So erhielt 1450 der Jude Mordache wegen Beleidigung von drei anderen Juden eine Gefängnisstrafe. Nachdem er einen „jüdischen Eid" geschworen hatte, gegen die Stadt nichts zu unternehmen, wurde er wieder freigelassen.[49] Überliefert ist auch, dass sich die Stadt für Heilbronner Juden einsetzte, indem sie ihnen Rechtsschutz gewährte. Ein Beispiel dafür ist der Jude Wolf, der 1461 vor dem Rottweiler Hofgericht verklagt worden war.[50]

Ab 1467 begann sich die Situation der Juden in Heilbronn zu verschlechtern. So gebot Kaiser Friedrich III. der Stadt, den Heilbronner Juden Mosse dazu anzuhalten, von seinem Schuldner Friedrich von Sickingen nur das geliehene Kapital zurückzuverlangen, auf Zinsen jedoch zu verzichten.[51] Anfang 1469 kündigte Pfalzgraf Friedrich von der Pfalz allen Juden Schirm und Geleit in seinem Herrschaftsbereich und stellte den Handel mit Juden unter Strafe. Dies teilte der Pfalzgraf der mit ihm verbündeten Stadt Heilbronn schriftlich mit. Und er forderte sie gleichzeitig auf, ebenso zu handeln.[52] Der Appell fiel in Heilbronn offenbar auf fruchtbaren Boden. Denn viele Bürger waren bei den örtlichen Juden verschuldet.[53] So vertrieb 1469 Heilbronn alle seine Juden – mit einer Ausnahme: Mit dem Juden Mosse von Augsburg schloss die Stadt 1471 einen Vertrag, dass er und seine Familie noch drei Jahre lang bleiben und Geschäfte machen dürfen.[54] Dieser Vertrag wurde anschließend mit den Söhnen von Mosse um ein Jahr verlängert.[55]

Schon 1465 hatte sich die Familie von Weinsberg wieder eingeschaltet, an welche die Judensteuer in Heilbronn verpfändet war. Sie beklagte sich bei Kaiser Friedrich III. von Habsburg, dass die Heilbronner Juden seit einigen Jahren ihre Steuer nicht bezahlt hätten. Daraufhin wies der Kaiser die Stadt in einem Mandat an, ihre Juden zum Bezahlen der Steuer anzuhalten.[56] Diese Maßnahme scheint jedoch keinen nennenswerten Erfolg gehabt zu haben. Denn von 1471 bis 1474 stritten sich die Herren von Weinsberg und Heilbronn erneut um die Judensteuer. 1471 war aber nicht – wie 1465 – von rückständiger Steuer die Rede, sondern von der Abnahme der Steuer durch die Vertreibung der Juden.[57] 1471 verlangte der Kaiser wieder von Heilbronn, die Juden in ihren alten Rechten und Freiheiten zu belassen.[58] Die Stadt begründete daraufhin die Vertreibung der Juden damit, dass diese „durch ihren Wucher unleidlich geworden" seien.[59] Und gewitzt ergänzte Heilbronn, dass man ja immerhin mit einem Juden einen Vertrag auf drei Jahre abgeschlossen habe und dass man hoffe, damit „dem kaiserlichen Befehl nicht entgegenzuhandeln".[60] Natürlich gab sich die Familie von Weinsberg damit nicht zufrieden. Der Kaiser entschied daraufhin erneut, dass Heilbronn seine vertriebenen Juden – oder eine entsprechende Anzahl anderer Juden – wieder aufzunehmen habe. Trotz einer angedrohten Strafe in Höhe von 20 Mark löthigen Goldes kam Heilbronn der kaiserlichen Entscheidung nicht nach.[61] Anders als drei Jahrzehnte zuvor war die Reichsstadt jetzt nicht mehr zu einer grundsätzlichen Änderung ihrer Judenpolitik bereit.

Es ist zu vermuten, dass viele Heilbronner, die bei Juden verschuldet waren, sich von deren Vertreibung einen faktischen Schuldenerlass versprachen. Damit scheinen sie sich aber getäuscht zu haben. Denn zumindest einige der Heilbronner Juden waren ins sieben Kilometer nördlich gelegene Neckarsulm ausgewichen, das damals noch unter der Herrschaft des Erzstifts Mainz stand.[62] Von dort aus betrieben sie die Rückzahlung ihrer Schuldscheine und die Auslösung ihrer Pfänder in Heilbronn.[63] In einigen Fällen konnten sie sich vor dem Kaiserlichen Hofgericht in Rottweil juristisch gegen die Schuldner durchsetzen.[64] Als besonderes Beispiel herauszuheben ist der jüdische Händler Samson. Dieser hatte sich in Neckarsulm niedergelassen, nachdem er 1469 aus Heilbronn vertrieben worden war. Offenbar besaß Samson einen großen Einfluss auf das Haus Württemberg. Heilbronn wiederum verfolgte eine bewusste Abgrenzungsstrategie gegenüber Württemberg, vom dem sich die Stadt latent bedroht fühlte. Graf Eberhard von Württemberg intervenierte 1474 schriftlich zu Gunsten Samsons und entsandte sogar seinen Kellermeister aus Lauffen zu entsprechenden Verhandlungen nach Heilbronn.[65] Leider sind wir über deren Ausgang nicht unterrichtet. 1483 untersagte der Heilbronner Rat dem Juden Samson nochmals schriftlich alle Geldgeschäfte mit Heilbronnern. Samson erwiderte, dass aber auf jeden Fall diejenigen Schulden noch zurückbezahlt werden müssten, die von Heilbronnern vor dem Verbot aufgenommen und im Gerichtsbuch verzeichnet worden seien. Darauf blieb der Rat die Antwort offenbar schuldig.[66]

Nachdem der letzte Einzelschutzvertrag mit der Familie des Juden Mosse ausgelaufen war, verschärfte Heilbronn den Kurs nochmals deutlich. Der Rat der Stadt beschloss 1476 einmütig, *zu ewigen zyten keinen juden* in der Stadt mehr zu dulden, weil diese mit ihrem *wucher* großen Schaden verursacht hätten. Das Bewusstsein für diese Entscheidung sollte durch jährliches Verlesen wach gehalten werden.[67]

1487 geschah etwas Bemerkenswertes. Kaiser Friedrich III. verlieh einerseits zwei Juden auf zehn Jahre ein Aufenthaltsrecht in Heilbronn, das auch das Handeln und das Betreiben der Heilbronner *juden schul* einschloss.[68] Doch andererseits konterkarierte der Kaiser bereits einen Monat später auf Initiative von Heilbronn diese Entscheidung selbst. Denn er sicherte der Stadt zu, dass Juden – auch wenn sie mit kaiserlicher Erlaubnis in Heilbronn wohnten – jetzt oder künftig in Heilbronn keine Zinsgeschäfte mehr abwickeln dürften.[69] Damit war der Kaiser auf den judenfeindlichen Kurs der Stadt Heilbronn eingeschwenkt. Denn er entzog den Juden de facto ihre Existenzgrundlage und erkannte dadurch die von Heilbronn 1469 – also knapp 20 Jahre zuvor – durchgeführte Vertreibung der Juden an.[70]

Zum letzten Schritt kam es 1490. Nachdem keine Juden mehr in Heilbronn wohnten, waren die Synagoge, die jüdische Schule und der jüdische Friedhof an den Kaiser gefallen. Friedrich III. zwang Heilbronn, ihm die Synagoge, die Schule und den Friedhof zum Preis von 250 Gulden abzukaufen. Dazu kamen noch 24 Gulden Kanzleigebühr. Der Wert der Immobilien erschien der Stadt jedoch „unzweifelhaft viel geringer" und sie sträubte sich. Daraufhin stellten die Beauftragten des Kaisers die Stadt vor die Alternative, zu bezahlen oder wieder Juden aufzunehmen. Vor diesem Hintergrund akzeptierte Heilbronn das Kauf-Geschäft – natürlich zum Unwillen der Familie von Weinsberg. Denn deren an sie verpfändete Heilbronner Judensteuer wurde auf diese Weise vollends wertlos.[71]

Ab 1490 bis ins 19. Jahrhundert hinein wohnten offiziell keine Juden mehr in Heilbronn. Trotzdem gab es auch in dieser Zeit jüdisches Leben in der Stadt, das allerdings auf Kurzaufenthalte und auf Handel beschränkt war.[72]

Steigerung der Restriktionen

Im 16. Jahrhundert verfolgte Heilbronn konsequent das Ziel, den Juden auch den Kurzaufenthalt und den Handel immer schwerer bzw. unmöglich zu machen.[73] Als Grund wurde angeführt, dass die Juden dem Gemeinwesen geschadet hätten.[74]

Die entscheidenden Schritte erfolgten in den 1520er Jahren. Das war die Zeit, in der in Heilbronn eine große religiöse Unruhe herrschte und die Reformation durchgeführt wurde. Die Stadt setzte sich damals intensiv mit aktuellen religiösen Missständen auseinander und diskutierte heftig über das reformatorische Gedankengut. 1530 und 1531 bekannten sich Rat und Bürgerschaft schließlich zum neuen Glauben.

In genau diesen Jahren verschärfte Heilbronn die Einschränkungen gegenüber den Juden dramatisch, jedoch ohne sich dabei auf judenfeindliche Äußerungen etwa von Martin Luther oder anderer Zeitgenossen zu beziehen. Ab 1521 mussten die Juden beim Betreten der Stadt *ire zeichen*[75] *öffentlich* tragen und sie durften keinen Handel mehr treiben.[76] 1523[77] und 1527[78] erneuerte die Reichsstadt ihren Beschluss, keine Juden in die Stadt zu lassen. 1529 erließ Heilbronn eine Verordnung, welche die Juden betraf.[79] Darin wurde festgelegt, dass ab sofort kein Heilbronner Bürger und auch kein

Bewohner der reichsstädtischen Dörfer ohne Einzelfallgenehmigung durch die Stadtspitze bzw. den Vogt bei Juden ein Darlehen aufnehmen dürfe. Wer dagegen verstieß, verlor mit sofortiger Wirkung sein Bürgerrecht bzw. Gemeinderecht und musste das Heilbronner Territorium verlassen. Falls ein Jude durch das Territorium der Reichsstadt Heilbronn reisen wollte, durfte er dabei nur die freien kaiserlichen Straßen benutzen. Wenn ein Jude die Stadt Heilbronn durchqueren wollte, dann wurde er von einem Stadtknecht auf direktem Weg durch die Stadt geführt. Dabei durfte er keine Geschäfte abwickeln und er musste 7 Pfennige Leibzoll bezahlen. Eine Ausnahme gestattete der Rat jedoch: zwei jüdische Ärzte – Gumbrecht von Löwenstein und Seligmann von Wimpfen – durften die Stadt weiterhin betreten, um ihre Heilkunst auszuüben. Und tatsächlich erfahren wir, dass der jüdische Arzt Gumbrecht 1531 die Tochter des vormaligen Heilbronner Bürgermeisters Kistenmacher kuriert habe.[80] Handel oder Geldverleih war diesen beiden Medizinern jedoch ausdrücklich verboten. Doch versuchten Juden in dieser Situation offenbar, unerkannt in die Stadt zu kommen. 1531 habe sich einer „eingeschlichen, habe in den Wirtshäusern gezehrt und sei nachts mit veränderter Kleidung auf die Gasse gegangen"[81]. Doch wurde er ergriffen und ins Gefängnis gesperrt.[82]

Den vielen Verboten und Reglementierungen durch den Heilbronner Rat setzte Kaiser Karl V. 1530 die Bestätigung aller bestehenden Freiheitsrechte für die Heilbronner Juden – die es allerdings gar nicht mehr gab – entgegen.[83] Diese massive kaiserliche Unterstützung sahen zwei Neckarsulmer Juden, Michel und Hirsch, als Chance, sich gegen die Heilbronner Repressalien zur Wehr zu setzen. Sie taten dies mit Nachdruck, indem sie einen kaiserlichen Boten nach Heilbronn schickten, der dem Rat den Freiheitsbrief von Karl V. verlas und der eine schriftliche Antwort auf die Frage mitbringen sollte, ob der Rat gewillt sei, dem Mandat des Kaisers nachzukommen.[84] Der Rat lenkte jedoch in keiner Weise ein. Vielmehr beschwerte er sich – zusammen mit anderen Städten – beim Kaiser über die „unverschamt und greulich Jüdischheit, die den armen Leuten auf Wucher Geld leihe".[85] Im Ergebnis blieb die Rechtebestätigung durch Karl V. wirkungslos, weil der Kaiser nichts zu deren Durchsetzung unternahm.

Trotzdem liehen sich Heilbronner im Geheimen weiterhin Geld bei Juden.[86] Um Klarheit über den Umfang dieser Geschäfte zu erlangen, erfragte der Rat bei überwiegend nahegelegenen Städten, welche Schuldforderungen der dort jeweils ansässigen Juden gegen Heilbronner Bürger bestehen.[87] Das Ergebnis offenbarte anscheinend ein großes Problem. Denn es veranlasste den Heilbronner Rat zum weiteren Handeln. Er wandte sich an König Ferdinand und legte dar, dass die Juden ungeachtet aller Verbote weiterhin mit Heilbronner Bürgern oder Hintersassen Geldleihgeschäfte gemacht hätten. Etliche Juden hätten sogar Heilbronner beim Rottweiler Hofgericht verklagt und es sei zu Verurteilungen gekommen. Daraufhin legte der König im Jahr 1543 fest, dass kein Jude mit Heilbronnern Geld- oder Pfandgeschäfte tätigen dürfe. Wenn dennoch ein

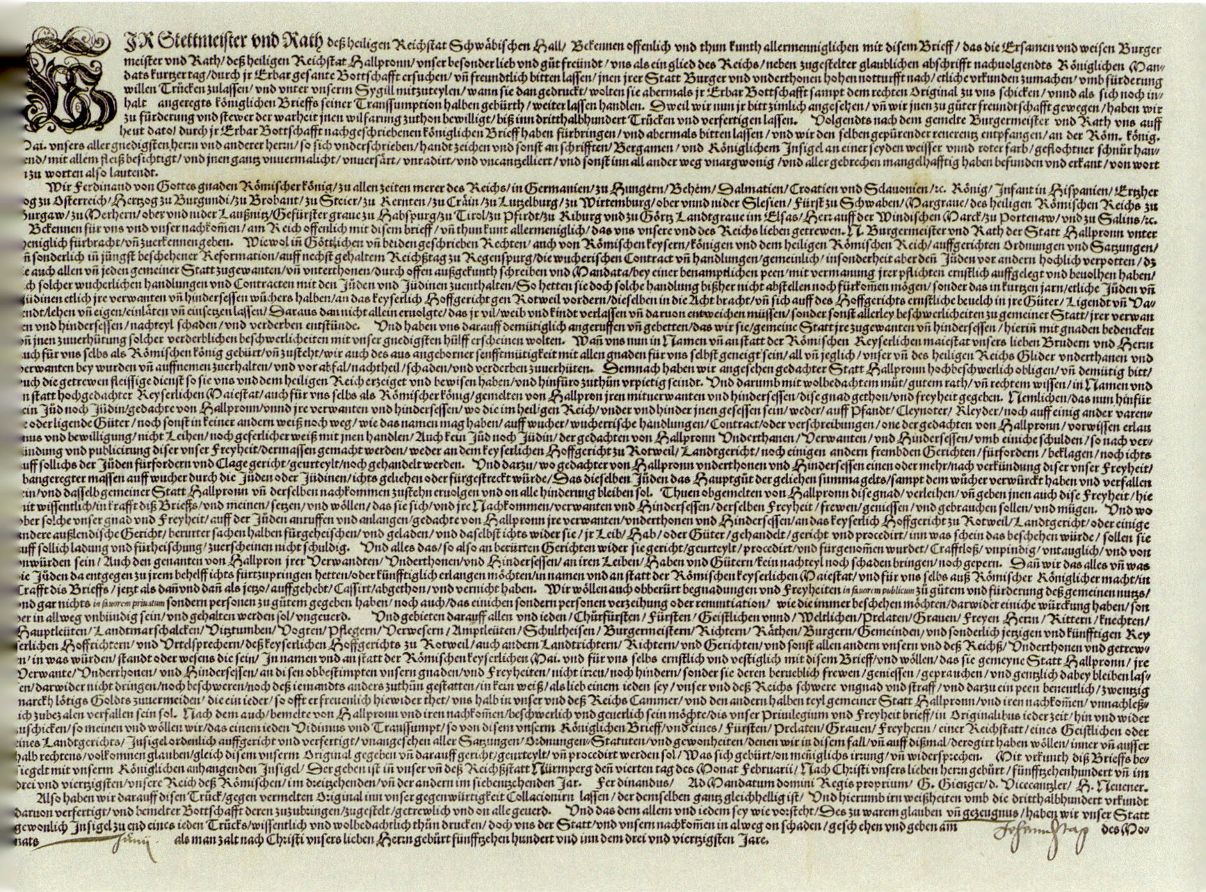

Abb. 4: Zeitgenössischer Druck vom 10. Juni 1543 der Urkunde König Ferdinands vom 4. Februar 1543 (Stadtarchiv Heilbronn, A 001 U 1543 II 4 / 1543 VI 10; E002-1471)

solches Geschäft zustande käme, dann würden das Darlehen und die Zinsen an die Stadtkasse fallen. Darüber hinaus dürften Juden keinen Heilbronner wegen Schulden vor irgendein Gericht ziehen. Falls dies doch geschehe, solle das Urteil wirkungslos sein.[88]

Heilbronn war mit dieser Entscheidung sehr zufrieden. Die Stadt ließ die entsprechende kaiserliche Urkunde in 250 Exemplaren drucken und brachte deren Inhalt auf diese Weise im ganzen süddeutschen Raum allen Städten und Dörfern mit jüdischen Gemeinden zur Kenntnis.[89] Damit war der Höhepunkt der Heilbronner Restriktionspolitik gegenüber Juden erreicht. Und es war sicher ein symbolischer Akt, dass 1589 ein Teil des ehemaligen jüdischen Friedhofs im Rahmen einer Rathauserweiterung überbaut wurde.[90] Aus dem Jahr 1618 ist ein Fall überliefert, in dem die strengen Regelungen Ferdinands von 1543 auch tatsächlich angewandt wurden. Der Heilbronner Bernhard Stollhofen hatte sich bei dem Juden Herz von Erlenbach 24 Gulden gegen Zinsen geliehen und dafür ein Pfand hinterlegt. Der Jude wurde daraufhin inhaftiert und erst wieder freigelassen, nachdem Stollhofen sein Pfand zurückerhalten hatte. Als Strafe für den Juden erfolgte die Rückzahlung der Schulden an die Stadtkasse.[91]

Im Dreißigjährigen Krieg: Juden als Geldquelle

Der Dreißigjährige Krieg brachte der Stadt Heilbronn Beschwernisse und Belastungen der verschiedensten Art.[92] Von 1621 bis 1652 lagen abwechselnd kaiserliche, französische oder schwedische Truppen in der Stadt. Die Bevölkerungszahl sank von ca. 6.000 auf ca. 3.500.[93] Hunger, kriegerische Ereignisse und insbesondere zweimal die Pest waren Ursachen dafür. Trotzdem lebten zum Beispiel 1635 über 8.000 Menschen in der Stadt, weil sich knapp 2.500 Personen hierher geflüchtet hatten und über 2.200 Soldaten (inklusive deren Frauen und Kindern) einquartiert waren.[94] Der wirtschaftliche Niedergang von Heilbronn hatte schon vor dem Beginn des Dreißigjährigen Krieges eingesetzt.[95] Aber durch den Krieg wurden die Finanzen der Stadt völlig zerrüttet. Heilbronn erhöhte die Steuern und nahm (Zwangs-)Anleihen bei den Bürgern auf.[96]
In dieser Situation gerieten auch die Juden sozusagen als Geldquelle in den Blick. Einerseits lieh nun sogar die Stadt selbst bei Juden Geld. Allein am 4. Dezember 1648 nahm Heilbronn bei neun Neckarsulmer Juden 750 Gulden auf.[97] Und andererseits wurde bereits 1620 der Judenleibzoll – also quasi das Eintrittsgeld für den Aufenthalt in Heilbronn während eines Tages – von drei Kreuzern auf drei Batzen vervierfacht.[98] 1637 baten verschiedene Juden, angesichts der akuten Kriegsgefahr innerhalb der schützenden Mauern der Stadt Heilbronn geduldet zu werden; sie boten dafür eine Leibzollzahlung an. Darauf entschied der Rat, dass dies generell verboten bleibe, im Einzelfall aber von einem Bürgermeister genehmigt werden könne. Dann müssten die Juden jeden Tag erneut den Leibzoll bezahlen.[99] Nach einer militärischen Entspannungsphase wuchs Ende 1642 die konkrete Kriegsgefahr im Raum Heilbronn wieder deutlich an. Vor diesem Hintergrund baten die Neckarsulmer Juden erneut um vorübergehende Aufnahme. Dies bewilligte der Rat im Januar 1643 für die Dauer von acht Tagen[100] und im August 1644 für insgesamt 22 Tage[101]. Die Juden mussten dafür den täglichen Leibzoll[102] und zusätzlich ein *Schutzgeld* in Höhe von insgesamt 50 Gulden[103] bezahlen. Weitere befristete Aufenthalte wurden Mitte 1645[104] und Mitte 1646[105] gestattet. Doch konnte es der Rat offenbar nicht durchsetzen, dass nach Ablauf der Fristen auch alle Juden Heilbronn wieder verließen.[106]
Im Frühjahr 1647 musste Heilbronn eine französische Besatzung aufnehmen. Mit Hilfe des französischen Kommandanten, Generalmajor La Varenne[107], versuchte die Stadt die vollständige Ausweisung der Juden durchzusetzen. Doch La Varenne zog nicht mit, denn – so argumentierte der Franzose – er habe die Juden schließlich auch nicht nach

Heilbronn hereingeholt.[108] Erst 1649 gelang es Heilbronn, die letzten Juden zum Verlassen der Stadt zu bewegen.[109]

Die Judenordnungen von 1667 und 1737[110]

Trotz aller Gegenmaßnahmen des Rates waren Juden im 17. Jahrhundert in der Reichsstadt Heilbronn offenbar häufig präsent. Das lässt sich aus Streitigkeiten schließen, über welche die Heilbronner Quellen immer wieder berichten. So erfahren wir, dass 1655 ein Neckarsulmer Jude einen Heilbronner Bürgermeister um ein Pferd betrogen haben soll.[111] Ein anderer Jude habe 1666 bei einem Heilbronner Bürger zwei Messinggewichte für 15 Gulden gekauft, heimlich aus der Stadt gebracht und noch am selben Tag für 40 Gulden weiterverkauft.[112] Vor diesem Hintergrund erließ der Rat 1667 eine neue Judenordnung, die jedoch nicht mehr auf ein völliges Verbot allen jüdischen Agierens in Heilbronn hinauslief, sondern Regeln dafür festlegte. Auf diese Weise wurde die sehr restriktive Haltung von 1543 aufgeweicht bzw. an die bestehende Realität angepasst. Anscheinend hatte es sich als unmöglich und vielleicht auch als nicht zweckmäßig erwiesen, Juden ganz aus der Stadt fernzuhalten. Denn verschiedene Heilbronner Bürger und sogar die Stadt selbst nahmen in der zweiten Hälfte des 17. Jahrhunderts ganz offiziell Kredite bei Juden auf.[113] Und außerdem waren die Juden inzwischen zusätzlich immer mehr in die Rolle von Händlern hineingewachsen, was allerdings die Krämergesellschaft zu einer Beschwerde beim Rat veranlasste.[114] Wesentlich an der Ordnung von 1667 war, dass es den Juden nun wieder gestattet wurde, in Heilbronn Handel zu treiben, wobei sie verpflichtet wurden, das Kreuzergeld – eine Art Umsatzsteuer – zu bezahlen. Außerdem durften Juden im Auftrag von Heilbronnern Geschäfte auf der Frankfurter Messe tätigen. Hausierhandel war ihnen in Heilbronn allerdings verboten. Gegen Ende des 17. Jahrhunderts war der Leibzoll, den die Juden für jeden Tag des Aufenthalts in Heilbronn bezahlen mussten, ein Dauerthema. 1670 wurde dieser Leibzoll auf Kinder ab 14 Jahren ausgedehnt, weil diese ihren Eltern beim Handel behilflich seien und deshalb wie Erwachsene besteuert werden müssten.[115] Auf der anderen Seite wurden einzelne Juden vom Leibzoll befreit, weil sie der Stadt ein besonders zinsgünstiges Darlehen gegeben hatten.[116] Immer mehr tauchten auch Juden in Heilbronn auf, die im Auftrag von Fürstenhäusern oder des Kaisers unterwegs waren – meistens waren sie als Heereslieferanten tätig. Von ihnen konnte Heilbronn ebenfalls keinen Leibzoll kassieren.[117]

Etwa 70 Jahre später, im Jahre 1737, schien es dem Rat der Stadt Heilbronn wieder einmal an der Zeit, eine neue Judenordnung zu erlassen. Ziel dabei war es nun nicht mehr, die Anwesenheit von Juden in Heilbronn zu verhindern oder zu behindern. Vielmehr ging es darum, die jüdischen Aktivitäten innerhalb der Stadt zu kontrollieren und materiellen Nutzen daraus zu ziehen. Es wurde festgeschrieben, dass Juden wieder Zinsgeschäfte mit Heilbronnern tätigen durften – allerdings nur nach vorheriger Genehmigung durch den Rat. Auch der Handel wurde wieder zugelassen, auch wenn vor dem Stadtschreiber ein schriftlicher Kaufvertrag abgeschlossen werden musste, falls der Warenwert mehr als zehn Gulden betrug. Die dafür fällige Gebühr von 20 Kreuzern musste immer der Jude bezahlen. Aber auch diese Regelungen wurden schnell wieder umgangen. So wurden vermehrt Verträge in unmittelbarer räumlicher Nachbarschaft, zum Beispiel in Neckarsulm[118], Sontheim oder Horkheim[119], abgeschlossen. Natürlich versuchte der Rat dies zu verhindern. Aber er tat sich nicht zuletzt deshalb damit schwer, weil diese Orte nicht zum Territorium der Reichsstadt gehörten, sondern zu anderen Herrschaftsgebieten. Vor allem im 18. Jahrhundert erfolgten in Heilbronn auch verschiedene Judentaufen. Juden, die sich beim Amtsbürgermeister zur Taufe angemeldet hatten, durften in der Stadt bleiben und nach erfolgter Taufe auch das Bürgerrecht erwerben.[120]

Die letzten Jahrzehnte des 18. Jahrhunderts brachten verschiedene Verbesserungen der Situation der Juden in Heilbronn. Treibende Kraft dafür war insbesondere der aufgeklärte und welterfahrene Georg Heinrich von Roßkampff, der von 1769 bis 1794 Bürgermeister der Stadt war. So vertrat nun der Rat der Stadt Heilbronn die Auffassung, dass seit dem Altertum die göttliche Vorhersehung für das jüdische Volk gesorgt habe. Deshalb müsse sich jeder Landesherr darum kümmern, *daß diese Fremdlinge nützliche Glieder desjenigen gemeinen Wesens werden, in welchem sie sich aufhalten, und daß ihnen eine Nahrungsart gestattet werde, womit sie sich und die Ihrigen durch die Welt bringen können.*[121] Bürgermeister Roßkampff erlangte die kaiserliche Genehmigung, ab 1770 jährlich drei Viehmärkte in der Stadt abhalten zu dürfen.[122] Für diese Märkte gewährte die Stadt allen Marktbeschickern eine vollständige Befreiung von allen Abgaben, Zöllen und sonstigen Gebühren. Die Juden wurden in diese Befreiung ausdrücklich eingeschlossen.[123] Und 1779 hob der Rat schließlich das Übernachtungsverbot für Juden auf. Doch er knüpfte die Erlaubnis zur Übernachtung an eine Genehmigung durch den jeweiligen Bürgermeister und an die Bezahlung eines nächtlichen Leibzolls von 24 Kreuzern.[124]

Dann kam 1802/03 das Ende der Heilbronner Reichsstadtzeit. Und damit war auch das Ende der eigenständigen Heilbronner Judenpolitik erreicht.

Zusammenfassung

Das Verhältnis der Reichsstadt Heilbronn zu den Juden war nicht statisch. Im Gegenteil: Es veränderte sich im Laufe der Jahrhunderte deutlich. Zu Beginn der Reichsstadtzeit lebten überdurchschnittlich vermögende Juden in Heilbronn, die 1414 von König

Sigismund einen umfassenden Schutzbrief erhielten. Aber schon 1469 wurde die jüdische Gemeinde vertrieben. Während der Reichsstadtzeit kam es zu keiner Ansiedlung einer jüdischen Gemeinde mehr. Trotzdem war die Geschichte der Juden in der Reichsstadt Heilbronn mit der Vertreibung von 1469 nicht beendet. Im Gegenteil: gerade diese Phase ohne jüdische Gemeinde ist aufschlussreich für das Verhältnis der Reichsstadt Heilbronn zu den Juden. Denn in den folgenden dreieinhalb Jahrhunderten hielten sich häufig Juden kurzzeitig in Heilbronn auf. Der vorübergehende Aufenthalt der Juden in der Stadt wurde zunächst planmäßig immer mehr erschwert. Diese Verschärfungsphase dauerte knapp ein Jahrhundert lang. Zuerst untersagte die Stadt Zinsgeschäfte, dann auch den Handel. Bald mussten die Juden ein Kennzeichen tragen und durften die Stadt nur noch in Begleitung von Stadtknechten und gegen Bezahlung eines Leibzolls betreten. Schließlich erwirkte Heilbronn 1543, dass Juden keinen Heilbronner mehr wegen Geldgeschäften vor ein Gericht fordern durften.

Die Politik der Verschlechterung des Status der Juden in der Reichsstadt Heilbronn im 15. und 16. Jahrhundert erklärt sich aus dem Zusammenwirken mehrerer verschiedener Faktoren:

Erstens spielt es eine Rolle, dass die Vertreibung und eine anschließende Wiederansiedlung von Juden – zynisch formuliert – quasi ein gutes Geschäft war. Denn das zum Teil beträchtliche Vermögen der Juden fiel bei den frühen Vertreibungen an die Stadt, und auch die jüdischen Schuldscheine wurden wertlos. Und nur eine Wiederansiedlung der Juden machte eine erneute spätere Vertreibung möglich. Zusätzlich arbeitete Markus J. Wenninger heraus, dass die Städte in dieser Zeit wirtschaftlich so stark geworden waren, dass sie auf Juden bzw. deren Dienste im Geldgeschäft verzichten konnten.[125] Für Heilbronn ist jedoch die Quellenlage zu dünn, um dies direkt nachzuweisen.

Zweitens spielte der Zeitgeist eine entscheidende Rolle. Im Laufe des 15. Jahrhunderts steigerte sich der Judenhass in ganz Deutschland enorm. Dadurch erhielten Vertreibungsaktionen eine immer größere Akzeptanz.

Drittens hatte der Rechtsstatus der Juden als Kaiserliche Kammerknechte große Bedeutung. Die Juden mussten spezielle Abgaben und Steuern bezahlen. Im Gegenzug gewährte ihnen der Kaiser einen besonderen Schutz. Zu Beginn des 15. Jahrhunderts war dieser kaiserliche Juden-Schutz ein wirksames Instrument. Der Schutzbrief von 1414 stabilisierte die Situation der Juden in Heilbronn zunächst nachhaltig. Aber schon 1437/38 konnte der herrscherliche Schutz eine Vertreibung zunächst nicht mehr verhindern. Und es gelang nur unter größtem Druck des auch persönlich betroffenen Reichserbkämmerers Konrad von Weinsberg, diese Vertreibung wieder rückgängig zu machen. Aber ab 1469 konnte bzw. wollte der Kaiser eine dauerhafte Vertreibung seiner Kammerknechte aus Heilbronn nicht mehr unterbinden – trotz des Protests der Familie von Weinsberg.

In diesem Zusammenhang spielt auch das generelle Verhältnis zwischen Reichsstadt und Kaiser eine Rolle.[126] Der Herrscher konnte über die Juden – also seine Kammerknecht – direkt nach Heilbronn hinein regieren. Die Vertreibung der Juden aus Heilbronn bedeutete insofern auch eine Abgrenzung vom Reichsoberhaupt. Dass Heilbronn im Verlauf des 15. und frühen 16. Jahrhunderts diesbezüglich eine immer selbstbewusstere Haltung einnahm, lässt sich daran ablesen, wie sich die Stadt angesichts der kaiserlichen Befehle zur Wiederaufnahme der Juden verhielt. 1437/38 leistete Heilbronn dem Befehl Folge; 1469/71 und 1530 weigerte sich die Reichsstadt trotz Strafandrohungen.

Bis zur Mitte des 16. Jahrhunderts hatte Heilbronn die Restriktionen gegenüber den Juden auf ein Maximum gesteigert. Im 17. Jahrhundert entschärfte die Stadt ihre Judenpolitik langsam wieder. Ausgelöst wurde dieser Sinneswandel zunächst wohl durch die schlichte Geldnot, die der Dreißigjährige Krieg verursachte. In der Folgezeit wollte man den Juden zwar noch keine Aufenthaltsfreiheit in Heilbronn einräumen, aber dennoch aus ihrer Anwesenheit finanziellen Nutzen ziehen. In den letzten drei Jahrzehnten des 18. Jahrhunderts traten im Geiste der Aufklärung weitere Lockerungen ein. Und im 19. Jahrhundert entstand in Heilbronn wieder eine jüdische Gemeinde. Aber das war bereits nach dem Ende der Reichsfreiheit und geschah auf der Basis des württembergischen Judenemanzipationsgesetzes von 1828.

Anmerkungen

1 M[eir] WIENER, Zur Geschichte der Juden in Heilbronn, in: Achawa. Jahrbuch für 1865 – 5625 (1865), S. 56–77.

2 Oskar MAYER, Die Geschichte der Juden in Heilbronn. Festschrift zum 50jährigen Bestehen der Synagoge in Heilbronn, Heilbronn 1927.

3 Götz KRUSEMARCK, Die Juden in Heilbronn (= Veröffentlichungen des Archivs der Stadt Heilbronn 1), Heilbronn 1938.

4 Hubert WECKBACH, Das Stadtarchiv – die „Seele unseres Staates". Zur Geschichte des Stadtarchivs und der Schriftgutverwaltung in Heilbronn bis zur Zerstörung der Stadt 1944, in: Christhard SCHRENK und Hubert WECKBACH, Die Vergangenheit für die Zukunft bewahren. Das Stadtarchiv Heilbronn (= Kleine Schriftenreihe des Archivs der Stadt Heilbronn 24), Heilbronn 1993, S. 91.

5 Hans FRANKE, Geschichte und Schicksal der Juden in Heilbronn. Vom Mittelalter bis zur Zeit der nationalsozialistischen Verfolgungen (1050–1945) (= Veröffentlichungen des Archivs der Stadt Heilbronn 11), Heilbronn 1963.

6 Wolfram ANGERBAUER/Hans Georg FRANK, Jüdische Gemeinden in Kreis und Stadt Heilbronn (= Schriftenreihe des Landkreises Heilbronn 1), Heilbronn 1986.

7 Friedrich BATTENBERG, Heilbronn und des Königs Kammerknechte. Zu Judenschutz und Judennutzung in Stadt, Reich und Region, in: Region und Reich. Zur Einbeziehung des Neckar-Raumes in das Karolinger-Reich und zu ihren Parallelen und Folgen, bearb. von Christhard SCHRENK und Hubert WECKBACH (= Quellen und Forschungen zur Geschichte der Stadt Heilbronn 1), Heilbronn 1992, S. 271–305.

8 Christhard SCHRENK, Die Chronologie der sogenannten „Reichskristallnacht" in Heilbronn, in: Jahrbuch für schwäbisch-fränkische Geschichte 32 (1992), S. 293–314.

9 Susanne SCHLÖSSER, Spuren jüdischen Lebens in Heilbronn vor und nach der Wiederzulassung

10 FRANKE, Juden (wie Anm. 5), S. 29.
11 Einziger Quellenbeleg dafür ist eine Eigentumsübertragung vom 14. April 1349: König Karl IV. gibt „Elisabeth Hirschhorn das Haus des reichen Juden Nathan zu Heilbronn als rechtes Eigen". Vgl. Urkundenbuch der Stadt Heilbronn. Bd. 1, bearb. von Eugen KNUPFER (= Württembergische Geschichtsquellen 5), Stuttgart 1904, S. 89, Nr. 199 zu 1349 April 14. Zukünftig zit.: UB Heilbronn I (mit S. und Nr.).
12 Karl-Heinz MISTELE, Zur Frage der Judenverfolgung von 1349, in: Schwaben und Franken 1959/1, S. 2–3, hier S. 3. Vgl. Schreiben von Heilbronn an die Stadt Würzburg (1349 um Februar 24), abgedruckt bei: Hermann HOFFMANN, Die Würzburger Judenverfolgung von 1349, in: Mainfränkisches Jahrbuch für Geschichte und Kunst 5 (1953), S. 91–114, hier S. 101 f.
13 UB Heilbronn I (wie Anm. 11), S. 103, Nr. 241 zu 1359 Nov. 19.
14 Urkundenbuch der Stadt Heilbronn. Bd. 4: Von 1525 bis zum Nürnberger Religionsfrieden im Jahr 1532. Nebst zwei Nachträgen zu Band 1–4, bearb. von Moriz VON RAUCH (= Württembergische Geschichtsquellen 20), Stuttgart 1922, S. 807, Nr. 3477 zu 1361 Dez. 5. Zukünftig zit.: UB Heilbronn IV (mit S. und Nr.).
15 Karl-Heinz MISTELE, Die Bevölkerung der Reichsstadt Heilbronn im Spätmittelalter (= Veröffentlichungen des Archivs der Stadt Heilbronn 8), Heilbronn 1962, S. 67.
16 StadtA Heilbronn, A 007-1387; FRANKE, Juden (wie Anm. 5), S. 31, und UB Heilbronn IV (wie Anm. 14), S. 829 f., Nr. 3481 zu spätestens 1394.
17 Vgl. FRANKE, Juden (wie Anm. 5), S. 31.
18 UB Heilbronn IV (wie Anm. 14), S. 835, Z. 21, Nr. 3485a zu 1414 Okt. 15.
19 Ebd., Z. 25.
20 UB Heilbronn IV (wie Anm. 14), S. 834, Z. 10–13, Nr. 3485 zu 1414 Sept. 13.
21 Wie Anm. 18, Z. 28.
22 Ebd., Z. 16–23.
23 UB Heilbronn I (wie Anm. 11), S. 210–212, Nr. 451 zu 1414 Okt. 15. Zum Inhalt vgl. BATTENBERG, Kammerknechte (wie Anm. 7), S. 272–275. Nach Friedrich Battenberg (BATTENBERG, Kammerknechte, S. 275) wurde der Goldene Opferpfennig 1342 von Kaiser Ludwig dem Bayern als Kopfsteuer eingeführt, um einen besseren Schutz der Juden gewährleisten zu können. 1421 bezahlte der Heilbronner Jude Sannel für den *vergangenen und kommenden Christtag* als goldenen Opferpfennig 2 Gulden (UB Heilbronn I [wie Anm. 11], S. 224, Z. 19–20, Nr. 478 zu 1421 Nov. 24).
24 BATTENBERG, Kammerknechte (wie Anm. 7), S. 304.
25 Ebd., S. 276 und S. 280.
26 Friedrich Battenberg sieht die Kammerknechtschaft der Juden nicht als eine Rechtsminderung der Stellung der Juden. Vgl. BATTENBERG, Kammerknechte (wie Anm. 7), S. 283, S. 284 und S. 286.
27 Die Fläche ist mit elf auf vier Messruten angegeben (vgl. Anm. 28). Eine Messrute ist 4,451 Meter lang. Vgl. Otto SPIEGLER, Das Maßwesen in Stadt- und Landkreis Heilbronn (= Kleine Schriftenreihe des Archivs der Stadt Heilbronn 4), Heilbronn 1971, S. 23. Das ergibt eine Fläche von ca. 871 Quadratmeter.
28 UB Heilbronn IV (wie Anm. 14), S. 807 f., Nr. 3477a zu 1415 Nov. 29.
29 Urkundenbuch der Stadt Heilbronn. Bd. 2 (1476–1500), bearb. von Moriz VON RAUCH (= Württembergische Geschichtsquellen 15), Stuttgart 1913, S. 24, Z. 11, Nr. 1006 zu 1425. Zukünftig zit.: UB Heilbronn II (mit S. und Nr.).
30 StadtA Konstanz, 1430 I 6, Nr. 8383.
31 UB Heilbronn II (wie Anm. 29), S. 24, Nr. 1006 zu ab 1420.
32 UB Heilbronn II (wie Anm. 29), S. 14, Nr. 975 zu 1420 März 5.
33 Wie Anm. 31, Z. 1 f.
34 UB Heilbronn I (wie Anm. 11), S. 232, Z. 13 f., Nr. 468 zu 1422 Okt. 15.

35 Nach Markus J. WENNINGER, Man bedarf keiner Juden mehr. Ursachen und Hintergründe ihrer Vertreibung aus den deutschen Reichsstädten im 15. Jahrhundert (= Archiv für Kulturgeschichte. Beihefte 14), Wien/Köln/Graz 1981, S. 211, forderte Sigismund sowohl 1422 als auch 1434 zunächst den Dritten Pfennig, konkret wurden die zu zahlenden Summen individuell ausgehandelt.

36 UB Heilbronn I (wie Anm. 11), S. 272, Nr. 553 zu 1434 Febr. 24.

37 WENNINGER, Man bedarf keiner Juden mehr (wie Anm. 35), S. 220 f.

38 ANGERBAUER/FRANK, Jüdische Gemeinden (wie Anm. 6), S. 94.

39 UB Heilbronn I (wie Anm. 11), S. 291 f., Nr. 581 zu 1438–1439.

40 UB Heilbronn I (wie Anm. 11), S. 291, Z. 39–43 bis S. 292, Z. 1–3, Nr. 581 (ohne Datum).

41 UB Heilbronn I (wie Anm. 11), S. 292, Z. 4–11, Nr. 581 zu 1438 Jan. 14.

42 UB Heilbronn I (wie Anm. 11), S. 292, Z. 11–17, Nr. 581 zu 1438 Jan. 15.

43 UB Heilbronn I (wie Anm. 11), S. 292, Z. 17–20, Nr. 581 zu 1438 Jan. 18.

44 UB Heilbronn I (wie Anm. 11), S. 292, Z. 21–24, Nr. 581 zu 1438 Juli 27.

45 UB Heilbronn I (wie Anm. 11), S. 292, Z. 24–33, Nr. 581 zu 1438 Aug. 20.

46 UB Heilbronn I (wie Anm. 11), S. 292, Z. 39–41, Nr. 581 zu 1438 Okt. 8.

47 UB Heilbronn II (wie Anm. 29), S. 24, Z. 5–12, Nr. 1006 (ohne Datum).

48 UB Heilbronn I (wie Anm. 11), S. 277–280, Nr. 564 (ohne Datum). Das Kaiserliche Hofgericht war im Hochmittelalter das höchste Reichsgericht in Schwaben. Und auch noch in der frühen Neuzeit hatte es große Bedeutung. Vgl. Peter FINDEISEN, Zur Stätte des Hofgerichts in Rottweil, in: Denkmalpflege in Baden-Württemberg. Nachrichtenblatt des Landesdenkmalamtes 19/3 (Juli–Sept. 1990), S. 141–147, hier S. 141.

49 UB Heilbronn I (wie Anm. 11), S. 264, Nr. 537h zu 1450 Dez. 5.

50 UB Heilbronn I (wie Anm. 11), S. 424 f., Nr. 786 zu 1461 Mai 5.

51 UB Heilbronn I (wie Anm. 11), S. 476, Nr. 842 zu 1467 Okt. 1.

52 UB Heilbronn I (wie Anm. 11), S. 483, Nr. 859 zu 1469 Jan. 28.

53 UB Heilbronn I (wie Anm. 11), S. 508, Anm. 1, Z. 27 f., Nr. 896 (ohne Datum): Der Zinssatz betrug pro Gulden einen Pfennig wöchentlich, 240 Pfennige ergeben einen Gulden. Daraus errechnet sich ein Zinssatz von 21,7 Prozent.

54 UB Heilbronn I (wie Anm. 11), S. 497 f., Nr. 887 zu 1471 Juli 7.

55 UB Heilbronn I (wie Anm. 11), S. 498, Z. 14–17, Nr. 887 zu 1474 Aug. 23.

56 UB Heilbronn I (wie Anm. 11), S. 447, Nr. 816 zu 1465 April 15.

57 UB Heilbronn I (wie Anm. 11), S. 508, Z. 19 f., Nr. 896 zu 1472 Mai 19.

58 UB Heilbronn I (wie Anm. 11), S. 508, Z. 15 f., Nr. 896 zu 1471 Okt. 10.

59 UB Heilbronn I (wie Anm. 11), S. 508, Z. 23, Nr. 896 zu 1472 Juni 11.

60 Wie Anm. 59, S. 508, Z. 23 f. bis S. 509, Z. 1.

61 UB Heilbronn I (wie Anm. 11), S. 509, Z. 14 f., Nr. 896 zu 1474 Sept. 1.

62 UB Heilbronn II (wie Anm. 29), S. 117, Z. 2, Nr. 1144 zu 1476 März 16, und S. 117, Z. 13, Nr. 1144a zu 1477 Okt. 12. Vgl. Ansbert BAUMANN, Die Neckarsulmer Juden. Eine Minderheit im geschichtlichen Wandel. Ostfildern 2008, S. 36–37. Andere siedelten sich in nahegelegenen Orten wie Neckarwestheim oder Talheim an. Vgl. ANGERBAUER/FRANK, Jüdische Gemeinden (wie Anm. 6), S. 96. Zur Geschichte der Juden in Neckarsulm vgl. Ansbert BAUMANN, „ … da wir sie nie so lang gehalten hetten". Die Vertreibung der Heilbronner Juden im 15. Jahrhundert und ihre Niederlassung in Neckarsulm, in: Aschkenas. Zeitschrift für Geschichte und Kultur der Juden 16 (2006), H. 2, S. 439–460, und BAUMANN, Neckarsulmer Juden (wie Anm. 62).

63 UB Heilbronn II (wie Anm. 29), S. 117, Nr. 1144a zu 1477 Okt. 12.

64 UB Heilbronn II (wie Anm. 29), S. 110, Nr. 1140a zu 1476 Mai 14; S. 110, Nr. 1140b zu 1476 Juni 25, und S. 110, Nr. 1140d zu 1476 Nov. 29.

65 UB Heilbronn I (wie Anm. 11), S. 523, Nr. 930 zu 1474 Juni 26. Vgl. BAUMANN, Neckarsulmer Juden (wie Anm. 62), S. 37.

66 UB Heilbronn II (wie Anm. 29), S. 287 f., Nr. 1353 zu 1483 Jan. 15; Nr. 1353a zu 1483 Febr. 25, und Nr. 1353a (sic!) zu 1483 April 11.
67 UB Heilbronn II (wie Anm. 29), S. 126, Nr. 1152 zu 1476 Juni 23.
68 UB Heilbronn II (wie Anm. 29), S. 367, Nr. 1434 zu 1487 Jan. 10.
69 UB Heilbronn II (wie Anm. 29), S. 370 f., Nr. 1441 zu 1487 Febr. 16.
70 FRANKE, Juden (wie Anm. 5), S. 35; BATTENBERG, Kammerknechte (wie Anm. 7), S. 295.
71 UB Heilbronn II (wie Anm. 29), S. 470 f., Nr. 1572a–k zu 1490–1491.
72 Eine Detailuntersuchung des jüdischen Lebens in Heilbronn vom 16. bis 19. Jahrhundert liefert SCHLÖSSER, Spuren jüdischen Lebens (wie Anm. 9).
73 Meir Wiener betont, dass dies geschehen sei entgegen eines Befehls von Kaiser Maximilian vom 5. August 1495, „Juden wiederum aufzunehmen". Vgl. WIENER, Geschichte der Juden (wie Anm. 1), S. 67. Friedrich DÜRR, Chronik der Stadt Heilbronn. 1. Teil, Heilbronn ²1926, S. 80, berichtet unter dem 26. und 27. November 1495 vom Aufenthalt Kaiser Maximilians in Heilbronn und fährt fort: „Befehl des Kaisers, wieder Juden aufzunehmen (findet keine Beachtung)." MAYER, Geschichte der Juden (wie Anm. 2), S. 36, schreibt, dass Maximilian „nach seinem Besuch in Heilbronn am 26. und 27. November 1495 befahl, die Juden wieder aufzunehmen". Allerdings findet sich kein Quellenbeleg dafür, dass Kaiser Maximilian 1495 der Reichsstadt Heilbronn befohlen habe, die Juden wieder aufzunehmen. Dagegen gibt es den Befehl Maximilians vom 5. August 1495, zwei konkret benannten Juden in Heilbronn zu gestatten, in Heilbronn zu *handeln, wandeln, kauffen und verkauffen* (UB Heilbronn II [wie Anm. 29], S. 545, Z. 7–8, Nr. 1679b zu 1495 Aug. 15.
74 UB Heilbronn IV (wie Anm. 14), S. 394, Z. 12, Nr. 3129b zu 1529 März 18.
75 Leider erfahren wir nicht, welcher Art dieses *zeichen* war. Für die Zeit ab 1653 war dieses Kennzeichen der sogenannten Judenzettel. Dabei handelte es sich um die Quittung für den bezahlten Leibzoll. Vgl. DÜRR, Chronik Heilbronn I (wie Anm. 73), S. 205 zu 1653.
76 Moriz von RAUCH, Urkundenbuch der Stadt Heilbronn Bd. III (= Württembergische Geschichtsquellen 19), Stuttgart 1916, S. 597–598, Nr. 2643c zu 1521 Dez. 20. Zukünftig zit.: UB Heilbronn III (mit S. und Nr.).
77 StadtA Heilbronn, A004 RP 3 (1523), fol. 180 v. Vgl. UB Heilbronn III (wie Anm. 76), S. 639, Nr. 2710 zu 1523 Juli 25.
78 StadtA Heilbronn, A004 RP 3 (1527), fol. 280 v. Vgl. UB Heilbronn IV (wie Anm. 14), S. 393, Nr. 3129 zu 1527 Nov. 14.
79 UB Heilbronn IV (wie Anm. 14), S. 394, Nr. 3129b zu 1529 März 18.
80 UB Heilbronn IV (wie Anm. 14), S. 398, Z. 17, Nr. 3129s zu 1531 Febr. 3.
81 UB Heilbronn IV (wie Anm. 14), S. 398, Z. 11–12, Nr. 3129r zu 1531 Jan. 10.
82 UB Heilbronn IV (wie Anm. 14), S. 398, Nr. 3129q zu 1531 Jan. 8, Nr. 3129r zu 1531 Jan. 10.
83 UB Heilbronn IV (wie Anm. 14), S. 397, Nr. 3129l zu 1530 Mai 18.
84 UB Heilbronn IV (wie Anm. 14), S. 397, Nr. 3129m zu 1530 Juli 26.
85 UB Heilbronn IV (wie Anm. 14), S. 397, Z. 37–38, Nr. 3129o zu 1530 Juli 28. Es wird nicht erwähnt, um welche Städte es sich handelte.
86 UB Heilbronn IV (wie Anm. 14), S. 395, Z. 33–40, Nr. 3129 f. (ohne Datum).
87 Carl JÄGER, Geschichte der Stadt Heilbronn und ihres ehemaligen Gebietes. Ein Beitrag zur Geschichte des schwäbischen Städtewesens. Bd. 2, Heilbronn 1828, S. 158.
88 Die Originalurkunde vom 4. Februar 1543 ist nicht erhalten geblieben. Vorhanden sind jedoch zeitgenössische Drucke vom 10. Juni 1543 (StadtA Heilbronn, A 001 U 1543 II 4 / 1543 VI 10). Siehe Abb. 4.
89 JÄGER, Heilbronn (wie Anm. 87), S. 159; StadtA Heilbronn, A 001 U 1543 II 4 / 1543 VI 10: *dritthalbhundert Trucke*.
90 MAYER, Geschichte der Juden (wie Anm. 2), S. 42.
91 MAYER, Geschichte der Juden (wie Anm. 2), S. 43, schildert den Fall ausführlich. Vgl. StadtA Heilbronn, A 004 RP 50 (1618–1619), S. 56 und S. 60.
92 Vgl. zum Folgenden genauer und mit zusätzlichen Quellenangaben: SCHLÖSSER, Spuren jüdischen Lebens (wie Anm. 9), S. 126–129.

93 Alfred RIEDLE, Wirtschaft und Bevölkerung Heilbronns zur Zeit des Dreißigjährigen Krieges, phil. Diss. Würzburg 1933, S. 7, S. 50 und S. 68. Alfred Riedle konnte auf Quellen zurückgreifen, die im Zweiten Weltkrieg untergegangen sind (S. 6).
94 RIEDLE, Wirtschaft und Bevölkerung (wie Anm. 93), S. 45, nennt die genauen Zahlen.
95 RIEDLE, Wirtschaft und Bevölkerung (wie Anm. 93), S. 84.
96 RIEDLE, Wirtschaft und Bevölkerung (wie Anm. 93), S. 84 f.
97 MAYER, Geschichte der Juden (wie Anm. 2), S. 47.
98 StadtA Heilbronn, A 004 RP 51 (1619–1620), S. 359; DÜRR, Chronik Heilbronn I (wie Anm. 73), S. 161 zu 1620 Nov. 8.
99 StadtA Heilbronn, A 004 RP 68 (1637–1638), S. 9–10.
100 StadtA Heilbronn, A 004 RP 73 (1642–1643), S. 165.
101 StadtA Heilbronn, A 004 RP 74 (1644), S. 456, S. 540.
102 StadtA Heilbronn, A 004 RP 74 (1644), S. 462.
103 StadtA Heilbronn, A 004 RP 74 (1644), S. 565.
104 StadtA Heilbronn, A 004 RP 75 (1645), S. 388.
105 StadtA Heilbronn, A 004 RP 76 (1645–1646), S. 564.
106 StadtA Heilbronn, A 004 RP 77 (1647–1648), S. 596.
107 DÜRR, Chronik Heilbronn I (wie Anm. 73), S. 197.
108 StadtA Heilbronn, A 004 RP 77 (1647–1648), S. 647 f.
109 StadtA Heilbronn, A 004 RP 78 (1648–1649), S. 823–824.
110 Diese beiden Judenordnungen sind nicht mehr vorhanden. Sie befanden sich im reichsstädtischen Archiv (Kasten 91 – Juden). Götz Krusemarck (KRUSEMARCK, Juden [wie Anm. 3], S. 25–26) zitiert wörtlich und paraphrasierend aus diesen Originalen, ebenso Oskar Mayer (MAYER, Geschichte der Juden [wie Anm. 2], S. 50–51 [für 1667] bzw. S. 53–54 [für 1723]. Vgl. dazu auch SCHLÖSSER, Spuren jüdischen Lebens (wie Anm. 9), S. 130–132.)
111 StadtA Heilbronn, A 004 RP 82 (1653–1655), S. 959.
112 StadtA Heilbronn, A 004 RP 88 (1665–1666), fol. 282 r. Dazu auch fol. 290 r und fol. 291 r.
113 Vgl. dazu StadtA Heilbronn, A 004 RP 89 (1667–1668), fol. 326 r; RP 106 (1697), S. 7. Weitere Quellenbelege benennt SCHLÖSSER, Spuren jüdischen Lebens (wie Anm. 9), Anm. 72.
114 Vgl. dazu StadtA Heilbronn, A 004 RP 88 (1665–1666), fol. 305 r; RP 106 (1697), S. 7.
115 StadtA Heilbronn, A 004 RP 90 (1668–1670), fol. 410 v.
116 StadtA Heilbronn, A 004 RP 111 (1702), S. 100.
117 StadtA Heilbronn, A 004 RP 112 (1703–1704), S. 19, S. 37. Zahlreiche weitere Belege bei SCHLÖSSER, Spuren jüdischen Lebens (wie Anm. 9), S. 131.
118 MAYER, Geschichte der Juden (wie Anm. 2), S. 54. Zur Geschichte der Juden in Neckarsulm vgl. BAUMANN, Neckarsulmer Juden (wie Anm. 62); zur Geschichte der Juden in den (späteren) Heilbronner Ortsteilen vgl. ANGERBAUER/FRANK, Jüdische Gemeinden (wie Anm. 6), S. 51 f. (Biberach), S. 109 (Hipfelhof/Frankenbach), S. 110–115 (Horkheim), S. 122–125 (Kirchhausen), S. 213–221 (Sontheim).
119 SCHLÖSSER, Spuren jüdischen Lebens (wie Anm. 9), S. 132.
120 Hubert WECKBACH, Von einer Judentaufe anno 1727 in der Reichsstadt Heilbronn, in: Schwaben und Franken 1969/8, S. III–IV, hier S. III. Vgl. auch MAYER, Geschichte der Juden (wie Anm. 2), S. 53.
121 Zit. nach KRUSEMARCK, Juden (wie Anm. 3), S. 34.
122 Beschreibung Oberamt Heilbronn, Stuttgart 1865, S. 113.
123 DÜRR, Chronik Heilbronn I (wie Anm. 73), S. 304 zu 1770 Febr. 6.
124 StadtA Heilbronn, A 004 RP 181 (1778), S. 234. Vgl. dazu auch MAYER, Geschichte der Juden (wie Anm. 2), S. 55 f.
125 WENNINGER, Man bedarf keiner Juden mehr (wie Anm. 35), S. 251.
126 BAUMANN, Vertreibung der Heilbronner Juden (wie Anm. 62), S. 440.

Andreas Willershausen

Die Reichsstädte der Wetterau im Zeitalter der Hussitenkriege (1419–1431) – Religiöse und militärische Aspekte

Der Aufsatz[1] untersucht exemplarisch die Wahrnehmung der politischen, militärischen sowie religiösen Aspekte der Hussitenkriege für eine kleinere Städtelandschaft[2]. Hierfür wurden als Beispiel die Reichsstädte[3] der einstmals blühenden und viele regionale Kräfte in den Dienst der Staufer integrierenden *terra imperii* Wetterau[4], Friedberg, Gelnhausen und Wetzlar,[5] ausgewählt. Punktuell wurde das wesentlich bedeutendere Frankfurt[6] als Vergleichsbeispiel herangezogen.

Die Kriege gegen die Hussiten

Die Hussitenkriege[7] wurden durch den römischen König Sigismund (1410–1437) im Jahre 1419 im Zuge des ersten Prager Fenstersturzes gegen den bewaffneten Arm der sog. Hussitischen Revolution[8] mitsamt der Tötung der altgläubigen Prager Führungsschicht und der Plünderung von Klöstern[9] begonnen. Die Anhänger des auf dem Konzil von Konstanz hingerichteten Jan Hus begehrten seit zehn Jahren aus religiösen, hochschulrechtlichen wie sozialen Gründen gegen die traditionell reichsorientierte Herrschaftsschicht Böhmens auf. Der bereits gesundheitlich angeschlagene, in den entscheidenden Krisenjahren zu irrationaler Gewaltanwendung und Unterdrückung der Reformbewegung neigende böhmische König Wenzel (1363–1419) überlebte diese Vorgänge nur um einen knappen Monat.[10] Sein Bruder Sigismund begann die Verteidigung seines väterlichen Erbes zunächst als Reichskrieg.[11] Flankiert und intensiviert wurden die Hussitenkriege aber gleichzeitig durch das geballte papstkirchliche Instrumentarium des spätmittelalterlichen Kreuzzuges.[12] Die Motive Sigismunds zur Anwendung und Vermengung geistlicher wie weltlicher Kriegsführung bleiben umstritten.[13] In den Jahren von 1419 bis 1431 fanden mindestens fünf große Kriegszüge statt, welche von der Forschung zumeist als „Kreuzzüge" bewertet werden.[14] In den Zwischenjahren ereigneten sich zahlreiche weitere Kampfhandlungen durch bedeutende Reichsfürsten,[15] aber auch eher präventive Kampfhandlungen auf regionaler Ebene.[16] Ob diese militärischen

Aktionen ebenfalls als religiöse Kriegsführung bezeichnet werden können, ist bislang umstritten.[17]

Der Anführer des Hussitenkrieges mochte zunächst der König gewesen sein, doch er blieb es nicht allein. Nach dem vergeblichen Versuch einer konzertierten Aktion des Reichsheeres bestehend aus königlichen und fürstlichen Aufgeboten im Jahre 1420 traten zunehmend die rheinischen Kurfürsten[18] sowie der Markgraf von Brandenburg als eigentliche Motoren des Hussitenkrieges hervor.[19] In Truppenanschlägen[20] und Heeresordnungen[21] bemühten sich die Fürsten phasenweise darum, sinnvolle strategische, logistische wie disziplinarische Voraussetzungen zu schaffen.

Die Reichsstädte im Hussitenkrieg: Forschungsstand und Strukturbedingungen

Die reichsstädtischen Aufgebote waren häufig in einem gemeinsamen Heerbann vereint und einem fürstlichen Befehlshaber untergeordnet.[22] Da sich diese Praxis nicht immer als erfolgreich erwies, engagierten mehrere Städtelandschaften eigene, den Fürsten untergeordnete „Hauptmänner" zumeist aus dem Klientel des lokalen Niederadels.[23] Man versprach sich davon, dass diese besser in der Lage sein sollten, zwischen Fürsten und der eigenen Dienstherrin vermitteln und die Interessen des eigenen Trosses vertreten zu können.[24] Im Schwäbischen Städtebund nahm diese Stellung seit dem Jahre 1426 der Edelfreie Heinrich von Stöffeln ein.[25] Für das Frankfurter Aufgebot hatte der diplomatisch im Reichsdienst versierte Ratsherr Walter von Schwarzenberg[26] eine Art Oberaufsicht über die städtischen Truppen neben mehreren regulär dienstverpflichteten Befehlshabern inne.[27] Die Städteaufgebote setzten sich ihrerseits in durchaus heterogener Weise aus unterschiedlichen Verbänden von „Gewaltprofis", d. h. Söldnern mit eigenen Befehlshabern,[28] aber auch Bürgeraufgeboten und freiwilligen Beteiligten zusammen.[29] Wie erwähnt, wurden alle fünf Feldzüge stets unter dem Banner des Kreuzzuges unternommen. In einigen Fällen begleiteten sogar Kardinallegaten das Heer, deren Wirken in städtischen Quellen eine hohe Aufmerksamkeit fand.[30] In Kriegsberichten oder der nachträglichen künstlerischen Bearbeitung in der Reimspruchdichtung werden sie mitunter als das eigentliche dynamische Element der jeweiligen Unternehmungen beschrieben.[31] Es ist kein Geheimnis, dass sich die sehr viel egalitäreren, geschlossenen sowie in religiöser Hinsicht hochmotivierten hussitischen Verbände bis zum unmittelbaren Ende der Hussitenkriege im Jahre 1434[32] gegenüber den zusammengewürfelten, schlecht koordinierten und zudem von Standesdünkeln durchzogenen Reichsheeren als überlegen erwiesen.[33]

Die relative Ineffektivität der kreuzfahrerischen Maßnahmen erklären sich Historiker seit dem 19. Jahrhundert politisch mit den internen Konflikten der Kurfürsten und verfassungsgeschichtlich mit Spannungen zwischen Fürsten und Städten, welche sich

Abb. 1: Hussitische Wagenburg. Kriegstagebuch von Johann Hartlieb, um 1440 (Wien, Österreichische Nationalbibliothek, Bildarchiv, Cod 3062, fol. 148)

seitens der Städte durch „hinsichtlich des Aufwands minimierte[s] Engagement" oder gar mit einer „verfassungspolitisch motivierten Leistungsverweigerung" manifestierten.³⁴ Andere Historiker betonen, dass die Befürchtung der Reichsstädte zu groß gewesen sei, im Rahmen (kur-)fürstlicher Entscheidungsfindungen vor finanziell vollendete Tatsachen gestellt oder wirtschaftlich benachteiligt zu werden.³⁵ Der Chronist Eberhard Windecke bewertet in seiner politischen Lebensbeschreibung Sigismunds von Luxemburg eine entsprechende kurfürstliche Initiative des Jahres 1422 folgendermaßen:

> *Daher beschlossen die Fürsten, daß man den hundertsten Pfennig nehmen und davon den Sold zahlen solle. Das wollten die Städte nicht, denn wenn das geschehen wäre, so hätten die Fürsten die Macht der Städte kennen gelernt und das sahen diese wohl ein.*³⁶

Laut Sabine Wefers lag den Städten „die Verteidigung der eigenen Mauern weit mehr am Herzen als die Vernichtung des Hussitismus."³⁷ Dass die Städte einen der wenigen Hoffnungsträger in König Sigismunds „politischem System"³⁸ darstellten, sie nicht nur in der nach dem Tode des Herrschers verfassten *Reformatio Sigismundi*³⁹ sondern auch nach Sigismunds Selbstzeugnissen das einzige Substrat seiner Königsmacht darstellten, kann an dieser Stelle lediglich angedeutet werden.⁴⁰ Heinrich Schmidt spricht sich dafür aus, auch aufgrund der von den Reichsstädten aufmerksam dokumentierten eigenen Beteiligung an den Hussitenkriegen hinsichtlich des politischen Selbstbewusstseins der Städte eine „Einheit von Stadt und Reich" anzunehmen.⁴¹

In der Tat zeigt bereits ein kursorischer Vergleich wirtschaftlicher, brieflicher sowie semi-narrativer Quellen reichsstädtischer Provenienz⁴² das phasenweise große Bemühen der Städte während der Hussitenkriegen auf: Ihr Engagement reichte von der wie im Falle Nürnbergs heißbegehrten Stellung von Söldneraufgeboten im gesamten Untersuchungszeitraum⁴³ bis hin zur ungeliebten Bezahlung und Abführung des im Jahre 1427 von den Kurfürsten und Kardinal Henry Beaufort (1427–1447) eingeforderten „Hussengeldes" an die Zentralkasse in Nürnberg.⁴⁴ Insbesondere aus der interstädtischen Korrespondenz wird eine starke Relevanzzuschreibung des reichsständischen Engagements im Hussitenkrieg erkennbar.⁴⁵ Aus den Briefen wird aber auch eine diffuse Angst vor einer „Schmähung"⁴⁶ bzw. „Verunglimpfung"⁴⁷ durch die Fürsten, also einem reichsständischen Reputationsverlust, greifbar. Schließlich wird aus den Quellen das Bedürfnis einiger Städtegruppen deutlich, im religiösen Sinne als „gute Christen" zu gelten:

> *[A]lso, lieben fründe, wann wir stette vorher allweg zu solichem gedient haben und daz ie ain sach ist die got den herren sin hochgelopten muter Marien alle gotteshailgen die muter der hailigen cristenhait den hailigen cristanglouben daz hailig Roemisch rich alle ere und erberkait und waran unser cristangloubiger trost und alles hail lit merklich beruerret und ainem ieden getruwen cristan billich zu herzen gaet, also daz*

wir pflichtig sien darzu ze dienen, ab anders der gezog für sich gaet: dorumb so wellent die sach mit wishait in uwern raeten so fürnemen und erwegen, daz wir stette als gut cristan erfunden werden ... .[48]

Gleichermaßen aufwändig wenn auch formelhaft wurden durch die schwäbischen Reichsstädte selbst Routineangelegenheiten, wie etwa die Einberufung von Städtetagen oder das Engagement im Hussitenkrieg als dringende religiöse Notwendigkeit und Dienst an der Dreifaltigkeit sowie am Christglauben charakterisiert.[49] Zugegeben nüchterner zeigte sich die Reichsstadt Frankfurt etwa im Hinblick auf ihre politische Korrespondenz mit den Reichsstädten der Wetterau.[50]

Aber wurden die Hussitenkriege von den Zeitzeugen überhaupt als religiöse Herausforderung begriffen? Bei Historikern, welche der pluralistischen Kreuzzugsforschung nahestehen[51], herrscht Konsens darüber, dass es eindeutig möglich sei, anhand des zeitlichen Zusammenhangs zwischen frühzeitig erlassenen Bullen bzw. stattfindenden Ablasspredigten und nachfolgenden Militäraktionen zwischen (Hoch-)Phasen des Kreuzzuges sowie niederschwelligen Phasen des (nicht-)religiösen Reichskrieges oder regionalen Kleinkrieges unterscheiden zu können.[52] Im zeitgenössischen Jargon der Fehdeführung wurde eine derartige niederschwellige Kampfhandlung als „täglicher Krieg" bezeichnet. Dabei handelt es sich um einen Sammelbegriff für in der Regel längerfristige, aber regional begrenzte und im Hinblick auf die Truppenzahl limitierte Kampfhandlungen von Verwüstungscharakter.[53] Auf Reichsebene trafen die Kurfürsten und das Reichsoberhaupt im Jahre 1422 und in den Jahren 1424 bis 1427 sowie erneut in den Jahren 1429 bis 1431 häufig Güterabwägungen zwischen den Alternativen *ain gemeinen zug oder ain teglichen krieg*.[54] Letzterer wurde auch in Betracht gezogen, wenn es darum ging, einen Grenzabschnitt zu verteidigen oder wenn befürchtet wurde, dass die Truppen für einen gezielten Angriff des gegnerischen Territoriums nicht ausreichen würden.[55]

Eine eindeutige Unterscheidung zwischen Phasen religiöser wie nichtreligiöser Kriegführung fällt aus verschiedenen Gründen schwer und wird im Fortgang der Darstellung auch nicht angestrebt. An dieser Stelle kann nur

a) an die von jeglichen kreuzzugstechnischen Konjunkturen unabhängige städtische Kriegsführung Nürnbergs erinnert werden,[56]
b) die Möglichkeit angedeutet werden, angesichts seines engen zeitlichen wie organisatorischen Konnexes mit größeren Feldzügen auch den „täglichen Krieg" religiös verorten zu können, sowie
c) auf dementsprechend fehlende, zeitgenössische Unterscheidungskriterien zwischen Formen der religiösen und nicht-religiöser Kriegsführung hinzuweisen.[57]

Im Weiteren sollen die beiden aufgeworfenen Aspekte – Wahrnehmung der Hussitenkriege als Kreuzzüge durch die Städte und deren militärische Partizipation – am Beispiel der kleineren Reichsstädte der Wetterau näher verdeutlicht werden.

Die Reichsstädte der Wetterau im Spätmittelalter

Trotz ihrer planmäßigen Gründung in staufischer Zeit,[58] ihrer im Hochmittelalter beachtlichen, überregional bedeutenden Wirtschaftskraft und ihrer vielfältigen Kooperationen untereinander sowie mit anderen regional bedeutsamen Akteuren erscheint die Untersuchung der kleineren Reichsstädte Wetzlar, Gelnhausen oder Friedberg im beschriebenen Kontext zunächst einmal begründungspflichtig. Dies umso mehr, wenn deren wirtschaftlich wie politisch dominierender Vorort Frankfurt[59] einmal nur punktuell als strukturgeschichtlich bedeutsame Grundkonstante in die Untersuchung miteinbezogen wird.

Im Verlauf des 13. Jahrhunderts hatten unsere drei Städte aufgrund ihrer Rohstoffproduktion sowie ihrer regionalen Bedeutung als Absatzmarkt, Umschlagplatz oder Messeplatz „innerhalb einer herrschaftlich vielfältig zersplitterten Landschaft [...] eine militärisch- und wirtschaftlich bedeutende Stellung"[60] erlangt. Die Entwicklung einer weitgehenden Selbstverwaltung mit Ratsstrukturen zwischen 1259 und 1265[61], die Ausübung entscheidender Gerichtsrechte anstelle von Repräsentanten des Königs oder anderer Gerichtsherren, eine einheitliche Besteuerung unter selbstbestimmter Erfassung der eigenen Bürgerschaft durch eigene Bevollmächtigte und die Einführung von Stadtsiegeln[62] sind ebenso zuverlässige Indikatoren für die reichsstädtische Entwicklung der Wetterauer Reichsstädte, wie eine „seit den 1160er Jahren in Frankfurt geprägte gemeinsame [...] Wetterauische [...] Währung, die Wetterauer Brakteaten oder Halbpfennige"[63]. Als Folge des Prozesses der wirtschaftlichen Annäherung bei zunehmend vereinheitlichten Rechtsstrukturen sind die noch bis ins 15. Jahrhundert bedeutsamen „personelle[n] Verbindungen zwischen den Wetterauer Städten" zu nennen, welche sich durch den verstärkten Zuzug von Frankfurter Neubürgern aus dem Gebiet der Wetterau sowie das Konnubium von Bürgerssöhnen aus der Wetterau mit reichen Frankfurter Patrizierfamilien bemerkbar machten.[64] Der enge familiäre wie politische Zusammenhalt der Wetterauer Reichsstädte erklärt sich aus deren Beteiligung am Rheinischen Städtebund vom 13. Juli 1254 bis 1257.[65] Acht Jahre später kam es zu einer dreijährigen Friedensinitiative für den Raum zwischen Rhein, Lahn und Odenwald, welcher als Wetterauer Landfrieden bezeichnet werden kann. Sein Initiator war Erzbischof Werner von Mainz (1259–1284) gemeinsam mit „nahezu allen wichtigen politischen Kräften der Wetterau und ihrer Randgebiete", den Herren von Eppstein und dem Grafen von Katzenelnbogen.[66] In einer anderen Entwicklungslinie steht die Inklusion der Städte in königliche Landfrieden zur Zeit Ludwigs des Bayern (1314–1347) seit dem Jahr 1317,[67] welche in wechselnden Konstellationen in den Folgejahrzehnten eine Fortsetzung fanden.[68] „Durch das Zusammenwirken der Institutionen Landvogtei und Landfrieden wurde dem König die Möglichkeit der Einwirkung und Kontrolle eingeräumt und die Position des Königtums in der Wetterau gefestigt."[69] Nicht nur aufgrund der weiteren

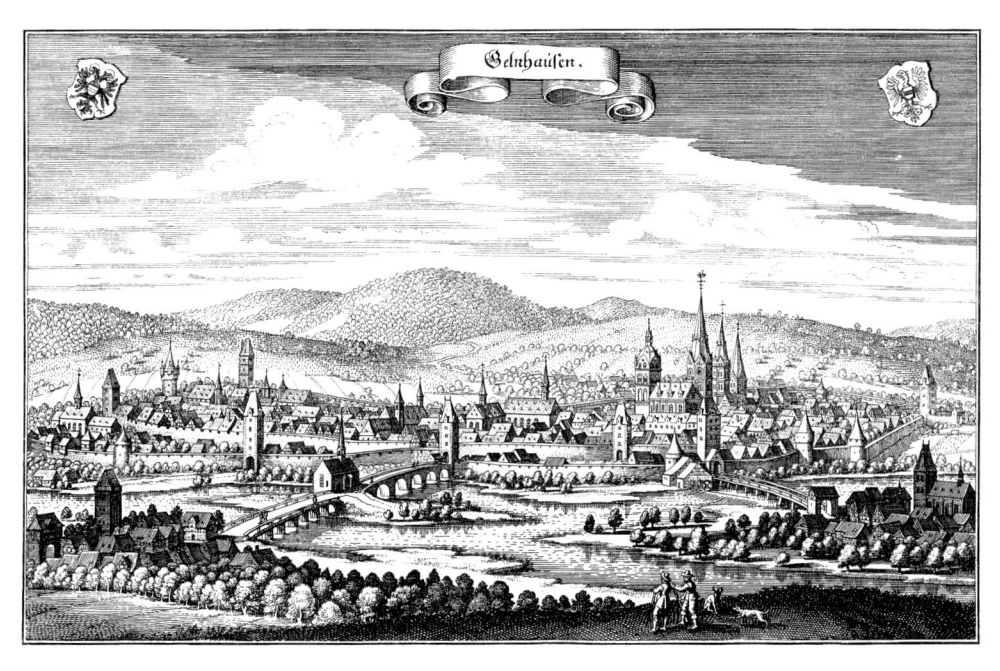

Abb. 2: Die Stadt Gelnhausen. Kupferstich von Matthäus Merian, 1646 (http://www.lagis-hessen.de/de/subjects/idrec/sn/oa/id/2706)

konfliktreichen „ständerechtlichen Neuformierung" des mittelhessischen Raumes durch frühere Ministeriale und Landfriedenshauptleute zu Territorialherren und der Formierung des Niederadels etwa in Ritterbünden und Ganerbenschaften zu Beginn des 15. Jahrhunderts[70] verloren die Landfrieden neben der verlöschenden reichsrechtlichen Institution der Landvogtei zunehmend an Bedeutung. Da königliche Landfrieden und gelegentliche Reichsexekutionen allenfalls kurzfristige Resultate haben konnten, führten Bündnisse mit „den benachbarten Territorialherren"[71] zu langfristigeren Effekten und zuverlässigeren Konfliktlösungsmöglichkeiten.[72] Ebenfalls als „[w]irksamer"[73], weil besser die regionalen Interessen seiner Mitglieder berücksichtigend, gilt der Zusammenschluss Frankfurts, Friedbergs, Wetzlars und später auch Wetzlars zum Wetterauer Städtebund (9. Mai–1. Dezember 1285–1360).[74] In diesem engagierten sich die Städte in erster Linie aufgrund ihres regionalen Sicherheitsbedürfnisses, weniger aufgrund „reichspolitische[r] Zielsetzung[en]"[75]. Die Bundesfassung von 1349 behandelt detailliert die Regelungen der gemeinsamen Friedenssicherung durch Aufstellung einer gemeinsamen Sicherheitsstreitmacht.[76] In wirtschaftlicher Hinsicht waren die Reichsstädte der Wetterau eng durch den Wetterauer Messezyklus (1332) miteinander verflochten,[77] der auch zahlreiche andere Städte wie Speyer, Koblenz oder Straßburg[78] beeinflusste. Die Kooperation unserer Reichsstädte der Wetterau war schon durch die gemeinsame Stadtrechtsfamilie und die häufig gemeinsam erfolgenden Privilegierungen und Adressierungen in könig-

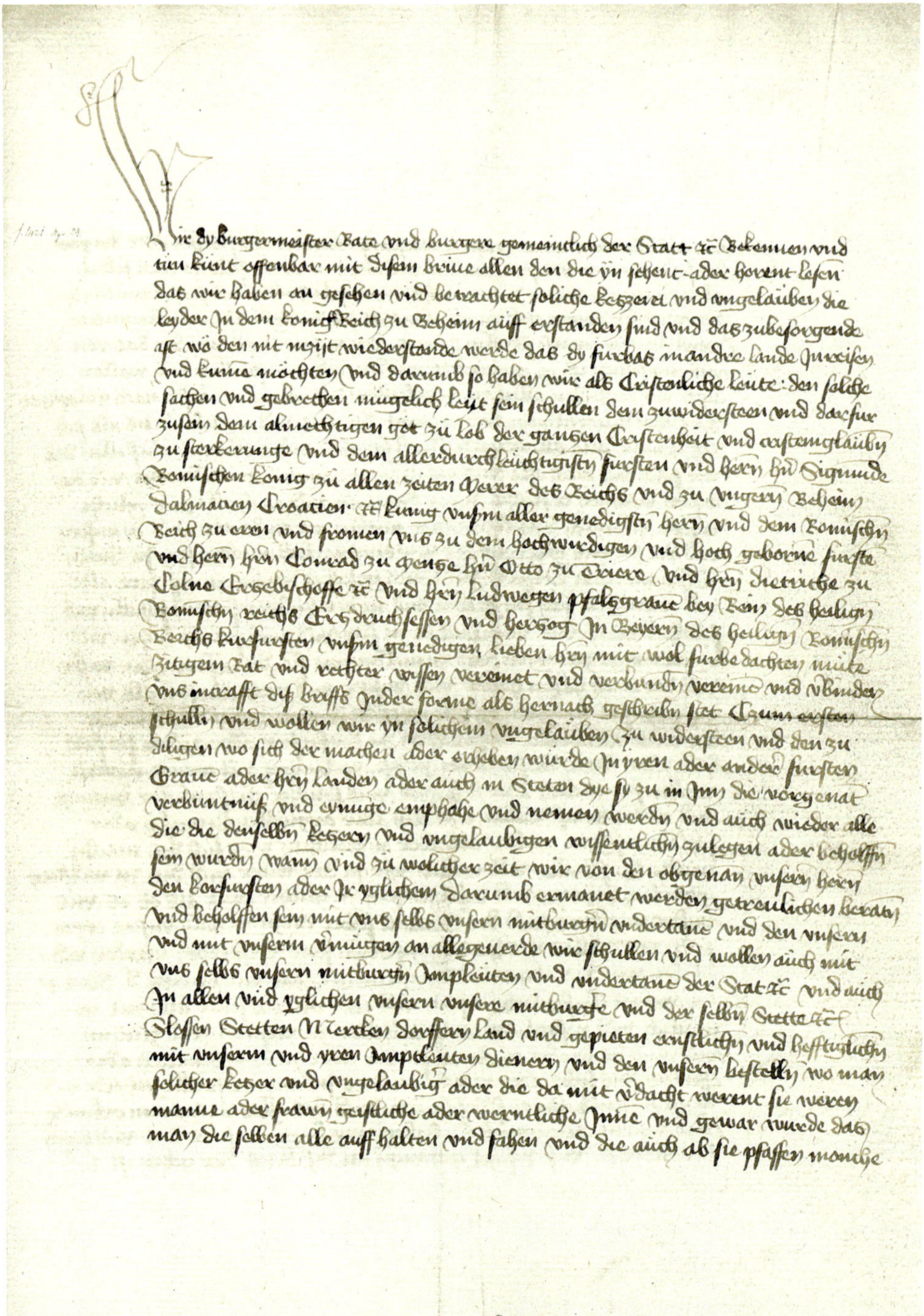

Abb. 3: Konzept des von den Reichsstädten zu beschwörenden Ketzereides zur Begründung einer „Christlichen Vereinigung" gegen hussitische Umtriebe, undatiert (StadtA Nördlingen, Missivenbuch des Jahres 1421, Nr. 61, erste Seite)

lichen Urkunden und Briefen[79] vorbereitet worden. Entsprechend wurden Friedberg, Gelnhausen, Wetzlar und Frankfurt auch in Matrikeln und Gleven-Anschlägen der Kurfürsten häufig gemeinsam erfasst.[80]

Eine prägende Erfahrung stellten die sog. „Städtekriege" des letzten Viertels des 14. Jahrhunderts gegen die Pfalzgrafen bei Rhein, sonstige umliegende Dynasten und gegen diverse Ritterbünde dar.[81] Die drei Wetterauer Städte beteiligten sich an diesen Auseinandersetzungen trotz anfänglicher Zurückhaltungen auf den Wunsch ihres Vororts Frankfurt im Rahmen des erweiterten Rheinischen und Schwäbischen Städtebundes.[82] Auf die Unterstützung des Bundes konnten die Reichsstädte jedoch bei Auseinandersetzungen mit Raubrittern bei Bommersheim, Hattstein, Rückingen, Höchst oder mit Johann IV. von Solms rechnen.[83] Im November 1384 nahm das seit Jahrzehnten durch die Solmser bedrängte Wetzlar in einer einmaligen Fügung die geballte Bundeshilfe gegen Graf Johann IV. von Solms in Anspruch, was in die Zerstörung von Burgsolms mündete.[84]

Der Krisenphase nach der Niederlage des Schwäbischen Städtebundes gegen den Pfalzgrafen sowie Heinrich von Sponheim bei Großbockenheim 1388 begegnete der Gelnhäuser Rat etwa durch das Beibehalten der diplomatisch versierten Bürgermeister des Vorjahres.[85] Der Wetterauer Vorort Frankfurt hatte seinerseits dem Pfalzgrafen und dessen Verbündeten die Fehde erklärt[86] und war gleichzeitig in eine Fehde gegen die Ritter von Kronberg verwickelt. Die Stadt am Main wollte diesen Kampf vor einer Zwangsbeteiligung am kostspieligen Egerer Landfrieden[87] des Rheinischen Städtebundes zu für sie vorteilhaften Bedingungen beenden, was verheerende Verwüstungen des Frankfurter und Gelnhäuser Umlands zur Folge hatte.[88] Der Versuch eines militärischen Befreiungsschlages am 14. Mai 1389 bei Kronberg erwies sich für Frankfurt und die Wetterau als verheerend und hatte die Gefangennahme von 600 Reichsstädtern sowie eine Beteiligung an den beträchtlichen Entschädigungszahlungen aus der ganzen Wetterau zur Folge.[89] Als nur vorübergehend stabilisierend stellte sich das geharnischte Vorgehen König Ruprechts von der Pfalz (1400–1410) in Form einer Reichsexekution gegen die Raubritter des Taunus' und der Wetterau zu Beginn des 15. Jahrhunderts heraus.[90] Auch wenn sich, wie etwa der Gelnhäuser Stadtschreiber ausführlich zu zeigen versuchte, Gelnhausen an diesen Zerstörungsaktionen entweder nicht aktiv oder nur auf Geheiß des Königs beteiligt hatte,[91] wurden die Städte während des gesamten ersten Drittels des 15. Jahrhunderts wegen dieser und früherer Kampfhandlungen zur Zeit der Städtekriege[92] mit Folgefehden und Entschädigungsklagen der Nachfahren überzogen. Wenn sich Gelnhausen im Jahre 1427 im Vorfeld eines neuen Hussitenkreuzuges bei ihrem Pfandherren darüber beklagte, dass *wir vorzijden in als manichem lantfrieden gewest, der wir so großen kosten und schaden geno[m]men han, daz wir und die stad bij uns daz nim[mer] v[er]winde[n] mogen, want wir von funffczig jaren her manige große fehede und kriege gelieden und gehabt*[93] und ihn um eine Entschuldigung auf dem laufenden Reichstag zu Frankfurt bat,[94] dann ist das ein Nachhall aus dieser Zeit und noch für die Gestaltung der aktuellen Städtepolitik der 1420er Jahre konstitutiv.

Ohnehin hatten unsere drei Städte aus den unterschiedlichsten Gründen zu Beginn des 14. Jahrhunderts ihr wirtschaftliches Potential längst verloren.[95] Die Ursachen dieser Entwicklung müssen als heterogen bezeichnet werden. Die oft in diesem Zusammenhang genannte Tatsache multipler Verpfändungen zumeist an den regionalen Hochadel kann mehr als Folge denn als Ursache dieses Prozesses bezeichnet werden und lässt stärkere Schlüsse auf die zunehmend eingeschränktere Finanzkraft des „überforderte[n] König[s]" sowie dessen Bedarf an politischer Unterstützung zu.[96] Im Falle Friedbergs können innerstädtische Probleme wie das juristische und finanzielle Übergewicht der den Rat dominierenden Friedberger Burgmannenschaft benannt werden. Auch die Notwendigkeit der Bezahlung des freien Geleits an die größere benachbarte Reichsstadt am Main für Friedberger und andere Kaufleute auf dem Weg zur Frankfurter Messe belastete die städtischen Finanzen sehr.[97] Gelnhausen machte die ungünstige Gemengelage von militärischen wie juristischen Konflikten mit umliegenden Dynasten und lose organisierten Herren- und Ritterbünden in Folge von Landfriedenswahrungen König Ruprecht von der Pfalz zu schaffen. In wirtschaftlicher Hinsicht belastend wirkten auch das Konnubium von Angehörigen der Burgmannschaft Gelnhausen mit den eigenen Stadtbürgern sowie eine Kette von Verpfändungen seit der Mitte des 14. Jahrhunderts an die Grafen von Schwarzburg.[98] Im Falle Wetzlars führten Zollbelastungen und Wegelagerei, die konstante Befehdung durch die Grafen von Solms, ein Großbrand im Jahre 1334 sowie die Verschuldung der eigenen Bürgerschaft durch Leibrenten[99] zu einem Stadtbankrott. Zahlreiche Klagen von Gläubigern aus städtischen Kreisen hatten schließlich sogar die Verhängung der Reichsacht zur Folge,[100] was einem Bedeutungsverlust Wetzlars von der Fernhandelsstadt „[z]um Ackerbaustädtchen"[101] entsprach und zu einer „enge[n] Anlehnung an den Vogteiinhaber, wirtschaftliche[r] Stagnation und K[öni]g[...]sferne"[102] führte. Diese widrigen Grundbedingungen sorgten dafür, dass es sich bei Wetzlar zu Beginn der Hussitenkriege um die in wirtschaftlicher, juristischer wie politischer Hinsicht bedrängteste der drei ursprünglichen Reichsstädte der Wetterau handelte.

Die Hussitenkriege als religiöse Herausforderung für die Reichsstädte der Wetterau

Aus den genannten Gründen wäre durchaus nachvollziehbar, wenn die drei Städte den Hussitenkriegen samt ihrer religiösen Dimension nur wenig Aufmerksamkeit geschenkt hätten. Anders als die wittelsbachischen Territorialstädte der Oberpfalz und Niederbayerns oder die markgräflichen Städte Bayreuth und Ansbach sowie die große

Reichsstadt Nürnberg[103] waren die Reichsstädte der Wetterau nie direkt von den hussitischen, „herrlichen Feldzüge[n]" (spanilé jízdy) bedroht.[104] Allenfalls das Führungsgremium der Gelnhäuser Burgmannen befürchtete im Jahre 1430 einen Hussiteneinfall.[105] Erstmals wird die gefühlte Bedrohungslage[106] in der Kinzigstadt aus einem Schreiben des Aschaffenburger Dekans Johann Schaubrot an Eckhart von Fischborn deutlich, welcher den Burgmannen nahestand. Der Dekan hatte Informationen erhalten, dass die hussitischen Verbände über die Territorien der Diözesen Mainz und Würzburg abziehen könnten.[107] Kurz darauf verlangte ein Krisenkomitee, bestehend aus Burggraf, Baumeister und weiteren Burgmannen des Burggerichtes, von jedem Burgmannen die Abführung von zwei Gulden im Rahmen des geltenden Burgfriedens, um die Verteidigung der Kaiserpfalz zu gewährleisten.[108] Im Falle eines unmittelbaren, hussitischen Angriffs hatten sich alle Burgmannen persönlich mit ihrem Harnisch in der Burg einzufinden, „um die Burghut zu leisten"[109]. Aus der äußerst schleppenden Resonanz des Appells, der über ein Jahr lang weitgehend ergebnislos wiederholt wurde,[110] lässt sich eine immer weiter abnehmende Bedrohungslage an der Kintzig im Verlauf des Jahres 1430 ebenso herauslesen wie die schwindende Kohärenz der Burgmannenschaft sowie der Bedeutungsverlust der Pfalz in militärischer Hinsicht.[111]

Im Hinblick auf eine mögliche Wahrnehmung der Hussitenkriege als religiöse Herausforderung bemerkenswert ist freilich ein zwei Jahre nach Beginn der Hussitenkriege explizit an die *ersamen burg[er]meist[er]n und reten der stetde Frankfurd Geilnhusen Frideberg und Wetflar uns[er]n besund[er]n guden frunden* gerichtetes Schreiben der Kurfürsten. In diesem wurden unsere Reichsstädte auch über den für eine Bekämpfung der Hussiten verhängten Kreuzzugsablass informiert.[112] Als Anlage erhielten die vier Städte zudem die entsprechenden Kreuzbullen samt formaljuristischen Instruktionen für die Ablassvergabe.[113] Am 31. Mai übermittelte Frankfurt den *prudentibus ac circumspectis viris proconsulibus, consulibus et communitatis opidi Geilnhusen* einen Kreuzzugsaufruf Kardinal Brandas de Castiglione (1411–1443),[114] welcher nach klassisch hochmittelalterlichem Brauch der Trias Narratio, Exhortatio und Privilegia komponiert worden war.[115] Spätestens zu diesem Zeitpunkt also musste es den Gelnhäusern einsichtig sein, dass sowohl die mit eigenen Mitteln persönlich ausgeführte Teilnahme als auch die Ausstattung anderer Kämpfer zu diesem Zwecke unabhängig des persönlichen Ausgangs des Unternehmens einen vollen Ablass wert war. In dem Gelnhausen vorliegenden und von Stadtschreiber Brell[116] kommentierten[117] Geldsteuergesetz[118] gegen die Hussiten des Jahres 1427 befindet sich ein Hinweis auf Ablässe auch bei einer finanziellen Beteiligung am Ketzerkampf. Das durch die Aufnahme dieser Quellen in das Gelnhäuser Stadtbuch erkennbare Interesse der Reichsstädte auch für die religiösen Aspekte des Hussitenkrieges deckt sich mit den Werken zeitgenössischer Chronisten aus dem Priesterstande wie etwa Job Vener[119] oder Andreas von Regensburg, welche die Krise eindeutig in den Kategorien des Kreuzzuges beurteilten. Das zeigt sich dadurch, dass sie aktuelle Kreuzbullen juristisch kommentierten, mit früheren Beschlüssen verglichen oder gar Passagen aus älteren Kreuzzugchroniken wie etwa der *Gesta Frederici* Ottos von Freising[120] als Orientierungshilfe in ihre Werke inkludierten.

Auch Frankfurt führte zur Eindämmung bzw. Retardierung von Konflikten oder Gerichtsprozessen das Argument des Ketzerkrieges ins Feld. So bat die Handelsstadt am Main während einer ihrer zahlreichen Fehden[121] gegen die Grafen von Katzenelnbogen am 8. Mai 1431 darum, die Kampfhandlungen im Interesse des kommenden Hussitenkrieges auszusetzen.[122] Dieses Ansinnen beschied Graf Philipp nur drei Tage später positiv.[123] Bereits fünf Jahre zuvor, am 11. September 1426, hatte Frankfurt den Grafen um die Erstreckung eines gütlichen Tages zur Klärung eines Konfliktfalles zwischen einem der am häufigsten gegen die Hussiten ziehenden Städtediener, nämlich Hans Sure von Oberkeim (Obrigheim), und einer Untertanin des Grafen gebeten. Die Frankfurter begründeten ihr Ansinnen damit, dass der Diener *hans vor etzlich' ziit von uns darzu geordent und bestalt ist mit ander'n uns[er]n dienern, gein Beh[emen] wid[er] die husse[n] zu ziihen, daruff wir uns auch v[er]lasse[en] ha[n]*.[124] Da der gleichnamige Vater des Grafen zur veranschlagten Zeit nicht zu Hause weilte, bat Frankfurt nun den jungen Grafen darum,[125] den Termin zu verschieben, bis Hans Sure wieder aus Böhmen zurückkehrte. Dem Wunsch der Reichsstadt wurde entsprochen.[126] Gedankt hat Hans Sure dem Grafen das Moratorium übrigens nicht, da er bereits im Folgejahr ein Beteiligter eines städtischen Aufgebotes wurde, welches den Katzenelnbogenern einen Widersagebrief sandte, den der Frankfurter Dienstmann mit seinem eigenen Siegel behängt hat.[127] Zwar befinden sich in den knappen Briefen keine dezidierten religiösen Argumente. Doch mochte zwischen Reichsständen mit kreuzfahrerischen Traditionen der Hinweis auf einen bevorstehenden Böhmenzug auch ohne weitere explizite Begründungen genügen, um eine Aussetzung von Strafverfolgung oder Fehde begründen zu können. Auf ein prinzipielles Einverständnis des Katzenelnbogeners hatten die Frankfurt wohl nicht zuletzt aus dem Grund hoffen können, da Graf Philipp von Katzenelnbogen immerhin am Hussitenkrieg des Jahres 1421 teilgenommen hatte.[128]

Das Gelnhäuser Stadtbuch als Quelle zur Wahrnehmung der Hussitenkrise

Eine weitere Quelle zur Verdeutlichung der städtischen Wahrnehmung der Krise durch die eingangs charakterisierten kleineren Reichsstädte der Wetterau stellt das bereits zitierte sog. „Gelnhäuser Stadtbuch" des Stadtschreibers Hartmann Brell dar.[129] Nach eigenen Aussagen zur Belehrung der Nachwelt[130] konzipiert, wurde das Werk im Jahre

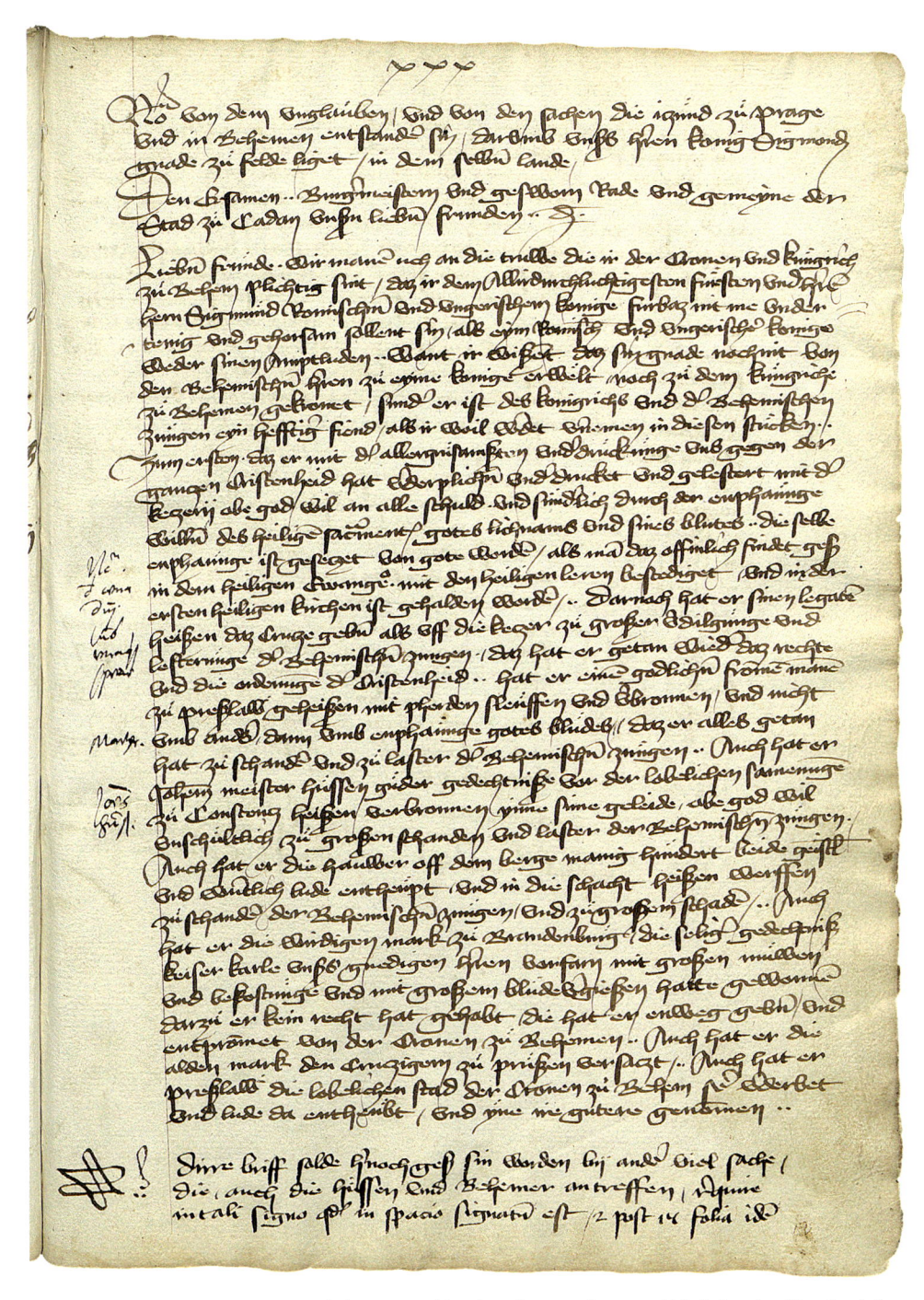

Abb. 4: Interner Querverweis im Gelnhäuser Stadtbuch auf einen relevanten Brief über den Hussitenkrieg: *[D]irre briff solde h(ernoch)ges(ribn) sin worden bii ande(r) viel sache die auch die hussen und behemer antreffen ...* (Staatsbibliothek zu Berlin – Preußischer Kulturbesitz, Handschriftenabteilung, Ms. germ. fol. 850, fol. 30 r, Z. 41 f. [unterer Absatz])

1417 begonnen und bis zum Jahre 1436 fortgeführt. Von Brells Sohn und Nachfolger Johann wurde es um einige Bemerkungen zur Stadtverfassung sowie Abschriften von 45 „Briefen und Ratsverordnungen" ergänzt.[131] In quellenkundlicher Hinsicht sollte das Stadtbuch weniger als Chronik,[132] sondern nach dem neuesten Forschungsstand[133] eher als „Stadtbuchchronik" bezeichnet werden.[134] Ähnlich wie beim Gelnhäuser Beispiel sind für die Quellengattung eine rege Kompilations- und Sammeltätigkeit, die stichworthafte, mit Querverweisen versehene Verzeichnung des Inhalts sowie ihr ausführliches Register typisch,[135] aber auch die „Verwandtschaft zwischen administrativem Gedenkbuch und Chronik" mit insgesamt deutlich offiziösem Charakter und eingeschränkter, „allein den Ratsmitgliedern, Syndici und den Stadtschreibern" vorbehaltener Zugänglichkeit.[136] Aufgrund der von Klaus Wriedt erstellten Differenzierung zwischen „Chroniken, dokumentierenden Aufzeichnungen sowie persönlichen und familienbezogenen Aufzeichnungen"[137] ist unser Gelnhäuser Stadtbuch insgesamt eindeutig als „dokumentierende Aufzeichnung" zu verstehen, welche „als Orientierungshilfe für die politischen Entscheidungen des Rates und zur Information der Ratsverwaltung entstanden sind".[138]

Nach dem Tod seines Vaters Hartmann Brell frühestens ab dem Jahre 1431 trat Johann dessen Nachfolge als Stadtschreiber an.[139] Das in der Berliner Staatsbibliothek[140] befindliche Manuskript[141] ist bislang in erster Linie von Heimatforschern transkribiert und regestenhaft ausgewertet worden.[142] Es muss an dieser Stelle genügen festzuhalten, dass das privat vom Gelnhäuser Stadtschreiber zur Belehrung einer breiten Nachwelt geführte Stadtbuch zu 90 % aus Kopien von Urkunden, Briefen und Verwaltungsschriftgut besteht. Einen prominenten Anteil an den im Stadtbuch aufgenommen und kontinuierlich weiterverfolgten Themenfeldern nehmen Einträge zu den Hussitenkriegen ein. Der Quellenwert beschränkt sich jedoch nicht nur auf die Registrierung bzw. Kopie von Kreuzzugsaufrufen von Königen und Kurfürsten, Ermahnungen durch Kardinallegaten zur Beschickung von Reichstagen, die städtische Korrespondenz mit anderen Reichsstädten, Dynasten oder Adeligen über Angelegenheiten des Ketzerkrieges. Wie nachfolgend gezeigt wird, lassen sich aus der Quelle innerstädtische Reaktionen auf die Hussitenkriege auf der Grundlage origineller Rubrizierungen samt eigens für diese verfassten Kommentaren ermitteln:

Im Jahre 1421 begegnet uns die Stadt Gelnhausen noch als tatkräftiger reichspolitischer Akteur.[143] Im Frühjahr standen die Reichsstädte in Verhandlungen mit dem Kurfürstenkolleg über eine neue Maßnahme zur Eindämmung der gefühlten hussitischen Bedrohung. Während Friedrich Kerler diese als „Bündnis der Rheinischen Kurfürsten und anderer Fürsten gegen die Ketzer" bezeichnet,[144] ist es üblich geworden, die Initiative halb inhaltlich, halb formalistisch als „Ketzereid"[145] zu bezeichnen. Die erst kürzlich vorgenommene Einschätzung von Franz Fuchs, dass Abschriften eines solchen Ketzereides rar gesät sind, lässt sich anhand einer sich im Stadtarchiv Nördlingen befindlichen Ar-

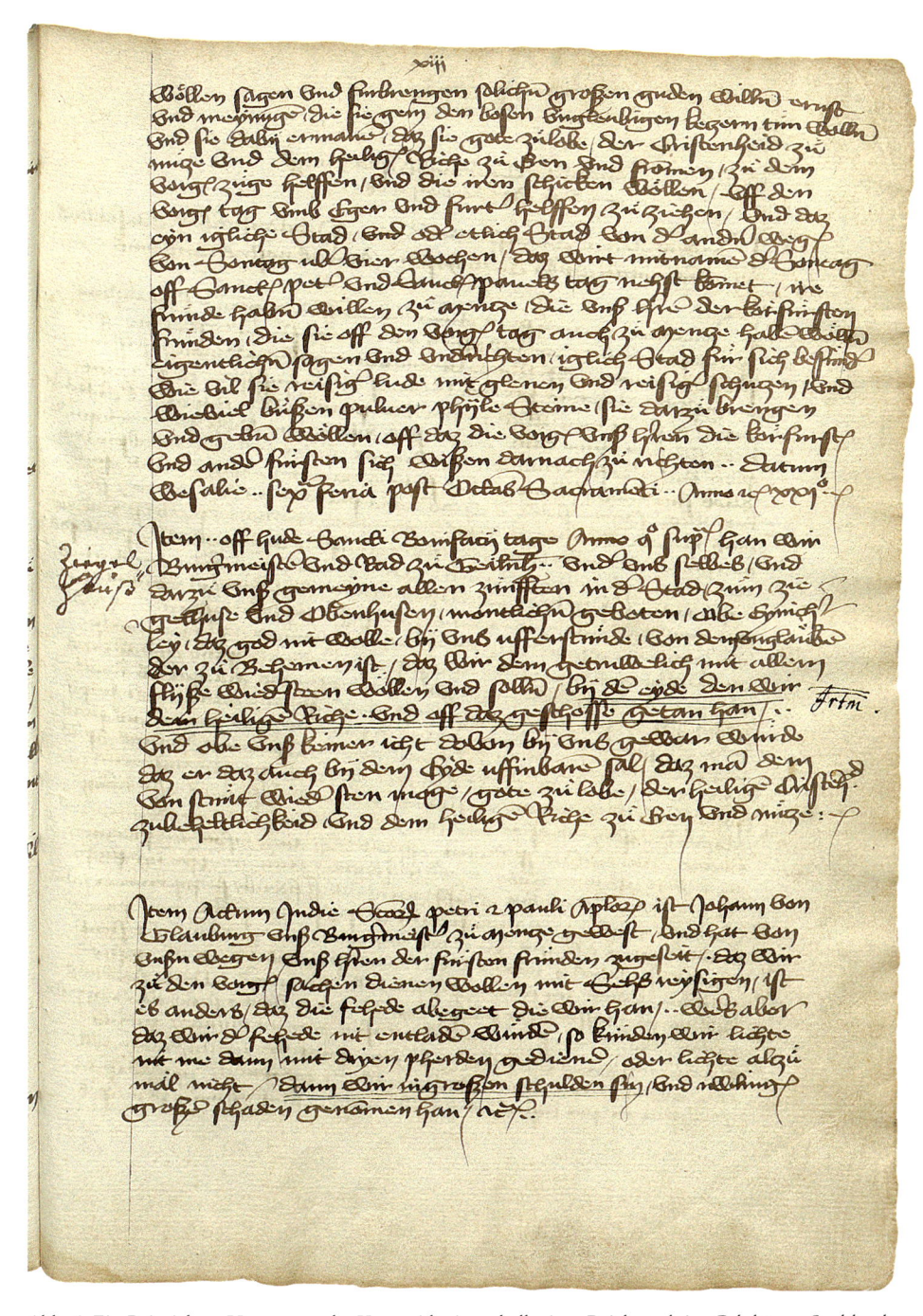

Abb. 5: Ein Beispiel zur Umsetzung des Ketzereides innerhalb einer Reichsstadt im Gelnhäuser Stadtbuch: *Item off hude [...] han wir burgermeister und rad zu Geilnhusen [...] geboten, obe eynicherley, daz god nit wolle bij uns ufferstunde, von dem unglauben der zu Behemen ist, daz wir dem getruwelich mit allem flijße wiedersteen wollen und sollen ...* (Staatsbibliothek zu Berlin – Preußischer Kulturbesitz, Handschriftenabteilung, Ms. germ. fol. 850, fol. 13, Z. 18–24 [mittlerer Absatz])

chivalie bestätigen.[146] Der Vorschlag der Kurfürsten beinhaltete, dass jeder Untertan über zwölf Jahre seine Mitgliedschaft in einem *cristenliche[n] vereinunge und verbuntenifš*[147] gegen hussitische Umtriebe beschwören sollte.[148] Auf einem Fürsten- und Städtetag zu Wesel sollten auch die Reichsstädte, stellvertretend durch die Entsendung von bevollmächtigten Gesandten, ihren Beitritt zu dieser Vereinigung bekräftigen.[149] Anders als bislang häufig bewertet stellte die Initiative jedoch weniger einen regelrechten Fürstenbund mit offensiver Zielsetzung,[150] sondern vielmehr eine christliche Vereinigung sämtlicher Reichsverbände dar, welche von den Teilnahmewilligen durch die Übergabe einer besiegelten Urkunde an das Kurfürstenkollegium beeidigt werden sollte. In den Artikeln riefen die Initiatoren primär dazu auf, bedingungslos und demonstrativ für den Christglauben einzutreten. Geschehen sollte dies durch die Errichtung einer Art Heimatfront, welche nach dem Prinzip der Fremdanzeige, Bespitzelung und dem Einschalten lokaler Gerichtsbarkeiten funktionieren sollte.[151]

Die Notwendigkeit der Sache wurde von vielen Reichsstädten für ideell nachvollziehbar und sinnvoll gehalten; an der formalen Umsetzung des Eides schieden sich indes die Geister. Der Schwureid sollte nämlich in Wesel auf öffentliche Weise den Kurfürsten gegenüber abgelegt werden. Da es sich bei diesen um potentielle Gegner um die Gunst des Königs handelte, welche mit den Städten auch in vielen weiteren Bereichen wirtschaftlich wie juristisch rivalisierten, verweigerten einige Städte wie Basel das Ansinnen eindeutig[152] oder machten es zumindest nicht in dem von den Fürsten gewünschten Sinne rechtsverbindlich. Anders als häufig von der Forschung betont, waren die Städte aber durchaus zur Umsetzung des Ketzereides innerhalb ihrer Gemeinden bereit. Vorentwürfe eines Beitritts der „Christlichen Vereinigung" durch den Schwäbischen Städtebund,[153] aber auch die verbal affirmative, wenn auch juristisch unverbindliche Stellungnahme der zu Wesel versammelten Reichsstädte[154] weisen auf eine schwierige Entscheidungsfindung hin, machen aber deutlich, dass die Städte die Initiative ernst nahmen. Brell nahm diese Erklärung vollständig auf:[155]

> *Bieten wir euw[er] fürstlich gnade czu versteen, daz sich uns[er] frunde darauff underredt hant und woll[e]n von irer rette wegen bii iren eyden in iren stetten bestellen. Ob keinerley ufferstunde, als von dem unglauben zu Behem, daz wir daz understeen wollen getruwelich mit ganczem fliße zu wiedersteen. Auch wollen wir bestellen, obe keiner in uns[er]n stetten etwaz davon gewar wurde, daz er daz uffinbar und zu wißen tu*[.]

Zudem systematisierte Brell das Schreiben im Haupttext als *zusagunge* sowie im Register mit *wie der stede frunde den fursten ein antwurt und zusage taden zu Wesel*[156], was keineswegs zwingend als Absage oder gänzlich kritische Rezeption des kurfürstlichen Anliegens interpretiert werden muss.[157] Die Kurfürsten gaben sich schließlich mit den juristisch unverbindlichen Beteuerungen der Städte zufrieden und konzentrierten sich wieder auf die militärischen Aspekte des Hussitenkrieges.[158]

Wie die Umsetzung des Ketzereides in der Praxis aussah, geht aus dem Stadtbuch ebenfalls hervor. Ein Eintrag vom 5. Juni 1421 besagt, dass die Bürger der Stadt unter Verweis auf geleistete Eide eingeschworen wurden, der böhmischen Ketzerei Einhalt zu gebieten und verdächtige Umtriebe in der Gemeinde unverzüglich anzuzeigen.[159] Aus dem Hinweis des Stadtbuchs, dass die Bürger der Stadt *bij dem eyde, den wir dem heilig[en] riche und off daz geschosse getan han* zum ideellen Widerstand gegen die Hussiten verpflichtet gewesen seien, kann aber nicht zwangsläufig ein Hinweis auf den „Ketzereid" herausgelesen werden. Vielmehr wird darin eine Anspielung auf die spätestens im Zuge der Privilegienbestätigung durch König Sigismund zu Speyer am 20. Juli 1414 vorgenommene Huldigung gemeint gewesen sein. Ein vermutlich der Friedberger Burgmannenschaft nahestehender oder angehörender Augenzeuge berichtete, dass der König am 7. Dezember über Wetzlar zu Burg und Stadt Friedberg geritten sei und dort die Huldigung der Burgmannen und Stadtbürger entgegengenommen und anschließend unter Anwesenheit des Pfandherren von Schwarzburg die Huldigungen der Burgmannen und Stadtbürger empfangen habe.[160] Rein chronologisch gesehen setzte Gelnhausen die Aufforderung zum Ketzereid sogar zehn Tage früher um als das sehr viel zentraler gelegene Regensburg, dessen Klerus jedoch bereits selbst im März 1421 bei der Verbrennung des überführten hussitischen Geistlichen Grünsleder im von den Kurfürsten gewünschten Sinne tätig geworden war.[161]

Sogar unmittelbare Konsequenzen des Gelnhäuser Stadtregiments aus der rechtssymbolischen Handlung lassen sich im Stadtbuch bezeugen: So hatte ein gewisser Johann Döring von Prag am Osterabend in der Pfarrei Häresie gepredigt und war anschließend von einem Beauftragten des Mainzer Erzbischofs, Johann von Benßheim, *in spicantibus* verhört worden. Darauf hatte er am 17. August 1421, also nur fünf Tage nach Auszug des Gelnhäuser Kontingentes, auf dem Lettner Urfehde zu leisten, worauf er wieder entlassen wurde.[162]

In einem zweiten Beispiel wird den möglichen Motiven von Reichsstädtern bei ihrer Teilnahme an den Hussitenkriegen nachgegangen: Im Stadtbuch werden zweimal ausziehende Kontingente erwähnt. Bereits in den Rubrizellen wird ein spezifisch an *burgermeist[er] und rad der stad zu Geilnhusen unsern und des richs lieben getr[uwen]* gerichtetes Mahnschreiben König Sigismunds vom 19. November 1422 erwähnt, in welchem das Reichsoberhaupt die Gelnhäuser dazu aufforderte, die veranschlagten Truppen zum täglichen Krieg an die Böhmische Grenze zu entsenden.[163] In dem Brief wird dem Leser der Eindruck vermittelt, die Gelnhäuser seien diesbezüglich ihren Pflichten nicht nachgekommen. Die quantitative Erfassung des zu stellenden Gelnhäuser Kontingents als *drii mit gleuen*, also mit einem Aufgebot von drei Gleven bestehend aus etwa drei berittenen Waffenknechten,[164] war dabei durchaus korrekt.[165] Gleichwohl fühlte sich der Stadtschreiber dazu berufen, bereits in den Rubrizellen darauf hinzuweisen, dass die

Gelnhäuser die geforderten Truppen gestellt hätten.[166] Für ihr nachweisbares Engagement erhielten die Reichsstädter während des Feldzuges von Seiten des Markgrafen von Brandenburg sogar ein ausdrückliches Lob, da er in einem Schreiben an die Pfalzgrafen Johann und Otto neben wenigen anderen Städten ausgerechnet das winzige Kontingent von der Kinzig positiv in Erinnerung gehabt haben wollte.[167] Bereits ein Jahr zuvor, am 12. August 1421, hatte Gelnhausen trotz vorab geäußerter Bedenken angesichts multipler Fehdeansagen[168] ein Aufgebot zum Hussitenkrieg entsandt, bei welchem sich drei der hochkarätigsten Ratsmitglieder und zeitweilige Bürgermeister, Gerlach im Steinhaus, Hermann Nebenzahl und Heinrich Brumann, befanden. Offensichtlich genügte den Gelnhäusern bereits eine in Aussicht gestellte gütliche Konfliktbeilegung mit ihrem Fehdegegner, Ritter Wais von Fauerbach, auf einem gütlichen Tag in Mainz, damit die Stadt an der Kinzig ihr volles Kontingent zu entsenden wagte.[169] Dieses war *mit vi pherde[n] reisigen und mit eym wagen* ausgestattet.[170] Jeder berittene Reisige sollte zehn Gulden als Monatssold erhalten. Die Wagenknechte werden *nach marczal [bezahlt] als die von Frankfurt iren soldenern dun*. Der Eintrag des Stadtbuches endet mit einer bemerkenswerten religiösen *Aprecatio*, die zum Ausdruck bringt, dass *God unser herre und sin liebe muter Maria wollen yn allen* (also dem Aufgebot; Erg. d. Verf.) *mit gnaden wieder heymen helffen. Amen*. Zudem weist Brell auf eine weitere Besonderheit hin: *[D]arzu sint vil armer gesell[e]n bii uns off ire koste zu fuße ußgeczoge[n] auch gein Behemen*. Durch einen Vergleich mit der selbst vom Stadtschreiber als Referenz angeführten Handelsstadt Frankfurt kann angenommen werden, dass es sich bei den genannten Gesellen um Teile eines Bürgeraufgebotes, aber keine Söldner handelte. So befand sich in den verbrannten, aber teilweise durch Martin Romeiß für militärische Betreffe transkribierten Frankfurter Rechenbüchern für das Jahr 1421 der Hinweis darauf, dass die Stadt 1.404 Gulden, 8 Schilling und 6 Heller für den täglichen Krieg zu bezahlen hatte, aber *etliche andere unserer Reisigen auch myde waren die wir doch nit dar gesant hattin*,[171] die also offenbar nicht durch Dienstverträge verpflichtet gewesen waren. Auch wurde festgehalten, dass im Jahre 1421 *280 lauffenden gewapenten gesellin* – womit abermals Mitglieder der eigenen Bürgerschafft, genau genommen Handwerksgesellen, gemeint gewesen waren – *von frihem wellin uß der stad mydeliffin*. Diese beiden Hinweise in ein- und derselben Jahresabrechnung sprechen zusätzlich für die unerwartete Resonanz der Kreuzzugsaufrufe auf die professionellen Söldner und die übrigen wehrfähigen Bürger Frankfurts gleichermaßen. Am Beispiel der Betonung der Mittellosigkeit der Gesellen ebenso wie ihrer unentgeltlichen Teilnahme am Hussitenzug soll an dieser Stelle die These einer Differenzierung zwischen professionellen Hussitenkriegern und ideellen Kreuzfahrern aus dem Umfeld der Reichsstädte aufgestellt werden. Bei einem Nördlinger Reiteraufgebot von zehn Reisigen erschien es dem berichtenden Ulmer Städtehauptmann Heinrich von Stöffeln jedenfalls mitteilenswert, dass sich ein Beteiligter *suest duerch gotz willen*, also offenbar im Gegensatz zu seinen Mitstreitern aus religiösen Motiven, beteiligt hatte.[172]

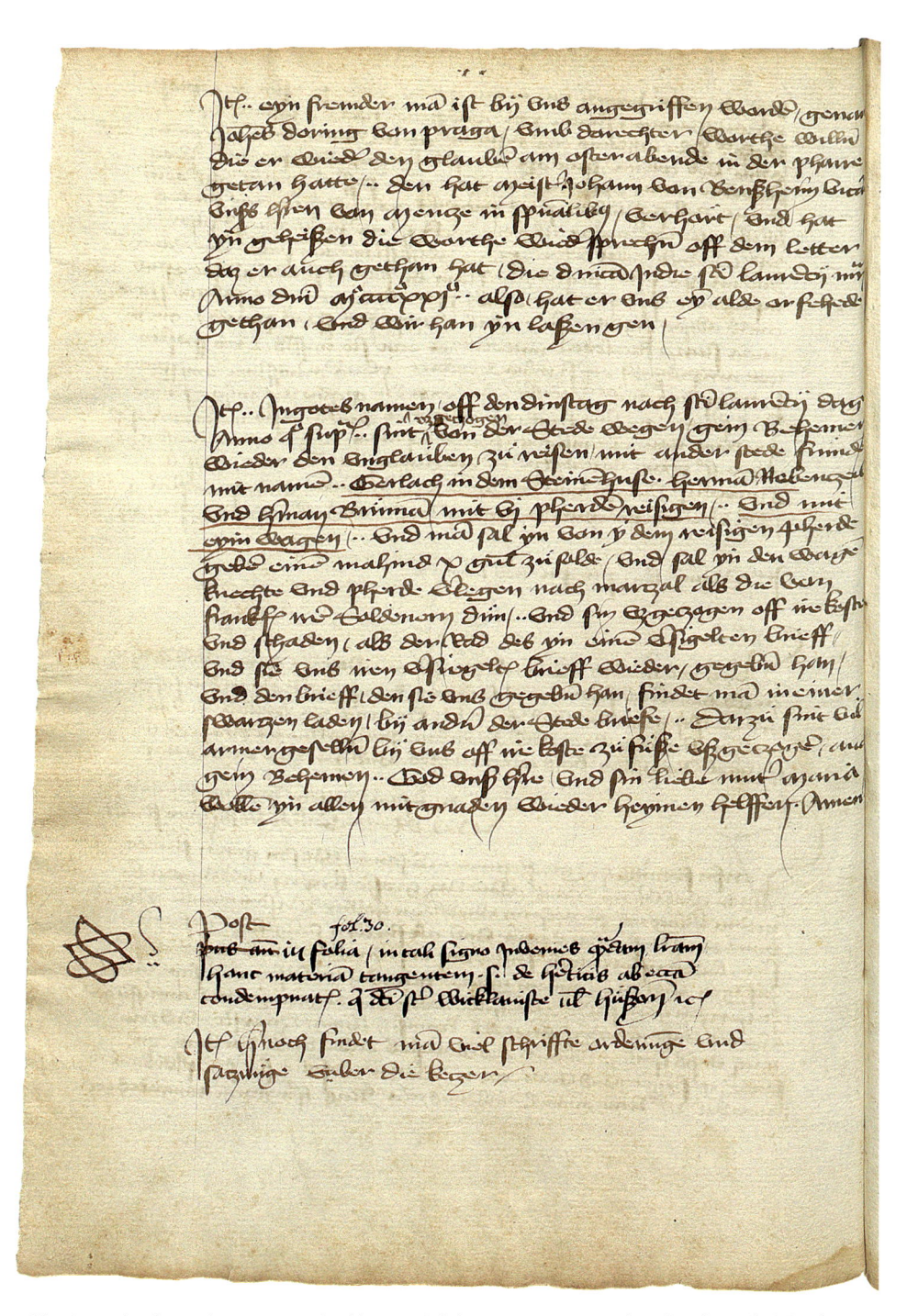

Abb. 6: Beschreibung des Auszuges des kleinen Gelnhäuser Kontingents bestehend aus drei Ratsherren, sechs bewaffneten Reitern, einem Trosswagen und *vil armer gesellen* am 12. August 1421 im Gelnhäuser Stadtbuch (Staatsbibliothek zu Berlin – Preußischer Kulturbesitz, Handschriftenabteilung, Ms. germ. fol. 850, fol. 14 v, Z. 1–9)

Nicht ausgeschlossen werden kann die Vorstellung einer Kriegsbeteiligung aus religiösen Gründen auch im Juni des Jahre 1431.[173] So setzte sich der Gelnhäuser Rat in einem Schreiben an die Stadt Frankfurt für ihren Diener Kuno von Reifenberg, den Sohn des Amtmannes der sich im Mainzer Besitz befindlichen Burg Ronneburg, ein.[174] Die Gelnhäuser baten ihre Kollegen am Main darum, dass sich ihr Kontingent nicht nur *salbvierde*, also zusammen mit drei Mitstreitern, dem Frankfurter Aufgebot anschließen könne, sondern sogar vom Frankfurter Hauptmann durch 20, 30 oder mehr Gulden für den ersten Monat finanziert werden solle. Ein ideelles Interesse der Gelnhäuser an einer Kriegsbeteiligung ihres Städtedieners kann zumindest nicht ausgeschlossen werden. Dafür wurden in Gelnhausen zu aufmerksam die geltenden Ablassregelungen auch für mittellose Kreuzzugsteilnehmer zur Kenntnis genommen, welche auf Kosten anderer ins Feld zogen. Dass diese Regelungen Gelnhausen bekannt gewesen sein mussten, wird bereits in den Abschriften von Briefen der Kurfürsten sowie Kardinal Brandas de Castiglione aus der ersten Jahreshälfte 1421 deutlich.[175] Auch wurde in den Anweisungen zur Eintreibung des Hussengeldes vorgeschrieben, dass die durch den Kardinal Beaufort übermittelten Ablassbriefe jeden Sonn- und Freitag in allen Pfarreien von den Kanzeln erneut verlesen werden sollten, damit sich jeder danach richten könne.[176] Jedenfalls versprachen die Gelnhäuser in ihrem Schreiben den Frankfurtern, den Betrag bei Gelegenheit zurückbezahlen zu wollen. Eine Antwort Frankfurts zur Klärung dieses interessanten Fallbeispiels einer Kriegsbeteiligung durch die Aufnahme einer Schuld ist bedauerlicherweise nicht überliefert.

Einer weiteren Beteiligung Gelnhausens standen jedoch nicht nur die eigene Verschuldung und Befehdung, sondern auch andere Hemmnisse im Wege, welche die übergeordnete Landesgeschichte berühren. Kommentierungsbedarf sah Brell anlässlich der Nichtbeteiligung seiner Stadt am Kreuzzug des Jahres 1427,[177] zu welchem die Reichsfürsten sowie Kardinallegat Henry Beaufort zwischen dem 27. April und 4. Mai auf dem Frankfurter Reichstag aufgerufen hatten,[178] auf dem eine detaillierte Heeresordnung erlassen worden war, welche ins Stadtbuch aufgenommen wurde.[179] Abermals bereits in den Rubrizellen relativierte Brell die mangelnde Eigenbeteiligung mit dem Verweis auf die gleichfalls nicht erfolgende Teilnahme des Landgrafen von Hessen sowie des Mainzer Erzbischofs,[180] welche sich gerade in einer Fehde befunden hätten, und deutete schließlich an, dass der Feldzug vielleicht aufgrund der fehlenden Gesamtdisziplin gescheitert sein könnte:

> *Item aber eyn anslag, den die fursten uberqwame[n] sub Anno dom[ini] &c xxvii und uns einen tractat von einen quat[er]ne santen, wie man an vier orten solde in Behemen ziehen mit vier heren. Darzu schickten wir nymand und karten uns nicht daran, dann uns[er] h[e]re bischoff Conrad von mencze hub einen krieg mit lantg[ra]ven Ludewig zu hessen davon ym auch nit viel gudes geschach und er wart des zuges gein Behemen hinderstellig, daz viel fursten und stede auch hindersëßig*

wurden, die andern, die hinyn zugen, wurden da ynne zweyen und wolden sloße han, iglicher vor dem andern, ee dann sie, sie gewonnen, und zugen also in zwey-tracht ungeschicht heruß.[181]

Dass der Mainzer und der Hesse zwei der prominentesten Kreuzfahrer innerhalb ihrer Territorien hätten sein sollen, wird nicht nur aus der Heeresordnung des Jahres 1427 deutlich, sondern geht auch aus der zeitgenössischen Chronistik zu den Hussitenkriegen hervor, die vor allem die Tatsache der ergebnislosen Friedensvermittlung kritisiert: *Doch die Versöhnung trat nicht ein, und der Zug ward etwas klein.*[182]

*

Mochte sich über den untersuchten Zeitraum hinweg in quantitativer Hinsicht die Beteiligung gerade der kleineren Reichsstädte der Wetterau an den Hussitenkriegen zwar in engen Grenzen halten, so ist das Ausmaß der Aufmerksamkeit, welches der Krise entgegengebracht wurde, durchaus beachtlich. Das Spektrum reichte im Falle Gelnhausens von der sorgfältigen Erfassung kurfürstlicher Appelle zum Besuch relevanter Reichstage bis hin zur Registrierung von Kreuzzugsaufrufen durch Kardinallegaten oder der Aufnahme und Kommentierung von Heeresordnungen oder Regelungen zur Eintreibung des Hussitengeldes. Selbst bei dem gebannten und finanziell wie politisch abgehängten Wetzlar ist phasenweise ein großes Bemühen erkennbar, den reichsständischen Anforderungen gerecht zu werden, also entsprechende Reichstage zu besuchen oder sich über die korrekte Entrichtung des Hussengeldes nicht nur zu informieren, sondern dieses auch zu bezahlen.[183] Dies schloss auch das Attestieren des Scheiterns von Feldzügen oder, wie oben ausgeführt, eine für den Reichsverband wenig schmeichelhafte Diskussion der Ursachen der Niederlage mit ein.[184] Und ließ die gefühlte Bedrohungslage wie etwa im Verlauf des Jahres 1430 nach, so wandten sich die Städte eben wieder anderen Dingen zu, wie etwa der Vernichtung von nahezu der Hälfte des zu erwartenden Weinbestandes durch einen Raureif am Sonnabend des Kantatensonntags (13. Mai).[185]

Anmerkungen

1 Bei dem Aufsatz handelt es sich um die überarbeitete und detailliertere Fassung des gehaltenen Vortrags.

2 Unter einer Städtelandschaft versteht Kießling „eine Gruppe von städtischen Siedlungen [...], die während einer bestimmten Zeitspanne in einem räumlichen Zusammenhang standen und als solche auch eng verbunden agierten." Vgl. Rolf KIESSLING, Städtebünde und Städtelandschaften im oberdeutschen Raum, in: Städtelandschaft – Städtenetz – zentralörtliches Gefüge, hrsg. von Monika ESCHER, Alfred HAVERKAMP und Frank HIRSCHMANN (= Trierer historische Forschungen 43), Mainz 2000, S. 80. Vgl. auch Monika ESCHER, Alfred HAVERKAMP und Frank HIRSCHMANN, Städtelandschaft – Städtenetz – zentralörtliches Gefüge. Einleitung, in: ebd., S. 18–25.

3 Zur Situation der Reichsstädte im Spätmittelalter vgl. Peter MORAW, Von offener Verfassung zu gestalteter Verdichtung. Das Reich im späten Mittelalter 1250–1490 (= Propyläen Geschichte Deutschlands 3), Berlin 1985, S. 274–278.

4 Zum Begriff „terra imperii" und zur Geschichte der Wetterau als Reichslandschaft vgl. Fred SCHWIND, Art. „Wetterau", in Lexikon des Mittelalters. Bd. 9 (1998), Sp. 44–46; Klaus Peter DECKER und Dieter WOLF, Terra Imperii: Wetterau und Vogelsberg. Stätten einer Königslandschaft aus staufischer Zeit (= Geschichte und Kultur in Wetterau und Vogelsberg 8), Friedberg u. a. 2001, S. 7–10; Thomas SCHILP, Der Ausbau der Wetterau zur „terra imperii" unter den Staufern. Nidda und die staufische Wetterau, in: Nidda. Die Geschichte einer Stadt und ihres Umlandes, hrsg. von Ottfried DASCHER, Gießen 2003, S. 21–31; Elsbet ORTH, Die Reichsstädte der Wetterau, in: Die Geschichte Hessens, hrsg. von Uwe SCHULTZ, Stuttgart 1983, S. 82–94, hier S. 82–84; Fred SCHWIND, Königtum, Adel und Städte in der staufischen und spätmittelalterlichen Wetterau und Vogelsberg, in: Geschichte von Wetterau und Vogelsberg. Bd. 1: Von den Anfängen bis zum Ende des Mittelalters, hrsg. von Reimer STOBBE (= Wetterauer Geschichtsblätter 46), Friedberg 1999, S. 157–204, hier S. 161–166.

5 Vgl. zur Geschichte der Reichsstädte der Wetterau im Spätmittelalter: Sigrid OEHLER-KLEIN, Gestaltung von öffentlichem Raum und Ordnung in der Regierungszeit Ludwigs des Bayern. Interaktionen zwischen den vier Reichsstädten der Wetterau und der Krone, in: Ludwig der Bayer (1314–1347). Reich und Herrschaft im Wandel, hrsg. von Hubertus SEIBERT, Regensburg 2014, S. 301–330; ORTH, Reichsstädte der Wetterau (wie Anm. 4); Fred SCHWIND, Königtum, Adel und Städte (wie Anm. 4); Friedberg in Hessen. Die Geschichte der Stadt. Bd. 1: Von den Anfängen zur Reformation, hrsg. von Michael KELLER (= Wetterauer Geschichtsblätter 44), Friedberg 1997; Jürgen ACKERMANN, Gelnhausen: Die verpfändete Reichsstadt (= Untersuchungen und Materialien zur Verfassungs- und Landesgeschichte 22), Marburg 2006; Eva-Maria FELSCHOW, Wetzlar in der Krise des Spätmittelalters (= Quellen und Forschungen zur hessischen Geschichte 63), Marburg 1985.

6 Zur wirtschaftlichen wie politischen Entwicklung des von seiner Einwohnerzahl her nicht überproportional großen, aber von Verkehrs- und Schifffahrtswegen begünstigten Frankfurt vgl. ORTH, Reichsstädte der Wetterau (wie Anm. 4), S. 88–91.

7 Vgl. als raschen Überblick: Winfried EBERHARD, Die hussitische Revolution in Böhmen. Ursachen – Ziele und Gruppen – Verlauf – Ergebnisse, in: Europa im 15. Jahrhundert: Herbst des Mittelalters – Frühling der Neuzeit?, hrsg. von Klaus HERBERS und Florian SCHULLER (= Themen der Katholischen Akademie in Bayern), Regensburg 2012, S. 136–160.

8 Vgl. für einen Gesamtüberblick: Frantisek SMAHEL, Die „große" Geschichte kleiner Völker: die hussitische Revolution in drei Akten, in: Konfessionelle Pluralität als Herausforderung. Koexistenz und Konflikt in Spätmittelalter und Früher Neuzeit. Winfried Eberhard zum 65. Geburtstag, hrsg. von Karen LAMPRECHT, Joachim BAHLCKE und Hans Christian MANER, Leipzig 2006, S. 183–200; DERS., Die Hussitische Revolution I–III (= Monumenta

Germaniae Historica. Schriften 43,1–3), Hannover 2002.
9   Vgl. im Folgenden: EBERHARD, Die hussitische Revoultion in Böhmen (wie Anm. 7), S. 144 f.; Jörg Konrad HOENSCH, Kaiser Sigismund. Herrscher an der Schwelle zur Neuzeit, 1368–1437, München 2006, S. 284–289.
10 Jörg Konrad HOENSCH, Die Luxemburger. Eine spätmittelalterlicher Dynastie gesamteuropäischer Bedeutung, 1308–1437 (= Kohlhammer-Urban-Taschenbücher 407), Stuttgart 2001, S. 266; DERS., Kaiser Sigismund (wie Anm. 9), S. 285.
11 Hartmut Spengler charakterisiert den Hussitenkrieg des Jahres 1431 primär als Reichskrieg. Der Verfasser schließt jedoch eine Interpretation als Kreuzzug nicht aus und verwendet selbst häufig den Begriff: Hartmut SPENGLER, Der Reichsfeldzug gegen die Hussiten von 1431, Berlin 2009 (online: hspengler.npage.de/get_file.php?id=18014907&vnr=798628; aufgerufen am 06.08.2016), S. 2 f., S. 41, S. 45 und S. 98. Die Mehrzahl an Publikationen tendiert zu einer heterogenen Terminologisierung sowohl als Kreuzzug wie als Reichskrieg. Vgl. Sabine WEFERS, Das politische System Kaiser Sigismunds (= Beiträge zur Sozial- und Verfassungsgeschichte des Alten Reichs 10. Veröffentlichungen des Instituts für Europäische Geschichte Mainz 138), Stuttgart 1989, S. 77, S. 145 und S. 175 (Kreuzzug); S. 77, S. 120 und S. 167 (Reichskrieg); S. 112 und S. 154 (Hussitenkampf).
12 Zum Forschungsparadigma der Hussitenkriege als Kreuzzüge vgl. Peter HILSCH, Die Kreuzzüge gegen die Hussiten: Geistliche und weltliche Macht in Konkurrenz, in: Konfessionelle Pluralität (wie Anm. 8), S. 201–215, S. 201. Standardwerke zu den Spätmittelalterlichen Kreuzzügen bzw. der sie flankierenden religiösen Kriegsführung bleiben: Norman HOUSLEY, Religious Warfare in Europe 1400–1536, Oxford 2008, bes. S. 35–60; DERS., The Later Crusades, 1274–1580, Oxford 1992, bes. S. 234–266.
13 Vgl. HILSCH, Die Kreuzzüge gegen die Hussiten (wie Anm. 12), S. 212.
14 Zur Problematik der traditionellen Zählweise der Hussitenkreuzzüge vgl. Gabriel ZEILINGER, Lebensformen im Krieg: eine Alltags- und Erfahrungsgeschichte des süddeutschen Städtekriegs 1449/50, Stuttgart 2007, S. 34.
15 Vgl. am Beispiel der Schlacht von Aussig (1426): Uwe FIEDLER, Hussitenangst: Stadt und Gemeinde im sächsisch-böhmischen Spannungsfeld des 15. Jahrhunderts, in: Des Himmels Fundgrube. Chemnitz und das sächsische Erzgebirge im 15. Jahrhundert, hrsg. von DEMS., Hendrik THOSS und Enno BÜNZ, Chemnitz 2012, S. 53–67, S. 59 f.
16 Michaela Bleicher differenziert zwischen auf Reichsebene beschlossenen Kreuzzügen sowie davon unabhängiger regionaler „Landesverteidigung". Von diesen beiden Möglichkeiten unterscheidet sie die Option des auf Reichsebene beschlossenen „Täglichen Kriegs", der von der Reichsebene aus zur lokalen Grenzverteidigung unternommen worden sei, aber von Bleicher als „[ge]scheitert[...]" bzw. „bruchstückhaft" bewertet wird. Vgl. Michaela BLEICHER, Art. „Hussitenkriege", in: Historisches Lexikon Bayerns, online: URL: <http://www.historisches-lexikon-bayerns.de/Lexikon/Hussitenkriege> (aufgerufen am 19.05.2016).
17 Vgl. die oben Anm. 11 genannten Belege bei WEFERS. Keine eindeutige Unterscheidung trifft: Wilhelm BAUM, Kaiser Sigismund. Konstanz, Hus und Türkenkriege, Graz/Wien/Köln 1993, S. 155, S. 164 f., S. 169, S. 172, S. 209, S. 223, S. 229. Jörg Hoensch tendiert stärker zum Kreuzzugsbegriff: HOENSCH, Kaiser Sigismund (wie Anm. 9), S. 298, S. 304, S. 308, S. 311, S. 325, S. 326 f., S. 340.
18 Vgl. Alois GERLICH, Rheinische Kurfürsten im Gefüge der Reichspolitik des 14. Jahrhunderts, in: DERS., Territorium, Reich und Kirche. Ausgewählte Beiträge zur mittelrheinischen Landesgeschichte. Festgabe zum 80. Geburtstag, hrsg. von Christiane HEINEMANN (= Veröffentlichungen der Historischen Kommission für Nassau 54), Wiesbaden 2005, S. 345–364.
19 Vgl. zur Entwicklung innerhalb des Kurfürstenkollegiums: WEFERS, Das politische System Kaiser Sigismunds (wie Anm. 11), S. 73–75 und S. 81–87, sowie zur Anführerschaft Friedrichs I. von Brandenburg: Florian VON FLOCKEN, Friedrich I. von Brandenburg: Krieger und Reichsfürst im Spätmittelalter (= Kulturgeschichte 7), Berlin 2009, S. 136–145.
20 Vgl. Reichstagsakten unter Kaiser Sigmund. Dritte Abteilung. 1427–1431, hrsg. von Dietrich

KERLER (= Deutsche Reichstagsakten. Auf Veranlassung und mit Unterstützung seiner Majestät des Königs von Bayern Maximilian II. 8), Gotha 1883 (künftig RTA), Bd. 8, S. 106–108. Quelle: RTA, Bd. 8, S. 156–165, Nr. 145 (vor 30. August 1422). Zur Deutung BAUM, Kaiser Sigismund (wie Anm. 17), S. 172. Vgl. RTA, Bd. 9, S. 524–534, Nr. 408 (1. März 1431).

21 Vgl. RTA, Bd. 8, S. 34–40, Nr. 31 (vor 4. Mai 1427); ebd. S. 536–540, Nr. 410 (9./10. März 1431).

22 Nachdem ihnen Artikel 6 der Heeresordnung von 1431 die Wahl eines Oberbefehlshabers gelassen hatte, entschieden sich die Städte schließlich für den Markgrafen von Brandenburg. Ersatzweise wollten sie ihre Aufgebote Herzog Wilhelm III. von Bayern-München unterstellen. Vgl. RTA, Bd. 9, S. 537, Nr. 410, sowie ebd. S. 618 f., Nr. 457 (29. April 1431).

23 Vgl. am Beispiel des langjährigen Söldnerhauptmanns des Schwäbischen Bundes, Heinrich von Stöffeln: StadtA Ulm, Kriegsamt. Ordnungen. Bestallungen. A [551/1] Entwurf für den Bestallungsbrief für Heinrich von Stoffeln [1426 Juli 4], und ebd., A 1119 Städtebund, Städterechnungen (1430), fol. 6 v. Vgl. allgemein zu Städtehauptleuten samt Beschreibung ihres Aufgabenbereichs am Beispiel von Quellen der 1440er Jahre: Harro BLEZINGER, Der Schwäbische Städtebund in den Jahren 1438–1445 (= Darstellungen aus der württembergischen Geschichte 39), Stuttgart 1954, S. 19 f.

24 Vgl. StadtA Nördlingen, Missivenbücher des Jahres 1426, Nr. 63 (11. August 1426) sowie Friedrich BEZOLD, König Sigmund und die Reichskriege gegen die Husiten, München 1872–1877, Bd. 2, S. 87. Zur Söldnerbestallung spätmittelalterlicher Reichsstädte am Beispiel Nürnbergs vgl. Paul SANDER, Die reichsstädtische Haushaltung Nürnbergs. Dargestellt auf Grund ihres Zustandes von 1431 bis 1440, Leipzig 1902, S. 145–162.

25 Siehe oben Anm 23.

26 Vgl. Tobias DANIELS, Frankfurt und das Reich in den Aufzeichnungen Walter von Schwarzenbergs des Jungen: Politik, Nachrichtenräume, Familiensinn und Historiographie am Ausgang des Mittelalters, in: Archiv für hessische Geschichte und Altertumskunde N. F. 70 (2012), S. 33–75; Franz KIRCHGÄSSNER, Walter von Schwarzenberg, ein Gesandter des 15. Jahrhunderts, phil. Diss. Marburg 1910; Mark WHELAN, Crusade reconsidered (1431), in: Mitteilungen des Instituts für Österreichische Geschichtsforschung 122/2 (2014), S. 322–335. Vgl. ISG Frankfurt, Reichssachen I., Nr. 3203.

27 Zu den Frankfurter Hauptleuten im Untersuchungszeitraum vgl. Inventare des Frankfurter Stadtarchives. Bd. 2, hrsg. von Hermann GROTEFEND, Frankfurt 1889, S. 131 f. Eine erstmals im Jahre 1422 tätige und zumeist gemeinsam verpflichtete Söldnergruppe bekannte 1430 *uffenlich mit diesem brieffe, das die ersamen wijsen burgermeistere und rad czu Frankenfurd unser lieben herren mit uns uberkommen sin, das wir yn tzu dyesen czijden dienen und geriiden sullen und wullen wider die hussen und keczer czu Beheim* (ISG Frankfurt, Dienstbriefe, Nr. 1969 [3. Februar 1430]).

28 Die maßgebliche Monographie von Uwe Tresp behandelt einen späteren Zeitraum. Seine wertvollen Ausführungen zur Praxis der Söldnerbestallung müssen für unseren Untersuchungszeitraum anhand regionaler Beispiele überprüft werden. Vgl. Uwe TRESP, Söldner aus Böhmen. Im Dienst deutscher Fürsten: Kriegsgeschäft und Heeresorganisation im 15. Jahrhundert (= Krieg in der Geschichte 19), Paderborn u. a. 2004, S. 96–101, S. 123–128.

29 Vgl. ZEILINGER, Lebensformen im Krieg (wie Anm. 14), S. 47–50; Volker SCHMIDTCHEN, Kriegswesen im späten Mittelalter. Technik, Taktik, Theorie, Weinheim 1995, S. 43 f.; SANDER, Die reichsstädtische Haushaltung Nürnbergs (wie Anm. 24), S. 142–145; Max MENDHEIM, Das reichsstädtische, besonders nürnberger Söldnerwesen im 14. und 15. Jahrhundert, Leipzig 1889, S. 8–66.

30 Aufmerksamkeit fanden in städtischen Quellen das Zeremoniell der Kreuznahme und der Habitus der Kardinäle. Vgl. Die Chroniken der fränkischen Städte. Nürnberg. Bd. 1, hrsg. von Karl HEGEL (= Die Chroniken der deutschen Städte vom 14. bis ins 16. Jahrhundert 1), Leipzig 1862, S. 373 f., S. 282 f., S. 442 f.

31 Vgl. am Beispiel der nicht mit Namen genannten Kardinäle Henry Beaufort und Giovanni Orsini: Hans Rosenplüt. Reimpaarsprüche und

Lieder, hrsg. von Jörn REICHEL, Tübingen 1990, S. 184–203.

32 Vgl. zur Schlussphase der Auseinandersetzungen: SMAHEL, Die hussitische Revolution III (wie Anm. 8), S. 1592–1641; Peter KALIVODA, The Social Outcome of the Hussite Revolution, in: Between Lipany and White Mountain. Essays in Late Medieval and Early Modern Bohemian History in Modern Czech Scholarship, hrsg. von James R. PALMITESSA (= Studies in Central European histories 58), Leiden 2014, S. 42–63.

33 Vgl. zu den militärischen und politischen Aspekten: Tomás DURDÍK, Das hussitische Heerwesen, in: Bereit zum Konflikt: Strategien und Medien der Konflikterzeugung und Konfliktbewältigung im europäischen Mittelalter, hrsg. von Oliver AUGE (= Mittelalter-Forschungen 20), Ostfildern 2008, S. 299–310; BEZOLD, König Sigmund und die Reichskriege gegen die Hussiten (wie Anm. 24), Bd. 3, S. 148, S. 153–158. Standeskonflikte werden beschrieben in: ISG Frankfurt, Reichssachen I, Nr. 3203, 5 (vor Juli 25 1431).

34 Sabine WEFERS, Das Primat der Außenpolitik. Das politische System des Reichs im 15. Jahrhundert (= Historische Forschungen 99), Berlin 2013, S. 20.

35 Vgl. exemplarisch BEZOLD, König Sigmund und die Reichskriege gegen die Hussiten (wie Anm. 24), Bd. 3, S. 134 f.; Fritz DIETZ, Die politische Stellung der deutschen Städte von 1421–1431. Mit besonderer Berücksichtigung ihrer Beteiligung an den Reformbestrebungen dieser Zeit, Gießen 1889, S. 19.

36 Vgl. Das Leben König Sigmunds von Eberhard Windecke. Übersetzt von Theodor VON HAGEN. Mit Nachtrag von Oswald HOLDER-EGGER (= Die Geschichtsschreiber der deutschen Vorzeit 87), Leipzig ²1899, S. 120 (Zitat).

37 Vgl. WEFERS, Das politische System Kaiser Sigismunds (wie Anm. 11), S. 154, S. 182.

38 Zum Titel siehe oben Anm. 11 und Anm. 37.

39 Vgl. die Ausführungen über das angestrebte neue Verhältnis zwischen Reichsrittern, dem Adel und den Städten: Reformatio Sigismundi. Reformation Kaiser Siegmunds, hrsg. von Heinrich KOLLER (= Monumenta Germaniae Historica 500–1500. Staatsschriften des späteren Mittelalters 6), Stuttgart 1964, S. 248–253.

40 Vgl. den vom Frankfurter Rat übermittelten Standpunkt Sigismunds: *[D]az riiche [habe] nichtes dan die stede als vil der si und die fursten daz uebrige haben* (RTA, Bd. 7, S. 273 f., Nr. 179 [13. Dezember 1414]). In inhaltlicher Ergänzung schrieb Frankfurt im Jahre 1436 an seinen Gesandten Walter von Schwarzenberg: *Item und das auch unser herre der keiser bedencke das sine gnade und das rich wenig me dan Franckenfurd Friedeberg Wetzflar und Geilnhusen in der Wederauwe oder der gegende habe und da ir darusz reden wullet wo uch bedunket not sin uff das sine gnade deste me(r) geneiget darczu sii soliche vorg(enannt) stad bii dem heiligen Riche zubehalten* (ISG Frankfurt, Reichssachen, Nr. 3442, 11).

41 Vgl. Heinrich SCHMIDT, Die Deutschen Städtechroniken als Spiegel bürgerlichen Selbstverständnisses im Spätmittelalter, Göttingen 1958, S. 42, S. 64, S. 106.

42 Hier sind insbesondere serielle Quellen zu nennen: StadtA Nördlingen, Missiven (1421–1431). Vgl. die gewachsenen Sammlungen in: ISG Frankfurt, Reichssachen I und II, sowie StaatsA Augsburg, Reichsstadt Nördlingen MüB (Münchner Bestand).

43 Vgl. Urkundliche Beiträge zur Geschichte des Hussitenkrieges vom Jahre 1419 an. Bd. 1 (von den Jahren 1419–1428), hrsg. von Franz PALACKY, Prag 1873, S. 388 [Nr. 332 (18. April 1424)], ebd. Nr. 363 (23. Oktober 1425), Nr. 350 (24. September 1425), Nr. 355 (22. Oktober 1425). Ablehnen musste Nürnberg eine Bitte um Hilfeleistung Heinrichs von Plauen am 1. März 1426, da *wir vnsers gereysigen czwegs vnd volks czu Rosz und czu fussen an drey ende hinein gen den ketzern geschickt haben, die noch dortynne sind* und obendrein Truppen anlässlich des täglichen Kriegs im Einsatz seien *daz wir czu der czeit darczu niht gedienen und getun künnen, vnd bitten vnd getrawen ewer edell wol, daz ir das von vns in gut versteen und aufnemen wöllet* (Urkundliche Beiträge zur Geschichte des Hussitenkrieges [wie Anm. 43], S. 434 [Nr. 387 (1. März 1426)]).

44 Zu dem von der Forschung als ebenso fortschrittlich wie im Endeffekt ergebnislos eingeschätzten Projekt eines Hussengeldes vgl. WEFERS, Das Primat der Außenpolitik (wie Anm. 34), S. 148–154, sowie zur Interpretation und

Bewertung von dessen Bestimmungen: RTA, Bd. 9, S. 60–62 (Bewertung), S. 91–110, Nr. 76 (Edition).
45 Vgl. exemplarisch die beiden Schreiben der Reichsstadt Ulm an die Mitglieder des Schwäbischen Städtebundes (in dem Fall Nördlingen) in: StadtA Nördlingen, Missivbücher 1428, Nr. 17 (1. Januar 1428), sowie RTA, Bd. 9, S. 621, Nr. 460 (19. Mai 1431).
46 Vgl. BEZOLD, König Sigmund und die Reichskriege gegen die Hussiten (wie Anm. 24), Bd. 2, S. 98.
47 Vgl. im Folgenden am Beispiel eines von den Städten schwach besuchten Mainzer Reichstages im Frühjahr 1427: RTA, Bd. 9, S. 16, Nr. 13. Gleichermaßen befürchtete Ulm 1430 auf einem Reichstag in Nürnberg im Hinblick auf einen Matrikelanschlag oder Landfrieden, die Fürsten könnten sie *verunglimpfen mit beswarung des anschlages*. Vgl. RTA, Bd. 9, S. 374 mit Verweis auf ebd., S. 391 f., Nr. 298 (15. Februar 1430).
48 Vgl. StaatsA Augsburg, Reichsstadt Nördlingen Nr. 847, Nr. 31 (14. Dezember 1427), sowie RTA, Bd. 9, S. 621, Z. 34–41, Nr. 460 (19. Mai 1431).
49 Vgl. RTA, Bd. 8, S. 495, Nr. 407 (29. Juni 1426), mit ebd., Bd. 9, S. 621, Nr. 460 (19. Mai 1431) mit Anm. 2.
50 Ohne alle religiöse Rhetorik ist das Einladungsschreiben Frankfurts auf einen Hussitenreichstag im September 1422 gestaltet. Vgl. Staatsbibliothek zu Berlin – Preußischer Kulturbesitz, Ms. germ. fol. 850, fol. 48 v. Gleiches gilt für die Korrespondenz Wetzlars mit Frankfurt und Friedberg im Hinblick auf die Einsammlung des Hussitengeldes. Vgl. ISG Frankfurt, Reichssachen I., Nr. 3038 (23. November 1428); StadtA Wetzlar, Sta II 1428 November 27. Religiös argumentierte indes Gelnhausens Pfandherr, Graf Günter von Schwarzburg. Vgl. ebd., fol. 56.
51 Zum Überblick über die verschiedenen Strömungen und ihre Vertreter vgl. Jonathan RILEY-SMITH, Wozu heilige Kriege? Anlässe und Motive der Kreuzzüge (= Wagenbachs Taschenbücherei 480), Berlin ²2005, S. 159 f.
52 Vgl. dieses Paradigma bei HILSCH, Die Kreuzzüge gegen die Hussiten (wie Anm. 12), S. 206–208; ZEILINGER, Lebensformen im Krieg (wie Anm. 14), S. 34.

53 Vgl. zur Beschreibung des täglichen Krieges im Kontext der Fehdeführung: Fehdehandeln und Fehdegruppen im spätmittelalterlichen und frühneuzeitlichen Europa, hrsg. von Mathis PRANGE und Christine REINLE, Göttingen 2014, S. 10.
54 RTA, Bd. 9, S. 586, Nr. 437 (15. März 1431) (Zitat). Vgl. allgemein HOENSCH, Kaiser Sigismund (wie Anm. 9), S. 360, S. 363 f.; Vgl. RTA, Bd. 8, S. 186, Nr. 163 (3. Oktober 1421); ebd., S. 420, Nr. 357 (8. Mai 1425); ebd., Bd. 9, S. 582 f., Nr. 435 (22. Februar 1431).
55 Vgl. WEFERS, Das politische System Kaiser Sigismunds (wie Anm. 11), S. 168; RTA, Bd. 8, S. 496, Nr. 408; RTA, Bd. 9, S. 295 f., mit weiterer Literatur.
56 Siehe Anm. 43.
57 Im Mai 1426 wurde auf einem von den Kurfürsten unter nomineller Leitung eines Kardinallegaten einberufenen Reichstag zu Nürnberg ein täglicher Krieg mit einem festgelegten Sammeltermin und Treffpunkt vereinbart. Vgl. WEFERS, Das politische System Kaiser Sigismunds (wie Anm. 11), S. 137 f.; RTA, Bd. 8, S. 451–454. In diese Zeit fällt die Niederlage eines vom Reichskrieg unabhängigen sächsisch-thüringischen Aufgebots bei Aussig. Vgl. HOENSCH, Kaiser Sigismund (wie Anm. 9), S. 326, und Anm. 15. Am Jahresende wurde wieder ein *gemeine[r] zug* geplant. Vgl. RTA, Bd. 9, S. 4, Nr. 1. In der Zwischenzeit hatte Pfalzgraf Johann von Neumarkt an der bayerischen Grenze einen in mancherlei Hinsicht erfolgreichen täglichen Krieg geführt. Vgl. Dietrich KERLER, Der Antheil der Truppen des Ulmer Städtebundes an dem Feldzug gegen die Hussiten im Herbst 1426, in: Verhandlungen des Vereins für Kunst und Alterthum in Ulm und Oberschwaben N. F. 5 (1873), S. 1–6. Wie von der Forschung bislang kaum betont, ging allen Aktivitäten eine Kreuzpredigt Kardinal Giordano Orsinis voraus. Vgl. Andreas von Regensburg. Sämtliche Werke, hrsg. von Georg LEIDINGER (= Quellen und Erörterungen zur Bayerischen und deutschen Geschichte N. F. 1), Aalen 1969 [Reprint München 1903], S. 423 f.
58 Vgl. im Falle Friedbergs: Friedberg in Hessen (wie Anm. 5), S. 134–139.

59 Auffällig ist eine frühe Stellvertreterfunktion, welche Frankfurt für die drei übrigen Reichsstädte bereits zur Zeit Ludwigs des Bayern gegenüber dem Reichsoberhaupt ausübte. Vgl. OEHLER-KLEIN, Gestaltung von öffentlichem Raum und Ordnung (wie Anm. 5), S. 301–330, S. 314.

60 OEHLER-KLEIN, Gestaltung von öffentlichem Raum und Ordnung (wie Anm. 5), S. 306.

61 Sämtliche „Organisationsbedingungen der Zünfte und Produktionsbedingungen des einzelnen Betriebes" wurden in Frankfurt „von 1377 bis ins 19. Jahrhundert" durch den „mehrheitlich patrizisch[en]" Rat kontrolliert. Vgl. ORTH, Die Reichsstädte der Wetterau (wie Anm. 4), S. 91.

62 In chronologischer Reihenfolge sind Siegel für Frankfurt (1219), Wetzlar (1226), Friedberg (1243) und Gelnhausen (1259) nachweisbar. Vgl. ESCHER/HAVERKAMP/HIRSCHMANN, Einleitung (wie Anm. 2), S. 42 Anm. 66.

63 Vgl. ORTH, Die Reichsstädte der Wetterau (wie Anm. 4), S. 89. Vgl. zum Überblick mit guten Reproduktionsfotos: DECKER/WOLF, Terra Imperii (wie Anm. 2), S. 60–63, sowie klassisch: Walter HÄVERNIK und Niklot KLÜSSENDORF, Das ältere Münzwesen der Wetterau bis zum Ausgang des 13. Jahrhunderts (= Veröffentlichungen der Historischen Kommission für Hessen 18), Marburg 2014 [Reprint 1936].

64 Vgl. OEHLER-KLEIN, Gestaltung von öffentlichem Raum und Ordnung (wie Anm. 5), S. 314 f. Als Beispiel kann das bereits erwähnte Frankfurter Ratsmitglied Walter von Schwarzenberg aus Friedberg genannt werden. Vgl. KIRCHGÄSSNER, Walter von Schwarzenberg (wie Anm. 26), S. 7–12.

65 Vgl. ORTH, Die Reichsstädte der Wetterau (wie Anm. 4), S. 87; August SCHOENWERK, Geschichte von Stadt und Kreis Wetzlar, Wetzlar ²1975, S. 70.

66 Vgl. SCHWIND, Königtum, Adel und Städte (wie Anm. 4), S. 178 f.

67 Vgl. OEHLER-KLEIN, Gestaltung von öffentlichem Raum und Ordnung (wie Anm. 5), S. 310.

68 Vgl. FELSCHOW, Wetzlar in der Krise des Spätmittelalters (wie Anm. 5), S. 24.

69 Vgl. SCHWIND, Königtum, Adel und Städte (wie Anm. 4), S. 178.

70 Vgl. SCHWIND, Königtum, Adel und Städte (wie Anm. 4), S. 181 f.

71 ORTH, Die Reichsstädte der Wetterau (wie Anm. 4), S. 88.

72 Vgl. Georg WERCKMEISTER, Die Stauferstadt Gelnhausen im Spiegel deutscher Geschichte. Bd. 1: bis zum Kurfürstentag 1502, Büdingen 2010, S. 165 f.

73 SCHOENWERK, Geschichte von Stadt und Kreis Wetzlar (wie Anm. 64), S. 70.

74 Vgl. FELSCHOW, Wetzlar in der Krise des Spätmittelalters (wie Anm. 5), S. 26–28; ESCHE/HAVERKAMP/HIRSCHMANN, Einleitung (wie Anm. 2), S. 44 f. Zu den beiden Kodifizierungen des Jahres 1285 und den acht weiteren Verträgen der Jahre 1295, 1305, 1316, 1325, 1334, 1340, 1349 und 1364 vgl. Heinrich WERNER, Zur Geschichte der Wetterauer Städtebünde im 13. und 14. Jahrhundert, in: Mitteilungen des Oberrheinischen Geschichtsvereins 7 (1898), S. 60–67, mit einer detaillierten Analyse der sich wandelnden Vertragsartikel sowie der Publikation der Bundesurkunde des Jahres 1334 (ebd., S. 73–76).

75 Vgl. ORTH, Die Reichsstädte der Wetterau (wie Anm. 4), S. 88.

76 Hierbei sollten Frankfurt 13, Friedberg zehn und Gelnhausen sieben Gewappnete aufbieten. Vgl. WERNER, Wetterauer Städtebünde (wie Anm. 73), S. 66 f.

77 Vgl. im Folgenden: ESCHER/HAVERKAMP/HIRSCHMANN, Einleitung (wie Anm. 2), S. 47–50; SCHWIND, Königtum, Adel und Städte (wie Anm. 4), S. 183.

78 Vgl. ESCHER/HAVERKAMP/HIRSCHMANN, Einleitung (wie Anm. 2), S. 49.

79 Vgl. ESCHER/HAVERKAMP/HIRSCHMANN, Einleitung (wie Anm. 2), S. 45, mit Beispielen.

80 Vgl. RTA, Bd. 8, S. 164, Nr. 144 (26. September 1421); ebd., Bd. 9, S. 531, Nr. 461 (2. August 1427).

81 Der Forschungsstand zu den Städtekriegen der Jahre 1388–1389 ist trotz einiger starker Einzelmonographien bis heute fragmentarisch. Vgl. zu den Auseinandersetzungen des Schwäbischen Städtebundes mit umfangreichen Literaturangaben: Alexander SCHUBERT, Städtekrieg, 1387/1389, publiziert am 20.09.2011; in: Historisches Lexikon Bayerns, online: URL: <http://www.

historisches-lexikon-bayerns.de/Lexikon/Städtekrieg, 1387/1389> (aufgerufen am 05.09.2016). Zu den Auseinandersetzungen des Rheinischen Städtebundes und Frankfurts bis zur Schlacht von Kronberg im Jahre 1389 vgl. Konrad BUND, Frankfurt am Main im Spätmittelalter 1311–1519, in: Frankfurt am Main. Die Geschichte der Stadt in neun Beiträgen, hrsg. von Frankfurter Historische Kommission (= Veröffentlichungen der Frankfurter Historischen Kommission 17), Sigmaringen 1991, S. 53–149, S. 100; ZIEG, Der Gelnhäuser Schultheiß Henne von Bünau und seine Rolle bei der Weiterverpfändung von Burg und Stadt Gelnhausen an Hanau und Kurpfalz im Jahre 1435, in: Gelnhäuser Geschichtsblätter (2009/10), S. 51–199, hier S. 116–119; Sofie BAUER, Die Schlacht von Kronberg 1389, in: Hessische Heimat 40 (1990), S. 3–6; Stefan AREND, Der Schuldvertrag der Stadt Frankfurt vom 22. August 1389. Eine Untersuchung zur Rechtsinstitution „Geisel" im Spätmittelalter, in: Zeitschrift des Vereins für hessische Geschichte und Landeskunde 95 (1990), S. 25–45; Elsbet ORTH, Die Fehden der Reichsstadt Frankfurt am Main im Spätmittelalter. Fehderecht und Fehdepraxis im 14. und 15. Jahrhundert, Wiesbaden 1973, S. 164 f.

82 Vgl. zu den komplexen diplomatischen wie militärischen Details als Überblick: Michael ZIEG, Die Familie von „Selbold / Im Steinhaus" in Gelnhausen, Ritter, Bürger, Söldner, in: Gelnhäuser Geschichtsblätter (2011), S. 61–233, hier S. 98–121; MORAW, Von offener Verfassung (wie Anm. 3), S. 277 f.

83 Zum Überblick vgl. ZIEG, Familie von „Selbold / Im Steinhaus" (wie Anm. 82), S. 172, S. 158–161. Regesten: Gelnhäuser Regesten: Zur Geschichte der Reichsstadt in den Jahren 1400 bis 1500, hrsg. von Michael ZIEG (= Studien zur Geschichtsforschung des Mittelalters 23), Hamburg 2010, S. 686, Nr. 1589.

84 Vgl. SCHOENWERK, Geschichte von Stadt und Kreis Wetzlar (wie Anm. 64), S. 172–174. Zur Besetzung Wetzlars durch den Solmser vgl. ebd., S. 166–168.

85 Vgl. ZIEG, Familie von „Selbold / Im Steinhaus" (wie Anm. 82), S. 116 f.

86 Ebd.; Vgl. Gelnhäuser Regesten: Zur Geschichte der Reichsstadt in den Jahren 1170 bis 1400, hrsg. von Michael ZIEG (= Studien zur Geschichtsforschung des Mittelalters 22), Hamburg 2008, S. 419 f., Nr. 973 (29. Oktober 1388).

87 Vgl. Heinz ANGERMEIER, Art. „Eger, Reichstag, Reichslandfrieden von (1389)", in: Lexikon des Mittelalter. Bd. 3 (1986), Sp. 1607.

88 Vgl. ZIEG, Familie von „Selbold / Im Steinhaus" (wie Anm. 82), S. 117–119.

89 Vgl. FELSCHOW, Wetzlar in der Krise des Spätmittelalters (wie Anm. 5), S. 28; SCHWIND, Königtum, Adel und Städte (wie Anm. 4), S. 191 f. Um die auf sechs Jahre befristete Zahlung einer Entschädigungssumme von 73.000 Gulden zu decken, hatten die Stadt Frankfurt und ihre Bündnispartner 120 Geiseln nach Oppenheim, Hanau oder Kronberg zu stellen, worunter sich mehr als 10 % Bürger aus den Reichsstädten der Wetterau, Friedberg und Gelnhausen, befanden. Vgl. ZIEG, Familie von „Selbold / Im Steinhaus" (wie Anm. 82), S. 119, unter Verweis auf AREND, Der Schuldvertrag der Stadt Frankfurt vom 22. August 1389 (wie Anm. 81), S. 25–45.

90 Vgl. im Folgenden WERCKMEISTER, Gelnhausen (wie Anm. 71), S. 161–165.

91 Vgl. den kommentierten Bericht über die Städtekriege in der Originalquelle: Staatsbibliothek zu Berlin – Preußischer Kulturbesitz, Ms. germ. fol. 850, fol. 20.

92 Wie Gelnhausen anlässlich der Fehde des Ritters Wais von Fauerbach im Rahmen eines gütlichen Tages bei Düdelsheim korrekt beteuerte, hatte sich die Stadt an den fraglichen Aktionen gar nicht beteiligt, da sie sich im Jahre 1382 noch nicht im Rheinischen Bund befunden hatte. Vgl. Gelnhäuser Regesten 1400–1500 (wie Anm. 82), S. 686, Nr. 1589.

93 Vgl. Staatsbibliothek zu Berlin – Preußischer Kulturbesitz, Ms. germ. fol. 850, fol. 56 f. Regest: Gelnhäuser Regesten 1400–1500 (wie Anm. 82), S. 794 f., Nr. 1864 (25. November 1427).

94 Obwohl die Gelnhäuser korrekterweise auf ihre bisherigen kostspieligen Verdienste im Hussitenkrieg verwiesen, mahnte der Schwarzburger gleichwohl, sich an dem in Frankfurt beschlossenen Anschlag über die Erhebung eines Hussitengeldes zu beteiligen, *der auch wol zu tunde*

und uzzurichten stet und den auch ein iglich cristenmentsche nicht abeslagen sal [...] da moget ir uch dann nach richten (Staatsbibliothek zu Berlin – Preußischer Kulturbesitz, Ms. germ. fol. 850, fol. 56 v f.).

95 Der gut erforschte wirtschaftliche Niedergang Wetzlars im Verlauf des 14. Jahrhunderts und dessen Konsequenzen dient Peter Moraw als exemplarischer „Durchschnittsfall" innerstädtischer Unruhen im Spätmittelalter. Vgl. MORAW, Von offener Verfassung (wie Anm. 3), S. 289–291; Friedrich Bernward FAHLBUSCH, Art. „Wetzlar", in: Lexikon des Mittelalter. Bd. 9 (1998), Sp. 52 f. Monographien: FELSCHOW, Wetzlar in der Krise des Spätmittelalters (wie Anm. 5), S. 121–170; SCHOENWERK, Geschichte von Stadt und Kreis Wetzlar (wie Anm. 64), S. 179–183. Bei Friedberg setzt Schwind den kommerziellen Niedergang später an und zwar mit der Niederlage in den Städtekriegen des 14. Jahrhunderts sowie als Folge der Aufgabe einer eigenen Messe und nachfolgender Verpfändungen. Vgl. kursorisch: Fred SCHWIND, Art. „Friedberg", in: Lexikon des Mittelalters. Bd. 4 (1989), Sp. 918; Denkmaltopographie Bundesrepublik Deutschland – Kulturdenkmäler in Hessen. Wetteraukreis II, hrsg. von Heinz WIONSKI, Darmstadt 1999, Bd. 2: Friedberg bis Wöllstadt, S 577. Bei Gelnhausen, das 1241 noch die wirtschaftlich stärkste der drei Reichsstädte der Wetterau gewesen war, wird der Absturz mit dem Niedergang der Staufer, zwei verheerenden Pestepidemien in den Jahren 1349 und 1395 sowie den im gleichen Zeitraum erfolgenden Verpfändungen, zunächst an den Grafen von Schwarzburg, in Verbindung gebracht. Vgl. Kulturdenkmäler in Hessen. Main-Kinzig-Kreis. Bd. 2, 2: Gelnhausen u. a., hrsg. von Waltraud FRIEDRICH, Darmstadt 2011, S. 438–440; Fred SCHWIND, Art. „Gelnhausen", in: Lexikon des Mittelalters. Bd. 4 (1993), Sp. 1206–1207.
96 Vgl. HOENSCH, Kaiser Sigismund (wie Anm. 9), S. 307–317; MORAW, Von offener Verfassung (wie Anm. 3), S. 160–163, S 160 (Zitat).
97 Vgl. ausführlich Friedberg in Hessen (wie Anm. 5), S. 203–209, bes. S. 203 f.
98 Vgl. SCHWIND, Art. „Gelnhausen" (wie Anm. 94), Sp. 1206–1207.
99 Die Verlegung der einst wichtigen Handelsstraße zwischen Frankfurt und Köln von Wetzlar nach Diez verstärkte diese Entwicklung mehr als sie diese hervorrief. Vgl. FELSCHOW, Wetzlar in der Krise des Spätmittelalters (wie Anm. 5), S. 215; SCHOENWERK, Geschichte von Stadt und Kreis Wetzlar (wie Anm. 64), S. 179–181.
100 Vgl. Irene JUNG, Wetzlar. Eine kleine Stadtgeschichte, Erfurt/Wien 2013, S. 37 f.; FELSCHOW, Wetzlar in der Krise des Spätmittelalters (wie Anm. 5), S. 170 f., S. 173–176.
101 Vgl. ORTH, Die Reichsstädte der Wetterau (wie Anm. 4), S. 89.
102 Vgl. FAHLBUSCH, Art. „Wetzlar" (wie Anm. 94), Sp. 52–53. Der letzte römische König, der die Stadt besuchte war Sigismund von Luxemburg im Jahre 1414. Vgl. FELSCHOW, Wetzlar in der Krise des Spätmittelalters (wie Anm. 5), S. 23.
103 Die von Nürnberg empfundene Bedrohung im Frühjahr 1430 zeigt sich anhand zahlreicher Hilferufe an benachbarte Reichsstädte, Fürsten und Ministerialen. Das zeitliche Ausmaß des Nürnberger Krisenbewusstseins beträgt ziemlich genau einen Monat. Vgl. Urkundliche Beiträge zur Geschichte des Hussitenkrieges. Bd. 2 (wie Anm. 43), S. 87–101, Nr. 627, Nr. 629 f., Nr. 634–641 (9. Januar– 5. Februar 1430).
104 Vgl. umfassend Frantisek SMAHEL, Die Hussitische Revolution III (wie Anm. 8), S. 1452–1496.
105 Vgl. im Folgenden Michael ZIEG, Der Gelnhäuser Schultheiß Henne von Bünau (wie Anm. 81), S. 129–134.
106 Wesentlich früher waren die Territorialstädte in Sachsen ins Ziel der Hussiten geraten. Narrative Quellen massiver hussitischer Zerstörungen wurden jedoch inzwischen quellenkritisch hinterfragt. Vgl. FIEDLER, Hussitenangst (wie Anm. 15), S. 60–63.
107 Vgl. Staatsbibliothek zu Berlin – Preußischer Kulturbesitz, Ms. germ. fol. 850, fol. 57; Gelnhäuser Regesten 1400–1500 (wie Anm. 82), S. 821, Nr. 1911 (10. Februar 1430).
108 Vgl. Hessisches StaatsA Marburg, K 418 (Weißes Dokumentenbuch der Burg Gelnhausen), fol. 78v–79. Regest in: Gelnhäuser Regesten 1400–1500 (wie Anm. 82), S. 822, Nr. 1914 (16. März 1430).

109 ZIEG, Der Gelnhäuser Schultheiß Henne von Bünau (wie Anm. 81), S. 130.
110 Vgl. Gelnhäuser Regesten 1400–1500 (wie Anm. 82), S. 824, Nr. 1920 (29. Mai 1430); S. 827, Nr. 1928.
111 Zur baulich wie politisch prekären Situation der spätmittelalterlichen Kaiserpfalz vgl. Kulturdenkmäler in Hessen. Main-Kinzig-Kreis. Bd. 2, 2 (Gelnhausen u. a.), hrsg. von Waltraud FRIEDRICH, S. 507 f.
112 Vgl. Staatsbibliothek zu Berlin – Preußischer Kulturbesitz, Ms. germ. fol. 850, fol. xi f. (2. März 1421).
113 Diese dürften im Wesentlichen identisch gewesen sein mit: Urkundliche Beiträge zur Geschichte des Hussitenkrieges (wie Anm. 43), S. 106–108, Nr. 109 (31. Mai 1421).
114 Vgl. Staatsbibliothek zu Berlin – Preußischer Kulturbesitz, Ms. germ. fol. 850, fol. 13 v f., mit RTA, Bd. 8, S. 66 f., Nr. 52. – Kerler nennt Straßburg und Regensburg als bislang bekannte Adressaten des Schreibens sowie die Registrierung des Briefes in der Chronik Andreas' von Regensburg.
115 Zu Funktion und Aufbau von Kreuzpredigten vgl. RILEY-SMITH, Wozu heilige Kriege? (wie Anm. 51), S. 64–74.
116 Die Lebensdaten Hartmann Brells sind umstritten und nicht vollends nachweisbar. Während sein Amtsantritt mit dem Jahre 1417 einwandfrei bezeugt ist, reichen die Einschätzungen über das Ende seiner Dienstzeit von 1431 bis 1436. Vgl. SCHMERBACH, Stadtschreiber Hartmann Brell (wie Anm. 129), S. 18, mit Alexander KREY, Die Praxis der spätmittelalterlichen Laiengerichtsbarkeit. Gerichts- und Rechtslandschaften des Rhein-Main-Gebietes im 15. Jahrhundert im Vergleich (= Forschungen zur deutschen Rechtsgeschichte 30), Wien/Köln/Weimar 2015, S. 407, FN. 2078.
117 Vgl. Staatsbibliothek zu Berlin – Preußischer Kulturbesitz, Ms. germ. fol. 850, fol. 10 (Rubrizelleneintrag).
118 Vgl. ebd., fol. 59–62 v.; fol. 71–73 v, mit RTA, Bd. 9, S. 91–110, Nr. 76, und das sehr detaillierte Regest: Gelnhäuser Regesten 1400–1500 (wie Anm. 82), S. 796–802, Nr. 1867.
119 Vgl. Hermann HEIMPEL, Die Vener von Gmünd und Strassburg: 1162–1447. Studien und Texte zur Geschichte einer Familie sowie des gelehrten Beamtentums in der Zeit der abendländischen Kirchenspaltung und der Konzilien von Pisa, Konstanz und Basel (= Veröffentlichungen des Max-Planck-Instituts für Geschichte 52), Göttingen 1982, S. 1354–1365, Nr. 31.
120 Zur Wiedergabe des 60. Kapitels des ersten Buches der *Gesta friderici imperatoris* bei Andreas von Regensburg vgl. Andreas von Regensburg. Sämtliche Werke. Bd. 1 (wie Anm. 57), S. 461 f. (der Chroniktext ist in der Edition gekürzt). Zu Verfasser und Werk vgl. Karl SCHNITH, Art. „Otto, Bf. v. Freising, 2. Werk", in: Lexikon des Mittelalters. Bd. 6 (1993), Sp. 1582 f.
121 Vgl. zur Fehdeführung Frankfurts: ORTH, Die Fehden der Reichsstadt Frankfurt am Main im Spätmittelalter (wie Anm. 81).
122 *Wir der rad zu Franckenfort tun dir zu wißen, das der allerdorluchtigeste forste und h[er]re, uns[er] aller liebster gnedigester h[er]re der rom[i]sche etc. konig mit uns[er]n g[e]nedige[n] herren den korforsten and[er]n fursten herren und steden eins anslages und zoges uber kom[m]en ist, kortzlichen zu tunde widder die huszen gein Behem als dir vor wisszentlich sin mag darumb sine kongliche gnade gesatzt gemacht geordenet und geladen hat in sime kongliche[n] brieffe under and[er]n artickeln und sachen, als wir dir abeschrifft herInne v[er]slossen senden, und nach dem du uns zu ziiden geschr[ibn] hast, das du uns[er] fyent sine wollest, so fordern wir an dich das du uns verschr[ibn] wiszen laßest, ob du soliche[n] friden gein uns und den uns[ern], die selben ziit und In der maß als die artik(e)l uswisent, halden wollest oder nit, das wir und die uns[ern] uns darnach wiszen züritten* (ISG Frankfurt, Reichssachen I., Nr. 3191 Konzept). Vgl. Regesten der Grafen von Katzenelnbogen 1060–1486, hrsg. von Karl Ernst DEMANDT (= Veröffentlichungen der Historischen Kommission für Nassau 9), Wiesbaden 1953, Nr. 528 (8. Mai 1431).
123 Vgl. Regesten der Grafen von Katzenelnbogen 1060–1486 (wie Anm. 122), Nr. 3192.
124 ISG Frankfurt, Kaiserschreiben, Nr. 431 Konzept (11. September 1426); Regesten der Grafen von Katzenelnbogen 1060–1486 (wie Anm. 122), Nr. 3317.
125 Vgl. ebd., S. 54 (Stammbäume), S. 63 (Zeittafel).

126 Vgl. ISG Frankfurt, Kaiserschreiben, Nr. 432 (1426, September 12).
127 Vgl. ISG Frankfurt, Kopialbuch 12 [Alt 10] (Fehdebuch von 1376–1518), fol. 3 f.
128 Vgl. Regesten der Grafen von Katzenelnbogen 1060–1486 (wie Anm. 122), Nr. 3056 (10. August 1421). Bei einem Matrikelanschlag des Jahres 1422 zur Hussitenabwehr wurde Graf Johann von Katzenelnbogen mit acht Gleven veranschlagt, was ihm auf der Liste der Grafen und Herren den vierten Platz einbrachte. Vgl. Regesten der Grafen von Katzenelnbogen 1060–1486 (wie Anm. 122), Nr. 3153 (vor dem 30. August 1422). Der Graf hatte an dem Feldzug auch teilgenommen. Vgl. Nr. 3163 (Oktober 1422) mit Verweis auf RTA, Bd. 8, S. 179, Nr. 157. Auch befand er sich im Jahre 1431 mit 20 Gleven quantitativ an der Spitze der Grafen und Herren. Zudem war er dazu bereit gewesen, die Hussitensteuer des Jahres 1428 zu bezahlen. Vgl. Regesten der Grafen von Katzenelnbogen 1060–1486 (wie Anm. 122), Nr. 3374 (vor 22. Mai 1428); Nr. 3390 (16. November 1428); Nr. 3508 (1. März 1431) unter Beruf auf RTA, Bd. 9, S. 528, Nr. 508.
129 Vgl. zur Überlieferungsgeschichte des Stadtbuches: KREY, Praxis der spätmittelalterlichen Laiengerichtsbarkeit (wie Anm. 116), S. 53 f. mit Anm. 195.
130 [U]nd ich han solich sache zu sammen herges[chrieben], daz die h[er]nach ko[m]men daz gelesen, die des gelustet [...] und han dit darumb getan, daz sich junge lude etwaß nach den alden mogen wißen zu richten, dann man bii der alden handlunge wol mag gelernen (Staatsbibliothek zu Berlin – Preußischer Kulturbesitz, Ms. Germ fol. 850, fol. 50, fol. 128).
131 Vgl. Staatsbibliothek zu Berlin – Preußischer Kulturbesitz, Ms. germ. fol. 850, fol. 114 r–128 r. Diese wurden größtenteils ediert in: Urkundenbuch zur Geschichte der Herren von Hanau und der ehemaligen Provinz Hanau, hrsg. von Heinrich REIMER (= Hessisches Urkundenbuch 2. Abt.), Bde. 3–4, Leipzig 1894–97.
132 Vgl. Karl SCHMERBACH, Der Stadtschreiber Hartmann Brell. Person und Amt, 1417–1431, in: Gelnhäuser Geschichtsblätter (1976/77), S. 17–30, S. 25, in Bezug auf SCHMIDT, Die deutschen Städtechroniken (wie Anm. 41), S. 19:

„Man nennt solche Stadtbücher, die meist chronikartigen Charakter tragen, offiziöse Chroniken".
133 Wriedt bezeichnet stärker offizielle, von Ratsmitgliedern, Stadtschreibern oder Kämmerern geschriebene Werke als „Stadt- und Gedenkbücher". Vgl. Klaus WRIEDT, Bürgerliche Geschichtsschreibung im 15. und 16. Jahrhundert. Ansätze und Formen, in: Städtische Geschichtsschreibung im späten Mittelalter, hrsg. von Peter JOHANEK (= Städteforschung. Reihe A Darstellungen 47), Köln 2000, S. 19–50, S. 16. Der von Andreas Ranft betreute „Index Librorum Civitatum (ILC). Verzeichnis der Stadtbücher des Mittelalters und der Frühen Neuzeit" definiert Stadtbücher als „Kodizes, die seit dem 13. Jahrhundert in städtischen Kanzleien zu Verwaltungszwecken geführt wurden." Nach der Klassifizierung des Projekts kann unsere Quelle als eines der „Stadtbücher mit vermischtem Inhalt" bezeichnet werden. Vgl. www.stadtbuecher.de/stadtbuecher/deutschland/hessen/gelnhausen/ (aufgerufen am 05.08.2016).
134 Nach Wriedt beinhalten diese kurze „narrative[...] Elemente innerhalb des administrativen Schriftgutes" und stellen historiographische Berichte in Urkundensammlungen und Akten dar. Vgl. WRIEDT, Bürgerliche Geschichtsschreibung (wie Anm. 130), S. 28.
135 Vgl. WRIEDT, Bürgerliche Geschichtsschreibung (wie Anm. 133), S. 28.
136 Vgl. WRIEDT, Bürgerliche Geschichtsschreibung (wie Anm. 133), S. 33.
137 Vgl. WRIEDT, Bürgerliche Geschichtsschreibung (wie Anm. 133), S. 37 (Zitat), mit S. 45–48.
138 Vgl. WRIEDT, Bürgerliche Geschichtsschreibung (wie Anm. 133), S. 45.
139 Vgl. SCHMERBACH, Stadtschreiber Hartmann Brell (wie Anm. 132), S. 24.
140 Vgl. Staatsbibliothek zu Berlin – Preußischer Kulturbesitz, Ms. germ. fol. 850.
141 SCHMERBACH, Stadtschreiber Hartmann Brell (wie Anm. 132), S. 22.
142 Vgl. Gelnhäuser Regesten 1400–1500 (wie Anm. 82), S. 501 f. In der Gelnhäuser Grimmelshausenbücherei befindet sich ein unveröffentlichtes Typoskript von Karl Schmerbach. Vgl. Das Stadtbuch des Hartmann Brell, hrsg. von Karl SCHMERBACH, Schlüchtern (1978)

(Typoskript im Selbstverlag). Für eine interne Durchsicht stellte mir der Gelnhäuser Geschichtsverein großzügigerweise die Vollregesten Ziegs im *.doc-Format zur Verfügung.

143 Vgl. allgemein Karl SCHMERBACH, Die freie Reichsstadt Gelnhausen, ein Stand des Reiches, in: Gelnhäuser Geschichtsblätter (1969/70), S. 21–65.

144 Vgl. die frühe Interpretation des Eides sowie der städtischen Reaktionen auf denselben bei RTA, Bd. 8, S. 4 f., S. 53 f.; BAUM, Kaiser Sigismund (wie Anm. 17), S. 164.

145 Vgl. RTA, Bd. 8, S. 53 f.

146 Vgl. Franz FUCHS, Ulrich Grünsleder aus Vohenstrauss († 1421). Ein „deutscher Hussit" aus Regensburg, in: Die hussitische Revolution: religiöse, politische und regionale Aspekte, hrsg. von Franz MACHILEK (= Forschungen und Quellen zur Kirchen- und Kulturgeschichte Ostdeutschlands 44), Köln 2012, S. 223, mit Fn3, mit StadtA Nördlingen, Missivenbuch des Jahres 1420, Nr. 61 (undatiert).

147 RTA, Bd. 8, S. 31, Z. 29 (Nr. 29).

148 Der Eid bzw. die Aufforderung zur Leistung desselben, kann abgesehen vom offensiv gehaltenen ersten Artikel als interne Ergänzungsmaßnahme des anti-hussitischen Zusammenschlusses der Rheinischen Kurfürsten vom 23. April 1421 gesehen werden und datiert auf denselben Tag. Edition der Quelle: RTA, Bd. 8, S. 29–31, Nr. 29, bes. Z. 20–45 (Wortlaut des Eides).

149 Aus städtischen Quellen geht hervor, dass die Kurfürsten eine Ratifikation der Beitrittsurkunden bis zum Zeitpunkt einer Reichsversammlung in Wesel am 25. Mai im Sinne gehabt hatten. Vgl. RTA, Bd. 8, S. 69, Z. 17–20 (Nr. 54).

150 Vgl. etwa die von Kerler beeinflusste Bewertung bei BAUM, Kaiser Sigismund (wie Anm. 17), S. 164.

151 Vgl. RTA, Bd. 8, S. 29–31, Nr. 29.

152 Vgl. RTA, Bd. 8, S. 53 f.

153 Vgl. RTA, Bd. 8, S. 37 f., Nr. 33.

154 Vgl. im Folgenden: RTA, Bd. 9, S. 59, Nr. 46.

155 Vgl. im Folgenden: Staatsbibliothek zu Berlin – Preußischer Kulturbesitz, Ms. germ. fol. 850, fol. 12 r; Gelnhäuser Regesten 1400–1500 (wie Anm. 82), S. 717 f., Nr. 1680 (vor 30. Mai 1421).

156 Vgl. Staatsbibliothek zu Berlin – Preußischer Kulturbesitz, Ms. germ. fol. 850, fol. 9 v. (Rubrizellen)

157 Vgl. die Aussage Baums: „Beitrittsverhandlungen mit den Reichsstädten führten jedoch zu keinem Abschluss" (BAUM, Kaiser Sigismund [wie Anm. 17], S. 164).

158 Vgl. Staatsbibliothek zu Berlin – Preußischer Kulturbesitz, Ms. germ. fol. 850, fol. 12 v, mit RTA, Bd. 9, S. 60 f., Nr. 48. Die Auflösung von „sexta feria post octavas sacramenti" entspricht dem 30., nicht dem 23. Mai wie Zieg datiert. Vgl. Gelnhäuser Regesten 1400–1500 (wie Anm. 82), S. 717, Nr. 1678. Vgl. das Anschreiben der Kurfürsten: Staatsbibliothek zu Berlin – Preußischer Kulturbesitz, Ms. germ. fol. 850, fol. 44 (30. Mai 1422).

159 *Item off hude Sancti Bonifacii tage a[nno] q[uam] sup[ra] han wir burgermeister und rad zu Geilnhusen und uns selbes und darzu uns[er] gemeyne allen zunfften in d[er] stad zum ziegelhuse und obenhusen montlichen geboten, obe eyn[er]ley, daz god nit wolle bij uns ufferstunde, von dem unglaube[n] der zu Behemen ist, daz wir dem getruwelich mit allem flijße wied[er]steen wollen und soll[e]n bij dem eyde, den wir dem heiligen riche und off daz geschosse getan han. Und obe unß[er] keiner icht davon bij uns gewar wurde, daz er daz auch bij dem eyde uffinbare[n] sol, daz man dem von stunt wied[er]sten moge, gote zu lobe, der heilige[n] criste[n]h[ei]d zu beheltlichkeid und dem heilige[n] riche zu eren und nucze* (Staatsbibliothek zu Berlin – Preußischer Kulturbesitz, Ms. germ. fol. 850, fol. 13 r).

160 Aus dieser Quelle geht hervor, dass *he gen Geilnhusen riden* wollte. In der Reichsstadt an der Kinzig wurde er von Bürgermeister Gerlach im Steinhaus persönlich begrüßt. Noch am 11. Dezember ist Sigismund bei Verleihungen von Besitztümern und Gefällen im Gericht Selbold und der Reichsstadt an die Burgmannen bezeugt, am 13. Dezember dann aber sicher in Frankfurt nachweisbar. Vgl. ZIEG, Familie von „Selbold / Im Steinhaus" (wie Anm. 82), S. 169, mit Bezug auf: RTA, Bd. 7, S. 252–254, Nr. 175, bes. S. 254: *und reit in die staid uf daz Wagenhus und nam da des rades und der burgere eide auch*. Vgl. Gelnhäuser Regesten 1400–1500

(wie Anm. 82), S. 640 f., Nr. 1491, Nr. 1492–1494.
161 Vgl. Andreas von Regensburg. Sämtliche Werke. Bd. 1 (wie Anm. 57), S. 363. Zu Prozess und Verbrennung Grünsleders vgl. FUCHS, Ulrich Grünsleder (wie Anm. 146).
162 Vgl. Staatsbibliothek zu Berlin – Preußischer Kulturbesitz, Ms. germ. fol. 850, fol. 14 v.
163 Vgl. Staatsbibliothek zu Berlin – Preußischer Kulturbesitz, Ms. germ. fol. 850, fol. 9 v (Rubrizellen), fol. 52 f. (Quelle) Entsprechende Ermahnungen selben Datums sind auch an die Städte Straßburg, Köln und Lübeck bekannt. Dabei waren Köln und Straßburg mit 20 Gleven, Lübeck mit 30 Gleven und 30 Schützen angeschlagen gewesen. Vgl. RTA, Bd. 8, S. 258 f., Nr. 214. Im Typoskript Schmerbachs ist das Schreiben falsch auf das Jahr 1423 datiert. Vgl. Das Stadtbuch des Hartmann Brell (wie Anm. 139), S. 117. In den Gelnhäuser Regesten ist das Schreiben nicht erfasst.
164 Während die Gleve in Frankfurt meistens „aus einem Schwerbewaffneten und einem oder mehreren Leichtbewaffneten" bestand, so waren für den Schwäbischen Städtebund vier Reiter, in Nürnberg nur zwei Reiter üblich. Vgl. Martin ROMEISS, Die Wehrverfassung der Reichsstadt Frankfurt am Main im Mittelalter, in: Archiv für Frankfurts Geschichte und Kunst 41 (1953), S. 5–63, S. 16.
165 Vgl. Staatsbibliothek zu Berlin – Preußischer Kulturbesitz, Ms. germ. fol. 850, fol. 52 v. Die Reichsstädte der Wetterau hatten zusammen mit dem eigenwilliger Weise unter diese subsummierten Dortmund insgesamt nur 28 Gleven zu stellen, wobei Frankfurt und Dortmund mit jeweils 15 bzw. sechs Gleven eindeutig den Löwenanteil leisteten, Wetzlar und Friedberg dagegen mit zwei Gleven das Schlusslicht darstellten. Vgl. RTA, Bd. 8, S. 156–165, Nr. 144, bes. S. 164.
166 Brell versah seinen Verweis auf das auf *folio 52 et consequitur* eingetragene Schreiben mit dem Kommentar *Item wie die korfursten aber einen anslag uff die hußen machten zu degelichem kriege in eym Winther, da wir von unßers heren des koniges gebote zwene mußten dar schicken, daz waren Concze von Bessinbach, Eckards knecht von Fischborn und Henne Aldemohrer* (Staatsbibliothek zu Berlin – Preußischer Kulturbesitz, Ms. germ. fol. 850, fol. 9 v).
167 „Es ist auch von den stetten czum teglichen krieg nymand kommen, dann die ir in disem zedel verslossen findt; „es ist auch von den stetten von Elsass, von der see gar nymand komen, dann allein Hagnaw und Weissenburg mit xxxiii Pferden, die von Worms XIII Pferden und Geilnhausen III (?) pferd" (BEZOLD, König Sigmund und die Reichskriege gegen die Hussiten [wie Anm. 24], Bd. 1, S. 153 f.).
168 Die Gelnhäuser hatten auf einem Fürstentag zu Mainz am 29. Juni 1421 ihren Bürgermeister Johann von Glauberg verkünden lassen, dass die Gelnhäuser nur in dem Fall mit sechs Reisigen dienen könnten, wenn eine gleichzeitige Fehde vorüber sei, anderenfalls könnten sie aufgrund ihrer großen Schulden nur mit zwei Pferden dienen. Vgl. Staatsbibliothek zu Berlin – Preußischer Kulturbesitz, Ms. germ. fol. 850, fol. 13.
169 Vgl. im Folgenden: Gelnhäuser Regesten 1400–1500 (wie Anm. 82), S. 719, Nr. 1684; S. 720, Nr. 1686; S. 721, Nr. 1690, Nr. 1692, mit Anm. 86.
170 Vgl. im Folgenden: Staatsbibliothek zu Berlin – Preußischer Kulturbesitz, Ms. germ. fol. 850, fol. 14 v.
171 Vgl. ISG Frankfurt, Materialsammlung Rechenmeisterbücher (S-6b-29), fol. 39 f.
172 KERLER, Truppen des Ulmer Städtebundes (wie Anm. 57), S. 6.
173 Vgl. mit anderer Interpretation WERCKMEISTER, Gelnhausen (wie Anm. 71), S. 177.
174 Vgl. im Folgenden: ISG Frankfurt, Reichssachen, Nr. 3199 (20. Juni 1431). Zur Ronneburg vgl. zuletzt: Die Ronneburg. Von der Fliehburg zum Renaissance-Schloss, hrsg. von Walter NIESS und Joachim COTT, Büdingen 2000.
175 Siehe Anm. 114 und Anm. 116.
176 Vgl. Staatsbibliothek zu Berlin – Preußischer Kulturbesitz, Ms. germ. fol. 850, fol. 71 v.
177 Zu dieser militärischen Unternehmung vgl. SMAHEL, Die Hussitische Revolution II (wie Anm. 8), S. 1408–1428.
178 RTA, Bd. 9, S.41–44, Nr. 33.
179 Vgl. Staatsbibliothek zu Berlin – Preußischer Kulturbesitz, Ms. germ. fol. 850, fol. 59–62 v, fol. 68–72. Vgl. RTA, Bd. 9, S. 34–40, Nr. 31;

Gelnhäuser Regesten 1400–1500 (wie Anm. 82), S. 796–802, Nr. 1867. Die Urkunde wurde auch in Eberhard Windeckes „Leben König Sigmunds" integriert. Vgl. Das Leben König Sigmunds (wie Anm. 36), S. 169–177. Zur detaillierten Interpretation der Ordnung als „Reform des Kriegswesens", die jedoch den „Landfriede nur oberflächlich, das Finanzwesen gar nicht" berücksichtigt habe, ist immer noch maßgeblich BEZOLD, König Sigmund und die Reichskriege gegen die Hussiten (wie Anm. 24), Bd. 2, S. 100–103.

180 Vgl. kursorisch Eckhart Götz FRANZ, Das Haus Hessen. Eine europäische Familie, Stuttgart 2005, S. 27; Karl Ernst DEMANDT, Geschichte des Landes Hessen, Kassel ³1980, S. 196 f.

181 Staatsbibliothek zu Berlin – Preußischer Kulturbesitz, Ms. germ. fol. 850, fol. x.

182 Vgl. Das Leben König Sigmunds (wie Anm. 36), S. 168 f., S. 180 f. (Zitat), S. 182 f.

183 Vgl. StadtA Wetzlar, Sta II 1428 November 27; RTA, Bd. 9, S. 275 f., mit FN 9.

184 Vgl. Anm. 178 mit dem Bericht Brells über den Feldzug des Jahres 1431, welchen sich der Stadtschreiber nur durch Verrat erklären konnte. Vgl. Staatsbibliothek zu Berlin – Preußischer Kulturbesitz, Ms. germ. fol. 850, fol. 76. Aktuellste Untersuchung des Feldzuges bei SPENGLER, Der Reichsfeldzug gegen die Hussiten von 1431 (wie Anm. 11).

185 Vgl. Staatsbibliothek zu Berlin – Preußischer Kulturbesitz, Ms. germ. fol. 850, fol. 193 v.

Ingrid Würth

Reichsstadt und Häresie im Spätmittelalter

In der erstmals 1962, dann in erweiterter Form abermals 1987 erschienenen Studie „Reichsstadt und Reformation" wies Bernd Moeller auf einen systemischen Zusammenhang zwischen der genossenschaftlichen Verfasstheit der Reichsstädte, vor allem der Freien Städte, und der Einführung und Ausbreitung der lutherischen und reformierten Lehre hin. Das Selbstbild der Stadt als „corpus christianum im kleinen"[1] habe, so Moeller, dazu geführt, dass sie sich als Gesamtheit für das Heil ihrer Bewohner als zuständig erachtete und somit in spezieller Weise die Durchsetzung reformatorischer Forderungen – so etwa die Verheiratung der Kleriker – beförderte.[2] Gerade in den oberdeutschen Städten, wo ein Zusammentreffen der „eigentümlich ‚städtisch' geprägten Theologie Zwinglis und Bucers mit dem […] in besonderem Maße lebendigen genossenschaftlichen Geist" der dortigen Reichsstädte stattfand, sei deswegen der Reformation in besonderem Maße Erfolg beschieden gewesen.[3]
Die Thesen Moellers lösten Diskussionen aus und blieben nicht unwidersprochen, und seine Ergebnisse bezüglich der Theologie der Reformation in den Freien Städten und zur Ausbreitung des Zwinglianismus sind an manchen Stellen zu revidieren.[4] Doch die weitgehend akzeptierte und durch neuere Forschungen bestätigte Feststellung, dass spätmittelalterliche Städte ein „sakralgenossenschaftliche[s] Selbstverständnis" ausgeprägt hatten,[5] durch das in der ersten Hälfte des 16. Jahrhunderts reformatorische Bestrebungen begünstigt werden konnten, legt die Frage nahe, ob dieses Selbstbewusstsein bereits zu einem früheren Zeitpunkt im Umgang der städtischen Gesellschaft mit religiösen Abweichlern beobachtet werden kann. Konkret: Führte die von Moeller postulierte Identifizierung der Stadt als „corpus christianum im kleinen" zu signifikanten Unterschieden bei der Verfolgung von Häretiker durch eine städtische Obrigkeit?

Nun war das kanonistische Procedere hinsichtlich der Ketzerei im Spätmittelalter seit langem festgeschrieben und ließ wenig Raum für ein individuelles Verfahren. 1184 hatte Papst Lucius III. (1181–1185) mit der Bulle Ad abolendam die prinzipielle Vorgehensweise gegen Ketzer vorgegeben, Papst Gregor IX. (1227–1241) veranlasste, dass die Dekretale in den 1234 promulgierten Liber Extra aufgenommen wurde und verlieh ihr so Gültigkeit bis zum Ende des Mittelalters und darüber hinaus. Die geistliche Gewalt war für die Überführung der Angeklagten zuständig, die weltliche für deren Bestrafung, notfalls mit dem Tode.[6] Für den Geltungsbereich des Reiches wurden durch das Mandat Kaiser Friedrichs II. (1212–1250) aus dem März 1232 die Verfahrensregeln genauer festgelegt und die Unterstützung der kirchlichen Gerichtsbarkeit für die säkulare Obrigkeit bindend vorgeschrieben. Der Herrscher verpflichtete sich, „das weltliche Schwert […] gegen die Feinde des Glaubens und zur Ausrottung der ketzerischen Niedertracht zu zücken, damit wir die Schlangensöhne des Unglaubens, die Gott und die Kirche beleidigen, wie Entweiher des Mutterleibes, mit gerechtem Gericht verfolgen und die Bösewichte nicht leben lassen, durch deren verführerische Lehre die Welt vergiftet und der Herde der Gläubigen wie von räudigen Schafen schwerer Schaden zugefügt wird."[7]

Die theologische Rechtfertigung für die Maßnahmen der Kirche gegen Ketzer findet sich unter anderem bei Thomas von Aquin: „Von der Seite der Häretiker ist es eine Sünde, für die sie es verdienen, nicht nur von der Kirche durch die Exkommunikation getrennt, sondern auch von der Welt durch den Tod ausgeschlossen zu werden. Denn viel schwerwiegender ist es, den Glauben zu verfälschen, durch den die Seele ihr Leben erhält, als Geld zu fälschen, durch welches das zeitliche Leben ermöglicht wird. Wenn also Geldfälscher […] durch die weltlichen Mächte sofort und zu Recht mit dem Tod bestraft werden, dann können noch viel mehr die Häretiker, sobald sie der Häresie überführt sind, […] gerechterweise getötet werden." Und auch wenn die Kirche eigentlich Erbarmen zeigen müsse, so habe sie doch auch eine Verantwortung allen Gläubigen gegenüber und müsse rückfällige Ketzer, denen bereits einmal oder zweimal vergeben worden sei, sofort dem Tod überantworten, um die „Ansteckungsgefahr" zu vermindern.[8]

In dem Moment, in dem eine häretische Gruppierung öffentlich ruchbar geworden war, gab es für die mittelalterliche Gesellschaft kaum mehr Handlungsspielraum – die „korrekte" Anschauung der Rechtgläubigen war vorgegeben; das juristische Verfahren zwangsläufig. Der Ketzerprozess stellt den Kulminationspunkt der Auseinandersetzung mit Häresie dar. Doch wie gestaltete sich der Umgang mit Ketzern im Alltag? Gelang es denjenigen, die von den Lehren der Kirche abwichen, die differierende Meinungen in religiösen Dingen vertraten, ihren Glauben vor ihren Mitbürgern vollkommen zu verheimlichen? Oder müssen wir vielmehr davon ausgehen, dass vor allem in den Städten, in denen ein gesteigertes Maß an sozialer Kontrolle herrschte,[9] oftmals die direkte Konfrontation vermieden wurde, obwohl man um die Anwesenheit von Ketzern wusste?

Den limitierenden Faktor bei der Beantwortung dieser Fragen, die im Rahmen dieses Aufsatzes freilich nicht umfassend und nur im Blick auf ausgewählte Beispiele betrachtet werden, stellt die Quellenlage dar. Denn fast die gesamte Überlieferung zu mittelalterlichen Häresien stammt aus dem Kontext von Inquisitionsprozessen und wurde aus der Sicht der Verfolger verfasst, muss also unter Beachtung besonderer Vorsichtsmaßnahmen historisch ausgewertet werden.[10] Auf den Umgang mit Ketzern außerhalb des gerichtlichen Verfahrens kann nur rückgeschlossen werden. Ein wichtiger Ansatzpunkt zum

Verständnis des religiösen Zusammenlebens in einer Stadt ist der Blick auf die Initiatoren der jeweiligen Prozesse. Je nachdem, ob der Anstoß für die Verfolgung von Abweichlern von innen, aus der Bürgerschaft oder dem Rat kam, oder von außen, etwa von einem auswärtigen Inquisitor, müssen die Motive der Stadt für oder gegen ein offenes Vorgehen gegen Ketzer unterschiedlich eingeschätzt werden. Und schließlich ist zu bewerten, wie das Verhalten vor allem der Reichsstädte gegenüber Häresien im Spätmittelalter mit der von Moeller konstatierten Selbstsicht als „corpus christianum im kleinen" in Einklang zu bringen ist. Als Untersuchungsgegenstand sollen die drei Reichsstädte Straßburg, Nordhausen und Mühlhausen in Thüringen in der ersten Hälfte des 15. Jahrhunderts dienen.

I

In Straßburg fand im Jahr 1400 ein Prozess gegen eine Gruppe von Waldensern statt. Entstanden in den 1180er Jahren in Lyon und als Teil der Armutsbewegung zu verstehen, wurden die Waldenser vom Anfang ihres Bestehens an von der Kirche bekämpft. Als *Pauperes de Lugduno* wurden sie ausdrücklich in Ad abolendam erwähnt, als eine der häretischen Gruppen, gegen deren Bosheit vorgegangen werden musste.[11] Im Reich waren sie vor allem in den 1390er Jahren besonderer Gefahr ausgesetzt. In dieses Jahrzehnt fallen die Waldenserinquisitionen in Regensburg, Nürnberg, Würzburg, Mainz,[12] Freiburg im Üechtland,[13] in Steyr in Oberösterreich[14] und in der Mark Brandenburg.[15] Die Welle der Verfolgung erfasste schließlich auch Straßburg.

Die elsässische Metropole hatte nach schweren Auseinandersetzungen mit dem bischöflichen Stadtherrn in den 1260er Jahren den Status einer Freien Stadt erwerben können.[16] Das Verhältnis zu den Bischöfen blieb freilich schwierig, und in den 1380er und 1390er Jahren war die Bürgerschaft zunächst in Streitigkeiten mit Bischof Friedrich von Blankenheim (1375–1393) verwickelt.[17] Dessen Nachfolger Wilhelm von Diest (1393–1439) wiederum musste sich zunächst gegen den vom Domkapitel bevorzugten Konkurrenten Burkard von Lützelstein und die städtischen Kandidaten Ulrich von Lichtenberg und später Werner von Rosenegg durchsetzen. Erst 1395 hatte sich Wilhelm endgültig als Elekt von Straßburg durchgesetzt. In den folgenden Jahren hatte er sein Amt zwar unangefochten inne, sein verschwenderisches Finanzgebaren führte jedoch dazu, dass er die Verwaltung des Hochstifts zum Teil in die Hände der Stadt und des Kapitels legen musste und 1415 sogar gewaltsam festgenommen sowie in der Münstersakristei eingesperrt wurde.[18]

Georg Modestin geht in seinen Arbeiten zur Straßburger Waldenserverfolgung davon aus, dass die hier nur kurz geschilderten politischen Umstände einen öffentlichen Ketzerprozess zunächst verhinderten. Der Rat wollte einerseits seine Position nicht schwä-

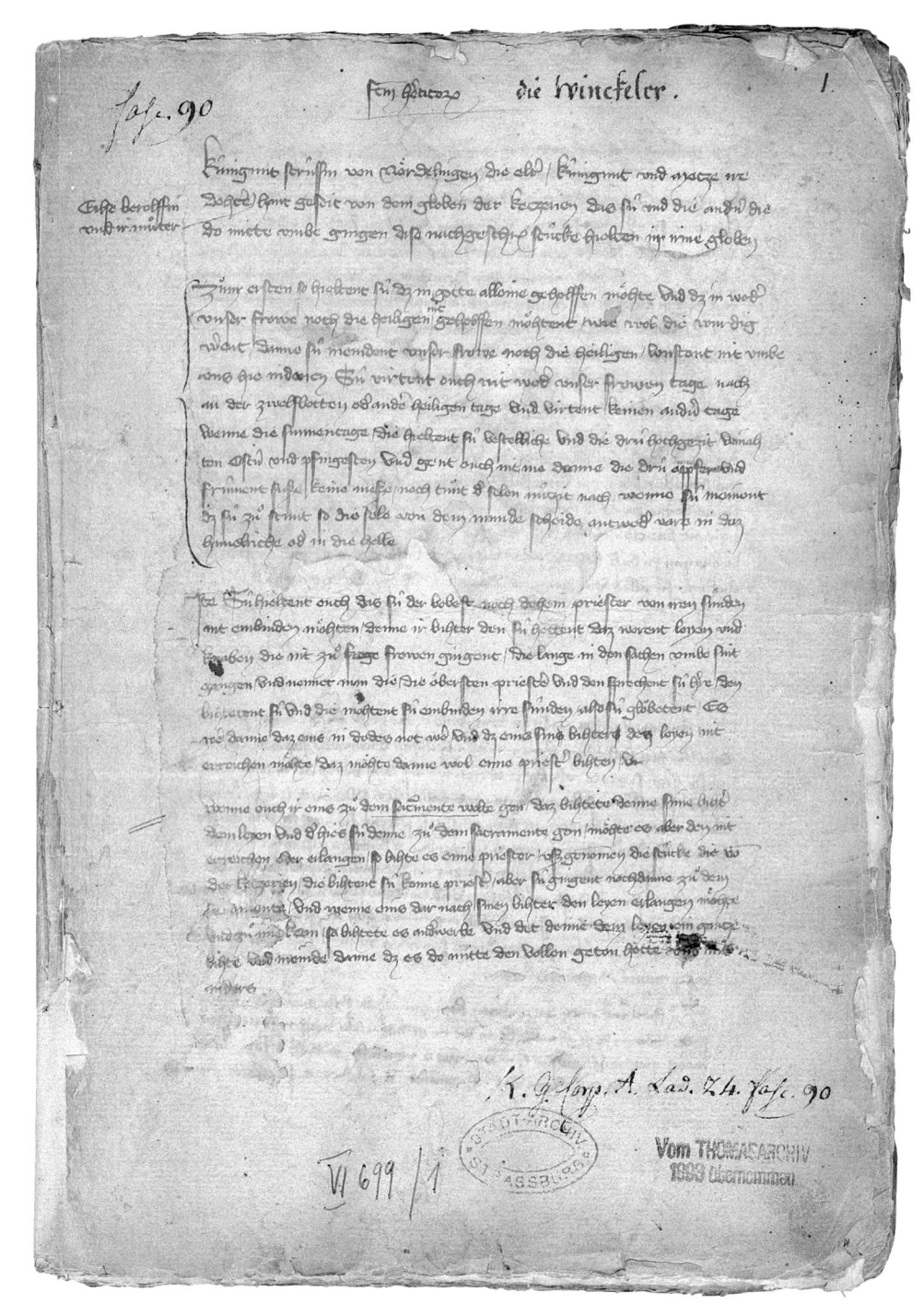

Abb. 1: Die Akten des Straßburger Waldenserprozesses aus dem Jahre 1400, fol. 1 (Archives de la Ville et de la Communauté urbaine de Strasbourg, VI 699/1)

chen, und Wilhelm von Diest suchte andererseits Verstimmungen mit der Bürgerschaft zu vermeiden.[19] Diese Annahme erscheint logisch und liefert eine sinnvolle Erklärung für das vergleichsweise späte Einschreiten gegen die Häresie in Straßburg.

Bereits 1392 oder 1394/95 fand vor dem Inquisitor Nikolaus Böckeler ohne öffentliches Aufsehen eine Abschwörung mehrerer Mitglieder der Gemeinschaft statt; als Konsequenz mussten vier Männer ein Bußkreuz tragen. Allerdings gestand ihnen der Ketzermeister zu, dies verdeckt zu tun. Darüber hinaus zeitigte das Bekanntwerden ihres Fehlverhaltens keine Folgen.[20] Sowohl das geistliche Oberhaupt als auch die städtische Führungsschicht wussten demnach von Waldensern in ihrer Mitte. Beide Parteien blendeten diese Kenntnis aus und gaben anderen, nämlich politischen Zielen den Vorrang vor frommem Eifer – ein durchaus bemerkenswerter Befund. Nicht nur für die Reichsstadt stand die Bekämpfung des Waldensertums erst an zweiter Stelle, auch der Elekt sah mehrere Jahre lang über die Existenz dieser religiösen Abweichler in Straßburg hinweg, obwohl sich sein Verhältnis zur Stadt bereits 1395 normalisiert hatte. Weder in einer konfliktträchtigen Situation noch in einer Zeit guten Einvernehmens wollten die beiden Seiten den Waldensern zu Leibe rücken. Es ist fast erstaunlich, dass es überhaupt zum Prozess kam.

Angestoßen wurde das Verfahren im Jahre 1400 schließlich durch eine Predigt des Baseler Kursors Peter Mangold in der Adventszeit 1399 in der Dominikanerkirche in Straßburg. Im Publikum befanden sich Ulrich Gosse, mehrfaches Ratsmitglied und Alt-Ammeister, und weitere einflussreiche Persönlichkeiten der städtischen Obrigkeit. *[…] und do die von der bredien komment, so habe ich von hern Ůlrich Gossen gehört, der het gesprochen, es geblibe niemer also geligen.*[2] Die Predigt selbst ist nicht überliefert, doch das Aufdecken der Ketzerei durch einen Auswärtigen mag für die Stadtverordneten Anlass genug für die Eröffnung eines Prozesses gewesen sein.[22]

Die Quellen unterrichten uns nicht darüber, wer als Inquisitor bestellt wurde und wie sich das weltliche Richtergremium zusammensetzte,[23] doch wir erfahren einiges über die Personen, die vor Gericht standen. Insgesamt handelte es sich um angesehene Mitglieder der städtischen Gesellschaft, oftmals um sehr erfolgreiche Handwerker und Mitglieder des Rates.[24] Einer der Angeklagten, nämlich Johannes Blumstein, sticht in mehrfacher Hinsicht heraus. Er gehörte dem Patriziat an, verfügte über großen Reichtum, besaß Land und spielte in der Innen- und Außenpolitik Straßburgs eine bedeutende Rolle.[25] Er lässt sich über Jahre hinweg als Beschützer der Waldensergemeinde nachweisen. Bereits 1389/90 verhinderte er einen Prozess, indem er den damaligen dominikanischen Inquisitor in Straßburg, Johannes Arnold, mit einer kaum verhohlenen Drohung konfrontierte: „Mein lieber Herr, ich sage es Euch unter dem Siegel der Beichte: Ihr kümmert euch um Dinge, die Ihr lieber bleiben lassen solltet. Ihr stellt meinen Freunden nach, um ihnen zu schaden. Ich wollte, Ihr würdet damit aufhören, denn was Ihr ihnen zufügt, das fügt Ihr mir zu.[26] Zuweilen sucht einer nach dem Teufel und findet dabei die eigene

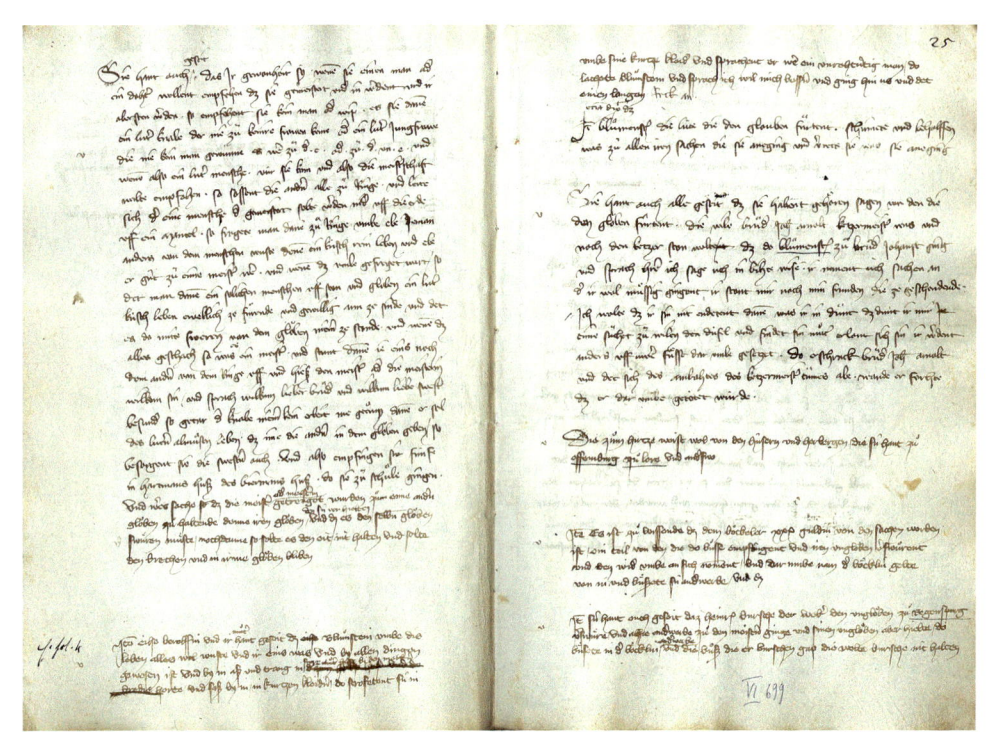

Abb. 2: Die Aussagen der Zeuginnen über Johannes Blumstein (Archives de la Ville et de la Communauté urbaine de Strasbourg, VI 699/1, fol. 24 v–25 r)

Mutter. Lasst ab von der Angelegenheit, oder andernfalls wird es euch schlecht ergehen."[27] Daraufhin habe der Inquisitor sein Amt niedergelegt, weil er um sein Leben fürchtete. Die Information über dieses Gespräch, die während der Voruntersuchung im März 1400 zutage gefördert wurde, führt zum einen das Ansehen Blumsteins in der gesamten Stadt vor Augen. Er selbst setzte den Hinweis auf seinen Einfluss, der sich offenbar auf die Karriere und das Wohlergehen Arnolds erstrecken konnte, als Drohgebärde gegen den Inquisitor ein. Welches Amt Blumstein 1390 innehatte und aufgrund welchen Rückhalts er so autoritär auftreten konnte, lässt sich in den Quellen nicht belegen.[28] Erst seine spätere Karriere kann besser nachvollzogen werden.

Zum andern muss Blumstein eine gewichtige Rolle innerhalb der Waldensergememeinde gespielt haben. Schon die Überlieferungssituation seiner „Beichte" vor dem Inquisitor deutet dies an. Die fünf Zeuginnen, die bei der Voruntersuchung über die Glaubensgrundsätze der Straßburger Häretiker befragt wurden und dem Gericht Einblick in die innere Verfasstheit der Glaubensgemeinschaft gewährten,[29] sprechen zum Teil mit deutlicher Bewunderung von Blumstein. Seine Einschüchterung des Inquisitors machte ihn zur Heldenfigur, deren Bild in den Aussagen Else Berolfins und ihrer Mutter anekdotenhafte Züge annimmt. Sie zeichnen ihn als nonchalanten Mann, der *umbe dis leben alles wol wuste und ir eins was und by allen dingen gewesen ist.*[30] Als er bei einer Zusammenkunft im Haus seiner Mutter von den anwesenden Frauen wegen seiner zu kurzen und offenbar unschicklichen Jacke zurechtgewiesen wurde, habe er gelacht, Besserung gelobt und sich einen langen Rock angezogen.[31] Insgesamt wird er als Schützer der Waldenser bezeichnet, der diesen Unterstützung gewährt habe *zů all iren sachen, was sú aneging.*[32]

Die Informationen, die aus den Berichten von Mutter und Töchtern Strussin über Blumstein gewonnen werden können, sind zwiespältiger. Er tritt diesen gegenüber ebenfalls als Führungspersönlichkeit auf, der das Wohl der Waldensergemeinde am Herzen liegt. Doch in den Aussagen dieser Frauen schwingt nicht nur Verehrung mit. Sie geben ein Gespräch wider, das kurz vor Weihnachten stattgefunden und in dem Blumstein davor gewarnt habe, den zu diesem Zeitpunkt bereits in Straßburg befindlichen Basler Kursor über die vor einigen Jahren stattgefundene geheime Abschwörung in Kenntnis zu setzen. Um seinen Worten Nachdruck zu verleihen, scheute sich Blumstein auch in diesem Falle nicht, deutliche Drohungen auszusprechen: *Ir gswigent der dinge wol, es mühte den dirre tage eins zů sure werden, die es tůnt. Do möhtont lúte heimlichen bi naht darumbe erdrencket werden … .*[33] Der Vater bzw. Ehemann Struss sei ebenfalls mehrfach von ihm zur Verschwiegenheit gemahnt worden.[34]

Blumstein hatte die Abschwörung in der ersten Hälfte der 1390er Jahre in seinem eigenen Haus organisiert,[35] und noch 1399/1400 versuchte er, die Waldensergemeinde gegenüber dem Ammeister Ulrich Gosse, dem Seelsorger von Jung St. Peter und dem Pleban von St. Martin, Johannes Rudolf, zu verteidigen.[36] Seine Mutter war nachweislich Waldenserin,[37] er hatte regen Kontakt zu Gemeindemitgliedern,[38] vertrat offen papstkritische Meinungen,[39] und es gibt Hinweise darauf, dass er schon in den 1380er Jahren Kontakt zu Augsburger Waldensern hatte.[40] Es dürften kaum Zweifel daran bestehen, dass er selbst dieser Gemeinschaft angehörte;[41] er zählte folglich zu den Verdächtigen und wurde offenbar vor das Gericht geladen, jedoch nicht offiziell befragt.[42] Diese Schonung muss in erster Linie auf seine sehr einflussreiche Stellung zurückgeführt werden, die ihm in der Folgezeit eine herausragende weitere Karriere sicherte. Vom Beginn des Jahres 1401 an, also bereits weniger als ein Jahr nach dem Prozess, amtierte er als straßburgischer Vogt in Lichtenau. Für die Jahre 1411 und 1424 lässt er sich als Ratsmitglied nachweisen, 1416/17 nahm er als diplomatischer Vertreter seiner Heimatstadt am Konstanzer Konzil teil, und 1418 erhielt er zusammen mit anderen Gesandten Straßburgs in Mantua eine Audienz bei Papst Martin V. (1417–1431). Noch einmal traf er mit dem Pontifex zusammen, nämlich 1419 in Florenz. In den 1420er Jahren ist er weiterhin mehrfach als Diplomat in Straßburger Diensten tätig. Sein immenses Vermögen erschließt sich aus seinem Nachlass, nämlich den Schenkungen, die seine Tochter Margarethe, eine Begine, und sein Sohn Konrad, ein Kartäuser, tätigten.[43] Blumsteins Verbindung zu den Waldensern scheint für ihn nicht von Nachteil gewesen zu sein.

Es mag sein, dass er sich spätestens im Zusammenhang des Prozesses von 1400 von seinen Glaubensbrüdern lossagte, sich zum kirchlichen Glauben bekehrte und fortan sein gesamtes Trachten auf das Wohlergehen seiner Heimatstadt ausrichtete.[44] Allerdings könnte man den Lebensweg Blumsteins und das Schicksal der Straßburger Waldenser auch anders deuten: Die Existenz von Häretikern in der Stadt war für den Rat und die bischöfliche Kurie ein offenes Geheimnis, dies steht außer Zweifel. Die Waldenser, die zum Teil sehr namhaften Familien angehörten, wurden stillschweigend geduldet, einerseits, weil die äußeren politischen Umstände, also die erwähnten Auseinandersetzungen mit dem Bischof im größeren Kontext des Schismas, innere Einigkeit verlangten. Andererseits dürften manche Mitglieder der häretischen Gemeinschaft – namentlich Blumstein, aber auch andere Ratsmitglieder[45] – aufgrund ihrer exzellenten Beziehungen und vielleicht durch ihre Kenntnisse und Kompetenzen sakrosankt gewesen sein. Erst in dem Moment, in dem durch den Basler Kursor in breiter Öffentlichkeit auf die Waldenser aufmerksam gemacht und somit ein längst bekanntes Faktum offen ausgesprochen wurde, noch dazu von einem Auswärtigen, musste gehandelt werden. Letztlich fiel dieses Handeln recht milde aus: Die 27 für schuldig befundenen Ketzer wurden verbannt, man verhängte keine Todesurteile, obwohl einige der Angeklagten bereits zum zweiten Mal für ihre Ketzerei vor Gericht standen, also rückfällig waren und somit nach kanonischem Recht ihr Leben verwirkt hatten.[46] Kurz gesagt, der Prozess diente der Wahrung des Scheins, wurde in relativ kurzer Zeit abgewickelt[47] und ging so glimpflich wie möglich aus. Der Rat hatte kein Interesse daran, den sozialen Frieden, den Zusammenhalt der Bürgerschaft und das Funktionieren der städtischen Verfassung zu gefährden, solange kein äußerer Druck vorhanden war. Die Anwesenheit von Waldensern in der Stadt wurde solange wie möglich ignoriert, und vermutlich war man nach dem Prozess sehr schnell wieder bereit, zu diesem Zustand des Nicht-Wahrnehmens zurückzukehren. Der weitere Lebensweg Johannes Blumsteins mag dafür ein Beleg sein.

Während des Verfahrens in Straßburg traten die Irrtümer der Häretiker deutlich zu Tage. Sie glaubten nicht an das Fegefeuer, lehnten die kirchlichen Feiertage außer Weihnachten, Ostern und Pfingsten ab und gestanden nur ihren Meistern höhere Autorität zu – insgesamt bieten die Akten das klassische Spektrum waldensischer Ansichten.[48] Und doch scheint es nicht die *heretica pravitas* gewesen zu sein, die zur Verurteilung der meisten Angeklagten führte. Nicht einmal die Seelsorger in der Stadt zeigten ein herausragendes Engagement im Prozess gegen die Waldenser. Der *ertzepriester* gab zu Protokoll, dass ihm in der Beichte nie etwas untergekommen wäre, *daz wider cristenglöben were*,[49] und viele seiner Amtsgenossen schlossen sich ihm an. Der Pfarrer von St. Stephan sagte aus, *daz er nieman wisse, der an cristenen glöben irre*,[50] und dies bestätigten mehrere seiner Kollegen.[51] Nicht die Ketzerei an sich machte den Straßburgern zu schaffen, sondern ihr Bekanntwerden über die Stadtgrenzen hinaus. Dementsprechend kam der Rat zu dem Schluss: *Unde ist in dise urteil geschehen umbe das, daz sie unsere stette unde diseme* *lande grōße smehe unde unere zūgefūget hant mit der irrungen ires bōsen glouben, den sie in unser stat und dis lant broht hant … .*⁵ Man kümmerte sich nicht so sehr um die Reinheit des wahren Glaubens oder das Heil der Christenheit, sondern zeigte sich vielmehr besorgt über den Ruf der Stadt, der durch die Affäre Schaden genommen haben könnte.

II

Ein zweites Beispiel für den Umgang einer Reichsstadt mit einer häretischen Gruppierung liefert Nordhausen in Thüringen. Hier wurden im Jahre 1446 Geißler[53] vor das Inquisitionsgericht gezogen. Der Prozess erschließt sich aus einem *Instrumentum confessionum hereticorum*, das von zwei Nordhäuser Notaren, Nikolaus Traibote und Johannes Brunonis,[54] angefertigt wurde. Ähnlich wie in Straßburg sind also die Aussagen der Angeklagten überliefert, die einen guten Einblick in das alltägliche Leben der Geißler und ihr Einbindung in die städtische Gesellschaft geben. Es wird auch der Name des agierenden Inquisitors genannt, Friedrich Molitoris. Dieser war Dominikaner und Professor an der Erfurter Universität mit engen Kontakten nach Nordhausen. Als Inquisitor trat er erstmals 1446 und dann 1453/54 wieder auf, nachweisbar ist er in diesen Jahren in Göttingen und Stolberg, vermutlich war er aber für die Verfolgung der Geißler auch an weiteren Orten verantwortlich. Wenngleich die genauen Zusammenhänge nicht aus den Quellen hervorgehen, so ist es doch wahrscheinlich, dass es Molitoris war, der gezielt nach Ketzern fahndete und sie zur Anklage brachte.

Ein derartiges Vorgehen ist jedenfalls im Zusammenhang der ersten großen thüringischen Geißlerinquisition von 1414 belegt. Der Ketzermeister Heinrich Schoenvelt hielt sich offenbar im Winter 1413/14 in Thüringen auf, bekam dort Kenntnis von vorhandenen Ketzern, wandte sich im Anschluss an den Hof des meißnischen Markgrafen und thüringischen Landgrafen und erstattete dort Bericht. Daraufhin erhielt er von den Landesherren die Erlaubnis *inquirendi et exterminandi in terra eorum quoscunque hereticos reperiret.*[55] Von Molitoris selbst ist bekannt, dass er geschickt öffentliche Auftritte zu inszenieren verstand. Im Sommer 1453, vielleicht im Kontext derselben Kampagne, der auch die Nordhäuser Verfolgung zuzurechnen ist, veranstaltete er eine öffentliche Disputation mit zwei Häretikern auf dem Göttinger Marktplatz. Die Glaubenssätze, die er bei dieser Gelegenheit zu widerlegen suchte, stimmen mit den geißlerischen Articuli überein.[56] Die treibenden Kräfte hinter den Geißlerverfolgungen in Thüringen in der ersten Hälfte des 15. Jahrhunderts scheinen also die Inquisitoren Schoenvelt und Molitoris gewesen zu sein, die beide aus dem Erfurter Dominikanerkonvent kamen. Eine Initiative vor Ort, also in Nordhausen oder an den verschiedenen Orten der Landgrafschaft, ist in den Quellen nicht auszumachen. Es muss in Betracht gezogen werden, dass der Geißlerprozess in Nordhausen auf ähnliche Weise in Gang gesetzt wurde wie das Vorgehen gegen die Waldenser in Straßburg, nämlich durch einen von außen kommenden Prediger oder Inquisitor, der die in der Stadt selbst längst bekannte, aber über-

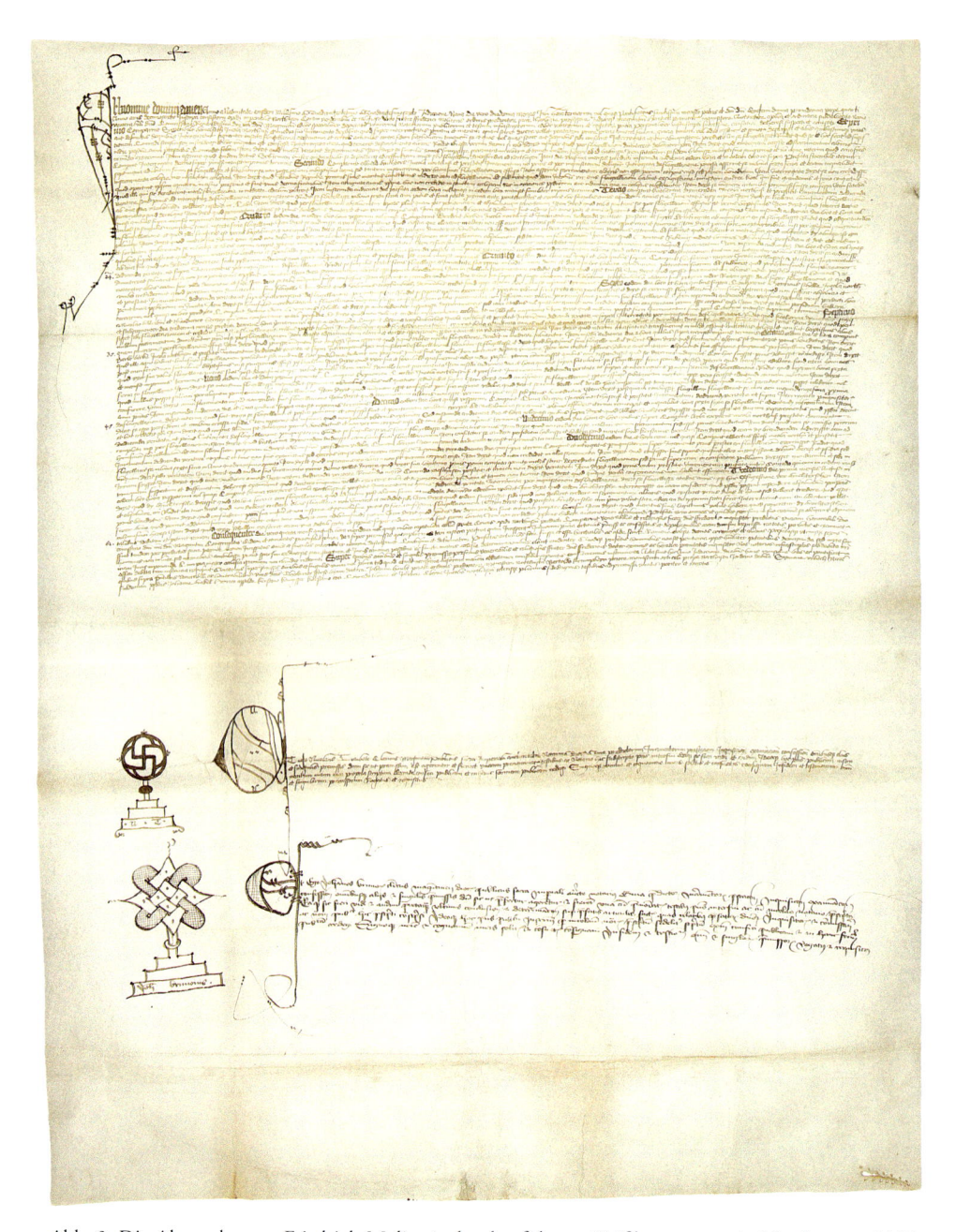

Abb. 3: Die Akten des von Friedrich Molitoris durchgeführten Geißlerprozesses in Nordhausen 1446, erste Seite mit Überschrift und Namen des Inquisitors (Zeile 2): *fratre ffr[i]derico molitoris* (Stadtarchiv Nordhausen, Best. 1.1./ I Pc 2)

sehene Anwesenheit von Häretikern öffentlich machte und somit ein weiteres Ignorieren unmöglich werden ließ.

Die Nordhäuser Quellen liefern über die Glaubensinhalte der Geißler hinaus wertvolle Nachrichten über die internen Strukturen der Sekte und nennen die Namen der Angeklagten. Auch in Nordhausen waren Ratsgeschlechter in den Prozess verstrickt. Für das Jahr 1418 ist ein Ratsmeister Johann Dymerod belegt,[57] und im Jahr 1430 taucht ein Hans Dymerad als Bannerträger der Nordhäuser Bürgerwehr auf.[58] Katherina Dymeroden schließlich findet sich unter den Angeklagten des Jahres 1446 wieder.[59] Die genauen familiären Zusammenhänge lassen sich freilich nur vermuten. Katharina dürfte ein angeheiratetes Familienmitglied gewesen sein, also vielleicht die Ehefrau des Bannerträgers und Schwiegertochter des Ratsmeisters. Da sie aber aus einer traditionell geißlerischen Familie stammte – sie gibt selbst zu Protokoll, dass sie ihren Glauben von ihrer Großmutter Mechthild Volkers aus Toba übernommen habe[60] – und eine Eheschließung innerhalb der Glaubensgemeinschaft von großer Wahrscheinlichkeit ist,[61] könnten auch ihr Mann und seine Angehörigen Geißler gewesen sein. Ihre Namen fallen allerdings nicht im Zusammenhang des Prozesses, vielleicht weil sie als Ratsherren über großen Einfluss verfügten und sich der Verfolgung entziehen konnten. Es drängt sich der Vergleich mit der Straßburger Familie Blumstein auf. Johannes Blumstein wurde nicht belangt, seine eigene Mutter hingegen konnte oder wollte er nicht vor der Verbannung bewahren.[62]

Eine weitere Person, nämlich Heinrich Rebening, ist im Nordhäuser Kontext von großem Interesse. Aus den Aussagen Katherina Dymerodens und Gertrud Beckens, einer anderen Angeklagten, geht hervor, dass Rebening nicht nur Geißler war, sondern zudem mehrere neue Mitglieder für die Sekte geworben und im Glauben unterwiesen hatte. Dafür erhielt er Geschenke und wurde verehrt;[63] er war also eine Führungspersönlichkeit innerhalb der Gemeinschaft. Die Belege für Heinrich Rebening selbst oder weitere Familienmitglieder sind dünn gesät. 1405 soll es einen gleichnamigen Bürger in Nordhausen gegeben haben,[64] zu 1502 tritt ein Claus Rebening, ebenfalls Nordhäuser Bürger, in den Quellen auf, und 1490 gab es einen Ratsmeister Nikolaus Rebening,[65] die beiden letzteren könnten identisch sein. In Heinrich Rebening tritt uns also abermals ein Mitglied einer Ratsfamilie entgegen, das in den Quellen des Nordhäuser Prozesses eindeutig als Geißler denunziert wurde, selbst jedoch offenbar nicht aussagen musste. Über Rebenings weiteres Schicksal sind wir nicht informiert; seine Zugehörigkeit zur Geißlersekte verhinderte jedenfalls nicht, dass ein Familienmitglied, vielleicht sogar einer seiner direkten Nachkommen das Amt des Ratsmeisters erlangte. Er selbst könnte, wie der Straßburger Johannes Blumstein, einflussreich genug gewesen sein, dass er sich einem öffentlichen Auftritt vor dem Inquisitionsgericht entziehen konnte und man ihm nichts anhaben wollte.

Die Urteile, die in Nordhausen über die Geißler gefällt wurden, können nicht eindeutig eruiert werden. In den Akten selbst ist davon die Rede, dass alle Geißler sich bekehrten und ihnen die Gnade gewährt wurde, in den Schoß der Kirche zurückzukehren.[66] Da laut den Protokollen die meisten Angeklagten zum ersten Mal wegen Ketzerei vor Gericht standen,[67] wäre ein derart mildes Urteil durchaus gerechtfertigt gewesen. Die Überschrift des Manuskripts hingegen, von zweiter Hand, aber nicht viel später hinzugefügt,[68] spricht davon, dass sie verbrannt worden seien.[69] Diese Unstimmigkeit lässt sich nicht auflösen.[70] Es ist folglich auch im Nordhäuser Fall denkbar, dass milde Urteile gesprochen wurden und der hohe soziale Stand zumindest einiger der Beschuldigten für einen glimpflichen Ausgang des Prozesses verantwortlich gewesen sein könnte.

Die vorgetragenen Beispiele von Ketzerverfolgungen in den Reichsstädten Straßburg und Nordhausen weisen deutliche Parallelen auf. Soweit die Quellen einen Schluss zulassen, liefen die Prozesse gemäß den kanonischen und reichsrechtlichen Vorgaben ab, waren mithin unanfechtbar. Dennoch ist in beiden Fällen eine gewisse Scheu der städtischen Obrigkeiten erkennbar, allzu streng gegen die *heretica pravitas* innerhalb ihrer Bürgerschaft vorzugehen. Betrachtet man die Auslöser für die Prozesse und stellt man die Frage nach den Initiatoren der Verfolgungen, wird dies besonders augenfällig. In Straßburg kam der Anstoß vom Baseler Kursor Peter Mangold, in Nordhausen vermutlich von dem aus Erfurt kommenden Inquisitor Friedrich Molitoris, also jeweils von Ortsfremden. Diese Konstellation lässt sich bei einigen weiteren Prozessen nachweisen: Als 1375 in Freiburg im Üechtland Beginen verfolgt wurden, kam die Initiative dazu von François von Moudon, einem Dominikaner aus Lausanne.[71] Der Freiburger Waldenserprozess von 1399 wurde durch Denunzianten aus Bern ausgelöst,[72] und das Vorgehen gegen Angehörige derselben Glaubensgemeinschaft in Dinkelsbühl 1393 und Rothenburg ob der Tauber 1394 strengte wohl der Inquisitor Heinrich Angermeier an.[73] Diesen Beispielen lassen sich vermutlich noch weitere hinzufügen. Auffällig ist jedenfalls, dass ein Vorgehen gegen Häretiker oft nicht von denjenigen angeregt wurde, die durch täglichen Kontakt am ehesten von deren Existenz wissen und den größten geistlichen Schaden davontragen mussten. Die religiöse Gefahr wurde von den unmittelbar betroffenen rechtgläubigen Mitbürgern offenbar geringer eingeschätzt als die Bedrohung des sozialen Friedens in der Stadt, und in Einzelfällen konnten sich hochrangige Persönlichkeiten sogar dann noch retten, wenn ihre Glaubensbrüder sich bereits unausweichlich vor dem Gericht zu verantworten hatten.

Ein Grund für diesen pragmatischen Umgang mit religiösen Abweichlern mag in der fast permanenten Bedrohung gerade der Reichsstädte durch übergriffige Territorial- oder ehemalige Stadtherren zu suchen sein. Um auf die beiden behandelten Beispiele zurückzukommen: Die Straßburger Situation in den Auseinandersetzungen mit den Bischöfen wurde bereits angesprochen; Nordhausen sah sich im 15. Jahrhundert dauernden Übergriffen der Grafen von Stolberg und der Herren von Hoym[74] ausgeliefert, so wie viele gerade der kleineren Reichsstädte immer der Gefahr ins Auge blicken mussten, dass Fürsten sie ihrem Territorium einverleiben wollten.[75] Einigkeit im Inneren, auch um den Preis demonstrativer Blindheit gegenüber Ketzerei, stellte eine wichtige Voraussetzung dar, um sich der Gegner erwehren zu können.

War jedoch durch äußeren Einfluss ein Prozess erzwungen worden, so ermöglichte die von den meisten Reichsstädten im Verlauf des 14. Jahrhunderts erworbene Ratsgerichtsbarkeit eine weitestgehend selbstbestimmte Durchführung des Prozesses. Die Ratsherren saßen in allen Belangen zu Gericht, ohne Rechenschaft vor dem Stadtherrn oder einem seiner Vertreter ablegen zu müssen.[76] Bei einem Inquisitionsprozess lagen zwar die Feststellung der Schuld und die Urteilsfindung bei der kirchlichen Instanz, doch scheinen die weltlichen Richter hier ebenfalls regulierend eingewirkt zu haben. So lässt sich zumindest erklären, dass Johannes Blumstein in Straßburg nicht vor Gericht erscheinen musste, und ebenso wenig Heinrich Rebening in Nordhausen. Als weitere Belege für diese These können abermals die Freiburger Prozesse von 1375 und 1399 dienen, die beide scheiterten – der erste gegen die Beginen wohl daran, dass der Inquisitor nicht ordnungsgemäß beauftragt worden war.[77] Der zweite gegen die Waldenser endete mit Freisprüchen für alle Angeklagten. Vermutlich wollte sich die Stadt nicht von ihren Nachbarn in Bern zu einem Verfahren zwingen lassen.[78] Es zeigt sich, dass ohne die Kooperation der städtischen Obrigkeit ein Vorgehen gegen die Ketzer nicht erfolgreich sein konnte.

III

Bemühte sich der Rat im Falle einer Ketzerverfolgung im Inneren um einen möglichst wenig Aufsehen verursachenden Prozess, so waren auch nach außen hin besondere Maßnahmen zu ergreifen. Den benachbarten Städten und Kooperationspartnern musste signalisiert werden, dass man die Lage vollkommen im Griff hatte und die Rechtgläubigkeit der Bürgerschaft nicht in Frage stand. Nicht umsonst wurden *smehe unde unere*, die Straßburg im Jahr 1400 durch die Waldenser erleiden musste, in der Begründung des Urteils an erster Stelle genannt.[79] Der Rat der Stadt wandte sich auch offensiv gegen die Gerüchte, die über die Ketzerei in Straßburg im Umlauf waren. In Bern ging man offensichtlich davon aus, dass ein *michel volk* der Häresie anhänge und *der gar vil sóllent [...] gefangen* worden sein.[80] In einem Brief an den Berner Schultheißen und den Rat versicherten die Straßburger, dass man zwar Ketzer in der Stadt aufgespürt und verhört habe und es an dieser Stelle zu weit führe, die Art deren *irrunge* weiter zu erläutern, aber es seien nur 25 Personen insgesamt gewesen, Männer und Frauen, außerdem *unahtber lúte und von frumden gegenen geboren, nit von unser stat – ußgenommen zwo personen oder drie*.[81] Gegen diese seien die notwendigen Maßnahmen ergriffen worden, nämlich die Vertreibung aus Stadt und Bistum. Abschließend wird die Bitte formuliert, keinen anderen Berichten zu glauben, da die Berner nunmehr aufgrund der guten Freundschaft mit Straßburg über die Wahrheit Bescheid wüssten.[82]

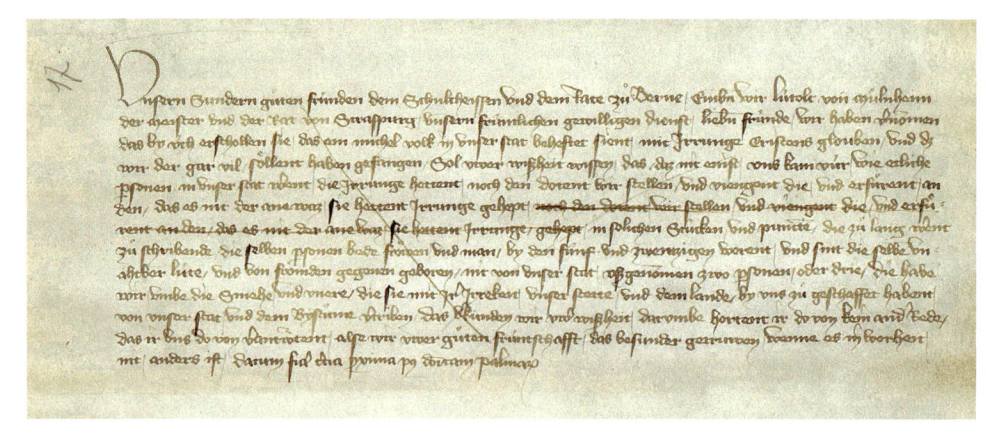

Abb. 4: Brief des Straßburger Rates an den Rat der Stadt Bern, fehlerhaftes Exemplar aus dem Besitz des Stadtschreibers (Archives de la Ville et de la Communauté urbaine de Strasbourg, III/24 (2), fol. 17)

Der Rat betrieb also Schadensbegrenzung, als das eingetreten war, was man vorher hatte vermeiden wollen. Der äußere Eindruck einer rechtgläubigen und einmütigen, starken Bürgerschaft musste gewahrt bleiben oder, wenn er bereits Schaden genommen hatte, repariert werden. Es waren nur sehr wenige Ketzer in Straßburg, fast alle von geringem, unredlichen Stande[83] und Fremde – diese Darstellung in dem Brief an Bern kann unter Heranziehung der weiteren Überlieferung als eine geschickte Mischung von Halbwahrheiten entlarvt werden. Die Anzahl der Verurteilten ist annähernd korrekt, es wurden 27 Verbannungsurteile ausgesprochen.[84] Die Angabe über deren Herkunft ist zumindest nicht vollkommen falsch, immerhin 17 der 32 Verhörten waren nicht in Straßburg geboren worden.[85] Ihre soziale Position darf jedoch keinesfalls als marginal bezeichnet werden, sie kamen als Handwerker und Kaufleute vielmehr aus dem Zentrum der städtischen Gesellschaft und nahmen zum Teil wichtige politische Funktionen wahr.[86]

Das Rechtfertigungsschreiben an die Stadt Bern ist durch Zufall in einem Konvolut des zuständigen Stadtschreibers als formal fehlerhafte und deshalb wohl nicht versandte Ausfertigung erhalten.[87] Es ist davon auszugehen, dass der Straßburger Rat auch gegenüber anderen Korrespondenzpartnern die Vorgänge um die Waldenser im Jahr 1400 darlegen musste, auch wenn dazu die Quellen fehlen.

Eine interessante Vergleichsmöglichkeit gewährt zudem ein Dokument aus einer weiteren reichsstädtischen Ketzerverfolgung. Im Sommer 1420 wurden in Mühlhausen in Thüringen mehrere Geißler vor Gericht gestellt und vermutlich verurteilt.[88] Details des Prozesses, der aufgrund der schwierigen herrschaftlichen Verhältnisse vor Ort der Einbindung mehrerer Parteien bedurfte, lassen sich aus den Kämmereirechnungen und einer Reihe von Briefen des Mühlhäuser Rates erschließen. Eines der Schreiben war an den zu dieser Zeit in Marburg weilenden Priester Hermann Kappel gerichtet und entstand offenbar nach dem Abschluss des Verfahrens. Kappel hatte dem Rat berichtet, dass in Hessen

Gerüchte über Ketzer im Umlauf seien und behauptet wurde, vor allem in Mühlhausen seien *die reddelichsten und wegirsten* aus dieser Gemeinschaft zu finden.[89] Diesen Vorwurf wiesen die Mühlhäuser weit von sich. Zwar habe man auf Geheiß des Mainzer Erzbischofs einige Ketzer ergriffen und eingesperrt, doch diese seien allesamt aus Langula (ca. 10 km ssw. Mühlhausen) und somit Untertanen des Mainzers gewesen, oder sie waren erst kürzlich von *Talheym*,[90] Toba (ca. 30 km nw. Mühlhausen) oder anderen Orten in die Stadt gezogen und seien unredliche Leute. Der Brief zählt akribisch die Namen aller Rechtsgelehrten auf, die für den Prozess nach Mühlhausen gekommen waren und deren Untersuchungen erwiesen hätten, dass kein einziger ehrbarer Bürger dem Irrglauben anhinge. An diese Feststellung schließt der Rat die Bitte an, dass der Empfänger allen Gerüchten jetzt, da er über die Wahrheit informiert sei, entschieden entgegentreten möge.[91]

Anders als Straßburg wandten sich die Mühlhäuser nicht an den Rat einer anderen Stadt, als es um die Korrektur der Außenwahrnehmung ihres Gemeinwesens ging, sondern an eine bestimmte Person. Hermann Kappel ist durchaus kein Unbekannter. Er trat nicht nur als Verfasser eines lateinisch-deutschen Wörterbuches in Erscheinung,[92] sondern lässt sich auch als Vikar des Heilig-Kreuz-Altars im Antonius-Hospital in Mühlhausen sowie als Kantor und Kaplan in der Stiftskirche St. Peter und Paul in Oberdorla (ca. 7 km sw. Mühlhausen) nachweisen.[93] Und vor allem war er mehrfach auswärts als Mühlhäuser Agent tätig, so 1429 in Verhandlungen mit den Landgrafen von Hessen. 1420 weilte er in Frankfurt, um für den Rat einen Zinskauf zu tätigen. Im Zusammenhang dieser Aufgabe versicherten ihn die Stadtväter ihres vollsten Vertrauens, *wan wir dy mit nymande anders als wole als mit uch truwen uß zcu richten*.[94] Es könnte dieselbe Reise gewesen sein, die Kappel auch nach Marburg geführt hat. Der Mühlhäuser Rat legte also nicht nur finanzielle Angelegenheiten in dessen treusorgende Hände, sondern auch das durch die Geißler entstandene Image-Problem. Er verließ sich darauf, dass das Ansehen des Geistlichen und sein Einsatz den Ruf der Stadt wiederherstellen würde, und er dürfte nicht enttäuscht worden sein. Zumindest setzten die Mühlhauser noch 1455 in einer Streitsache auf Kappel, und er empfing außerdem ein städtisches Lehen.[95]

Inhaltlich unterscheidet sich das Schreiben des Mühlhäuser Rates in der Ketzer-Angelegenheit kaum vom Brief der Straßburger an Bern. Die Schadensbegrenzung bestand darin, dass man die Angeklagten als fremde Untertanen oder Neubürger bezeichnete und somit die „echten" alteingesessenen Mühlhäuser in Schutz nahm. Darüber hinaus wurde größter Wert darauf gelegt, dass der Prozess juristisch einwandfrei abgelaufen war. Zu diesem Zweck sollten Kappel außerdem Bestätigungsschreiben der beteiligten Juristen zugehen, die allerdings nicht überliefert sind[96] – schriftliche Beweise für die Unschuld und Rechtgläubigkeit der Mühlhäuser Bürgerschaft. Die Ehre der Reichsstadt war auch in Mühlhausen ein hohes Gut, das es zu verteidigen galt. Im Gegensatz zu Straßburg lässt sich freilich nicht feststellen, ob nicht doch Angehörige der Oberschicht unter den Geißlern waren. Vollkommen auszuschließen ist es nicht.

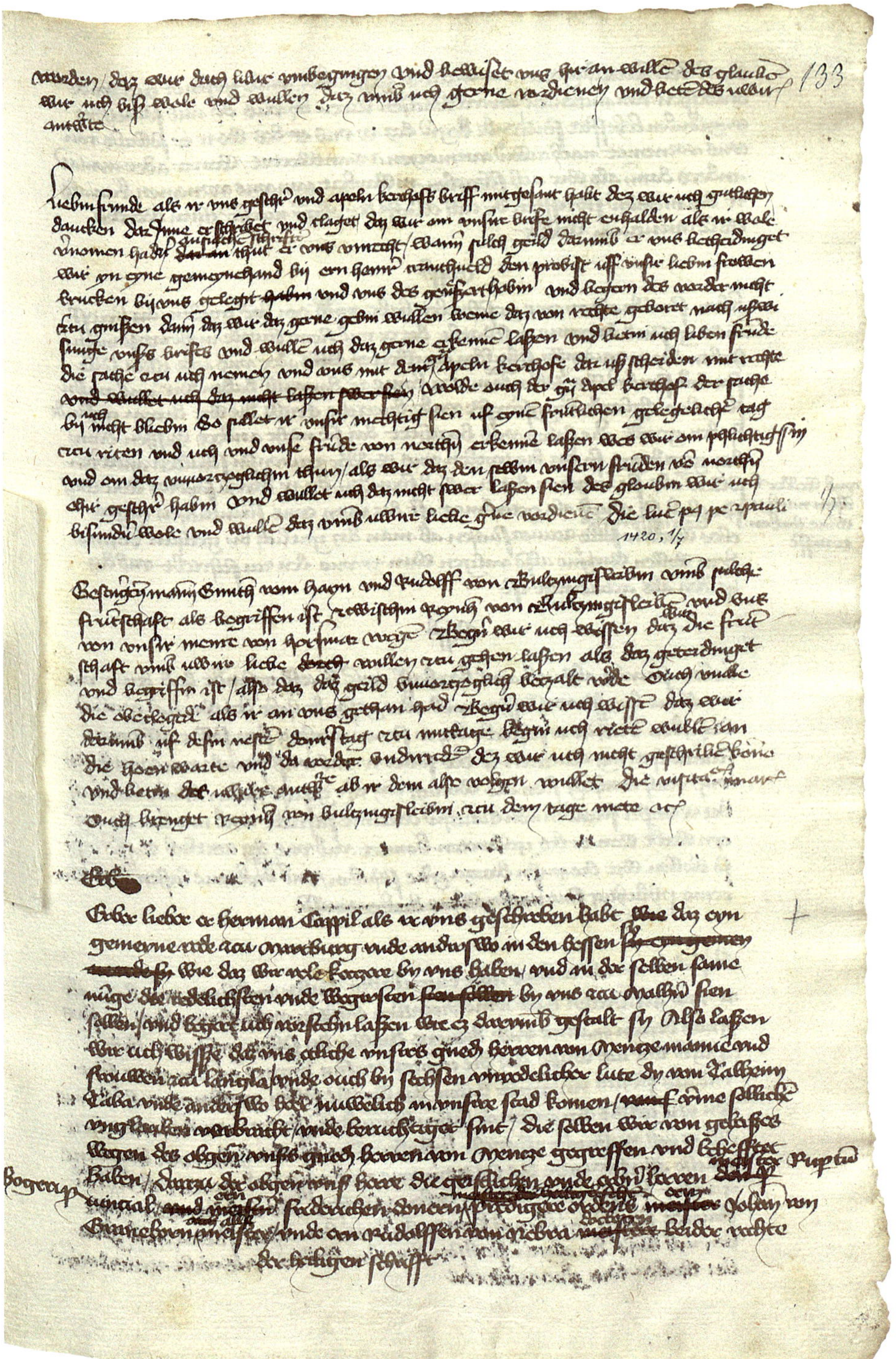

Abb. 5: Brief des Mühlhäuser Rates an Hermann Kappel (Stadtarchiv Mühlhausen, 10/W 1, Bd. 4, fol. 133, Z. 28–41 [unterer Absatz])

IV

In der Zusammenschau lässt sich ein recht kohärentes Bild vom städtischen Verhalten im Falle einer Ketzerverfolgung zeichnen, wenn auch unter Vorbehalt und ohne den Anspruch, einen Typus konstruieren zu wollen.[97] Die Beispiele sprechen dafür, dass die Reichsstädte wenig Interesse daran hatten, durch einen Inquisitionsprozess den sozialen Frieden zu stören und den Zusammenhalt der Bürgerschaft zu schwächen. Der Anstoß für eine Verfolgung von Häretikern kam kaum jemals von innen, vielmehr war das persönliche Engagement der Inquisitoren notwendig, um religiösen Abweichlern auf die Schliche zu kommen. Ließ sich eine Ketzerverfolgung nicht mehr verhindern, weil ein Außenstehender auf den Missstand aufmerksam gemacht hatte, wurde häufig durch den Rat Einfluss auf den Verlauf des Verfahrens genommen. Die Konsequenzen versuchte man abzumildern. In der Außendarstellung legte die Stadt jedoch größten Wert darauf, die Rechtgläubigkeit ihrer Bürger aufzuzeigen und die Angeklagten zu marginalisieren. Insgesamt kann den Stadtregimenten in Straßburg, Nordhausen und Mühlhausen in den aufgezeigten Fällen keine große Einsatzfreude gegen Häresien bescheinigt werden; ihre Haltung ist vielmehr durch Lässigkeit und Nachsicht gekennzeichnet.

Kehren wir zurück zur eingangs zitierten Kennzeichnung der spätmittelalterlichen Stadt als „corpus christianum im kleinen".[98] Die hier vorgestellten Beispiele zeigen ein Verhalten der jeweiligen Reichsstädte, das nicht ganz zu diesem von Moeller postulierten Selbstverständnis passen will. Dessen Argumentation setzt ein mit dem im Mittelalter nicht allein für städtische Gemeinschaften spezifischen Befund, dass weltliches Wohlergehen und geistliches Heil als Einheit gesehen wurden, säkulares Dasein und Spiritualität untrennbar miteinander verbunden waren, die Stadt sich mithin als Sakralgemeinschaft begriff.[99] Daraus folge, so Moeller weiter, die „unmittelbar geistlich-kirchliche Verantwortung" der städtischen Obrigkeit, die Ausbildung entsprechender Kontrollmechanismen, schließlich der Effekt, „daß die Stadtregierung einen halb-geistlichen Charakter annahm."[100] Führt man diese doch recht apodiktischen Aussagen zusammen mit den Ergebnissen, die vor allem die Untersuchung der Straßburger Quellen zum Vorschein gebracht hat, so entsteht ein kontrastreicheres Bild. Die Sakralgemeinschaft Straßburg – oder zumindest ein Teil der Gemeinschaft – konnte es offenbar lange Zeit problemlos ertragen, dass sich in ihrer Mitte Andersgläubige befanden. Im Falle der Geißler in Nordhausen ist dies ebenso zu vermuten. Die Kontrolle und das Verantwortungsbewusstsein der Ratsherren für das Seelenheil der Bürger setzte erst in dem Moment ein, als diese von außen dazu gezwungen wurden. Das Bestreben, „in Glauben und Leben kirchlich und katholisch" zu sein,[101] konnte für die Städte durchaus in Einklang damit stehen, bei der Verfolgung von Häretikern Milde walten zu lassen und angesehene Persönlichkeiten trotz evidenter „Schuld" ganz zu verschonen.

An einem Punkt jedoch können wir all die Merkmale erkennen, die Moeller der spätmittelalterlichen Stadt in religiösen Dingen zugeschrieben hat: in der Darstellung nach außen. In den beiden Briefen, die der Straßburger bzw. Mühlhäuser Rat im Zusammenhang der jeweiligen Ketzerverfolgungen verfassten, präsentieren sich die Städte als sakrale Gemeinschaften, deren Rechtgläubigkeit nicht in Frage zu stellen ist, demonstrieren die Räte ihre pflichtbewusste Initiative gegen die Häretiker und ihre sakrale Kontrollfunktion. Der stadtinterne Umgang mit Andersgläubigen war durch Pragmatismus geprägt und unterlag eher sozialpolitischen Überlegungen, von einem gesteigerten orthodoxen Selbstbewusstsein und eifrigem Einsatz für den wahren Glauben ist wenig zu spüren. Der Umwelt bot man freilich ein anderes Bild. Diese Dichotomie mag in gewisser Weise für Reichsstädte charakteristisch gewesen sein, die auf der einen Seite die rechtliche Freiheit, auf der anderen das notwendige gesteigerte Image-Bewusstsein für ein derartiges Verhalten besaßen. Die Stadt als „corpus christianum im kleinen" – so sollten es die Außenstehenden sehen. Wie es hinter den Fassaden der Reichsstädte Straßburg, Nordhausen und Mühlhausen in religiösen Belangen aussah, wussten idealiter nur deren Ratsherren und Bürger und lässt sich im Nachhinein nur mühsam erschließen.

Anmerkungen

1 Bernd MOELLER, Reichsstadt und Reformation. Neue Ausgabe, mit einer Einleitung hrsg. von Thomas KAUFMANN, Tübingen 2011, S. 51.
2 MOELLER, Reichsstadt und Reformation (wie Anm. 1), S. 78.
3 MOELLER, Reichsstadt und Reformation (wie Anm. 1), S. 132 f.
4 Thomas KAUFMANN, Nachwort: Zum weiteren Forschungsstand (1985), in: MOELLER, Reichsstadt und Reformation (wie Anm. 1), S. 180–193.
5 KAUFMANN, Nachwort (wie Anm. 4), S. 152–165.
6 X 5, 7, 9 (Decretalium Collectiones, hrsg. von Aemilius Ludwig RICHTER und Emil FRIEDBERG, Corpus iuris canonici 2, Leipzig 1879, Sp. 780–782). Zur Entstehung der Inquisition vgl. Herbert GRUNDMANN, Ketzergeschichte des Mittelalters (= Die Kirche in ihrer Geschichte 2 G. 1. Teil), Göttingen 1963, S. 34–41; zum Stellenwert von Ad abolendam knapp Dietrich KURZE, Anfänge der Inquisition in Deutschland, in: DERS., Klerus, Ketzer, Kriege und Propheten. Gesammelte Aufsätze, hrsg. von Jürgen SARNOWSKY, Marie-Luise HECKMANN und Stuart JENKS, Warendorf 1996, S. 278–343, hier S. 280 f. (zuerst in: Die Anfänge der Inquisition im Mittelalter. Mit einem Ausblick auf das 20. Jahrhundert und einem Beitrag über religiöse Intoleranz im nichtchristlichen Bereich, hrsg. von Peter SEGL [= Bayreuther Historische Kolloquien 7], Köln/Weimar/Wien 1993, S. 131–193); einen kurzen Überblick über das juristische Vorgehen gegen die Ketzerei bietet aktuell Jörg OBERSTE, Ketzerei und Inquisition im Mittelalter, Darmstadt ²2012, S. 64–74 und S. 87–103.
7 *… materialem […] gladium adversus hostes fidei et in exterminium heretice pravitatis exigunt exerendum, ut vipereos perfidie filios contra Deum et ecclesiam insultantes, tamquam materni uteri corrosores, in iudicio et iustitia persequamur; maleficos*

vivere non passuri, per quorum scientiam seductricem mundus inficitur et gregi fidelium per oves has morbidas gravior infligitur corruptela; Constitutiones et acta publica imperatorum et regum. Bd. 2: 1198–1272, hrsg. von Ludwig WEILAND (= MGH Const. 2), Hannover 1896, Nr. 158, S. 195–197, hier S. 196, Z. 21–26; Übersetzung: Kaiser Friedrich II. in Briefen und Berichten seiner Zeit, hrsg. und übers. von Klaus J. HEINISCH, Darmstadt 1968, S. 240–243, hier S. 240 f. Mit der Ansteckungsgefahr zu argumentieren, die von der Ketzerei ausging, gehört freilich zum gängigen Repertoire in diesem Zusammenhang, siehe unten bei Anm. 8; vgl. Hans-Werner GOETZ, Die Wahrnehmung anderer Religionen und christlich-abendländisches Selbstverständnis im frühen und hohen Mittelalter (5.–12. Jahrhundert). 2 Bde., Berlin 2013, S. 651–656.

8 … *ex parte quidem ipsorum est peccatum per quod meruerunt non solum ab ecclesia per excommunicationem separari, sed etiam per mortem a mundo excludi. multo enim gravius est corrumpere fidem, per quam est animae vita, quam falsare pecuniam, per quam temporali vitae subvenitur. unde si falsarii pecuniae, vel alii malefactores, statim per saeculares principes iuste morti traduntur; multo magis haeretici, statim cum de haeresi convincuntur, possent non solum excommunicari, sed et iuste occidi. ex parte autem ecclesiae est misericordia, ad errantium conversionem. et ideo non statim condemnat, sed post primam et secundam correctionem, ut apostolus docet. postmodum vero, si adhuc pertinax inveniatur, ecclesia, de eius conversione non sperans, aliorum saluti providet, eum ab ecclesia separando per excommunicationis sententiam; et ulterius relinquit eum iudicio saeculari a mundo exterminandum per mortem*; 009 ST3 qu11 ar3 co (Summa Theologiae, in: S. Thomae Aquinatis opera omnia. Bd. 2, hrsg. von Roberto BUSA S. I., Stuttgart/Bad Cannstatt 1980, S. 540). Einen Überblick über die theologische Argumentation v. a. im Früh- und Hochmittelalter gibt GOETZ, Wahrnehmung anderer Religionen (wie Anm. 7), S. 585–600.

9 Gewährleistet v. a. durch die genossenschaftlichen Verbände in der Stadt wie Bruderschaften, Gilden und Zünfte; siehe Eberhard ISENMANN, Die deutsche Stadt im Spätmittelalter, 1250–1500. Stadtgestalt, Recht, Stadtregiment, Kirche, Gesellschaft, Wirtschaft, Stuttgart 1988, S. 299–301.

10 Nach wie vor grundlegend dazu Herbert GRUNDMANN, Der Typus des Ketzers in mittelalterlicher Anschauung, in: DERS., Ausgewählte Aufsätze. Teil 1: Religiöse Bewegungen (= MGH Schriften 25,1), Stuttgart 1976, S. 313–327, hier S. 314 f. (zuerst in: Kultur- und Universalgeschichte. Walter Goetz zu seinem 60. Geburtstage, Leipzig 1927, S. 91–107).

11 X 5, 7, 9 (wie Anm. 6).

12 Georg MODESTIN, Ketzer in der Stadt. Der Prozess gegen die Straßburger Waldenser von 1400 (= MGH Studien und Texte 41), Hannover 2007, S. 1–12, S. 1 (Zitat).

13 Kathrin UTZ-TREMP, Von der Häresie zur Hexerei. „Wirkliche" und imaginäre Sekten im Spätmittelalter (= MGH Schriften 59), Hannover 2008, S. 447–457.

14 Herman HAUPT, Waldenserthum und Inquisition im südöstlichen Deutschland, Freiburg i. Br. 1890, S. 82–88; Peter SEGL, Die Waldenser in Österreich um 1400: Lehren, Organisationsform, Verbreitung und Bekämpfung, in: Friedrich Reiser und die „waldensisch-hussitische Internationale" im 15. Jahrhundert. Akten der Tagung Ötisheim-Schönenberg, 2. bis 4. Oktober 2003, hrsg. von Albert DE LANGE und Kathrin UTZ-TREMP (= Waldenserstudien 3), Ubstadt-Weiher/Heidelberg/Basel 2009, S. 161–188, hier bes. S. 176–188.

15 Die Quellen und jeweiligen Kommentare zu den Verfolgungen Peter Zwickers u. a. in Stettin in: Quellen zur Ketzergeschichte Brandenburgs und Pommerns, hrsg. von Dietrich KURZE (= Veröffentlichungen der Historischen Kommission zu Berlin 45. Quellenwerke 6), Berlin/New York 1975, S. 17–32, S. 73–262.

16 Francis RAPP, Art. „Straßburg", in: Lexikon des Mittelalters 8 (1997), Sp. 213–218, hier Sp. 215.

17 Francis RAPP, Jan VAN HERWAARDEN und Markus RIES, Art. „Friedrich von Blankenheim", in: Die Bischöfe des Heiligen Römischen Reiches 1198–1448. Ein biographisches Lexikon, hrsg. von Erwin GATZ und Clemes BRODKORB, Berlin 2001, S. 832 f. Der Konflikt zwischen Bischof und Stadt entspann sich aufgrund der unterschiedlichen Obödienzen im Schisma: Straßburg

war römisch, Friedrich von Blankenheim avignonesisch. Höhepunkt der Auseinandersetzungen war die Belagerung Straßburgs durch den Bischof und seine Verbündeten, die 1393 abgebrochen werden musste. Hauptsächlich finanzielle Gründe für den bewaffneten Konflikt sieht Georg MODESTIN, „Dass sie unserer Stadt und diesem Land grosse Schmach und Unehre zugefügt haben". Der Strassburger Waldenserprozess von 1400 und seine Vorgeschichte, in: Friedrich Reiser und die „waldensisch-hussitische Internationale" (wie Anm. 14), S. 189–204, hier S. 195 f.

18 Francis RAPP, Art. „Burkard von Lützelstein", in: Die Bischöfe des Heiligen Römischen Reiches (wie Anm. 17), S. 759 f.; DERS., Art. „Wilhelm von Diest", in: ebd., S. 760; DERS., De la réforme Grégorienne a la contre-réforme, in: Le diocèse de Strasbourg, hrsg. von DEMS. (= Histoire des diocèses de France 14), Paris 1982, S. 35–84, hier S. 64. Ausführlich über die Situation in Straßburg um 1390 auch Michael TÖNSING, Johannes Malkaw aus Preußen (ca. 1360–1416). Ein Kleriker im Spannungsfeld von Kanzel, Ketzerprozeß und Kirchenspaltung (= Studien zu den Luxemburgern und ihrer Zeit 10), Warendorf 2004, S. 125–147. Auch MODESTIN, Dass sie unserer Stadt (wie Anm. 17), S 197 f.

19 MODESTIN, Dass sie unserer Stadt (wie Anm. 17), S. 195–200; DERS., Ketzer in der Stadt (wie Anm. 12), S. 13–16.

20 MODESTIN, Dass sie unserer Stadt (wie Anm. 17), S. 198 f.; DERS., Ketzer in der Stadt (wie Anm. 12), S. 74–81.

21 Quellen zur Geschichte der Waldenser von Straßburg (1400–1401), hrsg. von Georg MODESTIN (= MGH Quellen zur Geistesgeschichte 22), Hannover 2007, Nr. [23], S. 100, Z. 12–14. Der Ich-Erzähler dieser Passage ist Johannes Blumstein, siehe unten bei Anm. 25. Zur Person Mangolds siehe auch ebd. S. 58–63.

22 MODESTIN, Ketzer in der Stadt (wie Anm. 12), S. 12 f., und DERS., Dass sie unserer Stadt (wie Anm. 17), S. 200 f.

23 MODESTIN, Ketzer in der Stadt (wie Anm. 12), S. 17–27. Ebd., S. 21 die These, dass der Straßburger Prozess ein reiner Ratsprozess war, der ganz ohne Inquisitor geführt wurde. Der Quellenbeleg, den Modestin anführt, Quellen zur Geschichte der Waldenser von Straßburg (wie Anm. 21), Nr. 4, S. 197 f., ist m. E. nicht eindeutig so zu interpretieren: *die haben wir […] von unser stat und dem bystüme vertriben*, S. 198, Z. 6–9, gibt den Vollzug der Strafe wieder, ohne genaue Angabe, von wem ein Urteil gesprochen wurde.

24 Eine genaue Untersuchung des beruflichen Spektrums findet sich bei MODESTIN, Ketzer in der Stadt (wie Anm. 12), S. 93–110.

25 MODESTIN, Ketzer in der Stadt (wie Anm. 12), S. 109 f.; Quellen zur Geschichte der Waldenser von Straßburg (wie Anm. 21), Nr. II.19, S. 230–242.

26 Vgl. Mt 25,40: […] *amen dico vobis / quamdiu fecistis uni de his fratribus meis minimis mihi fecistis.* Das Evangelienzitat mag durchaus als ein Hinweis auf das Selbstbild Blumsteins zu werten sein.

27 *Herre, ich sage üch in bihte wise, ir nemment üch sachen an, der ir wol müssig gingent. Ir stont mir nach minen fründen, die zü geschendende. Ich wollte, daz ir es nit endetent, danne waz ir in dünt, daz tünt ir mir. Einre süchet zůwilent den tůfel und vindet sin můter. Erlant üch der sache, ir werdent anders uf die füße gesetzet …*; Quellen zur Geschichte der Waldenser von Straßburg (wie Anm. 21), Nr. [19], S. 97, Z. 10–98, Z. 5. Der letzte Halbsatz ist schwer zu übersetzen, die Phrase *uf die füße setzen* findet sich nur hier und lässt sich in keinem Nachschlagewerk eruieren. Denkbar wäre, dass durch sie entweder eine Demütigung („auf die Füße setzen" im Sinne von auf dem Boden kauern, sich klein machen) oder die Vertreibung des Angesprochenen (parallel zu „auf freien Fuß setzen") angedroht wird. Die hier gewählte Übersetzung durch „wird es euch schlecht ergehen" stellt einen Kompromiss dar, der zumindest den groben Sinn der Aussage treffen dürfte. Die Rede Blumsteins ist als wörtliches Zitat in den Aussagen der „Gewährsfrauen" Metze Berolfin, Else Berolfin, Kunigund Strussin die Ältere, Kunigund Strussin die Jüngere und Metze Strussin während der Voruntersuchung überliefert; zu diesen Akten insgesamt MODESTIN, Ketzer in der Stadt (wie Anm. 12), S. 28–44.

28 Quellen zur Geschichte der Waldenser von Straßburg (wie Anm. 21), Nr. II.19, S. 234 f.

29 MODESTIN, Ketzer in der Stadt (wie Anm. 12), S. 32 f.
30 Quellen zur Geschichte der Waldenser von Straßburg (wie Anm. 21), Nr. [20], S. 98, Z. 9 f.
31 Quellen zur Geschichte der Waldenser von Straßburg (wie Anm. 21), Nr. [20], S. 98, Z. 10–14.
32 Quellen zur Geschichte der Waldenser von Straßburg (wie Anm. 21), Nr. [21], S. 98, Z. 17 f.
33 Quellen zur Geschichte der Waldenser von Straßburg (wie Anm. 21), Nr. [22], S. 99, Z. 12–14; vgl. ebd. Nr. [K 124], S. 156 f.
34 Quellen zur Geschichte der Waldenser von Straßburg (wie Anm. 21), Nr. [25], S. 103, Z. 14–104, Z. 7; vgl. ebd. Nr. [K 129], S. 159.
35 Quellen zur Geschichte der Waldenser von Straßburg (wie Anm. 21), Nr. II.19, S. 231; MODESTIN, Dass sie unserer Stadt (wie Anm. 17), S. 198 f.
36 Quellen zur Geschichte der Waldenser von Straßburg (wie Anm. 21), Nr. [23], S. 100, Z. 4–103, Z. 10; ebd. Nr. II.19, S. 231.
37 Quellen zur Geschichte der Waldenser von Straßburg (wie Anm. 21), Nr. II.20, S. 242 f.
38 Dies lässt sich aus den unterschiedlichen Gesprächssituationen ableiten, von denen während der Voruntersuchung berichtet wird, so etwa die Runde im Haus seiner Mutter (siehe bei Anm. 31). Kunigunde Strussin und ihre Töchter behaupten allerdings, sie seien sehr erschrocken über seinen Besuch gewesen, hätten sie doch seit 20 Jahren nicht mit ihm geredet; Quellen zur Geschichte der Waldenser von Straßburg (wie Anm. 21), Nr. [23], S. 100, Z. 7–9. Dies muss nicht unbedingt auf eine Distanz Blumsteins zu den Waldensern generell hinweisen, ebenso wenig der von Modestin angemerkte Punkt, dass Blumstein sich mit Struss nur an öffentlichen Orten getroffen habe (ebd. Nr. II.19, S. 231 f.).
39 Auch dies im Gespräch mit den Frauen Strussin: *Wolan, wie wenent ir, daz der bobest ein man sie? Er het jegenote gelt genommen von eime, der solte priester sin worden, und waz der ein tůmherre zům Jungen Sante Peter, und het einen leyen uß ime gemacht; der het ein wip genommen, und daz ist unreht …*; Quellen zur Geschichte der Waldenser von Straßburg (wie Anm. 21), Nr.[21], S. 99, Z. 5–9. Vgl. MODESTIN, Ketzer in der Stadt (wie Anm. 12), S. 134 f.
40 Dies lässt sich ebenfalls aus der Aussagen der Frauen Strussin ableiten, die selbst die Dauer ihrer Bekanntschaft mit Blumstein auf 20 Jahre ansetzen; Quellen zur Geschichte der Waldenser von Straßburg (wie Anm. 21), Nr. [23], S. 100, Z. 9, und Anm. 77. Die Mitglieder der Familie Struss wiederum lassen sich mit einiger Wahrscheinlichkeit als Flüchtlinge nach der Augsburg Verfolgung Hektor Mülichs identifizieren; ebd. Nr. I.3–6, S. 209–212. Diese mutmaßlich frühe Berührung des vielleicht noch recht jungen Blumstein mit Augsburger Waldenserkreisen erinnert an die Lehrzeit Friedrich Reisers als Kaufmann und zugleich als waldensischer Prediger in Nürnberg. Vgl. Martin SCHNEIDER, Friedrich Reiser – Herkunft, Berufung und Weg, in: Friedrich Reiser und die „waldensisch-hussitische Internationale" (wie Anm. 14), S. 75–86, hier S. 78–81. Vielleicht hatte auch Blumstein eine traditionell waldensische Ausbildung durchschritten.
41 Unter die *credentes* zählt ihn auch Peter BILLER, German money and medieval heresy: the wealth of the German Waldensians, in: DERS., The Waldenses, 1170–1530. Between a Religious Order and a Church (= Variorum Collected Studies Series CS676), Aldershot u. a. 2001, S. 111–123, hier 113 f. (zuerst französisch in: Entre idéal et réalité. Actes du Colloque international. Finances et religion du Moyen-Age à l'époque contemporaine, hrsg. von Michel AUBRUN u. a. [= Collection ‚Prestige' 5], Clermont-Ferrand 1994, S. 33–47).
42 Er tritt später in der Reihe der Zeugen auf, zusammen mit der Straßburger Pfarrgeistlichkeit; Quellen zur Geschichte der Waldenser von Straßburg (wie Anm. 21), Nr. [K 162], S. 186, Z. 4–6. Sein Verhör als Angeklagter war wohl geplant, wie eine Notiz in den Akten vermuten lässt, fand aber nicht statt bzw. wurde nicht aufgezeichnet, ebd. Nr. 33, S. 146. Zwei andere Zeugen geben ausdrücklich zu Protokoll, dass sie Blumstein nicht in Gesellschaft der Waldenser bzw. bei den Predigten gesehen hätten; ebd. Nr. [80], S. 133, Z. 3–5; Nr. [97], S. 143, Z. 3–5; vgl. auch MODESTIN, Ketzer in der Stadt (wie Anm. 12), S. 54 f.
43 Quellen zur Geschichte der Waldenser von Straßburg (wie Anm. 21), Nr. II.19, S. 235–239.

44 MODESTIN spricht von Blumsteins Engagement als dem „Preis für die gesellschaftliche Reintegration [...] nach dem Prozess"; Quellen zur Geschichte der Waldenser von Straßburg (wie Anm. 21), Nr. II.19, S. 239.

45 Hermann zur Birken, Klaus zur Birken, Lawelin zur Birken, Kunze Erlebach und Kleinhans zum Hirtze waren teilweise mehrmals im Rat, letzterer viermal zwischen 1432 und 1442; MODESTIN, Ketzer in der Stadt (wie Anm. 12), S. 108 f.

46 Ad abolendam, X 5, 7, 9 (wie Anm. 6). Zu den Straßburger Urteilen siehe MODESTIN, Ketzer in der Stadt (wie Anm. 12), S. 71–75.

47 Laut den Angaben bei MODESTIN, Ketzer in der Stadt (wie Anm. 12), S. 29, ist von einem Beginn des Prozesses am 13. März auszugehen. Die Urfehdeprotokolle, die von den Verurteilten zu beschwören waren, datieren auf den 1. bzw. 3. April; ebd. S. 71, und Quellen zur Geschichte der Waldenser von Straßburg (wie Anm. 21), Nr. 2–3, S. 192–196. Die ganze Angelegenheit hatte sich also innerhalb von drei Wochen während der Fastenzeit abgespielt.

48 Eine ausführliche Auswertung bei MODESTIN, Ketzer in der Stadt (wie Anm. 12), S. 125–149; ebd. S. 126 f. eine kurze Aufzählung der Articuli.

49 Quellen zur Geschichte der Waldenser von Straßburg (wie Anm. 21), Nr. [K 162], S. 184, Z. 10–12.

50 Quellen zur Geschichte der Waldenser von Straßburg (wie Anm. 21), Nr. [K 162], S. 185, Z. 5 f.

51 Dazu ausführlicher MODESTIN, Ketzer in der Stadt (wie Anm. 12), S. 29–32.

52 Quellen zur Geschichte der Waldenser von Straßburg (wie Anm. 21), Nr. 46, S. 190, Z. 7–10.

53 Die thüringische Geißlersekte entwickelte sich aus den Geißlerzügen von 1348/49 heraus und wurde erstmals in den 1360er Jahren und dann bis zum Ende des 15. Jahrhunderts Ziel inquisitorischer Verfolgung. Im Zentrum ihrer Frömmigkeit stand die Geißelbuße, die als einziges Sakrament zur Erlangung des Seelenheils führen konnte. Eine wichtige Rolle im Glaubenskosmos der Geißler nahm der Sektengründer und Prophet Konrad Schmid ein, der zur Erlöserfigur stilisiert wurde. Die regionale Ausbreitung dieser Häresie war begrenzt auf den nordthüringischen Raum, innerhalb dessen sie jedoch konkurrenzlos blieb – es gibt keine Belege für Waldenser oder Hussiten in diesem Gebiet im 15. Jahrhundert. Die Geißler können somit als die typisch thüringische Ausprägung der Häresie bezeichnet werden. Vgl. dazu v. a. die Zusammenfassung bei Ingrid WÜRTH, Geißler in Thüringen. Die Entstehung einer spätmittelalterlichen Häresie (= Hallische Beiträge zur Geschichte des Mittelalters und der Frühen Neuzeit 10), Berlin 2012, S. 426–437, und DIES.: Spätmittelalterliche Ketzerbewegungen. Das Beispiel der Geißlersekte in Thüringen bis 1493, in: Alltag und Frömmigkeit am Vorabend der Reformation in Mitteldeutschland. Wissenschaftlicher Begleitband zur Ausstellung „Umsonst ist der Tod", hrsg. von Enno BÜNZ und Hartmut KÜHNE (= Schriften zur sächsischen Geschichte und Volkskunde 50), Leipzig 2015, S. 409–426.

54 WÜRTH, Geißler (wie Anm. 53), S. 478.

55 WÜRTH, Geißler (wie Anm. 53), S. 467 f.; vgl. ebd. S. 325 f.

56 WÜRTH, Geißler (wie Anm. 53), S. 382, Anm. 409.

57 Friedrich Christian Lessers Historische Nachrichten von der ehemals kaiserlichen und des heiligen römischen Reichs freien Stadt Nordhausen, gedruckt daselbst im Jahre 1740, umgearbeitet und fortgesetzt von Ernst Günther FÖRSTEMANN, Nordhausen 1860, S. 201.

58 Karl MEYER, Die Reichsstadt Nordhausen als Festung, in: Zeitschrift des Harzvereins für Geschichte und Alterthumskunde 21 (1888), S. 293–368, hier S. 335.

59 Ihre Aussage bei WÜRTH, Geißler (wie Anm. 53), S. 472 f.; Erwähnung findet sie darüber hinaus als Lehrerin der Osanna Trogkenbaches und der Ayla Weyners, ebd. S. 474 bzw. S. 476.

60 WÜRTH, Geißler (wie Anm. 53), S. 472 f. Ihre Eltern wurden, laut der Aussage Kunna Weyners, als Ketzer verbrannt (ebd. S. 477). Zur Familie Dymerod vgl. ebd. S. 368 f.

61 Die Tendenz zur Endogamie lässt sich auch bei den Straßburger Waldensern feststellen, siehe MODESTIN, Ketzer in der Stadt (wie Anm. 12), S. 85.

62 Quellen zur Geschichte der Waldenser von Straßburg (wie Anm. 21), S. 242 f.

63 WÜRTH, Geißler (wie Anm. 53), S. 472 f.
64 Ernst Günther FÖRSTEMANN, Die christlichen Geißlergesellschaften, Halle 1828, S. 282, Anm. *.
65 Friedrich Christian Lessers Historische Nachrichten (wie Anm. 57), S. 202.
66 … *Quodque prefatis hominibus non sit penitencia, ipsis humiliter petentibus, denegenda, sed iuxta formam juris imponenda, Cum pia mater ecclesia gremium non claudat redeunti*; WÜRTH, Geißler (wie Anm. 53), S. 477.
67 Eine Ausnahme bildet Albert Ffroß, der bereits zwölf Jahre vorher in einem Inquisitionsprozess aussagen musste; WÜRTH, Geißler (wie Anm. 53), S. 372 und S. 476 f.
68 FÖRSTEMANN, Geißlergesellschaften (wie Anm. 64), S. 278, Anm. *.
69 *Instrumentum confessionum hereticorum hic propter perfidiam combustorum*; WÜRTH, Geißler (wie Anm. 53), S. 471; vgl. auch Friedrich Christian Lessers Historische Nachrichten (wie Anm. 57), S. 613, S. 617.
70 Zum Ausgang des Prozesses siehe auch WÜRTH, Geißler (wie Anm. 53), S. 380 f.
71 UTZ-TREMP, Von der Häresie zur Hexerei (wie Anm. 13), S. 448.
72 UTZ-TREMP, Von der Häresie zur Hexerei (wie Anm. 13), S. 449–457.
73 Christian BÜRCKSTÜMMER, Waldenser in Dinkelsbühl, in: Beiträge zur bayerischen Kirchengeschichte 19 (1913), S. 272–275; Helmut WEIGEL, Ein Waldenserverhör in Rothenburg im Jahre 1394, in: Beiträge zur bayerischen Kirchengeschichte 23 (1917), S. 81–86.
74 Die Auseinandersetzungen mit den Stolbergern rühren von der Verschränkung der reichsstädtischen Besitzrechte mit denen der Grafen her; siehe Jörg BRÜCKNER, Zwischen Reichsstandschaft und Standesherrschaft. Die Grafen zu Stolberg und ihr Verhältnis zu den Landgrafen von Thüringen und späteren Herzögen, Kurfürsten bzw. Königen von Sachsen 1210 bis 1815 (= Veröffentlichungen des Landesheimatbundes Sachsen-Anhalt e. V. 2), Dößel 2005, S. 53. Streitpunkt war u. a. die Gerichtsbarkeit; siehe ebd., S. 196. Zu einer Fehde Nordhausens mit den Grafen von Hoym siehe Evelien TIMPENER, Kommunikation im Konflikt. Städtische Kommunikation und Konfliktverhalten der Reichsstädte Nordhausen und Mühlhausen im 15. Jahrhundert. Ein Werkstattbericht, in: Zeitschrift für Thüringische Geschichte 69 (2015), S. 131–161, hier S. 131.
75 Zwei Beispiele: Der langwierige Kampf der Reichsstadt Donauwörth mit den bayerischen Herzögen aus dem Hause Wittelsbach; siehe Maria ZELZER, Geschichte der Stadt Donauwörth von den Anfängen bis 1618. Bd. 1, Donauwörth [1958], S. 81–112; die Grafen von Jülich und ihre Übergriffe auf Aachen bereits im 13. Jahrhundert; siehe Wilhelm JANSSEN, Die Reichsstadt zwischen den Territorien. Aachens „Außenpolitik" im Spätmittelalter, in: Zeitschrift des Aachener Geschichtsvereins 98/99 (1992/93), S. 145–182, hier bes. S. 149–159.
76 ISENMANN, Die deutsche Stadt im Spätmittelalter (wie Anm. 9), S. 114–116, S. 136–139, S. 161 f.; vgl. auch Klaus-Peter SCHROEDER, Art. „Rat, Ratsgerichtsbarkeit", in: Handwörterbuch zur deutschen Rechtsgeschichte. Bd. 4 (1990), Sp. 155–166, hier Sp. 158–160.
77 UTZ-TREMP, Von der Häresie zur Hexerei (wie Anm. 13), S. 448.
78 UTZ-TREMP, Von der Häresie zur Hexerei (wie Anm. 13), S. 454–457. Ein weiterer Prozess in Freiburg 1429/30 wurde eventuell von der Stadt verschleppt (ebd., S. 472 f.), und die Urteile fielen mit Abschwörungen, Kerkerhaft mit Begnadigung nach zwei Jahren und dem Tragen von Bußkreuzen einigermaßen milde aus (ebd. S. 499–501).
79 Quellen zur Geschichte der Waldenser von Straßburg (wie Anm. 21), Nr. 46, S. 190 f., Zitat S. 190, Z. 8; vgl. MODESTIN, Ketzer in der Stadt (wie Anm. 12), S. 19, S. 71.
80 Quellen zur Geschichte der Waldenser von Straßburg (wie Anm. 21), Nr. 4, S. 197–199, Zitat S. 197, Z. 21 f.
81 Quellen zur Geschichte der Waldenser von Straßburg (wie Anm. 21), Nr. 4, S. 198, Z. 2–6.
82 Quellen zur Geschichte der Waldenser von Straßburg (wie Anm. 21), Nr. 4, S. 198 f.
83 ISENMANN, Die deutsche Stadt im Spätmittelalter (wie Anm. 9), S. 264 f.
84 MODESTIN, Ketzer in der Stadt (wie Anm. 12), S. 71 f.
85 MODESTIN, Ketzer in der Stadt (wie Anm. 12), S. 83–85.

86 Eine genaue Aufstellung bei MODESTIN, Ketzer in der Stadt (wie Anm. 12), S. 93–112.
87 Quellen zur Geschichte der Waldenser von Straßburg (wie Anm. 21), Nr. 4, S. 197, Z. 5–11 (kritischer Apparat).
88 Ausführlicher Ingrid WÜRTH, Eine Geißlerverfolgung in Mühlhausen im Jahre 1420, in: Mühlhäuser Beiträge 35 (2012), S. 77–93, hier S. 83 f.
89 Rudolf BEMMANN, Eine Ketzerverfolgung im Gebiet der Reichsstadt Mühlhausen in Thür. im Jahre 1420, in: Zeitschrift des Vereins für Kirchengeschichte in der Provinz Sachsen 7 (1910), S. 131–136, hier S. 135.
90 Vermutlich Holzthaleben (ca. 23 km nnw. Mühlhausen), ein Nachbarort von Toba, siehe WÜRTH, Geißler (wie Anm. 53), S. 355.
91 BEMMANN, Ketzerverfolgung (wie Anm. 89), S. 135.
92 Des sog. Hubrilugus-Vokabulars, das immerhin in drei Handschriften erhalten ist; siehe Gerhardt POWITZ, Hubrilugus und Huwilogus, in: Zeitschrift für deutsches Altertum und deutsche Literatur 93 (1964), S. 226–238, hier bes. S. 226–233; DERS., Art. „Kappel, Hermann, von Mühlhausen", in: Die deutsche Literatur des Mittelalters [Verfasserlexikon] 4 (²1983), Sp. 993 f.
93 Dazu verschiedene Einträge im Repertorium Germanicum, RG IV 01084 zum 21. Aug. 1424, 24. Okt. und 14. Nov. 1425, RG Online, URL: <http://rg-online.dhi-roma.it/RG/4/1084> (Zugriff 29.08.2016); RG IV 05383 zum 8. Feb. 1425, RG Online, URL: <http://rg-online.dhi-roma.it/RG/4/5383> (Zugriff 29.08.2016); vgl. auch POWITZ, Hubrilugus (wie Anm. 92), S. 232.
94 Zit. nach Erich KLEEBERG, Stadtschreiber und Stadtbücher in Mühlhausen i. Th. vom 14.–16. Jahrhundert, nebst einer Übersicht über die Edition mittelalterlicher Stadtbücher, in: Archiv für Urkundenforschung 2 (1909), S. 407–490, hier S. 443 f.
95 KLEEBERG, Stadtschreiber Mühlhausen (wie Anm. 94), S. 444. Vgl. auch BEMMANN, Ketzerverfolgung (wie Anm. 89), S. 133 mit Anm. 4.
96 *... als ir daß in andern schrifften, dy uch etliche der obg(enanten) meister thun werden, wole vornemen werdet*; BEMMANN, Ketzerverfolgung (wie Anm. 89), S. 135.
97 Eine flächendeckende Untersuchung der (Reichs-)Städte, in denen Häresien verfolgt wurden bzw. die als Wohnorte von Häretikern bekannt sind, liegt nicht vor. Über die bereits erwähnten Orte hinaus können etwa noch Donauwörth, Augsburg, Nürnberg und Regensburg als Prozessorte, Speyer, Weißenburg, Hagenau, Solothurn und Nördlingen als Herkunfts- bzw. Wohnorte genannt werden; vgl. ZELZER Geschichte der Stadt Donauwörth (wie Anm. 75), S. 103–105; MODESTIN, Ketzer in der Stadt (wie Anm. 12), S. 8, S. 84; Herman HAUPT, Die religiösen Sekten in Franken vor der Reformation, in: Festgabe zur dritten Säcularfeier der Julius-Maximilians-Universität zu Würzburg, Würzburg 1882, S. [55–114, nicht durchgängig paginiert], hier S. 27 f.; Heinrich FINKE, Waldenserprocess in Regensburg, in: Deutsche Zeitschrift für Geschichtswissenschaft 4 (1890), S. 345 f.; Quellen zur Geschichte der Waldenser von Straßburg (wie Anm. 21), S. 88, Z. 1; S. 210 f. Die Quellen berichten allerdings oftmals nur, dass eine Verfolgung stattfand. Umfänglichere Aktenbestände, wie sie bei den hier behandelten Beispielen herangezogen werden konnten, sind selten und Aussagen über den Initiator der Prozesse, die Urteile und die Außendarstellung der Städte können meist nicht getroffen werden.
98 MOELLER, Reichsstadt und Reformation (wie Anm. 1), S. 51.
99 MOELLER, Reichsstadt und Reformation (wie Anm. 1), S. 46.
100 MOELLER, Reichsstadt und Reformation (wie Anm. 1), S. 46–50, Zitate S. 46, S. 50.
101 MOELLER, Reichsstadt und Reformation (wie Anm. 1), S. 50.

Wolfgang Reinhard

REICHSSTADT UND REFORMATION

Die Reformation begann mit den von Martin Luther ausgehenden Impulsen.[1] Für historische Logik bleibt er deshalb die hinreichende Bedingung der Reformation.[2] Nichtsdestoweniger gibt es eine ganze Reihe notwendiger Bedingungen oder Voraussetzungen, ohne die Luthers Impulse ohne Wirkung geblieben wären. Eine der wichtigsten ist die historische Rolle der Reichsstadt, ja der deutschen Stadt überhaupt. Denn Bernd Moeller, dessen epochemachenden Buchtitel von 1962 ich hier übernommen habe, hat 1987 ausdrücklich festgestellt, dass die Erkenntnisse über Stadtreformationen sich keineswegs auf die Reichsstädte beschränken, sondern auch für Landstädte gelten, nicht zuletzt die kursächsischen.[3] Kürzlich hat die Untersuchung von Natalie Krentz das erneut für die Lutherstadt Wittenberg bestätigt.[4]
Wir dürfen das Vorhandensein der städtischen Welt deswegen als besonders wichtige notwendige Bedingung der Reformation betrachten, weil die übrigen notwendigen Bedingungen fast alle dort ihren Ort haben, dort konvergieren oder zumindest dort für die Forschung quellenmäßig am besten fassbar sind. Schon immer galt der deutsche Humanismus als unverzichtbare Voraussetzung der Reformation. Es sei nur an die humanistische Anhängerschaft Luthers mit Melanchthon an der Spitze erinnert oder an humanistische Philologie als Grundlage seiner Bibelübersetzung oder an die Auseinandersetzung mit Erasmus als seine schärfste theologische Profilierung. Der Humanismus war aber ein durch und durch städtisches Phänomen, nicht nur in Reichsstädten wie Augsburg, Nürnberg und Straßburg, sondern auch in Landstädten wie Erfurt, Wien und Wittenberg. Mit dem Humanismus wiederum konvergiert teilweise eine weitere Voraussetzung des lutherischen Erfolges, die so genannte Medienrevolution des 15. und 16. Jahrhunderts. Buchdruck und Bildpropaganda haben ihren Ort aber ebenfalls in der Stadt. Doch vor allem war die Stadt der Schauplatz, auf dem das reformationsträchtige komplexe Verhältnis des frühneuzeitlichen Menschen zur Kirche in all seinen Spielarten quellenmäßig wirkungsvoll zum Ausdruck kam. Denn in der Stadt blühte die spätmittelalterliche religiöse Leistungsgesellschaft. In der Stadt kulminierten aber auch die notorischen Konflikte mit dem Klerus. Die berühmte Formel von 1974: „Die deutsche Reformation war ein städtisches Ereignis"[5] erscheint insofern gut begründet.
Sie spiegelte allerdings bereits ein gutes Jahrzehnt intensiver neuartiger Forschungen und Auseinandersetzungen. Denn die nach dem Zweiten Weltkrieg zunächst wieder-

belebte „klassische" Reformationshistorie von Ranke bis Ritter war in erster Linie Ideen- und Politikgeschichte gewesen, für die Ereignisse und Personen, das heißt konkret Theologen und Fürsten, im Mittelpunkt standen. Tatsächlich hat langfristig das Bündnis mit den Fürsten das Überleben der Reformation gesichert, so dass wir die „mehrstöckige" politische Ordnung des damaligen Deutschland als weitere notwendige Voraussetzung ihres Erfolges identifizieren können. Allerdings war auch diese nicht ohne Bezug zu den Städten, weil sie deren relativ autonome Existenz erst möglich gemacht hat. Auf der anderen Seite hatte im Gefolge Karl Holls[6] die kirchenhistorische Reaktion auf die Politisierung und nationale Ideologisierung der Reformationsgeschichte zu theologischem Reduktionismus und einer Enthistorisierung Luthers geführt.

In der Geschichtswissenschaft war damals stattdessen weltweit Sozialgeschichte angesagt; Deutschland hatte hier zunächst nichts zu bieten. 1960 begann sich das zumindest für die Reformationsgeschichte schlagartig zu ändern, zuerst in der Deutschen Demokratischen Republik. Der in russischer Gefangenschaft zum Marxismus bekehrte SA-Mann Max Steinmetz, der sich 1957 mit einer Arbeit über Thomas Müntzer habilitiert hatte, veröffentlichte in der „Zeitschrift für Geschichtswissenschaft" 33 Thesen unter dem Titel „Die frühbürgerliche Revolution in Deutschland (1476–1535)" zur Vorbereitung einer Konferenz der Sektion Mediävistik der Deutschen Historikergesellschaft, die im Januar 1960 in Wernigerode stattfand.[7] Neben städtischen Volksbewegungen im 14. Jahrhundert war sie der Diskussion über diese Thesen gewidmet, die von einem ebenso gründlichen wie polemischen Grundsatzreferat desselben Steinmetz eingeleitet wurde.[8] 1961 wurde er Professor in Leipzig.

Mit einer Schrift über den Bauernkrieg hatte der marxistische Klassiker Friedrich Engels 1850 nach der gescheiterten deutschen Revolution die Parole ausgegeben: „Auch das deutsche Volk hat seine revolutionäre Tradition". Bei der „deutschen bürgerlichen Revolution des 16. Jahrhunderts" handelte es sich um die erste der „drei großen Entscheidungsschlachten des europäischen Bürgertums gegen den Feudalismus", die allerdings anders als die beiden folgenden „zeitgemäß" nur „in religiöser Verkleidung" Erfolg haben konnte, das heißt als Reformation.[9] Denn die Klassenverhältnisse waren noch nicht eindeutig. Luther machte als Vertreter des bürgerlich-gemäßigten Lagers den Anfang, das bürgerlich-radikale, stärker vom Humanismus beeinflusste Lager folgte Zwingli, wirklich revolutionär war aber die Bewegung der „Volksmassen", der „Bauern und Plebejer", das heißt der Protoproletarier, die von der beginnenden proto-kapitalistischen Produktionsweise hervorgebracht worden waren. Dort wurden auch die Täufer eingeordnet. Hier wurde Thomas Müntzer führend, während Luther die bürgerliche Sache an die Fürsten verriet und bei der Niederschlagung der Bauern eine „erbärmliche Rolle" spielte. Zum Lutherjubiläum 1983 wurde dem Reformator allerdings nach dem Motto „Die DDR ehrt Martin Luther" dann wieder bürgerliche Fortschrittlichkeit bescheinigt.[10] Nach spätmittelalterlichen Vorläufern wie dem Bundschuh erreichte die frühbürgerliche Revolution zwischen dem Thesenanschlag und dem Bauernkrieg 1517–1525 ihren Höhepunkt. Anschließend erlag sie bis zur Vernichtung der Täufer von Münster 1535 und der lutherischen Wittenberger Konkordie 1536 den Fürsten und deren Reformation.

Müntzers Programm wurde zwar von Anfang an durchaus als utopisch eingeschätzt, war aber dennoch eine „geniale Antizipation der wahrhaft nationalen Politik der deutschen Arbeiterklasse"[11], sprich der DDR. Im Anschluss an frühere russische Veröffentlichungen wurde die „Frühbürgerliche Revolution" auf diese Weise zur historischen Legitimation des deutschen Arbeiter- und Bauernstaates herangezogen. Nachdem Forschungen zu Mühlhausen bereits zur empirischen Grundlegung dieses Geschichtsbilds beigetragen hatten,[12] wurden zur Pflege der einschlägigen Memoria das dortige Bauernkriegsmuseum und das noch 1989 eingeweihte DDR-Nationaldenkmal bei Bad Frankenhausen geschaffen. Während die Bauernkriegsforschungen des SS-Hauptsturmführers Günther Franz[13] einst problemlos in die Blut- und Boden-Ideologie der Nationalsozialisten einzufügen waren, musste jetzt der Anteil der städtischen Plebejer an den revolutionären Volksmassen hervorgehoben werden, obwohl deren Beteiligung am Bauernkrieg wie im Falle Mühlhausens eher die Ausnahme war. Sie ließen sich aber für die Durchsetzung der Reformation in den Städten in Anspruch nehmen, die angeblich überwiegend nach einem klassenkämpferischen Konfliktmodell erfolgt sein sollte.

Im Juni desselben Jahres 1960 hielt der Kirchenhistoriker Bernd Moeller auf dem Deutschen Evangelischen Theologentag in Berlin-Spandau einen Vortrag mit dem programmatischen Titel „Reichsstadt und Reformation".[14] 1962 veröffentlichte er dann eine Ausarbeitung von 79 Seiten unter demselben Titel.[15] Keine wissenschaftliche Veröffentlichung, die ich kenne, hatte international so viel Einfluss gewonnen wie dieser schmale Band. Offensichtlich befriedigte er den Wunsch nach einer Art von sozialhistorischem Neuanfang, der aber anders als die DDR-Historie an das gewohnte Geschichtsbild und sogar an die evangelische Theologie anknüpfte. Moeller war dabei von den Ergebnissen seiner 1958 vorgelegten Habilitationsschrift über die Reformation in Konstanz inspiriert[16] und wollte mit seiner Schrift keineswegs auf die DDR-These von der frühbürgerlichen Revolution reagieren. Im Text und den umfangreichen Anmerkungen seiner Schrift ist davon auch nicht die Rede.[17] De facto wurde seine Studie aber zum westlichen Alternativangebot; auch ein Grund für ihren Erfolg.

Moeller geht von der Tatsache aus, dass nahezu alle 69 Reichsstädte frühzeitig von der evangelischen Bewegung erfasst wurden, ihre Mehrzahl daraufhin die Reformation durchführte und zwar vor den fürstlichen Territorien. Er betrachtet die spätmittelalterliche Stadt als eine Art von „Kollektivindividuum" das seine Angehörigen total einband, auch in religiöser Hinsicht. Stadtgemeinde und Kirchengemeinde waren identisch, nicht nur eine politische, sondern auch eine sakrale Gemeinschaft, ein Corpus christianum im Kleinen. Der Stadtrat war insofern auch für das ewige Heil der Städter verantwortlich.

Allerdings war diese Einheit um 1500 bereits in Auflösung begriffen. Die maßgebenden Leute wurden immer reicher und dabei von der neuen humanistischen Kultur erfasst. Sie neigten dazu, sich als geschlossene Oligarchie abzusondern und wie Fürsten den Rest der Bürger als ihre Untertanen zu betrachten. Denn die Städte spielten inzwischen auch eine Rolle in der Reichspolitik. Mancherorts hatte die alte Aristokratie der Patrizier bereits in den spätmittelalterlichen Zunftkämpfen die Kaufleute und die Oberschicht der Gewerbe integriert. Auch jetzt ging die evangelische Bewegung oft Hand in Hand mit dem Streben breiterer Schichten nach politischer Partizipation; die Forderung nach der Predigt des Evangeliums mit derjenigen nach Teilhabe am Stadtregiment.

Die erstaunlich rasche Abwendung von der alten Kirche und ihren eben noch intensiv praktizierten Werken heilswirksamer Frömmigkeit lief dabei laut Moeller auf eine Erneuerung des geschilderten städtischen Genossenschaftsdenkens aus dem Geist der neuen evangelischen Theologie hinaus, nach Berndt Hamm auf einen Schub „normativer Zentrierung".[18] Die Rechtfertigung durch den Glauben allein hatte den kirchlichen Heilsapparat überflüssig gemacht und durch eine selbstbestimmte Gemeinde von gleichrangigen Gläubigen mit allgemeinem Priestertum ersetzt, deren Berufe vor Gott denselben Wert hatten wie das geistliche Amt. Moeller hat allerdings darauf hingewiesen, dass nach Luther der Mensch in letzter Instanz als Einzelner vor Gott stehe, während für Zwingli, Bucer und andere eine vom Heiligen Geist geleitete Stadtgemeinde das höchst Ziel gewesen sei. Heute wissen wir allerdings, dass dieser unbestreitbare Gegensatz sich erst auswirkte, als Luther unter dem Schock des Bauernkriegs auf die Fürsten setzte, während gleichzeitig mit Macht die Oligarchisierung der Städte einsetzte. Bis 1525 hingegen kann auch Luther durchaus als Gemeindetheologe gelten.[19] Außerdem war der Unterschied zwischen den oberdeutschen und schweizerischen Städten unter dem Einfluss Bucers und Zwinglis und den mittel- und norddeutschen unter dem Einfluss Luthers geringer, als Moeller ursprünglich angenommen hatte.[20]

Vor allem aber wurde ihm „eine hochidealisierte romantische Vorstellung von Stadtgesellschaft" vorgeworfen und zwar vor allem seitens angelsächsischer Profanhistoriker.[21] Zwar hat es so wenig wie eine bloße von oben verordnete „Ratsreformation" jemals eine reine revolutionäre „Volksreformation" gegeben; vielmehr setzte sich in der städtischen „Konfliktgemeinschaft"[22] gesamtstädtisches Interesse durch. Aber die Affinität der Mittel- und Unterschichten zur evangelischen Botschaft war in der Regel doch deutlich höher als diejenige der Oberschicht und der regierenden Oligarchie. Die Herren waren nicht nur konservativer, weil sie als Besitzende mehr zu verlieren hatten, unter anderem profitable Beteiligung am Apparat der alten Kirche, und weil sie Aufruhr verabscheuten. Sie waren auch gezwungen, auf die Außenbeziehungen der Stadt Rücksicht zu nehmen, nicht zuletzt auf die Haltung des Kaisers als Stadtherrn. So lief paradoxerweise die gewaltsame Beseitigung des Zunftregimes in zahlreichen Reichsstädten durch den katholischen Kaiser Karl V. zwischen 1548 und 1552 in der damaligen „Großstadt" Augsburg auf den endgültigen Triumph des lutherischen über das bucerisch-zwinglianische Kirchenwesen hinaus.[23]

Wie in den meisten Fällen war auch in Augsburg die Reformation von drei Kräften bestimmt, die drei Phasen zugeordnet werden können. Am Beginn standen Impulse von außen und örtliche Meinungsführer. Darauf folgte zweitens der Druck einer Massenbewegung aus der unteren Mittelschicht, während der Rat als dritte Kraft zögerte und erst allmählich gewonnen wurde.[24] Luthers Besuch 1518 hatte Meinung zu seinen Gunsten mobilisiert, sein Student Johannes Frosch, Karmeliterprior bei St. Anna, und der Domprediger Urbanus Rhegius vertraten anschließend energisch seine Sache. Andere folgten; Klöster lösten sich auf. Der religiös bereits gespaltene Rat verhielt sich abwartend, machte Zugeständnisse, bekämpfte aber Ausschreitungen. Ein Volksaufstand anlässlich der Ausweisung eines besonders offensiven Predigers 1524 war nicht nur gegen die Kirche, sondern auch gegen die großen Handelsgesellschaften gerichtet. Er wurde mit eiserner Hand unterdrückt, ebenso die Täuferbewegung, die 1527 in Augsburg eine Art „Konzil" abgehalten hatte. Aber gleichzeitig wurden evangelische Prediger angestellt und den neuen Gemeinden Gotteshäuser zugewiesen. Kaiserlichem Druck anlässlich des Reichstags 1530 wurde behutsam, aber nachdrücklich Widerstand geleistet. Dabei hatte längst die oberdeutsch-zwinglianische Richtung gegenüber der lutherischen in Augsburg die Oberhand gewonnen. 1531 verließen die lutherischen Prediger die Stadt, eine persönliche Intervention Luthers blieb erfolglos. Er fühlte sich von den „Augsburger Judassen" verraten, während diese den autoritären Reformator als neuen Papst verabscheuten.[25] Aber der Rat fürchtete politische Isolierung, beauftragte daher den vermittelnden Straßburger Martin Bucer 1534 mit der Reorganisation des Kirchenwesens, stellte einen neuen lutherischen Prediger an, unterschrieb 1536 den theologischen Kompromiss der Wittenberger Konkordie und trat dem Schmalkaldischen Bund bei. Unter dessen Schutz konnte die evangelische Ratsmehrheit 1537 endlich die „papistische Abgötterei" vollständig beseitigen und die Stadt evangelisch machen. Kaiser Karl V. erzwang nach seinem Sieg von 1547 allerdings die Wiederherstellung des katholischen Kirchenwesens. Augsburg wurde ein paritätisches Gemeinwesen, seine Evangelischen allerdings bald so stramm lutherisch, dass noch heute Augsburger Protestanten sich nicht gerne an ihre zwinglianischen Ursprünge erinnern lassen.[26]

Anders, einfacher, aber doch wieder ähnlich verlief die Einführung der Reformation in Nürnberg. Hier gingen Impulse von Luthers Orden, den Augustinern, aus, deren Generalvikar Johann Staupitz, Luthers väterlicher Freund und theologisches Vorbild, einen elitären Kreis um sich gesammelt hatte, zu dem auch wichtige Ratsmitglieder gehörten. Aus den „Staupitzianern", die bereits für die Übersetzung und Verbreitung der Ablassthesen gesorgt hatten, wurden unter Führung von Luthers Mitbruder und Freund Wenzel Link „Martinianer". Anders als in der Bischofsstadt Augsburg konnte sich der Rat die Kontrolle der Kirchen sichern und sie mit „Martinianern" besetzen. Rasch entfaltete sich eine evangelische Volksbewegung, deren Druck der Rat zunächst aber nicht nachgeben konnte, denn Nürnberg war bis 1524 Sitz des Reichsregiments und des Reichskammergerichts. Doch danach konnte die verstärkte evangelische Ratsmehrheit die Klöster übernehmen, 1525 die papistische Messe verbieten und schließlich 1533 eine Kirchenordnung erlassen, notabene alles gut lutherisch.[27]

Moeller induzierte eine Blüte sozialgeschichtlicher Forschung zur Reformation in deutschen Städten, die in den 1970er und 1980er Jahren ihren Schwerpunkt in Tübingen hatte.[28] Dabei wurde aber im Westen nicht anders als im Osten schichtungs- und mobilitätstheoretisch gearbeitet, auch wenn die marxistische Kategorie „Klasse" damals im Westen als quasi-obszön nicht benutzt werden durfte. Auf Grund der Quellenlage gerieten dabei automatisch die städtischen Eliten in den Mittelpunkt. Allerdings kamen diese Forschungen mehr oder weniger immer zum gleichen, von Moeller vorweggenommenen Ergebnis: das Evangelium sprach Menschen aller Schichten an, die Mittel- und Unterschichten zunächst stärker, während die Oberschichten mehr zu verlieren hatten und daher meistens gedrängt werden mussten.[29] Doch warum blieben die einen katholisch, während sich die anderen für den neuen Glauben entschieden, warum wurden die einen Lutheraner, die anderen Zwinglianer? Diese Frage ließ sich schichtungstheoretisch nur mit gewagten Hypothesen beantworten, so dass die Forschung in eine Sackgasse zu geraten drohte.

Das 1979–1988 laufende Augsburger Projekt *Oligarchische Verflechtung und Konfession* löste dieses Problem mit einer neuen Forschungsstrategie: der Einführung des damals im Gegensatz zu heute in der Historie völlig unbekannten Netzwerk-Paradigmas.[30] Die konfliktreiche paritätische Reichsstadt Augsburg erwies sich dabei als besonders ertragreicher Fall.[31] Die Ausbreitung oder Nicht-Ausbreitung der evangelischen Bewegung wurde jetzt als Kommunikationsprozess aufgefasst, der weniger durch soziale Schichtung als durch soziale und geographische Vernetzung strukturiert war. Luther selbst war im städtischen Milieu zuhause. Für die Verbreitung seiner Botschaft profitierte er von der wirtschaftlichen und intellektuellen „Achse" Nürnberg-Wittenberg, die vielerlei persönliche Beziehungen hervorgebracht hatte. Es ist durchaus signifikant, dass der mächtige Nürnberger Patrizier Hieronymus Baumgartner 1523 beinahe Katharina von Bora geheiratet hätte. Umgekehrt nützte es wenig, dass Luther keiner städtischen Obrigkeit mehr Briefe geschrieben hat als den Augsburgern. Maßgebende Figuren der dortigen Oligarchie waren durch soziale Verflechtung von Haus aus eben nicht nach Wittenberg orientiert, sondern nach Straßburg sowie indirekt über Memmingen und Konstanz nach Zürich. Nürnberg wurde nicht lutherisch, weil es patrizisch-autoritär regiert wurde, sondern wegen seiner Kontakte zu Mitteldeutschland und der Verflechtung Luthers mit maßgebenden Leuten, die sich daraus ergab. Augsburg wurde nicht wegen seines Zunftregiments zwinglianisch, sondern weil es dem oberdeutschen Städtesystem zugeordnet war.³² Binnenstädtisch spielten Netzwerke für die religiöse Entscheidung ebenfalls eine wichtigere Rolle als die soziale Schichtung, auch wenn der Nachweis wegen der Quellenlage im Einzelnen schwieriger ist. Aber die großen Augsburger Familienverbände bieten nun einmal ein konfessionell ziemlich geschlossenes Bild; „Andersgläubige" blieben darin Ausnahmen.³³

Luthers Reformation profitierte von der Vernetzung mit Nürnberg nicht zuletzt auch für ihre mediale Kommunikation. Die Verbreitung seiner Ablassthesen wurde dort durch einen seiner Briefpartner, den ehemaligen Wittenberger Professor Christoph Scheurl, in Gang gesetzt.³⁴ Zwar war das Ur-Medium der Reformation die evangelische Predigt, aber Luther erkannte selbst, dass auch der Buchdruck eine notwendige Bedingung seines Erfolgs war, wie es dann in einem Vers von 1640 hieß:

Kurz vor Luthers Zeiten man Druckerei erfand,
*Gotts Wort schnell auszubreiten rein ohn Menschentand.*³⁵

Luther schrieb oft genug gewissermaßen für die laufende Druckerpresse. Bis 1525 wird mit rund 2.000 Ausgaben seiner Schriften mit mehreren Millionen umlaufender Exemplare gerechnet. Dazu kamen einschlägige Flugschriften, allein 1524 ca. 2.400 mit ca. 2,4 Millionen Exemplaren.³⁶ Gedruckt wurden aber nicht nur Texte, sondern massenweise auch Bilder; ein wichtiges Mittel zur Verbreitung der reformatorischen Botschaft für Analphabeten. Auf höherem Niveau dienten dazu Gemälde, wie sie neben Bilddrucken unter anderem massenhaft von der Cranach-Werkstatt ausgestoßen wurden.³⁷ Schließlich sollte man auch das neue evangelische Kirchenlied als Medium nicht unterschätzen. Lieder nicht nur von Martin Luther, sondern sogar von Thomas Müntzer sind heute sogar in katholische Gesangbücher gelangt.³⁸ Dank dieser im Anschluss an die sozialhistorische Wende betriebenen mediengeschichtlichen Forschungen ist die Reformation bei Johannes Burkhardt und anderen zum Hauptimpuls und Inbegriff der zweiten Medienrevolution der Geschichte geworden.³⁹

Auf der anderen Seite begann 1523 in Zürich eine lange Reihe von spontanen oder wohl organisierten „Bilderstürmen"; unter anderen folgten Augsburg 1532, Nürnberg 1542.⁴⁰ In strengen oberdeutschen Gemeinden wurden sogar die Orgeln entfernt, allerdings nach dem Übergang zum Luthertum manchmal wieder hervorgeholt. Das war möglich, weil der „Spiritualist" Luther diesem materialen Radikalismus skeptisch gegenüberstand und weil man Orgeln und Bilder oft genug nicht zerstört, sondern irgendwo „eingemottet" hatte. Zwar waren die Bilderstürmer die ehemaligen Bilderstifter (Hermann Heimpel), die ihre eigene Vergangenheit zerschlugen (Bernd Moeller),⁴¹ aber wo es möglich war, wurde oft eben doch Rücksicht auf die wohlhabenden Stifter genommen, so dass es bei einer rein symbolischen Absage an die Werkfrömmigkeit mit ihrer Heiligenverehrung und ihrer klerikalen Herrschaftskirche bleiben konnte.

Forschungen zu diesen Themen können heute dank der so genannten „neuen Kulturgeschichte" mit ihrer Konzentration auf Symbol und Ritual ganz neue Perspektiven und Erkenntnisse eröffnen.[42] Denn im Gegensatz zur symbol- und ritualbewussten Zeit der Reformation neigten wir lange dazu, diese Dinge nicht ernst genug zu nehmen. Dabei ist doch gerade die Ritualkritik der Reformatoren negativer Ausdruck eines hoch entwickelten symbolischen Bewusstseins und Luthers relative Zurückhaltung in dieser Hinsicht möglicherweise sogar Ausdruck seiner relativen Modernität. Aber auch für ihn hatte die konfliktträchtige sakramentale Symbolik des Abendmahls eine ausschlaggebende Bedeutung, die heute schwer verständlich ist, und die Kindertaufe wurde sogar zum zentralen Symbol der Abgrenzung gegen die Radikalen.

Die Reformation in den Städten drückte sich aber nicht nur in der Unterdrückung von alten Kultformen und der Begründung von neuen aus. Sie ist voll von symbolischen und rituellen Aktivitäten. Dass Luther 1517 seine Thesen angeschlagen hat, wird zwar bestritten, aber er verbrannte nicht nur 1520 die Bannandrohungsbulle und das Kirchenrecht, sondern gab auch seiner Heirat 1525 einen symbolischen Sinn. Der Übergang vom alten zum neuen Glauben wurde häufig mit Disputationen zwischen Vertretern beider Seiten begründet. Auch wenn dabei in den meisten Fällen der Ausgang schon vorher festgestanden haben dürfte, so hatte dieses Ritual doch eine ebenso hohe politische Bedeutung wie Abstimmungen der Bürger und deren Neuvereidigung. Und die anschließende Stabilisierung einer neuen Kirche drückte sich alsbald in eigenen Symbolen und Riten aus, nicht zuletzt zur Abgrenzung gegen konkurrierende Konfessionen. Denn das konfessionelle Zeitalter war ebenfalls voll von Unterscheidungssymbolen und Unterscheidungsriten nicht nur zwischen Katholiken und Protestanten, sondern auch zwischen Lutheranern und Reformierten, zwischen Anglikanern und Puritanern. – Aber das ist bereits eine andere Geschichte.

Anmerkungen

1 An jüngeren Zusammenfassungen zur Reformationsgeschichte seien nur genannt: Wolfgang REINHARD, Reichsreform und Reformation 1495–1555, in: DERS., Gebhardt. Handbuch der deutschen Geschichte. Bd. 9, Stuttgart [10]2001, S. 111–356; Olaf MÖRKE, Die Reformation. Voraussetzungen und Durchsetzung (= Enzyklopädie deutscher Geschichte 74), München [2]2011; Heinz SCHILLING, Martin Luther. Rebell in einer Zeit des Umbruchs, München [2]2013.

2 Daran ändert auch die Kritik an der umstrittenen Luther-Dekade kaum etwas, vgl. Wolfgang REINHARD, Reformation 1517 / 2017. Geschichtswissenschaft und Geschichtspolitik. Schlussgedanken, in: Der Reformator Martin Luther 2017. Eine wissenschaftliche und gedenkpolitische Bestandsaufnahme, hrsg. von Heinz SCHILLING (= Schriften des Historischen Kollegs 92), München 2014, S. 289–305.

3 Bernd MOELLER, Reichsstadt und Reformation. Bearbeitete Neuausgabe, Berlin 1987, S. 71, S. 79.

4 Natalie KRENTZ, Ritualwandel und Deutungshoheit. Die frühe Reformation in der Residenzstadt Wittenberg (1500–1533) (= Spätmittelalter, Humanismus, Reformation 74), Tübingen 2014.

5 Arthur G. Dickens, The German Reformation and Martin Luther, London 1974, S. 182.
6 Karl Holl, Was verstand Luther unter Religion? (1917), in: Ders., Gesammelte Aufsätze zur Kirchengeschichte. Bd. 1: Luther, Tübingen ⁶1932, S. 1–110.
7 Max Steinmetz, Die frühbürgerliche Revolution in Deutschland (1476–1535). Thesen zur Vorbereitung der wissenschaftlichen Konferenz in Wernigerode vom 20.–24. Januar 1960, in: Zeitschrift für Geschichtswissenschaft 8,1 (1960), S. 114–24.
8 Max Steinmetz, Probleme der frühbürgerlichen Revolution in Deutschland in der ersten Hälfte des 16. Jahrhunderts, in: Tagung der Sektion Mediävistik der Deutschen Historiker-Gesellschaft vom 21.–23.1.1960 in Wernigerode. Bd. 2: Die frühbürgerliche Revolution in Deutschland, hrsg. von Ernst Werner und Max Steinmetz, Berlin 1961, S. 17–52. Ebd., S. 7–16 sind die 33 Thesen erneut abgedruckt.
9 Ebd. S. 17, S. 42.
10 Vgl. Tom Scott, The Early Reformation in Germany. Between Secular Impact and Radical Vision, Farnham 2013, S. 260; Gerhard Brendler, Martin Luther. Theologie und Revolution, Berlin 1983 [!].
11 Steinmetz, Probleme (wie Anm. 8), S. 16.
12 Ebd. S. 21 beruft sich Steinmetz auf Arbeiten von G. Duncken, H. Köditz, D. Lösche, O. Michael aus den 1950er Jahren.
13 Günther Franz, Der deutsche Bauernkrieg. 2 Bde., München 1933–35.
14 Bernd Moeller, Reichsstadt und Reformation, in: Theologische Literaturzeitung 85,11 (1960) Sp. 857–860.
15 Bernd Moeller, Reichsstadt und Reformation (= Schriften des Vereins für Reformationsgeschichte 180, Jg. 69), Gütersloh 1962; zweite Auflage siehe Anm. 3.
16 Bernd Moeller, Johannes Zwick und die Reformation in Konstanz (= Quellen und Forschungen zur Reformationsgeschichte 28), Gütersloh 1961.
17 Moeller, Reichsstadt (wie Anm. 15), S. 20, S. 24, S. 62 f., zitiert überhaupt nur zwei Veröffentlichungen der 1950er Jahre aus der DDR: Johannes Schildhauer, Soziale, politische und religiöse Auseinandersetzungen in den Hansestädten Stralsund, Rostock und Wismar im 1. Drittel des 16. Jahrhunderts (= Abhandlungen zur Handels- und Sozialgeschichte 2), Weimar 1959, ein Buch, auf das er sich in Details häufiger bezieht, und Hanna Köditz, Die gesellschaftlichen Ursachen des Scheiterns des Marburger Religionsgesprächs, in: Zeitschrift für Geschichtswissenschaft 2 (1954), S. 37–70, einen Aufsatz, den er von vornherein als „apriorische Geschichtskonstruktion" verwirft. Aber auch Schildhauer habe „die Geschichte in die Fesseln seines [marxistischen] Dogmas gelegt" und deshalb nur einen Ausschnitt des Geschehens erfasst. Bernd Moeller hat mir übrigens meine Einschätzung am 5. Februar 2016 brieflich bestätigt.
18 Berndt Hamm, Bürgertum und Glaube. Konturen der städtischen Reformation, Göttingen 1996, S. 73–76; Ders., Normative Zentrierung im 15. und 16. Jahrhundert. Beobachtungen zur Religiosität, Theologie und Ikonologie, in: Zeitschrift für Historische Forschung 26 (1999), S. 163–202, hier S. 169.
19 Wolfgang Reinhard, Warum hatte Luther Erfolg?, in: Fragen an Luther. Vortragsreihe der Universität Augsburg zum Luther-Jahr 1983, hrsg. von Dems. (= Schriften der Philosophischen Fakultäten der Universität Augsburg 28), München 1983, S. 11–31; Ders., Luther und die Städte, in: Luther und die politische Welt. Wissenschaftliches Symposion in Worms vom 27. bis 29. Oktober 1983, hrsg. von Erwin Iserloh und Gerhard Müller (= Historische Forschungen 9), Stuttgart 1984, S. 87–112, hier S. 109 f.
20 Moeller, Reichsstadt (wie Anm. 15), S. 88–94.
21 Thomas A. Brady, Ruling Class, Regime and Reformation at Strasbourg: 1520–1555 (= Studies in medieval and reformation thought 22), Leiden 1978, S. 12.
22 Hamm, Bürgertum (wie Anm. 18), S. 51.
23 Wolfgang Reinhard, *Governi stretti e tirannici*. Die Städtepolitik Kaiser Karls V. 1515–1556, in: Kaiser Karl V. 1500–1558. Neue Perspektiven seiner Herrschaft in Europa und Übersee, hrsg. von Alfred Kohler, Barbara Haider und Christine Ottner (= Zentraleuropa-Studien 6), Wien 2002, S. 407–434, hier S. 407–413.

24 Reinhard, Reichsreform (wie Anm. 1), S. 290.
25 Reinhard, Luther und die Städte (wie Anm. 19), S. 97.
26 Herbert Immenkötter, Kirche zwischen Reformation und Parität, in: Geschichte der Stadt Augsburg von der Römerzeit bis zur Gegenwart, hrsg. von Gunther Gottlieb u. a., Stuttgart ²1984, S. 391–412.
27 Wolfgang Reinhard, Die Anfänge der Reformation in Nürnberg, in: Nürnberg und Italien. Begegnungen und Einflüsse, hrsg. von Volker Kapp und Frank-Rutger Hausmann (= Erlanger romanistische Dokumente und Arbeiten 6), Tübingen 1991, S. 9–23.
28 Vgl. Reinhard, Luther und die Städte (wie Anm. 19), S. 87, Anm. 3.
29 Ebd. S. 110 f.
30 „Network" war damals eine Kategorie der anglophonen Anthropologie. Unser Versuch, statt des Anglizismus „Netzwerk" die freie Übersetzung „Verflechtung" einzuführen (Wolfgang Reinhard, Freunde und Kreaturen. „Verflechtung" als Konzept zur Erforschung historischer Führungsgruppen. Römische Oligarchie um 1600 [= Schriften der Philosophischen Fachbereiche der Universität Augsburg 14], München 1979), scheiterte allerdings an der sprachlichen Übermacht der anglophonen Welt, so dass unsere epistemologische Innovation unschwer ignoriert werden konnte.
31 Neben Wolfgang Schütze, Oligarchische Verflechtung und Konfession in der Reichsstadt Ravensburg 1551/52–1648, phil. Diss. Augsburg 1981, und der allgemeinen Untersuchung von Reinhard, Luther und die Städte (wie Anm. 19), gingen aus dem Projekt hervor: Katarina Sieh-Burens, Oligarchie, Konfession und Politik im 16. Jahrhundert. Zur sozialen Verflechtung der Augsburger Bürgermeister und Stadtpfleger 1518–1618 (= Schriften der Philosophischen Fakultäten der Universität Augsburg 29), München 1986; Peter Steuer, Die Außenverflechtung der Augsburger Oligarchie von 1500–1620 (= Materialien zur Geschichte des Bayerischen Schwaben 10), Augsburg 1988; Mark Häberlein u. a., Augsburger Eliten des 16. Jahrhunderts. Prosopographie wirtschaftlicher und politischer Führungsgruppen 1550–1620, hrsg. von Wolfgang Reinhard, Berlin 1996.
32 Reinhard, Luther und die Städte (wie Anm. 19), S. 97, S. 111.
33 Sieh-Burens, Oligarchie (wie Anm. 31), S. 207–209.
34 Reinhard, Luther und die Städte (wie Anm. 19), S. 91.
35 Reinhard, Warum hatte Luther Erfolg (wie Anm. 19), S. 18.
36 Reinhard, Reichsreform (wie Anm. 1), S. 279 f. Vgl. auch die Untersuchungen zu führenden Druckorten von Miriam Usher Chrisman, Lay Culture, Learned Culture: Books and Social Change in Strasbourg 1480–1599, London 1982; dies., Bibliography of Strasbourg Imprints, 1480–1599, New Haven/London 1982, und Hans-Jörg Künast, *Getruckt zu Augspurg*. Buchdruck und Buchhandel in Augsburg zwischen 1468 und 1555 (= Studia Augustana. Augsburger Forschungen zur europäischen Kulturgeschichte 8), Tübingen 1997.
37 Vgl. zuletzt Ruth Slenczka, Cranachs Kunst im höfischen Netzwerk Europas: Entfaltungs- und Wirkungswege der Reformation, in: Entfaltung und zeitgenössische Wirkung der Reformation im europäischen Kontext (= Schriften des Vereins für Reformationsgeschichte 216), hrsg. von Irene Dingel u. a., Gütersloh 2015, S. 81–102.
38 *Gott, heilger Schöpfer aller Stern* (Gotteslob, 2013, S. 326, Nr. 230).
39 Johannes Burkhardt, Das Reformationsjahrhundert. Deutsche Geschichte zwischen Medienrevolution und Institutionenbildung 1517–1617, Stuttgart 2002, S. 13–76.
40 Beim angeblich ersten, von Karlstadt ausgelösten Bildersturm im Wittenberg soll es sich laut Krenz, Ritualwandel (wie Anm. 4), S. 392, um ein nachträgliches Konstrukt handeln.
41 Moeller, Reichsstadt (wie Anm. 3), S. 23, S. 81.
42 Barbara Stollberg-Rilinger, Rituale (= Historische Einführungen 16), Frankfurt 2013.

Werner Freitag

Autonomiestädte und Reich im Zeitalter der Reformation – Das Beispiel Westfalen*

Wolfgang Reinhard knüpfte bei der Wahl seines Titels für den gestrigen Abendvortrag an die wegweisende Studie von Bernd Moeller „Reichsstadt und Reformation" aus dem Jahre 1962 an.[1] Unter Bezug auf Moellers Überlegungen und unter Nutzung neuerer Forschungen hat Reinhard die Reformation in den Reichsstädten auf anregende Weise konturiert. Da mein Vortrag das Reformationsgeschehen von Nicht-Reichsstädten anhand von westfälischen Referenzorten vorstellen möchte, seien einleitend einige der zentralen Argumente Moellers und Reinhards aufgenommen. Auf dieser Basis soll dann das Reformationsgeschehen von Reichs- und westfälischen Autonomiestädten verglichen werden.

Erstens: In Anlehnung an Bernd Moeller betont Wolfgang Reinhard die besondere Affinität des städtischen Genossenschaftsdenkens zur evangelischen Gemeindetheologie.[2] In Moellers „Reichsstadt und Reformation" war dieser Zusammenhang für die oberdeutschen Reichsstädte erstmals aufgezeigt worden. Bucers und Zwinglis Gemeindetheologie habe an das Selbstverständnis der Stadt als corpus christianum angeknüpft. Hingegen habe, so Moeller 1962, die Theologie Luthers auf das Individuum abgehoben.[3] „Der Sieg der reformierten Reformation in den oberdeutschen Reichsstädten erklärt sich entscheidend aus der Begegnung der eigentümlich ‚städtisch' geprägten Theologie Zwinglis und Bucers mit dem in Oberdeutschland in besonderem Maße lebendigen genossenschaftlichen Geist".[4] In seinem Nachwort zur zweiten Auflage von 1987 modifiziert Moeller unter dem Eindruck der damaligen neueren Forschung zu Nordwestdeutschland und Nürnberg diese These: Auch die lutherische Stadtreformation sei von genossenschaftlichen Prinzipien geleitet worden.[5]

Zweitens: Reinhard wie Moeller betonen die Attraktivität der evangelischen Ideen für die Mittel- und Unterschichten der Reichsstädte. Hingegen habe der Rat, oft patrizisch durchsetzt, die außenpolitische Konstellation und den Stadtfrieden nach innen zu berücksichtigen gehabt; er sei in vielerlei Hinsicht zunächst Getriebener, dann aber Gewinner gewesen, da er viele kirchliche Institutionen des Kirchenregiments übernommen habe. Er agierte, so das Fazit, sowohl als Organ der Genossenschaft als auch im obrigkeitlichen Sinne.[6] Darauf komme ich noch zurück.

Drittens: Bei Wolfgang Reinhard und Bernd Moeller findet sich ein weiteres Argument für die Durchsetzung der Reformation: Die Mechanismen zum Konfliktaustrag und zur Konfliktlösung waren in der Reichsstadt eingeübt; Reinhard hebt am Beispiel Augsburg auf Massenbewegung und Volksaufstand ab; Moeller betont in seiner Studie von 1962 und auch in der zweiten, ergänzten Auflage von 1987, dass Aufläufe, Ausschussbildung, Forderungskataloge, Gemeindeversammlungen sowie der Zusammenschluss zur Schwurgemeinde innerstädtische Erfolgsbedingungen der städtischen Reformation gewesen seien.[7] Zudem wies Moeller 1987 unter Zitation von Kaspar von Greyerz auf den „Legitimationsdruck" für Rat und Bürgerschaft hin.[8] Die Beseitigung der Alten Kirche habe einen fundamentalen Rechtsbruch dargestellt und somit einer Neubegründung der Ratsherrschaft bedurft.

Soweit die städtischen Kontexte. Kommen wir nun zum Leitbegriff Moellers und Reinhards, nämlich dem der Reichsstadt, und damit zum Kontext unserer Mühlhauser Tagung. Liest man den Text Moellers aus dem Jahr 1962 gegen den Strich, so stellt sich schnell der Eindruck ein, dass in Bezug auf die Durchsetzung der Reformation der Begriff Reichsstadt kaum Konturen aufweist! Er steht lediglich dafür, dass keine Rücksicht auf einen Landes- bzw. Stadtherrn zu nehmen war. Schon 1987 musste Moeller anerkennen, dass auch in Nicht-Reichsstädten die Abläufe ähnlich waren. Auch dort war das Ringen zwischen Bürgerschaft und Rat ein wesentliches Moment der Reformation. Ich zitiere aus dem Nachwort der zweiten Auflage: „Zu den Erkenntnissen, die sich mir selbst in den letzten Jahren verdeutlicht haben, gehört, dass der in dem Buch geschilderte Sachverhalt, dass die Reformation ihren Massenerfolg in Deutschland in erster Linie in den Städten erlebt hat, sich durchaus nicht auf die *Reichsstädte* beschränkt. Sie ist vielmehr für alle Städtetypen und Stadtregionen, für wohlhabende wie arme, kleinere wie größere, mehr oligarchisch wie mehr demokratisch regierte Kommunen in mehr oder weniger allen Stadien der politischen Souveränität anziehend gewesen."[9] Dennoch plädiert Moeller für die „gesonderte Beschäftigung" mit der reichsstädtischen Reformation, weil dort „am ehesten" selbstständige Wege zur Reformation beschritten worden seien.[10] Dieses ist aber für die gesamte Städtelandschaft des Reiches ein leicht zu widerlegendes Argument: Schaut man sich mit Heinz Schilling die Städte des 16. Jahrhunderts an, so ist der Typus der sog. Autonomiestädte besonders häufig anzutreffen. Er stellte die „besonders wichtige Spitzengruppe" der Städte im Reich, so Schilling. Die Selbstbestimmung nach innen und außen sei bei Autonomiestädten „keineswegs geringer" gewesen als bei Reichsstädten. Schilling geht noch einen Schritt weiter, indem er betont, dass ihr „realer Handlungsspielraum größer war als derjenige mancher Reichsstadt."[11] Dies zeigte sich auch und gerade bei der Durchsetzung der Reformation, so etwa im Rahmen der von Heinz Schilling und Olaf Mörke untersuchten Hansestadtreformation.[12] Selbst Nicht-Autonomiestädte, etwa Land- und Residenzstädte, konnten, wenn sie die richtigen Strategien und Bündnispartner wählten, die Reformation gegen ihren Landesherrn durch-

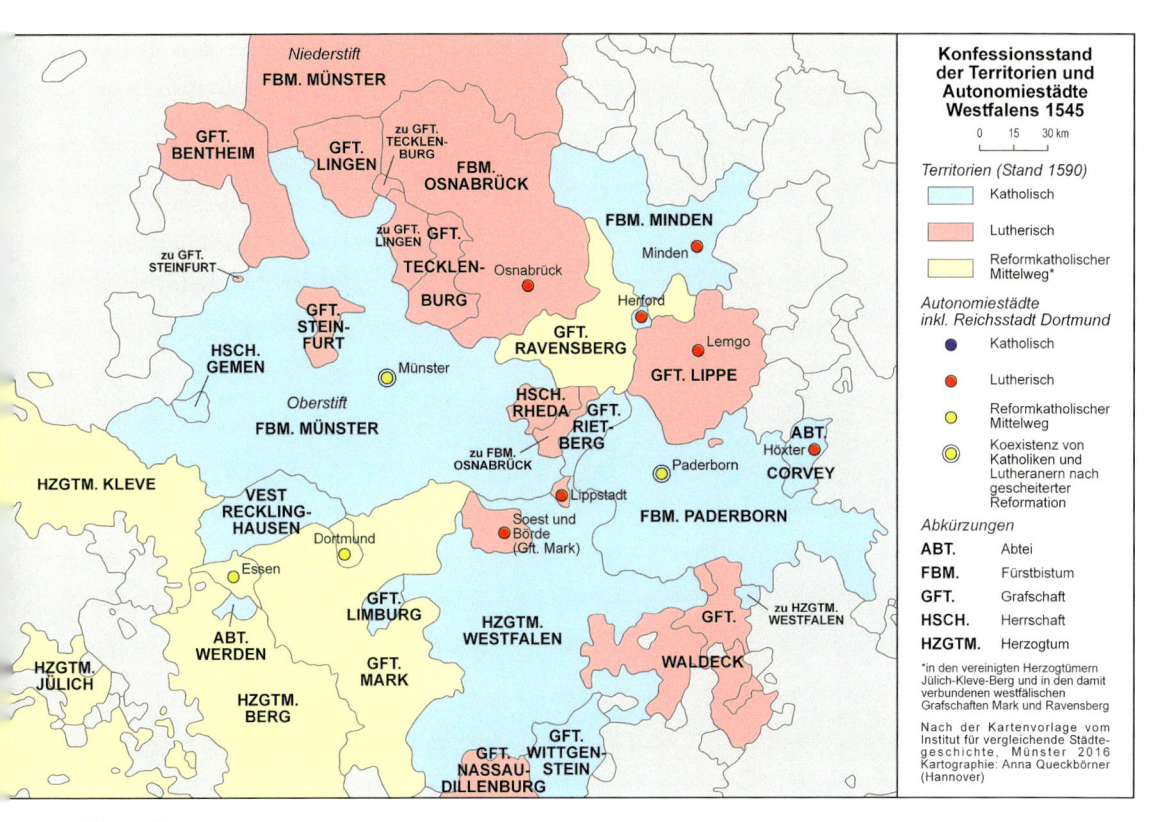

Abb. 1: Karte

setzen oder Kompromisse erreichen, wie es jüngst Stephan Laux für die Landstädte des Erzstifts Köln gezeigt hat.[13] Für die Residenzstädte verweise ich auf den Überblick von Hans-Christoph Rublack und auf meine Studie zu Halle an der Saale.[14]

Kaum in die Debatte um den Zusammenhang von Reichsstadt und Reformation aufgenommen worden ist ein weiteres Argument Bernd Moellers von 1962, dass nämlich den Reichsstädten aus der Reformation Nachteile erwachsen seien. Nach der Niederlage im Schmalkaldischen Krieg wurde zwischen 1548 und 1552 seitens des Kaisers in 28 Städten ein oligarchisches Regiment eingeführt, die „Hasenräte". „So wurde die alte Stadtgenossenschaft systematisch zerschlagen." Der Rat agierte noch mehr als zuvor als Obrigkeit; verkrustete oligarchische Herrschaft sei zum Signum der Reichsstädte des 17. Jahrhunderts geworden. Zudem verloren die Reichsstädte im Reich an Einfluss.[15] Überspitzt könnte demzufolge die Quintessenz aus Moellers Überlegungen lauten: Das einzig spezifische Moment der Reichsstadtreformation war der Niedergang der städtischen Genossenschaft nach 1548, da dieser (auch) dem Reichsstadtstatus geschuldet war. Dass hier auch soziale und ökonomische Faktoren eine Rolle spielten, habe ich angedeutet. Und selbstverständlich erlebten auch Nicht-Reichsstädte eine Oligarchisierung der Ratsherrschaft.

Soweit mein Rückblick auf die Debatte um Reichsstadt und Reformation. Nachfolgend geht es mir erstens darum, die Argumente von Wolfgang Reinhard und Bernd Moeller zu den typischen „Verlaufsformen" – eine Formulierung von Wilfried Ehbrecht[16] – der Reformation für zwei Nicht-Reichsstädte, nämlich die Autonomiestädte Münster und Soest zu überprüfen. Im Mittelpunkt meiner Ausführungen stehen der genossenschaftliche Charakter der Reformation und die Frage nach Stellung und Legitimität des Rates. Im Anschluss gehe ich auf die Frage nach dem Rat als Obrigkeit ein. Hierfür zitiere ich aus der Kirchenordnung Mindens.

Im zweiten Teil meiner Ausführungen will ich anhand von Soest prüfen, welche Chancen sich für Autonomiestädte im diplomatischen Ringen mit ihrem Landesherrn und auf Reichsebene eröffneten, die städtische Reformation zu verteidigen. Welche Bewegungsfreiheit konnte die Stadt im Gefüge des Territoriums gewinnen?

1. Die Stadtreformationen in Soest und Münster – das Ratsregiment in der Mindener Kirchenordnung

In Soest gab es eine Dynamik der Geschehnisse, angetrieben von dem Dominikaner Thomas Borchwede († vor 1537), der zunächst durch Schmähgedichte die reformatorische Stimmung befördert hatte. Sein Thesenanschlag vom 20. November 1531 war eine weitere wichtige Wegmarke, doch der eigentliche Durchbruch der Reformation war der sog. Thomasauflauf.[17] Am Donnerstag, dem 21. Dezember, es war der Thomastag, ließ der Rat den Prädikanten Johann van Campen verhaften. Die Folge der Verhaftung war ein bewaffneter Auflauf: Sturmgeläut und Trommelschlag riefen die Schützen und Handwerker auf dem Petrikirchhof zusammen – es sollen mehr als 3.000 *borger und inwoner* gewesen sein[18] –, welche dann das Stadtweinhaus besetzten, die Stadtschlüssel an sich nahmen und die beiden Bürgermeister gefangen setzten. Danach plünderten die Aufrührer Häuser von Geistlichen. Am Freitag kam die Gemeinde nach den sechs Stadtbezirken (Hoven) erneut auf dem Petrikirchhof zusammen und setzte einen 24er-Ausschuss ein. Jede Hove entsandte vier Vertreter; damit war analog zu früheren Stadtkonflikten ein Organ geschaffen worden, das die reformationswillige Bürgerschaft repräsentierte. Ziel der Verhandlungen mit dem Rat sollte die Einführung des neuen Bekenntnisses sein. Am Samstag kam die Gemeinde nochmals auf dem Kirchhof zusammen, zog dann aber in die Stiftskirche St. Patroklus um. Hier gelobten die beiden Bürgermeister ausweislich des Ratsprotokollbuches öffentlich, nichts gegen die Aufrührer zu unternehmen und *by dem wort gotz to blyven levendich und doit*[19]. Im Umfeld dieser Aktion war den Ratsherren ein Brief überreicht worden, dessen Analyse von zentraler Bedeutung ist. Dieser sog. Bundbrief lässt erkennen, wie die reformationswillige Bürgerschaft den Rechtsbruch, nämlich den Aufstand gegen den Rat und den Wunsch nach

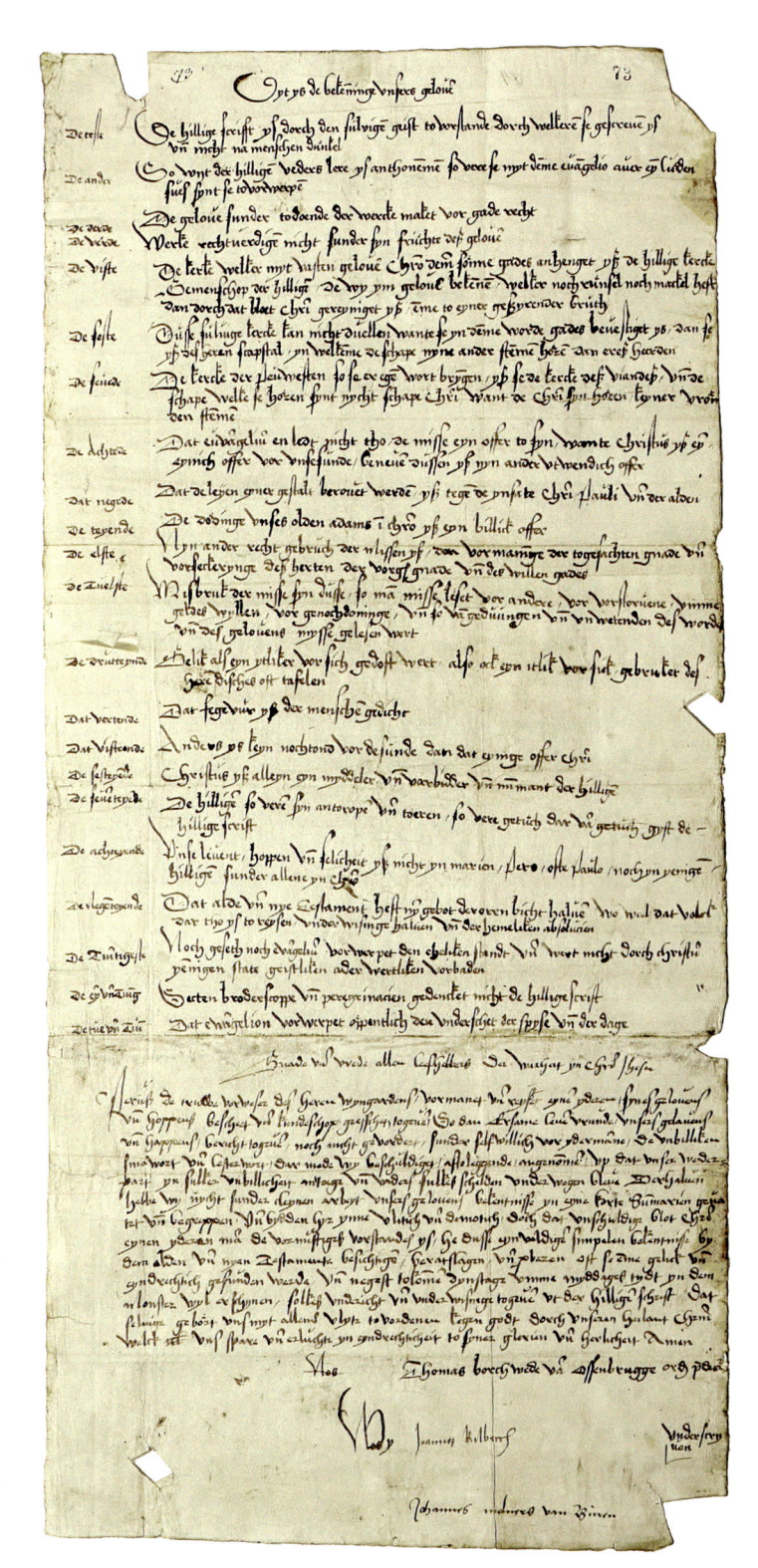

Abb. 2: Die 22 Thesen von Thomas Borchwede († vor 1537). Thomas Borchwede schlug seine Thesen an das Portal des Patroklistifts an, um zur Disputation aufzufordern. Dieser Soester Thesenschlag fand wahrscheinlich am 20. November 1531 statt (Stadtarchiv Soest, A A 6744; Foto: Christian Theopold)

einem Bekenntniswechsel, als Akt der Wiederherstellung des Stadtfriedens zu legitimieren suchte.[20] Stadtgemeinde und Sakralgemeinde wurden ganz im Sinne Bernd Moellers zusammen betrachtet. Das wohl von Borchwede im Namen von „Amt und ganzer Gemeinheit" formulierte Schreiben entwickelt ein endzeitliches Szenario: Im Reich sei das göttliche Wort „klar und hell" erschienen. Deshalb sei in der Stadt eine „große Zwietracht" zwischen dem Rat und der ganzen Gemeinde entstanden. Aus diesem Grunde seien „Ämter und ganze Gemeinheit" zusammengekommen (*to hope*), um die Eintracht herzustellen, die von Gottes Wort komme: „Und da das Wort nicht ist, da ist Gott nicht vorhanden, und deshalb ist dort der Teufel und wenn da der Teufel (ist), dann gibt es keine Eintracht mehr, sondern Zwietracht, Zwist und Bosheit. Wir aber wollen das Reich der Eintracht und des Friedens. So haben wir uns besprochen, Ämter und ganze Gemeinheit, und einträchtig beschlossen, dass wir Gottes Wort in allen Kirchen dieser löblichen Stadt Soest wollen recht behandelt haben und gepredigt wird mit allen Dingen, (die) das göttliche Wort mit sich bringt, wie in Nürnberg, Straßburg, Augsburg, Wittenberg, Magdeburg, Braunschweig, Stralsund, Rostock, Lübeck, Hamburg, Stade, Bremen und Lüneburger Land und Livland gehandelt wird." Reichsstädte, Hansestädte und Landstädte, sie alle wurden für die Argumentation genutzt. Es seien in vielen Kirchen Soests „unerfahrene Prediger, Mönche und Pfaffen" tätig, die nach dem päpstlichen Gesetz und nicht nach Christus gepredigt hätten. Diese solle der Rat absetzen und Prediger einsetzten, die das Wort Gottes „klar und ohne alle menschlichen Sätze" predigen. Der Verweis auf den einmütigen Beschluss aller wird mit dem Verweis auf den geleisteten Bürgereid unterstrichen. Man habe Leib und Gut dem Rat anvertraut (*upsetten*). Man sah sich nicht als Eidbrecher, sondern als diejenigen, die den Rat an seine Pflicht zur städtischen Pax erinnerten, jetzt aber als göttliches Gebot, das die revoltierenden Bürger für sich reklamierten. Weiter heißt es im Bundbrief, dass es „ernsthaftes Begehr" aller sei, dass der „Rat dasselbe mit uns annehmen und uns besiegelt". Doch solle er dabei auch bestätigen, dass er „all dies gutwillig und nicht aufgrund aus Zwang (*druwen*) mit uns angenommen hat": Die Durchsetzung der Reformation mittels Drohung, Verhaftung und Tumult wurde also als notwendiger Zwischenschritt zur Erneuerung des Stadtfriedens gerechtfertigt und durch Konsensfassaden übertüncht. Nachdem Bürgermeister und Ratsherren dem Bundbrief zugestimmt hatten, erhielt der Rat die Stadtschlüssel zurück. Die Bürger gingen in Zweierreihen, nach Hoven geordnet, zum Rathaus, um den faktisch aufgekündigten Bürgereid zu erneuern, d. h. sie *sworen to gode und synen hilligen, den Raidt by allen alden herkomen und gerechticheit to behalden*. Entsprechend antwortete der Rat den Bürgern in seinem Eid, sie bei ihrer *gerechticheit* zu halten.[21] Damit war also das Stadtregiment wieder anerkannt, nun aber mit zwei gravierenden Veränderungen: Zum ersten war dem Ratsregiment nun der 24er-Ausschuss – also ein genossenschaftliches Repräsentationsorgan – an die Seite gestellt worden. Zweitens hatte die Erneuerung der Bürgereide die Reformation zur Voraussetzung; diese

Zusage des Rates war in der beiderseitigen Erneuerung der Eidleistung inkludiert. Der „Legitimationsdruck" (Kaspar von Greyerz) war durch eine neue Schwurgemeinschaft gesenkt worden. Der Rat war wieder Organ der Bürgerschaft; auf den obrigkeitlichen Charakter komme ich noch zurück.

Schauen wir nun nach Münster, um mögliche Parallelen zu Soest aufzuzeigen:
In Münster eskalierte die Situation nach dem Amtsantritt von Bischof Franz von Waldeck (1491–1553). Dieser war anlässlich seiner Wahl vom Domkapitel zum alten Glauben verpflichtet worden und verlangte im Juni 1532 vom Rat, dass die Stadt treu zu diesem stehen und die reformatorischen Prädikanten, darunter den bei der Bevölkerung beliebten Bernhard Rothmann (1495–1535?), ausweisen solle.[22] Am 1. Juli 1532 kam es zu einer Versammlung aller Gildemeister und der Gemeinheit. Im Ergebnis wurde wie andernorts ein Ausschuss gebildet (die 36er), der zunächst mit den Alderleuten der Gemeinheit und den Gildemeistern, also den Vertretern der zwei neben dem Rat bestehenden Verfassungsorganen, das weitere Vorgehen beriet. Die Sechsunddreißig sollten den Rat von dem reformatorischen Anliegen überzeugen. Am 13. Juli schickte der Ausschuss Alderleute und Gildemeister zum Rat, um die Forderungen zu überbringen. Gildevertreter und Alderleute versicherten dem Rat ihre Loyalität unter der Bedingung, dass das neue Bekenntnis eingeführt werde. Die Ratsherrschaft war also nur dann legitim, wenn die Glaubensfrage im Sinne der Bürger gelöst wurde. Dieses Argument kennen wir schon aus Soest. Die Vertreter der Gemeinheit und der Gilden betonten, dass „keine andere Lehre das Heil verbürge, wie die des heilsamen Evangeliums, die Bernhard Rothmann, mit Gottes Gnaden, lauter und hell verkündet." Das göttliche Recht stand also auch hier höher als der Bruch des Bürgereides. Die „gemeinen Bürger" baten den Rat, ihr dieses Bekenntnis zu gestatten, es zu verteidigen und dafür Sorge zu tragen, dass jedes Kirchspiel der Stadt Prediger erhalte, die das „Wort Gottes ohne falsche Zutat lehren und die heiligen Sakramente der Einsetzung Christ gemäß verwalten. Alle anderen aber, die Lehren vortragen, die dem Evangelium und der Wahrheit widerstreiten, sollen ihr Lehramt verlieren."[23]
Der Druck der Straße und das Wegbrechen der Loyalität führten dazu, dass der Rat am 15. Juli 1532 den Forderungen nachgab. Er wolle dem „Bund" der Gilden und der Gemeinheit gegen die „Unterdrücker des Evangeliums" beitreten. Der Rat unterschrieb den oben genannten Forderungskatalog (*cedele*):[24] Ihm ging es also um die Wiederherstellung der Bürgereinung und des Stadtfriedens. Vom ausgeübten Druck war keine Rede. Im Anschluss wurden neue Pfarrer eingesetzt. Die Stadt aber hatte sich auf Gedeih und Verderb der Auslegung Rothmanns unterworfen. Dieser wechselte in der Folgezeit in das täuferische Lager.

Ein letzter Punkt ist in Bezug auf die Herrschaft des Rates zu diskutieren: Die Neukonstituierung des Rats stand ja mit revolutionären bzw. illegitimen Handlungen in

Zusammenhang; die Ratsherrschaft bedurfte also weiterer Legitimation. Genau diese erfolgte im Rahmen der theologischen Überhöhung in Gestalt des ratsherrlichen Kirchenregiments, so wie es die neuen Kirchenordnungen vorgaben.[25] Gemeinsam war allen städtischen Kirchenordnungen, dass sie beanspruchten, die Verschränkung von Kirchen- und Bürgergemeinde zum Ausdruck zu bringen. Für diese religiöse Durchdringung der Stadt war der Rat zuständig. Dieser Aspekt wurde zunächst in der vom Rat erfolgten Beauftragung eines Reformators, eine Kirchenordnung abzufassen, zum Ausdruck gebracht. Nach der Fertigstellung wurde die Kirchenordnung im Beisein des Rates in der städtischen Hauptkirche verkündet. Aus diesen Schritten rührte die nun wieder gestärkte Position des Rates her: In den Texten wird dem Rat das *ius circa sacra* (Aufsicht) und das *ius in sacra* (Garant des rechten Bekenntnisses) zugewiesen.

Schauen wir nach diesen einführenden Bemerkungen in die Kirchenordnung der Weserstadt Minden:[26] Dem „Ehrsamen Rat zu Minden mitsamt den Mitbürgern und Bewohnern der Stadt" sei es ein Anliegen gewesen, „sich eine christliche Ordnung nach dem Worte Gottes" für alle Pfarrkirchen zu geben. Ziel sei die „geordnete Einigkeit". „Darum hat der Ehrbare Rat (sich) vorgenommen, uneinige Prediger nicht zu dulden oder die, welche etwas anderes als das leuchtende, reine und lautere Wort Gottes ohne Irreführung und Verfälschung lehren."[27] Das Beispiel Minden macht auch weitere Bereiche des ratsherrlichen Kirchenregiments deutlich. Der Rat des Stadt Minden setzte den Superintendenten ein.[28] Dieser bildete dann mit den Geistlichen das sog. städtische Ministerium. Das Ministerium aber unterstand dem Mindener Rat, der später für die Kirchen und die Ratsschule zwei Ratsherren bestimmte, welche mit dem Ministerium über Ehe und Kirchensachen entschieden. Auch in den beiden anderen neu strukturierten Bereichen führte der Rat die Aufsicht. Das war erstens das Armenwesen und zweitens das Schulwesen, das unmittelbar im Gefolge der Reformation neu geregelt wurde.

2. Zu den diplomatischen Möglichkeiten einer Autonomiestadt am Beispiel von Soest

Wie reagierte der Landesherr von Soest, Herzog Johann von Jülich-Kleve-Berg (1490–1539), auf die skizzierten Geschehnisse, die ja seinem humanistisch-altkirchlichen Reformansatz fundamental widersprachen? Am 5. Januar 1532 wurde die Reformation dem Landesherrn mitgeteilt. Rat, alter Rat, Ämter und Gemeinheit – also die regulären Organe der Stadtverfassung – teilten ihm mit, dass sie beschlossen hätten, das Wort Gottes in ihrer Stadt dem Volk *lutter und clair to predicken*.[29] Dem Schreiben folgte umgehend eine Aufforderung Herzog Johanns an die Stadt, von der Reformation abzulassen. Diese Botschaft übermittelten Vertreter der Ritterschaft und der Städte der Grafschaft Mark Ende Januar 1532. Doch die Stadt beharrte auf dem Erreichten.[30] Vergebens versuchte der Herzog dann, die Soester zu Verhandlungen über die Annahme der humanistisch orientierten klevischen Kirchenordnung von 1532 zu bewegen.[31] Zunächst lud er sie zu einem Vergleichstag für den 20. August 1533 ein, doch die Soester erschienen nicht; sie wollten sich erst mit Ämtern und Gemeinheit besprechen. Dann, am 21. August 1533, schrieben sie dem Herzog, sie wollten bei dem Worte Gottes bleiben. Auch eine Gesandtschaft am 25. August 1533 führte zu keiner Annäherung; die Stadt lehnte die landesherrliche Ordnung ab. Auf dem Landtag von Wickede am 17. September 1533 forderte der Herzog die Soester erneut auf, doch diese weigerten sich zum wiederholten Male.[32] Am 30. April 1534 waren es dann die herzoglichen Räte, welche Soest auf die klevische Kirchenordnung verwiesen.[33]

Zu Beginn des Juli 1534 kam es zum „offenen Eklat" (Christian Peters): Die Soester Deputierten hörten sich die Klagen der Klever Räte bei einem Vergleichstermin an, erklärten dann aber, sie seien nicht autorisiert, über die Annahme der Ordnung zu entscheiden. Dies wurde von den Räten als Verschleppungstaktik gesehen. Wenige Tage später zeigte eine Bürgerversammlung in Soest die Ablehnungsfront auf – die Bürger verweigerten dem Herzog den Gehorsam. Alle Bürger kamen nach Vierteln getrennt auf einem Platz zusammen. Dort gaben sie sämtlich eine Erklärung ab, beim Evangelium zu bleiben und am Bundbrief festzuhalten.[34] Diese erneute Schwureinung gab dem Rat das Mandat, dem Herzog erneut die Annahme der landesherrlichen Kirchenordnung zu verweigern. Die Annahme des Evangeliums sei nicht zur Verkleinerung der Macht des Herzogs, sondern um der Seelen Seligkeit geschehen. Deshalb solle er die Stadt dabei belassen.[35]

Halten wir fest: beide Parteien dehnten ihre Befugnisse auf die religiöse Sphäre aus. Dies aber war ein Bereich, den die Privilegien der Stadt, gewährt nach der Soester Fehde, noch nicht geregelt hatten. Aus herzoglicher Perspektive stellte die Weigerung der Soester, die reformorientierte Ordnung anzunehmen, einen Treuebruch dar, für die Soester hingegen war die Weiterung des landesherrlichen Herrschaftsanspruchs auf die religiöse Sphäre nicht akzeptabel.

Nach einem gescheiterten Vermittlungsversuch des Kurfürsten Johann Friedrich von Sachsen (1503–1554), Schwiegersohn Herzog Johanns,[36] ging die Stadt im Dezember 1536 einen Schritt, der in Bezug auf die Privilegien als Grenzüberschreitung zu sehen ist: die Stadt wurde außenpolitisch aktiv, da sie die Karte des Schmalkaldischen Bundes zog. Genau dies aber wollte der Herzog verhindern, hatte die Stadt doch auf seinen Wunsch hin im November 1534 noch versprochen, keine Bündnisse einzugehen. Am 24. Dezember 1536 luden Kurfürst Johann Friedrich von Sachsen und Landgraf Philipp von Hessen (1504–1567) die Stadt ein, an einer Sitzung von Fürsten, Grafen und anderen Reichsständen in Schmalkalden am 7. Februar 1537 teilzunehmen, auf der über Maßnahmen gegen das kurz zuvor ausgeschriebene Konzil beraten werden sollte.[37] Die von Luther ausgearbeiteten Schmalkaldener Artikel waren beigegeben. Der Rat bestimmte drei Gesandte, zwei Ratsherren und den neuen Superintendenten Brictius thom

Abb. 3: Die Soester Stadtschule (Archigymnasium). Lithographie von Joseph Winterhoff. Bereits in der Soester Kirchenordnung von 1532 wurde die Einrichtung einer Stadtschule gefordert. Philipp Melanchthon (1497–1560) widmete dem Rat 1543 sogar eine eigene Schrift, um das Vorhaben zu unterstützen. 1569/70 wurde das abgebildete Schulgebäude auf dem „Vreithof" am Rathaus errichtet (Stadtarchiv Soest, A 6744)

Norde (um 1490–1557), welche die Vollmacht hatten, für den Rat zu handeln. Allerdings gab es eine wichtige Einschränkung: Man müsse, so der Beglaubigungsbrief, auch in Schmalkalden Rücksicht auf die Rechte des Landesherrn, des Herzogs Johann, nehmen.[38] Es war dem Rat also bewusst, dass diese Delegation nicht mit dem Landesherrn abgesprochen war. Thom Norde setzte dann seine Unterschrift unter die Schmalkaldischen

Artikel. Doch entscheidend waren die Beitrittsverhandlungen. Hierzu kam der hessische Vizekanzler Georg Nusspicker am 16. April 1537 nach Soest.[39] Er forderte von den Soestern gemäß der Bundesverfassung einen Bundeseintritt von 3.000 Gulden. Dieses Geld war für Rüstung bestimmt und galt nur für den Friedensfall. Im Falle eines Konflikts sollten weitere 4.500 Gulden bereitgestellt werden. Die Soester waren unwillig; Nusspicker gewährte einen Zahlungsaufschub bis Ende Juli 1537 für die Beitrittsgelder von 3.000 Gulden. Trotzdem erbaten die Soester weitere Bedenkzeit und betonten gegenüber dem Landgrafen von Hessen, der „Steuerpfennig" sei zu schwer. Zudem wolle man mit dem Landesherrn, dem Herzog, Rücksprache halten. Tatsächlich verbarg sich hinter der Bitte um Bedenkzeit eine diplomatische Meisterleistung. Soest nutzte nämlich den angedachten Beitritt als Trumpf in den Verhandlungen mit dem Herzog. Noch innerhalb der von Nusspicker gewährten Frist wandte man sich an den Herzog. Anlass waren Verhandlungen in Düsseldorf, bei denen die Beschwerden des altgläubigen Patroklistifts zur Sprache gekommen waren. Diese sollten vor das Reichskammergericht gebracht werden. Die Stadt fragte deshalb am 15. Mai 1537 beim Herzog an, wie er zu einem solchen Prozess stehe und ob er sie – die Soester – bei ihrem Bekenntnis lassen wolle. Im Übrigen sei man gerade in Beitrittsverhandlungen mit dem Schmalkaldischen Bund; die Beitrittsbedingungen seien akzeptabel.[40]

Ein solcher Beitritt aber wäre für den Herzog eine innen- und außenpolitische Katastrophe gewesen, denn mit der Stadt Soest wäre ein wichtiger Teil der Grafschaft Mark offiziell ins lutherische Lager übergetreten. Auch außenpolitisch, nämlich gegenüber dem Kaiser, dem Gegner des Bundes, wäre dies für den Herzog von Nachteil gewesen. Aus diesem Grunde sprach der Herzog am 3. Juli 1537 gegenüber der Stadt eine Einladung zu einem erneuten Tag nach Dinker – einem Dorf in der Soester Börde – aus. Dort sicherte am 6. August 1537 der herzogliche Gesandte Johann Schmeling der Stadt Soest zu, sie bei ihrem Bekenntnis zu belassen. Die Soester versprachen ihrerseits, alle Pläne hinsichtlich eines Beitritts zum Schmalkaldischen Bund aufzugeben. Die Stadt brach umgehend alle weiteren Kontakte zu den Bundesgenossen ab.[41] Die Freiheit in der Religionsfrage im Territorium des katholischen Herzogs war den Soestern also wichtiger als das Bündnis auf Reichsebene für das Luthertum. Man nutzte die Handlungsspielräume aus, verzichtete aber auf eine reichsstadtähnliche Stellung und auf eine eigenständige Außenpolitik gegenüber dem Herzog.

Schluss

Die von Moeller für die Reichsstädte festgestellten Abläufe lassen sich auch für westfälische Stadtreformationen nachweisen. Zu nennen sind Protestversammlungen, sodann die Ausschussbildung mit Schwureinung sowie die Androhung von Gewalt gegen den Rat.

Die Legitimität der Ratsherrschaft wurde in Frage gestellt, so dass nur die Erneuerung des Bürgereides auf der Seite der reformationswilligen Bürgerschaft *und* die Erneuerung des Verpflichtungseides der Ratsherren, für die Bürgerschaft einzustehen, die städtische Verfassung wieder stabilisierten. Die Bedingung für die gegenseitige Eidesleistung war die Einführung der Reformation. Der Rat wurde ermächtigt, in Religionsdingen für die Bürgerschaft zu entscheiden. Dass dabei Zwang durch Konsensfassaden verdeckt wurde, resultierte aus dem Charakter der Schwurgemeinschaft Stadt. Am Abschluss der nun vom Rat umgesetzten Reformation standen zwei Aspekte, zum einen die Einsetzung neuer Prediger, d. h. die Usurpation der Pfarrstellen, und zum zweiten die Einführung einer Kirchenordnung. Letztere überhöhte dann den Rat zur gottgewollten Obrigkeit, indem sie es diesem zur Pflicht machte, die Reformation zu verstetigen. Die Dialektik der Stadtreformation bestand also darin, dass die „illegitime" Beauftragung von unten und die dann erfolgende Erneuerung des Bürgereides die Verobrigkeitlichung des Rates zur Folge hatten.

In einem zweiten Schritt wurde anhand von Soest aufgezeigt, dass die Territorialstadt Handlungsoptionen gegenüber dem Landesherrn besaß. Diesem war man zwar untertan, doch konnte trotzdem mit ihm gleichberechtigt verhandelt werden. Zudem war eine eigenständige Außenpolitik möglich. Beide Karten konnten gezogen werden. Hieraus ergeben sich ähnliche Handlungsoptionen wie für Reichsstädte. Demzufolge entschieden in Reichs- und in Autonomiestädten die innerstädtischen Gegebenheiten über das Gelingen der Reformation.

Anmerkungen

* Um Anmerkungen ergänzte Fassung meines Vortrags vom 9. Februar 2016. In der Einleitung wird mehrfach auf den Abendvortrag vom 8. Februar verwiesen. Vgl. dazu den Beitrag von Wolfgang REINHARD in diesem Band.

1 Bernd MOELLER, Reichsstadt und Reformation (= Schriften des Vereins für Reformationsgeschichte 180), Göttingen 1962. Die zweite, mit einem Nachwort versehene Auflage erschien 1987. Nachfolgend wird aus der Ausgabe von 2011 zitiert. Diese enthält die Ausgabe von 1987, also das Werk von 1962 und das Nachwort von 1987, sowie eine Einführung in das Werk durch Thomas Kaufmann. Bernd MOELLER, Reichsstadt und Reformation. Neue Ausgabe, hrsg. von Thomas KAUFMANN, Tübingen 2011.

2 Vgl. Anm. *.

3 MOELLER, Reichsstadt (wie Anm. 1), S. 115.

4 Ebd., S. 133.

5 Ebd., S. 180–193.

6 Ebd., S. 164 f., S. 197 f.

7 Ebd., S. 70–73, S. 175 f.

8 Ebd., S. 177. Vgl. Kaspar VON GREYERZ, Stadt und Reformation. Stand und Aufgaben der Forschung, in: Archiv für Reformationsgeschichte 76 (1985), S. 6–63, hier S. 14.

9 MOELLER, Reichsstadt (wie Anm. 1), S. 151.

10 Ebd., S. 151 f.

11 Alle Zitate in Heinz SCHILLING, Die Stadt in der Frühen Neuzeit (= Enzyklopädie Deutscher Geschichte 74), München ²2004, S. 40.

12 Heinz SCHILLING, Die politische Elite nordwestdeutscher Städte in den religiösen Auseinandersetzungen des 16. Jahrhunderts, in: Stadtbürgertum und Adel in der Reformation. Studien zur Sozialgeschichte der Reformation in England und Deutschland, hrsg. von Wolfgang J. MOMMSEN (= Veröffentlichungen des deutschen Historischen Instituts London 5), Stuttgart 1979, S. 235–289; Olaf MÖRKE, Rat und Bürger in der Reformation. Soziale Gruppen und kirchlicher Wandel in den welfischen Hansestädten Lüneburg, Braunschweig und Göttingen (= Veröffentlichungen des Instituts für niedersächsische Landesforschung der Universität Göttingen 19), Hildesheim 1983. Vgl. auch Werner TROSSBACH, Unterschiede und Gemeinsamkeiten bei der Durchsetzung der Reformation in den Hansestädten Wismar, Rostock und Stralsund, in: Archiv für Reformationsgeschichte 88 (1997), S. 118–165.

13 Stephan LAUX, Reformationsversuche in Kurköln (1542–1548). Fallstudien zu einer Strukturgeschichte landstädtischer Reformation (Neuss, Kempen, Andernach, Linz) (= Reformationsgeschichtliche Studien und Texte 143), Münster 2001. Vgl. auch Johannes MERZ, Landstädte und Reformation, in: Die Territorien des Reichs im Zeitalter der Reformation und Konfessionalisierung. Bd. 7: Bilanz – Forschungsperspektiven – Register, hrsg. von Anton SCHINDLING und Franz ZIEGLER (= Katholisches Leben und Kirchenreform im Zeitalter der Glaubensspaltung 57), Münster 1997, S. 107–135.

14 Hans-Christoph RUBLACK, Gescheiterte Reformation. Frühreformatorische und protestantische Bewegungen in süd- und westdeutschen geistlichen Residenzen (= Spätmittelalter und Frühe Neuzeit 4), Stuttgart 1978; Werner FREITAG, Residenzstadtreformation? Die Reformation in Halle zwischen kommunalem Selbstbewußtsein und bischöflicher Macht, in: Kontinuität und Zäsur. Ernst von Wettin und Albrecht von Brandenburg, hrsg. von Andreas TACKE (= Schriftenreihe der Stiftung Moritzburg, Kunstmuseum des Landes Sachsen-Anhalt 1), Göttingen 2005, S. 91–118.

15 MOELLER, Reichsstadt (wie Anm. 1), S. 133–148, Zitat S. 142.

16 Die nach wie vor anregenden konzeptionellen Überlegungen zu den „Verlaufsformen" finden sich in Wilfried EHBRECHT, Verlaufsformen innerstädtischer Konflikte in nord- und westdeutschen Städten im Reformationszeitalter, in: Stadt und Kirche im 16. Jahrhundert, hrsg. von Bernd MOELLER (= Schriften des Vereins für Reformationsgeschichte 190), Gütersloh 1978, S. 27–47.

17 Überblicke zur Soester Reformationsgeschichte sind Hubertus SCHWARTZ, Geschichte der Reformation in Soest, Soest 1932, S. 15-137, und Christian PETERS, Vom Wormser Edikt (1521) bis zum Augsburger Religionsfrieden (1555). Der Beitrag der Prädikanten zur Soester Stadt-

reformation, in: Soest. Geschichte der Stadt. Bd. 3: Zwischen Bürgerstolz und Fürstenstaat. Soest in der frühen Neuzeit, hrsg. von Ellen WIDDER (= Soester Beiträge 54), Soest 1995, S. 179–248.
18 Ratsprotokollbuch, zit. nach SCHWARTZ, Geschichte (wie Anm. 17), S. 342.
19 Ebd., S. 344.
20 Der in niederdeutscher Sprache abgefasste Bundbrief findet sich ebd., S. 46 f.
21 Ratsprotokollbuch, zit. nach ebd., S. 344.
22 Ein Überblick findet sich in Ernst LAUBACH, Reformation und Täuferherrschaft. Geschichte der Stadt Münster. Bd.1, hrsg. von Franz-Josef JAKOBI, Münster ³1994, S. 145–216.
23 Die zitierten Forderungen ergeben sich aus dem Wortlaut der Vereinbarung zwischen Rat und der Gemeinheit und den Gilden vom 15. Juli 1532. Die Vereinbarung findet sich in Robert STUPPERICH, Die Schriften Bernhard Rothmanns (= Veröffentlichungen der Historischen Kommission Westfalens 32), Münster 1970, S. 86 f.
24 Zit. nach ebd., S. 87.
25 Einführend Johann Friedrich Gerhard GOETERS, Die evangelischen Kirchenordnungen Westfalens im Reformationsjahrhundert, in: Westfälische Zeitschrift 113 (1963), S. 111–168.
26 Publiziert ist die Mindener Kirchenordnung im Jahrbuch für westfälische Kirchengeschichte 43 (1950), S. 66–108. Ein Reprint des Druckes und eine hochdeutsche Übersetzung von Hermann Niebaum und Timothy Sodmann wurde 1980 von der Stadt Minden herausgegeben. Vgl. Christlike Ordeninge der Erlyken Stadt Mynden tho dienste dem hilgen Euangelio … . Übersetzung ins Hochdeutsche von Hermann NIEBAUM und Timothy SODMANN, hrsg. von der Stadt Minden, Minden 1980. Nach dieser Ausgabe wird nachfolgend zitiert.
27 Mindener Kirchenordnung, hochdeutsche Übersetzung (wie Anm. 26), Zitate, S. 62, S. 67.
28 Ebd., S. 68.
29 SCHWARTZ, Geschichte (wie Anm. 17), S. 52, S. 347.
30 Ebd., S. 57 f.
31 Die folgenden Ausführungen fußen wesentlich auf Christian PETERS, Städtische Selbstbehauptung und Bündnisfrage. Die Verhandlungen der Stadt Soest mit dem Schmalkaldischen Bund (1536/37), in: Jahrbuch für westfälische Kirchengeschichte 84 (1990), S.79–95. Vgl. zum hohen Autonomiegrad der Stadt Soest in der Grafschaft Mark und damit in den Vereinigten Herzogtümern Jülich-Kleve-Berg Hans-Joachim BEHR, Zur Landesherrschaft der Herzöge von Kleve, in: Soest. Stadt – Territorium – Reich, hrsg. von Gerhard KÖHN (= Soester Beiträge 41), Soest 1981, S. 115–150.
32 PETERS, Selbstbehauptung (wie Anm. 31), S. 81.
33 SCHWARTZ, Reformationsgeschichte (wie Anm. 17), S. 123.
34 Ebd., S. 125.
35 Ebd.
36 PETERS, Selbstbehauptung (wie Anm. 31), S. 83 f.
37 Ebd., S. 85 f.
38 Ebd., S. 87.
39 Hierzu und zum Folgenden ebd., S. 89–92.
40 Ebd., S. 93.
41 Ebd., S. 93. Vgl. auch SCHWARTZ, Geschichte (wie Anm. 17), S. 193.

Gérald Chaix

REICHSSTADT UND KONFESSION

Der von den Organisatoren eingeflüsterte Titel dieses Beitrages verweist ausdrücklich auf zwei gegenwärtige historiografische Debatten. Die erste betraf in den 1960er Jahren die Rolle der Städte in der Reformation – „the German Reformation was an urban event" (Arthur G. Dickens) – und genauer noch mit Bernd Moeller jene der Reichsstädte.[1] Viel erörtert, bleibt Moellers Buch noch heute ausgesprochen anregend. Es wurde vor kurzem mit einer Einleitung von Thomas Kaufmann neu aufgelegt.[2] Dieses Werk mit seinem vielzitierten Titel stellt in diesem Band auch die Ausgangsbasis für den Beitrag von Wolfgang Reinhard dar. Etwa zwanzig Jahre später bezog sich die zweite historiografische Debatte, von der hier die Rede ist, auf die sogenannte „Konfessionalisierung". Der Begriff wurde von Wolfgang Reinhard und Heinz Schilling gleichzeitig eingeführt und methodisch sowohl gemeinsam als auch gesondert bearbeitet. Ein erstes Ziel war es dabei, jenseits der konfessionellen Unterscheidungen die parallele und interaktive Entwicklung der drei wichtigsten christlichen Konfessionen zu Tage zu fördern und zugleich die Reformation in eine längere Perspektive hineinzustellen.[3] Eine zweite Absicht bestand darin, Kirchengeschichte zuerst mit politischer Geschichte sowie mit Wirtschafts- und Sozialgeschichte und danach mit Kulturgeschichte sowie anthropologischer Geschichte zu verknüpfen, ohne jedoch die spezifische Rolle der Religion in der frühen Neuzeit zu unterschätzen. Ein zusätzliches Ziel bestand schließlich darin, die Rolle der Konfessionen – nicht nur des Protestantismus, sondern auch des römischen Katholizismus – bei der Modernisierung der abendländischen Gesellschaften herauszustellen.

In diesem Beitrag wird zunächst an die Rolle der Reichsstädte sowohl als Städte als auch als Reichsstände erinnert.[4] Im Ergebnis der weit vorangeschrittenen Forschungen von Wolfgang Reinhard und Heinz Schilling sowie deren Nachfolgern sind auch die vielfältigen Formen der Konfessionalisierung zu skizzieren. Schließlich müssen aber auch die Grenzen des Begriffes von den intensiven Diskussionen der letzten drei Jahrzehnte her beleuchtet werden, um die Voraussetzungen für dessen Benutzung deutlich aufzuzeigen.

Reichsstädte, Reich und Konfessionen

Zuerst gilt es, die bedeutende Rolle der Reichsstädte für die Entwicklung der reformatorischen Bewegung, die Entstehung der Konfessionen und die Auswirkungen der Konfessionalisierung auf das Recht im alten Reich kurz darzustellen.

Die Anfänge der Reformation und die Entstehung der Konfessionen
Dank des Beitrags von Wolfgang Reinhard über die Reichsstädte und die Reformation in diesem Band ist es an dieser Stelle unnötig, die Entwicklung der Reformation in den Reichsstädten eingehender darzustellen und noch einmal die Bedeutung der Reichstage seit 1519 und die Rolle der Reichsstädte dabei, insbesondere seit dem Nürnberger Reichstag von 1524, zu betonen.[5] Mit beträchtlichen Unterschieden hinsichtlich der regionalen Verhältnisse, der räumlichen und institutionellen Gegebenheiten, der Bevölkerungsdichte und der möglichen Präsenz charismatischer Prediger waren alle Reichsstädte mehr oder weniger für die evangelische Bewegung empfänglich.[6] Selbst diejenigen wie Köln, wo sich die Bewegung nicht voll und ganz durchzusetzen vermochte, blieben nicht am Rande.[7] Schon Ende des Jahres 1525 waren drei Kategorien unter den Reichsstädten zu unterscheiden: reformierte, evangelische und altgläubige.[8] Im Jahre 1529 trennten sich protestantische und kaisertreue Städte. Eine Minderheit von 14 Kommunen – Straßburg, Nürnberg, Ulm, Konstanz, Lindau, Memmingen, Kempten, Nördlingen (später abgefallen), Heilbronn, Reutlingen, Isny, St. Gallen, Weißenburg und Windsheim – schloss sich der fürstlichen Protestation am 19. und 22. April an. Der Zusammenbruch der städtischen Front war offenbar.[9]
Ein Jahr später markierte der Augsburger Reichstag die Entstehung der Konfessionen. Das Augsburger Bekenntnis (Confessio Augustana) wurde von lutherischen Fürsten und Städten am 25. Juni 1530 übergeben.[10] In Abwesenheit Martin Luthers wurde es hauptsächlich von Melanchthon verfasst, mehrfach überarbeitet, schließlich gedruckt und weit verbreitet. Eine Widerlegung (Confutatio) wurde aufgezeichnet. Beide Texte markieren die konfessionelle Spaltung und teilweise den Anfang der Konfessionalisierung.[11] Die Confessio Augustana wurde zur Grundlage des Schmalkaldischen Bundes. Bis heute bleibt sie Bezugspunkt für das Luthertum, aber auch für den Katholizismus und den Dialog zwischen den Konfessionen. Innerhalb der reformatorischen Bewegung war sie zugleich eine Wasserscheide: die Reichsstädte Straßburg, Konstanz, Memmingen und Lindau verfassten im Jahre 1530 eine sogenannte Confessio Tetrapolitana. Zwingli formulierte seinerseits eine Fidei ratio. Täufer und Zwinglianer wurden ausgegrenzt, wenn auch zwinglianische Einflüsse in den reformatorischen Prozessen von Reichsstädten wie Augsburg, Biberach, Isny, Kaufbeuren, Konstanz und Lindau weiter spürbar blieben und wenn zum Teil auch eine täuferische Präsenz zu bemerken war.[12] Die Religionsfrage war damit zu einem Teil der Reichspolitik geworden, die diese – je nach Situation – bestimmte oder von ihr abhängig war.

Die Erkenntnis der Konfessionen
Trotz der theologischen Gegensätze vor allem hinsichtlich des Abendmahls war der Schmalkaldische Bund für die Bekenntnisbildung im Sinne des Luthertums langfristig wirksam.[13] Nach dem kaiserlichen Sieg von Mühlberg (24. April 1547), dem Augsburger Interim (30. Juni 1548) und der Verfassungsänderung in insgesamt 27 oberdeutschen zumeist evangelischen Reichsstädten gilt der Augsburger Religionsfrieden von 1555 nicht ohne Grund als Zäsur innerhalb des Reformationsprozesses.[14] Für Thomas Kaufmann markiert er nach der Magdeburger Krise den Beginn einer neuen Epoche. Mit dem Ende des Magdeburger Widerstandes kam auch die Epoche der reichsstädtischen Reformationen zu einem Ende: „Mit der rechtlichen Existenzsicherung der Reformation ging ihre historische Epochalisierung unausweichlich einher. So blieb es beim *Ende der Reformation* als heilsgeschichtlichem und so kam es zum Aufstieg der Reformation als gedächtniskulturellem Ereignis".[15]

Artikel 27 des Augsburger Religionsfriedens betraf die Reichsstädte. Einerseits waren sie von dem später formulierten Grundsatz „cujus regio ejus religio" ausgenommen, andererseits war ihnen das jus reformandi nicht zuerkannt: „Nachdem aber in vielen Frey= und Reichsstetten die bede Religionen […] ein Zeit hero im Gang und Geprauch gewesen, so sollen dieselbigen hinfürro auch also pleipen und in denselbigen Stetten gehalten werden …". Daraus ergibt sich, dass die Reichsstädte in der konfessionellen Entwicklung gegenüber den Territorialstädten eine besondere Rolle spielten.[16] Sie waren praktisch ein Laboratorium des Religionsfriedens (und der Religionskonflikte). Gewiss galt der Frieden für manche Katholiken wie den Reichshofrat Andreas Erstenberger als „der böser strit" (1586).[17] Trotzdem war er ein schwankender Beweis für die „Autonomie bzw. Autonomisierung der politischen Vernunft".[18]

Die Behauptung der Konfessionen
Zwischen 1555 und 1648 erfuhren die Reichsstädte die Möglichkeiten, die der Kompromiss von 1555 eröffnet hatte. Für die meisten war es die Zeit einer konfessionellen Verstärkung. Für einige war es dagegen eine Zeit des Wandels. Fast überall machte man Erfahrungen mit einer gemischten Konfessionalität.[19] Die Reichsstädte Colmar, Essen und Dortmund erlebten die sogenannte „Zweite Reformation"; auf dem Calvinismus basierend, durch den Rat eingeführt.[20] In Aachen wurden 1581 sogar beide Kulte offiziell zugelassen. Der Rat wollte damit eine größere religiöse Freiheit erlauben und sich auf der Grundlage traditioneller reichsstädtisch-kommunaler Werte überkonfessionell positionieren. Er gestattete den Bürgern, sich frei zu organisieren. Hinsichtlich Dogma, Organisation, Frömmigkeit und abgegrenzter Konfessionskirchen gab es eine echte Konfessionalisierung. Jedoch erhob keine der Konfessionsgruppen durch ihre interne oder öffentliche Selbstdarstellung Anspruch darauf, dass allein die Normen ihrer eigenen Konfession gelten sollten. Dieses Zusammenspiel etablierte Aachen „als gemischtkonfessionelles Gemeinwesen mit einer erkennbar anderen Grundlage als monokonfessionelle

Städte oder Reichsstädte mit einer bikonfessionellen Religionsverfassung"[21]. Das Scheitern lag nicht an den inneren Verhältnissen, sondern war den äußeren Abhängigkeiten der Stadt und den Interessen des Kaisers sowie des Herzogs von Jülich-Kleve-Berg geschuldet. Im Jahre 1593 sprach der Reichshofrat dem Augsburger Rat das jus reformandi ab und befahl der Stadt, wieder zu den Verhältnissen von vor 1560 zurückzukehren. Als der Rat dem nicht nachkam, wurde die Reichsacht über die Stadt verhängt. Im Jahre 1598 wurde dann wieder ein rein katholischer Rat installiert. Die innerstädtischen Spannungen waren daraufhin extrem und führten 1608 und 1611 zum Ausbruch zweier Aufstände. Verantwortlich dafür war die starre Haltung der kaiserlichen Kommissare. Die Protestanten wurden nicht nur aus dem Rat und den Ratsregimentsämtern ausgeschlossen, sondern auch aus den Gaffeln. Im Jahre 1616 wurden sogar zwei Protestanten wegen ihrer Teilnahme am Aufstand von 1611 auf dem Marktplatz hingerichtet. Seit 1611 entwickelten Katholiken und Protestanten auf der Basis dieser Erfahrungen eigene Geschichtsbilder, die schließlich die Grundlage für Konfessionskulturen bildeten, in denen für die Vorstellung von einem friedlichen Miteinander dreier Konfessionen nun kein Raum mehr war.

Im Rahmen einer „Fürstengesellschaft" erfuhren die Reichsstädte die Bedeutung der Reichspolitik, des Reichsrechtes und der Reichsjustiz, um friedliche Beziehungen innerhalb und außerhalb zu bewahren, Konflikte zu vermeiden oder solche zu lösen: Klosterprozesse wie in Memmingen oder Straßburg, Kalenderstreit wie in Augsburg, Dinkelsbühl oder Kaufbeuren, politische Spannungen wie in Donauwörth.[22] Die elsässischen Reichsstädte – die sogenannte Dekapolis – erneuerten 1577 ihre Allianz zur besseren Wahrung ihrer Reichsstandschaft ungeachtet ihrer konfessionellen Unterschiede. Ein Reichstag scheiterte jedoch zum ersten Mal im Jahre 1608 gerade in der Reichsstadt Donauwörth aufgrund eines konfessionellen Konflikts. Noch am Anfang des 17. Jahrhunderts zögerten die Reichsstädte vor der Verschärfung der konfessionellen Spannungen; noch in Kriegswirren versuchten die Städte – wie etwa Ravensburg – Konflikte zu vermeiden.[23]

Der Westfälische Frieden bestätigte 1648 dann den Augsburger Religionsfrieden und bestimmte die reichsstädtische Parität, anerkannte den Calvinismus als dritte Konfession, bekräftigte die Reichsstädte als Reichsstände (Stimmrecht) und organisierte den Verlauf der Reichstage hinsichtlich der Religionssachen (itio in partes, amabilis compositio),[24] betonte die Sonderstellung der Reichsstädte, von denen die meisten protestantisch geworden waren, und stellte mit alledem einen neuen Impuls für die Konfessionalisierung dar.[25]

Reichsstädte und Konfessionalisierung

Enstehung, Entwicklung und Umwandlung eines Begriffes

In der Tradition von Max Weber, Norbert Elias und Gerhard Oestreich einerseits und von Ernst Zeeden andererseits eröffneten Wolfgang Reinhard und Heinz Schilling am

Anfang der 1980er Jahre mit dem Begriff „Konfessionalisierung" ein fruchtbares Forschungsfeld.[26] Die Begriffe Modernisierung, Sozialdisziplinierung, Staatsbildung einerseits und Konfessionsbildung andererseits wurden zusammen bearbeitet. Die Rolle der Religion und der Konfessionen – reformierte, lutherische, römisch-katholische – als Grundlage der Gesellschaft, Motor der Politik und Katalysator der Modernisierung wurden postuliert und scharfsinnig argumentiert.[27] Die Vereinheitlichung der kirchlichen Lehre, die Bildung der Untertanen und die Durchsetzung übereinstimmender religiöser Normen wurden insgesamt vorangetrieben und bildeten nach Heinz Schilling einen „Fundamentalvorgang"[28].

Der Begriff „Konfessionalisierung" wurde schnell rezipiert, allmählich kritisiert und von Wolfgang Reinhard und vor allem Heinz Schilling kontinuierlich bearbeitet.[29] Drei Symposien wurden innerhalb eines Jahrzehnts jeweils einer Konfession gewidmet: 1983 die reformierte,[30] 1988 die lutherische,[31] 1993 die katholische.[32] Die anfänglichen Thesen wurden vertieft und verfeinert. Im Jahre 1992 konnte Heinrich Richard Schmidt eine kritische Synthese vorlegen.[33] Zusammenfassend schlug Martin Heckel am Ende dieser systematischen Untersuchung eine ausgewogene Definition vor, die die Ausdehnung der Perspektiven betonte: „Durchdringung und Ausformung des gesamten Lebens – der Kirche und Kultur, Politik und Staatlichkeit, Gesellschaft und Wirtschaft, Familie, Sitte und Sittlichkeit – im Sinne bzw. mit Hilfe bzw. unter dem Einfluss und den Auswirkungen der Konfessionen".[34]

Am Anfang dieses Jahrhunderts haben noch einmal beide genannten Historiker ihre Vorstellungen zusammengefasst. In einer synthetischen Notiz bestimmte Wolfgang Reinhard die Konfessionalisierung: „'Konfession' bedeutete ursprünglich nur 'Glaubensbekenntnis', bezeichnet aber seit dem 19. Jahrhundert außerdem eine 'Glaubensgemeinschaft, die auf einem solchen Bekenntnis beruht. Der Entstehungsprozess neuer sozialer Großgruppen dieser Art in wechselseitiger Konkurrenz soll 'Konfessionalisierung' heißen".[35] Er identifizierte zugleich sieben zentrale Elemente, die die Konfessionalisierung ermöglichten: die Schaffung eines klaren Bekenntnisses, die Rolle der „Multiplikatoren" (Pfarrer, Lehrer, Juristen etc.), eine planmäßige Propaganda, das Bildungswesen, ein Kontroll- und Repressionsverfahren, Riten und Sprachregelungen. Seinerseits hat Heinz Schilling – bemerkenswerterweise in einer Festschrift für Wolfgang Reinhard – das Thema „Stadt und Konfession" wieder aufgenommen. Er setzte dabei zuerst die Verbindung von Stadt und Kirche als Strukturproblem der europäischen Geschichte auseinander und skizzierte danach „die konfessionelle Stadt". Schilling betonte noch einmal die Bedeutung der Konfessionalisierung und die Sonderstellung der Reichsstädte: „Im Zuge von Reformation und Konfessionalisierung kam es in manchen Städten zur bürgerlich-ratsherrlichen Monopolisierung der Gewalt über die Kirche und analog zu den National- bzw. Landeskirchen zur Konstruktion eines Stadt-Kirchen-Systems, letzteres allerdings nur in den deutschen Reichsstädten".[36] Detaillierter griff er zwei Zusammenhänge heraus: die städtische Topographie und Architektur einerseits sowie die städtisch-bürgerlichen Riten und Zeremonien andererseits.

Gestalten der reichsstädtischen Konfessionalisierung
Die Konfessionalisierung bedeutete also eine Umwandlung des städtischen Raums und der bürgerlichen Zeit. Obwohl die Konfessionalisierungsthese an sich die Analogien zwischen den Konfessionen hervorhebt, betont Heinz Schilling merkwürdigerweise die Unterschiede, die freilich zwei Konfessionskulturen bezeichnen: Riten der Bilder, Symbole und Gesten auf der katholischen Seite versus Riten des Wortes, der Reinheit und der Sühne auf der protestantischen Seite.[37] In katholischen Städten wurden neue Gebäude – Kirchen, Kapellen, Klöster – errichtet, aber auch alte Gebäude renoviert, um dadurch eventuell neue Ordensgemeinden zu etablieren – was oft streitig war – und um neue Empfindsamkeiten auszudrücken.[38] In protestantischen Städten wurden bestehende Gebäude neu eingerichtet, um sie auf veränderte Gebräuche einzustellen.[39] In den katholischen wiederum bot eine verfeinerte Neubelebung der traditionellen Riten – Bittgänge und Prozessionen – durch Formalisierung, Regulierung und Vereinheitlichung die Möglichkeit, den städtischen Raum zu heiligen, die Zeit kirchlich zu strukturieren, die politische und soziale Ordnung der Stadt zu zelebrieren. Am 31. Mai 1579 etwa wurde ein Bittgang in Köln vom Dom bis zu St. Maria im Kapitol zum ersten Mal seit 1551 veranstaltet, um den Frieden anzurufen. Bewusst trug der Kölner Bürger Hermann Weinsberg in sein Tagebuch ein: „… und disse tagt wart vil geprisen von den catholischn, die ander swigen still"[40]. In den protestantischen Städten ordneten Buß- und Bettage in der Öffentlichkeit und private Gebete in der Familie die Zeit. Sie waren Elemente einer „Bürgerreligion", die allerdings bei den Katholiken nicht völlig unbekannt war. Die päpstliche Reform des Kalenders 1582 trug zu einer Zuspitzung der konfessionellen Identitäten bei. In Augsburg führte sie beispielsweise 1584 sogar zu Gewalttätigkeiten.[41] Die Einschärfung konfessioneller Orthodoxie vollzog sich in den Städten dabei nicht nur über Kirchenzucht oder Prozessionen, sondern auch mithilfe anderer Instrumente. Die Konfessionalisierung betraf auch die Bildung der Jugend und der Eliten,[42] die Kontrolle und die Zensur der gedruckten Produktion (Bücher, Flugschriften, Bilder, Gesänge etc.)[43] sowie das Predigtwesen und die Katechese, die religiösen Praktiken und frommen Übungen.[44] Es ging ebenfalls um Sinngebung für die Lebenden und die Toten sowie um die städtische Memoria.[45] Die Städte artikulierten sich mit Riten, Handlungen und Stimmungen, die auf Unterscheidung hinzielten, ohne jedoch wechselseitige Einflüsse und Transfers zu verbieten.

Konfessionalisierung und reichsstädtische Multikonfessionalität
In der Tat erlebten die Reichsstädte – keineswegs nur im Rahmen der Parität – die Konfessionalisierung oft in einer multikonfessionellen Situation.[46] Die Obrigkeiten setzten

besonders auf die Predigt, um Konflikte zu vermeiden. In Ulm zum Beispiel, wo der eifrige Reformator Ludwig Rabus (1523–1592) seit 1564 tätig war, lebten die konfessionellen Gruppen in Stadt und Land zusammen. 1556 amtierten außer den lutherischen Predigern noch 15 sogenannte „Interimgeistliche", etliche Zwinglianer und zwölf katholische Pfarrer, ganz zu schweigen von den Bürgern und Untertanen, von denen noch viele zwischen altgläubiger Tradition und der mehr oder weniger unscharf rezipierten reformatorischen Lehre schwankten. Indessen wurden allmählich Visitationen und Synoden (1557), württembergische Kirchenordnung (1560), Katechismus (1561) und Konkordienformel (1577/9) eingeführt.[47] „Konfessionalisierung bedeutet also den Prozeß einer auf konfessionellen Leitideen beruhenden gesellschaftlichen Ordnungsstabilisierung, der immer wieder durch bipolar-vertikale Impulse beeinflusst wurde, sich aber in einer multipolaren kulturellen Praxis vollzog"[48].

Beeindruckend ist die Antwort von Rolf Kießling auf die Frage „Wie evangelisch waren die Reichsstädte?". Er formuliert: „Sie waren demonstrativ evangelisch, wenn es um die Abgrenzung nach außen ging, sie waren aber nur teilweise und oft nur sehr bedingt evangelisch, wenn es um die Umsetzung der Normen und Werte ging"[49]. Für ihn bewirkte die Konfessionalisierung „eine sehr bewußte und rigide Abgrenzung, begleitet von einem klaren Identifikationszwang in den eigenen Reihen. Dieser hatte freilich zunächst nur partielle Gültigkeit, denn die persönlichen Beziehungsfelder von Ehe und Patenschaft folgten erst schrittweise den kirchenpolitischen Leitlinien, und die wirtschaftlichen Kontaktzonen blieben nach innen wie nach außen weiterhin bestehen"[50]. Mit diesen Bemerkungen sind zugleich die Wirksamkeit der Konfessionalisierungsthese und ihre Grenzen klar benannt.

Menschen und Konfessionen in den Reichsstädten

Das Paradigma der Konfessionalisierung unter Beschuss von Kritikern
Weit verbreitet am Ende der 1980er Jahre wurde der Begriff „Konfessionalisierung" während der letzten beiden Jahrzehnte in Frage gestellt.[51] So würde er auf die Staatsbildung zu viel Gewicht legen, die Widerstände einerseits und die Übereinkünfte der Bürger und Bewohner andererseits unterschätzen, normative Quellen überbewerten, offizielle Absichten mit tatsächlichen Wirkungen verwechseln, die Konfessionen künstlich vereinheitlichen und dadurch die Bedeutung sowohl der Spielräume als auch der Schranken unterbewerten und schließlich unverrückbare Eigenheiten der Konfessionen vernachlässigen.[52] Für Thomas Kaufmann etwa nährt der Zusammenhang zwischen Konfessionalisierung und Modernisierung einen wachsenden Zweifel an der Begrifflichkeit. Die Verbindung zwischen Staat und Religion reduziert zudem die Rolle der Religion zugunsten des Staates. Sie wird ein Teil der Staatsbildung. Für ihn bleibt eine „operationable Theorie der frühneuzeitlichen Religion" noch zu entwickeln.[53]

Die Konfessionalisierung zwischen Makrogeschichte und Mikrogeschichte
Wahrnehmungsformen, Handlungsspielräume, Bedürfnisse der Gemeinden nach Regulierung und Integration müssen also stärker berücksichtigt werden. Die Integration war umso mehr von Bedeutung, als sich die Bevölkerung ständig erneuerte. Nach Köln und Aachen etwa zogen Flüchtlinge aus den Niederlanden oder Antwerpen, die in den niederrheinischen Städten eigene sprachliche und konfessionelle Gemeinschaften bildeten. In Köln reagierte der Rat ohne Zögern. Ab 1569 sollten die Neubürger ein Zeugnis ihrer Katholizität vorlegen. Das betraf aber nur eine Minderheit. Mathilde Monge hat jüngst gezeigt, wie dort Täufer weiter gelebt und mehr oder weniger heimlich ihren Glauben praktiziert haben.[54]

In Ulm,[55] in den paritätischen Reichsstädten – Augsburg, Biberach, Ravensburg[56], Dinkelsbühl[57] –, in Oppenheim[58], letztlich in den meisten Reichsstädten, wurde die Konfessionalisierung eine differenzierte soziale Erfahrung. Familiäre Verbindungen, Nachbarschaft und Freundschaft, berufliche und wirtschaftliche Beziehungen, geistliche Interessen boten zahlreiche Handlungsspielräume. Im Zuge der Konfessionalisierung kam es gewiss in manchen Städten zur ratsherrlichen Monopolisierung der Gewalt über die Kirche, direkt oder indirekt, und zur Konstruktion eines Stadt-Kirchen-Systems, in dem Bürger und Bewohner, Gläubige und Außenseiter ihre eigene Rolle interaktiv spielen konnten oder zumindest zu spielen versuchten. „Makrohistorische Wertentscheidungen und Normsetzungen wären ohne mikrohistorische Symbolisierungen so wenig relevant gewesen, wie konfessionelle Ordnung keiner objektiven Struktur, sondern einer stets von den Individuen und Gemeinden konstituierten und wandelbaren symbolischen Ordnung entsprach"[59].

Transkonfessionell, interkonfessionell, binnenkonfessionell-pluralistisch boten manche Reichsstädte Möglichkeiten zur einmaligen persönlichen Entscheidungsfreiheit.[60] Die Beweise dafür sind unzählig. Der Fall des Augsburger Goldschmieds David Altenstetter ist wohl bekannt. Am Ende des 16. Jahrhunderts wurde er als Täufer verhaftet. Er erklärte: „er sej der religion halben biß hero frej gewesen, dann ob er gleichwol an einem catholischen ort geborn, so sej er doch darnach jn schweitz khommen, da die zwinglish lehr jm brauch. Nachdem er aber sich allhie her begeben hab er vnderweiln die predicanten der augspurgischens confession, under weiln auch die catholische prediger" – er wurde freigelassen.[61]

Gewiss war die Entstehung konfessioneller Identitäten, gerade in Augsburg, schon am Anfang der reformatorischen Bewegung zu beobachten, aber auch zugleich der Wille, eine friedliche Koexistenz zu bewahren. Für die Mehrheit waren die konfessionellen Unterschiede im Rahmen der Nachbarschaft oder Freundschaft überwindbar. Im Hause Germair hatte die Mutter Sabine Hieberin, die in der Nähe der Täufer stand, gute Beziehungen mit ihrer Tochter Elisabeth Schenk, die zur evangelischen Lehre neigte. Wie Michele Zelinsky-Hanson gezeigt hat, waren sich die Augsburger völlig der Neuheit der religiösen Betätigungen bewusst. Sie verspürten aber nicht das Bedürfnis, sich mit einem Lager völlig zu identifizieren. Wenn sie auch in ihren religiösen Praktiken – Besuch der Kirchen, Auswahl der Prediger, Formen der Frömmigkeit – ihre Vorliebe bewiesen, hatten sie doch immer noch gemeinsame wirtschaftliche, soziale und familiäre Bindungen und Werte: Ehre, Freundschaft, Friede, Bescheidenheit, gute Nachbarschaft.[62] Mit der Intensivierung der Konfessionalisierung in der zweiten Hälfte des 16. Jahrhunderts verschwand diese Koexistenz keineswegs.

Das ebenfalls von Étienne François analysierte Beispiel Augsburg bezeugt dann im 17. und 18. Jahrhundert, nach dem Westfälischen Frieden, die „Verinnerlichung" der konfessionellen Grenzen. Mit Ausnahme einer blutigen Konfrontation im Juni 1718 koexistierten die konfessionellen Gemeinschaften friedlich, indem mehrere Konfrontationen, wie zum Beispiel Kontroverspredigten, kämpferische Begeisterung abschwächten, und die strenge Einhaltung der paritätischen Regeln jeder Gemeinschaft erlaubte, das Gefühl zu haben, dass ihre Rechte respektiert würden. Demographisch und wirtschaftlich waren Protestanten und Katholiken in Augsburg im Großen und Ganzen ähnlich. Sie waren sich aber kulturell fremd geworden. Beide Gemeinschaften trennten etwa die unterschiedliche Auswahl der Vornamen, die jeweilige – vielleicht nicht so strikte wie Étienne François es vermeint – Achtung der Hauptverbote, Mischehen und Konversionen, sowie die je eigenen Erinnerungsorte, Rituale für die Katholiken einerseits und Feiern zum Reformationsjubiläum, zur Erinnerung an den Augsburger Religionsfrieden und an den Westfälischen Frieden für die Protestanten andererseits. Die konfessionelle Grenze legte die familiären, sozialen und persönlichen Identitäten fest und sie ermöglichte gleichzeitig gelegentliche Begegnung und sporadischen Austausch. Sie war zugleich Demarkationslinie und Überschreitungsmöglichkeit, Erfahrung sowohl der Identität als auch des Andersseins.[63]

In den Reichsstädten galt die Koexistenz häufig als eine Tugend; nicht nur in den paritätischen. Infolgedessen zögerten die Städte nicht, an ihren öffentlichen Gebäuden (Rathäuser, Stadttore etc.), in ihrer Geschichtsschreibung oder im Rahmen ihrer Feiern ihr christliches bzw. römisches Erbe aufzuwerten. Der Späthumanismus ermöglichte beispielsweise in Augsburg wie auch in Köln in der zweiten Hälfte des 16. Jahrhunderts – vor den Wirren des Dreißigjährigen Krieges – die städtische Einheit zu verherrlichen und die konfessionelle Spaltung zu überwinden.[64]

Am Ende dieses Beitrages gilt es noch einmal, die Bedeutung des 1962 veröffentlichten Buchs „Reichsstadt und Reformation" von Bernd Moeller herauszustellen. Ein wichtiges Verdienst der fruchtbaren, wenn auch Widerspruch herausfordernden Forschungen von Wolfgang Reinhard und Heinz Schilling zur Konfessionalisierung war es dann, die Perspektiven der Kirchengeschichte nochmals erweitert zu haben. Alle drei Genannten haben die Spezifik der Reichsstädte als „Versuchslabor" der Konfessionalisierung gründlich analysiert. Ohne die Besonderheiten des alemannischen Raums unbesehen zu verallgemeinern, kann gerade dieser doch zum Abschluss als irisierende Anregung für weitere Forschungen gelten: „Neben katholischen, evangelisch-lutherischen, oberdeutsch-zwinglianischen und reformierten Konfessionalisierungsprozessen finden wir auch die Sonderfälle der Bikonfessionalität und der Verdrängung einer evangelischen Konfession durch eine andere. Der alemanische Raum unter Einschluß des Elsass und der deutschsprachigen Schweiz erweist sich damit gleichsam als Versuchslabor der Konfessionalisierung – als ein Abbild Europas im kleinen"[65].

Anmerkungen

* Für seine freundliche und sorgfältige sprachliche Verbesserung bin ich Herrn Dr. Helge Wittmann sehr dankbar.

1 Bernd MOELLER, Reichsstadt und Reformation (= Schriften des Vereins für Reformationsgeschichte 180), Gütersloh 1962.

2 DERS., Reichsstadt und Reformation. Neue Ausgabe, mit einer Einleitung hrsg. von Thomas KAUFMANN, Tübingen 2011.

3 Thomas A. BRADY Jr., „We Have Lost the Reformation" – Heinz Schilling and the Rise of the Confessionalization Thesis, in: Wege der Neuzeit. Festschrift für Heinz Schilling, hrsg. von Stefan EHRENPREIS u. a. (= Historische Forschungen 85), Berlin, 2007, S. 33–56.

4 Joachim SCHNEIDER, Die Reichsstädte, in: Heiliges Römisches Reich Deutscher Nation 962 bis 1806. Von Otto dem Grossen bis zum Ausgang des Mittelalters, hrsg. von Matthias PUHLE und Claus-Peter HASSE, Dresden 2006, S. 411–423.

5 Martin BRECHT, Die gemeinsame Politik der Reichsstädte und die Reformation, in: Zeitschrift der Savigny-Stiftung für Rechtsgeschichte. Kanonistische Abteilung 94 (1977), S. 180–263; Armin KOHNLE, Reichstag und Reformation. Kaiserliche und städtische Religionspolitik von den Anfängen der Causa Lutheri bis zum Nürnberger Religionsfrieden (= Quellen und Forschungen zur Reformationsgeschichte 72), Gütersloh 2001; C. Scott DIXON, The Imperial Cities and the Politics of Reformation, in: The Holy Roman Empire, 1495–1806, hrsg. von Richard J.W. EVANS, Michael SCHAICH und Peter H. WILSON, Oxford 2011, S. 139–164.

6 Christopher W. CLOSE, The Negotiated Reformation. Imperial Cities and the Politics of Urban reform 1525–1550, Cambridge 2009.

7 Gérald CHAIX, De la cité chrétienne à la métropole catholique. Vie religieuse et conscience civique à Cologne au XVIe siècle, thèse d'État, Diss. (masch. und mikrof.) Strasbourg 1994, Bd. 2, S. 515–574.

8 Hans-Richard SCHMIDT, Reichsstädte, Reich und Reformation. Korporative Religionspolitik 1521–1529/30 (= Veröffentlichungen des Instituts für Europäische Geschichte 122), Wiesbaden 1986, S. 249.

9 SCHMIDT, Reichsstädte (wie Anm. 8), S. 313.

10 Wolfgang REINHARD, Konfession und Konfessionalisierung in Europa, in: Bekenntnis und Geschichte. Die Confessio Augustana im historischen Zusammenhang, hrsg. von DEMS. (= Schriften der philosophischen Fakultäten der Universität Augsburg 20), München 1981, S. 165–189.

11 Lee Palmer WANDEL, Confessions, in: A Companion to Multiconfessionalism in the Early Modern World, hrsg. von Thomas Max SAFLEY

12 Helmut Zschoch, Augsburg zerfällt in sechs Richtungen! Frühkonfessioneller Pluralismus in den Jahren 1524 bis 1530, in: Reformator und Reichsstadt – Luther in Augsburg. Ausstellungskatalog, hrsg. von Helmut Gier und Reinhard Schwarz, Augsburg 1996, S. 78–95.
13 Gabriele Haug-Moritz und Georg Schmidt, Art. „Schmalkaldischer Bund", in: Theologische Realenzyklopädie. Bd. 30 (1999), S. 221–228, hier S. 226.
14 Carl A. Hoffmann, Die Reichsstädte und der Augsburger Religionsfrieden, in: Der Augsburger Religionsfrieden 1555, hrsg. von Heinz Schilling und Heribert Smolinsky (= Reformationsgeschichtliche Studien und Texte 150), Münster 2007, S. 297–320.
15 Thomas Kaufmann, Das Ende der Reformation. Magdeburgs „Herrgots Kanzlei" (1548–1551/2) (= Beiträge zur historischen Theologie 123), Tübingen 2003, S. 491.
16 Wolfgang Wüst, Die Pax Augustana als Verfassungsmodell: Anspruch und Wirklichkeit, in: Das Friedensfest. Augsburg und die Entwicklung einer neuzeitlichen Toleranz-, Friedens- und Festkultur, hrsg. von Johannes Burkhardt und Stephanie Haberer (= Colloquia Augustana 13), Berlin 2000, S. 143–160.
17 Winfried Schulze, Konfessionsfundamentalismus in Europa um 1600: Zwischen discordia und compositio. Zur Deutung des konfessionellen Konflikts im Katholischen Lager, in: Konfessioneller Fundamentalismus. Religion als politischer Faktor im europäischen Mächtesystem um 1600, hrsg. von Heinz Schilling (= Schriften des Historischen Kollegs. Kolloquien 70), München 2007, S. 135–148, hier S. 142; Ralf-Peter Fuchs, From Pluralization to True Belief?, in: Representing Religious Pluralization in Early Modern Europe, hrsg. von Andreas Höfele u. a. (= Pluralisierung & Autorität 12), Berlin 2007, S. 113–132.
18 Olivier Christin, La paix de religion. L'autonomisation de la raison politique au XVIe siècle, Paris 1997.
19 Christophe Duhamelle, L'invention de la coexistence confessionnelle dans le Saint-Empire (1555–1648), in: Les affrontements religieux en Europe (1500–1650) (= Association des Historiens Modernistes des Universités Françaises 33), Paris 2009, S. 223–243; Stefan Ehrenpreis, Mischkonfessionalität und Konfessionalisierungsforschung. Konzeptionelle Überlegungen, in: Das Konfessionalisierungsparadigma. Leistungen, Probleme, Grenzen, hrsg. von Thomas Brackmann und Dieter J. Weiss (= Bayreuther Historische Kolloquien 18), Münster 2013, S. 117–126.
20 Die reformierte Konfessionalisierung in Deutschland – Das Problem der „Zweiten Reformation", hrsg. Heinz Schilling (= Schriften des Vereins für Reformationsgeschichte 195), Gütersloh 1986; Kaspar von Greyerz, The Late City Reformation in Germany: the Case of Colmar, 1522–1628 (= Veröffentlichungen des Instituts für europäische Geschichte Mainz 98), Wiesbaden 1980; Peter G. Wallace, Multiconfessionalism in the Holy Roman Empire: The Case of Colmar, 1550–1750, in: A Companion to Multiconfessionalism (wie Anm. 11), S. 179–205; Heinz Schilling, Dortmund im 16. und 17. Jahrhundert. Reichsstädtische Gesellschaft, Reformation und Konfessionalisierung, in: Dortmund – 1100 Jahre Stadtgeschichte, hrsg. von Günter Luntowski und Norbert Reismann, Dortmund 1982, S. 150–202.
21 Thomas Kirchner, Katholiken, Lutheraner und Reformierte in Aachen 1555–1618. Konfessionskulturen im Zusammenspiel (= Spätmittelalter, Humanismus, Reformation 83), Tübingen 2015, S. 417. Vgl. dazu und zum Folgenden auch den Beitrag von Thomas Kirchner in diesem Band.
22 Andreas Holzem, Reichsstädte in der Fürstengesellschaft. Politischer Zeichengebrauch in der Frühen Neuzeit, Darmstadt 2006; Stefan Ehrenpreis, Kaiserliche Gerichtsbarkeit und Konfessionskonflikt. Der Reichshofrat unter Rudolf II., 1576–1602 (= Schriftenreihe der Historischen Kommission bei der Bayerischen Akademie der Wissenschaften 72), Göttingen 2006; C. Scott Dixon, Urban Order and Religious Coexistence in the German Imperial City Augsburg und Donauwörth, 1548–1608, in: Central European History 40 (2007), S. 1–33.
23 Andreas Holzem, Konfessionskampf und Kriegsnot. Religion und Krieg in Ravensburg

1618–1648, in: Hahn und Kreuz. 450 Jahre Parität in Ravensburg, hrsg. von Andreas SCHMAUDER (= Historische Stadt Ravensburg 4), Konstanz 2005, S. 41–74.

24 Martin HECKEL, Zur Auswirkung der Konfessionalisierung auf das Recht im alten Reich, in: Zeitschrift der Savigny-Stiftung für Rechtsgeschichte. Kanonistische Abteilung 127 (2010), S. 407–454.

25 Stefan EHRENPREIS und Ute LOTZ-HEUMANN, Reformation und konfessionelles Zeitalter, Darmstadt ²2008.

26 Thomas A. BRADY Jr., Confessionalization. The Career of a Concept, in: Confessionalization in Europe. Essays in Honour and Memory of Bodo Nishan, hrsg. von John M. HEADLEY, Hans J. HILLERBRAND und Anthony J. PAPALAS, Aldershot/Burlington 2004, S. 1–20.

27 Wolfgang REINHARD, Gegenreformation als Modernisierung? Prolegomena zu einer Theorie des konfessionellen Zeitalters, in: Archiv für Reformationsgeschichte 68 (1977), S. 226–251; DERS., Zwang zur Konfessionalisierung? Prolegomena zu einer Theorie des konfessionellen Zeitalters, in: Zeitschrift für historische Forschung 10 (1983), S. 257–277; Heinz SCHILLING, Konfessionskonflikt und Staatsbildung. Eine Fallstudie über das Verhältnis von religiösem und sozialem Wandel in der Frühneuzeit am Beispiel der Grafschaft Lippe (= Quellen und Forschungen zur Reformationsgeschichte 48), Gütersloh 1981.

28 Heinz SCHILLING, Die Konfessionalisierung im Reich. Religiöser und gesellschaftlicher Wandel in Deutschland zwischen 1555 und 1620, in: Historische Zeitschrift 246 (1988), S. 1–45, hier S. 6.

29 Heinz SCHILLING, Aufbruch und Krise: Deutschland 1517–1648, Berlin 1988; Kirchenzucht und Sozialdisziplinierung im frühneuzeitlichen Europa, hrsg. von DEMS. (= Zeitschrift für historische Forschung. Beiheft 16), Berlin 1994; DERS., Das konfessionelle Europa. Die Konfessionalisierung der europäischen Länder seit Mitte des 16. Jahrhunderts und ihre Folgen für Kirche, Staat, Gesellschaft und Kultur, in: Konfessionalisierung in Ostmitteleuropa, hrsg. von Joachim BAHLCKE und Arno STROMEYER (= Forschungen zur Geschichte und Kultur des östlichen Mitteleuropa 7), Stuttgart 1999, S. 13–62; DERS., Konfessionalisierung und Staatsinteressen. Internationale Beziehungen 1559–1660 (= Handbuch der internationalen Beziehungen 2), Paderborn/München/Wien 2007.

30 Die reformierte Konfessionalisierung (wie Anm. 20).

31 Die lutherische Konfessionalisierung in Deutschland, hrsg. von Hans-Christoph RUBLACK (= Schriften des Vereins für Reformationsgeschichte 197), Gütersloh 1992.

32 Die katholische Konfessionalisierung, hrsg. von Wolfgang REINHARD und Heinz SCHILLING (= Reformationsgeschichtliche Studien und Texte 135), Münster 1995.

33 Heinrich Richard SCHMIDT, Konfessionalisierung im 16. Jahrhundert (= Enzyklopädie der deutschen Geschichte 12), München 1992.

34 Martin HECKEL, Die katholische Konfessionalisierung im Spiegel des Reichskirchenrechts, in: Die katholische Konfessionalisierung (wie Anm. 32), S. 184–227, hier S. 186.

35 Wolfgang REINHARD, Konfessionalisierung, in: Frühe Neuzeit, hrsg. von Anette VÖLKER-RASOR, München 2000, S. 299–303, hier S. 299.

36 Heinz SCHILLING, Die konfessionelle Stadt. Eine Problemskizze, in: Historische Anstöße. Festschrift für Wolfgang Reinhard zum 65. Geburtstag, hrsg. von Peter BURSCHEL u. a., Berlin 2002, S. 60–79, hier S. 66; DERS., La „confessionnalisation", un paradigme comparatif et interdisciplinaire. Historiographie et perspectives de recherche, in: Études germaniques 57 (2002), S. 401–420.

37 Heinz SCHILLING, Die deutschen Städte in den politischen und religiösen Umbrüchen des langen 16. Jahrhunderts. Überlegungen auf den Spuren um Wilfried EHBRECHT, in: Bünde – Städte – Gemeinden. Bilanz und Perspektiven der vergleichenden Landes- und Stadtgeschichte (= Städteforschung. Reihe A Darstellungen 77), hrsg. von Werner FREITAG und Peter JOHANEK, Köln/Wien 2009, S. 319–338; DERS. mit Stefan EHRENPREIS, Die Stadt in der Frühen Neuzeit (= Enzyklopädie der deutschen Geschichte 24), Berlin/Boston 2015.

38 Freya STRECKER, Augsburger Altäre zwischen Reformation (1537) und 1635: Bildkritik, Repräsentation und Konfessionalisierung (= Kunst-

geschichte 61), Münster 1998; Meinrad VON ENGELBERG, Renovatio ecclesiae. Die „Barockisierung" mittelalterlichen Kirchen (= Studien zur internationalen Architektur- und Kunstgeschichte 23), Petersberg 2005.

39 Bridget HEAL, Sacred image and sacred space in Lutheran Germany, in: Sacred Space in Early Modern Europe, hrsg. von Will COSTER und Andrew SPICER, Cambridge 2005, S. 39–59.

40 Das Buch Weinsberg. Kölner Denkwürdigkeiten aus dem 16. Jahrhundert, hrsg von Friedrich LAU (= Publikationen der Gesellschaft für rheinische Geschichtskunde 16), Bonn 1897 (Reprint Düsseldorf 2000), Bd. 3, S. 41; CHAIX, De la cité chrétienne à la métropole catholique (wie Anm. 7), Bd. 3, S. 1009.

41 Allyson F. CREASMAN, Censorship and Civic Order in Reformation Germany, 1517–1648. „Printed Poison & Evil Talk" (= St Andrews studies in Reformation history), London/New York 2012, S. 147–184.

42 Erziehung und Schulwesen zwischen Konfessionalisierung und Säkularisierung. Forschungsperspektiven, europäische Beispiele und Hilfsmittel, hrsg. von Heinz SCHILLING und Stefan EHRENPREIS, Münster/New York/München u. a. 2003; Frühneuzeitliche Bildungsgeschichte der Reformierten in konfessionsvergleichender Perspektive. Schulwesen, Lesekultur und Wissenschaft, hrsg. von DENS. (= Zeitschrift für historische Forschung. Beiheft 38), Berlin 2007.

43 Wolfgang WÜST, Zensur, Konfession und Inquisition in süddeutschen Reichsstädten, in: Zeitschrift des historischen Vereins für Schwaben 105 (2013), S. 163–185.

44 Vera ISAIASZ und Martin POHLIG, Soziale Ordnung und ihre Repräsentationen: Perspektiven der Forschungsrichtung „Stadt und Religion", in: Stadt und Religion in der frühen Neuzeit, hrsg. von Vera ISAIASZ u. a., Frankfurt/New York 2007, S. 9–32.

45 Craig KOSLOFSKY, Reformation of the Dead: Death and Ritual in Early Modern Germany, 1450–1700, London 2000.

46 Stefan EHRENPREIS, Mischkonfessionalität (wie Anm. 19); Rolf KIESSLING, Vom Ausnahmefall zur Alternative – Bikonfessionalität in Oberdeutschland, in: Als Frieden möglich war. 450 Jahre Augsburger Religionsfrieden. Begleitband zur Ausstellung im Maximilianmuseum Augsburg, hrsg. von Carl A. HOFFMANN u. a., Regensburg 2005, S. 119–130.

47 Rolf KIESSLING, Konfession als alltägliche Grenze – oder: „Wie evangelisch waren die Reichsstädte?", in: Geld und Glaube. Leben in evangelischen Reichsstädten. Katalog zur Ausstellung im Antonierhaus, Memmingen, 12. Mai bis 4. Oktober 1998, Haus der Bayerischen Geschichte, hrsg. von Wolfgang JAHN u. a., Augsburg 1998, S. 48–66, hier S. 50.

48 Jan BRADEMANN, Konfessionalisierung als Institutionalisierung. Theoretisch-empirische Überlegungen zur kulturgeschichtlichen Erweiterung eines Forschungsparadigmas, in : Archiv für Kulturgeschichte 92 (2010), S. 425–459, hier S. 457.

49 KIESSLING, Konfession als alltägliche Grenze (wie Anm. 47), S. 65.

50 Ebd., S. 64.

51 Harm KLUETING, „Zweite Reformation". Konfessionsbildung – Konfessionalisierung. Zwanzig Jahre Kontroversen und Ergebnisse nach zwanzig Jahren, in: Historische Zeitschrift 277 (2003), S. 309–341.

52 Gérald CHAIX, La confessionnalisation. Note critique, in: Bulletin de la Société de l'histoire du protestantisme français 148 (2002), S. 851–865; Yves KRUMENACKER, Conclusions: coexistence et conflits confessionnels, in: La coexistence confessionnelle en France et en Europe germanique et orientale, du Moyen Age à nos jours, hrsg von Catherine MAURER und Catherine VINCENT (= Chrétiens et Sociétés. Documents et Mémoires 27), Lyon 2015, S. 339–356; Das Konfessionalisierungsparadigma (wie Anm. 19).

53 Thomas KAUFMANN, Die Konfessionalisierung von Kirche und Gesellschaft. Sammelbericht über eine Forschungsdebatte, in: Theologische Literaturzeitung 121 (1996), Sp. 1008–1025 und Sp. 1112–1121, hier Sp. 1121; DERS., Art. „Konfessionalisierung", in: Enzyklopädie der Neuzeit. Bd. 6 (2007), Sp. 1053–1070.

54 Mathilde MONGE, Des communautés mouvantes. Les „sociétés des frères chrétiens" en Rhénanie du Nord, Juliers, Berg, Cologne vers 1530–1694 (= Cahiers d'Humanisme et Renaissance 123), Genf 2015.

55 Peter LANG, Die Ulmer Katholiken im Zeitalter der Glaubenskämpfe: Lebensbedingungen einer konfessionellen Minderheit, Frankfurt/Bern 1977.
56 Andreeas SCHMAUDER, Das paritätische Ravensburg als Sonderfall in der Geschichte, in: Kaftan, Kreuz und Kopftuch. Religiöse Koexistenz im urbanen Raum (15.–20. Jahrhundert), hrsg. von DEMS. und Jan-Friedrich MISSFELDER (= Stadt in der Geschichte 35), Ostfildern 2010, S. 225–240.
57 Paul WARMBRUNN, Zwei Konfessionen in einer Stadt. Das Zusammenleben von Katholiken und Protestanten in den paritätischen Reichsstädten Augsburg, Biberach, Ravensburg und Dinkelsbühl von 1548–1648 (= Veröffentlichungen des Instituts für europäische Geschichte Mainz 111), Wiesbaden 1983.
58 Peter ZSCHUNKE, Konfession und Alltag in Oppenheim. Beiträge zur Geschichte von Bevölkerung und Gesellschaft einer gemischtkonfessionellen Kleinstadt in der frühen Neuzeit (= Veröffentlichungen des Instituts für europäische Geschichte Mainz 115), Wiesbaden 1984.
59 Jan BRADEMANN, Konfessionalisierung als Institutionalisierung (wie Anm. 48), hier S. 457.
60 Interkonfessionalität, Transkonfessionalität, binnenkonfessionelle Pluralität. Neue Forschungen zur Konfessionalisierungsthese, hrsg. von Kaspar VON GREYERZ u. a. (= Schriften des Vereins für Reformationsgeschichte 201), Gütersloh 2003; Frühneuzeitliche Konfessionskulturen, hrsg. von Thomas KAUFMANN, Anselm SCHUBERT und Kaspar VON GREYERZ (= Schriften des Vereins für Reformationsgeschichte 207), Gütersloh 2008.
61 Zitiert nach Carl A. HOFFMANN, Konfessionell motivierte und gewandelte Konflikte in der zweiten Hälfte des 16. Jahrhunderts. Versuch eines mentalitätsgeschichtlichen Ansatzes am Beispiel der bikonfessionellen Reichsstadt Augsburg, in: Konfessionalisierung und Region, hrsg. von Peer FRIESS und Rolf KIESSLING (= Forum Suevicum 3), Konstanz 1999, S. 99–120, hier S. 116; KIESSLING, Konfession als alltägliche Grenze (wie Anm. 47), S. 59–60.
62 Michele ZELINSKY-HANSON, Religious Identity in an Early Reformation Community – Augsburg, 1517 to 1555 (= Studies in Central European Histories 45), Leiden/Boston 2009.
63 Étienne FRANÇOIS, Die unsichtbare Grenze: Protestanten und Katholiken in Augsburg 1648–1806 (= Abhandlungen zur Geschichte der Stadt Augsburg 33), Sigmaringen 1991; Gérald CHAIX, Les frontières religieuses, in: La frontière. Rencontre des mémoires 2014, hrsg. von Jean-Pierre RIOUX und Marcel SPISSER, Futuroscope (Poitiers) 2016, S. 15–41, hier S. 30–32.
64 Magnus Ulrich FERBER, „Cives vestros sine controversia habeo pro Germaniae cultissimis". Zum Verhältnis von Späthumanismus und Konfessionalisierung am Beispiel der bikonfessionellen Reichsstadt Augsburg in Humanismus und Renaissance, in: Humanismus und Renaissance in Augsburg: Kulturgeschichte einer Stadt zwischen Spätmittelalter und Dreißigjährigem Krieg, hrsg. von Gernot Michael MÜLLER (= Frühe Neuzeit 144), Berlin/New York 2010, S. 409–420.
65 Peer FRIESS, Lutherische Konfessionalisierung in den Reichsstädten Oberschwabens, in: Konfessionalisierung und Region (wie Anm. 61), S. 71–97, hier S. 97.

Klaus Krüger

Das Bild des Toten im Religionskonflikt – Vom Umgang mit und Wandel der Sepulkralkultur in der Reformationszeit*

Spricht der Polier: „Nu bloß noch das eine:
Herr Schultze, wohin mit die Leichensteine?
Die meisten, wenn recht ich gelesen habe,
Waren alte Nonnen aus ‚Heiligen Grabe'."

„Und Ritter?"

„Nu Ritter, ein Stücker sieben,
Ich hab ihre Namens aufgeschrieben,
Bloß, wo sie gestanden, da sind ja nu Löcher:
1 Bredow, 1 Ribbeck, 2 Rohr, 3 Kröcher,"

Wo soll'n wir mit hin? wo soll ich sie stell'n?"

„Stellen? Nu gar nich. Das gibt gute Schwelln,
Schwellen für Stall und Stuterei,
Da freun sich die Junkers noch dabei."

„Und denn, Herr Schultze, dicht überm Altar
Noch so was vergoldigt Kattolsches war,
Maria mit Christkind … Es war doch ein Jammer."

„Versteht sich. In die Rumpelkammer!"

Theodor Fontane, Aus der Gesellschaft: 5. Kirchenumbau (Bei modernem Gutswechsel) (1885/89)

Zugegeben, keine Reichsstadt bildet den Hintergrund für Fontanes ironisches Gedicht, sondern ein beliebiges brandenburgisches Rittergut, das ausgangs des 19. Jahrhunderts den Besitzer wechselt und dabei samt der zum Eigen gerechneten Kirche umgebaut wird. In gut verstandenem protestantischen Sinne wird dabei vom Verwalter gleichsam ein Bildersturm nachvollzogen, mit dreieinhalb Jahrhunderten Verspätung zwar, aber mit angemessenem Abscheu der katholischen Abgötterei gegenüber. Interessant erscheint der unterschiedliche Umgang mit dem Heiligenbild – das in der Abstellkammer immerhin erhalten bleibt und vielleicht auf museale Wiederentdeckung durch Dehio hoffen darf – und den Grabplatten der Vorbesitzer und ihrer weiblichen Verwandten, die einst im Kloster die Familienmemoria aufrecht zu erhalten hatten: Einer nur pragmatisch auf die dingliche Nutzung schauenden Gesinnung entsprechend, werden sie zu Baumaterial an den Wirtschaftsgebäuden herabgewürdigt und der Zerstörung durch Verschleiß überlassen.

„Wohin mit die Leichensteine?"

Fontane bezieht in dieser auf einen kurzen Dialog reduzierten Szene also die Grabmäler in das ikonoklastische Handeln ein. Das erscheint keineswegs als selbstverständlich, denn dieses richtete sich ja prinzipiell gegen solche Bildnisse, die man sich in vorreformatorischer Zeit von Gott und den Heiligen erschaffen hatte.[1] (Abb. 1) Von Anfang an hatten sie als verdächtig gegolten: Hatten die Kirchenväter den Kunstwerken immerhin noch konzediert, die Verehrung der Bilder gehe auf die Dargestellten über, so galt ihnen seit Bernhard von Clairvaux (um 1090–1153) der Vorwurf, sie beförderten allein die Bewunderung der Schönheit und lenkten dadurch von der eigentlichen Andacht ab. In der Zeit der konfessionellen Auseinandersetzungen und unter dem Einfluss Erasmus' von Rotterdam (1466/69–1536) wurden die Darstellungen Christi und der Heiligen gar als blasphemisch betrachtet: Kruzifixe, Reliquiare, Heiligenskulpturen und -gemälde, Altarretabel usw.[2] Tatsächlich ist typologisch und ikonographisch ein fließender Übergang vom Heiligenbild zum figürlichen Grabbild zu konstatieren, aber die Frage, die im Folgenden zu untersuchen sein wird, soll sich denn doch hauptsächlich auf das profane Grabmal und dessen Rezeption in der Zeit des Religionskonfliktes richten. Genau genommen sind es zwei Fragen: Wie geht man mit dem Vorhandenen um? Hier wird der

Abb. 1: Flugschrift, ca. 1525–1527: *Hie redt ein frummer Christ, und ermant die frevelen leüt, das sie absthen von yrem boesen muotwillen* (Aus: Günter Scholz, Eyn warhafftig erschröcklich Histori von der Bewrischen uffrur, so sich durch Martin Luthers leer inn Teutscher nation Anno M.D.XXV. erhebt und leyder noch nit gar erloschen ist, ca. 1527)

Blick auf die ikonoklastischen Aktionen in Folge der Reformation gerichtet werden. Und: Welche Änderungen in der Sepukralkultur des 16. Jahrhunderts lassen sich nicht allein durch Rückbesinnung auf antike Ideen, sondern konkret durch die Reformation begründen? Betrachtet werden sollen dabei neben der ikonischen Darstellung auch Textform und -inhalt der dazugehörigen Inschriften.[3] Untersucht werden dazu allein die Religionskonflikte des 16. (und 17.) Jahrhunderts in der Folge der Reformation, in erster Linie in Reichsstädten,[4] aber nicht ausschließlich:[5] Eine allzu strenge Beschränkung auf eine solche politische Kategorie hat sich in diesem kulturgeschichtlichen Kontext nicht als sinnvoll erwiesen.[6]

„zurschleitz, zurrissen und abthan": Grabmäler im Bildersturm

Wenden wir uns zunächst dem Umgang mit Grabbildern im Kontext der protestantischen Bilderstürme zu. Diese betrafen bekanntlich in besonderem Umfange auch die südwestdeutschen Reichsstädte.[7] Allerdings – und auch das ist hinlänglich bekannt – war die Notwendigkeit zur Abkehr oder gar Zerstörung von Bildwerken keineswegs Konsens innerhalb des reformatorischen Lagers. Martin Luther selbst nahm hierzu eine zunehmend gemäßigte Position ein, erlaubte Bilder 1525 explizit „zum ansehen, zum zeugnis, zum gedechtnis, zum zeychen".[8] Damit stand er in der mittelalterlichen Tradition, den Bildgebrauch, der letztlich auf das visuelle Moment im Kontext der persönlichen Andacht zurückgeht, in Liturgie und Andacht aus didaktischen und psychologischen Motiven zu akzeptieren.[9] Ein Verbot, das Göttliche und in der Konsequenz auch das Heilige abzubilden, lässt sich hingegen leicht mit dem Götzenverbot im Dekalog und weiteren Belegen im dritten Buch Mose sowie im Johannes-Evangelium begründen,[10] und als Vorbilder konnten die historischen Zerstörer heidnischer Abgötter wie Konstantin, Gallus oder Martin herangezogen werden. Letztendlich argumentierten die Bildergegner – von den gemäßigten wie Zwingli bis zu den radikalen wie Calvin und Karlstadt – mit einer platten Schaufrömmigkeit, die es zugunsten einer theologischen Durchdringung zu überwinden gelte.[11]
In jüngerer Zeit wurde das Modell der eucharistischen Realpräsenz in den Bildern als Begründung zu deren Zerstörung bemüht[12] – es ist aber leicht nachvollziehbar, dass sich mit diesem Konstrukt ebenso wenig wie mit dem der zeitgenössischen Reformatoren die Entfernung von Grabdenkmälern aus den Kirchen schlüssig begründen oder erklären lässt. Und so beschäftigt sich die Forschung zum Bildverständnis und zum Ikonoklasmus denn auch in erster Linie eben mit den Heiligenbildern, also den verehrten Ikonen. Grabbilder spielen in diesem Zusammenhang nur gelegentlich eine Rolle. Diese sind natürlich Darstellungen im religiösen Kontext,[13] waren aber in der Regel nicht selbst Objekte der Anbetung und scheinen in der Konsequenz insgesamt

eher selten zu Opfern ikonoklastischer Aktionen geworden zu sein.[14] Allerdings gibt es Hinweise darauf, dass der Grabmalsbestand solcher Klöster, die im Zuge der reformatorischen Auseinandersetzungen aufgelöst wurden, misshandelt oder bewusst missachtet wurde. So wurde die frühmittelalterliche Grabplatte eines Priesters Aegioldus im Genfer Cluniazenserpriorat St. Viktor bei dessen Zerstörung im Jahre 1534 offenbar in den Stadtgraben geworfen,[15] diejenige des Freiherrn Ulrich von Regensberg († 1281) aus der Barfüßerkirche in Zürich bei deren Säkularisierung 1532 in der Stadtbefestigung vermauert.[16]

Recht moderat erscheint dagegen das Angebot des alemannischen Reformators Johannes Oekolampad (1482–1531), der im Juli 1531 einen Brief an den Stadtrat von Memmingen schrieb, in dem er die Rückgabe von zuvor entwendeten Epitaphien anbot; Kirchenornat, *vasa sacra* und Reliquien sollten dagegen eingezogen bleiben.[17] In die gleiche Richtung weist der Umstand, dass solche Grabdenkmäler, die tatsächlich Opfer ikonoklastischer Ausbrüche wurden, vielfach nur teilweise beschädigt wurden, in ihrer Materialität aber erhalten blieben. Naheliegend erscheint dies noch, wenn die Zerstörung lediglich die Heiligendarstellungen an Stifterbildern und Epitaphien betraf. Das Wandgrabmal für Wolfgang von Utenheim († 1501) im Kreuzgang des Basler Münsters zeigt im oberen Bereich eine Kreuzigungsszene, und hauptsächlich diese wurde beschädigt, als 1529 der Bildersturm in Basel tobte. (Abb. 2) So wurden dem am Kreuz hängenden Christus *post mortem* noch die Beine zerschlagen, vor allem aber die Assistenzfiguren Maria, Barbara, Johannes und Andreas wurden verstümmelt, während die Stifterfiguren selbst weitgehend unversehrt blieben.[18] Dieser Befund ließe sich zunächst mit der erwähnten Ablehnung von Götzenbildern erklären, die eben nur die Heiligendarstellungen betroffen hätte.

Indessen findet sich andernorts eine Vielzahl von Hinweisen darauf, dass es gerade die Wappen und die Figuren der Verstorbenen waren, die geschändet wurden, und dass diese Angriffe häufig nach einem bestimmten Muster abliefen. Schriftliche Quellen unterschiedlicher Provenienz berichten von der Wegnahme, Beschädigung oder Zerstörung von Grabdenkmälern. Aus einer Chronik wissen wir vom Sturm der Bauern auf die Pfarrkirche von Auhausen im Ries 1525, bei dem nicht nur der Hochaltar mit einem Marienbild zerstört und das Chorgestühl beschädigt wurden, sondern auch die Grabmäler geschändet: Deren Figuren wurden die Augen ausgestochen und die Nasen abgeschlagen.[19] Ganz ähnlich liest sich der Bericht Clemens Senders zu Übergriffen in Augsburg im Jahre 1524: „Am 13. Tag aprilis in der nacht hat Jerg Reslin, ain schuster, mit seinem knecht alle tafflen, den todten zu gedechtnus gemacht und gemalt, mit den figuren, crucifix, ölberg, unser liebe frauen und der hailigen bildnus geziert, mit kieplut [= Kuhblut; Erg. d. Verf.] auff dem kirchoff und creutzgang zuo unser liebe Frauen vermeilgt, geplindt und verwiest."[20] Wenige Jahre später, 1537, erfolgte hier ein regelrechter Bil-

Abb. 2: Basel, Münster. Wandgrabmal für Wolfgang von Utenheim († 1501) (Verein Accueil am Münster, Basel; Foto: Erik Schmidt, Basel)

dersturm, bei dem den figürlichen Grabbildern systematisch die Nasen zerschlagen wurden.[21] In die gleiche Richtung weist der Bericht des Gerold Edlibach aus Zürich zu 1525, dass „fil fromer, erlicher lütten begreptniß zurschleitz, zurrissen und abthan" worden seien.[22]

Sonderfall Täufertum

Und schließlich vermeldet die Münstersche Bischofschronik über Erich von Sachsen-Lauenburg († 1522): „und sein Leib wurde begraben im Dom zu Münster […], wo er selbst eine schöne Skulptur zu machen bestimmt hatte; auch wurden köstliche Glasfenster gemacht und sein Grab mit einem blauen Stein belegt, mit seinem Wappen und mit Epitaphien, alles sehr schön. Doch dies alles ist im Jahr 1534, als Münster belagert war und die Wiedertäufer alle Gotteshäuser jämmerlich verdarben, von diesen vernichtet worden: Das Grab des frommen Herrn wurde zerstört, der Stein für den Wall verwendet, die Glasfenster zerschlagen und alles verwüstet."[23]

Die Ereignisse um die Wiedertäufer in Münster stellen in ihrer Radikalität sicherlich auch in diesem Zusammenhang einen Sonderfall dar.[24] Eindrucksvoll zeugen hier die Objekte selbst heute noch von der einst gegen sie angewendeten Gewalt. Der von Martin Warnke herausgegebene Sammelband „Bildersturm. Die Zerstörung des Kunstwerks" von 1977, in dem dieser selbst einen viel zitierten Aufsatz über die „Bilderstürme der Wiedertäufer in Münster 1534/1535" publizierte, wird bezeichnenderweise auf dem Umschlag vom Foto des beschädigten, aber – so Warnke – bewusst nicht zerstörten Grabmals einer Äbtissin geziert.[25] (Abb. 3) Hier in der Stadtkirche St. Lamberti wie auch im Domkreuzgang wurden sämtliche angebrachten Grabdenkmäler in ähnlicher Weise geschändet, aber nur wenige vollständig zerstört oder entfernt. Die Attacken trafen die Objekte keinesfalls wahllos, sondern richteten sich, wie Warnke nachwies, auf die Gesichter – vordringlich auf die Sinnesorgane der Figuren wie Augen, Nase und Mund, und darüber hinaus auf die Namensnennung in den Inschriften. Warnke sieht hier (neben einem in meinen Augen etwas windigen Bezug zu den spiegelnden Strafen des Mittelalters) zu Recht die Aufhebung der sepulkralen Sonderrechte der repräsentierten

Abb. 3: Bildersturm. Die Zerstörung des Kunstwerks, hrsg. von Martin Warnke, Frankfurt a. M. 1977, Titel

Stände.²⁶ Uwe Fleckner konstatiert folgerichtig: „Offenkundig folgt die Beschädigung des posthumen Porträts nicht nur in diesem Fall weniger einem religiös veranlassten Bilderverbot, sondern ist gegen eine Vertreterin der gestürzten Oberschicht und ihre sepulkralen Privilegien gerichtet. Demonstrativ werden dem Betrachter die Spuren der teilweise getilgten Gesichtszüge im Kunstwerk vor Augen geführt. Entstellung statt Vernichtung ist das Ziel einer ikonoklastischen Tat, die mit dem Bildnis der Äbtissin das bekämpfte Herrschaftssystem insgesamt treffen will."²⁷ Aus diesem Grunde wurden ausgerechnet die „Grabmäler für die Wiedertäufer ein Hauptziel".²⁸ Das Material aus Münster hat auch deshalb keine Parallele, weil die Zerstörer der Kunstwerke naturgemäß deren frühere Auftraggeber waren. Und Grabmäler wurden, anders als *vasa sacra* und andere fromme Stiftungen, weiterhin als Besitz der Familie betrachtet. Nur wenn sich die politischen Verhältnisse derart radikal veränderten wie im Falle Münsters, ging dieses Bewusstsein offenbar verloren, so dass auch Grabdenkmäler dem Sturm auf die Bilder zum Opfer fallen konnten.

Das protestantische Begräbnis: Neue Gruppen

Zunächst kann dazu festgestellt werden, dass sich in den Jahrzehnten nach deren Durchsetzen die Materialbasis erheblich erweitert hat: Neue Bevölkerungsgruppen erlangten das *ius inscriptionis* und ließen sich in oder bei den Kirchen Grabmäler errichten. Besonders auffällig ist dies in ländlich geprägten Regionen, wo sich ab der Mitte des 16. Jahrhunderts ein wohlhabender und selbstbewusster Bauernstand repräsentierte, der sich nun nicht allein in großem Maßstab aufwendige Grabmäler zur Selbstdarstellung errichten ließ, sondern dabei in Bild und Text auch eigene Formen und Inhalte entwickelte. Ähnliches gilt für das niedere städtische Bürgertum, das im ersten Drittel des Jahrhunderts aus politischen und wirtschaftlichen Gründen vermehrt die Möglichkeit zum Erwerb eigener und dauerhafter Grabdenkmäler erlangte. Mit der Reformation und ihren Folgen hat das nicht oder nur indirekt zu tun.
Anders verhält es sich mit dem Zustrom protestantischer Glaubensflüchtlinge, die sich im Zuge der Rekatholisierung ihrer Heimat in großer Zahl in protestantisch gewordenen Städten niederließen. So tragen etwa die Grabinschriften der Friedhöfe St. Johannis, St. Rochus und Wöhrd in Nürnberg eine Vielzahl an Namen, die auf ihre Herkunft „aus Italien, Frankreich, den Niederlanden und aus den österreichischen Ländern" verweisen, ihre Träger stammen „aus den Alpentälern Savoyens, des Veltlin und Graubündens".²⁹ Abgesehen von solch mittelbaren Zuweisungen sind auch viele Personennamen direkt mit Herkunftsbezeichnungen (etwa: „aus Antwerpen" o. ä.) versehen.³⁰ Auch in Aachen lässt sich der starke Zustrom calvinistischer Flüchtlinge aus der Wallonie und Flandern im epigraphischen Material ablesen.³¹

Protestantische Grabinschriften: Die Sprache

Durch den Einfluss solcher unterschiedlicher neu hinzu tretender Bevölkerungsgruppen veränderte sich naturgemäß auch die in den jeweiligen Inschriften überlieferte Todesnachricht, und zwar in Form und Inhalt. Am leichtesten erkennbar ist das in Bezug auf die verwendete Sprache.[32] So nimmt zwar bereits im Laufe des 15. Jahrhunderts – zugleich mit der Erweiterung des Personenkreises, dem Grabdenkmäler gesetzt werden, – die Zahl der volkssprachigen Inschriften deutlich zu.[33] Aber erst seit Mitte des 16. Jahrhunderts überwiegen die deutschen gegenüber den lateinischen.[34] Neben der Reformation dürfte hier auch der Buchdruck eine große Rolle gespielt haben. In Aachen, wo seit dem 16. Jahrhundert in den Grabinschriften die deutsche Sprache gegenüber der lateinischen die Vorrangstellung einzunehmen beginnt, bleiben diejenigen des Doms, vom lokalen Klerus dominiert, stets lateinisch.[35] Völlig verdrängt wurden lateinischsprachige Inskriptionen also niemals,[36] denn als Ausdruck einer neuen humanistischen Bildung bekam die Latinität für die Vertreter der kirchlich-monastischen Kultur auch im dauerhaft evangelischen Raum bald wieder eine Qualität als Distinktionsmerkmal.[37] So hält in St. Goar auch die protestantische Geistlichkeit an der lateinischen Sprache fest, auch wenn diese in den folgenden Jahrhunderten Ausweis einer katholischen Gesinnung bleiben sollte.[38]

Protestantische Grabinschriften: Zwischen Datum und Votum

Der Textinhalt der Todesnachricht, eingezwängt in ein seit Jahrhunderten festgefügtes Formular, ließ dennoch ein wenig Spielraum für Veränderungen, die sich als Niederschlag einer veränderten Geisteshaltung deuten lassen. Dagegen ist die explizite Formulierung von konfessionellen Konflikten ausgesprochen selten.
In der für die Memoria so wichtigen Angabe des Todesdatums hat bis ins frühe 16. Jahrhundert die Datierung nach den Festtagen der Heiligen dominiert, wesentlich seltener waren die nach dem altrömischen Kalender sowie die nach Monat und Tag. Nach der Reformation ist ein Umbruch zu erkennen: So lässt sich in Nürnberg „beobachten, wie die Datierung nach dem Heiligen- und Festkalender rasch von der Datierung nach Monat und Wochentag abgelöst wird. Die Nürnberger Ratsverlässe, Protokolle der städtischen Ratsbeschlüsse, verwenden ab 21. Oktober 1528 nur mehr die moderne Datierung. In den Inschriften ist dieser Bruch um die gleiche Zeit erkennbar: nach 1530 sind nur noch wenige der Texte mit großem Datum aus dem Festkalender datiert."[39] Seit der Mitte des 16. Jahrhunderts geht die Verwendung des Heiligenkalenders – und zwar bei allen Ständen – deutlich zurück, gegen Ende des Jahrhunderts ist sie in protestantischen Gebieten praktisch nicht mehr zu verzeichnen. Gleichzeitig setzt sich auf ganzer Linie die Datierung nach der Nummer des Tages im Monat durch, die wir bis heute

Abb. 4: Worms-Herrnsheim, katholische Pfarrkirche. Grabstein des Johann Jakob Sutor (1632) (Stadtarchiv Worms, Fotosammlung)

beinahe weltweit verwenden.[40] Die gregorianische Kalenderreform von 1582 wurde in den protestantischen Gebieten nicht rezipiert. Ebenso wie die städtischen Kanzleien blieben auch die Datierungen in den Inschriften dem alten Stil treu.[41] (Abb. 4)

Den Kern jeder Grabinschrift bildet die eigentliche Todesnachricht. Das Sterben selbst wird bereits in den antiken Texten sprachlich verschleiert, die übliche lateinische Wendung „N N obiit" (= ist fortgegangen), die im Mittelalter meist Verwendung fand, stellt gegenüber dem in deutschen Inschriften verwendeten „sterben" (= erstarren) einen Euphemismus dar. Einen weiteren Schritt zur sprachlichen Verschleierung machen die Inschriften seit der Mitte des 16. Jahrhunderts, und hier liegt der Bezug zur vorangegangenen Reformation nahe: Aus dem „obiit" wird zunehmend „obdormivit" (= ist entschlafen), in den deutschen Texten findet sich daneben auch „ist verschieden".[42] Dieser Gedanke geht unmittelbar auf Martin Luther zurück, der die Vorstellung vom Tod als einem zeitlichen Schlaf formulierte.[43]

Am Ende des Formulars dieser Inschriften liest man meist den Segenswunsch, das liturgische Votum. Die am häufigsten gebrauchte Formel, *requiescat in pace* oder erweitert *cuius anima requiescat in pace* (mitunter nur durch die Anfangsbuchstaben wiedergegeben: *RIP*), die zum Abschluss der Totenmesse gesprochen wird, hatte sich seit der Wende zum 14. Jahrhundert zügig über das Reichsgebiet verbreitet.[44] Im frühmittelalterlichen Formular war sie im Indikativ – *requiescit* – gebraucht worden, hatte also die Feststellung ausgedrückt, dass der Tote in Frieden ruhe.[45] Als Segenswunsch trat sie erstmals in der Karolingerzeit auf; das älteste erhaltene Beispiel in einer Grabschrift (1021) stammt aus Mainz.[46] In deutschen Texten lautet die Formel, nicht genau wörtlich entsprechend, „dem Got gnade", „dem Got gnedig si" und ähnlich.[47]

Seit den dreißiger Jahren des 16. Jahrhunderts wird das Votum erheblich ausgedehnt, insbesondere durch den Wunsch um eine fröhliche Auferstehung: „hans Öttelmon [...] Wart de(r) aufferstheung i(n) cristo Jhesu a(men)"; – „Hans Bagner [...] wart der Auffersteung des hern".[48] Peter Zahn sieht hier sicher zu Recht eine „besondere Folge der Reformation"[49]. Ähnlich verhält es sich mit Bibelzitaten; deren Verwendung in der deutschsprachigen lutherischen Bibelübersetzung deutet auf die protestantische Gesinnung des Bestatteten hin. Dem Aachener Kupfermeister Peter Amya († 1564), dessen Familie aus Amiens stammte, wurde in der katholischen Kirche St. Adalbert über einer Statue des hl. Sebastian ein kupfernes Epitaph errichtet, das außer der Todesnachricht folgendes Zitat aus Hiob 14,1–2 enthielt: „Iob ahm XIIII. Capitel: Der Mensch vom Weibe gebohren lebt kurtze Zeit und ist voll unruhe, gehet auff wie eine Blume; und fället ab gleich wie ein Schatten, undt bleibet nicht." Auffällig ist, dass es zu dieser Zeit noch gar keine evangelische Kirche in Aachen gab, 1560 die Abhaltung protestantischer Gottesdienste sogar verboten worden war.[50] Die Verwendung dieses auf Luther zurückgehenden Zitats ist also als versteckes Bekenntnis zur neuen Konfession zu werten.[51]

Völlig anders wurde gleichzeitig in einer protestantischen Stadt wie Halle an der Saale der evangelische Glaube regelrecht zur Schau gestellt.[52] Luther hatte in seinem Begräbnisliederbuch von 1542 eine Reihe von Bibelversen zur Anbringung an Kirchhöfen empfohlen: „Wenn man auch sonst die Greber wolt ehren, were es fein, an die Wende, wo sie da sind, gute Epitaphia oder Sprüche aus der Schrifft darüber zu malen oder zu schreiben, das sie fur Augen weren denen, so zur Leiche oder auff den Kirchoff giengen [...] Sölche Sprüche und Grabeschrifft zierten die Kirchoff besser, denn sonst andere weltliche Zeichen, Schild, Helm etc."[53] Konkret schlug Luther dafür 26 Texte aus der Bibel vor, und untersucht man nun systematisch die Wandinschriften eines genuin evangelischen Friedhofs wie des Stadtgottesackers in Halle,[54] dann findet man die meisten davon dort oberhalb der Gruftbögen eingeschlagen wieder.[55] Am häufigsten wurde eine von vier Textstellen angebracht, die sämtlich die fleischliche Auferstehung zum Thema haben.[56] Die mit Abstand am häufigsten zitierte Bibelstelle ist Hiob 19,25–27: „Aber ich weis, das mein Erlöser lebet, vnd er wird mich hernach aus der Erden auffwecken. Vnd werde darnach mit dieser meiner Haut vmbgeben werden vnd werde in meinem Fleisch Gott sehen. Den selben werde ich mir sehen, vnd meine Augen werden jn schawen vnd kein Frembder." Dieser Text, als Responsorium Bestandteil der Totenmesse, war seit dem Frühmittelalter immer wieder für Grabinschriften herangezogen worden.[57]

Umgekehrt finden sich auch in katholischen Inschriften solche Texte, die dezidiert auf die alte Lehre verweisen und als Bekenntnis zur katholischen Konfession zu verstehen sind. Auf der Grabplatte des Dekans von St. Andreas in Worms, Gregor Gutmeyer († 1611/22), war die eigentliche Todesnachricht vom Wortlaut des katholischen Glaubensbekenntnisses umgeben: *Credo in sp(i)r(it)um sanctum vnam sanct(am) catholic(am) Apostolic(am) Eccl(es)iam SS. communionem in remissionem pec(ca)t(or)um Carnis resur(ec)tio(ne)m et vitam aeternam Amen*.[58] In diesen Zusammenhang gehören auch Reflektionen zum Fegefeuer, die nicht nur auf theologische Bildung, sondern geradezu auf eine unmittelbare Rezeption der tridentinischen Beschlüsse von 1563/64 verweisen. Die nicht erhaltene Grabinschrift für den Altaristen Anton Roisbach († 1607) aus Boppard, ausweislich des Textes von ihm selber verfasst, greift die humanistische Anrede des Vorübergehenden auf, um diesen zu bitten: „bleib ein wenig stehen und bedenke, wie dieser im Feuer gereinigt wird und gepeinigt die harten Schmerzen ertragen soll, und komme mit frommen Gebeten und der Bitte um Gnade zu Hilfe, damit er mir die Schuld nehme und die Strafe erlasse."[59]

Grabinschriften: Religionskonflikte explizit thematisiert

Nur selten dagegen findet man in Grabinschriften aus der Zeit der konfessionellen Auseinandersetzungen diese im Text ausdrücklich angesprochen. Die wenigen Beispiele datieren sämtlich spät: Wolfgang Cartheiser († 1563), vertriebener Abt des Klosters Schönau, der im Wormser Andreasstift Exil erhielt, wurde in seiner Grabinschrift als *IN VERA ANTIQVA RELIGIONE PERSISTE(N)S* dargestellt,[60] der Knabe Wilhelm Kling ist laut seiner Grabinschrift im Jahre 1630 *IN GOT SELICHLICH V(N)D CATHO[LISC]H VERSTORBEN*.[61] In der Reichsstadt Oppenheim, die 1565 von einem calvinistischen Bildersturm heimgesucht worden war,[62] ist eine Inschrift für den Lehrer Johannes Fabricius († 1578) aus Bolland (Herve) überliefert, in der dieser „bereits durch Altersschwäche und Sorgen gezeichnet, durch Angriffe von Feinden und Gegnern des Evangeliums völlig erschöpft" dargestellt wurde.[63]

Eine Vielzahl von Anspielungen auf das Zeitgeschehen in der Kurpfalz vor dem Hintergrund des Dreißigjährigen Krieges enthielt schließlich die verlorene Grabschrift für Catharina Kurtz vom lutherischen Friedhof in Worms, „die zu Bensheim im Pfälzischen geboren, erzogen und verehelicht wurde; dort sah sie heiter den ersten Schauplatz ihres

Lebens für fast 40 Jahre und genoss das unversehrte Heilige, das geschlossene Tor, die fruchtbare Scholle, froh mit dem in langer Ehe verbundenen Vater sowie den Kindern und weiteren Verwandten; schließlich, als das Jahrhundert mit dem väterlichen Glauben sich zu seinem Ende neigte, erfuhr sie die wunderlichere Wandlung, sah das Leichenbegängnis ihrer Stadt und litt. Zweimal Witwe, einmal durch den Glauben, mehrfach durch den Krieg vom eigenen Herd vertrieben, immer fest in der Rechtgläubigkeit, schließlich in den Drangsalen getröstet durch Fürbitten und die Heilige Schrift, hörte sie nach kurzer, doch epidemisch beschleunigter Krankheit, die gnädig waltende Macht des Gottes der Familie anrufend und mit dem Kopf in die Hand gebetet zum sanften Schlafen, und eben im Wissen um ihre Sterblichkeit auf zu sein bei den Vangionen [= Worms; Erg. d. Verf.], dem Stammort der Vorfahren, im Jahre ihres Alters 58, des Heils 1635."[64] Die erwähnten 40 Lebensjahre sowie das zu Ende gehende Jahrhundert (seit der Reformation) verweisen auf den Ausbruch des Dreißigjährigen Krieges mit der gewaltsamen Rekatholisierung der Kurpfalz bis 1623.

Protestantische Grabmäler: Die Ikonographie

Im Vergleich zu diesen mitunter signifikanten Unterschieden im Inhalt der Inschriften muss der vergleichende Blick auf die Ikonographie ernüchternd wirken.[65] Zu konstatieren ist der ungebrochene Fortbestand des figürlichen Grabbildes, das seit dem 11. Jahrhundert auftrat und bis ins 17. Jahrhundert auch im Protestantismus im Wesentlichen unverändert blieb – und dass, obwohl es „nun endgültig jeglicher liturgischen Funktion entbunden"[66] war. Die Unterschiede zwischen vor- und nachreformatorischen Grabmälern sind letztlich stilistischer Natur: Renaissance und Frühbarock lassen auch sepulkrale Kunstwerke größer und aufwendiger erscheinen, die Grabplatte und die Tumba wurden zunehmend von Wandgrabmälern und Epitaphien abgelöst.[67] Reduziert man jedoch deren Dekors auf die dem Bestatteten unmittelbar zugeordneten Elemente, so findet man nach wie vor dieselben. Grabplatten des Adels zeigen im 12. wie im 16. Jahrhundert die Attribute der Darstellung als Ritter: Figur, Schwert und Wappenschild, diejenigen des Klerus den Kelch – auch nach der Einführung des Laienkelchs blieb er dessen wichtigstes Attribut. Allerdings ist festzustellen, dass nun vermehrt das Buch als Ausweis des gelehrten Klerikers hinzutritt.[68] Ist es aufgeschlagen, verweist es in der Regel auf eine akademische Ausbildung des dargestellten Geistlichen. Umgekehrt gilt die Regel nicht, denn längst nicht alle Graduierten ließen sich auf diese Weise darstellen. Nach der Reformation wurde das in Händen gehaltene Buch zum Attribut des evangelischen Geistlichen, der das Evangelium als einzigen verbindlichen Text präsentierte.[69] (Abb. 5) Zugleich übernahm der Klerus in dieser Zeit die heraldisch geprägte Wappengrabplatte. Die Besinnung auf die je eigene Familie scheint das Bewusstsein vom Klerus als einem eigenen Stand abzulösen.[70]

Abb. 5: Lübeck, Dom. Grabplatte des protestantischen Domherrn Moritz Ebeling († 1537) (Hansestadt Lübeck, Museumsquartier, Fotoarchiv. Reproduktion: Michael Haydn, Steinburg)

Philippe Ariès diagnostizierte in seiner berühmten „Geschichte des Todes" von 1977, in der er das Verhältnis des Menschen zu seinem Tod *à la longue durée* untersuchte, keine grundlegende Veränderung durch die Reformation und ihre Verwerfungen, vielmehr seit Beginn der Renaissance und bis ins 17. Jahrhundert fortdauernd eine neue Distanz zu diesem Thema; diese Distanz aber „fällt nicht mit dem großen Bruch zusammen, der Generationen von Historikern geblendet hat und theologischer und geistlicher, also mehr oder weniger ‚elitärer' Art ist, dem Bruch zwischen den beiden christlichen Reformationen und [...] möglicherweise auch zwischen Religion der Vergangenheit und Freigeisterei der Zukunft."[71] In der Konsequenz betrachtet er es als methodisch legitim, „katholische und protestantische Quellen und Dokumente bedenkenlos [zu] mischen. Denn ihre Unterschiede, wenn es sie denn gibt, liegen nicht auf der Ebene der Kollektivpsychologie, die in beiden Lagern nahezu die gleiche ist."[72]

Ariès konstatiert unter anderem richtig den angesprochenen Fortbestand des figürlichen Grabbildes. Den Grund für diese Konstanz allerdings hat er so, wie ich ihn verstehe, nicht erkannt: Für beide Konfessionen, die katholische wie für die protestantische, steht die körperliche Auferstehung der Toten im Mittelpunkt. Das figürliche Grabbild, das den körperlichen Zerfall negiert, stellt den Glauben an die Wiederauferstehung ins Zentrum der ikonischen Darstellung, auf den die Verheißung beider Konfessionen zielt: Die Grabfigur bildet nicht den Lebenden ab, der er gewesen ist, sondern den durch Erlösung und Auferstehung Wiederbelebten.[73] Und diese Gnade wird auch im Luthertum nicht abstrakt gedacht, sondern konkret als Auferstehung im Fleische. Dies belegen die bereits angeführten Bibeltexte, die in Luthers Begräbnisliederbuch von 1542 zur Anbringung an Kirchhöfen empfohlen worden sind.

Auf einen Sonderfall, der in unserem Kontext sowohl epigraphisch als auch ikonographisch singulär erscheint, soll abschließend hingewiesen werden. Nicht um ein Grabmal, sondern um ein Denkmal der negativen Memoria handelte es sich bei jener Schandsäule, die bis zum Jahr 1792, in dem sie beim französischen Einmarsch zerstört wurde, auf dem Aachener Marktplatz stand (Abb. 6).[74] Ein zeitgenössischer Kupferstich lässt erkennen, dass sie in Bild und Schrift die fiktive Hinrichtung des lutherischen Bürgermeisters Johann Kalckberner darstellte, der zuvor im Exil gestorben war. Das Kapitell zeigt detailreich die imaginäre Szene auf der Folterbank, wo dem Delinquenten die Gliedmaßen und der Kopf abgeschlagen wurden, um dann an den Toren sowie am Rathausgiebel aufgehängt zu werden. Auf dem Säulenschaft findet sich die Inschrift mit der Erklärung der grausigen Darstellung:

> „So kommen diejenigen um, die es anstreben, dieses Gemeinwesen und diesen königlichen Sitz umzustürzen, indem sie die Verordnungen der Heiligen Kaiserlichen Majestät verachtet haben. / Zur verdammenswerten Erinnerung an Johann Kalckberner, den Anführer im letzten Tumult, der hier im Jahre 1611 zwischen den Feinden heraufbeschworen worden war, wurde angeordnet, diese Säule gemäß dem Erlass der Herren Abgesandten der Heiligen Kaiserlichen Majestät zu errichten am 3. Tag vor den Nonen des Dezembers 1616."[75]

Tatsächlich war Kalckberner als lutherischer Bürgermeister einer der Initiatoren des protestantischen Aufstandes von 1611 gegen den altgläubigen Rat gewesen. Über die Stadt wurde die Reichsacht verhängt, schließlich wurde sie durch spanische Truppen unter General Spinola eingenommen und der alte Rat wieder eingesetzt. Kalckberner entkam und starb bald darauf in Jülich. Fünf Jahre später wurde er postum zum Tode verurteilt; da man seiner im Gegensatz zu anderen Beteiligten nicht mehr habhaft werden konnte, um eine öffentliche Hinrichtung vorzunehmen, wurde diese gleichsam auf Dauer und für alle sichtbar auf dem Marktplatz inszeniert. Ziel war weniger eine Warnung vor Nachahmung[76] als vielmehr eine ewige *damnatio memoriae*, wie in der Inschrift ja explizit formuliert.

Abb. 6: Aachen, Marktplatz. Schandsäule für Johann Kalckberner, 1616. Zeitgenössischer Kupferstich (Aus: Hermann Friedrich Macco, Die reformatorischen Bewegungen während des 16. Jahrhunderts in der Reichsstadt Aachen, Leipzig o. J. [1900], Abb. 73, Ausschnitt)

Auch hierbei handelt es sich um die Darstellung des Toten im Religionskonflikt, wenngleich um eine ungewöhnliche. Die vorangegangenen Ausführungen sollten darstellen, dass nicht nur die Schandsäule, sondern auch das Grabmal in die religiösen Auseinandersetzungen einbezogen werden konnten: vergleichsweise selten, aber bewusst und gezielt. Darüber hinaus sind bemerkenswerte Unterschiede zwischen vor- und nachreformatorischem Grabmal zu erkennen, weniger im Bild, mehr in jenem Medium, das vom Luthertum in den Vordergrund gestellt wurde: dem Wort.

Anmerkungen

* Der Vortragsstil wurde beibehalten. Mein Dank für wichtige Hinweise und andauernde Unterstützung gilt Hans Fuhrmann und Franz Jäger von der Leipziger Inschriften-Kommission der Deutschen Akademien der Wissenschaften.

1 Guy P. MARCHAL, Das vieldeutige Heiligenbild. Bildersturm im Mittelalter, in: Macht und Ohnmacht der Bilder. Reformatorischer Bildersturm im Kontext der europäischen Geschichte, hrsg. von Peter BLICKLE u. a., München 2002, S. 307–332; Barbara WELZEL, Die Vertreibung der Heiligen und die Folgen für die Bilder, in: Konfessionen im Kirchenraum. Dimensionen des Sakralraums in der Frühen Neuzeit, hrsg. von Susanne WEGMANN und Gabriele WIMBÖCK (= Studien zur Kunstgeschichte des Mittelalters und der frühen Neuzeit 3), Korb 2007, S. 365–379.

2 Vgl. die ungemein reichhaltige Zusammenstellung bei Sergiusz MICHALSKI, Das Phänomen Bildersturm. Versuch einer Übersicht, in: Bilder und Bildersturm im Spätmittelalter und in der frühen Neuzeit, hrsg. von Bob SCRIBNER (= Wolfenbütteler Forschungen 46), Wiesbaden 1990, S. 69–124.

3 Siehe einstweilen: Craig KOSLOFSKY, The Reformation of the Dead. Death and Ritual in

Early Modern Germany, 1450-1700, London 2000; Susan C. KARANT-NUNN, Tod, wo ist Dein Stachel? Kontinuität und Neuerung bei Tod und Begräbnis in der jungen evangelischen Kirche, in: Traditionen, Zäsuren, Umbrüche – Inschriften des späten Mittelalters und der frühen Neuzeit im historischen Kontext. Beiträge zur 11. Internat. Fachtagung für Epigraphik vom 9. bis 12. Mai 2007 in Greifswald, hrsg. von Christine MAGIN, Ulrich SCHINDEL und Christine WULF, Wiesbaden 2008, S. 193–204. Und: Arnd REITEMEIER, Die Reformation und ihre Folgen in Niedersachsen. Inschriften und die Frage nach der Einführung und Konsolidierung des lutherischen Glaubens in den welfischen Territorien des 16. Jahrhunderts, in: Inschriften als Zeugnisse kulturellen Gedächtnisses. 40 Jahre Deutsche Inschriften in Göttingen. Beiträge zum Jubiläumskolloquium vom 22. Oktober 2010 in Göttingen, hrsg. von Nikolaus HENKEL, Wiesbaden 2012, S. 115–131, bes. S. 124-129.

4   Als überaus hilfreich erweist sich einmal mehr das von den Akademien der Wissenschaften getragene Forschungsprojekt „Die Deutschen Inschriften" (zukünftig zit.: DI mit Bd.). Die epigraphische Überlieferung der folgenden Reichsstädte liegt bis dato in Edition vor: Aachen (DI 31 + 32), Boppard (DI 60), Goslar (DI 45), Nürnberg (DI 13 + 68 + 90), Oppenheim (DI 23), Regensburg (DI 40 + 74), Rothenburg ob der Tauber (DI 15), Wimpfen (DI 4) und Worms (DI 29). In Bearbeitung ist das Material aus Köln und Speyer. – Für den ersten Teil dieser Untersuchung (Umgang mit älteren Grabmälern) konnten auch die entsprechenden Bände des schweizerischen Inschrifteneditions-Unternehmens Corpus Inscriptionum Medii Aevi Helvetiae (zukünftig zit.: CIMAH mit Bd.) herangezogen werden, dessen Aufnahme nur bis zum Jahr 1300 reicht. Dadurch ist die epigraphische Überlieferung der folgenden Reichsstädte ediert: Basel, Bern (beide CIMAH 3), Freiburg im Üechtland, Neuenburg am Rhein (beide CIMAH 2), St. Gallen, Schaffhausen (beide CIMAH 4), Solothurn (CIMAH 3) sowie Zug, Zürich (beide CIMAH 4). – Darüber hinaus stehen Einzelstudien zur Verfügung; siehe etwa Christina VOSSLER, Bekenntnis an der Wand? Reformationszeitliche Inschriften aus Reutlingen, Untere Gerberstraße 14, in: Archäologie der Reformation. Studien zu den Auswirkungen des Konfessionswechsels auf die materielle Kultur, hrsg. von Carola JÄGGI und Jörn STAECKER (= Arbeiten zur Kirchengeschichte 104), Berlin 2007, S. 211–238.

5   Bernd MOELLER, Reichsstadt und Reformation, bearb. Neuausgabe Berlin 1987, geht nur ganz knapp (S. 22 f. und S. 80 f.) auf den reformatorischen Bildersturm in den Reichsstädten ein, ohne Bezug zum Grabbild. Das Thema spielt ebenfalls keine Rolle in dem von DEMS. herausgegebenen Sammelband: Stadt und Kirche im 16. Jahrhundert (= Schriften des Vereins für Reformationsgeschichte 190), Gütersloh 1978.

6   In Vorbereitung ist ein Vortrag des Verf. unter dem Titel: Wie die Protestanten den Tod gebildet. Bild und Text am Grabmal der Reformationszeit, auf dem 1. Wittenberger Tag der Reformationsgeschichte, 6. Mai 2017.

7   „In den oberdeutschen und schweizerischen Städten, in denen die Reformation das Übergewicht erlangte, wurden meist erst die Messe und dann die Bilder beseitigt (Konstanz, Giengen, Biberach, Memmingen, Isny, Esslingen, Straßburg) – nur in Kempten und in Lindau geschah dies in umgekehrter Reihenfolge, in Ulm, Bern und Basel gleichzeitig." (MICHALSKI, Phänomen Bildersturm [wie Anm. 2], S. 74).

8   Martin LUTHER, *Wider die himmlischen Propheten* (1525), in: Weimarer Ausgabe (WA) 18, S. 80.

9   Dazu Bob SCRIBNER, Das Visuelle in der Volksfrömmigkeit, in: Bilder und Bildersturm (wie Anm. 2), S. 9–20. – Zur Bilderfrage in Mittelalter und Reformationszeit: Ulrich KÖPF, Die Bilderfrage in der Reformationszeit, in: Blätter für württembergische Kirchengeschichte 90 (1990), S. 38–64; Bruno REUDENBACH, Individuum ohne Bildnis? Zum Problem künstlerischer Ausdrucksformen von Individualität im Mittelalter, in: Individuum und Individualität im Mittelalter, hrsg. von Jan A. AERTSEN und Andreas SPEER (= Miscellanea Mediaevalia 24), Berlin/New York 1996, S. 807–818; Klaus ARNOLD, *Da ich het die gestalt*. Bildliche Selbstzeugnisse in Mittelalter und Renaissance, in: Das dargestellte Ich. Studien zu Selbstzeugnissen des späteren Mittelalters und der frühen Neuzeit, hrsg. von DEMS., Sabine SCHMOLINSKY und Urs Mar-

tin ZAHND (= Selbstzeugnisse des Mittelalters und der beginnenden Neuzeit 1), Bochum 1999, S. 201–221; Gudrun LITZ, Die Problematik der reformatorischen Bilderfrage in den schwäbischen Reichsstädten, in: Macht und Ohnmacht (wie Anm. 1), S. 99–116; Peter HERSCHE, Die Allmacht der Bilder. Zum Fortleben ihres Kults im nachtridentinischen Katholizismus, in: ebd., S. 391–405; Thomas KAUFMANN, Die Bilderfrage im frühneuzeitlichen Luthertum, in: ebd., S. 407–454; – speziell zum Bildersturm in Wittenberg im Winter 1521/1522 und Luthers schockierter Reaktion darauf: KÖPF, Bilderfrage, S. 39 f.; MICHALSKI, Phänomen Bildersturm (wie Anm. 2), S. 121. Vgl. zum Visuellen in Luthers Gnadentheologie auch Margit KERN, Tugend versus Gnade. Protestantische Bildprogramme in Nürnberg, Pirna, Regensburg und Ulm (= Berliner Schriften zur Kunst 16), Berlin 2002.

10 Ex 20,4–6; Lev 5,8–10; Joh 4,24, 6,63; dazu Carlos M. N. EIRE, The Reformation Critique of the Image, in: Bilder und Bildersturm (wie Anm. 2), S. 51–68; KÖPF, Bilderfrage (wie Anm. 9), S. 48, S. 52, S. 63.

11 Karlstadt, *Von abtuhung der Bylder* (1522). Nachweis bei KÖPF, Bilderfrage (wie Anm. 9), S. 44 f., Anm. 29.

12 Dazu Norbert SCHNITZLER, „Faules Holz – Toter Stein". Thesen zum Bilderkult des Mittelalters aus ikonoklastischer Perspektive, in: Pictura quasi fictura. Die Rolle des Bildes in der Erforschung von Alltag und Sachkultur des Mittelalters und der frühen Neuzeit, hrsg. von Gerhard JARITZ (= Österreichische Akademie der Wissenschaften, Philosophisch-historische Klasse. Forschungen des Instituts für Realienkunde des Mittelalters und der frühen Neuzeit. Diskussionen und Materialien 1), Wien 1996, S. 175–190, hier S. 175 f. mit weiterführender Literatur.

13 Grabdenkmäler werden gelegentlich immer noch als nicht unmittelbar zum liturgischen Gebrauch geschaffen verstanden (was die memorialen Handlungen am Grabe völlig negiert) und deswegen in der Forschung zum Umgang mit Kirchenausstattung vernachlässigt. So führt Frank SCHMIDT, Die Fülle der erhaltenen Denkmäler. Ein kurzer Überblick, in: Die bewahrende Kraft des Luthertums. Mittelalterliche Kunstwerke in evangelischen Kirchen, hrsg. von Johann Michael FRITZ, Regensburg 1997, S. 71–78, Retabel, Kanzeln, Orgeln, Lesepulte, Fünten, Messkelche, liturgische Kleidungsstücke, Leuchter, Chorgestühl und vieles andere auf, aber keine Grabdenkmäler.

14 Norbert Schnitzler: „Wappenschilde und Epitaphien als Repräsentationsobjekte familiärer Ehre wurden nur selten zur Zielscheibe für bilderstürmerische Handlungen bestimmt." Die Beispiele, die er im folgenden anführt, betreffen keine Reichsstadt, sondern Münster (1534), Magdeburg (1524), Stralsund (1525), Hameln (1564) und Marburg (1605). Norbert SCHNITZLER, Ikonoklasmus – Bildersturm. Theologischer Bilderstreit und ikonoklastisches Handeln während des 15. und 16. Jahrhunderts. München 1996, S. 183. – Eberhard J. Nikitsch zu St. Goar: „Die Gründe für die ungewöhnlich vielen nur noch als Fragmente erhaltenen Grabdenkmäler dürften sowohl in den bekannten Maßnahmen [!] während der Reformation, als auch in den purifizierenden Restaurierungen der vierziger Jahre des 19. Jahrhunderts zu suchen sein. Offenbar wurden dabei einige Denkmäler beseitigt bzw. beiseite geschafft, andere aber auch nur durch die damals vorgenommene Erhöhung des Fußbodens verdeckt. Etliche dieser Grabdenkmäler kamen während der Wiederherstellung des Fußbodens im Jahr 1966 bzw. während des Einbaus einer Fußbodenheizung im Sommer 2000 wieder zum Vorschein, darunter auch mehrere bislang unbekannte." Die Inschriften des Rhein-Hunsrück-Kreises I (Boppard, Oberwesel, St. Goar), gesammelt und bearb. von Eberhard J. NIKITSCH (= DI 60. Mainzer Reihe 8), Wiesbaden 2004, S. XXX.

15 Die Inschriften der Kantone Freiburg, Genf, Jura, Neuenburg und Waadt (= Die frühchristlichen und mittelalterlichen Inschriften der Schweiz [CIMAH], hrsg. von Carl PFAFF). Bd. 2, gesammelt und bearb. von Christoph JÖRG (= Scrinium Friburgense. Sonderbd. 2), Freiburg/CH 1984, Nr. 52*; vgl. ebd., Nr. 50. – Umgekehrt aber führte eben diese bauliche Zerstörung dazu, dass das Epitaph des Bischofs Ansegisus (um 880) entdeckt und durch den Chronisten François Bonivard kopiert wurde (ebd., Nr. 51).

16 Die Inschriften der Kantone Luzern, Unterwalden, Uri, Schwyz, Zug, Zürich, Schaffhausen,

Thurgau, St. Gallen und des Fürstentums Liechtenstein bis 1300 (= CIMAH 4), gesammelt und bearb. von Wilfried KETTLER und Philipp KALBERMATTER (= Scrinium Friburgense. Sonderbd. 4), Freiburg/CH 1997, Nr. 49.

17 Nachweis bei MICHALSKI, Phänomen Bildersturm (wie Anm. 2), S. 83, Anm. 51. – Zur Rolle der Heiligenreliquien und -grablegen im Zuge der vorreformatorischen Bilderstürme vgl. Guy P. MARCHAL, Bildersturm im Mittelalter, in: Historisches Jahrbuch 113 (1993), S. 255–282.

18 Annie KAUFMANN-HAGENBACH, Die Basler Plastik des fünfzehnten und frühen sechzehnten Jahrhunderts (= Basler Studien zur Kunstgeschichte 10), Basel 1952, S. 26; Anne NAGEL, Grabmäler und Epitaphien des Münsters und seiner Kreuzgänge, Basel 2000, S. 10 f.

19 Nachweis bei MICHALSKI, Phänomen Bildersturm (wie Anm. 2), S. 71, Anm. 4.

20 Die Chronik von Clemens Sender von den ältesten Zeiten der Stadt bis zum Jahre 1536, in: Die Chroniken der schwäbischen Städte. Augsburg. Bd. 4 (= Die Chroniken der deutschen Städte vom 14. bis ins 16. Jahrhundert 23), Leipzig 1894, S. 155; dazu bereits KÖPF, Bilderfrage (wie Anm. 9), S. 41.

21 MICHALSKI, Phänomen Bildersturm (wie Anm. 2), S. 86, Anm. 67.

22 Nachweis bei KÖPF, Bilderfrage (wie Anm. 9), S. 42.

23 Bischofschronik, in: Die Münsterischen Chroniken des Mittelalters, hrsg. von Julius FICKER (= Die Geschichtsquellen des Bisthums Münster 1), Münster 1851, S. 334. Übersetzung nach Martin WARNKE, Durchbrochene Geschichte? Die Bilderstürme der Wiedertäufer in Münster 1534/1535, in: Bildersturm. Die Zerstörung des Kunstwerks, hrsg. von Martin WARNKE, Frankfurt/M. 1977, S. 65–98, hier S. 86.

24 Hans-Jürgen GOERTZ, Bildersturm im Täufertum, in: Macht und Ohnmacht (wie Anm. 1), S. 239–252.

25 Das Beispiel abgehandelt bei WARNKE, Durchbrochene Geschichte (wie Anm. 23), S. 93 f.

26 „Indem man den Namen der Person auf den Epitaphien auskratzte, stellte man jene soziale Gleichheit vor der Macht des Todes her, dessen sozial indifferentes Zugreifen die spätmittelalterliche Todesmoralistik immer wieder drastisch vor Augen geführt hatte. [...] In keinem Fall ist eine Reliefszene so weit vernichtet, daß nicht noch die einmal gesetzte Intention erkennbar geblieben wäre. Erst in der partiellen Verstümmelung gewinnen die Epitaphe die neue Qualität, die Überwindung und Verkehrung des ursprünglich Repräsentierten vorzustellen". WARNKE, Durchbrochene Geschichte (wie Anm. 23), S. 89.

27 Uwe FLECKNER, Aus dem Gedächtnis verbannt. Funktion und Ästhetik zerstörter Bildnisse, in: Der Sturm der Bilder. Zerstörte und zerstörende Kunst von der Antike bis in die Gegenwart, hrsg. von Uwe FLECKNER, Maike STEINKAMP und Hendrik ZIEGLER (= Mnemosyne. Schriften des Internationalen Warburg-Kollegs), Berlin 2011, S. 15–33, hier S. 21.

28 WARNKE, Durchbrochene Geschichte (wie Anm. 23), S. 89.

29 Die Inschriften der Friedhöfe St. Johannis, St. Rochus und Wöhrd in Nürnberg. Teil 2 (1581–1608), gesammelt und bearb. von Peter ZAHN (= DI 68. Münchener Reihe 11), Wiesbaden 2008, Zitate S. XXI; vgl. auch die beiden anderen Bände: Die Inschriften der Friedhöfe St. Johannis, St. Rochus und Wöhrd zu Nürnberg [Teil 1], gesammelt und bearb. von DEMS. (= DI 13. Münchener Reihe 3), München 1972, und: Die Inschriften der Friedhöfe St. Johannis, St. Rochus und Wöhrd zu Nürnberg. Teil 3 (1609 bis 1650), gesammelt und bearb. von DEMS. (= DI 90. Münchener Reihe 16), Wiesbaden 2013. – Vgl. zur Situation in Nürnberg: Gottfried SEEBASS, Mittelalterliche Kunstwerke in evangelisch gewordenen Kirchen Nürnbergs, in: Kraft des Luthertums (wie Anm. 13), S. 34–53.

30 *... der Ersam Herr Adrian Kalb von Antorff, / Engelendischer Tuchbraiter*. Inschriften der Friedhöfe St. Johannis, St. Rochus und Wöhrd in Nürnberg 2 (wie Anm. 29), Nr. 1700.

31 Die Inschriften der Stadt Aachen, gesammelt und bearb. von Helga GIERSIEPEN (= DI 32. Düsseldorfer Reihe 2), Wiesbaden 1993, S. XVII.

32 Vgl. Anna-Maria BALBACH, „Hier ruhen wir in dieser Grufft, Biß Unser Herr uns zu sich rufft" – Grabinschriften der Frühen Neuzeit als Spiegel der sprachlichen Konfessionalisierung am Beispiel der Stadt Augsburg, in: Sprachvariation und Sprachwandel in der Stadt der Frühen Neuzeit, hrsg. von Hans WELLMANN

und Irmhild Barz (= Sprache – Literatur und Geschichte 38), Heidelberg 2011, S. 239–251.

33 Dazu bereits Christine Wulf, Versuch einer Typologie der deutschsprachigen Inschriften, in: Epigraphik 1988, hrsg. von Walter Koch (= Österreichische Akademie der Wissenschaften, Philosophisch-historische Klasse. Denkschriften 213. Veröffentlichungen der Kommission für die Herausgabe der Inschriften des deutschen Mittelalters 2), Wien 1990, S. 127–138, hier S. 129 f.; Hans Ulrich Schmid, … *dv das gvte – blif im Lande!* Niederdeutsch und Hochdeutsch in epigraphischer Überlieferung des 14. bis 17. Jahrhunderts, in: Epigraphik 2000. Neunte Fachtagung für mittelalterliche und frühneuzeitliche Epigraphik, Klosterneuburg, 9.–12. Oktober 2000, hrsg. von Gertrud Mras und Renate Kohn (= Forschungen zur Geschichte des Mittelalters 10. Österreichische Akademie der Wissenschaften, Philosophisch-historische Klasse. Denkschriften 335), Wien 2006, S. 217–225.

34 Insgesamt folgen epigraphische Texte in Bezug auf den Sprachwandel den im Zusammenhang mit dem literarischen und dem Kanzleibetrieb entstandenen mit deutlichem zeitlichen Abstand. So finden sich im Rheingebiet bereits seit dem 13. Jahrhundert niederdeutsche Texte aus diesem Kontext, seit dem 15. Jahrhundert sind sie allgemein verbreitet: Jan Goossens, Zur sprachlichen Teilung des Rhein-Maas-Raumes, in: Rheinische Vierteljahrsblätter 55 (1991), S. 274–293. Vgl. auch Nikolaus Henkel, Die Stellung der Inschriften des deutschen Sprachraums in der Entwicklung volkssprachiger Schriftlichkeit, in: Vom Quellenwert der Inschriften. Vorträge und Berichte der Fachtagung Esslingen 1990, hrsg. von Renate Neumüllers-Klauser (= Supplemente zu den Sitzungsberichten der Heidelberger Akademie der Wissenschaften, Philosophisch-historische Klasse 7), Heidelberg 1992, S. 163–187.

35 Inschriften der Stadt Aachen (wie Anm. 31), S. XXVI, (zum Dom:) S. XXIX; zum Vergleich: Die Inschriften des Aachener Doms, gesammelt und bearb. von Helga Giersiepen (= DI 31. Düsseldorfer Reihe 1), Wiesbaden 1992.

36 Und die Verwendung der lateinischen Sprache konnte im Zuge der Rekatholisierung als Ausweis der Treue dem alten Glauben gegenüber verstanden werden: „Landgraf Ernst von Hessen-Rheinfels ließ in der zweiten Hälfte des 17. Jahrhunderts alle unter seinem Einfluß entstandenen Inschriften in lateinischer Sprache abfassen – vielleicht genauso ein Reflex auf seinen 1652 vollzogenen Konfessionswechsel hin zur katholischen Kirche. Die 1680 von seinem Sohn Wilhelm für zwei frühverstorbene Töchter in Auftrag gegebene Grabplatte aus dem Franziskanerinnen-Kloster in Boppard trägt ebenfalls eine lateinische Inschrift." Inschriften des Rhein-Hunsrück-Kreises 1 (wie Anm. 14), S. XLIV, vgl. die genannte Inschrift dort unter Nr. 434.

37 Klaus Krüger, Selbstdarstellung der Kleriker – Selbstverständnis des Klerus. Eine Quellenkritik an Grabdenkmälern anhand nordelbischer Beispiele, in: Klerus, Kirche und Frömmigkeit im mittelalterlichen Schleswig-Holstein, hrsg. von Enno Bünz und Klaus-Joachim Lorenzen-Schmidt (= Studien zur Wirtschafts- und Sozialgeschichte Schleswig-Holsteins 41), Neumünster 2006, S. 167–190.

38 Inschriften des Rhein-Hunsrück-Kreises 1 (wie Anm. 14), S. XLIV.

39 Inschriften der Friedhöfe St. Johannis, St. Rochus und Wöhrd zu Nürnberg 3 (wie Anm. 29), S. XVIII. Ähnlich in Rothenburg: Die Inschriften der Stadt Rothenburg ob der Tauber, gesammelt und bearb. von Dietrich Lutz (= DI 15. Münchener Reihe 4), München 1976, S. XXV. – In Boppard dagegen setzt diese moderne Datierung bereits um die Wende zum 15. Jahrhundert ein und steht in dessen weiterem Verlauf gleichberechtigt neben den älteren Formen der Datumsangabe: Inschriften des Rhein-Hunsrück-Kreises 1 (wie Anm. 14), S. XLIII.

40 Klaus Krüger, Corpus der mittelalterlichen Grabdenkmäler in Lübeck, Schleswig, Holstein und Lauenburg (1100–1600) (= Kieler Historische Studien 40), Stuttgart 1999, S. 131–137.

41 Inschriften der Stadt Rothenburg ob der Tauber (wie Anm. 39), S. XXV. – Umgekehrt war das Todesdatum am verlorenen Epitaph des Kanzlers Georg Seiblin im Dom zu Worms, der *catholica in religione, quam syncere ad extremum vitae spiritum coluit*, explizit nach dem Gregorianischen Kalender datiert: *obiit anno mdxci die 18. Augusti stylo correcto*. Die Inschriften der Stadt Worms, gesammelt und bearb. von Rüdiger Fuchs (= DI 29. Mainzer Reihe 2), Wies-

baden 1991, Nr. 546†. – Auf eine offensichtliche Unsicherheit in der Anwendung der Datierung scheinen die nicht ausgefüllten Lücken in der Grabinschrift für den Knaben Johann Jakob Sutor († 1632) in Worms zu verweisen: „ANNO 1632 DEN <..> SEPTEMBR(IS) VF S(ANKT) MICHAELIS DES ERTZENGELS TAG NACHTS VMB 12 VHR STARB SELIGLIG DER EHRBARE IVNGLING IOANNES IACOBVS SVTORIVS". Ebd., Nr. 681.

42 Lübeck: Zuerst in St. Aegidien: „Anno 1527 den 25. November is […] in Got seliglich entslapen" (LÜAE13) und St. Jacobi: *Anno 1537 obdormivit Wychmod, uxor Petri Christiani hic pastoris* (LÜJA*20); kurz vor der Jahrhundertmitte in St. Marien: „Anno 1548 am Dage Nicolai is Alheit Nortmans in Godt vorscheden" (LÜMA61b). Nummern nach KRÜGER, Corpus (wie Anm. 40), vgl. dort auch S. 137–140.

43 Dazu REITEMEIER, Die Reformation und ihre Folgen (wie Anm. 3), S. 126.

44 Hans Jürgen RIECKENBERG, Über die Formel „Requiescat in pace" in Grabinschriften, in: Nachrichten der Akademie der Wissenschaften in Göttingen, Philologisch-Historische Klasse 1 1966), Göttingen 1967, S. 447–452; James E. CHURCH, Beiträge zur Sprache der lateinischen Grabinschriften. Teil 1, phil. Diss. München 1901, S. 41–72, bes. S. 59.

45 Im Unterschied zum Votum ist hier also der Körper gemeint, der im Grab ruhe: *HIC IN PACE QVIESCIT SATVRNALIS* (5./6. Jahrhundert, Boppard, St. Severus). Inschriften des Rhein-Hunsrück-Kreises 1 (wie Anm. 14), Nr. 5. Vgl. dort ähnlich die Nrn. 1–3 und 6a–12 (5.–7. Jahrhundert).

46 Bereits in der erweiterten Fassung *cuius anima … .* Dazu CHURCH, Beiträge zur Sprache (wie Anm. 44), S. 59.

47 Dazu bereits WULF, Versuch einer Typologie (wie Anm. 33), S. 135 f.

48 Inschriften der Friedhöfe St. Johannis, St. Rochus und Wöhrd zu Nürnberg 3 (wie Anm. 29), Nr. 243 (1530), Nr. 450 (1540).

49 Ebd., S. XIX. Vgl. ähnlich auch Inschriften der Stadt Aachen (wie Anm. 31), S. XXIX.

50 Dagegen wurde die Stadtkirche St. Maria von Wimpfen am Neckar ab etwa 1570, nachdem der größere Teil der Bevölkerung evangelisch geworden war, von beiden Konfessionen gemeinsam genutzt. Die Inschriften der Stadt Wimpfen am Neckar, gesammelt und bearb. von Fritz Viktor ARENS (= DI 4. Münchener Reihe 2), Stuttgart 1958, S. 2.

51 So bereits Helga GIERSIEPEN in: Inschriften der Stadt Aachen (wie Anm. 31), Nr. 70† und S. XVII f.

52 Zu einem anderen Beispiel aus Halle, für unser Thema einschlägig: Franz JÄGER, Vorreformatorische Heiligenlegenden als Exempel lutherischer Ars moriendi. Das Epitaph des Laurentius Hoffmann aus der Ulrichskirche in Halle (Saale), in: Traditionen, Zäsuren, Umbrüche (wie Anm. 3), S. 205–230.

53 Martin LUTHER, Begräbnislieder, Vorrede (1542), in: WA 35, S. 478–483; vgl. dazu auch Anja A. TIETZ, Der Stadtgottesacker in Halle (Saale), Halle 2004, S. 32 f.

54 Zum Typus des Gottesackers vgl. Barbara HAPPE, Die Entwicklung der deutschen Friedhöfe von der Reformation bis 1870 (= Untersuchungen des Ludwig-Uhland-Instituts der Universität Tübingen 77), Tübingen 1991, S. 207–215; DIES., Jenseitsvorstellungen und Sepulkralarchitektur des 16. und 17. Jahrhunderts – Camposanto-Friedhöfe, in: Diesseits- und Jenseitsvorstellungen im 17. Jahrhundert, hrsg. von Ingeborg STEIN (= Forschungs- und Gedenkstätte Heinrich-Schütz-Haus Bad Köstritz. Sonderreihe Monographien 4), Jena 1996, S. 75–92; Anja A. TIETZ, Der frühneuzeitliche Gottesacker. Entstehung und Entwicklung unter besonderer Berücksichtigung des Architekturtypus Camposanto in Mitteldeutschland (= Beiträge zur Denkmalkunde 8), Halle 2012. – Dass die Anlegung eines außerstädtischen Friedhofs im benachbarten Leipzig auch aus gesundheitlichen Gründen durch einen katholischen Stadtherrn angeordnet und eine „quasi-lutherische Begräbnisordnung" durchgesetzt werden konnte, zeigen Craig KOSLOFSKY, Die Trennung der Lebenden von den Toten: Friedhofverlegungen und die Reformation in Leipzig, 1536, in: Memoria als Kultur, hrsg. von Otto Gerhard OEXLE (= Veröffentlichungen des Max-Planck-Instituts für Geschichte 121), Göttingen 1995, S. 335–385, und Craig KOSLOFSKY, „Pest" – „Gift" – „Ketzerei". Konkurrierende Konzepte von Ge-

meinschaft und die Verlegung der Friedhöfe (Leipzig 1536), in: Kulturelle Reformation. Sinnformationen im Umbruch 1400–1600, hrsg. von DEMS. und Bernhard JUSSEN (= Veröffentlichungen des Max-Planck-Instituts für Geschichte 145), Göttingen 1999, S. 193–208, Zit. S. 205.

55 Zum Stadtgottesacker in Halle siehe TIETZ, Stadtgottesacker (wie Anm. 53); Klaus KRÜGER, „Allhier unser Ruhbettlein" – der hallische Stadtgottesacker, in: Geschichte der Stadt Halle. Bd. 1: Halle im Mittelalter und in der Frühen Neuzeit, hrsg. von Werner FREITAG und Andreas RANFT, Halle 2006, S. 393–402; Klaus KRÜGER, „Um der Gnade der Auferstehung willen und zum Gedächtnis der Nachwelt" – Der Stadtgottesacker in Halle und seine Inschriften, in: Stadt zwischen Erinnerungsbewahrung und Gedächtnisverlust. 49. Arbeitstagung in Esslingen, 19.–21.11.2010, hrsg. von Joachim J. HALBEKANN, Ellen WIDDER und Sabine VON HEUSINGER (= Stadt in der Geschichte 39), Ostfildern 2015, S. 65–78.

56 Jesaja 26,19: „Aber deine Todten werden leben vnd mit dem Leichnam aufferstehen. Wacht auff vnd rhümet, die jr ligt vnter der Erden, Denn dein Taw ist ein Taw des grünen Feldes." – Johannes 3,16: „Also hat Gott die Welt geliebet, das er seinen eingeboren Son gab, auff das alle die an jn gleuben, nicht verloren werden, sondern das ewige Leben haben." – Johannes 11,25: „Ich bin die Aufferstehung vnd das Leben, wer an mich gleubet, der wird leben, ob er gleich stürbe."

57 Vgl. auch Christine STEININGER, *Ich weiß, daß mein Erlöser lebet.* Überlegungen zur Verbindung von biblischem Text und biblischem Bild auf Epitaphien des 16. und frühen 17. Jahrhunderts und ihrer konfessionellen Relevanz, in: Epigraphik 2000, hrsg. von Gertrud MRAS und Renate KOHN (= Forschungen zur Geschichte des Mittelalters 10. Österreichische Akademie der Wissenschaften, Philosophisch-historische Klasse. Denkschriften 335), Wien 2006, S. 241–255: Im Gegensatz zu meiner Argumentation akzentuiert Steininger wegen der Betonung der Erlösungsgewissheit in diesem Vers gerade den Unterschied der protestantischen zur alten Auffassung.

58 Inschriften der Stadt Worms (wie Anm. 41), Nr. 656a†. Dazu auch ebd., S. LXXXIV.

59 *Siste parum pensans quam qui purgatur in igne Duros sustineat cruciatus atque dolores Et precibus succurre piis gratiamque rogando Ut mihi dimittat culpam poenamque relaxet.* Inschriften des Rhein-Hunsrück-Kreises 1 (wie Anm. 14), Nr. 285†.

60 Inschriften der Stadt Worms (wie Anm. 41), Nr. 484. Auch Johann Melchior Staudt († 1591) *seruabatq(ue) sui dogmata sancta Dei*, ebd., Nr. 547†; vgl. ebd., S. LXXXIV.

61 Ebd., Nr. 672.

62 Vgl. auch Ursula B. THIEL, Das Grabdenkmal des Gerhard von Dienheim († 1525) und der calvinistische Bildersturm in Oppenheim 1565, in: Blätter für pfälzische Kirchengeschichte und religiöse Volkskunde 68 (2001), S. 375–391.

63 *Johann Fabricius Bolandus, Vir trium Linguarum poetiss(imus) Poeta et Philosoph(us) excellentiss(imus) et unae sincerioris Religionis amantis(imus) jam senio et curis confectus, persecutionibus adversariorum et hostium Evangelii plane exhaust(us) VIII. Id(us) Febr(uarii) hic vita defunctus et sepultus est Anno MD LXXVIII aetatis suae LXX.* Die Inschriften der Stadt Oppenheim, gesammelt und bearb. von Siegrid DÜLL (= DI 23. Mainzer Reihe 1), Wiesbaden 1984, Nr. 179†.

64 *Conditorium matronae christianae Catharinae Curtiae quae Bensheimii in Palatinis nata, educta, ducta primas aevi sui scenas et paene XL annos serena vidit fruita est salvis sacris clauso iano gleba fertili patre longevo connubio porro liberis et nepotibus pluribus gavisa dein vergente patria religione seculo catastrophem morosiorem experta funera urbis et suae vidit et passa est Bis vidua semel ab religionem pluries ab bello lare proprio eiecta semper orthodoxiae tenax tandem aerumnas praecibus et sacro codice solata morbo brevi sed epidemico festinata propitium numen familiae adprecata composita in manum capite dormitura placide et velut sciens quod mortalis fuit esse desiit in Vangionibus ortu maiorum Anno aetatis LVIII salutis MDCXXXV.* Inschriften der Stadt Worms (wie Anm. 41), Nr. 693†.

65 Anhand Braunschweiger und Nürnberger Beispielen dazu: Dagmar HÜPPER, Gedenken und Fürbitte – Inschriften des Totengedächtnisses zwischen Wandel und beharrendem Zeitgeist, in: Traditionen, Zäsuren, Umbrüche (wie

Anm. 3), S. 123–147. Vgl. auch Christine Wulf, Bildbeischriften im frömmigkeitsgeschichtlichen Kontext. Funktionswandel von Inschriften auf kirchlichen Ausstattungsstücken vom hohen Mittelalter bis zum 16. Jahrhundert, in: ebd., S. 37–54. – Ambitioniert zur Frage, ob es ein spezifisch lutherisches Grabmal gebe: Doreen Zerbe, Memorialkunst im Wandel. Die Ausbildung eines lutherischen Typus des Grab- und Gedächtnismals im 16. Jahrhundert, in: Archäologie der Reformation (wie Anm. 4), S. 117–163; allgemein zu lutherischen Bildprogrammen am Beispiel von Nürnberg, Pirna, Regensburg und Ulm: Kern, Tugend versus Gnade (wie Anm. 9).

66 Dietrich Erben, Requiem und Rezeption. Zur Gattungsbestimmung und Wahrnehmung von Grabmälern in der Frühen Neuzeit, in: Tod und Verklärung. Grabmalskultur in der Frühen Neuzeit, hrsg. von Arne Karsten und Philipp Zitzlsperger, Köln/Wien/Weimar 2004, S. 115–135, hier S. 117.

67 Aus der Fülle der Literatur seien hier nur zitiert: Inga Brinkmann, Das Wandgrabmal für Matthias von der Schulenburg (gest. 1569) in der Wittenberger Stadtkirche. Zum Problem lutherischer Grabmalstypen in der zweiten Hälfte des 16. Jahrhunderts, in: Konfessionen im Kirchenraum (wie Anm. 1), S. 305–324; Esther Meier, Bild und Memoria im protestantischen Sakralraum am Beispiel des Grabmals von Philipp dem Großmütigen und Christine von Sachsen in der Martinskirche zu Kassel, in: ebd., S. 345–364; Oliver Meys, Memoria und Bekenntnis. Die Grabdenkmäler evangelischer Landesherren im Heiligen Römischen Reich Deutscher Nation im Zeitalter der Konfessionalisierung, Regensburg 2009. Vgl. die altgläubige Perspektive: Kerstin Merkel, Das Bewährte bewahren. Bischof Gabriel von Eyb, Loy Hering und die Grabdenkmäler im Eichstätter Dom, in: Kunst und Konfession. Katholische Auftragswerke im Zeitalter der Glaubensspaltung, hrsg. von Andreas Tacke, Regensburg 2008, S. 172–190. Vgl. auch Johannes Tripps, Die Pracht der Inszenierung. Mittelalterliche Grabmäler in Mitteldeutschland und die Kontinuität liturgischen Totengedenkens bis ins 18. Jahrhundert, in: Alltag und Frömmigkeit am Vorabend der Reformation in Mitteldeutschland. Wissenschaftlicher Begleitband zur Ausstellung „Umsonst ist der Tod", hrsg. von Enno Bünz und Hartmut Kühne (= Schriften zur sächsischen Geschichte und Volkskunde 50), Leipzig 2015, S. 635–654.

68 Im Lübecker Dom vereinzelt bereits am Ende des 14. Jahrhunderts: LÜDO76 (1398); – später wieder am Grabmal des 1537 gestorbenen Domherrn Moritz Ebeling: LÜDO288 (1537); weiter: LÜDO299 (1548), LÜDO310 (1561), LÜDO311 (1562), LÜDO318 (1568), LÜDO352. Nummern nach Krüger, Corpus (wie Anm. 40), vgl. dort auch S. 180–183. Vgl. auch Zerbe, Memorialkunst im Wandel (wie Anm. 65), S. 137.

69 Krüger, Selbstdarstellung der Kleriker (wie Anm. 37), S. 176–181.

70 Krüger, Corpus (wie Anm. 40), S. 192–201.

71 Philippe Ariès, Geschichte des Todes, München ²1985, S. 382. Im Original lautet die entscheidende Stelle: … *entre les deux réformes chrétiennes* … .

72 Ebd.

73 Dem stehen Konzepte von Grabfiguren entgegen, die den Toten als aktiv handelnd (etwa betend: der *priant*) oder als sichtlich tot (*le transi*, der verwesende Leichnam) zeigen. Diese konstatiert Ariès jedoch ausschließlich bei den „Monumenten der großen Kunst", den aufwendigen Grabmälern der Privilegierten. Der weitaus größte Teil der figürlichen Grabmäler trägt dagegen bis ins 17. Jahrhundert die herkömmliche stehende Darstellung des *gisant*. Ariès, Geschichte des Todes (wie Anm. 71), S. 308–312, Zitat S. 311.

74 Inschriften der Stadt Aachen (wie Anm. 31), Nr. 106†.

75 *Sic pereant Qui hanc Rempublicam Et Sedem Regalem Spretis Sacrae Caesareae Maiestatis edictis Evertere moliuntur. / Ad damnandam memoriam Ioannis Kalckberner In ultimo tumultu Anno MDCXI Hic excitato Inter perduelles Antesignani Columna haec ex decreto D(ominorum) Subdelegatorum Sac(rae) Caes(areae) Maiest(atis) Erigi iussa III. Nonas Decembris anno MDCXVI.* Ebd.

76 So Helga Giersiepen in: Inschriften der Stadt Aachen (wie Anm. 31), S. XVIII.

Thomas T. Müller

Frühreformation und Bauernkrieg – Die Thüringer Reichsstädte Nordhausen und Mühlhausen im Vergleich

Einleitung

Die Thüringer Reichsstädte Mühlhausen und Nordhausen verbindet eine lange gemeinsame Geschichte. Nicht erst seit dem Spätmittelalter stimmten beide Städte regelmäßig ihr politisches und wirtschaftliches Vorgehen miteinander ab, seit dem frühen 14. Jahrhundert sogar gemeinsam mit Erfurt im Thüringer Dreistädtebund.[1] Mit dem Beginn der Reformation kamen neue Herausforderungen auf die Städte zu. Während sich Nordhausen, von einer Ratsmehrheit getragen, einigermaßen geräuschlos der Reformation zuwandte, geschah dies in Mühlhausen erst nach einem heftigen Ringen des Rates mit einer aktiven reformationsfreundlichen Oppositionsbewegung, die überwiegend außerhalb der Ratsoligarchie stand. Auch während des Aufstandes von 1525 agierten die Reichsstädte sehr unterschiedlich, was schließlich beträchtliche Folgen für den Fortgang der Reformation in der jeweiligen Kommune mit sich brachte. Wenngleich die Fakten größtenteils bekannt sind, fehlte bislang eine vergleichende Betrachtung, die Aufschlüsse verspricht über die Hintergründe der diametralen Entwicklung.

Zur Frühreformation in Nordhausen und Mühlhausen

Nordhausen zählt zu jenen Städten in Thüringen, die sich bereits sehr früh reformatorischen Gedanken gegenüber aufgeschlossen zeigten. Nicht unerheblich für die schnelle Transmission der neuen Gedanken dürften die engen Verbindungen der Bürgerschaft zu den Universitäten in Erfurt und Wittenberg gewesen sein. Beispielhaft seien nur die weitläufigen Kontakte des gebürtigen Nordhäusers Justus Jonas (1493–1555) und Michael Meyenburgs (um 1491–1555) zu den Erfurter Humanisten um Eobanus Hessus (1488–1540) genannt.[2]
Durch eine Notiz im Vorwort einer 1592 erschienenen Predigtsammlung des aus Nordhausen stammenden Magdeburger Dompredigers Dr. Siegfried Sack (1527–1596) ist

Abb. 1: Der gebürtige Nordhäuser Siegfried Sack (1527–1596) überliefert im Vorwort einer Sammlung von Leichenpredigten einen kurzen Bericht über die ersten Kontakte der Nordhäuser Oberschicht mit reformatorischem Gedankengut (Siegfried Sack, Leÿchpredigten … , Magdeburg 1592, Titelseite; Exemplar: Stadtbibliothek Braunschweig, C 259 [4°])

überliefert, dass Teile der Nordhäuser Oberschicht zuerst durch den Ratsapotheker und späteren Bürgermeister Blasius Michel mit reformatorischen Schriften bekannt gemacht worden sind.[3] Laut Sack bezog er diese direkt aus Wittenberg und scheint sie vermutlich ab 1520[4] in einer Art Lese- bzw. Hörzirkel einem ausgewählten Publikum[5] vorgestellt zu haben. Wenngleich Sacks Angaben nicht aus erster Hand stammen können, da er selbst erst 1527 geboren worden war, so war ihr Überlieferungsweg dennoch denkbar kurz. Denn sowohl Blasius Michel selbst als auch Siegfried Sacks Vater Thomas hatten ihm persönlich von den Ereignissen berichtet.[6] Selbst wichtige Protagonisten der Frühreformation in Nordhausen waren sie erstklassige Zeitzeugen gewesen. Blasius Michels Rolle als Mittler lutherischen Gedankengutes ist bereits erwähnt worden. Thomas Sack wiederum war im Februar 1522 einer der beiden Nordhäuser Bürgermeister, die mit Wissen des Rates den frühesten Reformator der Stadt, Laurentius Süße (1469–1549), als Pfarrer von „St. Petri" präsentiert hatten.[7]

Süße selbst, der zuvor Prior des Nordhäuser Augustinerklosters gewesen war, scheint erst kurz zuvor in Folge des Wittenberger Epiphaniaskapitels der sächsischen Observanz der Augustiner aus dem Orden ausgetreten zu sein. Mit Martin Luther war er noch aus ihrer gemeinsamen Zeit in Wittenberg bekannt.[8] Seine erste Predigt im neuen Amt hielt er am Sonntag Septuagesimae (16. Februar) 1522.[9]

Schon bald darauf, in der Nacht vom 2. auf den 3. Mai 1522, kam es zu Übergriffen auf Wohnungen von Kanonikern des Reichsstiftes „St. Crucis".[10] Von Strafmaßnahmen des Rates gegen die Randalierer ist nichts bekannt,[11] was mindestens auf die stillschweigende Duldung des Geschehens durch die Obrigkeit hindeutet. Ob die Ausschreitungen allerdings dezidiert in einem reformatorischen Kontext standen, ist ebenso unbekannt, wie ein möglicher Zusammenhang mit einer wohl aus reformatorischen Kreisen in Nordhausen – möglicherweise von Süße – geäußerten Kritik an Thomas Müntzer (um 1490–1525), gegen welche sich dieser in einem am 14. Juli 1522 dortselbst aufgesetzten Brief verteidigte.[12]

Wie dem auch sei, spätestens nach dem Vorfall im Mai 1522 begann der Nordhäuser Rat auch offiziell immer eindeutiger im reformatorischen Sinne zu agieren. Ein deutliches Beispiel hierfür sind die 1523 und 1524 vom Rat veranlassten Inventarisierungen in den Klöstern der Stadt.[13] Auch die Abberufung des Stiftskanonikers Herrmann Pfeiffer als Oberstadtschreiber und die Neubesetzung der Stelle durch den reformatorisch gesinnten Juristen und bisherigen Unterstadtschreiber Michael Meyenburg setzten deutliche Zeichen.[14]

Nachdem der Rat 1524 zudem den altgläubigen Pfarrer der Blasiuskirche, Georg Neckerkolb, zum Rücktritt veranlasst hatte, übertrug er dieses wichtige Amt an den evangelischen Prediger Johann Spangenberg (1484–1550). Wie Meyenburg stand auch der bis dahin in Stolberg/Harz als Rektor der Lateinschule tätige Magister mit dem bereits erwähnten Zirkel der Erfurter Humanisten um Eobanus Hessus (1488–1540) in Kontakt und es ist wohl davon auszugehen, dass sich Meyenburg und Spangenberg bereits vor seiner Berufung nach Nordhausen kannten.

Johann Spangenberg wirkte fortan insgesamt 22 Jahre in der Reichsstadt am Harz und darf wohl mit Recht als der eigentliche Reformator Nordhausens gelten.[15] Theologisch war er streng lutherisch konservativ ausgerichtet und sprach sich mehrfach klar und kategorisch gegen hiervon abweichende theologische Richtungen und Tendenzen aus.[16]

Nach Spangenbergs Berufung war die Stadtführung dem Ziel einer vollständigen Reformation Nordhausens einen entscheidenden Schritt näher gekommen, wobei dem Rat dabei, wie Ernst Koch herausgearbeitet hat, „an einer vorsichtigen, strategisch überlegten und ausgewogenen Religionspolitik gelegen war."[17] In diesem Sinne ist durchaus auch das Predigtmandat vom 26. September 1524 zu verstehen, das wohl insbesondere die Einflussnahme radikaler Strömungen verhindern sollte.[18] Dabei muss dessen Entstehung wohl auch vor dem Hintergrund der seit dem 18. September 1524 andauernden Mühlhäuser Unruhen[19] betrachtet werden, auf welche noch einzugehen sein wird.

In der Nachbarreichsstadt Mühlhausen fand die früheste sicher belegte reformatorische Predigt erst ein Jahr nach der Anstellung Süßes in Nordhausen statt.[20] Die Nachrichten über diesen publikumswirksamen Auftritt des ehemaligen Zisterziensers Heinrich Pfeiffer († 1525) fasst das „Chronicon Mulhusinum" zusammen.[21] Demnach begann er die öffentlichen Predigten in seiner Heimatstadt am Sonntag, dem 8. Februar 1523[22], vor der Marienkirche. Nachdem erst kurz zuvor in St. Marien von einem Priester des Deutschen Ordens bzw. einem von diesem beauftragten altgläubigen Kleriker gepredigt worden war, bot Pfeiffer seinen Zuhörern nun in weltlichen Kleidern und unter freiem Himmel vom Stein des Bierausrufers aus, der ihm gleichsam als Kanzelersatz diente, auf Deutsch seine Auslegung des für diesen Sonntag vorgesehenen Evangeliumstextes vom Unkraut unter dem Weizen (Mt 13,24–30). Bereits um die Mittagszeit wandte er sich erneut an seine Zuhörer.[23] Diesmal polemisierte er nicht nur gegen den Klerus, sondern auch gegen den Rat und den Adel.[24]

Aufgrund der Unruhe, die die Worte allem Anschein nach unter der Bevölkerung der Stadt auslösten, musste der Rat reagieren. Am nächsten Tag wurde Pfeiffer ins Rathaus zitiert. Doch die Reaktion auf die obrigkeitliche Vorladung war vermutlich nicht ganz die von dieser erwartete, denn Pfeiffer ließ den Rat wissen, er habe vor, gegen Mittag erneut zu predigen und erst danach der Aufforderung Folge zu leisten.[25] Durfte bereits dies in den Augen der Ratsherren als Affront gewertet worden sein, war das Erscheinen Pfeiffers vor dem Rathaus, eskortiert von zahlreichen Mühlhäuser Besuchern seiner Predigt und vielen weiteren Anhängern, eine regelrechte Machtdemonstration. Diese verfehlte ihr Ziel nicht, und Pfeiffer konnte nicht nur ohne weitere Sanktionen durch den

Abb. 2: Johann Spangenberg (1484–1550) predigte mit Vehemenz gegen alle Abweichler vom streng lutherischen Kurs der Reformation. Insbesondere gegen die Täufer wandte er sich immer wieder mit harschen Worten, wie in seiner Schrift aus dem Jahr 1541 (Johann Spangenberg, Von den || worten Christi … , Wittenberg 1541, Titelseite; Exemplar: Jena, Thüringer Universitäts- und Landesbibliothek, 4 Bud. Theol. 140 [5])

Rat wieder abziehen, sondern der Rat war sogar froh, dass sie ihn und seine Gefolgschaft „mit guten wortten abweisen"[26] konnten, ohne dass es zu Ausschreitungen gekommen war.

Als erstes taten die Verantwortlichen im Rathaus nun das, was sie immer bei außergewöhnlichen oder besonders schwierigen Problemfällen taten, für welche nicht ohne weiteres eine Lösung gefunden werden konnte: Sie konsultierten die Räte befreundeter Städte. In diesem Fall ist zumindest eine Anfrage an die Reichsstadt Nordhausen überliefert. Am 11. Februar 1523, also nur drei Tage nach Pfeiffers erstem öffentlichen Auftritt vor der Marienkirche, wurde ein Schreiben an den dortigen Rat abgefertigt, in welchem die Mühlhäuser Ratsherren das Geschehen vom 8. Februar schilderten und ihre Amtskollegen „des predigers halber ein rat" erbaten, da man an den Vorgängen „kein gefallen getragen".[27] Dass sich der Mühlhäuser Rat gerade an die Nordhäuser wandte, mag vermutlich den guten Beziehungen zwischen den beiden Reichsstädten geschuldet gewesen sein. Allerdings könnte es in diesem Fall auch damit zu tun gehabt haben, dass die Nordhäuser bereits im Jahr zuvor erste Erfahrungen mit evangelischen Predigern gemacht hatten.

Bald darauf war auch Mühlhausens Schutzfürst Herzog Georg von Sachsen (1471–1539) über die Vorgänge informiert. Sogleich sandte er am 18. Mai 1523 an den Bürgermeister, den Rat und die „gantz gemeyn" der Reichsstädte Mühlhausen und Nordhausen ein mahnendes Schreiben, in dem er davor warnte, sich mit entlaufenen und abtrünnigen Mönchen oder ihresgleichen einzulassen, weil durch diese am Ende „manicherley uffrur" entstehen und Unheil über die Städte gebracht werde. Er forderte die beiden Städte auf, die neue „secte" gar nicht erst aufkommen zu lassen.[28] Nachdem ihm der Fall eines angeblich von den Mühlhäusern um seinen Besitz gebrachten Priesters zu Ohren gekommen war, wiederholte Herzog Georg seine dringende Mahnung an die Mühlhäuser am folgenden Tag in noch deutlicherer Form.[29]

Allerdings erreichte jene ihre Adressaten nur bedingt. Denn zu diesem Zeitpunkt war es noch nicht in erster Linie die Ratsoligarchie, die, wie zuvor in Nordhausen, die Reformation vorantrieb, sondern in Mühlhausen waren es die nicht im Rat vertretenen Mitglieder der aufstrebenden Ober- und Mittelschicht, die sich – teils offen, teils verdeckt – für Pfeiffer einsetzten. Immer wieder kam es im späten Frühjahr und im Frühsommer 1523 zu konspirativen Treffen derjenigen, die auf politische und konfessionelle Veränderungen drängten. Den kurz vor Ostern gewählten Achtmann und den Mitgliedern eines aus den vier Vierteln der Innenstadt paritätisch mit je 10 Mann beschickten, so genannten „40er-Ausschusses" kam hier eine Katalysatorenrolle zu. Letztendlich gipfelten diese geheimen Zusammenkünfte in dem Beschluss, dem Rat einen zuvor sorgsam ausgearbeiteten Forderungskatalog vorzulegen. Im Zusammenhang mit den Verhandlungen über die Annahme eines Großteils der Forderungen kam es am 3. Juli 1523 zu einem ersten Klostersturm in der Stadt.

Abb. 3: Reichsstadt Mühlhausen von Norden. Stadtansicht von Hans Christian Herting im Auftrag des Mühlhäuser Rates, 1673 (Ausschnitt) (Foto: Mühlhäuser Museen)

Bald nach der Annahme des Rezesses im Sommer 1523 waren die Vorreiter der Reformation, Heinrich Pfeiffer und der sicher ab dem Frühsommer nachweisbare Prediger Matthäus Hisolidus, vom wiedererstarkten Rat aus der Stadt verwiesen worden. Doch zumindest Pfeiffer traf – versehen mit einem Empfehlungsschreiben Herzog Johanns von Sachsen (1468–1532) – schon im November wieder in Mühlhausen ein. Hier zeigte sein Wirken weitere Erfolge, so dass er gemeinsam mit weiteren inzwischen in der Stadt tätigen Prädikanten – Hisolidus war wohl bereits nach Creuzburg übergesiedelt – bis Epiphanias 1525 de facto die Reformation in Mühlhausen und einigen Ratsdörfern durchsetzen konnte. Dieser Prozess verlief jedoch bei weitem nicht so lautlos wie in Nordhausen, sondern ging mit teils heftigen antiklerikalen und ikonoklastischen Ausschreitungen einher. Neben Pfeiffers Rolle dabei belegen die Quellen in diesem Kontext ab Mitte 1524 vor allem das (ikonoklastische) Wirken des ehemaligen Deutschherren Johann Laue.[30]

Nur wenige seriöse Aussagen lassen sich hingegen zum Einfluss Thomas Müntzers in Mühlhausen in der Zeit zwischen Mitte August (seiner Ankunft) und Anfang Oktober 1524 (seiner Ausweisung) treffen. So ist, bezogen allein auf die vorhandenen Quellen – entgegen manch anderer Äußerung in der Literatur – noch immer unklar, welche Rolle Müntzer in dieser kurzen Zeit tatsächlich spielen konnte.

Deutlich trat derweil der enorme Machtverlust des Deutschen Ordens in der Stadt zutage. Als Patronatsherren über nahezu alle Kirchen der Reichsstadt verloren die Deutordensherren bis Mitte des Jahres 1524 de facto den Zugriff auf die Besetzung ihrer Kirchen mit Predigern und damit fast jeden Einfluss. Für ernstzunehmende Gegenwehr fehlten dem Deutschen Orden inzwischen sowohl die Kraft als auch die notwendigen Verbündeten vor Ort. Stattdessen erfuhren die Befürworter und Hauptakteure der Reformation spätestens ab dem Jahreswechsel 1523/24 bei der Übernahme der Gotteshäuser durchaus eine wohlwollende Begleitung durch moderat lutherisch eingestellte Mitglieder des Rates. Dabei reichte diese von freundlicher Untätigkeit bis zu direkter Unterstützung.[31] Hintergrund dessen waren nicht zuletzt wohl auch die bereits seit Jahrhunderten

manifestierten Ressentiments der Mühlhäuser gegenüber dem Deutschen Orden, die sich neben aktuellen Differenzen auch aus historischen Erfahrungen speisten.[32]
Noch zu diesem Zeitpunkt scheint Mühlhausen für die Mitglieder des Reichsstädtetages in Speyer (17.–25. Juli 1524) zu jenen Kommunen gehört zu haben, deren Erfahrungen mit der Durchsetzung der neuen Lehre auch für die anderen Reichsstädte von besonderem Interesse waren. Dies könnte zumindest eine Erklärung dafür sein, dass die Stadt neben Nürnberg, Konstanz und Nordhausen den Auftrag erhielt, für das im Herbst geplante Nationalkonzil einen Ratschlag für die gemeinsame Haltung der Reichsstädte gegenüber der neuen Lehre abzufassen. Doch während entsprechende Gutachten aus Nordhausen, Konstanz und aus Schwäbisch Hall vorliegen, ist ein entsprechendes Papier aus Mühlhausen nicht überliefert.[33]
Die Sicht der anderen Reichsstädte auf das Geschehen in Mühlhausen dürfte sich bereits wenige Wochen später deutlich gewandelt haben. So erging direkt nach den vorrangig politisch motivierten Septemberunruhen des Jahres 1524[34], in deren Folge die alte Mühlhäuser Ratsoligarchie ein letztes Mal mit Macht und Geschick ihre Interessen durchsetzen und schließlich sogar die Zustimmung einer Mehrheit zur Ausweisung Pfeiffers und Müntzers erwirken konnte, an die Stadt eine Einladung der befreundeten Reichsstädte Nordhausen und Goslar. In dem Schreiben, das auf den 23. September 1524 datiert, baten die Absender den Mühlhäuser Rat sowie die Achtmann eindringlich zu einer gemeinsamen Beratung mit den Vertretern der genannten Städte sowie Erfurts am 30. September 1524 im Zisterzienserkloster Volkenroda (ca. 14 km nö. Mühlhausen) zusammenzukommen.[35] In einem gesonderten Schreiben machte auch die Stadt Erfurt am 27. September noch einmal ihr Interesse an der Besprechung deutlich und wies die Mühlhäuser auf die Möglichkeit eines vorherigen bilateralen Treffens am 29. September hin.[36]
Der eigentliche Städtetag in Volkenroda fand am 30. September bzw. am 1. Oktober 1524 statt. Dabei wurden die Mühlhäuser Vertreter von den drei befreundeten Städten ausdrücklich aufgefordert, sich „zu befleyßigen, rat und gemeyne zu Molhawßen widerum zu eynigkeit" zu bringen.[37] Dies sollte anscheinend vorrangig durch den tatsächlichen Vollzug der bereits beschlossenen Ausweisung Pfeiffers und Müntzers befördert werden, wie sich aus einem späteren Schreiben Erfurts erschließen lässt.[38] Doch auch dieser erneute Versuch des Mühlhäuser Rates, die Ruhe in der Stadt wieder herzustellen, war nicht von dauerhaftem Erfolg. Bereits im Dezember 1524 war Pfeiffer wieder in der Stadt, Ende Februar 1525 auch Müntzer. Und spätestens seit die innerstädtische Opposition mit der Einsetzung des „Ewigen Rates" im März 1525 die Macht in der Reichsstadt übernommen hatte, konnte sich Mühlhausen als Zentrum der radikalen Reformation in Thüringen weiter etablieren und erzeugte damit auch eine Sogwirkung auf Kräfte, die eine Veränderung der bestehenden Ordnung notfalls mit Gewalt durchsetzen wollten.

Getrennte Wege – Die beiden Thüringer Reichsstädte im Bauernkrieg

Die erste – allerdings nur minder erfolgreiche – militärische Aktion eines Mühlhäuser Aufgebotes unter der Ägide des „Ewigen Rates" führte am 26. April 1525 vor die benachbarte albertinische Amtsstadt Langensalza. Der dortige Rat verweigerte den Mühlhäusern jedoch den Einlass in die Stadt, und die rund 600 Mann mussten ihren Zug vor den verschlossenen Toren Langensalzas vorerst beenden.[39] In den folgenden Tagen plünderten Teile des nach Görmar vor den Toren Mühlhausens zurückgekehrten Haufens im Kloster Volkenroda, in Schlotheim und in Allmenhausen.[40] Die in Görmar Lagernden erhielten in diesen Tagen weiteren Zulauf von Bauern aus der Region und auch eine größere Gruppe aufständischer Eichsfelder schloss sich ihnen an. Am 29. April 1525 brach der Haufen von Görmar nach Ebeleben auf. Bei der Plünderung des dortigen Schlosses wurde reiche Beute gemacht. Bei einer Beratung, die wahrscheinlich am Abend des 29. April stattfand, hat Thomas Müntzer sich nachweisbar für die Ausrichtung auf ein militärisches Ziel eingesetzt. Schließlich war verabredet worden, mit den unter Waffen stehenden Aufständischen ins Mansfelder Land aufzubrechen. Allerdings wurde dieser Entschluss noch einmal in Frage gestellt, nachdem von einigen Nordhäusern der Ruf nach dem Haufen, der der Reichsstadt am Harz auch ein „Ewiges Regiment" bescheren sollte, nach Ebeleben getragen worden war.[41]

Wie war es hierzu gekommen und was war zuvor in der bis dahin doch recht ruhigen Stadt geschehen? Die Quellenlage hierzu ist heute mehr als unbefriedigend. Anscheinend muss es in der Reichsstadt kurze Zeit zuvor zur Festnahme mehrerer Bilderstürmer durch den Nordhäuser Rat gekommen sein, denn die christliche Gemeinde zu Mühlhausen forderte schriftlich deren sofortige Freilassung.[42] Darüber hinaus hatten einige Nordhäuser durch das Läuten kleiner Handglocken eine Predigt Martin Luthers, der sich zwischen dem 22. und 24. April 1525 in der Stadt aufhielt, massiv gestört.[43] Die Situation schilderte Luther später als so bedrohlich, dass er meinte, „[w]enn ein einziges Schwert gezogen worden wäre, so wäre es losgegangen."[44] Am 29. April hatten sich schließlich Hans Sander und sein Stiefbruder Bertold Helmsdorf persönlich ins Lager nach Ebeleben aufgemacht, nachdem sie die Aufständischen bereits einige Tage zuvor in einem Brief nach Nordhausen gerufen hatten.[45] Dort angekommen, wurden sie in einen Kreis, der von den Aufständischen gebildet worden war, geführt, damit sie ihr Ansinnen in großer Runde vorbringen konnten.[46] Beide baten erneut darum, dass der Haufen nach Nordhausen ziehe und auch in jener Reichsstadt einen Ewigen Rat einsetze.[47] Von Claus Pfannschmidt, der ehedem als reisiger Knecht in Diensten der Stadt Nordhausen gestanden hatte und nun zur militärischen Führung des Haufens gehörte[48], erhielten beide die vertröstende Antwort: Der Haufen wolle, sobald es möglich sei, nach Nordhausen kommen und auch dort einen Ewigen Rat einsetzen. Pfannschmidt wollte dann den Bürgermeister Lindemann köpfen. Bertold Helmsdorf kündigte begeistert an, zu diesem Anlass auf dem Platz vor dem Nordhäuser Roland[49] für die Menge kochen zu wollen.[50]

In den späteren Verhörprotokollen von Sander und Helmsdorf finden sich weitere Hinweise auf ihre Pläne für Nordhausen: Neben der Realisierung des politischen Umsturzes in der Stadt ging es ihnen auch um die Umsetzung theologischer Ideen. So sollten die Heiligen aus den Kirchen entfernt und künftig nur noch die Deutsche Messe und Vesper gefeiert werden. Mit der bisherigen politischen Elite Nordhausens sollte nach dem Willen Hans Sanders und seines Stiefbruders kurzer Prozess gemacht werden – auch sie sollten ihre Köpfe verlieren.[51]

Eine besondere Note erhält dieser „Nordhäuser Hilferuf" dadurch, dass die beiden Protagonisten Hans Sander und Bertold Helmsdorf eigentlich aus Mühlhausen stammten und schon dort 1523 eine besondere Rolle bei der Abfassung des Rezesses gespielt hatten. Anscheinend hatte Helmsdorf inzwischen in Nordhausen geheiratet und sich intensiv um das Bürgerrecht bemüht, welches ihm jedoch auf Betreiben des Bürgermeisters Lindemann verwehrt worden war. Hans Sander, der seinen Stiefbruder auch finanziell unterstützt hatte, wohnte inzwischen ebenfalls in Nordhausen und war dort am 15. August 1524 als Meister in die Knochenhauergilde aufgenommen worden.[52] Gemeinsam wollten sie dafür sorgen, dass die stockende Angelegenheit endlich ein Ende nehme. Als aber absehbar wurde, dass dies nicht in ihrem Sinne geschah, wandten sich beide an andere unzufriedene Einwohner der Stadt und beförderten den Aufruhr[53], schrieben einen Brief nach Mühlhausen und ritten schließlich selbst zum Haufen nach Ebeleben.

Doch auch der Nordhäuser Rat blieb nicht untätig. Nachdem er von einer möglichen Ausrichtung des Haufens auf seine Stadt Kenntnis erhalten hatte, ersuchte er spätestens am 30. April Herzog Johann von Sachsen um Beistand. Doch erst am 3. Mai ging aus Weimar eine allerdings lediglich vertröstende Antwort ab.[54] Zu diesem Zeitpunkt war die akute Gefahr durch den Haufen jedoch bereits wieder gebannt, denn zu dem Zug nach Nordhausen war es nicht gekommen, weil der Haufen sich stattdessen ins Eichsfeld aufgemacht hatte.

Derweil brachen die Unruhen in Nordhausen selbst aus. Alle Klöster in der Stadt und auch in der Umgegend fielen der Plünderung anheim. Am 3. Mai erklärten der Rat und die Handwerksmeister mit Wissen der Gemeinde, dass alle Geistlichen der Stadt den Bürgereid abzulegen und damit auch alle Bürgerpflichten zu tragen hätten.[55] Beides dürfte durchaus im Sinne des Nordhäuser Rates gewesen sein, für den während der unruhigen Maitage durch kluges Taktieren wohl aus dem Inneren weniger Gefahr bestand, als durch die Aufständischen von außerhalb der Stadt. Anscheinend um diese abzuwehren wurde eine offizielle Nordhäuser Abordnung auf den Weg ins Lager des mühlhäusisch-eichsfeldischen Haufens vor Heiligenstadt geschickt, wo sie am 3. Mai auch unversehrt ankam. Der Bürger Veit Stegeman sowie der Oberstadtschreiber und spätere Bürgermeister Michael Meyenburg waren im Auftrag des Nordhäuser Rates mit unbekannter Mission – möglicherweise ging es um Verhandlungen über die Aufnahme der Reichsstadt in den Ewigen Bund[56] – zum Haufen gesandt worden. Meyenburg führte dabei nicht nur eine Unterredung mit Heinrich Pfeiffer, sondern klärte gleichzeitig auch die mili-

Abb. 4: Reichsstadt Nordhausen. Kupferstich von Matthäus Merian, 1650 (Stadtarchiv Nordhausen, Best. 12.4./ II B 158 a)

tärische Schlagkraft der Aufständischen auf. Die gewonnenen Informationen gab er nachweislich wenigstens in Nordhausen bereitwillig weiter.[57] Über die Ergebnisse und Folgen der mit den Aufständischen geführten Gespräche ist nichts überliefert.

Fest steht lediglich, dass es auch zu einem späteren Zeitpunkt nicht mehr zu einem Zug nach Nordhausen kam. Stattdessen löste sich der Mühlhäuser und Eichsfelder Haufen nur zwei Tage später in der Nähe von Breitenworbis auf. Pfeiffer und Müntzer erklärten in diesem Zusammenhang, sie wollten sich in Mühlhausen neu aufstellen und nach Frankenhausen ziehen. Die Frankenhäuser Schlacht endete für die Aufständischen vernichtend, allein 6.000 von ihnen wurden durch die Heere der Fürsten von Sachsen und Hessen niedergemetzelt.

Ausblick und Zusammenfassung

Bereits Ende Mai 1525 waren Thomas Müntzer, Heinrich Pfeiffer und weitere Aufständische in Mühlhausen durch das Schwert gerichtet worden und auch Hans Sander entging dem Tod durch den Scharfrichter nach dem Aufstand nur sehr knapp.[58] In den beiden Reichsstädten waren indessen die alten Machteliten – soweit sie sich nicht am Aufstand beteiligt hatten – wieder in ihre Ämter zurückgekehrt. Während Mühlhausen nach der Niederlage der Aufständischen und der sich anschließenden Belagerung unter fürstliche Aufsicht gestellt wurde (also für mehr als zwei Jahrzehnte de facto seine Reichsfreiheit verlor) und zudem durch Herzog Georg von Sachsen eine zwangsweise Rekatholisierung der Stadt hinnehmen musste, konnte der Nordhäuser Rat den Aufstand nutzen, um in dessen Folge erneut relativ geräuschlos alle Monasterien in seinem Stadtgebiet aufzuheben und sich deren Besitz einzuverleiben. Lediglich das katholische Reichsstift „St. Crucis" hatte noch bis zum Ende des alten Reiches Bestand.

Spätestens nach dem Bauernkrieg war damit die Reformation Nordhausens eigentlich erfolgt, auch wenn sich die Spendung des Abendmahls in beiderlei Gestalt erst im Jahr

1527 endgültig durchsetzte.[59] In Mühlhausen konnte dies erst nach 1566 geschehen. Grundlage hierfür war dann die am 29. Februar 1548 auf dem Augsburger Reichstag erreichte politisch eineindeutige Wiedererlangung der vollständigen Reichsfreiheit und damit auch der uneingeschränkten Selbstverwaltung.[60]

Doch weshalb war es zu einer solch unterschiedlichen Entwicklung gekommen? Bereits bei einer flüchtigen Betrachtung der aus Mühlhausen bekannten Abläufe in den Jahren 1523 bis 1525 fällt auf, dass diese auf kirchlicher Ebene mit evangelischer Predigt, der Einführung des Laienkelchs, dem erzwungenen Einstellen der heiligen Messe, Klosteraustritten, Priesterehen, der Forderung nach der Einrichtung eines Gemeinen Kastens und schließlich den Bilderstürmen nahezu perfekt jene der „Wittenberger Bewegung" von 1521/22[61] kopierten. Lediglich die in Wittenberg letztendlich erfolgreiche Koalition von reformatorischer Führungsgruppe, Gemeinde und den reformatorisch gesinnten Teilen des Rats gegen die alte katholische Machtelite kam in der Reichsstadt Mühlhausen vorerst nicht in jenem Maße zu Stande wie in vielen anderen Reichsstädten und auch im benachbarten Nordhausen.[62] Ob dies möglicherweise mit den bislang völlig fehlenden Hinweisen auf humanistische Traditionen in Mühlhausen oder entsprechende Kontakte zusammenhängen könnte, muss noch näher untersucht werden. Augenscheinlich hatten jene Verbindungen bei der Verbreitung reformatorischer Gedanken in Nordhausen ja eine prägende Rolle gespielt und die Stadt auf einen politisch moderaten und theologisch eher lutherisch-konservativen Weg geführt. Hinzu kommt, dass die Nordhäuser Prediger im Vergleich zu jenen in Mühlhausen nach den bisher bekannten Quellen deutlich moderater auftraten.

Hingegen hat der Grundkonsens des Nordhäuser Rates und der Stadtgemeinde im Bestreben um die Zurückdrängung des Einflusses des altgläubig gebliebenen Reichsstiftes mit den Bemühungen der Mühlhäuser, den Deutschen Orden in ihrer Stadt zu entmachten durchaus relevante Parallelen. Dennoch wichen die Ziele der jeweiligen Protagonisten zum Teil erheblich voneinander ab. Die Entmachtung der Deutschherren war für die Mühlhäuser Opposition lediglich ein kleiner Teil ihrer durch den Rezess von 1523 überlieferten Forderungen, die aus einer Melange eines noch spätmittelalterlichen Mustern folgenden Verfassungskonfliktes und eines teilweise durchaus ambivalenten reformatorischen Strebens entstanden waren.

Indessen ging es dem Nordhäuser Rat und seinen Verbündeten neben der Zurückdrängung des klerikalen Einflusses keinesfalls um tiefgreifende politische Veränderungen in der Stadt. Vielmehr scheint eine Mehrheit der Nordhäuser Oberschicht vorrangig die Durchsetzung der Reformation im rein lutherischen Sinne im Blick gehabt zu haben, wenngleich bei dem Versuch einer schrittweisen Entmachtung des einflussreichen Reichsstiftes natürlich auch innenpolitische Erwägungen eine Rolle gespielt haben werden.

Insgesamt konnten die Nordhäuser ihre Ziele fast vollständig erreichen. Die Mühlhäuser hingegen wurden nicht nur auf dem Weg zur endgültigen Reformation um vier Jahrzehnte zurück geworfen, sondern verloren zudem für mehr als 20 Jahre faktisch ihre Reichsfreiheit.

Anmerkungen

1 Werner MÄGDEFRAU, Thüringer Städte und Städtebünde im Mittelalter, Bad Langensalza 2002; DERS., Der Thüringer Dreistädtebund im Mittelalter, Weimar 1977; Wilhelm GEBSER, Bündnisse, Schutz- und Dienstverträge der Städte Erfurt, Mühlhausen, Nordhausen, phil. Diss. Göttingen 1909. Vgl. hierzu auch Mathias KÄLBLE, Stadt, Adel und Reich – Städtische Bündnispolitik in Thüringen bis zu den Anfängen des Dreistädtebundes (1304/06), in: Kaiser, Reich und Reichsstadt in der Interaktion, hrsg. von Thomas LAU und Helge WITTMANN (= Studien zur Reichsstadtgeschichte 3), Petersberg 2016, S. 13–40.

2 Ernst KOCH, Geschichte der Reformation in der Reichsstadt Nordhausen am Harz (= Schriftenreihe der Friedrich-Christian-Lesser-Stiftung 21), Nordhausen 2010, S. 40–42.

3 Siegfried SACK, Leÿchpredigten ‖ Etlicher Herrn des Hoch vnd Ehr= ‖ wirdigen Thumbcapittels/ des Primat vnd ‖ Ertzstiffts Magdeburgk/ auch etlicher fuernemen Adelichen ‖ Matronen vnd Jungfrawen/ vnd letztlich auch etlicher Buergerlichen ‖ Personen/ welche ... ‖ von Anno 1567. an/ biß auff diß 1592. Jahr selig=‖lich im HErren entschlaffen/ welche in drey ‖ theil getheilet, Magdeburg 1592 (VD16 S 1203), Bl. 4 r.

4 Für diese Datierung sprechen sich sowohl Ernst Koch als auch Armin Kohnle aus. Vgl. Ernst KOCH, „Eine junge Henne unter den Raubvögeln." Die Reformationsbewegung in Nordhausen im 16. Jahrhundert, in: Zeitschrift des Vereins für Thüringische Geschichte 56 (2002), S. 223–234, S. 225; Armin KOHNLE, Stadt und Reformation in Nordhausen. Eine Nachlese, in: Vor- und Frühreformation in thüringischen Städten (1470–1525/30), hrsg. von Joachim EMIG, Volker LEPPIN und Uwe SCHIRMER (= Quellen und Forschungen zu Thüringen im Zeitalter der Reformation 1), Köln u.a. 2013, S. 155-166, S. 157.

5 Aufgrund der Quellenlage völlig unklar ist, ob die durch den späteren Stolberger Hofprediger Johann Sachse bezeugte Plünderung der Häuser der Nordhäuser Priester Jorge Daumen, Valentin Heysze und Martin Stauschan am 20. Juni 1521 mit den Mitgliedern des Zirkels in Verbindung zu bringen ist. Vgl. Eduard JACOBS, Geschichtliche Aufzeichnungen die Harzgegend betreffend, in: Zeitschrift des Harzvereins für Geschichte und Alterthumskunde 1 (1868), S. 13–144, S. 143.

6 SACK, Leÿchpredigten (wie Anm. 3), Bl. 3 v.

7 Ebd.

8 Ebd.

9 KOCH, Geschichte der Reformation (wie Anm. 2), S. 51.

10 Zum Reichsstift siehe Arno WAND, Das Reichsstift „Zum Heiligen Kreuz" in Nordhausen und seine Bedeutung für die Reichsstadt 961–1810 (= Schriftenreihe der Friedrich-Christian-Lesser-Stiftung 17), Heiligenstadt 2006.

11 KOCH, Geschichte der Reformation (wie Anm. 2), S. 47.

12 Thomas-Müntzer-Ausgabe. Kritische Gesamtausgabe, hrsg. von Helmar JUNGHANS und Armin KOHNLE. Bd. 2. Briefwechsel, bearb. von Siegfried BRÄUER und Manfred KOBUCH (= Quellen und Forschungen zur sächsischen Geschichte 25,2), Leipzig 2010, S. 139–142, Nr. 48 (zukünftig zit.: TMA 2); Hierzu auch Ernst KOCH, Zum Einfluß Müntzers und der Mühlhäuser Bewegung auf die frühe Reformation in Nordhausen zwischen 1522 und 1524, in: Archiv und Geschichtsforschung. Kolloquium anlässlich des 25jährigen Dienstjubiläums von Gerhard Günther am 29. Februar 1984, hrsg. vom Kreisarchiv Mühlhausen, Mühlhausen 1985, S. 52–67; Ernst KOCH, Kirchliche Probleme in Nordhausen zur Zeit Thomas Müntzers, in: Beiträge zur Heimatkunde aus Stadt und Kreis Nordhausen 14 (1989), S. 6–14.

13 KOCH, Geschichte der Reformation (wie Anm. 2), S. 69–71.

14 KOHNLE, Stadt und Reformation (wie Anm. 4), S. 159; Zu Meyenburg siehe zuletzt Paul LAUERWALD, Michael Meyenburg, in: Thüringer Biographisches Lexikon. Bd. 4, hrsg. von Felicitas MARWINSKI, Jena 2011, S. 236–239.

15 G[ustav] KAWERAUK, Johann Spangenberg, in: Realencyklopädie für protestantische Theologie und Kirche. Bd. 18, Leipzig ³1906, S. 563–567; KOCH, Geschichte der Reformation (wie Anm. 2), S. 116–122.

16 Vgl. beispielhaft seine 1541 in Wittenberg gedruckte Predigt gegen Altgläubige und (Wie-

der-)Täufer: Johann SPANGENBERG, Von den || worten Christi/ Mat= || thej. XIII. Lasset es bei=|| des mit einander auff=|| wachssen/ bis zu der || Erndte, Wittenberg 1541 (VD16 S 8080).

17 KOCH, Kirchliche Probleme (wie Anm. 12), S. 9. Hierzu zählte wohl auch die Besetzung einer weiteren Pfarrkirche (St. Nikolai) mit Dr. Jakob Oethe, der ebenfalls ein Anhänger der Reformation war. Hierzu KOCH, Geschichte der Reformation (wie Anm. 2), S. 62.

18 Gedruckt und erläutert bei KOCH, Geschichte der Reformation (wie Anm. 2), S. 72–74.

19 Hierzu Günter VOGLER, Ein Aufstand in Mühlhausen im September 1524. Versuch einer Revision und Rekonstruktion, in: Thomas Müntzer und die Gesellschaft seiner Zeit, hrsg. von DEMS. (= Veröffentlichungen der Thomas-Müntzer-Gesellschaft 4), Mühlhausen 2003, S. 89–104. Erstmals gedruckt in: Gemeinde, Reformation und Widerstand. Festschrift für Peter Blickle zum 60. Geburtstag, hrsg. von Heinrich R. SCHMIDT, André HOLENSTEIN und Andreas WÜRGLER, Tübingen 1998, S. 195–211.

20 Zum Verlauf von Frühreformation und Bauernkrieg in Mühlhausen vgl. demnächst Thomas T. MÜLLER, Mörder ohne Opfer. Die Reichsstadt Mühlhausen und der Bauernkrieg in Thüringen. Studien zu Hintergründen, Verlauf und Rezeption der gescheiterten Reformation von 1525 (voraussichtlich Petersberg 2017).

21 Chronicon Mulhusinum (StadtA Mühlhausen, 61/4, S. 158–160); ed. in: Thomas T. MÜLLER, Thomas Müntzer in der Mühlhäuser Chronistik. Untersuchung und Neuedition der den Bauernkrieg betreffenden Abschnitte des „Chronicon Mulhusinum" (= Veröffentlichungen der Thomas-Müntzer-Gesellschaft 6), Mühlhausen 2004, S. 41. Zu Pfeiffer siehe DENS., Müntzers Werkzeug oder charismatischer Anführer? Heinrich Pfeiffers Rolle im Thüringer Aufstand von 1525, in: Bauernkrieg zwischen Harz und Thüringer Wald, hrsg. von Günter VOGLER (= Historische Mitteilungen der Ranke-Gesellschaft. Beiheft 69), Stuttgart 2008, S. 243-259.

22 In der älteren Literatur (z. B. bei Stephan, Merx und Knieb) wird noch der 1. Februar 1523 als Tag von Pfeiffers erster Predigt angegeben. Dies beruht aber auf einer Verlesung, denn in den Mühlhäuser Chroniken, auf die sich beispielsweise Merx beruft, ist eindeutig der „Sonntag post septuagesimae" genannt, also der 8. Februar 1523. Wenngleich eine solche etwas umständliche Datierung durch die Chronisten durchaus verwirrend ist, muss – da andere Quellen, die ein davon abweichendes Datum nennen würden, bislang nicht bekannt sind – der 8. Februar 1525 als korrekter Termin gelten.

23 Akten zur Geschichte des Bauernkriegs in Mitteldeutschland. Bd. 2, unter Mitarbeit von Günther FRANZ hrsg. von Walther Peter FUCHS, Jena 1942, S. 6, Nr. 1087 (zukünftig zit.: AGBM 2). Vgl. auch: Aussage des Hermann Ilsung (StadtA Mühlhausen, 10/K 3, Nr. 20, fol. 136 v.). Seine zweite Predigt hielt Pfeiffer „nach [dem; Erg. d. Verf.] essen" in der Marienkirche. Siehe außerdem die Aussagen des Liborius Wida (StadtA Mühlhausen, 10/K 3, Nr. 20, fol. 106 r.) und des Hermann Spon (StadtA Mühlhausen, 10/K 3, Nr. 20, fol. 119 v.).

24 Aussage des Blasius Vogel (StadtA Mühlhausen, 10/K 3, Nr. 20, fol. 115 r.).

25 MÜLLER, Mühlhäuser Chronistik (wie Anm. 21), S. 41.

26 Ebd., S. 41.

27 AGBM 2, S. 6, Nr. 1087.

28 HStaatsA Dresden, Geheimer Rat (Geheimes Archiv), Loc. 10160, Nr. 3, fol. 1 r–1 v. Gedruckt: Akten und Briefe zur Kirchenpolitik Herzog Georgs von Sachsen. Bd. 2: 1525–1527, hrsg. von Felician GESS, Leipzig/Berlin 1917, S. 511 f., Nr. 512 (zukünftig zit.: ABKG 2); Regest bei: H[einrich] NEBELSIECK, Briefe und Akten zur Reformationsgeschichte der Stadt Mühlhausen i. Th. (Fortsetzung), in: Zeitschrift des Vereins für thüringische Geschichte und Altertumskunde 25 (1906/07), S. 417–451, S. 418.

29 Akten und Briefe zur Kirchenpolitik Herzog Georgs von Sachsen. Bd. 1: 1517–1524, hrsg. von Felician GESS, Leipzig 1905, S. 512, Nr. 513.

30 Hierzu ausführlich Thomas T. MÜLLER, Frühreformation, Bauernkrieg und Deutscher Orden. Das Beispiel Mühlhausen in Thüringen, in: Der Deutsche Orden und Thüringen. Aspekte einer 800-jährigen Geschichte, hrsg. von DEMS. (= Mühlhäuser Museen. Forschungen und Studien 4), Petersberg 2014, S. 91–102.

31 Der Achtmann Hermann Spon scheint hier eine wichtige Vermittlerrolle zwischen Rat und Op-

position eingenommen zu haben. So wurde er unter anderem vom Rat damit beauftragt, mit den Prädikanten zu reden, damit diese „sich geschickter halten und die geistlichen ader ander nit yhn ihrer predig schelten sollen". Vgl. Aussage des Hermann Spon (StadtA Mühlhausen, 10/K 3, Nr. 20, fol. 119 v). Es ging dem Rat – oder zumindest jenen Kreisen, die Spon ausgesandt hatten, – also nicht um ein generelles Verbot der evangelischen Predigt, sondern vielmehr um ein moderateres Auftreten der Prediger.

32 Martin SÜNDER, Der Deutsche Orden in der Reichsstadt Mühlhausen. Ein Überblick, in: Der Deutsche Orden und Thüringen (wie Anm. 30), S. 83–90.

33 KOCH, Geschichte der Reformation (wie Anm. 2), S. 55–72.

34 Hierzu VOGLER, Aufstand (wie Anm. 19), S. 89–104.

35 Ed. in: Martin SÜNDER, Zum Aufenthalt Thomas Müntzers 1524 in Mühlhausen, in: Mühlhäuser Beiträge 12 (1989), S. 35–39, hier S. 38.

36 Ed. in: SÜNDER, Zum Aufenthalt (wie Anm. 35), S. 38 f. Ernst Koch war 1984 in Unkenntnis der weiteren in Mühlhausen überlieferten Korrespondenz noch davon ausgegangen, der Volkenrodaer Städtetag habe am 29. September 1524 stattgefunden. Vgl. KOCH, Zum Einfluß (wie Anm. 12), S. 57–59; DENS., Geschichte der Reformation (wie Anm. 2), S. 78. Die Annahme Sven Todes, der Städtetag habe am 19. September stattgefunden, entbehrt hingegen jeder Grundlage. Vgl. Sven TODE, Stadt im Bauernkrieg 1525. Strukturanalytische Untersuchungen zur Stadt im Raum anhand der Beispiele Erfurt, Mühlhausen/Thür., Langensalza und Thamsbrück, Frankfurt am Main u. a. 1994, S. 191 und S. 243.

37 ABKG 2 (wie Anm. 29), S. 750, Nr. 738.

38 Am 3. März 1525 schrieb der Erfurter Rat dem Rat der Stadt Mühlhausen, dass er mit Sorge sehe, dass die Mühlhäuser dem Ratschlag, den ihnen die Vertreter der Städte Goslar, Nordhausen und Erfurt bei der Besprechung in Volkenroda gegeben hatten, nun nicht mehr folgen. Schließlich hätten sie die Aufruhr predigenden Leute zwar ausgewiesen, aber inzwischen auch wieder in der Stadt aufgenommen. In Erfurt habe man von der Flucht der vornehmsten Mühlhäuser Bürger gehört. Auch ansonsten seien die Nachrichten über die Zustände in Mühlhausen nicht sonderlich erfreulich. Aus diesem Grund ermahne man die Nachbarn, sie sollten „die wurtzel solcher entporung, die sich mannichfeldig bei euch begibt", erneut ausrotten und die Aufrührer nicht regieren lassen. Für den Fall, dass der Mühlhäuser Rat die Prediger erneut ausweisen wolle, sagte der Erfurter Rat Unterstützung zu. Vgl. AGBM 2, S. 67 f., Nr. 1157. Der erneute Ratschlag der drei Städte vom März 1525 wurde jedoch ausgeschlagen, und dies nahm der Erfurter Rat am 18. Mai 1525 zum Anlass, Mühlhausens Bitte um Vermittlung bei Herzog Georg und Landgraf Philipp abzuschlagen (AGBM 2, S. 327 f., Nr. 1498).

39 TODE, Stadt im Bauernkrieg (wie Anm. 36), S. 228–273; Beate KAISER, Langensalza, in: Thomas Müntzer. Wirken und Wirkungen, hrsg. von der Bezirksleitung Erfurt des Kulturbundes der DDR in Zusammenarbeit mit der Zentralen Gedenkstätte „Deutscher Bauernkrieg" Mühlhausen, Mühlhausen 1989, S. 59–67; Hermann GUTBIER, Langensalza während des Bauernkrieges, in: Thomas Müntzer und der Bauernkrieg in Nordwest-Thüringen, hrsg. von Bernhard KLETT, Mühlhausen 1925, S. 26–44.

40 Ausführlich bei: [Reinhard] JORDAN, Die Züge des sog. Mühlhäuser Haufens nach Osten (1525), in: Mühlhäuser Geschichtsblätter 12 (1911/12), S. 47–91.

41 Reinhard JORDAN, Pfeifers und Münzers Zug in das Eichsfeld und die Verwüstung der Klöster und Schlösser, in: Zeitschrift des Vereins für Thüringische Geschichte und Altertumskunde 22. N. F. 14 (1903/04), S. 43.

42 TMA 2, S. 398–402, Nr. 111.

43 Hierzu Siegfried BRÄUER, Luthers Reise in das Bauernkriegsgebiet, in: Bauernkrieg zwischen Harz und Thüringer Wald, hrsg. von Günter VOGLER (= Historische Mitteilungen der Ranke-Gesellschaft. Beiheft 69), Stuttgart 2008, S. 299–312.

44 WATR 5, S. 657, Nr. 6428.

45 Verfasst hatten sie denselben gemeinsam mit einigen Nordhäusern in einem Haus in der Nähe des Reichsstiftes „Zum Heiligen Kreuz" und dann mit einem Boten nach Mühlhausen gesandt. Vgl. AGBM 2, S. 557–560, Fn. 1. Vgl.

hierzu auch ebd., S. 883, Nr. 2090. Zur Situation in Nordhausen siehe Paul LAUERWALD, Frühbürgerliche Revolution, Nordhausen und seine Umgebung und Thomas Müntzer, in: Beiträge zur Heimatkunde aus Stadt und Kreis Nordhausen 14 (1989), S. 1–5.
46 Friedrich Christian LESSER, Historische Nachrichten von der Kayserlichen und des Heiligen Römischen Reichs Freyen Stadt Nordhausen, Leipzig 1740, S. 506 f.
47 AGBM 2, S. 558, Nr. 1748. Vgl. hierzu auch Ernst Günther FÖRSTEMANN, Nordhausen im Bauernkriege 1525, in: DERS., Kleine Schriften zur Geschichte der Stadt Nordhausen. Bd. 1, Nordhausen 1855, S. 76–102.
48 ABKG 2, S. 166, Nr. 914.
49 Zur Rolle des Nordhäuser Rolands für das Selbstverständnis der Nordhäuser Bürger vgl. Wolfram G. THEILEMANN, „Unser Roland, Aufbauhelfer Nr. 1". Überlegungen zur Präsenz reichsstädtischer Geschichte in Nordhausen am Harz, in: Tempi passati. Die Reichsstadt in der Erinnerung. 1. Tagung des Arbeitskreises „Reichsstadtgeschichtsforschung", Mühlhausen 11. bis 13. Februar 2013, hrsg. von Helge WITTMANN (= Studien zur Reichsstadtgeschichte 1), Petersberg 2014, S. 203–228.
50 AGBM 2, S. 558, Nr. 1748.
51 LESSER, Historische Nachrichten (wie Anm. 46), S. 506 f.; Conrad FROMANN, Collectanea Northusana IV. oder vermischte Nachrichten zur Nordhäuser Geschichte. Aus dem Alltag der Reichsstadt Nordhausen (Teil 2). Nach dem Manuskript im Stadtarchiv Nordhausen bearb. von Peter KUHLBRODT (= Schriftenreihe der Friedrich-Christian-Lesser-Stiftung 31), Nordhausen 2015, S. 170 f.
52 KOCH, Geschichte der Reformation (wie Anm. 2), S. 82.
53 AGBM 2, S. 557–561, Nr. 1748.
54 AGBM 2, S. 180, Nr. 1289.
55 KOCH, Geschichte der Reformation (wie Anm. 2), S. 87.
56 Immerhin scheinen in den ersten Maitagen 1525 die radikalen Kräfte in der Stadt die Oberhand erlangt zu haben. Vgl. KOCH, Geschichte der Reformation (wie Anm. 2), S. 87.
57 ABKG 2, S. 166, Nr. 914; Handschrift: HStaatsA Dresden, Geheimer Rat (Geheimes Archiv), Loc. 9133, Nr. 11, fol. 49 r–49 v. In Auszügen auch in Thomas-Müntzer-Ausgabe. Kritische Gesamtausgabe, hrsg. von Helmar JUNGHANS, Bd. 3: Quellen zu Thomas Müntzer, bearb. von Wieland HELD und Siegfried HOYER (= Quellen und Forschungen zur sächsischen Geschichte 25,3), Leipzig 2004, S. 230, Nr. 146.
58 Er saß bis zum 5. April 1527 in Nordhausen im Gefängnis, bevor er auf Bitten von Verwandten und Freunden nach Zahlung von 50 Gulden Strafgeld sowie dem Ableisten einer Urfehde freigelassen wurde und binnen acht Tagen Nordhausen verlassen musste. Vgl. StadtA Nordhausen, II Za 5 (Fromannsche Collectaneen), Bd. XII, fol 5 r–12 r).
59 KOCH, Kirchliche Probleme (wie Anm. 12), S. 12.
60 Heinrich NEBELSIECK, Reformationsgeschichte der Stadt Mühlhausen i. Th., Magdeburg 1905, S. 178–199.
61 Hierzu u. a. Stefan OEHMIG, Die Wittenberger Bewegung 1521/22 und ihre Folgen im Lichte alter und neuer Fragestellungen. Ein Beitrag zum Thema (Territorial-)Stadt und Reformation, in: 700 Jahre Wittenberg. Stadt, Universität, Reformation, hrsg. von DEMS., Weimar 1995, S. 97–130.
62 Bernd MÖLLER, Reichsstadt und Reformation [Gütersloh 1962; Bearb. Neuausgabe Berlin (Ost) 1987]. Neuausgabe mit einer Einleitung hrsg. von Thomas KAUFMANN, Tübingen 2011. Zu Nordhausen im Besonderen: KOCH, Geschichte der Reformation (wie Anm. 2).

Michael Matthäus

Die Reformation in Frankfurt – Zwischen Kaisertreue und Protestantismus

Die Reichs-, Messe- und Wahlstadt Frankfurt hatte um 1500 etwa 10.000 Einwohner und gehörte damit lediglich zu den mittelgroßen Reichsstädten. In der Frankfurter Reformationsgeschichte stellt das Jahr 1536 mit dem Beitritt zum Schmalkaldischen Bund eine Zäsur dar, weil der Rat zuvor aus Rücksicht auf den Kaiser und den Mainzer Erzbischof alle evangelischen Bündniswerbungen abgelehnt hatte.[1] Erst als Frankfurt die Verhängung der Reichsacht drohte, trat man dem Bund bei und begann, anstelle des zwinglianisch-oberdeutschen ein lutherisches Kirchwesen aufzubauen. Deshalb soll der Schwerpunkt dieser Darstellung auf der Zeit bis 1536 liegen, während die Ereignisse bis zum Augsburger Religionsfrieden kürzer behandelt werden.

Die Frankfurter Gravamina

Um das Jahr 1500 wurden seitens des Rates und der Bürgerschaft wie in anderen Reichsstädten mehrere Gravamina gegen den Klerus vorgebracht. Besonders schwerwiegend war die Befreiung des Klerus von weltlichen Abgaben und sonstigen bürgerlichen Lasten (privilegium immunitatis). Nachdem Versuche gescheitert waren, die geistlichen Institutionen zur Annahme des Bürgerrechtes zu bewegen, hatte der Rat im Jahr 1407 lediglich einen unbefriedigenden Teilerfolg hinsichtlich der Besteuerung erzielen können.[2]

Da durch Stiftungen immer mehr liegende Güter auf den Klerus übergingen und aus dem zu versteuernden Vermögen herausfielen, bemühte sich der Rat um Privilegien, die diese Praxis unterbanden. Solche Privilegien stellten am 8. Juli 1376 Kaiser Karl IV.[3] und am 15. Dezember 1416 König Sigismund[4] aus. Das größte Problem stellten die ewigen, d. h. nicht ablösbaren Zinsen auf Häusern und Grundstücken dar, da im Verlauf des 15. Jahrhunderts viele Haus- und Grundbesitzer beim Klerus immer mehr Geld auf ihre Immobilien aufnehmen mussten. Zahlreiche Häuser waren mit ewigen Zinsen so hoch belastet, dass sie von ihren Besitzern aufgegeben wurden und

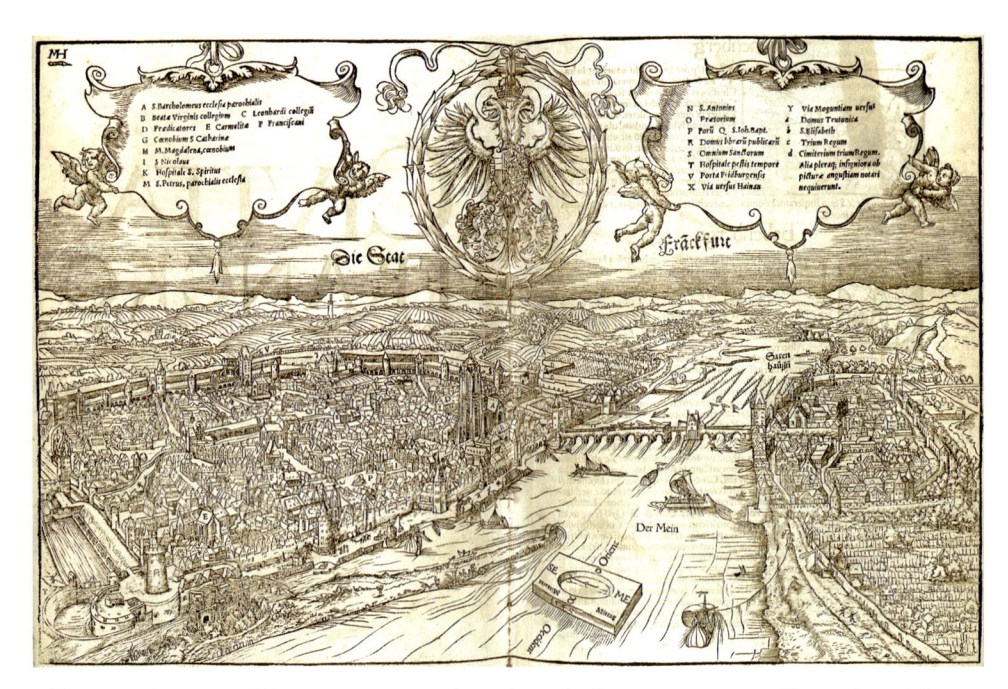

Abb. 1: Ansicht von Frankfurt von Westen im Jahr 1549. Holzschnitt von Martin Hoffmann (Aus: Sebastian Münster, Cosmographia Universalis …, Basel 1550, S. 674 f.; Quelle: https://commons.wikimedia.org/wiki/Alte_Karten_und_Pl%C3%A4ne_von_Frankfurt_am_Main)

die Anzahl der wüsten Flecken in der Stadt anstieg. Die Bemühungen des Rates, die ewigen Zinsen in ablösbare Zinsen umzuwandeln, blieben zunächst erfolglos, und auch eine 1562 getroffene Regelung erfüllte nicht die Forderungen von Rat und Bürgerschaft.[5]

Die Befreiung des Klerus von der weltlichen Gerichtsbarkeit (privilegium fori) bzw. die Konkurrenz der – oftmals besser organisierten – geistlichen Gerichte zum Frankfurter Schöffengericht führte zu Konflikten. Bemängelt wurde auch, insbesondere von den Einwohnern der Frankfurter Dörfer, die mangelnde Seelsorge, da das alleinige Pfarrrecht beim Bartholomäusstift lag und die Einrichtung von Filialkirchen im Jahr 1451 nur den Einwohnern der Neustadt (Peterskirche) und Sachsenhausens (Dreikönigskirche) zu Gute gekommen war. Pfründenanhäufung und Sittenverfall zumindest einzelner Kleriker waren auch in Frankfurt zu beobachten. Bann und Interdikt gefährdeten bzw. beeinträchtigten die beiden Handelsmessen, die die wirtschaftliche Lebensgrundlage der Stadt waren. Das Kirchenasyl erschwerte die Verfolgung von Straftätern seitens des Rates, und schließlich war auch der Ablasshandel in Frankfurt verbreitet.[6]

Erste Vorboten der Reformation

Obwohl sich die Spannungen zwischen Rat und Bevölkerung einerseits und dem Klerus andererseits verschärften, kam es zu keiner Solidarisierung der unteren Bevölkerungsschichten mit dem vom Patriziat dominierten Rat. Zum einen konnte sich der Rat nicht gegen den Klerus durchsetzen, zum anderen traf er überaus unpopuläre Maßnahmen. So führte er 1495 eine Steuerreform durch, die die Inhaber großer Vermögen, also hauptsächlich die Patrizier begünstigte. Auch wurden seit 1488 die Verbrauchssteuern erhöht, was im Frühjahr 1513 – wegen des Mahlgeldes und des Bierungeldes – Unruhen hervorrief und den Rat zur Rücknahme der Steuererhöhungen zwang, da er befürchtete, dass die Zünfte weitere Beschwerden und Forderungen vorbrachten und die Lage außer Kontrolle geriet. Auch wurde die Stadt im Sommer 1513 von einem Streit um Einkünfte in Atem gehalten, der sich zwischen dem Stadtpfarrer Dr. Peter Meyer und dem Bartholomäusstift abspielte, und in dessen Verlauf der Pfarrer die Bevölkerung gegen den Klerus aufhetzte. Nur mit Mühe gelang es dem Rat, Ausschreitungen gegen den Klerus zu verhindern.[7]

Luthers 95 Thesen zum Ablasswesen und seine frühen Reformationsschriften dürften – durch den Verkauf von Flugschriften und Büchern in den beiden Handelsmessen[8] – in Frankfurt sehr schnell bekannt geworden sein.[9] Umso erstaunlicher ist es, dass sich die Anfänge einer reformatorischen Bewegung unter den Einwohnern erst relativ spät, im Jahr 1522 feststellen lassen. Als Gründe hierfür sind zu nennen: Die beiden Handelsmessen bildeten die wirtschaftliche Lebensgrundlage der Stadt, doch konnten die Privilegien hierfür jederzeit vom Kaiser widerrufen werden. Auch in seiner Funktion als Wahlort der römischen Könige – seit 1356 durch die Goldene Bulle auch reichsrechtlich festgelegt – war Frankfurt besonders eng an Kaiser und Reich gebunden.[10] Die Stadt musste also besondere Rücksicht auf den Kaiser nehmen. Tatsächlich ließ Karl V. seinen Bruder Ferdinand Anfang 1531 nicht in Frankfurt, sondern in Köln zum römischen König wählen.

Der Mainzer Erzbischof Albrecht von Brandenburg (1514–1545) als kirchliche Aufsichtsinstanz befand sich in unmittelbarer territorialer Nachbarschaft zu Frankfurt. In Höchst im Westen vor der Stadt hatte Kurmainz eine Zollstation. Außerdem konnte die Holzzufuhr aus dem Schwarzwald und Spessart unterbrochen werden, was während der Reformationszeit dann auch geschah.

In Frankfurt hatte der Humanismus keine so große Verbreitung gefunden wie etwa in Straßburg, Nürnberg oder Augsburg. Seit der zweiten Hälfte des 15. Jahrhunderts hatten einige Patriziersöhne an Universitäten studiert – jedoch ohne einen akademischen Grad zu erlangen – und danach Bildungsreisen – als Ersatz für die früher üblichen Handelsreisen – unternommen, bevor sie sich der Stadtpolitik widmeten.[11] Frankfurt brachte aber keine bedeutenden Humanisten hervor wie Willibald Pirckheimer (1470–1530) in Nürnberg oder Konrad Peutinger (1465–1547) in Augsburg. Es hatte sich zwar ein „Humanistenkreis" aus interessierten Patriziern, darunter auch Ratsmitgliedern, gebildet, die freundschaftliche Kontakte zu Humanisten wie Ulrich von Hutten (1488–1523) oder Pirckheimer pflegten. Allerdings beschränkte sich dieser Kreis auf die Rezeption humanistischer Literatur, ohne selbst produktiv tätig zu werden.[12] Dennoch schuf auch in Frankfurt erst der Humanismus die Grundlage zur Annahme der Reformation. So scheint der Kontakt der am Humanismus interessierten Patrizier zu Ulrich von Hutten bei ihnen zu einer antipäpstlichen Haltung geführt zu haben.[13] Zur Aufnahme von Luthers Ablassthesen in Frankfurt liegen keine Quellen vor, doch wurden die Mitglieder des Humanistenkreises die ersten Anhänger der Reformation. Dass z. B. der Patrizier und Schöffe Claus Stalburg (1469–1524) 1518 sein Testament von 1501 änderte und die Zuwendungen für die Stifte und Klöster fast ganz strich, lässt auf eine kritische Haltung gegenüber der Kirche schließen.[14]

Die Gründung der städtischen Lateinschule 1520

Ende 1519 entschloss sich der Rat zur Gründung einer städtischen Lateinschule, da die drei Frankfurter Stiftsschulen nicht mehr den humanistischen Bildungsinteressen des Patriziates genügten. Die Initiative ging von der Ratschlagung aus, einem neunköpfigen Ausschuss, den der Rat mit der Vorberatung wichtiger Angelegenheiten beauftragte. In

Abb. 2: Wilhelm Nesen (1493–1524), Rektor der Frankfurter Lateinschule 1520–1523, undatierter Druck eines anonymen und undatierten Holzschnittes (Institut für Stadtgeschichte Frankfurt a. M., S7P-10485)

diesem Fall erfolgte jedoch keine Beauftragung, sondern die Ratschlagung ergriff selbst die Initiative und regte am 9. Dezember 1519 die Gründung einer städtischen Lateinschule an. Als erster Rektor wurde im Herbst 1520 auf Vorschlag des Schöffen Claus Stalburg (1469–1524)[15] der Erasmus-Schüler Wilhelm Nesen (1493–1524)[16] angestellt, der ein Anhänger der Reformation war, und den man dem Frankfurter Kleriker, Luthergegner und Humanisten Johannes Cochläus (1479–1552)[17] vorgezogen hatte. Nesen dürfte durch seine öffentlichen Vorlesungen zur Verbreitung der lutherischen Lehre, zumindest im Patriziat, beigetragen haben. Es ist allerdings nicht sicher, ob es sich hier schon um eine bewusste Maßnahme einer Mehrheit im Rat zur Förderung der Reformation handelte.[18]

Luthers Besuche in Frankfurt im April 1521

Luthers Aufenthalte in Frankfurt auf der Hinreise zum und auf der Rückreise vom Wormser Reichstag am 14. bzw. 21. April 1521 sollen laut Chroniken zwar für Aufsehen gesorgt haben – er besuchte Wilhelm Nesen und die Lateinschule –, doch wurden hierdurch noch keine breitere reformatorische Bewegung oder gar Unruhen hervorgerufen. Aus den Berichten der beiden Frankfurter Gesandten in Worms geht hervor, dass diese zumindest Sympathien für Luther empfanden und um seine Sicherheit besorgt waren.[19] So berichtete der Schöffe Philipp Fürstenberger, ein Förderer von Humanismus und Reformation, am 19. April 1521 dem Rat, dass Luther nach seiner Ankunft in Worms drei Tage zuvor viel Volk zugelaufen sei und viele Grafen und Herren sowie einige Fürsten ihn aufgesucht hätten. Als er am Abend des 17. April vor Kaiser und Reichsstände zitiert und zum Widerruf seiner Schriften aufgefordert wurde, habe er „mit fast nidder gelassener stim, daß man in auch in der nehe nit wol horen mogt, vnd als ob er erschrock(en) vnd entsatz wer", zuerst deutsch und dann lateinisch geantwortet und um Bedenkzeit gebeten. Am Abend des 18. April habe Luther dann „mit dappherer vnd onerschrocklicher stim vnd redde" einen pauschalen Widerruf seiner Schriften abgelehnt. Einige seiner Bücher behandelten ja die christliche und evangelische Lehre und würden auch von seinen Feinden und von der päpstlichen (Bann-)bulle nicht verworfen. Wenn er seine Bücher gegen den Missbrauch am Römischen Stuhl widerrufen müsste, würde dadurch „den Romanist(en) vnd andern die thore alles mutwillens geg(en) vnd widder vns crist(en) vnd sonderlich Teutscher Nation vffgethan". In den Schriften gegen seine Widersacher habe er vielleicht etwas zu scharf formuliert, was vielleicht an seiner Jugend und an der Tatsache liege, dass er „hochlich dar zu gereytz vnd vervrsacht" worden sei. Zur Forderung nach dem Widerruf dieser Schriften könne er nur den vor dem Hohen Priester Hannas stehenden Christus zitieren: „hab ich [vbel] geredt, so gib zeugniß vom bosen, hab ich aber [recht geredt, waru]mb schlegstu mich"? Wenn man ihm Irrtümer in seinen Schriften aus der Bibel und dem Evangelium nachweisen könne, dann würde er nicht nur seine Irrtümer widderrufen, sondern alle seine Bücher als erster und „vor andern ins fewer werff(en)". Wenn dies nicht geschehe, würde er aber durch einen Widerruf „widder got vnd seyn gewissen vnd (con)scientz handeln." Fürstenberger berichtete weiter, dass Luther dies mit vielen anderen und geschickteren Worten vorgebracht habe, als er selbst es habe behalten können. Es sei nämlich ein so starkes Gedränge und Gemurmel gewesen, dass ein einzelner nicht alle Worte und den Sinn der Rede habe verstehen können. Da er vielleicht mal mehr und mal weniger berichtet habe, als tatsächlich gesagt wurde, bitte er, diesen Bericht nur im Rat zu verlesen. Der Bericht sollte also nicht in der Stadt bekannt gemacht werden. Fürstenberger glaubte aber, die Wahrheit werde ohne Zweifel „in druck vnd in dag" kommen. Weiter schrieb er, der Trierer Offizial habe Luther darauf hingewiesen, dass das Konstanzer Konzil Jan Hus als Ketzer verdammt habe. Luther habe erwidert und darauf bestanden, dass auch ein Konzil irren könne. Danach habe Kaiser Karl V. noch am gleichen Tag eine Erklärung an die Reichsstände ausgehen lassen, dass er nun gegen Luther vorgehen wolle. Zwar werde er Luthers Geleit sicherstellen, doch solle Luther sofort Worms verlassen. Daraufhin haben sich die Stände nach einer Beratung entschlossen, dem Kaiser vorzubringen, welche Empörung sich im Reich erheben würde, wenn man gegen Luther so schnell vorgehe. Vielmehr sollte man Gelehrte zu ihm schicken, um ihn von seinen Ansichten zu den Sakramenten abzubringen.[20] Karl V. verhängte jedoch durch das Wormser Edikt vom 8. Mai 1521 die Reichsacht über Luther und verbot den Besitz und die Verbreitung von Luthers Schriften.[21] Fürstenbergers Berichte hat Leopold von Ranke (1795–1886) in seiner Deutschen Geschichte im Zeitalter der Reformation verarbeitet.[22]

Erste evangelische Predigten im März 1522

Die ersten evangelischen Predigten in Frankfurt wurden im März 1522 von Hartmann Ibach (um 1487–1533 oder später), einem ehemaligen Barfüßermönch aus Marburg[23], in der Katharinenkirche gehalten. Der Inhalt der Predigten ist nur durch das Tagebuch eines Kanonikers[24], also eines Gegners der Reformation, überliefert. Am 9. März erklärte Ibach, dass die Ehe sowohl den Geistlichen als auch den Laien nützlich sei. Zwei Tage später forderte er, man solle keinen Zins – gemeint ist der Zehnte – geben, sondern damit arme Leute unterstützen. Die Predigt vom 13. März 1522 befasste sich mit der Verehrung der heiligen Jungfrau und der übrigen Heiligen, die „nit also hoch zu loben sin", sowie mit den Bruderschaften.[25]
Diese ersten evangelischen Predigten wurden zwar von zwei Ratsmitgliedern veranlasst – dem Schöffen Hamman von Holzhausen (1467–1536) und seinem Vetter, dem Ratsherrn und Jüngeren Bürgermeister des Amtsjahres 1521/22 Blasius von Holzhausen –,

jedoch in deren privater Funktion als Patrone des Katharinenklosters. Allerdings ist angesichts der Bedeutung der Angelegenheit kaum vorstellbar, dass die beiden Holzhausen ganz ohne Wissen des Rates gehandelt haben. Als der Frankfurter Klerus sich in Mainz bei den erzbischöflichen Behörden beschwerte und diese den Rat zur Beendigung der Predigten aufforderten, kam der Rat dem umgehend nach, wobei er erklärte, für die Predigten seien allein die beiden Patrone des Katharinenklosters verantwortlich gewesen.[26] Daraufhin forderten drei Ritter aus dem Taunus gemeinsam sowie einzeln die Ritter Hartmut XII. von Kronberg (1488–1549)[27] und Ulrich von Hutten in Briefen an den Rat und an Stadtpfarrer Peter Meyer, dass in Frankfurt weiter das Evangelium gepredigt werden solle. Die Frankfurter Geistlichen, insbesondere der Stadtpfarrer, wurden in typischer Reformationsrhetorik als „reißende Wölfe in Schafskleidern" oder als „eingelassene Wölfe unter Schafen" bezeichnet. Der Rat nahm hier nur eine passive Rolle ein, indem er die Briefe und die Antworten darauf weiterleitete, ohne selbst Stellung zu beziehen. Diese unentschiedene Haltung sollte er in den nächsten Jahren beibehalten.[28]

Das Verbot weiterer evangelischer Predigten im März 1522 rief zwar Unmut in der Bevölkerung hervor, doch entstanden erste wirkliche Unruhen nicht in der Stadt selbst, sondern Ende Mai 1522 in dem zu Frankfurt gehörigen Dorf Bornheim, das mit seiner kirchlichen Versorgung durch das Bartholomäusstift unzufrieden war und deshalb die Zahlung des Zehnten verweigerte. Wieder wurden die Mainzer geistlichen Behörden eingeschaltet, und am 27. Juni 1522 drohte der Mainzer Generalvikar den Bornheimern in einem Mandat kirchliche Strafen an, wenn sie weiter den Zehnten verweigerten. Anfang Juli erhielt der Rat auch ein kaiserliches Mandat vom 4. Juni 1522, das ihn aufforderte, den Klerus gegen die Ritter zu schützen. Erst nach mehrwöchigen Verhandlungen wurde das Mandat des Generalvikars aufgehoben.[29]

Seit Ende 1523 predigte mit Dietrich Sartorius († nach 1543)[30] in der Katharinenkirche erneut ein evangelischer Prädikant, der wieder von dem Schöffen Hamman von Holzhausen als Klosterpatron berufen worden war. Sartorius griff zentrale Punkte der alten Kirche an, indem er u. a. die Existenz des Fegefeuers und der Fürbitte der Heiligen leugnete, sich gegen das Messopfer wandte und die freie Pfarrerwahl durch die Gemeinde forderte. Dadurch veranlasste er Teile der Einwohnerschaft, reformatorische Forderungen zu erheben. Nachdem bereits im Frühjahr 1523 die Bornheimer erneut wegen des Zehnten beim Rat vorstellig geworden waren, entstanden seit dem Sommer 1524 auch im Stadtteil Sachsenhausen reformatorische Unruhen, in deren Verlauf mehrfach der vom Bartholomäusstift eingesetzte Pfarrer vertrieben und Sartorius als Pfarrer gefordert wurde. Da Sartorius seine Predigten – im Gegensatz zu Ibach – in gemäßigter Form vortrug, wurden die Mainzer Behörden erst im Sommer 1524 auf ihn aufmerksam. Auf deren Intervention hin untersagte der Rat dann weitere Predigten, worauf Sartorius als Prädikant in das benachbarte Oberursel ging.[31]

Der Frankfurter Aufstand von 1525[32]

Anfang November 1524 griffen die Unruhen dann auf Frankfurt selbst über, ausgelöst durch den Streit um die Existenz des Fegefeuers. Es bildete sich eine Vereinigung, die sich christliche oder auch evangelische Brüder nannte und in Kontakt mit einer ähnlichen Vereinigung im benachbarten Oberursel stand. Aus Furcht vor einem Eingreifen des Mainzer Erzbischofs untersagte der Rat weitere evangelische Predigten in der Katharinenkirche. Außerdem beschickte er Anfang Dezember 1524 nicht den Ulmer Städtetag und weigerte sich, den Städtetagsabschied zu bewilligen, der eine Supplikation an den Kaiser vorsah. Vielmehr wollte der Rat das Wormser Edikt einhalten.[33]

Daraufhin nahmen die gewaltsamen Übergriffe auf katholische Geistliche zu, insbesondere in Sachsenhausen, wohin das Bartholomäusstift Anfang Dezember 1524 erneut einen altgläubigen Geistlichen als Pfarrer entsandte. Auch hier versuchte der Rat lediglich zu vermitteln, wobei er immer wieder erklärte, er habe über die Pfarrstellen keinerlei Patronatsrechte. Nachdem der Sachsenhäuser Pfarrer Mitte Januar 1525 bei Ausschreitungen schwer verletzt worden war, ordnete der Statthalter des Mainzer Erzbischofs, Bischof Wilhelm III. von Straßburg, Vergleichsverhandlungen zwischen Rat und Bartholomäusstift an, die jedoch erst am 23. März begannen. Eine Woche zuvor war der Stadtpfarrer aus Frankfurt geflohen, nachdem der Rat ihm wegen einer besonders heftigen Hetzpredigt den Schutz aufgekündigt hatte. Als Anfang April 1525 die Vergleichsverhandlungen auf nach Ostern verschoben wurden, war die Geduld der Anhänger der Reformation erschöpft. Die christlichen Brüder schickten dem Rat am 13. April 1525 eine aus 11 Artikeln bestehende Beschwerdeschrift zu und forderten eine Antwort bis Ostersonntag (16. April).[34] Als der Rat diese Frist verstreichen ließ, kam es am nächsten Tag zu einem Auflauf mehrerer hundert Einwohner. Der Rat schickte die beiden Bürgermeister – Hamman von Holzhausen (Älterer) und Hans Steffan (Jüngerer) –, um den Grund für den Aufruhr zu erfahren. Holzhausen konnte die Menge überzeugen, ihre Forderungen schriftlich einzureichen, wozu ein Ausschuss gebildet wurde. Dadurch konnte der Aufstand in einigermaßen geordnete Bahnen gelenkt werden, obwohl der Rat zunächst allen Forderungen der Aufständischen zustimmen musste. Deren intellektueller Vordenker war der aus Köln stammende Dr. Gerhard Westerburg (um 1490–1558), der dem Kreis um Andreas Bodenstein gen. Karlstadt (um 1486–1541) angehörte und wahrscheinlich Anfang 1525 nach Frankfurt gekommen war.[35]

Zu diesem Zeitpunkt befand sich der 1523 ausgebrochene Bauernkrieg auf dem Höhepunkt. Aber auch in den Städten gab es Bevölkerungsschichten, die sich benachteiligt fühlten und nach Ausbruch der Reformation im Evangelium eine Legitimation für ihr Aufbegehren fanden. So kamen auch in Frankfurt alle religiösen, sozialen und politischen Spannungen zum Ausbruch. Der mehrheitlich von den Zünften besetzte

Abb. 3: Titelblatt der 46 Frankfurter Artikel von 1525 (Institut für Stadtgeschichte Frankfurt a. M., S4g/15)

Ausschuss stellte einen Katalog von zunächst 43, dann 46 Forderungen auf, denen der Klerus und der Rat unter dem Druck einer bewaffneten Volksmenge bedingungslos zustimmen mussten. An erster Stelle stand die freie Pfarrerwahl durch die Gemeinde, die übrigen Artikel richteten sich gegen kirchliche Missstände, forderten die Abschaffung der ewigen Zinsen und des kleinen Zehnten sowie eine städtisch gelenkte Armenfürsorge. Außerdem verlangten die Aufständischen eine gerechtere Steuer- und Abgabenverteilung, eine größere Autonomie der Zünfte, Verbesserungen im Gerichtswesen und die Abschaffung der Klüngelwirtschaft der Patrizier im Rat.[36] Die 46 Artikel wurden sehr schnell und an mindestens drei Orten gedruckt, wodurch sie zum Vorbild für die Aufständischen in anderen Städten wurden.[37] Laut Peter Blickle waren die 46 Frankfurter Artikel von den Zwölf Artikeln der oberschwäbischen Bauerngruppen vom März 1525 beeinflusst, die den Bauern anderer Regionen ebenfalls als Anregung und Grundlage für ihre eigenen Forderungen dienten. Blickle glaubt jedoch, dass es „angesichts der Ähnlichkeit mit spätmittelalterlichen Bürgerrebellionen" schwerfalle, „die städtischen Aktionen als integralen Teil des Bauernkriegs zu sehen."[38] Ein unmittelbarer Zusammenhang mit dem Bauernkrieg – die Erhebungen der Bauern als Vorbild für die Aufstände in den Städten – lässt sich jedoch nicht von der Hand weisen.[39]

Auf dem Titelblatt der 46 Frankfurter Artikel ist die Übergabe des schriftlichen Forderungskataloges am 20. April 1525 (zunächst nur 43 Artikel) an den Rat zu sehen (Abb. 3). Der Rat sollte zwar nicht abgesetzt werden, musste aber anfangs alle Forderung der Aufständischen erfüllen. So ließ er in der Zeit vom 18. April bis 3. Mai 1525 Besitzinventare der Frankfurter Klöster und Stifte anlegen, was als Vorbereitung zur Übernahme des Kirchenvermögens anzusehen ist. Soweit sollte es jedoch nicht kommen. Als die Fürsten des Schwäbischen Bundes im Sommer 1525 den Bauernaufstand niederschlugen, erlangte der Rat seine volle Handlungsfähigkeit zurück. Er konnte die Zünfte überzeugen, dass die siegreichen Fürsten auch gegen Frankfurt vorgehen würden, wenn man nicht die 46 Artikel wieder abschaffte. Die Furcht vor dem Verlust der reichsstädtischen Selbständigkeit bewog die Zünfte, den Artikelbrief auszuliefern. Der Rat behielt jedoch die beiden evangelischen Prädikanten – Dionysius Melander[40] und Johann Bernhard gen. Algesheimer[41] –, die er im Mai 1525 angestellt hatte.[42] Diese Prädikanten trieben die Reformation in den nächsten Jahren entschieden voran, teilweise auch in offener Opposition zum Rat, der sich aus Furcht vor dem Kaiser nicht an den Protesten der evangelischen Reichsstände auf den Reichstagen beteiligte und auch nicht dem Schmalkaldischen Bund beitreten wollte. Dadurch konnten der Erzbischof und der Kaiser bzw. sein Statthalter Frankfurt formal als altgläubige Stadt ansehen und jede Maßnahme, die der Rat in den 1520er-Jahren in der Stadt zu Gunsten der Reformation auf Druck der Bevölkerung ergriff bzw. tolerierte, als Verstoß gegen die Reichstagsabschiede werten (in der Adventszeit 1526 erstmalige Abhaltung des Messkanons in deutscher Sprache, erste evangelische Taufe am 16. Mai 1527, erste inoffizielle evangelische Abendmahlfeier am 18. März 1528, Verbot der Prozessionen Mitte 1528, im Mai 1530 vergeblicher Versuch der Einführung des Abendmahls in beiderlei Gestalt).[43]

Die Haltung des Rates zu den Reichstagsbeschlüssen in der Kirchenfrage

Auf dem Nürnberger Reichstag von 1522/23 wurde im Abschied vom 9. Februar 1523 festgehalten, dass die Prediger angewiesen werden sollten, alles zu vermeiden, was den gemeinen Mann gegen die Obrigkeit oder die Christen „in irrung" bringe. Vielmehr sollten sie „allein das heilig evangelium nach auslegung der schriften von der heiligen cristlichen kirchen approbirt und angenommen" predigen und bei allen disputierlichen Sachen den Entscheid des einzuberufenden Konzils abwarten. Die Prediger sollten unterwiesen werden, dass man dadurch nicht „die evangelisch warheit verhindern und vertrucken" wolle. Die Prediger, die sich hieran nicht hielten, seien gebührend zu bestrafen.[44] Die Reichsstädte, also auch Frankfurt, unterzeichneten den Abschied nicht, weil sie sich in den anderen Reichstagsangelegenheiten finanziell zu stark belastet fühlten.[45]

Das Wormser Edikt wurde dann auf dem Nürnberger Reichstag von 1524 faktisch suspendiert, indem im Abschied vom 18. April 1524 festgelegt wurde, dass es bis zur Regelung auf einem Konzil „soviel als möglich" eingehalten werden sollte.[46] Auf dem Speyerer Reichstag im Sommer 1526 reagierte der Frankfurter Rat ablehnend auf erste evangelische Bündniswerbungen des Landgrafen Philipp von Hessen (1509/1518–1567). Der Reichstagsabschied vom 27. August 1526 wurde auch von den Reichsstädten bewilligt. Er sah vor, dass die Reichsstände sich bis zu einem Konzil bezüglich des Wormser Ediktes so verhalten durften, wie sie es gegenüber Gott und dem Kaiser verantworten konnten.[47] Der Frankfurter Rat nutzte diese Chance jedoch nicht und ergriff – der Erzbischof forderte zu dieser Zeit die Auslieferung der evangelischen Prädikanten – keine offiziellen Maßnahmen zur Einführung der Reformation.[48] Den Abschied des Speyerer Reichstages vom 22. April 1529, der bis zu einem Konzil jede weitere reformatorische Neuerung untersagte, wurde von Frankfurt bewilligt. Auch hatte sich die Stadt drei Tage zuvor nicht an der Speyerer Protestation der evangelischen Reichsstände beteiligt.[49]

Diese Haltung brachte den Rat in der Folgezeit in große Schwierigkeiten, da sie in der Bevölkerung Unmut hervorrief und der Rat jetzt Maßnahmen zu Gunsten der Reformation ergreifen musste (Auflösung der Bruderschaften, Anstellung von zwei zusätzlichen Prädikanten, Übernahme des von den Mönchen aufgegebenen Barfüßerklosters). Das wiederum musste erneut die erzbischöflichen Behörden auf den Plan rufen, die sich nun auf Frankfurts Bewilligung des letzten Speyerer Reichstagsabschiedes berufen konnten.[50] Auf ein Edikt des Rates vom 30. Mai 1529 gegen den unsittlichen Lebenswandel des Klerus hin wandte sich Kurmainz zunächst an Erzherzog Ferdinand und reichte dann im August eine Klage beim Reichskammergericht ein. Dieser erste Frankfurter Reformationsprozess sollte jedoch 1535 ohne Urteil enden.[51] Die für Juni 1530 vorgesehene Einführung einer evangelischen Abendmahlordnung ließ der Rat nach massiver Intervention des Mainzer Erzbischofs (zunächst) unterbleiben.[52]

Auf dem Reichstag in Augsburg 1530 schloss sich Frankfurt weder der lutherischen Confessio Augustana vom 25. Juni 1530 noch der reformierten Confessio Tetrapolitana (Straßburg, Memmingen, Lindau, Konstanz) vom 9. Juli 1530 an, stimmte aber auch nicht dem reformationsfeindlichen Abschied vom 19. November 1530 zu, der die evangelischen Stände in die Gefahr einer Reichsexekution wegen Landfriedensbruchs brachte. Damit bekannte sich der Rat erstmals zur Reformation.[53] Daraufhin ließ Kaiser Karl V. seinen Bruder Ferdinand nicht in Frankfurt, sondern am 5. Januar 1531 im katholischen Köln zum König wählen. Dieser Verstoß gegen die Goldene Bulle von 1356, die Frankfurt endgültig zum Wahlort bestimmt hatte[54], wurde mit dem Ungehorsam der Stadt in Glaubensfragen und der gerade grassierenden Pest begründet. Durch diesen Präzendenzfall bestand einerseits die Gefahr, dass Frankfurt seinen Status als Wahlstadt verlor, andererseits konnte der Besuch Karls V. und Ferdinands mit bewaffnetem Gefolge der Stadt auch gefährlich werden. Der Rat protestierte jedenfalls nicht öffentlich gegen diese Entscheidung.[55] Allerdings brachte der Frankfurter Drucker Christian Egenolff im Juni 1531 eine deutsche Übersetzung der Goldenen Bulle heraus[56], worin man vielleicht einen versteckten nachträglichen Protest sehen könnte.

Die Suspendierung der katholischen Messe 1533

Einen Beitritt zu dem nach dem Augsburger Reichstag gegründeten Schmalkaldischen Bund lehnte der Rat trotz mehrfacher Anfragen über die nächsten Jahre hinweg ab[57], obwohl die Stadt nicht unter den Schutz des Nürnberger Anstandes fiel, den der Kaiser aus außenpolitischen Gründen mit den Anhängern der Confessio Augustana am 23. Juli 1532 hatte aushandeln lassen.[58] Im Inneren musste der Rat jedoch seine bisherige Politik revidieren und auf Druck der evangelischen Einwohner unter Führung der Prädikanten weitere Maßnahmen zu Gunsten der Reformation ergreifen. So wurde am 16. Februar 1531 die (1530 unterlassene) Einführung der evangelischen Abendmahlordnung beschlossen und am 5. März in der Barfüßerkirche die erste offizielle evangelische Abendmahlfeier abgehalten. Dies rief erneut den Widerstand des Erzbischofs hervor, verlieh jedoch auch der evangelischen Bewegung weiteren Auftrieb.[59] Am 19. März 1531 nahm ein städtischer Almosenkasten seine Arbeit auf, dessen Einrichtung die Ratschlagung bereits am 9. Februar 1530 empfohlen hatte.[60] Die Prädikanten traten nun immer radikaler auf – seit Weihnachten 1531 kam es immer wieder zu Ausschreitungen gegen den katholischen Klerus – und forderten mehrfach vom Rat die offizielle Einführung der Reformation durch die Abschaffung der katholischen Messe. Der Rat lehnte dies ab, weil er keine Jurisdiktionsgewalt über den Frankfurter Klerus hatte und mit wirtschaftlichen Repressalien rechnete.

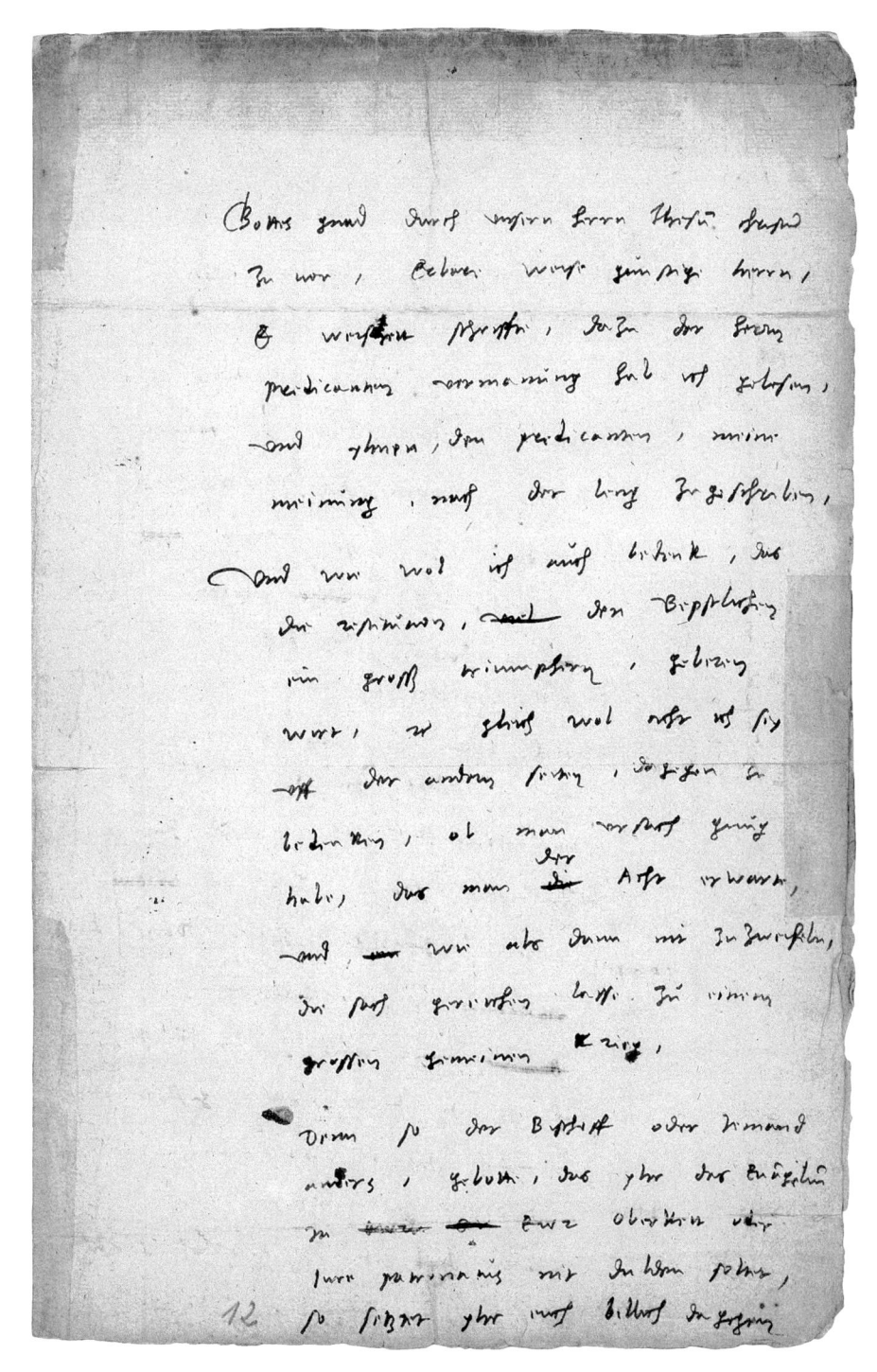

Abb. 4a: Schreiben Philipp Melanchthons an den Frankfurter Rat zur Frage der Restitution der Messe in der Bartholomäuskirche, 5. Nov. 1535, Jena, erste von vier Seiten (Institut für Stadtgeschichte Frankfurt a. M., Bartholomäusstift: städtische Urkunden 685)

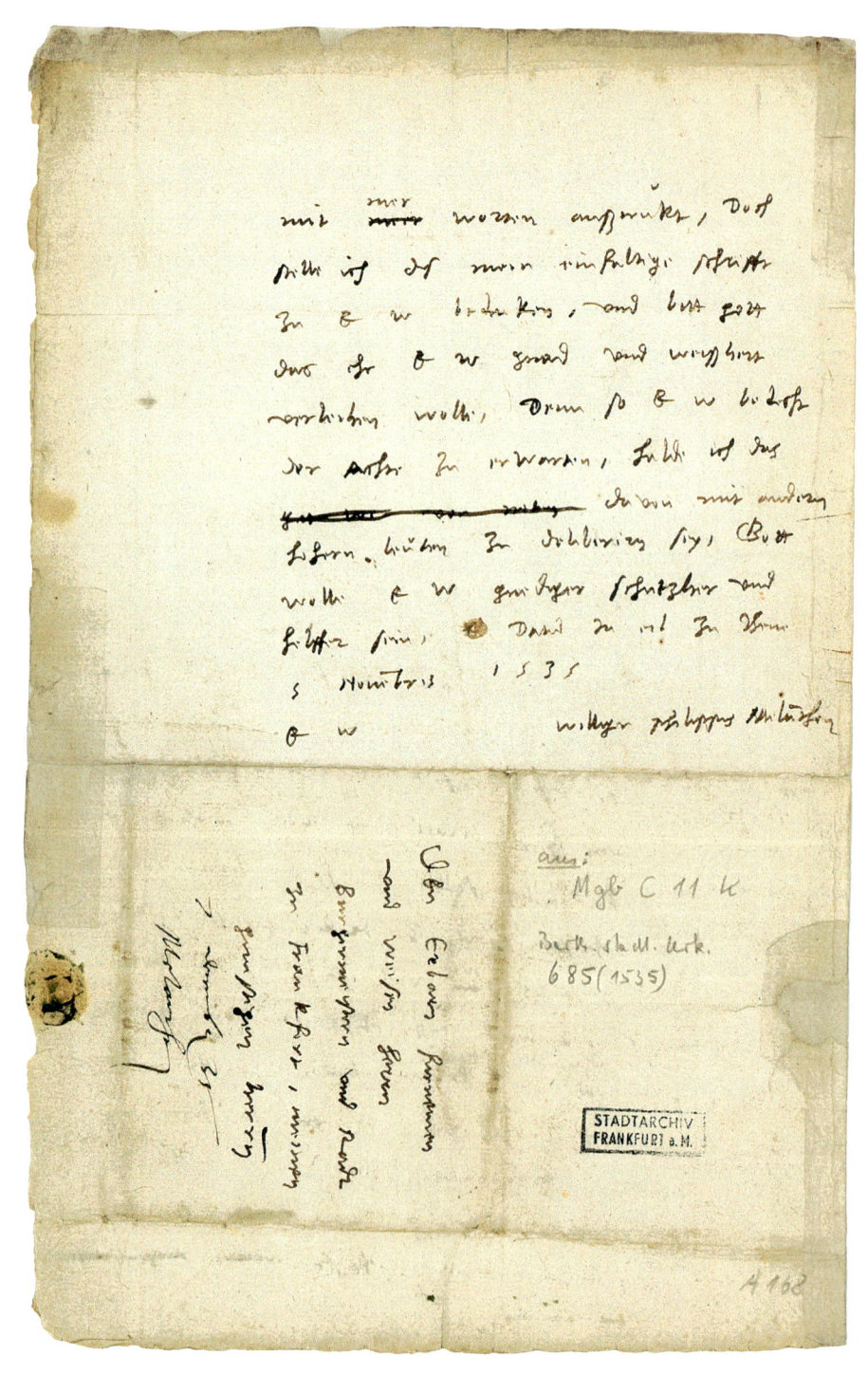

Abb. 4b: Schreiben Philipp Melanchthons an den Frankfurter Rat zur Frage der Restitution der Messe in der Bartholomäuskirche, 5. Nov. 1535, Jena, letzte von vier Seiten (Institut für Stadtgeschichte Frankfurt a. M., Bartholomäusstift: städtische Urkunden 685)

Erst als es in den Weihnachtstagen 1532 zu einer Art Bildersturm in der Bartholomäuskirche kam und ein erneuter Aufstand zu befürchten war, beschloss er am 14. April 1533, die katholische Messe bis zu einem Konzil zu suspendieren, was er sich eine Woche später durch eine Befragung der Bürgerschaft legitimieren ließ und am 23. April den drei geistlichen Stiften mitteilte.[61] Aufgrund der mehr als zehnjährigen zaudernden Haltung des Rates kann man in Frankfurt nicht von einer Ratsreformation sprechen. Der Rat gab lediglich aus Furcht vor einem erneuten Aufstand dem Drängen der Einwohner nach, doch handelte es sich auch nicht um eine wirklich revolutionäre Reformation des Volkes. Vielmehr hing der Rat mehrheitlich der Reformation an, zögerte aber mit einem offenen Bekenntnis aus wirtschaftlichen Überlegungen. Der mögliche Verlust der Messeprivilegien hätte sicherlich das den Rat dominierende Patriziat am stärksten getroffen.

Beitritt zum Schmalkaldischen Bund 1536

Nach der Suspension der Messe verklagte der Mainzer Erzbischof die Stadt vor dem Reichskammergericht. Obwohl nun die Verhängung der Reichsacht und der Verlust der Privilegien zu befürchten war, suchte der Rat nicht gleich um die Aufnahme in den Schmalkaldischen Bund nach.[62] Als Anfang 1535 die Lage Frankfurts im Religionsprozess vor dem Reichskammergericht kritisch wurde, bemühte er sich zunächst um eine außergerichtliche Einigung. Für die Vergleichsverhandlungen, die im Mai 1535 in Heidelberg vor den Räten des Kurfürsten Ludwig V. von der Pfalz stattfanden, suchte er den Rat und die Hilfe mehrerer Reichsstädte (Straßburg, Nürnberg, Ulm), die jedoch mit der Kompromissbereitschaft Frankfurts nicht einverstanden waren. Erst nach dem Scheitern der Vergleichsverhandlungen[63] begann der Frankfurter Rat Ende Juni 1535, einen Beitritt zum Schmalkaldischen Bund in Betracht zu ziehen, worauf Landgraf Philipp von Hessen und die Stadt Ulm Mitte September 1535 erste Bündnissondierungen in Gang setzten.[64] Allerdings war der Rat, um Kurmainz zu beschwichtigen, nun bereit, die Messe in der Bartholomäuskirche wieder zuzulassen. Weil die Prädikanten dies ablehnten und deren zwinglianische Haltung einen Beitritt zum Schmalkaldischen Bund wohl verhindern würde, begann der Rat zu überlegen, wie er die Prädikanten entlassen könnte. Schließlich baten die Prädikanten am 20. Oktober Luther[65] und der Rat am 27. Oktober 1535 Luther und Melanchthon[66] um Gutachten in der Restitutionsfrage. In seiner Antwort vom 5. November (Abb. 4a und 4b), die am 7. Dezember 1535 im Rat verlesen wurde, riet Melanchthon, einer Restitution zuzustimmen, da der Rat kein Patronatsrecht über die Bartholomäuskirche habe und eine Weigerung die Achterklärung über Frankfurt und einen Reichskrieg zur Folge haben könnte.[67]

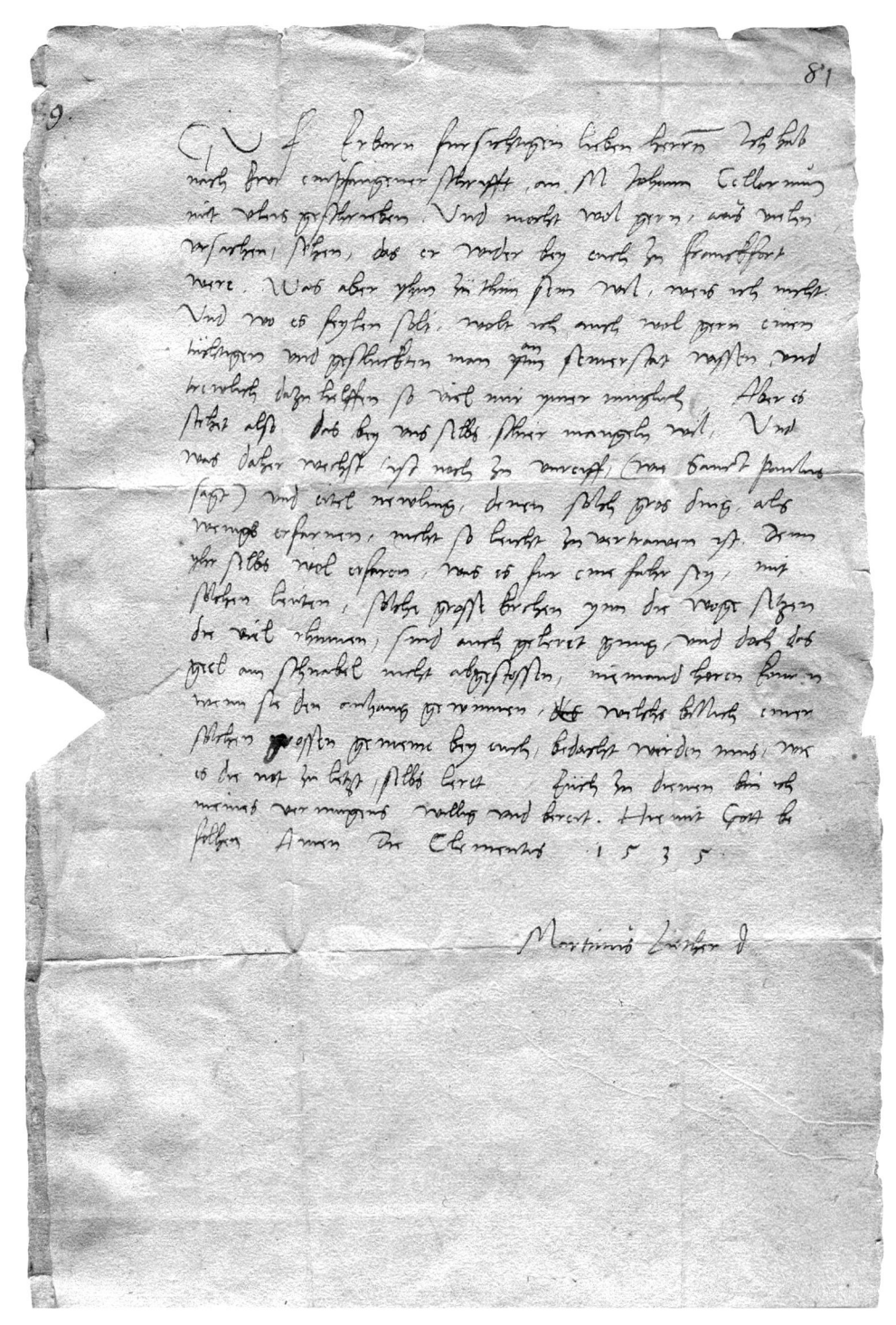

Abb. 5: Antwort Martin Luthers auf die Anfrage des Frankfurter Rats nach lutherischen Prädikanten, 23. Nov. 1535, Wittenberg (Institut für Stadtgeschichte Frankfurt a. M., Acta Ecclesiastica II,81)

Eine Antwort Luthers auf die Anfrage des Rates ist nicht erhalten, doch in seiner Antwort vom 10. November 1535 auf die Anfrage der Prädikanten kritisierte er die restitutionsfreundliche Haltung des Rates als papistisch und epikureisch. Die Prädikanten sollten beim Evangelium bleiben, um wenigstens einige Seelen zu retten. Allerdings habe er sowieso keine Hoffnung mehr, dass in Frankfurt das Evangelium gemäß seiner Lehre gepredigt werde, weshalb er es den Prädikanten auch nicht übel nehmen werde, wenn er nichts mehr von ihnen höre.[68] Damit kritisierte Luther noch einmal die zwinglianische Haltung der Frankfurter Prädikanten.[69]

Während der Verhandlungen mit Kurmainz über die Restitution der Messe in der Bartholomäuskirche suchte der Rat auch bei mehreren evangelischen Reichsständen – Landgraf Philipp von Hessen, Nürnberg, Ulm und Straßburg – um Rat nach. Am schärfsten wurden die Frankfurter Restitutionspläne vom Straßburger Rat abgelehnt, der in seiner Antwort vom 7. November 1535 zwei theologische Gutachten mitschickte und versuchte, Frankfurts Furcht vor dem Verlust der Handelsmessen zu zerstreuen.[70]

Im Dezember 1535 bat der Rat dann um die Aufnahme in den Schmalkaldischen Bund, doch wollte dieser Frankfurt nur aufnehmen, wenn die Stadt sich der lutherischen Glaubensrichtung zuwandte. Da die Frankfurter Prädikanten der oberdeutschen Glaubensrichtung anhingen, hatte der Rat bereits im Herbst 1535 Luther gebeten, geeignete Prädikanten nach Frankfurt zu schicken. Luther hatte dem Rat jedoch am 23. November 1535 eine Absage erteilt, indem er erklärte, man habe im Moment selbst nicht genug erfahrene Männer, um jemanden in eine so schwierige Stadt wie Frankfurt schicken zu können.[71] (Abb. 5)

Am 2. Januar 1536 erklärte der Frankfurter Rat gegenüber Bundesbevollmächtigten den Beitritt der Stadt zum Schmalkaldischen Bund, was am 26. Mai 1536 vom Schmalkaldischen Bundestag in Frankfurt bestätigt wurde.[72] Damit war die Gefahr durch die Reformationsprozesse am Reichskammergericht gebannt, denn Kurmainz führte diese Prozesse nicht weiter.[73] Im September 1536 stellte der Rat dann mit Peter Geltner einen Lutherschüler als Prädikanten an. Die bisherigen zwinglianischen Prädikanten[74] konnte er bald durch lutherische ersetzen.[75]

Frankfurt stand nun unter dem Schutz des Schmalkaldischen Bundes. Die vorausgegangene abwartende und zögernde Haltung des Rates wurde von einzelnen Zeitgenossen durchaus als erfolgreiche Politik gewürdigt. Als Ende Oktober 1536 der Schöffe Hamman von Holzhausen starb, der wesentlichen Anteil an der städtischen Politik der 1520er und 1530er Jahre hatte, verfasste der Rektor der Frankfurter Lateinschule Jakob Micyllus (1503–1558), der Holzhausen allerdings viel zu verdanken hatte, ein lateinisches Lobgedicht. Es lautet in deutscher Übersetzung:

„Hier ruht, in Frieden bestattet, der Greis Hamman,
ein Spross des berühmten Geschlechtes der Holzhausen,
der Erste, der die Gelehrsamkeit in die Vaterstadt brachte,

> und viel Gutes für die Frömmigkeit tat.
> Er förderte als Wächter und Freund des ererbten Friedens
> das Staatswesen zu Lasten seines eigenen Wohles
> und überwand durch Zögern die Drohungen und den Zorn Vieler;
> zu Recht wird er Vater des Vaterlandes genannt."[76]

Micyllus rühmte also Hamman von Holzhausens Verdienste um die humanistische Bildung und die Reformation und schließlich seinen jahrzehntelangen Einfluss auf die Politik Frankfurts. Durch „Zögern", also die zuvor geschilderte unentschiedene Haltung der Stadt, habe er die Gefahren abwenden können. Das konnte man nach dem Beitritt Frankfurts zum Schmalkaldischen Bund durchaus so sehen, da die Stadt jetzt unter dessen Schutz stand.[77]

Mitglied im Schmalkaldischen Bund

Jetzt erst konnte der Rat ein Kirchenregiment installieren, wobei er sich bei jeder Änderung bei den Bundesgenossen rückversicherte, die immer wieder auf die Frankfurter Versäumnisse der Vergangenheit hinwiesen. So wurde die Lateinschule, die nach dem Weggang des Rektors Jakob Micyllus im Jahr 1533 in Verfall geraten war, durch dessen erneute Berufung nach Frankfurt wiederbelebt.[78] Zum Amtsjahr 1540 wurde ein neues Ratsamt eingerichtet, das anfangs „Zu den Prädikanten und Schulen", später „Scholarchat" genannt wurde. Zunächst drei, seit 1542 dann sechs Ratsmitglieder waren hier für die Aufsicht über die städtischen Prädikanten und das Schulwesen zuständig.[79] Die endgültige Durchsetzung eines lutherischen Kirchenwesens durch die Einstellung neuer Prädikanten und die Anerkennung der neuen Glaubensrichtung seitens der Bevölkerung war erst Mitte des 16. Jahrhunderts abgeschlossen. Damit hatte sich der Rat als oberste kirchliche Aufsichtsinstanz in der Nachfolge des Erzbischofs ein Instrument zur Sozialdisziplinierung der Einwohner geschaffen.[80]

Frankfurt versuchte während seiner Mitgliedschaft im Schmalkaldischen Bund, nicht allzu schroff gegenüber dem Kaiser aufzutreten.[81] Als eine militärische Auseinandersetzung nicht mehr zu vermeiden war, beteiligte sich die Stadt zwar an den Rüstungen des Bundes, doch nachdem die aussichtslose Lage der Schmalkaldener offensichtlich war, entschloss sich der Rat Ende 1546 zu Kapitulationsverhandlungen. Sowohl der Ausfall der Herbstmesse als auch die hohen Beitragszahlungen für das Bundesheer hatten den Frankfurter Haushalt zerrüttet. Bei den Verhandlungen wies der kaiserliche General von Büren die Frankfurter Gesandten darauf hin, dass der Rat an die Frankfurter Freiheiten (Privilegien) und Messen denken solle. Am 29. Dezember 1546 öffnete der Rat die Stadt kampflos den kaiserlichen Truppen, die Frankfurt mehrere Monate besetzt hielten, so dass auch die Frühjahrsmesse 1547 ausfiel. Erst im Herbst 1547 wurde –

nach hohen Zahlungen der Stadt für den Unterhalt der kaiserlichen Besatzungstruppe – wieder eine Handelsmesse abgehalten. Da Kaiser Karl V. der Stadt bei einem erneuten Abfall mit dem Entzug der Privilegien drohte, musste der Rat nach dem „geharnischten" Augsburger Reichstag von 1547/48 und gemäß des Augsburger Interims vom 30. Juni 1548 die katholische Messe wieder zulassen. Durch die Rückgabe der Bartholomäuskirche an das Stift am 14. Oktober 1548 konnte die Kirche 1562 wieder als Wahl- und erstmals auch als Krönungskirche fungieren. Evangelische Hauptkirche wurde 1548 die viel kleinere Barfüßerkirche.[82]

Fürstenaufstand und Belagerung von 1552

Aufgrund dieser Erfahrungen nahm der Rat 1552 nicht an dem Aufstand einiger evangelischer Fürsten gegen Karl V.[83] teil und blieb kaisertreu. Deshalb wurde die Stadt vom 17. Juli 1552 an durch Truppen (ca. 30.000 Mann) der evangelischen Fürsten belagert, angeführt von Kurfürst Moritz von Sachsen, Markgraf Albrecht II. Alkibiades von Brandenburg-Kulmbach, Landgraf Wilhelm von Hessen und den Herzögen Johann Albrecht I. und Georg von Mecklenburg. Verteidigt wurde Frankfurt von etwa 1.000 Landsknechten, die der Rat angeworben hatte, und von einem seit Mai 1552 aufgestellten kaiserlichen Regiment von ca. 6.500 Mann unter Oberst Konrad von Hanstein. Da es den Belagerern wegen fehlender schwerer Geschütze und der starken Befestigung der Stadt nicht gelang, Frankfurt zu erobern[84] und sich ein starkes kaiserliches Heer von Süden in Marsch gesetzt hatte, wurde seit Ende Juli im benachbarten Rödelheim, dem Hauptquartier des Kurfürsten Moritz von Sachsen, wieder über den Passauer Vertrag in seiner vom Kaiser geänderten Form verhandelt. Dieser geänderte Passauer Vertrag wurde dann am 2. August 1552 im Rödelheimer Schloss des Grafen von Solms unterzeichnet (und am 15. August von Karl V. ratifiziert). Als Kompromiss und Waffenstillstand (bis zum nächsten Reichstag) hat er den Weg zum Augsburger Religionsfrieden von 1555 ermöglicht.[85]

Ausblick

Aus Dankbarkeit für die Standhaftigkeit der Frankfurter gestattete Kaiser Karl V., dass die wegen der Belagerung ausgefallene Herbstmesse im November 1552 nachgeholt werden konnte.[86] Drei Jahre später wurde durch den Augsburger Religionsfrieden zwar das Nebeneinander von Lutheranern und Katholiken bestätigt, aber die Katholiken konnten in Frankfurt ebenso wenig wie die Reformierten die bürgerliche Gleichberechtigung erlangen, d. h. sie durften nicht in den Rat gewählt werden und auch keine städtischen Ämter bekleiden. Die seit 1554 nach Frankfurt einwandernden reformierten Glaubensflüchtlinge[87] waren wie alle Reformierten im Reich vom Augsburger Religionsfrieden ausgeschlossen. Vereinfacht kann man kann sagen, dass in Frankfurt die Lutheraner die politische Macht, die Katholiken die (größten und schönsten) Kirchen und die Reformierten das (meiste) Geld besaßen.

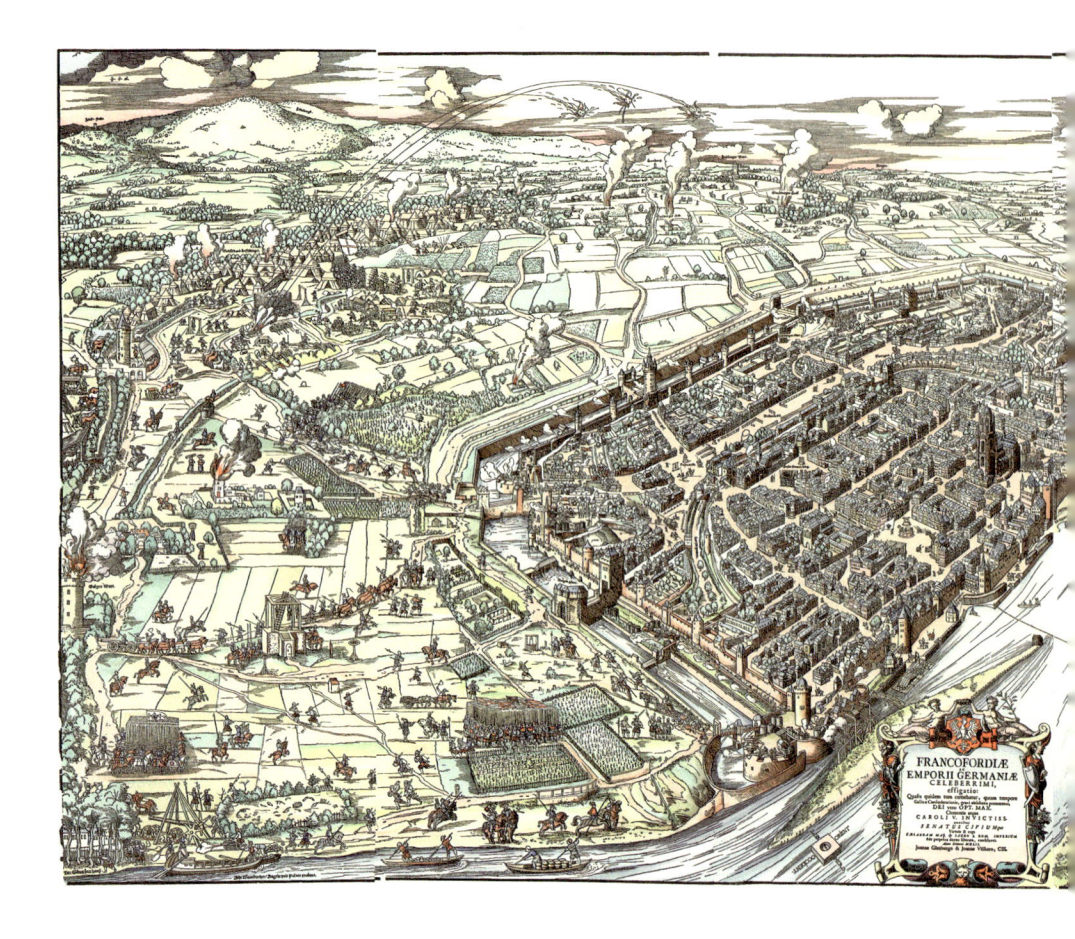

Seit dem Augsburger Religionsfrieden konnte Frankfurt erstmals ohne Gefahr zugleich evangelisch und kaisertreu sein. Das bewirkte dann eine zweite Blütezeit der Frankfurter Messen, die bis 1630 anhielt. Allerdings hatten der Schmalkaldische Krieg und die Belagerung von 1552 zu einer hohen Verschuldung der Stadt geführt. Hinzu kamen noch große Verluste aus einer Fehlspekulation im Kupferbergbau. Der Rat erhöhte die Steuern, wobei aber die Reichen begünstigt wurden und die unteren Einkommensschichten die Hauptlast tragen mussten. Seit etwa 1580 erfasste eine allgemeine Wirtschaftskrise ganz Deutschland, was in zahlreichen Städten zu Unruhen führte.[88] Die Frankfurter Zünfte fühlten sich durch die modernen Produktionsmethoden der reformierten Einwanderer bedroht und viele Einwohner waren bei den Juden ver-

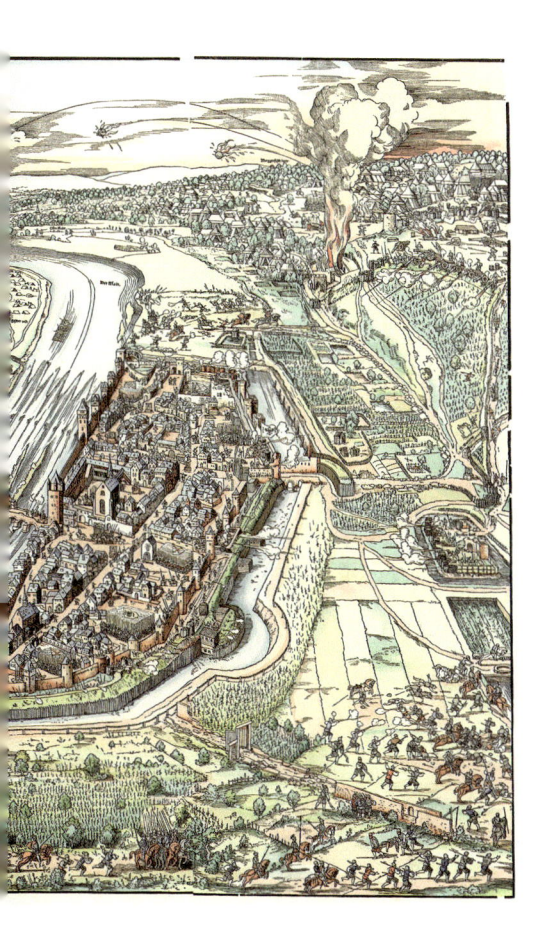

Abb. 6: Ansicht der Belagerung Frankfurts im Juli 1552. Handkolorierter Nachdruck des Holzschnittes von Conrad Faber von Kreuznach, 1552 (Institut für Stadtgeschichte Frankfurt a. M., S8-Stpl/1552_col)

schuldet. Gleichzeitig trat der Frankfurter Rat bzw. das Patriziat gegenüber der Bevölkerung immer mehr als frühabsolutistische Obrigkeit auf. Diese allgemeine Unzufriedenheit führte im Jahr 1612 zu einem Aufstand, der nach einem seiner Anführer, dem Lebkuchenbäcker Vinzenz Fettmilch, als Fettmilch-Aufstand bezeichnet wurde.[89] Dieser endete zwar 1616 mit der Bestrafung der Rädelsführer, doch blieb der Ende 1612 von einer kaiserlichen Kommission vermittelte Bürgervertrag in Kraft, der dem patrizischen Ratsregiment erstmals – wenn auch nur in sehr geringem Umfang – Beschränkungen auferlegte.

Anmerkungen

1 Eine moderne Gesamtdarstellung der Frankfurter Reformationsgeschichte liegt bislang nicht vor. Das Werk von Johann Balthasar RITTER, Evangelisches Denckmahl der Stadt Franckfurth am Mayn, oder Ausführlicher Bericht von der daselbst im XVI. Jahr-Hundert ergangenen Kirchen-Reformation ... , Frankfurt a. M. 1726, ist veraltet und ganz aus evangelischer Sicht geschrieben. Neuere Einzelstudien: Sigrid JAHNS, Frankfurt, Reformation und Schmalkaldischer Bund. Die Reformations-, Reichs- und Bündnispolitik der Reichsstadt Frankfurt am Main 1525–1536 (= Studien zur Frankfurter Geschichte 9), Frankfurt a. M. 1976; Michael MATTHÄUS, Hamman von Holzhausen (1467–1536). Ein Frankfurter Patrizier im Zeitalter der Reformation (= Studien zur Frankfurter Geschichte 48), Frankfurt a. M. 2002; Irene HAAS, Reformation – Konfession – Tradition. Frankfurt am Main im Schmalkaldischen Bund 1536–1547 (= Studien zur Frankfurter Geschichte 30), Frankfurt a. M. 1991. Beiträge in Gesamtdarstellungen zur Frankfurter (Kirchen-)geschichte: Sigrid JAHNS, Frankfurt am Main im Zeitalter der Reformation (um 1500–1555), in: Frankfurt am Main. Die Geschichte der Stadt in neun Beiträgen, hrsg. von der Frankfurter Historischen Kommission, Sigmaringen 1991, S. 151–204; Friedrich BOTHE, Geschichte der Stadt Frankfurt am Main, Frankfurt a. M. 1913, S. 266–358; Anton KIRCHNER, Geschichte der Stadt Frankfurt am Main. 2. Theil, Frankfurt a. M. 1810, S. 1–220; Kurt BECK, Rat und Kirche. Der Rat der Freien Reichsstadt Frankfurt am Main und das evangelisch-lutherische Predigerministerium, Frankfurt a. M. o. J. [1981]; Hermann DECHENT, Kirchengeschichte von Frankfurt am Main seit der Reformation, Leipzig/Frankfurt a. M. 1913, S. 1–197.

2 Zur sogenannten Pfaffenrachtung von 1407 vgl. Herbert NATALE, Das Verhältnis des Klerus zur Stadtgemeinde im spätmittelalterlichen Frankfurt, Diss. Frankfurt a. M. 1957.

3 Institut für Stadtgeschichte Frankfurt am Main (künftig: ISG), Privilegien 211: Seelgeräte, die ohne Zustimmung des Kaisers aus Häusern und Gütern gemacht worden waren, mussten innerhalb eines Jahres an weltliche Bürger verkauft werden.

4 ISG, Privilegien 303: Nur Bürger und Beisassen durften in Frankfurt Grundbesitz erwerben.

5 Wilhelm LÜHE, Die Ablösung der ewigen Zinsen in Frankfurt a. M. in den Jahren 1522–1562, in: Westdeutsche Zeitschrift für Geschichte und Kunst 23 (1904), S. 36–72 und S. 229–272.

6 Zu den Frankfurter Gravamina vgl. MATTHÄUS, Hamman (wie Anm. 1), S. 114–148.

7 MATTHÄUS, Hamman (wie Anm. 1), S. 149–154.

8 Zu den Frankfurter Messen vgl. Michael ROTHMANN, Die Frankfurter Messen im Mittelalter (= Frankfurter historische Abhandlungen 40), Stuttgart 1998.

9 Monika TOELLER, Die Buchmesse in Frankfurt am Main vor 1560. Ihre kommunikative Bedeutung in der Frühdruckzeit, Diss. München 1983.

10 Zu Wahl und seit 1562 auch Krönung in Frankfurt vgl. Die Kaisermacher. Frankfurt am Main und die Goldene Bulle 1356–1806. Aufsätze, hrsg. von Evelyn BROCKHOFF und Michael MATTHÄUS. Katalog, hrsg. von Evelyn BROCKHOFF u. a., Frankfurt a. M. 2006.

11 MATTHÄUS, Hamman (wie Anm. 1), S. 47–53.

12 JAHNS, Frankfurt, Reformation und Schmalkaldischer Bund (wie Anm. 1), S. 31 f.; Anton SCHINDLING, Humanismus und städtische Eliten in der Reichsstadt Frankfurt a. M., in: Humanismus und höfisch-städtische Eliten im 16. Jahrhundert, hrsg. von Klaus MALETTKE und Jürgen VOSS, Bonn 1989, S. 211–223.

13 MATTHÄUS, Hamman (wie Anm. 1), S. 178.

14 Nur die Karmeliter, bei denen er begraben werden wollte, erhielten noch ein Legat; vgl. Michael MATTHÄUS, Hamman von Holzhausen, Jakob Heller und Claus Stalburg. Drei Ratsherren, Schöffen und Bürgermeister der frühen Reformationszeit, in: Archiv für Frankfurts Geschichte und Kunst 73 (2012), S. 63–98, hier S. 96.

15 Zu Claus Stalburg vgl. Michael MATTHÄUS, Art. „Stalburg, Claus", in: NDB 25, S. 42 f.; DERS., Holzhausen, Heller und Stalburg (wie Anm. 14),

S. 63–98; Anja JOHANN, Der Frankfurter Patrizier Claus Stalburg der Reiche (1469–1524), in: Archiv für Frankfurts Geschichte und Kunst 68 (2002), S. 35–56.

16 Zu Nesen vgl. Otto KAEMMEL, Art. „Nesen, Wilhelm", in: ADB 23, S. 438–441; Friedrich THOMAE, Aus der Baseler Universitäts-Matrikel. Zur Biographie des Humanisten Wilhelm Nesen, in: Archiv für Frankfurts Geschichte und Kunst 3. Folge 1 (1888), S. 329–330; Georg Eduard STEITZ, Der Humanist Wilhelm Nesen, der Begründer des Gymnasiums und erste Anreger der Reformation in der alten Reichsstadt Frankfurt a. M., in: Archiv für Frankfurts Geschichte und Kunst N. F. 6 (1877), S. 36–160.

17 Zu Cochlaeus vgl. Remigius BÄUMER, Johannes Cochlaeus (1479–1552). Leben und Werk im Dienst der katholischen Reform, Münster 1980; Rudolf JUNG, Archivalische Findlinge – Cochlaeus als Bewerber um das Rektorat der Frankfurter Lateinschule 1520, in: Archiv für Frankfurts Geschichte und Kunst 3. Folge 6 (1899), S. 333–336.

18 Zur Gründung der Frankfurter Lateinschule vgl. MATTHÄUS, Hamman (wie Anm. 1), S. 184–193.

19 MATTHÄUS, Hamman (wie Anm. 1), S. 203–206.

20 ISG, Reichstagsakten Bd. 35, fol. 63–65; abgedruckt in: Deutsche Reichstagsakten (künftig: RTA) unter Kaiser Karl V. Bd. 2., bearb. von Adolf WREDE (= Deutsche Reichstagsakten. Jüngere Reihe 2), Gotha 1896, S. 863–866, Nr. 195; Georg Eduard STEITZ, Die Melanchthons- und Lutherherbergen zu Frankfurt … Mit urkundlichen Beilagen und einem Excurs über die chronologische Reihenfolge der Wormser Reichstagsverhandlungen in Luthers Sache … (= Neujahrs-Blatt, den Mitgliedern des Vereins für Geschichte und Alterthumskunde zu Frankfurt am Main dargebracht am 1. Januar 1861), Frankfurt a. M. 1861, S. 48–50.

21 RTA Jüngere Reihe 2 (wie Anm. 20), S. 640–659, Nr. 92.

22 Leopold von RANKE, Deutsche Geschichte im Zeitalter der Reformation. Neudruck der von Paul JOACHIMSEN historisch-kritisch herausgegebenen Ausgabe, Meersburg/Leipzig 1933 (6 Bde. in 3 Bden.), Bd. 1, S. 268 (Reichskammergericht), S. 270, Fußnote 1 und 2 (Romzugshilfe), S. 279, Fußnote 1 (Luther), S. 282 f. (Luthers Verhör am 17. und 18. April), S. 288, Fußnote 3 (Wormser Edikt).

23 Zu Ibach vgl. Otto RUPPERSBERG, Hartmann Ibach, der erste evangelische Prediger in Frankfurt, in: Alt-Frankfurt 3 (1911), Heft 2, S. 42–49; Eduard WINTZER, Hartmann Ibach von Marburg, einer der ersten Reformationsprediger Hessens, in: Zeitschrift des Vereins für hessische Geschichte und Landeskunde N. F. 34 (1910), S. 115–187.

24 Wolfgang Königstein (um 1490/92–1559), Kanoniker am Liebfrauenstift seit 1511, Dekan seit 1554; vgl. Theodor NIEDERQUELL, Die Kanoniker des Liebfrauenstifts in Frankfurt am Main 1519–1802, Frankfurt a. M. 1982, S. 77, Nr. 81.

25 Das Tagebuch des Wolfgang Königstein ist abgedruckt in: Frankfurter Chroniken und annalistische Aufzeichnungen der Reformationszeit, bearb. von Rudolf JUNG (= Quellen zur Frankfurter Geschichte 2), Frankfurt a. M. 1888, S. 27–173, hier S. 48 Nr. 101.

26 Matthäus, Hamman (wie Anm. 1), S. 206–210.

27 Zu Hartmut von Kronberg vgl. Helmut BODE, Hartmut XII. von Cronberg. Reichsritter der Reformationszeit, Frankfurt a. M. 1987; Wilhelm BOGLER, Hartmuth von Kronberg. Eine Charakterstudie aus der Reformationszeit (= Schriften des Vereins für Reformationsgeschichte 57), Halle 1897.

28 MATTHÄUS, Hamman (wie Anm. 1), S. 210–220.

29 Ebd., S. 220–224.

30 Zu Sartorius vgl. Sabine HOCK, Art. „Sartorius, Dietrich", in: Frankfurter Biographie. Personengeschichtliches Lexikon. Bd. 2, hrsg. von Wolfgang KLÖTZER, Frankfurt a. M. 1996, S. 242.

31 MATTHÄUS, Hamman (wie Anm. 1), S. 281–285.

32 Ein zeitgenössische Darstellung aus Sicht des Rates, das vom Ratsschreiber Johann Marsteller verfasste „Aufruhrbuch" ist abgedruckt in: JUNG, Frankfurter Chroniken (wie Anm. 25), S. 174–230 (Original 1944 verbrannt); Literatur: Marita A. PANZER, Sozialer Protest in süddeutschen Reichsstädten 1485 bis 1525. Anhand der Fallstudien: Regensburg, Augsburg und Frankfurt

a. M., München 1982; Otthein RAMMSTEDT, Stadtunruhen 1525, in: Der deutsche Bauernkrieg 1524–1526, hrsg. von Hans-Ulrich WEHLER, Göttingen 1975, S. 239–277.

33 MATTHÄUS, Hamman (wie Anm. 1), S. 296–301.

34 Zu den 11 Artikeln vgl. MATTHÄUS, Hamman (wie Anm. 1), S. 317–320; Rudolf JUNG, Zur Entstehung der Frankfurter Artikel von 1525, in: Archiv für Frankfurts Geschichte und Kunst 3. Folge 2 (1889), S. 198–208.

35 Zu Westerburg vgl. Russel WOODBRIDGE, Art. „Westerburg, Gerhard", in: Biographisch-Bibliographisches Kirchenlexikon 23, Sp. 1565–1569; Adolf BRECHER, Art. „Westerburg, Gerhard", in: ADB 42, S. 182–184; Georg Eduard STEITZ, Dr. Gerhard Westerburg, der Leiter des Bürgeraufstandes zu Frankfurt a. M. im Jahre 1525, in: Archiv für Frankfurts Geschichte und Kunst N. F. 5 (1872), S. 1–215.

36 Zum Inhalt der 46 Artikel vgl. MATTHÄUS, Hamman (wie Anm. 1), S. 329–338.

37 RAMMSTEDT, Stadtunruhen (wie Anm. 32), S. 239 f. nennt hier neben Frankfurt, Mainz, Friedberg, Limburg, Wiesbaden, Boppard, Oberwesel und Warendorf auch Köln, Münster und Osnabrück. Laut Peter BLICKLE, Die Revolution von 1525, München ⁴2004, S. 12, wurden im Süden „Speyer und Worms von der Unruhewelle erfaßt, doch vor allem nach Norden pflanzte sie sich, ausgehend von Frankfurt, in isolierten Stadtaufständen nach Limburg, Gießen, Wetzlar, Hochheim, Boppard, Oberwesel, Wiesbaden und Friedberg fort. Bis Köln schwappten die Ausläufer der Unruhen des Jahres 1525 und leckten zuletzt noch bis Dortmund, Münster und Osnabrück."

38 BLICKLE, Revolution (wie Anm. 37), S. 12.

39 Vgl. dazu MATTHÄUS, Hamman (wie Anm. 1), S. 313–315.

40 K. Martin SAUER, Dionysius Melander d. Ä. (ca. 1486–1561), Leben und Briefe, in: Jahrbuch der Hessischen Kirchengeschichtlichen Vereinigung 29 (1978), S. 1–36; Karl DIENST, Art. „Melander (eigtl. Schwarzmann), Dionysius", in: NDB 17 (1994), S. 1; Hans WOLTER, Art. „Melander, Dionysius", in: LThK 7 (²1962), Sp. 249; Jakob MINOR, Art. „Melander, Dionys", in: ADB 21 (1885), S. 279 f.

41 Karl Heinz OPPER, Johannes Bernhard (vor 1500–1551) und sein Sohn Bernhard Bernhardi (1528–1589). Zwei Mitstreiter Luthers im Ränkespiel von Politik und Religion in der Freien Reichsstadt Frankfurt und in Nassau-Dillenburg, Berlin 2015; Franz FALK, Zur Biographie der Frankfurter Reformatoren M. Ambach, J. Bernhard und Th. Sartorius, in: Archiv für Frankfurts Geschichte und Kunst 3. Folge 6 (1899), S. 323–327.

42 MATTHÄUS, Hamman (wie Anm. 1), S. 356–358.

43 MATTHÄUS, Hamman (wie Anm. 1), S. 383–388; JAHNS, Frankfurt, Reformation und Schmalkaldischer Bund (wie Anm. 1), S. 79–84.

44 Deutsche Reichstagsakten unter Kaiser Karl V. Bd. 3, bearb. von Adolf WREDE (= Deutsche Reichstagsakten. Jüngere Reihe 3), Gotha 1901, S. 747 f., Nr. 117.

45 Zum Nürnberger Reichstag von 1522/23 vgl. MATTHÄUS, Hamman (wie Anm. 1), S. 232–254; zur Religionsfrage vgl. ebd., S. 243 f. und S. 248.

46 Zum Nürnberger Reichstag von 1524 vgl. MATTHÄUS, Hamman (wie Anm. 1), S. 257–277; zur Religionsfrage vgl. ebd., S. 261 f., S. 265 und S. 270–277.

47 Zum Speyerer Reichstag von 1526 vgl. JAHNS, Frankfurt, Reformation und Schmalkaldischer Bund (wie Anm. 1), S. 60–66; MATTHÄUS, Hamman (wie Anm. 1), S. 370–383.

48 JAHNS, Frankfurt, Reformation und Schmalkaldischer Bund (wie Anm. 1), S. 66–78; MATTHÄUS, Hamman (wie Anm. 1), S. 383–388.

49 JAHNS, Frankfurt, Reformation und Schmalkaldischer Bund (wie Anm. 1), S. 93–109.

50 MATTHÄUS, Hamman (wie Anm. 1), S. 388–390.

51 JAHNS, Frankfurt, Reformation und Schmalkaldischer Bund (wie Anm. 1), S. 114–121; zum Reformationsprozess ebd., S. 121–130; MATTHÄUS, Hamman (wie Anm. 1), S. 390 f.

52 JAHNS, Frankfurt, Reformation und Schmalkaldischer Bund (wie Anm. 1), S. 138–140.

53 Ebd., S. 141–172.

54 Zur reichsrechtlichen Fixierung von Frankfurts gewohnheitsrechtlichem Status als Wahlort vgl. zuletzt Michael MATTHÄUS, Entstehung und

Überlieferung des Frankfurter Exemplars der Goldenen Bulle, in: UNESCO-Weltdokumentenerbe Goldene Bulle, hrsg. von Evelyn BROCKHOFF und Michael MATTHÄUS, Frankfurt a. M. 2015, S. 72–91, hier S. 73 und S. 77.
55 JAHNS, Frankfurt, Reformation und Schmalkaldischer Bund (wie Anm. 1), S. 172–176.
56 Guldin Bull/ Caroli des vierden/ weilant Römischen keyser. Reformation/ Statuten/ Herligkeiten und Ordenungen aller Obrigkeit des h. Römischen Reichs/ und Teutscher Nation belangend; Keyser Friderichs Reformation aler Ständ; Gmeynem nutz zu gut und Friden; im Iar 1442 auffgericht, Franckfurt am Meyn, bei Christian Egenolph. Im Hewmon Des M. D. vnd XXXI Jars.
57 Zu den Bündniswerbungen der evangelischen Reichsstände gegenüber Frankfurt 1530/31 vgl. JAHNS, Frankfurt, Reformation und Schmalkaldischer Bund (wie Anm. 1), S. 177–196.
58 Ebd., S. 197–201.
59 Ebd., S. 202–214.
60 MATTHÄUS, Hamman (wie Anm. 1), S. 393–398; JAHNS, Frankfurt (wie Anm. 1), S. 180–182. Zum Almosenkasten vgl. auch Der Allgemeine Almosenkasten in Frankfurt am Main 1531–1981. 450 Jahre Geschichte und Wirken einer öffentlichen milden Stiftung, hrsg. von Hans-Otto SCHEMBS, Frankfurt a. M. 1981; Harry GERBER, Otto RUPPERSBERG und Ludwig VOGEL, Der allgemeine Almosenkasten zu Frankfurt am Main 1531–1931, Frankfurt a. M. 1931.
61 JAHNS, Frankfurt, Reformation und Schmalkaldischer Bund (wie Anm. 1), S. 202–248; MATTHÄUS, Hamman (wie Anm. 1), S. 398–400.
62 Zu diesem Prozess vgl. JAHNS, Frankfurt, Reformation und Schmalkaldischer Bund (wie Anm. 1), S. 249–302.
63 Zu den Vergleichsverhandlungen vgl. JAHNS, Frankfurt, Reformation und Schmalkaldischer Bund (wie Anm. 1), S. 303–334; ebd., S. 334–353 zu weiteren Verhandlungen Frankfurts mit Kurmainz im Sommer und Herbst 1535.
64 Ebd. S. 353–356.
65 Druck: D. Martin Luthers Werke. Kritische Gesamtausgabe. Abt.: D. Martin Luthers Briefwechsel. Bd. 7 (1533–1536), Weimar 1937, S. 303–305, Nr. 2264.
66 Druck: Melanchthons Briefwechsel. Kritische und kommentierte Gesamtausgabe, hrsg. von Heinz SCHEIBLE. Bd. T6: Texte 1395–1683 (1534–1535), bearb. von Christine MUNDHENK unter Mitwirkung von Roxane WARTENBERG und Richard WETZEL, Stuttgart-Bad Cannstatt 2005, S. 487–494, Nr. 1653; Luthers Werke WA BR 7 (wie Anm. 65), S. 306–313, Nr. 2266; Regest: Melanchthons Briefwechsel. Kritische und kommentierte Gesamtausgabe, hrsg. von Heinz SCHEIBLE. Bd. 2: Regesten 1110–2335 (1531–1539), Stuttgart-Bad Canstatt 1978, S. 215, Nr. 1653.
67 Original: ISG, Bartholomäusstift: städtische Urkunden 685; Druck: Melanchthons Briefwechsel. Bd. T6 (wie Anm. 66), S. 501 f., Nr. 1658; Luthers Werke WA BR 7 (wie Anm. 65), S. 315 f., Nr. 2266 (Beilage 2); Regest: Melanchthons Briefwechsel. Bd. 2: Regesten (wie Anm. 66), S. 217, Nr. 1658. Melanchthons Antwort vom 5. Nov. 1535 an die Frankfurter Prädikanten: Druck: Melanchthons Briefwechsel. Bd. T6 (wie Anm. 66), S. 498–500, Nr. 1657; Luthers Werke WA BR 7 (wie Anm. 65), S. 313–315, Nr. 2266 (Beilage 1); Regest: Melanchthons Briefwechsel. Bd. 2: Regesten (wie Anm. 66), S. 217, Nr. 1657.
68 Luthers Werke WA BR 7 (wie Anm. 65), S. 323 f., Nr. 2271.
69 Zu Luthers und Melanchthons Gutachten vgl. JAHNS, Frankfurt, Reformation und Schmalkaldischer Bund (wie Anm. 1), S. 344–347 und S. 368 f.
70 JAHNS, Frankfurt, Reformation und Schmalkaldischer Bund (wie Anm. 1), S. 356–368. Die Anfang November 1535 erstellten Gutachten aller Straßburger Prediger und Martin Bucers sind abgedruckt in: Martin Bucers deutsche Schriften. Bd. 16: Nachträge 1531–1541, bearb. von Stephen E. BUCKWALTER und Thomas WILHELMI (= Martini Buceri Opera Omnia. Series I: Deutsche Schriften), Gütersloh 2013, S. 147–153 (Einleitung), S. 155–165 (Gutachten der Straßburger Prediger), S. 167–178 (Gutachten Martin Bucers).
71 Original: ISG, Acta Ecclesiastica II,81; Abschrift: Acta Ecclesiastica II (Abschriftenband), fol. 325 v f.; Druck: Luthers Werke WA BR 7 (wie Anm. 65), S. 324 f., Nr. 2272; Abbildung

und Transkription bei Jahns, Frankfurt (wie Anm. 1), S. 176 f.
72 Haas, Reformation (wie Anm. 1), S. 34–39.
73 Jahns, Frankfurt, Reformation und Schmalkaldischer Bund (wie Anm. 1), S. 382–398.
74 Die Hinwendung Melanders zur zwinglianischen Glaubensrichtung war Mitte 1526 erfolgt. Ihm folgten dann auch die meisten anderen Frankfurter Prädikanten. Seit 1530 wandte sich Melander jedoch Martin Bucers Abendmahlauffassung zu. Im Frühjahr 1535 gab er nach Skandalen im privaten Bereich sein Amt auf; vgl. Jahns, Frankfurt, Reformation und Schmalkaldischer Bund (wie Anm. 1), S. 149–153 und S. 303 f.
75 Zur Neuordnung des Frankfurter Kirchenwesens seit 1536 vgl. Haas, Reformation (wie Anm. 1), S. 42–48.
76 „Conditus hic senior placidè requiescit Amandus, / Ex Holtzhusorum clara propago domo. / Primus qui patrias Musas revocavit in oras, / Multáq(ue) syncera pro pietate tulit. / Atq(ue) idem et custos, et avitae pacis amator, / Publica privata commoda fovit ope. / Multorumq(ue) minas cunctando fregit, et iras, / Dum patriae vero se gerit ore patrem ...", in: Jacobus Micyllus, Sylvarum, liber 4, S. 377; wieder abgedruckt in: Johannes Classen, Jacob Micyllus. Rector zu Frankfurt und Professor zu Heidelberg von 1524 bis 1558 als Schulmann, Dichter und Gelehrter, Frankfurt a. M. 1859 (erweiterte Fassung der 1. Aufl. von 1858), S. 166, Anm. 3; Achilles August von Lersner, Nachgeholhte, vermehrte, und continuirte Chronica Der Weitberühmten freyen Reichs-Wahl- und Handels-Stadt Franckfurth am Mayn …, Frankfurt a. M. 1734 [= 2. Bd.], 2. Buch, S. 204.
77 Matthäus, Hamman (wie Anm. 1), S. 413 f.
78 Jahns, Frankfurt (wie Anm. 1), S. 179 f.; Matthäus, Hamman (wie Anm. 1), S. 195–199; zu Micyllus vgl. Franz Lerner, Art. „Micyllus, Jakob", in: NDB 17, S. 459 f.; Classen, Micyllus (wie Anm. 76); ders., Nachträge zur Biographie des Jakob Micyllus, Frankfurt a. M. 1861; Georg Eduard Steitz, Des Rektor Micyllus Abzug von Frankfurt 1533, in: Archiv für Frankfurts Geschichte und Kunst N. F. 5 (1872), S. 216–256.
79 ISG, Ratswahlen und Ämterbestellungen 1, fol. 269 r (1540) und fol. 279 r (1542).
80 Jahns, Frankfurt (wie Anm. 1), S. 183 f. Zur Sozialdisziplinierung in Frankfurt vgl. Anja Johann, Kontrolle mit Konsens. Sozialdisziplinierung in der Reichsstadt Frankfurt am Main im 16. Jahrhundert (= Studien zur Frankfurter Geschichte 46), Frankfurt a. M. 2001.
81 Zur Politik Frankfurts im Schmalkaldischen Bund im Zusammenhang mit der Entwicklung des lutherischen Kirchenwesens in der Stadt vgl. Haas, Reformation (wie Anm. 1), S. 39–276.
82 Haas, Reformation (wie Anm. 1), S. 299–332; kürzer: Jahns, Frankfurt (wie Anm. 1), S. 191–195. Zu den Ereignissen der Jahre 1546/47 sind mehrere Aufzeichnungen bzw. Chroniken überliefert, abgedruckt in: Jung, Chroniken (wie Anm. 25), S. 297–304 (Chronik des Ratsschreibers Jakob Urban), S. 305–324 (Chronik des Schuhmachers Jakob Medenbach), S. 325–343 (Chronik des Prädikanten Melchior Ambach), S. 344–350 (Chronik des Dr. Jakob Degenhart), S. 351–359 (Bericht in Lersners Chronik I, S. 378–382).
83 Zum Fürstenaufstand vgl. Kerstin Schäfer, Der Fürstenaufstand gegen Karl V. im Jahr 1552: Entstehung, Verlauf und Ergebnis – vom Schmalkaldischen Krieg bis zum Passauer Vertrag, Taunusstein 2009.
84 Zur Belagerung von 1552 sind mehrere Aufzeichnungen bzw. Chroniken überliefert, abgedruckt in: Jung, Chroniken (wie Anm. 25), S. 360–378 (Chronik des Stadtadvokaten Dr. Hieronymus zum Lamb), S. 379–401 (Chronik des Prädikanten Melchior Ambach), S. 402–417 (Bericht über die Belagerung aus der Chronik des Prädikanten Markus Sebander über die Geschichte der Dreikönigskirche), S. 418–421 (Heinrich Steffans Chronik), S. 422–425 (Chronik des Schuhmachers Nikolaus Gauch), S. 426–431 (Jüdischer Bericht), S. 432–467 (Neuhaus'sche Chronik), S. 468–479 (Sechs Lieder über die Belagerung von 1552), S. 480–488 (Epigramme über die Belagerung von 1552).
85 Zum Passauer Vertrag vgl. Volker Henning Drecoll, Der Passauer Vertrag (1552). Einleitung und Edition (= Arbeiten zur Kirchengeschichte 79), Berlin/New York 2000; Winfried Becker, Der Passauer Vertrag von 1552. Politische Entstehung, reichsrechtliche Bedeutung und konfessionsgeschichtliche Bewertung (= Einzel-

86 Zur Haltung Frankfurts im Fürstenaufstand und zur Belagerung der Stadt vgl. JAHNS, Frankfurt (wie Anm. 1), S. 197–203.
87 Zu ersten reformierten Einwanderungen nach Frankfurt vgl. Claudius Andreas MASSINGER, Die englische Emigrantengemeinde in Frankfurt am Main 1554–1559, in: Archiv für Frankfurts Geschichte und Kunst 63 (1997), S. 167–221; Hermann MEINERT, Die Eingliederung der niederländischen Glaubensflüchtlinge in die Frankfurter Bürgerschaft 1554–1596. Auszüge aus den Frankfurter Ratsprotokollen, Frankfurt a. M. 1981.
88 Matthias MEYN, Die Reichsstadt Frankfurt vor dem Bürgeraufstand von 1612–1614, Frankfurt a. M. 1980, S. 35; Heinz SCHILLING, The situation in German towns, in: The European Crisis of the 1590s. Essays in Comparative History, hrsg. von Peter CLARK, London 1985; Christopher FRIEDRICHS, German Town Revolts and the Seventeenth-Century Crisis, in: Renaissance and Modern Studies 26 (1982), S. 27–51.
89 Zum Fettmilchaufstand vgl. Rainer KOCH, 1612–1616. Der Fettmilchaufstand. Sozialer Sprengstoff für die Bürgerschaft, in: Archiv für Frankfurts Geschichte und Kunst 63 (1997), S. 59–79; Robert BRANDT, Olaf CUNITZ und Jan EMEL, Der Fettmilch-Aufstand. Bürgerunruhen und Judenfeindschaft in Frankfurt am Main 1612–1616, Frankfurt a. M. 1996; Anton SCHINDLING, Wachstum und Wandel vom Konfessionellen Zeitalter bis zum Zeitalter Ludwigs XIV. Frankfurt am Main 1555–1685, in: Frankfurt am Main. Die Geschichte der Stadt in neun Beiträgen, Sigmaringen ²1994, S. 205–261, hier S. 229–238.

arbeiten aus der Kirchengeschichte Bayerns 80), Neustadt a. d. Aisch 2003.

Thomas Kirchner

Welchem Kaiser gehorchten die Aachener? Beziehungen zum Stadtherrn während eines reichsstädtischen Religionskonfliktes

Als Aachen eine gemischtkonfessionelle Reichsstadt war, gehorchte das Stadtregiment, das den Frieden zwischen Katholiken, Lutheranern und Reformierten aufrechterhielt, dem Kaiser als seinem Stadtherrn und Reichsoberhaupt. Als Sektierer das Regiment der Reichsstadt Aachen an sich gerissen hatten, gehorchten die Katholischen Bürgermeister, Schöffen und Ratsverwandten, die darum kämpften, den alten Glauben in der Stadt zu erhalten, dem Kaiser. In der außergewöhnlichen Geschichte der Reichsstadt Aachen während der Reformation und des Konfessionellen Zeitalters beschreiben diese beiden Beispiele von Kaisertreue zwei Seiten ein und desselben Religionskonflikts. Die Treue zweier Gruppen, die einander direkt entgegengesetzte konfessionspolitische Ziele verfolgten, galt für einen längeren Zeitraum demselben Kaiser, namentlich Rudolf II. (1576–1612). Diese doppelte Treue lässt sich nicht mit der Vorstellung vereinbaren, dass politische und juristische Auseinandersetzungen wie die um den konfessionellen Status der Reichsstadt Aachen in der zweiten Hälfte des 16. Jahrhunderts von den Beteiligten ausschließlich rational und evidenzbasiert ausgetragen wurden. Inwiefern in der Frühen Neuzeit Männer, welche Aachen als katholische Reichsstadt regieren wollten, und solche, die währenddessen bereits die Obrigkeit über die Stadt innehatten – über eine Stadt, die de facto Heimat von Reformierten, Lutheranern und Katholiken war, – gleichzeitig dem selben Kaiser gehorchen konnten, ist eine lohnende Frage. Daran schließt sich die Frage an, warum der Gehorsam der Menschen, die Aachen regierten oder regieren wollten, gegenüber dem Kaiser für die Gestaltung des Zusammenlebens von drei Konfessionsgemeinschaften auf dem Gebiet einer Reichsstadt wichtig war. Eine abschließende Frage lautet schließlich: Was verrät die in vielerlei Hinsicht außergewöhnliche Geschichte Aachens während der Reformation und des Konfessionellen Zeitalters über die Bedeutung der Beziehungen zwischen Reichsstädten und Kaiser in der Reformationszeit und in Religionskonflikten im Allgemeinen?

Das Verhältnis von Aachener Akteuren im Religionsstreit zum Kaiser wird als ein Aspekt der Aachener Religionsgeschichte vorgestellt, der sich für eine vergleichende Untersuchung mit anderen Reichsstädten anbietet. Eine solche, eng definierte Vergleichsmöglichkeit wäre vor allem deswegen besonders nützlich, weil die Geschichte Aachens im Konfessionellen Zeitalter in vielerlei Hinsicht so komplex und außergewöhnlich ist, dass es höchst voraussetzungsreich ist, sie in komparativen Studien zu berücksichtigen.

I

Seit Beginn der 1580er Jahre war die politische und konfessionelle Zukunft Aachens als „Causa Aquensis" Gegenstand eines Prozesses am kaiserlichen Reichshofrat. Zwar beschränkten sich die einschlägigen politischen Auseinandersetzungen bei Weitem nicht auf die Prozesshandlungen, doch die Reichshofräte und Kaiser Rudolf II. bestimmten wesentlich, in welchem Rhythmus über Aachen geredet und gehandelt wurde. Am Prager Hof wurde schließlich auch der vorläufige Abschluss der „Causa Aquensis" eingeleitet: Im Sommer 1598 ließ der Kaiser die Reichsacht gegen Ratsverwandte und Amtsträger des amtierenden Aachener Stadtregiments sowie gegen eine Gruppe reformierter und lutherischer Bürger vollstrecken. Subdelegierte Kommissare der Fürsten von Kurköln und Brabant setzten in Aachen ein Stadtregiment aus katholischen Männern ein und trafen bis in das nächste Jahr hinein Vorkehrungen, um Aachen religiös und politisch als katholische Reichsstadt einzurichten. Im Anschluss nahmen sie die Verhandlungen um die Versöhnung der geächteten Männer mit dem neuen katholischen Stadtregiment, den benachbarten Fürsten und dem Kaiser auf, um bald den Großteil der Ächter aus der Acht zu lösen.[1]

Die Auseinandersetzungen um die „Causa Aquensis" von Beginn der 1580er Jahre bis zur ersten Rekatholisierung der Stadt 1598 wurden also vom Kaiser, dessen Reichshofrat sowie von kaiserlichen Kommissionen nach Aachen geprägt. Die „Causa Aquensis" war nicht zuletzt ein Religionskonflikt, dessen Verlauf von der Nähe zwischen Reichsstadt und Kaiser, zwischen Aachen und Rudolf II., bestimmt wurde. Allerdings lässt sich ihr Verlauf deswegen nicht ohne Weiteres als Austragung eines Konfessionskonflikts in einer kaisernahen Reichsstadt beschreiben. Zwar gilt das Eingreifen des kaiserlichen Reichshofrats in reichsstädtische Angelegenheiten als Ausdruck kaiserlichen Einflusses auf solche Städte,[2] doch fehlen im Aachener Fall weitere entscheidende Aspekte, die Kaiser- und Reichsnähe nach konventionellem Verständnis ausmachten. Aachen war nicht in eine reichsnahe Landschaft eingebettet, es bestand kein kontinuierliches Klientelverhältnis zwischen Aachen und dem Kaiser und die Habsburger Hausmacht war nicht der machtpolitisch entscheidende Faktor in der Region. Aus diesen Gründen soll nicht versucht werden, die Bedeutung von Nähe- oder Entfernung Aachens zu Kaiser und Reich im Allgemeinen abzuwägen. Stattdessen soll im Wesentlichen das Beispiel einer einzelnen Begegnung mit dem Kaiser, beziehungsweise mit einer kaiserlichen Kommission im Jahr 1581, Licht darauf werfen, wie sich Aachens Beziehungen zum Kaiser zunächst

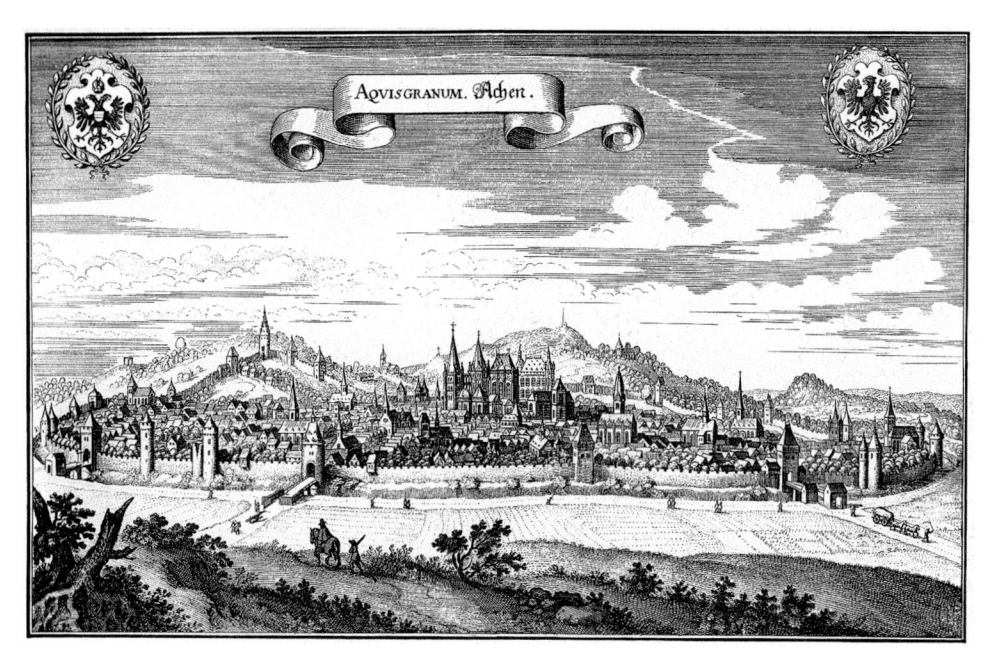

Abb. 1: Ansicht der Stadt Aachen. Kupferstich von Matthäus Merian, 1645 (https://commons.wikimedia.org/wiki/File%3AAachen-Kupferstich-Merian.png)

auf den Verlauf der „Causa Aquensis" auswirkten und damit auch dazu beitrugen, Rahmenbedingungen für das Zusammenleben von Katholiken, Lutheranern und Reformierten in Aachen zu setzen.

Dieses Zusammenleben und die Bemühungen um seine Grundlagen waren Konstanten der Aachener Geschichte im letzten Drittel des 16. Jahrhunderts. Wäre die Auseinandersetzung um die politische Ordnung und das Religionswesen von Aachen zwischen 1580 und 1598 tatsächlich nur als „Religionssache" ausgetragen worden, hätte dies den bürgerlichen Frieden in der Stadt nachhaltig gestört, während tatsächlich ein ruhiges und überraschend friedliches Zusammenleben der Konfessionsgruppen im Rahmen traditioneller reichsstädtischer Verfahren der Geselligkeit und Konflikteinhegung möglich war.[3] Ebenso wäre der Position der Reichsstadt Aachen in der Reichspolitik der Boden entzogen worden, wenn sich eine katholische und eine protestantische Partei Aachener Akteure über Jahre hinweg unversöhnlich und rücksichtslos um Herrschaft und Religion ihrer Stadt gestritten hätten. Wenn der Beitrag Aachens zum Konfessionellen Zeitalter also mit den zu Beginn des 17. Jahrhunderts popularisierten Begriffen „Aachener Trubeln" oder – noch bekannter – „Aachener Wirren" hinreichend beschrieben wäre, wäre es verfehlt gewesen, von einem Zusammenspiel der Konfessionskulturen in der Stadt und von einer Aushandlung der reichsstädtischen Verfassung auf Reichsebene zu sprechen. Die Grundlagen der besonderen Formen dieses Zusammenspiels waren in Aachen schon während der Reformationszeit im engeren Sinne gelegt worden. Als sich viele reichsstädtische Obrigkeiten und Bürgergemeinden während der 1520er bis 1540er Jahre der Reformation zuwandten, war in Aachen keine evangelische Gemeindebildung absehbar.[4] Die theologischen Neuerungen und Veränderungen der Frömmigkeit, die seit Beginn der Wittenberger Reformation in Mitteleuropa an Einfluss gewannen, waren für die Bevölkerung Aachens und das Stadtregiment zunächst nur eingeschränkt relevant. Die Obrigkeit führte Prozesse gegen einige Täufer und setzte sich außerdem mit den benachbarten Herzögen von Jülich, Kleve und Berg über die Gefahren auseinander, die von sogenannten Sektierern in der Region ausgingen. Auch der Zuzug von Menschen aus den Niederlanden im Rahmen von Flucht- oder Migrationsbewegungen wurde vom Aachener Rat zum Anlass genommen, Maßnahmen der Sektenbekämpfung zu erwägen. Dabei blieben die Bemühungen des Magistrats, den städtischen Frieden und die katholische Kirche gegen religiöse Abweichung zu schützen, im Wesentlichen gegen Individuen oder kleinere Gruppen gerichtet. Häufig handelte es sich um Maßnahmen, die von einzelnen Ereignissen angestoßen wurden und eher den Charakter einer ambulanten Sektenbekämpfung als den einer systematischen Gegenreformation trugen.[5]

Das hieß auch, dass die Einwohnerinnen und Einwohner der Reichsstadt Aachen die Auswirkungen der Reformation lange nicht als Umbruch in ihrer eigenen Frömmigkeit, als Aufeinandertreffen von Menschen unterschiedlicher Religionen oder als Konfessionskonflikt erlebten. Sehr wohl zeichnete sich aber seit 1550 ab, warum die Frage nach den Beziehungen zwischen der Aachener Obrigkeit und dem Kaiser ein Schlüssel zum Verständnis der religionspolitischen Entwicklungen in dieser Reichsstadt wurde. Ferdinand I. (1558–1564) schickte im Sommer des genannten Jahres eine Kommission in die Stadt seiner Krönung zum römisch-deutschen König. Die Gesandten Anton von Granvelle und Heinrich Hase sollten Bürgermeister, Schöffen und Rat in Aachen eindringlich ermahnen, keine Angehörigen verbotener Sekten in der Stadt zu dulden.[6] In den folgenden Jahren bis 1559 traf das Stadtregiment nun noch einmal vermehrt Vorkehrungen, die verhindern sollten, dass Menschen, die nicht der katholischen Religion folgten, nach Aachen zuwanderten. Allen religiösen Abweichlern, die dennoch nach Aachen gelangten, sollte es schwerer gemacht werden, als Bürger oder Beiwohner Privilegien zu erhalten und ihre Frömmigkeit zu entfalten. Nach wie vor hatte sich das Stadtregiment damit nicht als katholisch-gegenreformatorische Obrigkeit etabliert. Kaiser Ferdinand I. nahm allerdings in den Auseinandersetzungen um die konfessionellen Verhältnisse in Aachen die Rolle ein, die auch für seine Nachfolger die sichtbarste und unmittelbar wirkungsvollste sein würde. Er sowie später vor allem Rudolf II. positionierten sich, um darüber zu entscheiden, ob die Religionspolitik des Aachener Stadtregiments rechtmäßig und angemessen war. Gleichzeitig zeichnete sich ab, dass sie dabei auch die Interessen der katholischen Territorialfürsten in der Region vertraten. Sowohl die Statthalter der Spanischen Niederlande als auch die Fürstbischöfe von Lüttich und die Herzöge von Jülich-Kleve-Berg führten Beschwerde am kaiserlichen Hof, wenn die

Religionspolitik des reichsstädtischen Magistrats nicht zu den Zielen beitrug, die sie selbst bei der Bekämpfung verschiedener Sekten und später insbesondere der Augsburger Konfessionsverwandten und reformierten Religionsgemeinschaften verfolgten.[7]
Soweit sich die Rolle des Kaisers in den religionspolitischen Auseinandersetzungen bis hierher beschreiben lässt, schien es für die Gestaltung der Beziehung zwischen dem Aachener Stadtregiment und dem Reichsoberhaupt wenig Spielraum gegeben zu haben. Als sich Aachen seit dem Ende der 1550er Jahre schließlich doch zu einer gemischtkonfessionellen Reichsstadt entwickelte, deren Religionspolitik sich mit dem Zusammenleben von Katholiken, Lutheranern und Reformierten befasste,[8] musste sich die Rolle des Kaisers als Schutzherr des Katholizismus in Reich und Region verfestigen. Dennoch blieb die eingangs formulierte Aussage in ihrer Widersprüchlichkeit gültig. Amtsträger und Bürger, die sich zunächst im Stadtregiment und später als Exilregiment dafür einsetzten, Aachen als katholische Reichsstadt zu erhalten, konnten ebenso ihren Gehorsam gegen den Kaiser behaupten wie die Vertreter der seit 1581 amtierenden Magistrate, die den mittlerweile etablierten status quo von drei in der Stadt koexistierenden Konfessionsgemeinschaften bewahren wollten.

II

Um zu analysieren, wie beide Akteursgruppen ihre Beziehungen zum Kaiser gestalteten und verstanden wissen wollten, ist es zunächst wichtig, die Grundlagen ihrer Auseinandersetzungen miteinander zu verstehen. Die verschiedenen Aspekte ihres Konflikts entfalteten sich bis zum Beginn der 1580er Jahre. Was in Aachen zwischen 1560 und 1581 geschah und die politischen und konfessionellen Verhältnisse, die am Ende dieses Zeitraums gefestigt wurden, setzten die Themen für die Auseinandersetzungen. Sie beschränkten sich nicht auf eine eindimensionale Feindschaft von Katholiken und Protestanten. Warum die Beziehungen der Aachener Akteure zum Kaiser so wichtig für den weiteren Verlauf der Auseinandersetzungen waren, lässt sich besonders anhand der Ereignisse von 1580 und 1581 veranschaulichen, als die politischen und konfessionellen Konflikte sich zunächst soweit zuspitzten, dass Einwohner Aachens Gewalttaten gegeneinander verübten. Nach dieser Eskalation hatte sich ein Stadtregiment etabliert, dessen Mitglieder mehrheitlich einem reformierten oder lutherischen Bekenntnis angehörten. Diese Zusammensetzung änderte sich nicht grundsätzlich, bis 1598 ein rein katholisches Stadtregiment eingesetzt wurde. Die politischen und juristischen Diskurse, innerhalb derer sowohl das reformiert-lutherisch dominierte Stadtregiment als auch die katholische Opposition im Exil ihren Gehorsam gegenüber dem Kaiser beteuerten, ging also wesentlich von einer Krise aus. Vorgeschichte und Verlauf dieser Krise bildeten die Grundlage ihres Diskurses und richteten damit auch die Bühne ein, auf der das protestantisch

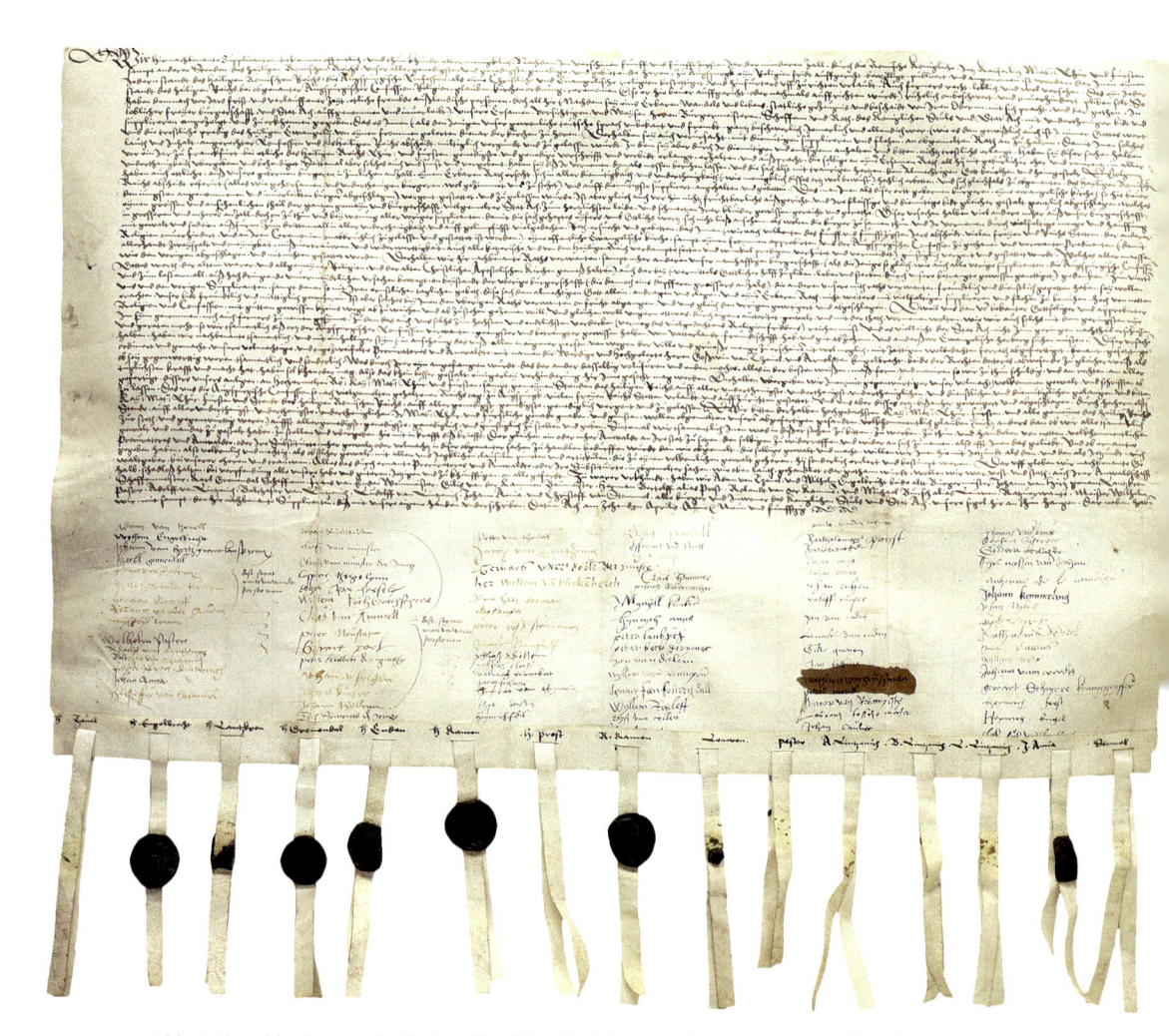

Abb. 2: Supplikation um das Recht öffentlicher Religionsausübung an Kaiser und Reichsstände von Aachener Bürgern, die sich selbst als Augsburger Konfessionsverwandte bezeichneten, 10. April 1559 (Archiv der Evangelischen Kirche im Rheinland, 4KG 004 [Kirchgemeinde Aachen], Urkunde 6)

dominierte Stadtregiment und die katholische Opposition ihre Beziehungen zum Kaiser darstellten.

Auf den folgenden Seiten wird also zunächst der Ausgangspunkt analysiert, von dem aus die konkurrierenden Aachener Akteure ihre Beziehungen zum Kaiser entwickelten. Die auf die Krisenereignisse von 1580/81 folgenden Auseinandersetzungen bildeten dann den Rahmen, innerhalb dessen es dem protestantisch dominierten Stadtregiment in Aachen und der katholischen Opposition gelang, den Kaiser – das heißt die relevanten Bilder und Vorstellungen vom Kaiser – in einer Art und Weise zu vervielfältigen, welche die Frage aufkommen ließ, welchem Kaiser die Aachener gehorchten. Die Voraussetzungen für diese Vervielfältigungen lagen in den Besonderheiten politischer Kommunikation in der Frühen Neuzeit. Für den Religionskonflikt in Aachen, beziehungsweise für das Zusammenleben der Konfessionsgruppen in der Stadt, war die Entwicklung in zweierlei Hinsicht relevant: Zum einen war es für alle Parteien aus Aachen wichtig, das Bild zumindest eines Kaisers aufrecht zu erhalten, dem sie gehorchten, um nicht nur mit dem Kaiser, sondern in der Reichspolitik im Allgemeinen korrespondenz- und verhandlungsfähig zu bleiben, zum anderen beeinflussten dieselben Bilder vom Kaiser die Wahrnehmung der Gesellschaftsordnung und des Religionswesens in Aachen durch die Einwohnerinnen und Einwohner der Stadt. Das protestantisch dominierte Stadtregiment konnte die Bürgergemeinde besser vom gemischtkonfessionellen status quo in Aachen überzeugen, solange dieser auch kaiserlich legitimiert erschien, während die katholische Opposition umso nachdrücklicher fordern konnte, Aachen zu rekatholisieren, je deutlicher dies dem Willen des Kaisers entsprach.

Wie bereits erwähnt, verstetigten sich zunächst seit den 1550er Jahren die Praktiken nicht-katholischer Religionsausübung in Aachen. Familien, die aus den Niederlanden zuwanderten, erhöhten die Zahl der Einwohnerinnen und Einwohner, die sich öffentlich sichtbar von der katholischen Kirche distanzierten. Am Ende der 1550er Jahre traten Männer, die fest in der politisch vollberechtigten bürgerlichen Oberschicht der Stadt verankert waren und sich zur Augsburger Konfession bekannten, auf die Bühne der Stadtpolitik. In den Jahren 1556 bis 1560 eskalierte in Aachen ein Streit um die Rats- und Amtsfähigkeit nicht-katholischer Bürger. Im Zuge dieser Streitigkeiten wandte sich erstmals eine Gruppe Aachener Bürger, die sich selbst als Augsburger Konfessionsverwandte bezeichneten, mit einer Supplikation um das Recht öffentlicher Religionsausübung an Kaiser und Reichsstände.[9] Damit erlangten Konfessionskonflikte in Aachen größere Aufmerksamkeit auf reichspolitischer Ebene. In der Stadt selbst endete dieser Konflikt vorläufig allerdings nicht etwa in der Freigabe des exercitium publicum für Protestanten. Vielmehr beschloss der Rat noch 1560, das bürgerliche Recht, in Rat und Ämter gewählt zu werden, auf katholische Männer zu beschränken. Gleichzeitig wurden frühere Maßnahmen zur Sektenbekämpfung erneuert.[10] Dass sich im Zuge dieser Konflikte einige Male verschiedene Aachener Akteure selbst als Augsburger Konfessionsverwandte bezeichnet hatten, war sicherlich noch kein Zeichen für eine Gemeindebildung in lutherisch-wittenberger Tradition in Aachen. Die Konturen des Aachener Religionskonflikts blieben weiter unscharf und auch die Vertreter des Rats- und Amtsverbots für Nicht-Katholiken gewannen kein deutliches und beständiges Profil als katholisch-gegenreformatorische Partei.

Allerdings formierte sich zu Beginn der 1580er Jahre eine Gruppe von ehemaligen reichsstädtischen Amtsträgern und Ratsherren sowie Bürgern und Patriziern als dezidiert katholische Opposition gegen das reformiert-lutherisch dominierte Stadtregiment. Von diesem Moment an bildeten die 20 Jahre zurück liegenden religionspolitischen Ereignisse sehr wohl einen Fundus, auf dessen Grundlage katholische Akteure erzählen konnten, wie sie schon seit Jahrzehnten für den Erhalt der alten Religion in Aachen gekämpft hatten.¹¹ In dieser Erzählung ging es auch um das Verhältnis der katholischen Opposition zum Kaiser. Schließlich setzten sich deren Mitglieder in die Tradition der Amtsträger und Ratsherren, die schon am Ender der 1550er Jahre die Katholizität Aachens verteidigt hätten, als diese zunehmend durch religiös verdächtige Niederländer und Aachener Einwohner, die vom katholischen Glauben abgefallen waren, bedroht wurde. Sie leisteten damit nicht zuletzt den Anordnungen Ferdinands I. Folge, alle Sektierer in Aachen konsequent zu verfolgen. Damit, so lautet ein Argument, das sich wie ein roter Faden durch die Selbstdarstellungen von Vertretern der katholischen Opposition zog, seien sie und ihre Vorgänger die einzigen Vertreter der legitimen, katholischen und kaisertreuen Obrigkeit Aachens, wie auch der friedlichen und obrigkeitshörigen katholischen Bürgergemeinde Aachens.

Diese Erzählung unterstrich die Rolle des Kaisers als Richter über die Religionspolitik des reichsstädtischen Magistrats und über das Religionsleben der Aachener Einwohnerinnen und Einwohner. Auch als Schutzherr des Aachener Katholizismus wurde Rudolf II. durch die katholische Opposition bestätigt, nachdem sich Ferdinand I. mit der Entsendung von Granvelle und Hase ansatzweise als solcher positioniert hatte. Gleichzeitig fügte die Geschichte der Katholischen Bürgermeister, Schöffen und Ratsverwandten – wie sich die katholische Opposition im Exil selbst bezeichnete – ihrer Beziehung zum Kaiser noch einen wichtigen Aspekt hinzu: Nicht nur die politisch aktiven Katholiken, die auf ihre Einsetzung ins Stadtregiment drängten, waren demnach gehorsame und rechtstreue Untertanen des Kaisers, sondern auch die katholische Bürgerschaft und Einwohnerschaft Aachens insgesamt. Damit grenzte sich die katholische Opposition selbst von den seit 1580 amtierenden Bürgermeistern, Amtsverwaltern und Ratsherren ab und sie zog gleichzeitig eine deutliche Grenze zwischen den katholischen Bürgern Aachens und den Nicht-Katholiken, die als Gefahr für den Frieden in der Stadt und für deren angestammte Religion galten. Rudolf II. wurde dabei noch einmal in erster Linie als katholischer Kaiser und Gegner der Reformation vergegenwärtigt.¹²

Der Kaiser war in der Folge allerdings nicht exklusiv auf diese Rolle festgelegt. Dies lag daran, dass das Zusammenspiel verschiedener Konfessionsgruppen in Aachen in den folgenden Jahrzehnten zunächst tatsächlich nicht zu einem religiösen Grundsatzkonflikt eskalierte. Katholiken, Lutheraner und Reformierte in der Stadt schlossen sich auch dann nicht zu festen und unversöhnlichen konfessionspolitischen Parteien zusammen, als sie in Aachen drei voneinander abgegrenzte Konfessionskirchen gegründet hatten. Spätestens in den 1570er Jahren etablierten sich lutherische und reformierte Konfessionskirchen in der Stadt. Daneben blieb die katholische Kirche mit allen ihren Einrichtungen inklusive der Pfarrkirchen bestehen.¹³ Seit 1574 gestalteten Aachener Protestanten und Katholiken auch die reichsstädtische Politik wieder direkt in Rat und Ämtern miteinander. Augsburger Konfessionsverwandte Bürger wurden zum Stadtregiment zugelassen. Faktisch gewannen damit auch Männer mit reformiertem Bekenntnis Zugang zu Ratssitz und Ämtern.[14] Seit 1580 wurde die Ratsmehrheit von Protestanten gestellt und es entspann sich erneute ein Streit um die Legitimität der lutherisch-reformierten Beteiligung am Magistrat.[15]

Der Sommer dieses Jahres war zugleich der Zeitpunkt der Eskalation des Konflikts zwischen zwei Gruppen innerhalb des Stadtregiments, der in den weiteren Auseinandersetzungen über die konfessionellen und politischen Verhältnisse in Aachen ein bleibender Gegenstand der Diskussionen wurde. Damit wurde mit Blick auf diesen Konflikt auch bestimmt, welches Verhältnis verschiedene Aachener Akteure zum Kaiser unterhielten und insbesondere, ob sie dem Kaiser gehorchten. Die seit 1580 amtierenden Aachener Ratsherren schritten, einige Wochen bevor der neue Rat gewählt wurde, zur Neubesetzung der wichtigsten städtischen Ämter.[16] Als dabei die beiden Werkmeister gewählt wurden, deren Kompetenzen die Gewerbeaufsicht und Teile der Finanzverwaltung umfassten, kam es zu einem konfessionell aufgeladenen Konflikt innerhalb der Stadtverwaltung: Mit Matthias Peltzer und Jost von Beeck hatte der Rat ein Mitglied der Augsburger Konfessionsverwandten Gemeinde und eines der deutsch-reformierten Gemeinde Aachens gewählt. Eine Gruppe von katholischen Amtsträgern und Ratsherren protestierte gegen diese Wahl. Die Mitglieder der Gruppe erklärten, dass es gegen die reichsstädtische Verfassung und gegen ausdrückliche Befehle des kaiserlichen Stadtherrn verstoße, wenn Männer, die keine Katholiken waren, Amtspflichten im Magistrat der Reichsstadt Aachen übernahmen. Sie weigerten sich fortan, gemeinsam mit den Vertretern der Ratsmehrheit ihre Ratssitze einzunehmen. Stattdessen tagten sie als Katholische, Bürgermeister, Schöffen und Ratsverwandte – eine Selbstbezeichnung, die nicht darüber hinwegtäuschen sollte, dass auch im Mehrheitsrat weiterhin Katholiken vertreten waren – außerhalb des Rathauses. Als unmittelbare Folge dieser Ratsspaltung wurden bei den wenig später abgehaltenen Wahlen für die beiden Bürgermeister nicht wie üblich und verfassungsmäßig vorgesehen zwei Männer für die höchsten Positionen im Aachener Stadtregiment gewählt, sondern vier. Während die im Rathaus tagenden Mitglieder des Großen Rates Johann von Lontzen und Simon Engelbrecht wählten und damit wie schon für das Werkmeisteramt einen Lutheraner und einen Reformierten für die Position des Bürgermeisters vorsahen, wählten die abgetretenen Ratsherren mit Johann Schrick und Johann Fibus zwei Katholiken zu Bürgermeistern.

Aus zwei Gründen entwickelte sich dieser Konflikt um die Besetzung der reichsstädtischen Verwaltungsspitze zu einem Schlüsselmoment für das Verhältnis von Akteuren der Reichsstadt Aachen zum Kaiser. Die Frage, ob und wie politisch Verantwortliche aus Aachen dem Kaiser gehorchten, blieb für fast zwei Jahrzehnte mehr oder weniger eng damit verflochten, wie sie und ihre Partner sich in der Krise der beginnenden 1580er Jahre verhalten hatten. Zum einen verband sich der innerstädtische Verfassungsstreit mit den Beziehungen der Aachener zum Kaiser, weil wenige Tage nach der gespaltenen

Bürgermeisterwahl eine hochkarätig besetzte kaiserliche Kommission in Aachen eintraf, in deren Anwesenheit und unter deren Einfluss der Konflikt eskalierte. Zum anderen wirkte der Streit zwischen dem gemischtkonfessionellen Mehrheitsrat und den Katholischen Bürgermeistern, Schöffen und Ratsverwandten auch deswegen auf die Verbindungen und Spannungen zwischen der Reichsstadt Aachen und ihrem Stadtherrn ein, weil dieser Streit bereits einige Jahre vor der eigentlichen Eskalation gleichsam im Dialog mit dem Kaiser und seinen Vertretern vorbereitet worden war.

III

Seit 1577 waren nach den 1550er Jahren erneut kaiserliche Kommissionen nach Aachen gereist. Die Instruktionen der Kommissare sowie auch ihre Verhandlungstätigkeiten verstärkten bereits den Eindruck, dass der Kaiser über die Religionsverhältnisse in Aachen entschied. Zunächst hatte der kaiserliche Hofrat Andreas Gaill als Leiter einer Kommission im Jahr 1577 feststellen sollen, ob in Aachen gefährliche Veränderungen der katholischen Religion eingeführt worden waren.[17] Zu diesem Zeitpunkt hatten Vertreter von Stadtregiment und Gemeinde – dem Anschein nach unabhängig von ihrer Konfession – noch überzeugend zurückgewiesen, dass die Reichsstadt von den kaiserlich legitimierten Religionsverhältnissen abgewichen war. Dennoch machte der Auftritt von Gaill und seinen Mitkommissaren in Aachen deutlich, dass der Kaiser weiterhin als Schutzherr des Aachener Katholizismus auftrat. Darüber hinaus wurde nun klar, dass der Stadtherr für den Alten Glauben seines Krönungssitzes nicht nur gegen kaum näher beschriebene verbotene Sekten einstehen würde, sondern auch Augsburger Konfessionsverwandte und Reformierte zurückwies.

Als im November 1580 eine weitere Kommission eintraf, wurde bereits sehr deutlich, wie diese Zurückweisung konkret ausformuliert wurde und wie die Aachener auf Grundlage dessen versuchten, in Beziehung zum Kaiser zu treten. Die kaiserlichen Kommissare forderten vom Stadtregiment nun ausdrücklich, den religionspolitischen Status von 1560 wiederherzustellen. Damit ordneten sie de facto an, die Verfassungsentwicklung der 1570er Jahre, insbesondere die Zulassung von Augsburger Konfessionsverwandten zu Rat und Regiment im Jahr 1574, rückgängig zu machen. Darüber hinaus mussten Kaiser und Kommissare so verstanden werden, dass auch die mittlerweile etablierten reformierten und lutherischen Gemeinden keinen Platz in Aachen haben durften. Bürgermeister und Rat weigerten sich allerdings, dies vollständig zu akzeptieren. Stattdessen argumentierten sie, dass zum einen keine Veränderungen am Aachener Religionswesen vorgenommen worden seien und dass zum anderen kein Aachener Stadtregiment dazu befugt sei, die reichsstädtische Verfassung in der geforderten Art und Weise zu verändern. Ein solcher Eingriff laufe auch den Privilegien der Reichsstädte insgesamt zuwider.[18]

Wie der Aachener Magistrat von einem solchen Standpunkt aus behaupten konnte, dem Kaiser zu gehorchen, blieb zunächst offen.

Im Gegensatz dazu nutzten einige katholische Akteure aus Aachen, die Anwesenheit der kaiserlichen Gesandten, um sich in eine Beziehung zum Kaiser zu setzen, die einige Monate später von den Katholischen Bürgermeistern, Schöffen und Ratsverwandten sowie der aus ihnen hervorgehenden katholischen Opposition ohne weiteres übernommen werden konnten. Eine Bittschrift, die den Kommissaren im Namen der katholischen Frauen Aachens übergeben wurde, zeigte nahezu idealtypisch die Vorstellung, die einige politisch aktive Katholikinnen und Katholiken von ihrem Verhältnis zum Kaiser vermittelten. Die Katholischen Frauen zeichneten ein Bild von der Reichsstadt Aachen, in das sich der Kaiser kaum anders einfügen konnte, als in der Rolle eines Retters des Katholizismus in höchster Not.[19]

Die Konturen dieses Bildes ließen sich auch nachzeichnen, als die kaiserlichen Kommissare am 23. Mai 1581 nach erfolgter Ratsspaltung in Aachen eintrafen. Da der ursprüngliche Auftrag der Gesandten Rudolfs II. gelautet hatte, Ämter und Ratswahlen nach den Verfassungsregeln von 1560 durchzusetzen und somit ein ausschließlich mit Katholiken besetztes Stadtregiment zu garantieren, verlegten sie sich, nachdem der Wortlaut ihrer Instruktionen hinfällig geworden war, darauf, die Ansprüche der aus dem Rathaus ausgezogenen katholischen Ratsherren und der von ihnen gewählten Bürgermeister auf das alleinige Stadtregiment zu unterstützen. Ein Teil der katholischen Opposition ergriff die Gelegenheit, sich als Klienten, Schützlinge und gehorsame Diener des Stadtherrn und Reichsoberhauptes zu positionieren. Während der Mehrheitsrat und seine Bürgermeister jede verbindliche Verhandlung oder Kooperation mit den Kommissaren ablehnten, bevor sie deren Instruktionen schriftlich einsehen konnten, überreichten einige Katholiken, die im Besitz von Schlüsseln zu Teilen der Stadtbefestigung waren, diese auf Verlangen an die Kommission.[20]

Die Katholischen Bürgermeister, Schöffen und Ratsverwandten hatten sich dem Gutachten und dem Urteil der kaiserlichen Kommission zu den religionspolitischen Konflikten in Aachen damit demonstrativ unterworfen. Sie traten als gehorsame Diener des Kaisers auf und sie gaben der reservierten Haltung des gemischtkonfessionellen Mehrheitsrates gegenüber den Kommissaren den Anschein einer gefährlichen Verweigerung von kaiserlichen Befehlen.[21] Der katholischen Opposition gelang es also im Moment ihrer Gründung, das Bild einer engen Verbindung mit dem Kaiser zu zeichnen, dessen prägender Aspekt Nähe war. Der Kaiser war den katholischen Männern nah, die gegen das protestantisch dominierte Stadtregiment opponierten. Immer wenn der Kaiser – repräsentiert durch seine Kommissionen – der Reichsstadt Aachen nahe war, war er es als Katholik, Richter und Retter. Der nahe und in Aachen sichtbare Kaiser brachte Ordnung, Gerechtigkeit und Katholizismus in die Stadt. Unmittelbar wahrnehmbar brachte er Vertreter der katholischen Opposition zurück nach Aachen. Die Katholischen Bürgermeister, Schöffen und Ratsverwandten hielten sich als Exilregiment mit wechselnder Besetzung seit 1582 zunächst in der Aachen direkt benachbarten Reichsabtei Burtscheid und später vor allem auf Jülicher Gebiet auf. Wenn der Kaiser Gesandte nach Aachen schickte, kamen mit diesen aber häufig auch einige Vertreter der katholischen Opposition in die Reichsstadt, um dort ihre Ansprüche auf die Teilhabe am Stadtregiment beziehungsweise auf dessen vollständige Übernahme zu demonstrieren. So war es 1584, als Kursachsen und Kurtrier im Auftrag Rudolf II. subdelegierte Kommissare nach Aachen sandten, um in dem 1581 eskalierten politisch-religiösen Konflikt zu vermitteln.[22] Noch sichtbarer war die Rückkehr oppositioneller Katholiken 1589. Kaiser Rudolf II. hatte eine Bannandrohung gegen das protestantisch dominierte Stadtregiment ausgehen lassen, sodass einige katholische Oppositionelle die von ihnen beanspruchten Posten im königlichen Schöffengericht und im geistlichen Sendgericht Aachens einnehmen konnten.[23] Als schließlich am 1. September 1598 das kaiserliche Urteil gegen das protestantisch dominierte Stadtregiment vollstreckt wurde und eine Kommission den Wechsel an der Spitze der Reichsstadt Aachen durchsetzte, kamen damit nicht nur die führenden Vertreter der katholischen Opposition im Gefolge der Kaiserlichen nach Aachen zurück, sondern sie nahmen in triumphaler Art und Weise ihren Platz als Obrigkeit ein.[24] Bis zum vorläufigen Ende der politischen Auseinandersetzungen um die „Causa Aquensis" im Herbst 1598 schien die katholische Opposition dem Kaiser als Richter, Schutzherrn und Retter des Katholizismus immer dann besonders nah zu sein, wenn der Kaiser selbst, vertreten durch seine delegierten oder subdelegierten Kommissare, der Stadt Aachen besonders nah war – immer dann, wenn der Kaiser in Aachen sichtbar war.

Das protestantisch dominierte Stadtregiment musste dieser Behauptung einer exklusiven und engen Beziehung zwischen dem Kaiser und den Katholischen Bürgermeistern, Schöffen und Ratsverwandten, die den Privilegien, der Sicherheit und Wohlfahrt Aachens diente, wirksam entgegentreten. Mehrere Voraussetzungen mussten erfüllt werden, um das protestantisch dominierte Stadtregiment in die Lage zu versetzen, selbst den Eindruck einer von Einklang und Gehorsam geprägten Beziehung zum Kaiser zu vermitteln und so auch die Akzeptanz der eigenen Herrschaft in Aachen zu erhöhen. Zunächst lag es nahe, die Rolle zu hinterfragen und zu untergraben, die sich die katholische Opposition in ihrer Beziehung zum Kaiser selbst zuschrieb. Es bot sich an, die Katholischen Bürgermeister, Schöffen und Ratsverwandten nicht als legitime Anwärter auf die städtische Obrigkeit darzustellen, sondern als ehrgeizige und gewinnsüchtige Privatleute;[25] nicht als Aachener Patrioten, sondern als Männer, welche die Reichsstadt in jeder Hinsicht unnötig in Gefahr brachten.[26] Selbst als katholisch wollte das Stadtregiment die Männer nicht gelten lassen, die ihre Nähe zum Kaiser betonten.

Auf diese Strategie setzte bereits der mehrheitlich aus Reformierten und Lutheranern zusammengesetzte Stadtrat, während die kaiserlichen Kommissare sich im Sommer

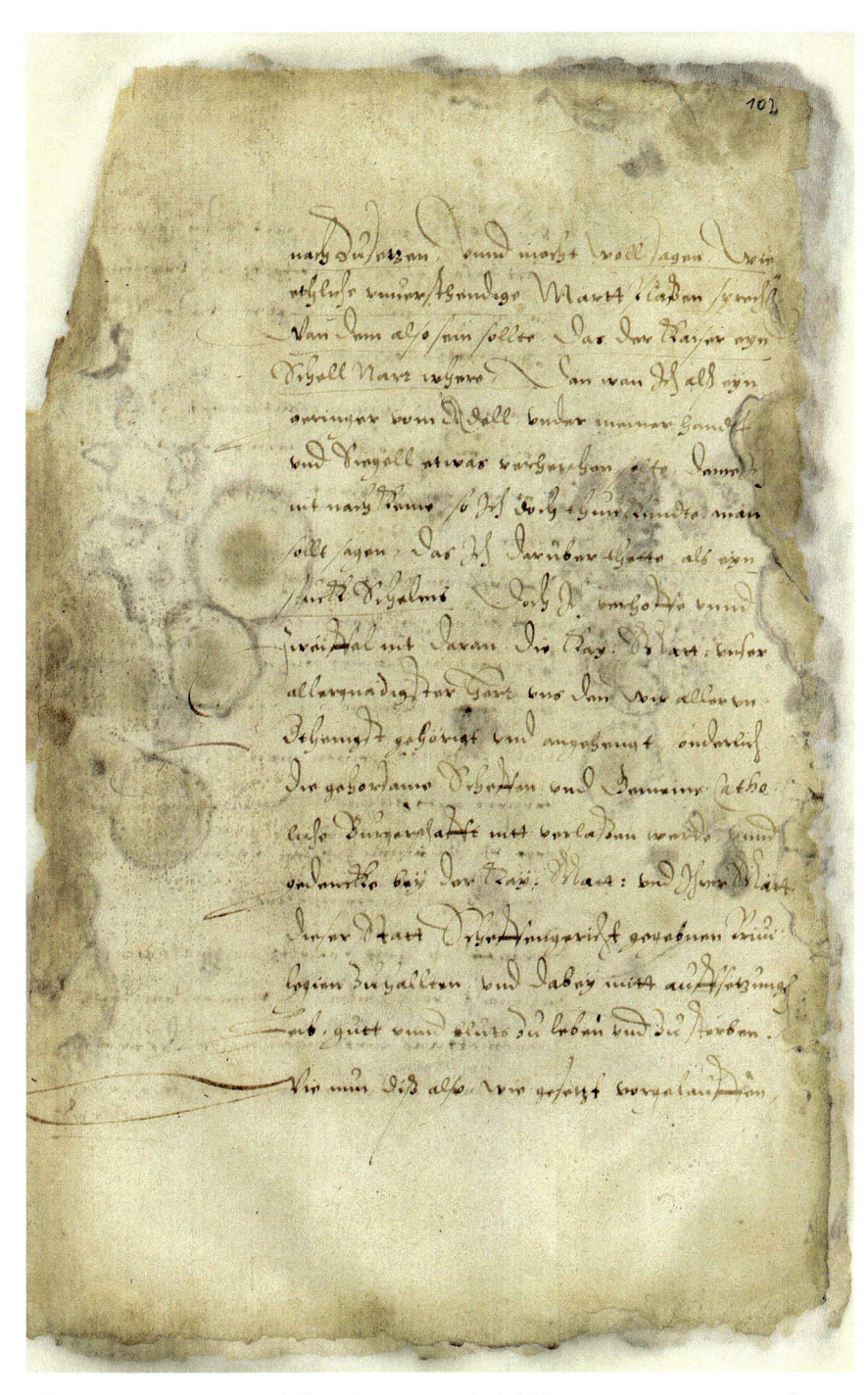

Abb. 3: Der Kaiser sei „eyn schell narr", wenn er nicht bald den gegenwärtige Magistrat absetzen würde. „Abschrifft Gerhardt Ellerborns von wegen seiner Außgeschreyter schmehung vermeinter purgations schrifft", 23. Dezember 1589 (Landesarchiv NRW – Abteilung Rheinland – RW 1001 Akten Nr. 58, fol. 102 r, Z. 3 f.)

1581 noch in der Stadt aufhielten. Zunächst waren organisierte Gewaltakte unter verschiedenen Gruppen der Aachener Bürgerschaft ein Anlass, die Selbstdarstellung der Katholischen Bürgermeister, Schöffen und Ratsverwandten herauszufordern. Nach der Spaltung des Rates und der Ankunft der kaiserlichen Kommissare hatten sich mehrere Gruppen von Bürgern bewaffnet und verschiedene Teile der Stadt und ihrer Befestigungsanlagen unter ihre Kontrolle gebracht. Zwischen den Gruppen, die für sich in Anspruch nahmen, die Interessen der Aachener Bürgerschaft und gleichzeitig entweder des mehrheitlich protestantischen oder des katholischen Ratsteils zu vertreten, kam es zu blutigen Zusammenstößen.[27] Die katholische Opposition wollte die Gewalt in der Stadt so verstanden wissen, dass Reformierte und Lutheraner nun mit blanker Gewalt die Kontrolle über das Stadtregiment und das Religionswesen Aachen übernehmen wollten. Sie warfen dem gemischtkonfessionellen Ratsteil vor, dass er die Gewalt, die sich direkt gegen die kaiserlichen Kommissare und gegen die Befehle des Stadtherrn richtete, dulde oder sogar fördere. Die bewaffneten Religionsverwandten seien somit vor allem auch eine Bedrohung für die Aachener Katholikinnen und Katholiken und insbesondere für die Vertreter und Anhänger der Katholischen Bürgermeister, Schöffen und Ratsverwandten gewesen, die sich in Aachen nicht mehr hätten sicher fühlen können. Umso mehr bedurften sie der Rettung durch den Kaiser und seine Kommissare.[28]

Der gemischtkonfessionelle Ratsteil, die von ihm eingesetzten Amtsträger und die ihnen seit 1582 nachfolgenden Vertreter des protestantisch dominierten Stadtregiments versuchten nicht, die eigenmächtigen Gewaltmaßnahmen aus den Reihen der Bürgerschaft grundsätzlich zu rechtfertigen. Sie boten aber eine Erklärung dafür an, die weniger in die Hände der katholischen Opposition und ihrer Selbstdarstellung spielte. Die Bürger, so hieß es, hätten sich bewaffnet und verteidigungsbereit gemacht, weil sie befürchteten, Aachen solle einer fremden Herrschaft unterworfen werden und seine reichsstädtische Freiheit verlieren. Für diese Befürchtung seien die abgetretenen katholischen Ratsherren und ihre Unterstützer verantwortlich. Als sie aus selbstsüchtigem Privatinteresse und lediglich unter dem Vorwand, die katholische Religion zu schützen, die Einheit der städtischen Obrigkeit aufgebrochen hätten, hätten sie sich verdächtig gemacht, sich mit katholischen Herrschern in der Region gegen ihre Heimatstadt verbündet zu haben. Der gemischtkonfessionelle Ratsteil deutete also an, dass die Aachener Bürgerschaft nicht ganz unbegründet fürchtete, die Katholischen Bürgermeister Schöffen und Ratsverwandten könnten spanischen Truppen die Tore öffnen. Selbst die bereitwillige Übergabe von Schlüsseln zur Stadtbefestigung an die kaiserlichen Kommissare wurde nun als inkriminierendes Indiz dafür angeführt, dass die katholische Opposition nicht die nötige Sorgfalt auf den Schutz von Friede, Wohlstand und Sicherheit der Reichsstadt Aachen aufwandte. Sie waren in der Darstellung des gemischtkonfessionellen Mehrheitsrats nicht schutzbedürftige Katholiken, die vom Kaiser Gerechtigkeit und Rettung zu erwarten hatten, sondern rücksichtslose Privatleute und eine Gefahr für die Reichsstadt.

Dass die katholische Opposition aus Privatleuten oder „Widerwärtigen" bestand, wollte das protestantisch dominierte Stadtregiment nach dem 30. und 31. Mai 1581 noch nachdrücklicher betonen. An diesen Tagen hatten der gemischtkonfessionelle und der katholische Ratsteil zunächst eine Einigung erzielt und diese in der Folge als Edikt eines wiedervereinten Rates veröffentlicht. Nur ein Bruchteil der ehemals abgetretenen katholischen Ratsherren weigerte sich weiterhin, gemeinsam mit Lutheranern und Reformierten zu Rat zu sitzen. Sie gingen ins Exil, wo sie den Kern einer dauerhaften katholischen Opposition formten, zu der in den kommenden Monaten und Jahren wiederum politisch aktive Katholiken aus Aachen hinzustießen.[29] In der Reichsstadt selbst war der offene politische Konflikt zwischen Vertretern der Obrigkeit seit dem 30. Mai eingedämmt, ohne dass die anwesenden kaiserlichen Kommissare dazu etwas Entscheidendes beigetragen hätten. Durch die Einigung der beiden Ratsteile war auch das Gewaltpotential innerhalb der Bürgerschaft aufgehoben worden. Schon vorher hatte der gemischtkonfessionelle Mehrheitsrat, als er noch von den abgetretenen katholischen Ratsherren getrennt gewesen war, einen Schritt unternommen, um die Ordnung in der Stadt aus eigener Macht wiederherzustellen. Er ließ Geschütze auf den Markt ziehen und demonstrierte so die militärische Kontrolle des Magistrats über die Stadt. Insofern vermittelten die kaiserlichen Kommissare und der Kaiser selbst nicht den Eindruck eines nahen Stadtherrn. Sie blieben bei der Wiederherstellung der Ruhe in Aachen geradezu unsichtbar.

Das protestantisch dominierte Stadtregiment beließ es nicht dabei, sich als kompetente Obrigkeit in Beziehung zu einem abwesenden, unsichtbaren Kaiser zu setzen, dem es insofern gehorchte, als es nach dessen mutmaßlichem Willen Frieden und Sicherheit in Aachen aufrecht erhielt. Darüber hinaus stellte der Aachener Magistrat auch das Bild vom gerechten und gütig schützenden Kaiser zeitweilige in Frage und setzte sich in Beziehung zu einem bedrohlichen und tyrannischen Kaiser. Selbstverständlich konnten die Vertreter des reichsstädtischen Magistrats den Kaiser selbst nicht als Tyrannen bezeichnen. Stattdessen nutzten sie eine Technik, wie sie Klienten in der Frühen Neuzeit häufig verwendeten, um einen Patron zu kritisieren, dem sie Hochachtung und Gehorsam schuldeten. Sie schrieben die kritikwürdigen Eigenschaften und Verhaltensweisen einem maßgeblichen Untergebenen des Patrons zu.[30] Insbesondere der kaiserliche Rat und Kommissar Philipp von Nassau bot für diese Art von Kritik reichlich Angriffsfläche, während er sich im Mai und Juni 1581 in Aachen aufhielt. Er weigerte sich, von der Aachener Obrigkeit eine andere Antwort auf die Forderungen der Kommission zu akzeptieren, als die unmissverständliche Zustimmung zur vollständigen Rekatholisierung Aachens; er drohte damit, dass der religionspolitische Wille des Kaisers auch gegen den Widerstand des Stadtregiments durchgesetzt werden konnte – nämlich mit der militärischen Hilfe der benachbarten katholischen Fürsten; schließlich stellte er wiederholt

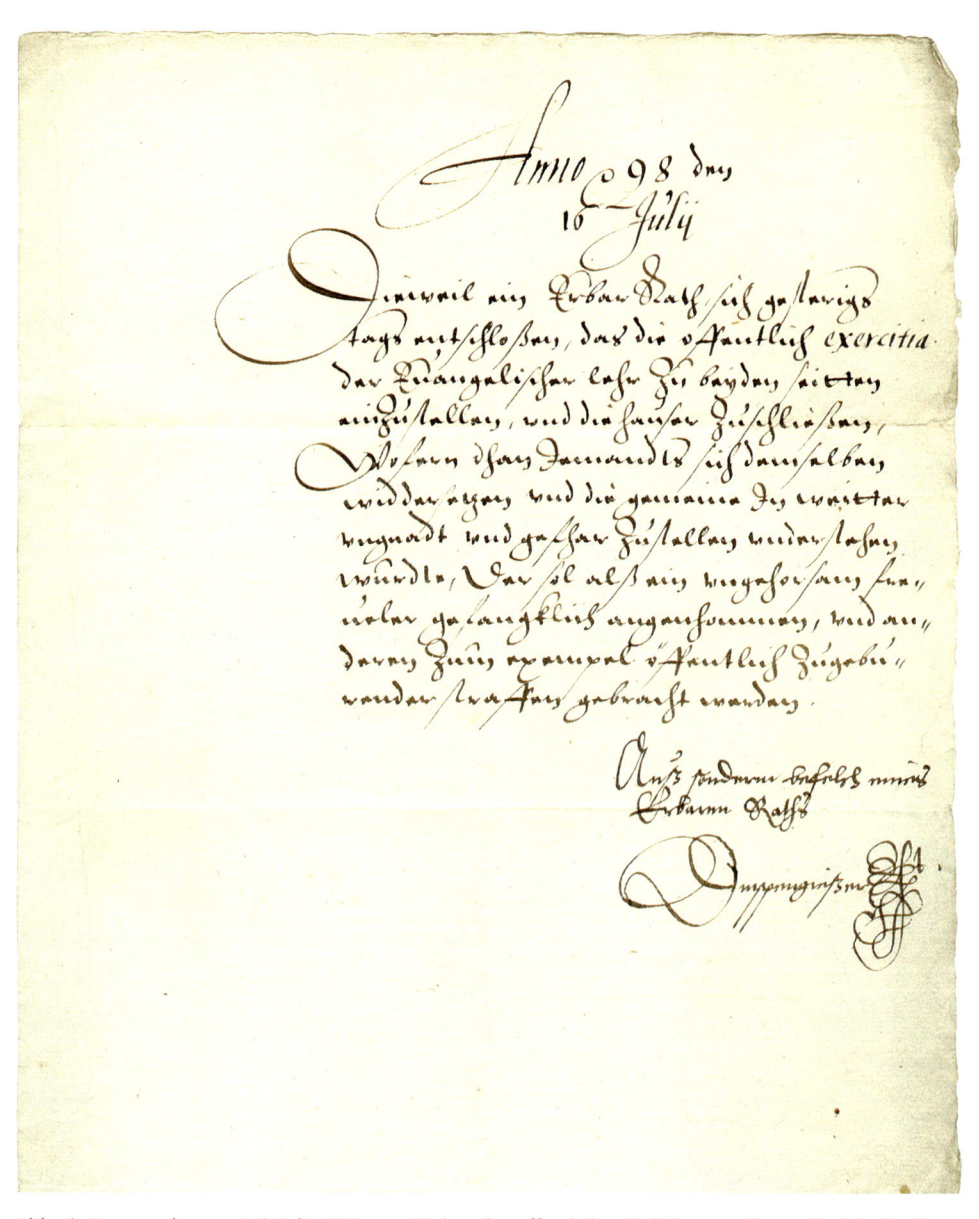

Abb. 4: Ratsmandat vom 16. Juli 1598 zum Verbot der öffentlichen Religionsausübung (Archiv der Evangelischen Kirche im Rheinland, 4KG 004 [Kirchgemeinde Aachen], 01–0,2)

in Frage, dass Aachen überhaupt ein unmittelbarer Reichsstand sei. Indem das protestantisch dominierte Stadtregiment dieses Verhalten Nassaus als überzogen und provokant verurteilte, gelang es ihm, die konkreten Forderungen der anwesenden Gesandten bei Seite zu schieben und beim Abzug der Kommission zu behaupten, es gehorche dem Kaiser in Prag im Wesentlichen dadurch, dass es Ordnung und Frieden in der Reichsstadt aufrecht erhielt.

IV

Nach 1581 nahmen die Auseinandersetzungen um die politischen und konfessionellen Verhältnisse in Aachen tatsächlich einen geradezu formalisierten, wenn auch nicht bis in die Details geordneten Verlauf. Sie wurden als religionspolitische und religionsrechtliche Verhandlungen auf Reichsebene geführt, in denen es für die konkurrierenden Aachener Akteure darauf ankam, Rückhalt in konfessionspolitischen Netzwerken zu finden und die eigenen Positionen im Rahmen der Augsburger Friedensordnung von 1555 zu rechtfertigen. Dennoch spielten die seit 1581 in der beschriebenen Weise etablierten Beziehungen zum Kaiser und die Möglichkeiten, einem gleichsam vervielfältigten Kaiser zu gehorchen, bis zur Rekatholisierung Aachens 1598 gerade für das protestantisch dominierte Stadtregiment weiter eine entscheidende Rolle.

Den unsichtbaren Kaiser, dessen Gerechtigkeit der gemischtkonfessionelle Rat in Aachen selbst verwirklichte, vergegenwärtigte das Stadtregiment beispielsweise im Jahr 1589 auf kuriose Art und Weise.[31] Der Aachener Patrizier Gerhard Ellerborn, welcher der katholischen Opposition nahe stand, hatte in einem Wirtshaus zunächst verschiedene Missstände im Justizwesen der Reichsstadt Aachen unter dem gemischtkonfessionellen Stadtregiment angeprangert. Seine Wutrede auf den politischen status quo in Aachen gipfelte in der Feststellung, dass der gegenwärtige Magistrat sicherlich bald durch den Kaiser abgesetzt würde. Komme es nicht dazu, müsse man laut sagen der Kaiser sei „eyn schell narr"[32]. Der Aachener Rat strengte wegen dieser Aussage einen öffentlichkeitswirksamen Prozess gegen Ellerborn an – wegen Beleidigung des Kaisers. Eine Aussage, die im Grunde die Beziehung zwischen katholischer Opposition und dem Reichsoberhaupt beschreiben sollte, weil sie der Überzeugung Ausdruck verlieh, Rudolf II. würde den Aachener Katholiken Gerechtigkeit bringen und sie vor der Willkür der Religionsverwandten schützen, wurde somit vor den Augen der Aachener Bevölkerung in ihr Gegenteil verkehrt: In eine Demonstration dafür, dass das amtierende Stadtregiment die Ordnung des Kaisers und sogar die Ehre des Kaisers in der Reichsstadt Aachen wahrte.

Der bedrohliche Kaiser manifestierte sich unter anderem im Jahr 1592, als der Aachener Ratssyndikus Gerhard Men in Prag das kaiserliche Urteil gegen das protestantisch dominierte Stadtregiment entgegen nahm. Men war von Inhalt und Form des Richterspruchs, der dem Magistrat von Reformierten, Lutheranern und Katholiken in Aachen die Herrschaftsgrundlage entziehen sollte, überwältigt.[33] Das Stadtregiment brach seine Beziehung zum in diesem Moment tyrannisch anmutenden Kaiser aber nicht ab, weil es die Härte des Urteils nicht anderes verstanden wissen wollte, denn als ein Ergebnis der Ferne und der mangelnden und fehlgeleiteten Information des Kaiser. Bis zur Vollstreckung des Endurteils im Spätsommer 1598 hielt das Stadtregiment sein Verhältnis zu einem Kaiser aufrecht, dem es insofern gehorchte, als es darauf vertraute, in seinem

Sinne zu handeln. Selbst der letzte Akt des gemischtkonfessionellen Rates während der Exekution des Endurteils sollte ein Akt des Gehorsams sein, als er den lutherischen und reformierten Gemeinden der Stadt die Einstellung ihres Gottesdienstes befahl.[34]

Die Sorge um das Verhältnis zum Kaiser und um die Behauptung der Kaisertreue blieb also bis 1598 ein prägendes Element für das Handeln der streitenden Akteure in den Konflikten um das Religionswesen der Reichsstadt Aachen. Es war nicht vollständig durch die für die Aachener Wirren spezifischen politischen und juristischen Konfliktverläufe prädeterminiert. Es würde sich lohnen, die möglichen Kommunikationsstrategien, die sich bei der Gestaltung dieser Beziehungen unter anderem durch die Vervielfältigung des Kaisers boten, auch für andere Reichsstädte im Religionskonflikt zu untersuchen.

Anmerkungen

1 Walter SCHMITZ, Verfassung und Bekenntnis. Die Aachener Wirren im Spiegel der kaiserlichen Politik (1550–1616) (= Europäische Hochschulschriften Reihe III 202), Frankfurt a. M. 1983, bietet weiterhin die konziseste Darstellung zu den politischen Auseinandersetzungen um den konfessionellen Status der Reichsstadt Aachen und insbesondere zur Rolle Kaiser Rudolfs II. in diesen Auseinandersetzungen.

2 Vgl. Christine PFLÜGER, Die Kommunikation von Herrschaftsansprüchen durch Präsenz. Zu Aufgaben und Funktionen königlicher Kommissare in der politischen Kommunikation im Reich zwischen 1552 und 1558, in: Der Reichstag 1486–1613. Kommunikation, Wahrnehmung, Öffentlichkeit, hrsg. von Maximilian LANZINNER und Arno STROHMEYER (= Schriftenreihe der Historischen Kommission bei der Bayerischen Akademie der Wissenschaften 73) Göttingen 2006, S. 195–220, hier S. 195 f.

3 Vgl. Thomas KIRCHNER, Katholiken, Lutheraner und Reformierte in Aachen 1555–1618. Konfessionskulturen im Zusammenspiel (= Spätmittelalter, Humanismus, Reformation 83), Tübingen 2015, S. 379–418.

4 Vgl. KIRCHNER, Konfessionskulturen im Zusammenspiel (wie Anm. 3), S. 311–318.

5 Vgl. KIRCHNER, Konfessionskulturen im Zusammenspiel (wie Anm. 3), S. 44–50.

6 Vgl. KIRCHNER, Konfessionskulturen im Zusammenspiel (wie Anm. 3), S. 51 f.

7 Vgl. KIRCHNER, Konfessionskulturen im Zusammenspiel (wie Anm. 3), 52–56.

8 Vgl. KIRCHNER, Konfessionskulturen im Zusammenspiel (wie Anm. 3), 309–324.

9 Vgl. Bevollmächtigung des Goswin von Tzevel und Arnold Engelbrecht von der Gemeinde zu Aachen nach Frankfurt und Augsburg, 10. April 1559; Archiv der Evangelischen Kirche im Rheinland, 4KG 004 Urkunde 6. Gedruckt bei Walther WOLFF, Beiträge zu einer Reformationsgeschichte der Stadt Aachen (Abschnitt IV), in: Theologische Arbeiten aus dem Rheinischen wissenschaftlichen Prediger-Verein N. F. 9 (1907), S. 50–103, hier S. 99–103; zur Argumentation und politischen Bedeutung der Supplikation vgl. KIRCHNER, Konfessionskulturen im Zusammenspiel (wie Anm. 3), S. 56–64.

10 Vgl. KIRCHNER, Konfessionskulturen im Zusammenspiel (wie Anm. 3), S. 75–77.

11 Vgl. beispielsweise zur so konstruierten gegenreformatorischen Tradition der Aachener Familie Ellerborn: KIRCHNER, Konfessionskulturen im Zusammenspiel (wie Anm. 3), S 155.

12 Vgl. zusammenfassend KIRCHNER, Konfessionskulturen im Zusammenspiel (wie Anm. 3), S. 124–127.

13 Vgl. KIRCHNER, Konfessionskulturen im Zusammenspiel (wie Anm. 3), S. 363–376.

14 Vgl. KIRCHNER, Konfessionskulturen im Zusammenspiel (wie Anm. 3), S. 80–82.

15 Zum genauen zeitlichen Verlauf des Wechsels der konfessionellen Mehrheitsverhältnisse bei Ratsherren und Amtsträgern vgl. SCHMITZ, Verfassung und Bekenntnis (wie Anm. 1), S. 79 f.

16 Vgl. KIRCHNER, Konfessionskulturen im Zusammenspiel (wie Anm. 3), S. 100 f.; zum Folgenden vgl. auch Joseph HANSEN, Die Aachener Rathswahlen in den Jahren 1581 und 1582, in: Zeitschrift des Aachener Geschichtsvereins 10 (1888), S. 222–237.

17 Ulrich HAUSMANN, *Sie gehorchen dem Kaiser, wenn es ihnen beliebt* – Zum Verhältnis zwischen Reichsoberhaupt und Reichsstädten anhand von Untertanensuppliken am Reichshofrat im späten 16. Jahrhundert, in: Kaiser, Reich und Reichsstadt in der Interaktion, hrsg. von Thomas LAU und Helge WITTMANN (= Studien zur Reichsstadtgeschichte 3), Petersberg 2016, S. 207–234, hier S. 211, schreibt dieser Konfession und vor allem der Beteiligung Gaills als kaiserlichem Hofrat die Bedeutung eines schwerwiegenden Eingriffs in die reichsstädtische Selbstverwaltung durch Rudolf II. zu. Es finden sich aber kaum Hinweise darauf, dass die zeitgenössischen Aachener Akteure dies so wahrgenommen hätten.

18 Vgl. SCHMITZ, Verfassung und Bekenntnis (wie Anm. 1), S. 67 f.

19 Vgl. KIRCHNER, Konfessionskulturen im Zusammenspiel (wie Anm. 3), S. 94–97.

20 Vgl. KIRCHNER, Konfessionskulturen im Zusammenspiel (wie Anm. 3), S. 104.

21 Vgl. KIRCHNER, Konfessionskulturen im Zusammenspiel (wie Anm. 3), S. 104 f.
22 Vgl. KIRCHNER, Konfessionskulturen im Zusammenspiel (wie Anm. 3), S. 140–147.
23 Vgl. KIRCHNER, Konfessionskulturen im Zusammenspiel (wie Anm. 3), S. 156.
24 Vgl. KIRCHNER, Konfessionskulturen im Zusammenspiel (wie Anm. 3), S. 166 f. und S. 436 f.
25 Zur Delegitimation von politischen Gegnern durch den Vorwurf, sie verfolgten Privatinteressen, vgl. Birgit EMICH, Nicole REINHARDT, Hillard VON THIESSEN und Christian WIELAND, Stand und Perspektiven der Patronageforschung. Zugleich eine Antwort auf Heiko Droste, in: Zeitschrift für historische Forschung 32 (2005), S. 233–265, hier S. 236.
26 Vgl. Diskurs oder Summarischer Bericht, 6. Juni 1581; Archiv der Evangelischen Kirche im Rheinland, 4KG 004 01–0,2 (Entstehung, Verfassung, Bekenntnis der reformierten Gemeinde); vgl. KIRCHNER, Konfessionskulturen im Zusammenspiel (wie Anm. 3), S. 106–109.
27 Vgl. KIRCHNER, Konfessionskulturen im Zusammenspiel (wie Anm. 3), S. 104.
28 Vgl. KIRCHNER, Konfessionskulturen im Zusammenspiel (wie Anm. 3), S. 105 f.
29 Vgl. KIRCHNER, Konfessionskulturen im Zusammenspiel (wie Anm. 3), S. 104.
30 Vgl. EMICH u. a., Patronageforschung (wie Anm. 25), S. 257.
31 Vgl. Hermann KEUSSEN, Der Kölner Prozess gegen Gerhard Ellerborn und seine Aachener Vorgeschichte, 1590–1594, in: Zeitschrift des Aachener Geschichtsvereins 15 (1893), S. 26–62, hier S. 35 f.
32 „Abschrifft Gerhardt Ellerborns von wegen seiner Außgeschreyter schmehung vermeinter purgations schrifft", 23. Dezember 1589; Landesarchiv NRW – Abteilung Rheinland – RW 1001 Akten Nr. 58, fol. 58, fol. 102 r.
33 Vgl. Thomas KIRCHNER, Die Angst des Gesandten und eine Gemeinde unter dem Kreuz – Erfahrungen eines Ratssyndikus als Anstoß zur Festigung konfessioneller Feindbilder in der Reichsstadt Aachen, in: Jahrbuch für Evangelische Kirchengeschichte des Rheinlandes 65 (2016), S. 51–76.
34 Vgl. Ratsmandat vom 16. Juli 1598 zum Verbot der öffentlichen Religionsausübung; Archiv der Evangelischen Kirche im Rheinland, 4KG 004 01–0,2 Entstehung, Verfassung Bekenntnis der reformierten Gemeinde; vgl. KIRCHNER, Konfessionskulturen im Zusammenspiel (wie Anm. 3), S. 167.

Christian Helbich

Reichsunmittelbarkeit und *ius reformandi* im Reichskammergerichtsprozess zwischen dem Stift und der Stadt Essen 1568–1670

Als die Äbtissin des Reichsstifts Essen, Irmgard von Diepholz (reg. 1561–1575),[1] 1568 am Reichskammergericht Klage gegen die Stadt Essen einreichte, waren fünf Jahre seit der ersten evangelischen Predigt in der Essener Marktkirche St. Gertruden und damit dem Durchbruch der reformatorischen Bewegung in der Stadt vergangen.[2] Aufgrund des eigenmächtigen Vorgehens des Essener Rates hierbei, der u. a. den lutherischen Prediger Heinrich Barenbroich (auch Heinrich van Kempen, um 1525–1587) nach Essen geholt hatte,[3] sah sich die Äbtissin in ihren Präsentations- und Investiturrechten und in ihrer Stellung als Landesfürstin verletzt. Doch es war nicht nur die schrittweise Einführung eines protestantischen Kirchenwesens in den vom Rat faktisch kontrollierten kirchlichen, karitativen und schulischen Einrichtungen, welche die Äbtissin erneut[4] zur Klageerhebung bewog. Vielmehr stellte die Reformation einen vorläufigen Tiefpunkt in den seit längerer Zeit angespannten Beziehungen zwischen Stift und Stadt Essen dar, ein Konflikt, der mit der schrittweisen Emanzipierung der Bürgerschaft vom „Krummstab" seit dem 13., insbesondere aber seit dem 14. Jahrhundert begann, als sich Essen um den Status einer Reichsstadt bemühte.

So verwundert es nicht, dass die Religionsfrage im Prozess und in den Prozessakten nur einer von zahlreichen Konfliktpunkten war, die angesprochen und verhandelt wurden. Es ging um weit mehr als „nur" um konfessionelle Veränderungen; es ging darum, ob der Rat überhaupt befugt war, gegen die Interessen des Stifts und ohne die Zustimmung der Äbtissin zu handeln. Kurzum, es ging auch und gerade um eine gerichtliche Klärung der Frage, ob die Stadt dem Stift als Landstand unterworfen oder als Reichsstand nur dem Kaiser verantwortlich war.

Im Folgenden werden daher die während des Prozesses dokumentierten Zeugenaussagen hinsichtlich der Reichsfreiheit der Stadt Essen und des Reformationsverlaufs näher betrachtet. War nach Ansicht der Zeugen die Stadt Essen ein Reichsstand, der sich folglich zumindest formal auf das *ius reformandi* des Augsburger Religionsfriedens berufen und die Reformation eigenständig durchsetzen konnte? Oder war die Stadt der Äbtissin als

Landesherrin unterworfen und hatte der Rat somit seine Kompetenzen bei der Einsetzung evangelischer Prädikanten und der Einführung eines evangelischen Kirchenwesens ohne Genehmigung des Stifts überschritten?

1. Politische, rechtliche und religiöse Hintergründe der Klage

Die Emanzipierung der Stadt Essen von der Landesherrschaft der Äbtissin setzte im 13. Jahrhundert ein, als die Bürgergemeinde im Zusammenhang mit dem Bau der Stadtmauer ab 1244 erstmals in einem Vertrag als Akteur hervortrat.[5] Im Verlauf des 14. Jahrhunderts konnte der städtische Rat seine Kompetenzen stetig erweitern und richtete nach Streitigkeiten mit der Äbtissin Elisabeth von Nassau (reg. 1370–1412) um die Huldigung der Stadt ihr gegenüber direkt nach deren Regierungsantritt ein eigenes kommunales Gericht ein. Zwar bestätigte Kaiser Karl IV. der Äbtissin noch 1372 ihre Landeshoheit über die Stadt, räumte letzterer aber fünf Jahre später, als er in Essen weilte, weitgehende Autonomierechte ein und sprach ihr eine von alters her bestehende Unmittelbarkeit gegenüber dem Reich zu.[6]

Damit hatten Stift und Stadt vom gleichen Kaiser Privilegien erhalten oder bestätigt bekommen, die zur Kollision der jeweiligen Rechtsansprüche führen mussten. Dieser Widerspruch wurde weiter gefestigt, indem nachfolgende Könige und Kaiser, nämlich Wenzel (1379),[7] Friedrich III. (1469), Maximilian I. (1507), Karl V. (1523), Ferdinand I., Maximilian II. (1566) und Rudolf II. (1579) die städtischen Privilegien bekräftigten.[8] Zugleich wurde Essens Reichsstandschaft Ende des 15. Jahrhunderts u. a. auch durch eine Ladung zum Reichstag nach Speyer im Jahr 1488 sowie durch eine direkte Heranziehung zum Reichsaufgebot für Kriegszüge gegen Frankreich und die Türken 1492 und 1493 unterstrichen.[9]

Um ihre Differenzen auszuräumen, schlossen Stift und Stadt 1399 mit dem so genannten Scheidebrief einen vorläufigen Kompromiss.[10] Rat und Bürgergemeinde erkannten die Äbtissin vorbehaltlich als Landesherrin an, solange althergebrachte Rechte der Stadt nicht verletzt wurden und solange die Äbtissin nicht auf eine Huldigung durch die Stadt bestand. Andererseits räumte die Äbtissin der Stadt weitere Kompetenzen ein,[11] womit die Selbstverwaltungsrechte der Stadt entschieden gestärkt wurden.

Doch nicht nur nach Innen musste sich das Stift Essen seiner Rechte erwehren, auch von benachbarten Territorialherren wie Kleve-Mark[12] oder Kurköln wurde versucht, das Stift in den eigenen Machtbereich zu integrieren, insbesondere mittels der Schirmvogtei über Stift und Stadt.[13] Gegen Ende des 15. Jahrhunderts nutzten diese Fürsten den Dritten Äbtissinnenstreit[14] aus, um durch eigene Kandidaten bei der Neuwahl der Äbtissin 1489 ihren Einfluss auszubauen. Die von Kurköln und Kleve-Mark unterstützte

Abb. 1: Essen, Stadtansicht von Osten, um 1580. Im Zentrum die Pfarrkirche St. Johann und die Münsterkirche, rechts die Marktkirche St. Gertruden (Aus: Georg Braun und Franz Hogenberg, Civitates orbis terrarum. Band 3, Köln 1581; Quelle: https://upload.wikimedia.org/wikipedia/commons/8/8a/Essen_Braun-Hogenberg.jpg)

Kandidatin Meyna von Daun-Oberstein (reg. 1489–1521) konnte sich 1495 schließlich gegen die von Rat und Bürgerschaft der Stadt Essen favorisierte Bewerberin Irmgard von Diepholz (gest. nach 1523) durchsetzen und erkannte im Gegenzug den Herzog von Kleve-Mark im Erbvogteibrief[15] als ewigen „Erbvogt und Schirmherrn" von Stift und Stadt mit erzwungenem Einverständnis von Stiftskapitel und Stadtrat an. Damit wurden Stift und Stadt faktisch in den Machtbereich des Herzogs eingegliedert; die späteren Landesherren der ab 1521 Vereinigten Herzogtümer Jülich-Kleve-Berg, Johann III. und Wilhelm V., konnten so Einfluss auf die politischen und religiösen Verhältnisse Essens nehmen und zeitweise Elemente ihrer erasmisch geprägten Kirchenpolitik einführen.[16]

In den 1530er Jahren verschärften sich die Spannungen zwischen Stadt und Stift erneut. Dem Klerus wurde vorgeworfen, sich an den Einkünften der Pfarrkirchen unrechtmäßig zu bereichern und zugleich die Seelsorge zu vernachlässigen, während die Geistlichen sich einem unsittlichen Lebenswandel hingeben würden[17] – Vorwürfe, die sich in dieser Zeit vielerorts finden lassen.[18] 1543 intervenierte Herzog Wilhelm V. von Jülich-Kleve-Berg als Schirmherr von Stadt und Stift, als der Rat anstelle eines missliebigen Dominikanermönches, den das Kapitel als Vizekuraten der Essener Gertrudenkirche bestimmt hatte, einen eigenen, in den Augen der Gegner unkatholischen Prediger berief. Dieses eigenmächtige Vorgehen des Rates führte zu einer ersten Klage des Stifts vor dem Reichskammergericht und einem kaiserlichen Mandat, welches den Rat verpflichtete, künftig auf Neuerungen und Veränderungen in den Religions- und Glaubenssachen zu verzichten.[19] Diesem Mandat kamen Rat und Bürgerschaft zunächst nach. Sie akzeptierten einen vom Stift berufenen Kompromisskandidaten als Pastor der Gertrudenkirche und begnügten sich mit einigen zugestandenen Neuerungen wie der Kommunion unter beiderlei Gestalt.[20] Auch kam es zu einer stärkeren Kooperation von Stadt und Stift im Schulwesen.[21] Mit dieser „Via-Media"-Politik war es Anfang der 1560er Jahre allerdings vorbei, als immer neue Forderungen vorgebracht wurden. Als das Stift hierauf nicht im Sinne der mit den bisherigen Zuständen Unzufriedenen reagierte, übernahmen diese selbst und der Rat die Initiative und führten eigenmächtig nach und nach Neuerungen ein, die zusammen genommen die Einführung eines protestantischen Kirchenwesens in den vom Rat kontrollierten Einrichtungen bedeuteten.[22]

2. Die Prozessakten

Die zu dem Prozess zwischen Stift und Stadt Essen entstandenen Akten werden heute im Haus der Essener Geschichte/Stadtarchiv[23] und im Landesarchiv Nordrhein-Westfalen im Standort Rheinland in Duisburg[24] aufbewahrt. Der Rechtsstreit gehörte zu den langwierigeren der vor dem Reichskammergericht verhandelten Prozesse und kam erst durch ein Urteil im Jahr 1670 zum Abschluss. Der zeitliche Schwerpunkt der juristischen Auseinandersetzungen lag in den 1580er Jahren, wie die zwischen Dezember 1584 und Januar 1586 überlieferten Verhandlungsprotokolle samt einer Zusammenstellung der Beweismittel der Klägerin[25] und die zwischen 1586 und 1590 aufgenommenen Zeugenbefragungen zeigen. Im Übrigen sind die Prozessakten nicht vollständig; so fehlen z. B. die an die von der Stadt Essen berufenen Zeugen gerichteten Fragen zum größten Teil und auch ein Teil der Antworten der ersten sechs städtischen Zeugen. Ebenso findet sich das Urteil nicht in den Akten.

Insgesamt wurden 49 Zeugen befragt, von denen 14 durch das Stift und 35 durch die Stadt Essen benannt wurden. Die Befragung der stiftischen Zeugen fand im Oktober 1586 statt, die der städtischen im August/September und Oktober/November 1587 sowie im März 1590. Der Umfang der erhaltenen Zeugenprotokolle beträgt bei ersteren einen[26] und bei letzteren drei Foliobände.[27] In ihnen sind jeweils nur die Antworten, nicht aber die Fragen vollständig protokolliert. Wohl kurz vor Wiederaufnahme des Prozesses in den späten 1660er Jahren wurden von den Fragen und Aussagen Abschriften angefertigt, die im Fall der stiftischen Zeugen vollständig,[28] im Fall der städtischen Zeugen fragmentarisch überliefert sind.[29]

Die Zeugen waren im Wesentlichen ein Spiegelbild der männlichen Bevölkerung von Stift und Stadt Essen und repräsentierten alle wesentlichen Gesellschaftsschichten. Auf Seiten des Stifts dominierten adlige Amtsträger, Juristen und Kleriker, auf Seiten der Stadt Kaufleute, Handwerker und Bauern. Der jüngste Zeuge war zum Zeitpunkt der Befragung 37, der älteste 80 Jahre alt.[30]

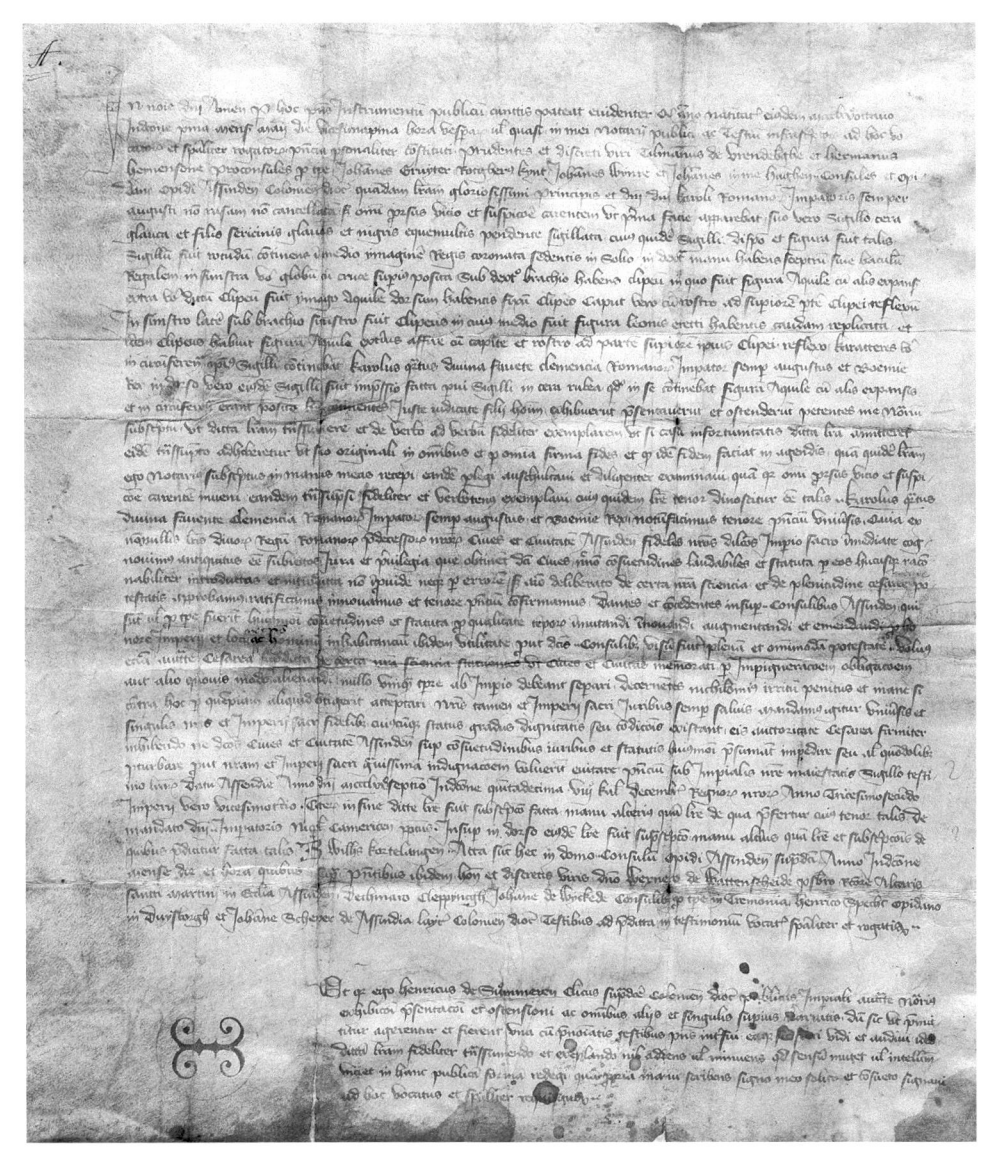

Abb. 2: Wiedergabe des Privilegs Kaiser Karls IV. für die Stadt Essen vom 24. November 1378 mit Bestätigung weitgehender Autonomierechte gegenüber dem Stift Essen, Notariatsinstrument vom 21. Mai 1378 (Haus der Essener Geschichte/Stadtarchiv, 100.83,2)

Auch wenn sich die Fragekataloge für die städtischen und stiftischen Zeugen unterscheiden, so ist deren Aufbau doch ähnlich. Die Zeugen wurden zunächst einer allgemeinen Befragung zu ihrer eigenen Person unterzogen.[31] Es folgen danach für die städtischen Zeugen 222, für die stiftischen Zeugen 308 besondere Fragen. Anschließend nahmen die Zeugen zu Nachfragen, den sogenannten „Defensional-Artikeln" (Spezialartikel), Stellung.[32]

3. Argumente für und gegen die Reichsfreiheit der Stadt Essen

Die Fragen rund um die Reichsfreiheit der Stadt Essen wurden den Zeugen zumeist zu Beginn der Befragung unterbreitet. Diese befassten sich insbesondere mit Privilegierungen von Stadt und Stift durch Kaiser und Könige, der Reichsstandschaft von Stadt und Stift, der Ladung und Teilnahme an Reichs- und Kreistagen, der Veranlagung zu Reichs-, Türken- und Kreissteuern sowie der rechtlichen und politischen Stellung der Äbtissin als Obrigkeit von Stift und Stadt. Für eine Beurteilung der Frage, ob Essen der Äbtissin untergeordnet war oder nicht, wurden die der Äbtissin und der Stadt verliehenen Privilegien und Regalien[33] gegenübergestellt. Die von stiftischer Seite benannten Zeugen waren fast einhellig der Überzeugung, dass danach die Stadt ein Stand des Stifts sei. Manche gaben zwar an, zu wissen oder gehört zu haben, dass auch der Essener Rat über einige kaiserliche und königliche Privilegien verfügte, konnten sich über deren Inhalt aber nicht äußern.[34] Auch die städtischen Zeugen sahen sich zumeist außerstande, Genaueres auszusagen. Zwölf von ihnen hatten zwar gehört, dass die Stadt Privilegien erhalten habe, konnten aber nicht spezifizieren, von welchen Kaisern und Königen diese stammten.[35] Lediglich der Adlige Johann von Sevenar, der einst als Rat zwei Äbtissinnen gedient hatte, gab an, die Urkunden gelesen zu haben und dass diesen zufolge „die Statt Esssen dem Reich onemittel vnderworffen [sei] vnnd das sie mitt gerichte, Recht, Freiheitt, vnnd was sonnst darzu pflegen gegebenn zu werdenn, wie solchs die Privilegia mitbringenn", begünstigt sei.[36]

Nahezu alle Zeugen waren sich einig, dass die Äbtissin als Reichsstand zu gelten hatte und von anderen Reichsständen als solche anerkannt wurde. Zurückhaltend waren sie dagegen, ob dies auch für die Stadt zutraf. Der von der Stadt benannte Zeuge und Notar Patroclus Abels genannt Bungardt konnte vermelden, gehört zu haben, dass die Stadt „von Romischen Kaysern vnd Konigen vnnd sunderlich von Kayser Carolo dem vierten ohnmittel fur ein Reichßstadt soll gehalten sein"[37] und bezog sich damit vermutlich auf die 1377 der Stadt ausgestellte Urkunde. Ähnlich äußerte sich auch der stiftische Zeuge Dietrich von der Knippenberg, dem zufolge dieses Privileg auch von Karl V. und Ferdinand I. bestätigt worden sei.[38]

Als Argument für eine Reichsfreiheit galten die Ladung und Teilnahme an Reichs- und Kreistagen. Die Meinungen der Zeugen, ob die Stadt an diesen Versammlungen teilnahm, gingen auseinander. So konnte der Schlachter Heinrich Nieß nicht genau sagen, ob die Stadt „ein Standt des Reichs [sei], oder zu Reichs- vnnd Krayßtagen beschrieben werde",[39] während dem erwähnten Johann von Sevenar zufolge die Stadt „vor vielen Jarenn", allerdings lange vor seiner Zeit, hierzu eingeladen worden sein soll.[40] Einmal soll ein städtischer Abgesandter zusammen mit einem Vertreter der Äbtissin zu einem Kreistag nach Dortmund gereist sein,[41] dort sei dieser allerdings von den Ständen abgewiesen und zurückgeschickt worden, wie nur einige der stiftischen Zeugen berichteten.[42]

Abb. 3: Marktkirche St. Gertruden, undatierte Fotografie (Haus der Essener Geschichte/ Stadtarchiv, Fotosammlung)

Mehrere Fragen beschäftigten sich mit der Veranlagung der Stadt zu Reichs-, Türken- und Kreissteuern. So meinte der Schlachter Heinrich Nieß, immer gehört zu haben, „das Essen ein Reichs-Stadt seinn solle, auch dem Reiche vnnd Krayß contribuiren mosse".[43] Allerdings stimmten sowohl die stiftischen als auch die städtischen Zeugen darin überein, sofern sie sich dazu äußerten, dass die Stadt nicht unabhängig vom Stift zu den Steuern herangezogen wurde, sondern sich an den Anschlägen des Stifts mit einem festen Betrag beteiligte,[44] woran auch die Zeugen persönlich ihren Anteil leisten mussten.[45]

Dass die Äbtissin Landesfürstin und Obrigkeit im Stift war, darin waren sich alle Zeugen einig. Unterschiede bestanden dagegen in der Auffassung, ob dies auch für die Stadt galt. In den Augen aller städtischen Zeugen war nicht die Äbtissin, sondern der Rat die rechtmäßige Obrigkeit der Stadt.[46] Die stiftischen Zeugen sahen dies differenzierter: mehrere von ihnen gaben an, dass der Rat zwar die „weltliche und politische administration in allen bürgerlichen sachen"[47] ausübte, in anderen Bereichen, wie der Hoch-

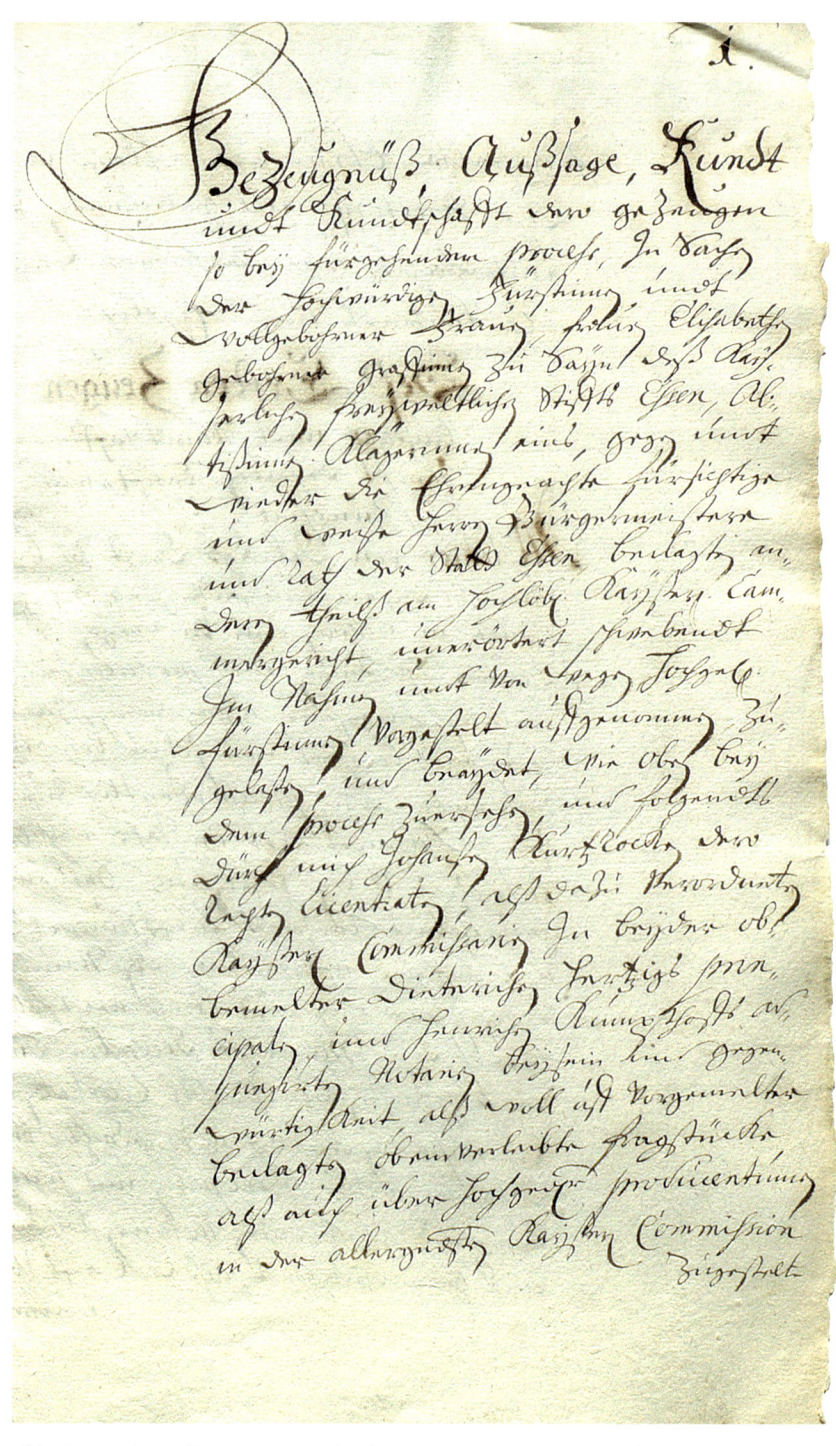

Abb. 4: Erste Seite des zweiten Bandes der Essener Prozessakten mit den einleitenden Ausführungen des kaiserlichen Kommissars Johannes Kurtzrock zu den Befragungen im Oktober 1586 (Haus der Essener Geschichte/Stadtarchiv, 100.102, fol. 1 r)

gerichtsbarkeit und dem Kirchenwesen, aber der Äbtissin nachgeordnet war.[48] Allerdings war die Stadt der Äbtissin gegenüber nicht zu einer Eidesleistung verpflichtet, wie die meisten stiftischen Zeugen aussagten.[49]

In den Zeugenaussagen des Prozesses konnten die städtischen Zeugen aufgrund mangelnder Kenntnis nur wenig zum Scheidebrief von 1399 aussagen. Manchen war zwar dessen Existenz, nicht aber sein Inhalt bekannt.[50] Einige stiftische Zeugen beriefen sich dagegen in ihren Aussagen gelegentlich inhaltlich auf den Scheidebrief, etwa hinsichtlich des politisch-rechtlichen Status der Stadt oder der rechtlichen Unterscheidung zwischen den städtischen Bürgern auf der einen und Bauern als Stiftsangehörigen auf der anderen Seite, was deren genauere Kenntnis des Dokuments zeigt.[51]

4. Die Reformation und individuelle Glaubensvorstellungen in den Zeugenaussagen

Die Zeugen sollten zum Verlauf der Reformation, deren reichsrechtlicher Beurteilung und der Beteiligung des Rates bzw. einiger seiner Vertreter bei der Einführung des lutherischen Bekenntnisses Stellung nehmen. Zu den Aspekten, die in den Fragen behandelt wurden, zählten die Annahme und Befolgung der *Confessio Augustana* durch Rat und Bürgerschaft und die Einmütigkeit der Bürger bei der Durchsetzung der Reformation, der Zeitpunkt der eingeführten Neuerungen und die beteiligten Hauptakteure, die Rolle des vom Stift eingesetzten Pastors an St. Gertruden, Heinrich Saldenberg, während der Reformation, die Beteiligung des Rates bei deren Einführung – u. a. hinsichtlich der Berufung und Beauftragung von Predigern oder des Umgangs mit Bildern –, die Haltung des klevischen Herzogs, der Äbtissinnen, der Stiftsdamen und Kapitulare und der stiftischen Räte sowie ihre konfessionelle Zugehörigkeit und die religiösen Präferenzen der Zeugen selbst.

Wesentlich für die Beurteilung, ob das evangelische städtische Kirchenwesen überhaupt unter den Schutz des Augsburger Religionsfriedens fallen könnte, war, dass dieses der *Confessio Augustana* entsprach.[52] So verwundert es nicht, dass diese Frage bei den stiftischen Zeugen an vorderer Stelle auftaucht. Keiner dieser Zeugen, auch nicht die katholischen Kleriker, bezweifelten die Zugehörigkeit der Bürger zur *Confessio Augustana*. Reformierte Prediger wurden, so der adlige Drost Melchior von Delwig, in der Stadt nicht geduldet und vom Rat ausgewiesen.[53] Manche Zeugen gaben allerdings an, dass keineswegs alle Bürger der neuen Konfession zugetan seien. Johann Schmeling, ein stiftischer Rat und selbst Protestant, teilte etwa mit, dass es jedem Bürger frei stand, „in der alten religions oder der Außpurgischen confessions Pfarkirchen zu gehen".[54] Dem Adligen Dietrich von der Knippenberg zufolge waren ursprünglich viele Bürger gegen die Einführung des evangelischen Gottesdienstes.[55] Der Kanoniker Dietrich Ingenhoven

sagte gar aus, dass die Neuerungen „mehr de facto, dann mit guter bewilligung der gantzer burgerschaft geschehen sey, dann etzliche dazu gedrungen, ihr nahrung verpotten, und auß der gilten gethan, wie etzliche burger dem Zeugen geklagt".[56] Es ist nachvollziehbar, dass sich in den Aussagen der städtischen Zeugen ein solcher „Zwang zur Reformation" nicht finden lässt. Stattdessen zielen die Äußerungen auf ein einträchtiges Handeln von Rat und Bürgergemeinde in der Religionsfrage. So waren, wie der Adlige Johann von Sevenar aussagte, „Burgermeister, Rhatt vnd gantze gemein beieinander gewesen vnd haben einheilliglich bewilligt, vielbegerdt bei dem Religionsfrieden vnnd des Reichs ordnung zuuerpleibenn vnd alß der mehrertheill die Augspurgische confession angenommen".[57] Anderen Zeugen zufolge blieben zwar einige Bürger der katholischen Kirche treu, Behinderungen bei der Ausübung ihres Glaubens mussten sie aber nicht erdulden.[58] Hinsichtlich des Zeitpunkts der Durchsetzung der Reformation[59] und der daran maßgeblich beteiligten Personen wird deutlich, dass das erstmalige Singen deutscher Lieder in der Gertrudenkirche als ausschlaggebend angesehen wurde, wenngleich hierfür unterschiedliche Jahresangaben gemacht wurden. Namentlich benannt wurden als Hauptakteure der städtische Syndicus Laurentius Bussenschmied und der Bürgermeister Heinrich von Aachen. Erster sei dem damaligen Pastor der Kirche, Heinrich Saldenberg, zufolge „sampt angeregten Kempis [Heinrich Barenbroich; Erg. d. Verf.] und einem großen anhang bürger und anderen handtwercker häuffig in das Chor gekomen, ihme, Zeugen, in dem Gesenck Te Deum laudamus plutzlich und tadlich perturbirt und mit ihrem Teuschen Te Deum laudamus angefangen und darin gefallen, und mit Gewalt das singen continuirt, dadurch er, Zeug, der ordentlicher pastor, von dem te Deum laudamus zu singen ablassen und in de Gherkammer auß den Chor hatt entweichen mußen".[60] Der Bürgermeister Heinrich von Aachen war dagegen die treibende Kraft hinter der Berufung des evangelischen Predigers Heinrich Barenbroich nach Essen, der zunächst den eigentlichen Pastor Saldenberg unterstützen sollte, diesen aber nach und nach verdrängte.[61] Heinrich Saldenberg[62] war den Aussagen vieler städtischer, aber auch mancher stiftischer Zeugen eine zwiespältige Person. Zunächst habe er den Forderungen der Bürger nachgegeben und Neuerungen wie den deutschen Gesang, das Abendmahl unter beiderlei Gestalt oder die evangelischen Predigten Barenbroichs geduldet.[63] Manche Zeugen gingen sogar soweit auszusagen, Saldenberg selbst habe seinen Dienst an der *Confessio Augustana* ausgerichtet und sich vom Saulus zum Paulus gewandelt.[64] Nur auf Druck des Stiftskapitels sei er wieder katholisch geworden und sei deswegen für die Bürger nicht mehr akzeptabel gewesen. Es ist verständlich, dass diese Sicht von Saldenberg als einem der stiftischen Zeugen nicht geteilt wurde. Sich selbst stellte er, teilweise unterstützt von den anderen aussagenden Geistlichen, als getreuen Anhänger der katholischen Kirche und als Opfer einer lutherisch gesinnten Volksmenge dar.[65]
Die beginnende konfessionelle Spaltung manifestierte sich nicht nur im Kirchenwesen, sondern auch im Schulwesen.[66] Im Zuge einer Reform der Stiftsschule hatten die Äb-

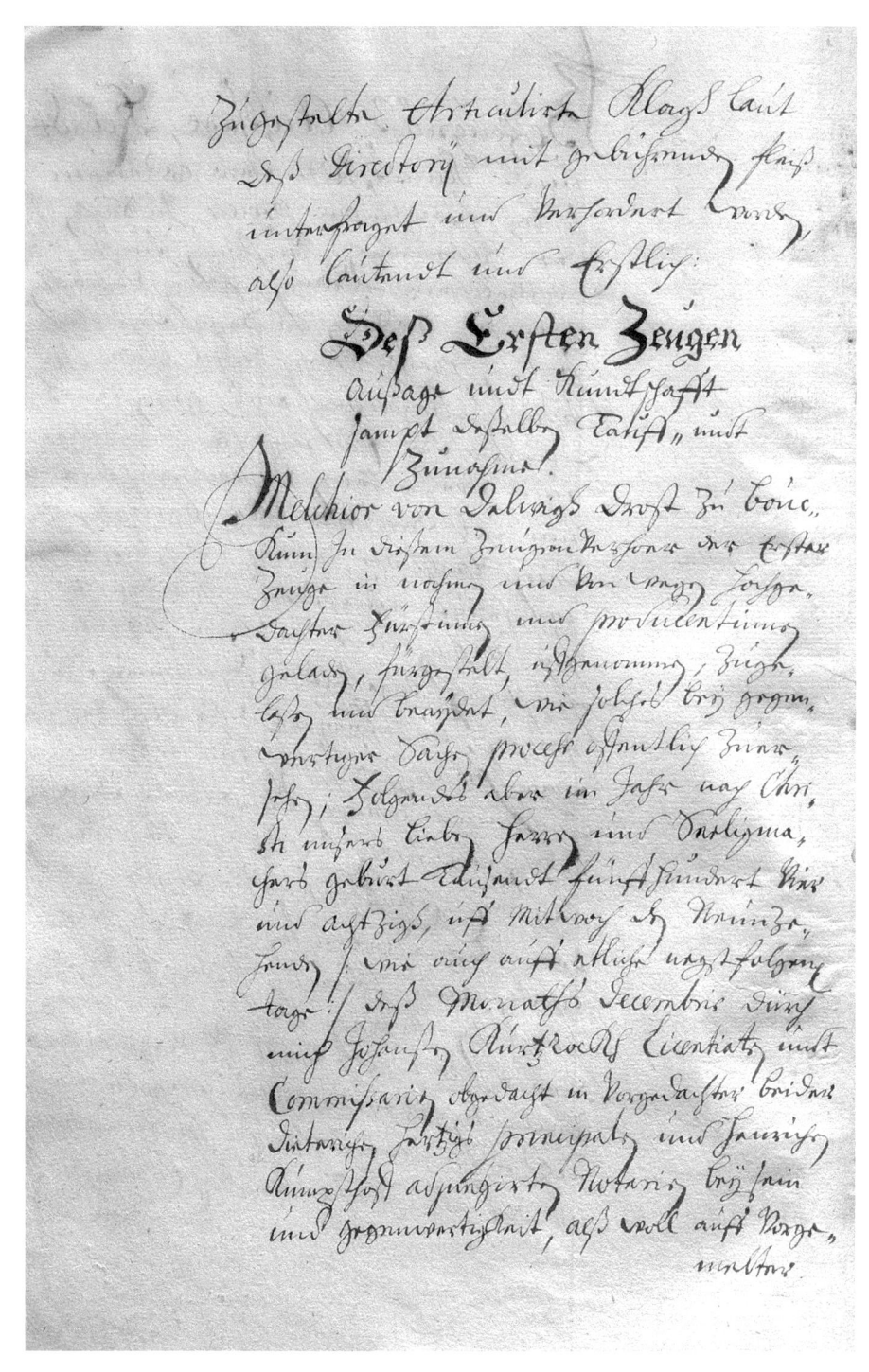

Abb. 5: Erste Seite des zweiten Bandes der Essener Prozessakten mit dem Beginn der Zeugenaussage des Melchior von Delwig (Haus der Essener Geschichte/Stadtarchiv, 100.102, fol. 1 v)

tissinnen Sibylla von Montfort (reg. 1534–1551) und Katharina von Tecklenburg (reg. 1551–1560) dem Rat die Schule schrittweise zur Verwaltung übergeben.[67] Diese Übereinkunft war zeitlich bis 1561 beschränkt, dann setzte das Stift die Besetzung der Rektorenstelle mit dem streng katholischen Matthaeus Cardenus durch, der den bisherigen eher dem Protestantismus zuneigenden Rektor Peter Scharpenberg auf den Posten des Konrektors verdrängte. Nach einem Streit mit Cardenus wurde Scharpenberg entlassen und eröffnete eine Privatschule[68] im Heilig-Geist-Hospital, die in der Folge zur protestantischen Stadtschule ausgebaut wurde und die nun die katholische Stiftsschule in den Schatten stellte.[69]

Eine bedeutende Rolle in den Auseinandersetzungen zwischen Stadt und Stift spielte der Herzog von Jülich-Kleve-Berg, dem, wie den meisten stiftischen Zeugen bewusst war,[70] die Erbvogtei und Schirmherrschaft über das Stift und die Stadt zukam und der bereits in den 1530er Jahren für die Einführung seiner reformkatholischen Kirchenordnung sorgte[71] und versuchte, direkt oder über seine Räte bei Streitigkeiten zwischen Bürgerschaft und Stiftskapitel zu vermitteln. So beschweren sich Anfang der 1560er Jahre Abgesandte der Äbtissin, u. a. Saldenberg, bei den klevischen Räten in Düsseldorf darüber, dass Bürger begonnen hatten, in St. Gertruden deutsche Lieder zu singen.[72] Als der Stadtrat die Anwesenheit Saldenbergs dazu nutzte, mit Heinrich Barenbroich einen eigenen lutherischen Prediger in St. Gertruden einzusetzen, hätten die Räte Herzog Wilhelms V. darauf gedrängt, dass dieser wieder die Stadt verlassen musste.[73] Stattdessen schickte der klevische Hof 1564 mit Kaspar Isselburg einen Prediger,[74] der zwar im Sinne der *Confessio Augustana* seinen Dienst verrichten sollte, der aber zumindest formal der Kontrolle des Herzogs unterstand. Auch in den folgenden Jahren versuchte Wilhelm V. seinen Einfluss auf das Essener Kirchenwesen mit der Entsendung von Predigern[75] nach Essen zu wahren, allerdings eher erfolglos.[76]

Welche Rolle spielte der Rat selbst bei der Einführung der Reformation?[77] Es verwundert vielleicht, dass nur wenige der vom Stift benannten Zeugen der Meinung waren, dass der Rat in die Rechte der Äbtissin und des Kapitels eingegriffen hatte; die Mehrzahl wusste sich nicht zu äußern.[78] Mehrere der städtischen Zeugen waren der Ansicht, dass es der Rat war, der Saldenberg zunächst um Neuerungen im Gottesdienst gebeten habe.[79] Eine aktive Rolle bei der Verdrängung Saldenbergs aus der Gertrudenkirche spielte der Rat den städtischen wie auch den stiftischen Zeugen zufolge zwar nicht,[80] sorgte allerdings für die Berufung von Predigern für die Gertrudenkirche.[81] Hierzu war er rechtlich, so die einhellige Ansicht der stiftischen Zeugen, die auch von einigen städtischen Zeugen geteilt wurde, nicht befugt, da das Präsentations- und Investiturrecht in allen Kirchen allein bei der Äbtissin und dem Kapitel lag.[82] Auch der Eingriff in die bauliche Ausstattung der Kirche, hier u. a. die Ersetzung eines Altars durch ein Gestühl,[83] war rechtlich gesehen heikel, allerdings wurde dieser damit gerechtfertigt, dass das Gestühl auch Familienangehörigen der Stiftsdamen zur Verfügung gestellt wurde. Uneinigkeit bei den

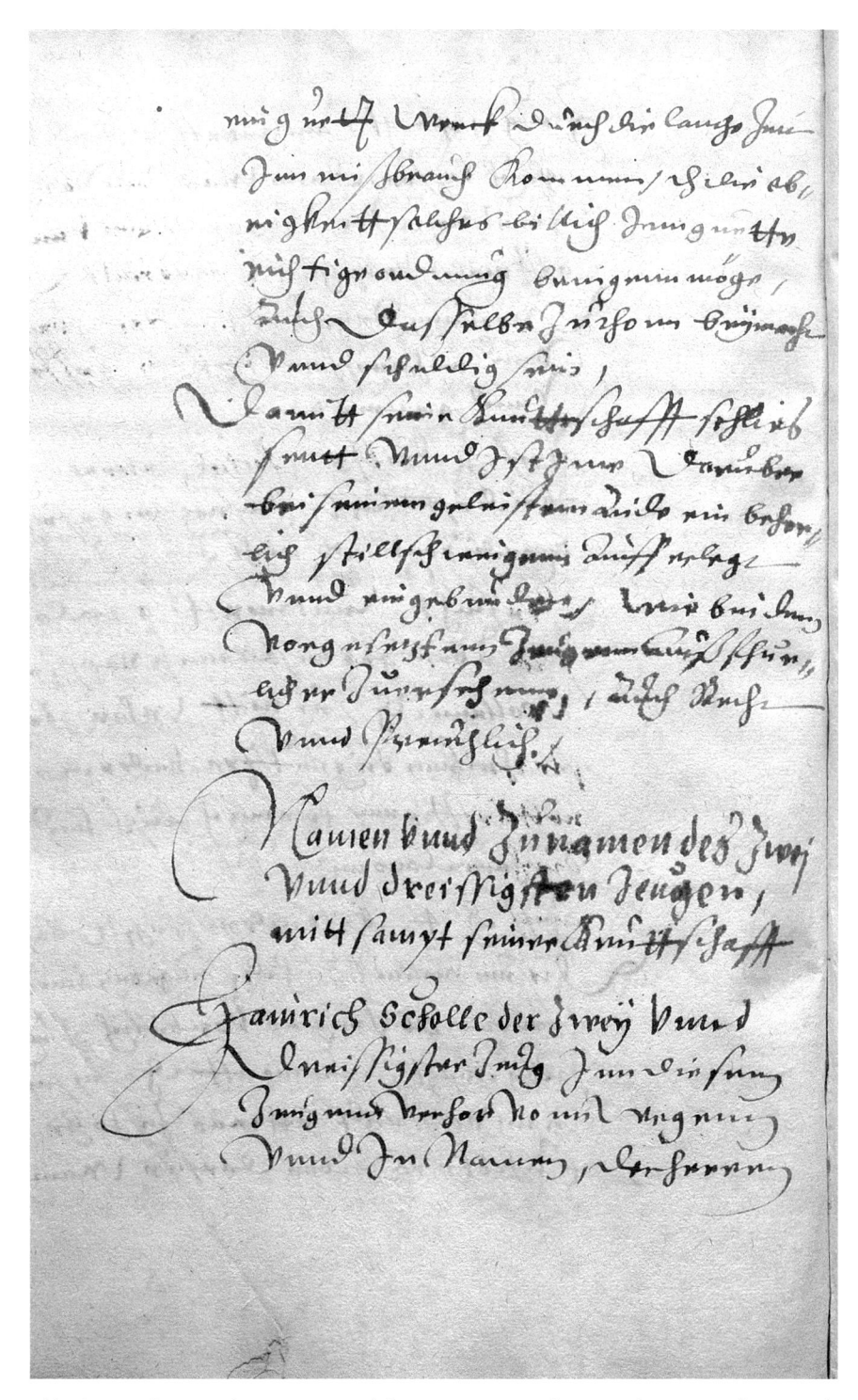

Abb. 6a: Eine Seite aus dem vierten Band der Essener Prozessakten mit der Aussage des 32. städtischen Zeugen Heinrich Scholle (Haus der Essener Geschichte/Stadtarchiv, 100.103, fol. 144 v)

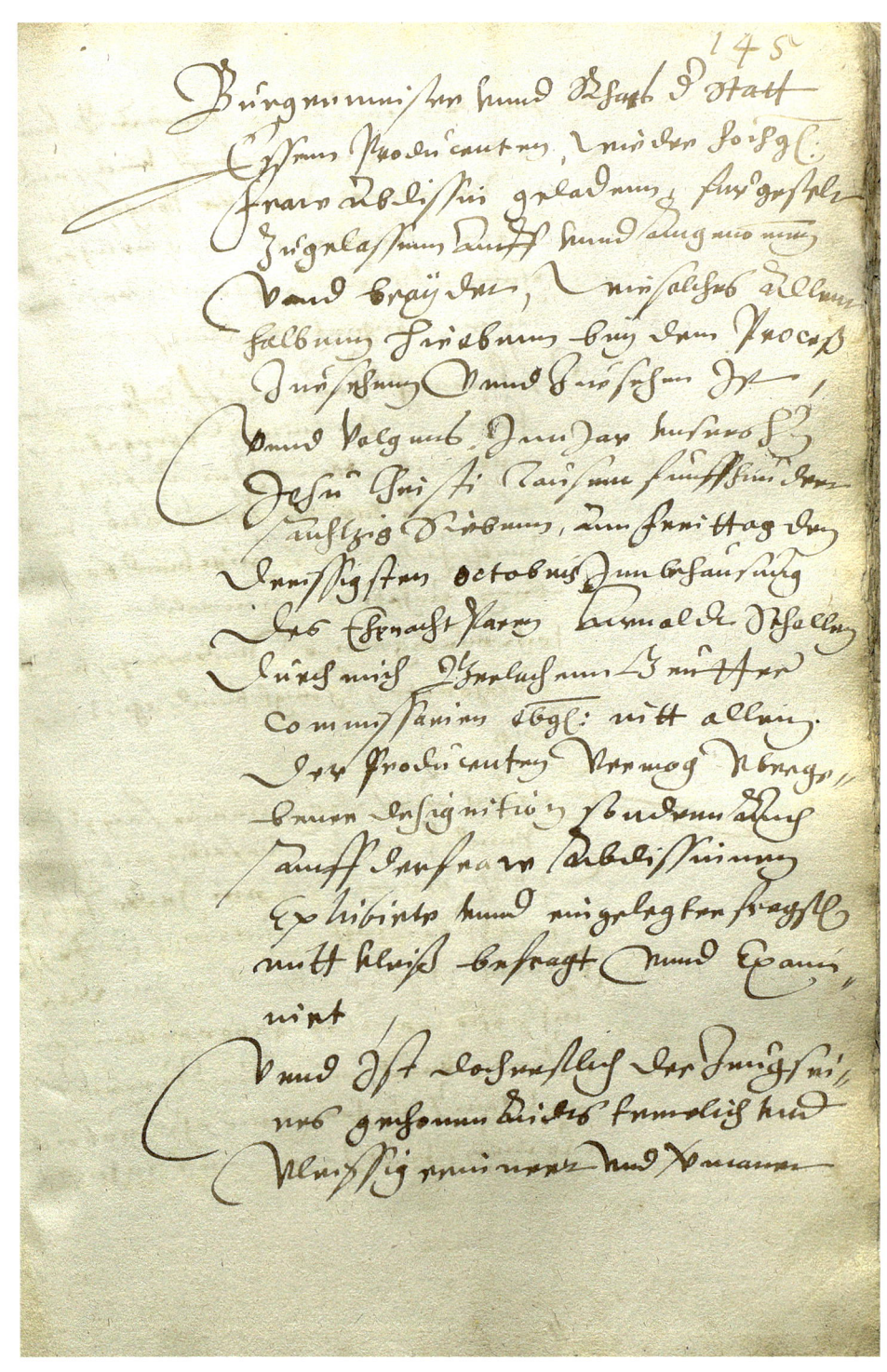

Abb. 6b: Eine Seite aus dem vierten Band der Essener Prozessakten mit der Aussage des 32. städtischen Zeugen Heinrich Scholle (Haus der Essener Geschichte/Stadtarchiv, 100.103, fol. 145 r)

Aussagen der stiftischen und städtischen Zeugen bestand hinsichtlich des Umgangs mit den Zeremonien und den Bildern[84] in der Kirche: Erstere vertraten mehrheitlich die Meinung, dass der Rat aktiv die Zeremonien änderte und die Bilder entfernen ließ.[85] Diese Ansicht teilten die städtischen Zeugen zumeist nicht. Der Zeuge Johann Tevenar nahm den Rat sogar dezidiert in Schutz, indem er aussagte, dass die Bilder durch einige unzufriedene Bürger eigenmächig entfernt worden seien und dass der Rat daraufhin die Täter sanktioniert und die Bilder ins Rathaus in Gewahrsam genommen habe.[86]

Die Zeugenaussagen zeigen auch, dass es ebenso in den Reihen des Stifts, insbesondere bei den Stiftsdamen und fürstlichen Räten, Sympathien für die lutherische Lehre gab.[87] Der unter den Äbtissinnen Irmgard von Diepholz (reg. 1561–1575) und Elisabeth von Manderscheid-Blankenheim (reg. 1575–1578) als fürstlicher Rat tätige städtische Zeuge Johann von Sevenar gab sogar an, dass beide nicht „der Religion Augspurgischen confession zu wieder gewesen sein" und sich das Abendmahl unter beiderlei Gestalt haben reichen lassen.[88] Diese Aussage wurde auch von einigen stiftischen, weltlichen Zeugen unterstützt,[89] ja auch der Pastor Saldenberg bekundete, „er hab woll gehört, daß gefragte abtissin [Irmgard von Diepholz; Erg. d. Verf.] der außpurgischen confession nit abholdig gewesen" sei,[90] was auf der anderen Seite durch den Kanoniker Dietrich Ingenhoven heftig dementiert wurde.[91] Weiterhin waren sich städtische wie auch stiftische Zeugen, sofern sie Stellung nahmen, darin einig, dass andere Räte und Bedienstete des Stifts, aber auch Familienangehörige der Äbtissinnen, der „außpurgischen Confession verwandt und zugethan" gewesen seien, in die Gertrudenkirche gingen, dort die Predigt hörten, den „Christlichen Ceremonien" beiwohnten und den Laienkelch empfingen.[92]

Diese konfessionelle Heterogenität zeigt sich auch in den Stellungnahmen der Zeugen zu ihren eigenen religiösen Ansichten.[93] Die Zeugenaussagen sind somit auch eine wichtige Quelle für das kirchliche Verständnis von Personen, von denen sonst in der Regel keine Selbstzeugnisse überliefert sind, und sie zeigen, dass die Konfessionsbildung auch in den 1580er Jahren noch keinesfalls abgeschlossen war. Ein Großteil der stiftischen Zeugen verstand sich selbst als katholisch, u. a. die vier befragten Kleriker sowie zwei adlige Räte der Äbtissin. Unter den städtischen Zeugen gab es nur einen, den Wollweber Johann Schilder, der sich eindeutig als Katholik betrachtete. Er gehörte zu jener Gruppe von Bürgern, die, wie der Kupferschmied Hermann thon Norden aussagte, „bei der Papistischen Religion zuuor [zu] pleiben begeret, denen auch daran keine verhinderung geschenn, sonder frei gelassen, wie es noch heuttigs dags einem jeden frei stehe, bey welcher Religion, der Catolischen Papistischen oder der augspurgischen confession, zuuerpleibenn".[94]

Wie zu erwarten ist, bekannten sich die Mehrzahl der städtischen Zeugen, aber auch mindestens zwei Zeugen der Äbtissin,[95] zur *Confessio Augustana* – wobei die wenigsten von ihnen diese selbst gelesen hatten –[96] oder sie argumentierten zumindest im lutherischen Sinne. Von den städtischen Zeugen gab nur ein Teil zu, bei den reformatorischen

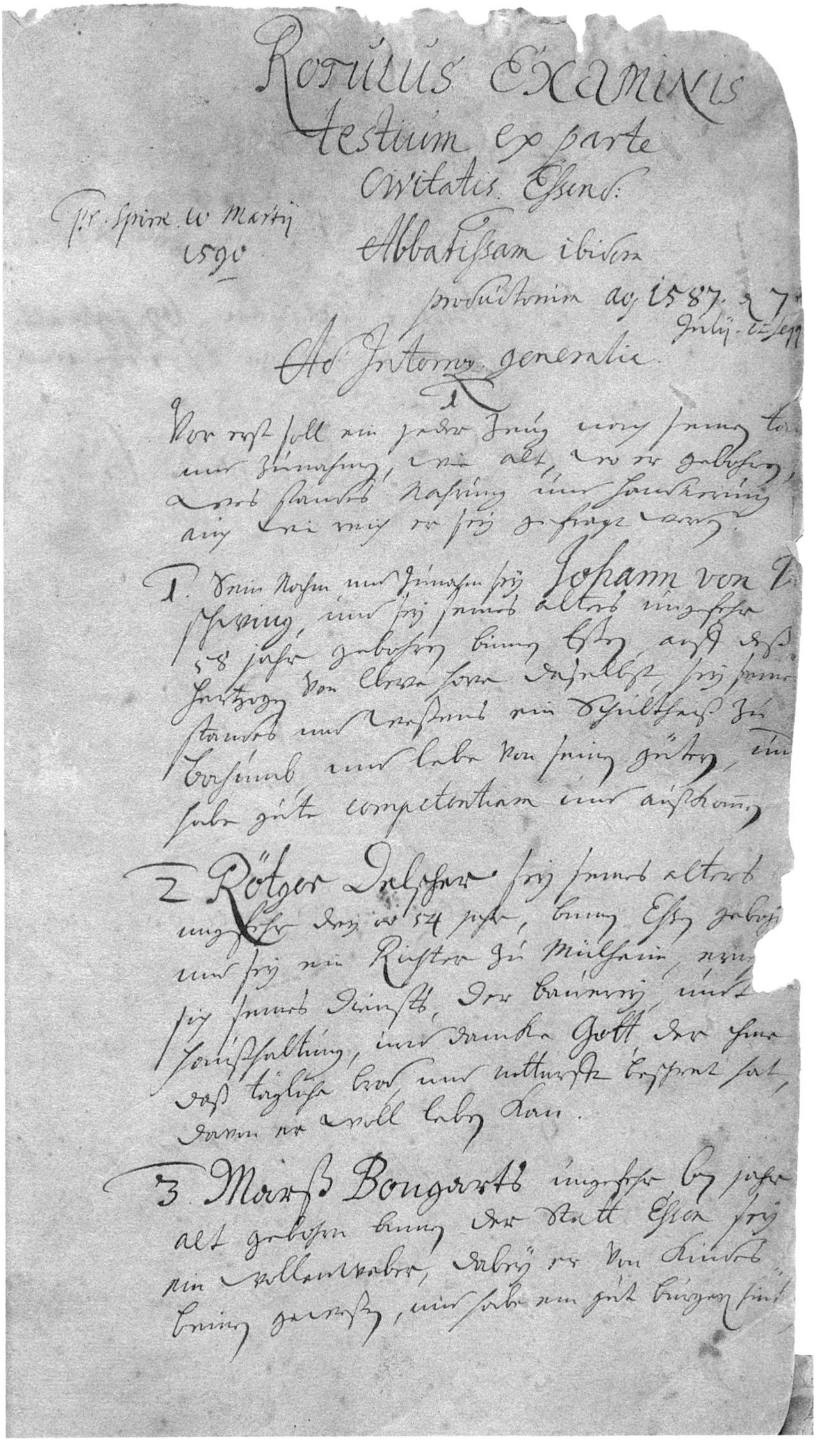

Abb. 7: Erste Seite der Abschrift der Verhörprotokolle der städtischen Zeugen, nach Mitte des 17. Jahrhunderts (Haus der Essener Geschichte/Stadtarchiv, 100.104, fol. 1 r)

Ereignissen in den 1560er Jahren eine aktive Rolle gespielt zu haben.[97] Andere dagegen dürften erst nach und nach zum evangelischen Glauben gefunden haben.

Neben diesen beiden Gruppen gab es aber noch eine weitere, in deren Aussagen sich Auffassungen einer konfessionellen Indifferenz, eines multikonfessionellen Synkretismus bzw. eines ganz und gar unkonfessionellen Denkens widerspiegeln. So besuchten manche Zeugen wie etwa der Notar Johann Dudinck als Zeuge der Äbtissin, der sich selbst als der „catholischen Religion" zugehörig beschrieb, aber skeptisch der Bilderverehrung gegenüber stand, sowohl die katholische Messe in der Johanniskirche als auch die Predigt in der lutherischen Gertrudenkirche.[98] Andere Zeugen bekundeten zwar eine gewisse Präferenz für eine der beiden durch den Augsburger Religionsfrieden zugelassenen Konfessionen, wollten sich aber nicht völlig auf eine Seite festlegen. Hierzu zählte der stiftische Zeuge und Adlige Dietrich von Asbeck, der hinsichtlich seiner religiösen Ansichten aussagte, „noch mehr der catholischen Religion als der ander in etlichen Stücken" zu sein.[99] Für viele Menschen dürften die theologischen Streitigkeiten zwischen den Geistlichen, die in Essen gerade in den 1580er und 1590er Jahren das protestantische Kirchenwesen prägten,[100] abschreckend gewirkt haben. Sie negierten für sich eine konfessionelle Zuordnung und bezeichneten sich, wie der Handwerker Wilhelm Mürer, lediglich als Christen: „Er begehre nicht mehr dan daß H. gottliche wort zu erbauung der kirchen rein und lauter mag gepredigt werden, dan er sey nicht Luttrisch, sondern ein Christ."[101] Der Kaufmann Marß Lammerts dagegen, der zur Zeit der Durchsetzung der Reformation eher zum katholischen Lager zählte, wollte zunächst wie bisher in seiner Pfarrkirche, der katholischen Johanniskirche, das Abendmahl unter beiderlei Gestalt empfangen, denn an weiterreichenden Veränderungen sei er nie interessiert gewesen.[102] Nun allerdings, nachdem der konfessionelle Wandel soweit fortgeschritten und „nunmehr ein gute einigung zwischen den bürgern" erzielt worden sei, wollte er keine Rückkehr zu den alten Zuständen sehen und stattdessen die lutherische Lehre „umb erhaltung deß lieben friedens" bestehen lassen.[103]

5. Zusammenfassung und Ausblick

Die Aussagen der Zeugen, deren Glaubwürdigkeit hier nicht beurteilt werden sollte, präsentieren ein heterogenes Bild der rechtlich-politischen Zustände und der Vorgänge, die schließlich zur konfessionellen Scheidung von protestantischer Stadt und katholischem Stift Essen geführt haben. Keineswegs sagten, wie vielleicht zu erwarten gewesen wäre, die jeweils von den Parteien benannten Zeugen nur zugunsten einer Seite aus, gerade bei den stiftischen Zeugen kommt eine sehr differenzierte Sichtweise zum Ausdruck. Natürlich offenbaren die Stellungnahmen in der Regel nur einen Blick von außen auf die Geschehnisse, da nur wenige der Zeugen, insbesondere die von der Stadt benannten,

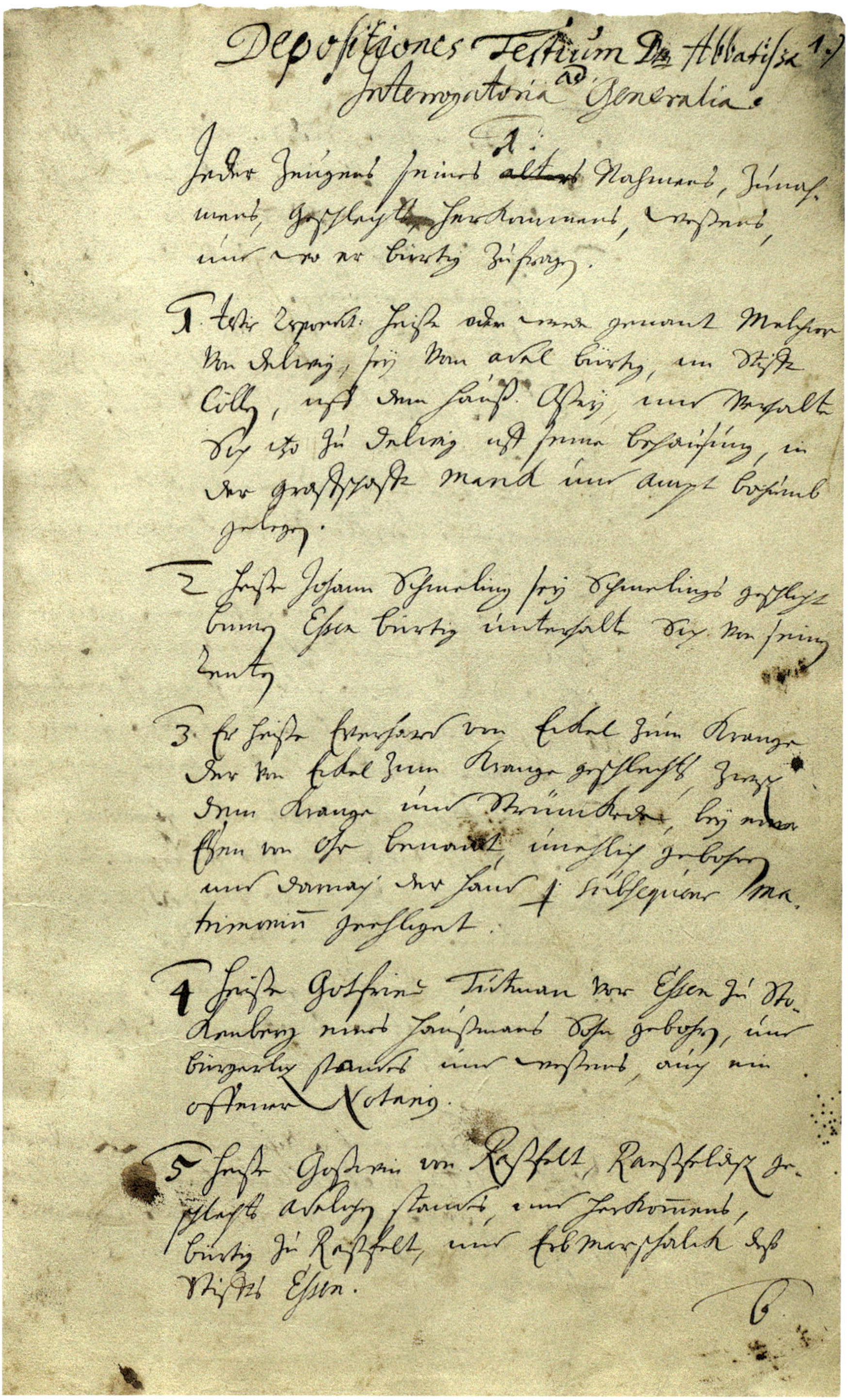
Depositiones Testium Dnae Abbatissae
ad Interrogatoria Generalia.

Abb. 8: Erste Seite der Abschrift der Verhörprotokolle der stiftischen Zeugen, nach Mitte des 17. Jahrhunderts (Haus der Essener Geschichte/Stadtarchiv, 100.106, fol. 1 r) zentrale Akteure in den politischen, rechtlichen und religiösen Auseinandersetzungen waren oder Zugang zu Dokumenten, etwa zu den jeweiligen Privilegien hatten. Viele Aussagen beruhten, was von den Zeugen auch ausgedrückt wurde, lediglich auf Hörensagen und erklären teilweise die nicht seltenen Widersprüche der Darstellungen. Sie sind keineswegs allein dazu geeignet, die Frage endgültig zu beantworten, ob Essen eine Reichsstadt war und daher das *ius reformandi* in Anspruch nehmen konnte. Hierfür sind sie in den Kontext weiterer Quellen zu stellen, etwa zu den Privilegien selbst oder zu anderen stiftischen und städtischen Akten.[104]

Nach den letzten Zeugenvernehmungen 1590 wurde der Prozess in den folgenden Jahrzehnten nur zögerlich weiterverfolgt. Die Gründe hierfür waren v. a. politischer Natur. Mit dem Aussterben des Hauses Jülich-Kleve-Berg und dem folgenden Erbfolgestreit 1609[105] fiel der bisher katholische Schutzherr von Stadt und Stift Essen weg, was einen Rückschlag für die Rekatholisierungsbemühungen der Äbtissin Elisabeth von Berghs'Heerenberg (reg. 1605–1614) darstellte.[106] Die Nachfolge traten der reformierte Kurfürst von Brandenburg und der katholische Herzog von Pfalz-Neuburg an,[107] was dazu führte, dass sich die Stadt Essen an die Brandenburger, das Stift dagegen an die Neuburger anlehnte, um mit deren Unterstützung ihre jeweiligen Ansprüche durchzusetzen. Erneute Rekatholisierungsversuche im Dreißigjährigen Krieg durch die Äbtissin Maria Clara von Spaur (reg. 1614–1644) blieben erfolglos,[108] zudem konnten sich auch die brandenburgischen Kurfürsten als Schutzherren von Stadt und Stift behaupten.[109] In den Friedensverhandlungen zum Westfälischen Frieden in Osnabrück, bei denen die bis 1650 unter wechselnden Besatzungen leidende Stadt selbst nicht teilnahm, kamen die politischen und religiösen Fragen kurz zur Sprache.[110] Gemäß der Normaljahrregelung des Westfälischen Friedens blieben vorerst das lutherische und katholische Bekenntnis in Essen unangetastet, eine Entscheidung bezüglich des politischen Status der Stadt wurde aber nicht getroffen.[111]

Unter Anna Salome von Salm-Reifferscheidt (reg. 1646–1688)[112] wurde der Prozess, der von 1623 bis 1647 völlig geruht hatte, wiederbelebt[113] und durch ein Urteil am 4. Februar 1670 entschieden. Entgegen einer Privilegienbestätigung Kaiser Leopolds I. 1659[114] musste damit die Stadt Essen die Äbtissin als Landesherrin anerkennen, allerdings wurden ihre „hergebrachten Rechten, als Befreyung von Leistung der Huldigung, von Landt-Steur oder Schatzung" mit Ausnahme ihres Anteils an den Reichs- und Kreissteuern des Stifts, sowie ihre politische Selbstverwaltung und ihre niedere Gerichtsbarkeit bestätigt. Zudem bestimmte das Urteil, dass die Stadt „bey jetziger freyer übung eingeführten Augspurgischen Confession und Religion in ihren Kirchen, Schulen, Hospitälern, deren geistliche Güter und Gefälle, deme zu Münster und Osnabrüg getroffenen Frieden gemäß zu schützen, manuteniren und lassen" sei.[115]

Mit seinem 1670 gefällten Urteil hatte das Reichskammergericht die konfessionellen und politischen Begebenheiten in Stift und Stadt Essen anerkannt. Zwar stritt die Stadt mit dem Stift weiterhin um Rechte und Privilegien vor dem Reichshofrat, dem Reichskammergericht und dem brandenburgischen Kurfürsten als Schutzherrn,[116] der seinen Einfluss auf Stadt und Stift kontinuierlich ausbauen konnte, musste letztlich aber endgültig auf ihre hochgesteckten politischen Ziele zur Erlangung der Reichsfreiheit verzichten. Konfessionell blieb Essen eine weitgehend lutherisch dominierte Enklave innerhalb des Stifts, dessen Bewohner größtenteils dem katholischen Glauben angehörten. Hieran änderte sich nichts wesentlich bis zum Ende des Alten Reichs und des Reichsstifts Essen, das zusammen mit der Stadt 1803 bzw. endgültig 1813 an Preußen fiel. Zunächst blieb Essen eine lutherische Insel in einem katholisch geprägten Umland, bis mit der Industrialisierung die Stadt über ihre mittelalterlichen Mauern hinaus wuchs und damit immer mehr Katholiken Einwohner Essens wurden.

Anmerkungen

1 Zu dieser siehe u. a. Anni EGER, Herrscherinnen über Essen. 9. Irmgard von Diepholz, in: Das Münster am Hellweg 7 (1954), S. 144–149.

2 Zur Reformationsgeschichte der Stadt siehe bes. Helmut MÜLLER, Die Reformation in Essen, in: Beiträge zur Geschichte von Stadt und Stift Essen 85 (1969), S. 1–202. Daneben u. a. Ute KÜPPERS-BRAUN, Macht in Frauenhand. 1000 Jahre Herrschaft adliger Frauen in Essen, Essen 2002, S. 95 f.; Monika FEHSE, Die Stadt Essen, in: Essen. Geschichte einer Stadt, hrsg. von Ulrich BORSDORF, Essen 2002, S. 169–228, hier S. 219–222; Christian HELBICH, Pax et Concordia. Erasmische Reformkonzepte, humanistisches Bildungsideal und städtische Kirchenpolitik in Dortmund, Essen und Bielefeld im 16. Jahrhundert (= Westfalen in der Vormoderne 13), Münster 2012.

3 Zu Barenbroichs Wirken in Essen vgl. bes. MÜLLER, Reformation (wie Anm. 2), S. 99–123.

4 Eine erste Klage war bereits 1543/44 anhängig. Der Prozess endete mit einem Mandat Kaiser Karls V. gegen die Stadt Essen, die zeitweilig einen lutherischen Prädikanten in St. Gertruden eingeführt haben soll. Vgl. Landesarchiv Nordrhein-Westfalen Standort Rheinland, Duisburg (im Folgenden LandesA NRW R), RKG, Nr. 1601 (E 585). Das Mandat ist gedruckt bei Wilhelm GREVEL, Der Anfang der Reformation in Essen, Teil 1 & 2, in: Beiträge zur Geschichte von Stadt und Stift Essen 12 (1888), S. 95–110 und ebd. 13 (1889), S. 99–101, hier Teil 1, S. 96–102.

5 KÜPPERS-BRAUN, Macht in Frauenhand (wie Anm. 2), S. 93 f.; MÜLLER, Reformation (wie

6   Anm. 2), S. 26; Robert Jahn, Essener Geschichte. Die geschichtliche Entwicklung im Raum der Großstadt Essen, Essen 1957, S. 91–106, S. 153–168 und S. 207 f.
6   Urkunde vom 24. November 1377, zitiert in einem Notariatsinstrument vom 21. Mai 1378 (Haus der Essener Geschichte/Stadtarchiv [im Folgenden StadtA Essen], Rep. 1 Nr. 83,2), mit fehlerhafter Datiert ediert bei Franz Philipp Funcke, Geschichte des Fürstenthums und der Stadt Essen. Ein Beitrag zur Geschichte Rheinland-Westphalens, Elberfeld ²1851, S. 306 f. Siehe dazu auch Küppers-Braun, Macht in Frauenhand (wie Anm. 2), S. 94; Manfred Petry, Zur goldenen Bulle Kaiser Karls IV. für das Stift Essen, in: Beiträge zur Geschichte von Stadt und Stift Essen 93 (1978), S. 7–19, hier S. 9, Anm. 9, und Helga Mohaupt, Kleine Geschichte Essens. Von den Anfängen bis zur Gegenwart, Bonn 1991, S. 32 f.
7   Urkunde vom 25. Oktober 1379, ediert bei Funcke, Geschichte (wie Anm. 6), S. 307 f. Siehe dazu auch Müller, Reformation (wie Anm. 2), S. 27.
8   Funcke, Geschichte (wie Anm. 6), S. 308–310 und S. 328–334.
9   Ebd., S. 312–314 bzw. S. 314–325; Mohaupt, Geschichte (wie Anm. 6), S. 34.
10 Siehe hierzu Marlene Floegel-Schorberger, Das Verhältnis der Stadt Essen zum Stift Essen und zu den Herzögen von Kleve-Mark im späten Mittelalter, in: Das Münster am Hellweg 24 (1971), S. 155–176, hier S. 162–164; Küppers-Braun, Macht in Frauenhand (wie Anm. 2), S. 94 f.; Mohaupt, Geschichte (wie Anm. 6), S. 40.
11 Dies betraf u. a. die Gerichtsbarkeit, die Aufsicht über die Waage und den Weinhandel, den Wegebau sowie das Steuerwesen.
12 Zu den Beziehungen zwischen Kleve-Mark und dem Stift Essen vgl. Floegel-Schorberger, Verhältnis (wie Anm. 10), S. 159–164 und S. 171 f.
13 Vgl. Fritz Gerhard Kraft, Die Schirmvogtei über Stadt und Stift Essen, in: Das Münster am Hellweg 3 (1950), S. 60–62; Floegel-Schorberger, Verhältnis (wie Anm. 10), S. 164–170 und S. 172 f.; Ferdinand Geuer, Der Kampf um die essendische Vogtei, in: Beiträge zur Geschichte von Stadt und Stift Essen 13 (1889), S. 105–144; Küppers-Braun, Macht in Frauenhand (wie Anm. 2), S. 77–80.
14 Küppers-Braun, Macht in Frauenhand (wie Anm. 2), S. 90 f.; Mohaupt, Geschichte (wie Anm. 6), S. 35 f.; Anni Eger, Herrscherinnen über Essen. 8. Meyna von Oberstein, Irmgard von Diepholz, Margaretha von Beichlingen, in: Das Münster am Hellweg 7 (1954), S. 128–135.
15 Funcke, Geschichte (wie Anm. 6), S. 325–328; Küppers-Braun, Macht in Frauenhand (wie Anm. 2), S. 80. Neben dem Herzog von Kleve-Mark beanspruchte u. a. auch Kaiser Maximilian I. die Schirmvogtei über das Stift. Hierzu und zur Stiftsfehde vgl. Das Essener Stadtschreiberbuch des 15. und 16. Jahrhunderts, hrsg. von Ferdinand Schroeder, in: Beiträge zur Geschichte von Stadt und Stift Essen 22 (1902), S. 29–201, hier S. 69–95 (Einträge von 1491–1495) und S. 118–183 (Anhang, Dokumente Nr. 3 und Nr. 6–78c).
16 Zu deren Kirchenpolitik und ihrer Rezeption vgl. Christian Helbich, „Van allem schelden der alden oder nuwer lere sich gentzlich enthalden". Zur zeitgenössischen Rezeption der Kirchenpolitik Jülich-Kleve-Bergs in Westfalen im 16. Jahrhundert, in: Bekenntnis, soziale Ordnung und rituelle Praxis. Neue Forschungen zu Reformation und Konfessionalisierung in Westfalen, hrsg. von Werner Freitag und Christian Helbich (= Westfalen in der Vormoderne 4), Münster 2009, S. 13–45, und ders., Pax et Concordia (wie Anm. 5), S. 77–93.
17 Die Vorwürfe richteten sich im Speziellen gegen den Geistlichen Johannes Kopmann. Zu diesem vgl. den Eintrag bei Schroeder, Stadtschreiberbuch (wie Anm. 15), S. 109–114. Vgl. zum Kontext auch Müller, Reformation (wie Anm. 2), S. 67 f.; Helbich, Pax et Concordia (wie Anm. 2), S. 180 f.
18 So z. B. in Dortmund 1523/25 und 1532, vgl. Christian Helbich, 450 Jahre Laienkelch – 450 Jahre Reformation in Dortmund? (= Dortmunder Exkursionen zur Geschichte und Kultur 4), Bielefeld 2013, S. 70–75 und S. 77–81; dazu auch ders., Pax et Concordia (wie Anm. 2), S. 176–180.
19 Siehe oben Anm. 4. Ausführlicher hierzu Müller, Reformation (wie Anm. 2), S. 56–60, und Hel-

20 Helbich, Pax et Concordia (wie Anm. 2), S. 196 f. und S. 207 f.
21 Helbich, Pax et Concordia (wie Anm. 2), S. 105–107 und S. 110–114; Konrad Ribbeck, Geschichte des Essener Gymnasiums. Teil I: bis 1564, in: Beiträge zur Geschichte von Stadt und Stift Essen 16 (1896), S. 3–111; Teil II: Die lutherische Stadtschule 1564–1611, in: ebd. 19 (1898), S. 3–73, hier Teil I, S. 28–35 und S. 49–66; Müller, Reformation (wie Anm. 2), S. 60–62.
22 Helbich, Pax et Concordia (wie Anm. 2), S. 197 f., S. 208–212, S. 226–230, S. 247 f. und S. 253 f.; Müller, Reformation (wie Anm. 2), S. 78–188.
23 StadtA Essen, 100.101–100.106.
24 LandesA NRW R, RKG, Nr. 1605 (E 589).
25 StadtA Essen, 100.101; umfangreicher LandesA NRW R, RKG, Nr. 1605 (E 589), Bd. I und II.
26 StadtA Essen, 100.102; nahezu identisch auch LandesA NRW R, RKG, Nr. 1605 (E 589), Bd. III.
27 LandesA NRW R, RKG, Nr. 1605 (E 589), Bd. IV (Zeugen 6–16); StadtA Essen, 100.105 (Zeugen 17–28), und StadtA Essen, 100.103 bzw. LandesA NRW R, RKG, Nr. 1605 (E 589), Bd. V (jeweils Zeugen 29–35).
28 StadtA Essen, 100.106.
29 StadtA Essen, 100.104.
30 StadtA Essen, 100.106, fol. 1 r–2 r (Allgemeine Fragen 1 und 2) und 100.104, fol. 1 r–4 v (Allgemeine Frage 1).
31 Dieser Komplex umfasst bei den städtischen Zeugen 33 (StadtA Essen, 100.104, fol. 1 r–34 v), bei den stiftischen Zeugen 46 Fragen (StadtA Essen, 100.106, fol. 1 r–20 r). Die städtischen Zeugen mussten hier auch Auskunft über ihre religiösen Präferenzen geben (Fragen 21–23 sowie 32).
32 Überwiegend befassten diese sich mit juristischen Angelegenheiten (Rechtsprechung, Strafen, Geleit), Schatzungen, mit der fraglichen Reichsunmittelbarkeit der Stadt sowie mit dem Kirchen- und Armenwesen. Die Antworten sind hier zumeist sehr knapp, da viele Zeugen lediglich auf vorangegangene Aussagen verweisen.
33 Allgemein hierzu Funcke, Geschichte (wie Anm. 6), S. 306–334; Küppers-Braun, Macht in Frauenhand (wie Anm. 2), S. 66–68.
34 StadtA Essen, 100.106, fol. 20 r–24 r (Besondere Fragen 1–4).
35 Vgl. die Antworten zur Besonderen Frage 5 und teilweise 6 in den in Anm. 27 angegebenen Bänden.
36 StadtA Essen, 100.103, fol. 216 v–217 r (Besondere Frage 6, Zeuge 33).
37 LandesA NRW R, RKG, Nr. 1605 (E 589), Bd. IV, fol. 415 v (Besondere Frage 7, Zeuge 13). Auch die Zeugen Tonnis Tasche und Johann Luttgers gaben an, gehört zu haben, dass die Stadt dem Reich unterworfen sein solle, vgl. ebd., fol. 301 v (Besondere Frage 62, Zeuge 11) bzw. StadtA Essen, 100.105, fol. 381 r (Besondere Frage 61, Zeuge 28).
38 StadtA Essen, 100.106, fol. 22 v–23 r (Besondere Frage 3, Zeuge 7): „Er hab es gehört und wiße, daß die beklagten sich solcher brieff beruhmen, auch vor sich selbst ein bloße copey eines privilegii leßen hören, darin Carolus Quartus hochloblicher indächtnuß certificirt, daß die Statt Essen fur ein Reichsstatt erkent und begnadet, wie dann auch zeuge selbst noch ein andre abschrift der confirmation Caroli quinti und Ferdinandi Imperatorum gesehen und hören lesen, auch noch einer missiven eines Kaysers (deßen nahmen ihme abgefallen) gesehen und hören lesen, darin ein Kayserliche Majestät der Statt von Essen befohlen, nachdem sich irrung zweyerley Koir zugetragen, daß sie die abdissinne von Essen vor den tätlichen gewalt, so der abdißinnen bescheen wären, beschützen und schirmen sollen."
39 LandesA NRW R, RKG, Nr. 1605 (E 589), Bd. IV, fol. 348 r (Besondere Frage 59, Zeuge 12).
40 StadtA Essen, 100.103, fol. 224 v (Besondere Frage 59, Zeuge 33).
41 Vgl. u. a. die Aussagen der Zeugen Marß Lammerts (LandesA NRW R, RKG, Nr. 1605 [E 589], Bd. IV, fol. 67 r [Besondere Frage 66, Zeuge 7]), Adolf Neelmann (StadtA Essen, 100.105, fol. 82 v [Besondere Frage 66, Zeuge 19]), Johann Kroese (StadtA Essen, 100.103, fol. 13 v [Besondere Frage 61, Zeuge 29]), und Johann von Sevenar (ebd., fol. 225 v [Besondere Frage 66, Zeuge 33]).

42 So z. B. Heinrich Saldenberg (StadtA Essen, 100.106, fol. 263 v [Artikel 12, Frage 13, Zeuge 12]): „Die ordentliche Obrigkeit habe durch ihre Abgesandten macht zu erscheinen, aber nit bürgermeister und Rath, Ursachen, daß Laurentius Niehoff, rathsverwandter und der Statt Eßen Rendmeister (wie er Zeug), insgemein gehört mehr dann von einer personen, die er doch nicht zu ernennen gewust, bey zeiten der von Tecklenburg abdißinnen, mitt Adrian berschwordt, ihrer fürstlich Gnaden rath und diener, uff dortmund zum Creyßtag gezogen, und erschienen, aber bey den Ständen des Kreyß keine Platz oder Seß gefunden, sondern wiederumb zurück ziehen müssen …". Ähnlich auch die Aussage von Eberhardt von Scheuren (ebd., fol. 265 r [Zum 14. wahr …, Zeuge 10]).

43 LandesA NRW R, RKG, Nr. 1605 (E 589), Bd. IV, fol. 348 r (Besondere Frage 59, Zeuge 12).

44 Siehe u. a. die städtischen Zeugen Rotgar Delscher (StadtA Essen, 100.104, fol. 87 v [Besondere Frage 62, Zeuge 2]), Marß Bongarts (ebd., fol. 88 v [Besondere Frage 64, Zeuge 3]), Arndt Nelman (ebd. [Besondere Frage 64, Zeuge 5]), Hermann Maß (ebd. [Besondere Frage 64, Zeuge 10]), Patroclus Abels (LandesA NRW R, RKG, Nr. 1605 [E 589], Bd. IV, fol. 423 v [Besondere Frage 64, Zeuge 13]), Adolf Neelmann (StadtA Essen, 100.105, fol. 82 v [Besondere Frage 64, Zeuge 19]), Johann Strattmann (ebd., fol. 111 v [Besondere Frage 64, Zeuge 20]), Heinrich Verver (ebd., fol. 274 r [Besondere Frage 64, Zeuge 25]), Jürgen Schele (ebd., fol. 327 r [Besondere Frage 64, Zeuge 26]), Johann von Sevenar (StadtA Essen, 100.105, fol. 225 r [Besondere Frage 62, Zeuge 33]) und Johann Tevenar (ebd., fol. 327 v [Besondere Frage 62, Zeuge 34]).

45 Vgl. StadtA Essen, 100.104, fol. 89 v–91 r (Besondere Frage 65).

46 Ebd., fol. 111 r–112 r (Besondere Frage 92). Vgl. auch die jeweiligen Antworten der städtischen Zeugen zur Besonderen Frage 171 in den bei Anm. 27 genannten Bänden.

47 Antwort von Johann Schmeling (StadtA Essen, 100.106, fol. 24 v [Besondere Frage 5, Zeuge 2]); ähnlich auch die Ausführungen der meisten übrigen Zeugen (außer 10, 13 und 14) zur gleichen Frage, ebd., fol. 24 r–26 r.

48 StadtA Essen, 100.106, fol. 24 r–26 r und fol. 241 r–242 v (Particula Undecima).

49 Ebd., fol. 29 r–30 v (Besondere Fragen 10 und 11).

50 Siehe hierzu die Antworten der städtischen Zeugen Wilhelm Mürer (Zeuge 17; StadtA Essen, 100.105, fol. 22 v), Johann Kroese (Zeuge 29; StadtA Essen, 100.103, fol. 27 v), Wilhelm von Bielefeld (Zeuge 30; ebd., fol. 64 v) und Johann von Sevenar (Zeuge 33; ebd., fol. 240 v) zur Besonderen Frage 172.

51 Vgl. als Beispiel die Ausführungen des Essener Dechanten Wirich Hiltrop (StadtA Essen, 100.106, fol. 21 r [Besondere Frage 1, Zeuge 11]): „Er Zeug habs dafür gehalten, die Statt Essen sey der frauen producentinnen alß der landtsfurstinnen unterworffen, wie er solches auß dem Scheidts Brieff woll hören lesen." Ähnlich äußerte sich auch der Bochumer Drost Melchior von Delwig (Zeuge 1) an zwei Stellen: „Sagt es sey ein Unterscheidt zwischen den bürgern und bauren alß ein Standt des Stiffts Eßen vermög des Scheidts- und Vogts brieffs …" (ebd., fol. 249 v) und: „Er halte, daß die Statt Eßen laut des Vogts und Scheidtsbrieffs ein Standt des Stiffts von Eßen sey, weill sie zusamen steuren, …" (ebd., fol. 259 r).

52 Die Fragen und Antworten zu diesem Bereich finden sich bei den stiftischen Zeugen in StadtA Essen, 100.106, fol. 101 r–102 v (Besondere Frage 179) und fol. 387 v–388 v (Zum 20.–26. Artikel, Frage 5) sowie bei den städtischen Zeugen in den bei Anm. 27 genannten Bänden überwiegend zum 96. (Fragen 15–20) sowie zum 101. (Defensional-)Artikel der Klägerin (Frage 8).

53 StadtA Essen, 100.106, fol. 387 v (Zeuge 1).

54 Ebd., fol. 101 r–101 v (Zeuge 2).

55 Ebd., fol. 101 v (Zeuge 7).

56 Ebd., fol. 102 r (Zeuge 13).

57 StadtA Essen, 100.103, fol. 287 v. In eine ähnliche Richtung zielt auch die Aussage des Händlers Johann Kroese, ebd. fol. 34 r.

58 StadtA Essen, 100.103, fol. 388 v (Zeuge 34, Johann Tevenar) und fol. 443 r (Zeuge 35, Hermann thon Norden).

59 Mit diesem Aspekt beschäftigen sich insbesondere die Besondere Frage 182 bei den stiftischen Zeugen (StadtA Essen, 100.106, fol. 101 r–102 v)

sowie die Besondere Frage 130 und der 96. (Defensional-)Artikel der Klägerin (Frage 1–6) bei den städtischen Zeugen in den bei Anm. 27 genannten Bänden.

60 StadtA Essen, 100.106, fol. 113 r–113 v (Besondere Frage 198, Zeuge 12). Ähnlich fiel auch die Antwort des Kanonikers und kurkölnischen Untersieglers Dietrich Ingenhoven (Zeuge 13) auf die Besondere Frage 182 aus, vgl. ebd., fol. 104 r–104 v.

61 So u. a. die Antwort des städtischen Zeugen Hermann Maß (Zeuge 10) zur 123. Besonderen Frage, vgl. LandesA NRW R, RKG, Nr. 1605 (E 589), Bd. IV, fol. 264 r–264 v. Zur Rolle des Bürgermeisters bei der Berufung Barenbroichs vgl. insbesondere die Antworten der städtischen Zeugen zur Besonderen Frage 127 in den bei Anm. 27 genannten Bänden.

62 Zu seiner Person vgl. HELBICH, Pax et Concordia (wie Anm. 2), S. 197, und MÜLLER, Reformation (wie Anm. 2), S. 168–174. Saldenberg war Gegenstand der Besonderen Fragen 198–205 bei den stiftischen Zeugen (StadtA Essen, 100.106, fol. 112 r–118 r). Noch umfangreicher sind die zu Saldenberg an die städtischen Zeugen gerichteten Fragen: Die Besonderen Fragen 123–125, 128, 131–133 und 139 sowie der 98. (bis Frage 2) und der 101. (Defensional-)Artikel der Klägerin (Frage 1–7) in den bei Anm. 27 genannten Bänden.

63 Der adlige stiftische Erbmarschall Goswin von Raesfeld sagte etwa aus: „Herr Saldenberg hab anfangs wie zeug gehört Eingang der außpurgischen confession gemacht, mit außtheilung des sacraments des altars sub utraque specie, und Predigung göttlichen Worts, wie aber derselbige Saldenberg wieder davon abgestanden, hab sich ein Uhnwill erhoben under den bürgeren, also daß Saldenberg dieser Kirchen sich abgethan …" (StadtA Essen, 100.106, fol. 112 v [Besondere Frage 198, Zeuge 5]). In die gleiche Richtung gehen die meisten Antworten der städtischen Zeugen zur Besonderen Frage 124 in den bei Anm. 27 genannten Bänden. Darüber hinaus sagte Johann von Sevenar zur Besonderen Frage 117 (StadtA Essen, 100.103, fol. 232 r, Zeuge 33) aus, er habe „etzliche mall das nachtmall, nach des herren Christi einsetzung [d. h. unter beiderlei Gestalt; Erg. d. Verf.] vonn ime [Heinrich Saldenberg; Erg. d. Verf.] recht empfangen, wie ers dann auch also viel andere gegebenn vnnd noch heutt zu tage, denjenigen so es vonn Ime begern, dermassen vnder baider gestalt außtheile".

64 So habe etwa der städtische Zeuge Marß Lammerts (Zeuge 7) gehört, „das her Salldenberg sich mit her henrichen vonn kempen [Heinrich Barenbroich; Erg. d. Verf.] der Religion vnnd Lehr halben solte vergleichen, vnnd her Saldenberg sich haben verlaiden lassen, der zuuor Sauluß geweßen, mochte ein Pauluß werden; Alß nu her henrich vonn Kempen wider in sein heimodt getzogenn, soll er, Saldenberg, wider abgewichen vnd das alte angenommen haben …". Vgl. LandesA NRW R, RKG, Nr. 1605 (E 589), Bd. IV, fol. 77 r (Besondere Frage 128). Ähnlich antworteten auch die städtischen Zeugen Claas an der Heiden (ebd., fol. 151 r [Besondere Frage 129, Zeuge 8]), Johann Strattmann (StadtA Essen, 100.105, fol. 117 v [Besondere Frage 128, Zeuge 20]) und Everdt von Bielefeld (ebd., fol. 248 r [Besondere Frage 128, Zeuge 24]).

65 Vgl. seine Aussagen zu den Besonderen Fragen 198 und 203 (StadtA Essen, 100.106, fol. 113 r–113 v und 116 r, Zeuge 12).

66 Siehe hierzu HELBICH, Pax et Concordia (wie Anm. 2), S. 110–114, S. 127 f. und S. 132–134. Die Darlegungen der stiftischen Zeugen zum Schulwesen finden sich zu den Besonderen Fragen 262–271, zum Artikel 16 der 27. Ordnung und zum Artikel 17 der 28. Ordnung (StadtA Essen, 100.106, fol. 139 v–145 v und fol. 397 r–402 r), die der städtischen Zeugen zu den Besonderen Fragen 154–157 in den bei Anm. 27 genannten Bänden.

67 Zur Finanzierung der Schule durch den Rat gab der städtische Zeuge Hermann Maß zu Protokoll: „Er wisse nit anders, dan das auch fur verenderung der Religion ein Radth zu der Scholen geholffen midt Radth vnnd dath, auch etzliche Jharliche ansehnliche Geltsummen oder Pfenningen dazu gesagtt, ob es aber auß vergunstigung des Capittels, oder das es alß hergebracht geschehen, sei ihme vnbewust." LandesA NRW R, RKG, Nr. 1605 (E 589), Bd. IV, fol. 271 v (Besondere Frage 157, Zeuge 10).

68 Solche Klipp- oder Winkelschulen gab es in Essen bereits vor 1564 mehrere, vgl. hierzu die

Aussagen der städtischen Zeugen zur Besonderen Frage 154 in den bei Anm. 27 genannten Bänden.

69 Siehe hierzu u. a. die Antworten der stiftischen Zeugen zur Besonderen Frage 264 (StadtA Essen, 100.106, fol. 141 r–143 r).

70 Vgl. hierzu die Antworten u. a. zu den Besonderen Fragen 1, 6 und 8 (StadtA Essen, 100.106, fol. 20 r–21 v, 26 r–28 r).

71 Hinweise hierauf finden sich nicht in den Zeugenaussagen des Prozesses, sondern in einer Ernennungsurkunde für den Priester Johann Steinhuis, vgl. Münsterarchiv Essen, A 315, Bl. 1 v.

72 So der Kanoniker Dietrich Ingenhoven (Besondere Frage 182, Zeuge 13), der als Augenzeuge dabei gewesen sein will, vgl. StadtA Essen, 100.106, fol. 104 r–104 v; ähnlich auch ebd., fol. 113 v–114 r (Besondere Frage 198, Zeuge 13). An anderer Stelle (Artikel 11 der 20. Ordnung; ebd., fol. 276 v–277 r) berichtet der Kanoniker Johann Schwolgen: „… die frau abdißin von diepholtz hab sich articulirter Verneuerung der religion bey dem Churfürsten zu Cölln alß ordinario und hertzogen von Cleve Schutz und Schirmherren beklagt, daher beyder Chur und fürsten ihre ansehentliche Räth verordnet, und gen Eßen abgefertigt die streitige Partheien zu verhören …".

73 Siehe hierzu wiederum Dietrich Ingenhoven (Zeuge 13): StadtA Essen, fol. 104 r–104 v und fol. 113 v–114 r sowie fol. 388 r–388 v (Zum 20.–26. Artikel).

74 Zu seiner Entsendung durch den Herzog vgl. die Aussage von Goswin von Raesfeld (Artikel 11 der 20. Ordnung, Teil 3, Zeuge 5), StadtA Essen, 100.106, fol. 274 v–275 r. Zu Isselburgs Person, der später eher der reformierten Lehre nahestand, vgl. Wilhelm ROTSCHEIDT, Caspar Isselburg. Sein konfessioneller Standpunkt und sein Testament, in: Monatshefte für Rheinische Kirchengeschichte 1 (1907), S. 350–360, und MÜLLER, Reformation (wie Anm. 2), bes. S. 138–145.

75 Nach dem Zeugen Johann von Sevenar wurden die Prediger mit der Bedingung angenommen, „das sie sich der augspurgischen confession mitt predigen vnnd Lehr gemeß verhalten sollenn". StadtA Essen, 100.103, fol. 291 v–292 r (96. [Defensional-]Artikel der Klägerin, Frage 25, Zeuge 33). Teilweise zeigte sich aber, dass sie eher der reformierten Lehre nahestanden, weswegen sie die Stadt verlassen mussten.

76 Zur Rolle des Herzogs in den Auseinandersetzungen der 1560er Jahre siehe MÜLLER, Reformation (wie Anm. 2), S. 85–96; zu den teilweise von ihm nach Essen geschickten Predigern vgl. ebd., S. 134–164.

77 Hierzu insbesondere die Ausführungen der stiftischen Zeugen ebd., fol. 272 r–277 v, fol. 281 r–282 v und fol. 387 r–391 v, sowie die der städtischen Zeugen zu den Besonderen Fragen 123 und 140 sowie zum 97. (Defensional-)Artikel der Klägerin (Frage 1–6) in den bei Anm. 27 genannten Bänden.

78 Die an sie gerichtete Tatsachenbehauptung (Artikel 11 der 20. Ordnung, Teil 1) lautete: „Item zum 20. wahr daß gleichfals abgemeldte bürgermeister und Rath zu Essen in der Statt Essen Neuerung der regalien ohn und gegen ihrer fürstlichen Gnaden der abdissinnen ihrer landtsfürstinnen und ihres Capituls consens und Willen eigens mutwillens den religions und landfrieden stracks zuwider vermeßentlich eingefürt." Dieser Ansicht schlossen sich nur der Drost Melchior von Delwig sowie die Kleriker Wirich Hiltrop, Heinrich Saldenberg, Dietrich Ingenhoven und Johann Schwolgen (Zeugen 1 und 11–14) an, vgl. StadtA Essen, 100.106, fol. 272 v–273 r und fol. 276 r–277 v.

79 Vgl. die Antworten zur Besonderen Frage 123 in den bei Anm. 27 genannten Bänden, hier bes. die des ehemaligen Mitglieds des Vierundzwanzigerausschusses Hermann Maß (LandesA NRW R, RKG, Nr. 1605 [E 589], Bd. IV, fol. 264 r–264 v, Zeuge 10): „Jha, er sei midt dabei gewesen, das der Radth vnd Vier vnd Zwantzige herre Saldenberg derhalben [wegen der Einführung von Neuerungen; Erg. d. Verf.] auff das Rathhauß kommen lassen vnnd mit ihme gesprochen, daß er sich auch darzu eingelassenn, Jedoch midt dem bescheide, das der Radth Ihme fur schaden gudlich sein solle, vnnd dieweill der arbeit fast groß, hab sich der Rath erbotten, Ihme einen helffer zu schaffen, welchs er abermall bewilligtt, vnnd gesagtt, er wolle von dem seinen etwas dabei lägen, darauff her henrich von Kempen gesondertt worden, vnnd haben sich beide Im anfang woll vergli-

chen; Alß aber Kempensis seine gelegenheidt zuuerschaffen wider verreiset, hab her Saldenberg sich versprochen, in seine fußstappen zu tretten, vnnd wie sie es midteinander angefangenn biß zu seiner widerkumpft zucontinuiren; Welches er aber nit gehalten, sunder baldt wider zu dem Babstumb gefallen."

80 Siehe die Antworten der städtischen Zeugen zur Besonderen Frage 128 in den bei Anm. 27 genannten Bänden sowie die der stiftischen Zeugen zu Artikel 11 der 20. Ordnung, Teil 2–4 (StadtA Essen, 100.106, fol. 272 r–277 v).

81 Besondere Frage 129 in den bei Anm. 27 genannten Bänden, hier besonders die Aussagen der städtischen Zeugen Hermann Maß (LandesA NRW R, RKG, Nr. 1605 [E 589], Bd. IV, fol. 265 v, Zeuge 10), Sebastian Wordtberg (ebd., fol. 537 v, Zeuge 15) und Everdt von Bielefeld (StadtA Essen, 100.105, fol. 248 r, Zeuge 24). Bei den stiftischen Zeugen vgl. die Stellungnahmen zu Artikel 11 der 20. Ordnung, Teil 3 (StadtA Essen, 100.106, fol. 272 r–277 v) sowie zu den Besonderen Fragen 180 und 181 (ebd., fol. 102 v–103 v).

82 Laut dem städtischen Zeugen Marß Lammerts (Zeuge 7) habe der Rat vor der Reformation lediglich den Küster der Gertrudenkirche ernennen dürfen, vgl. LandesA NRW R, RKG, Nr. 1605 (E 589), Bd. IV, fol. 75 r (Besondere Frage 118).

83 Vgl. hierzu die Antworten der städtischen Zeugen zur Besonderen Frage 140 in den bei Anm. 27 genannten Bänden.

84 Die stiftischen Zeugen nahmen insbesondere in StadtA Essen, 100.106, fol. 381 v–397 r (Zum 20.–26. Artikel, Frage 15–18) hierzu Stellung, wobei insbesondere der Pfarrer Heinrich Saldenberg (Zeuge 12) detaillierte Ausführungen machte, im Unterschied zu seinen sonstigen Aussagen in Latein. Die städtischen Zeugen wurden unter dem 96. (Defensional-)Artikel der Klägerin (Frage 22–23) hierzu befragt, antworteten, wenn überhaupt, sehr knapp.

85 Vgl. hierzu die Antworten zur Feststellung zu Artikel 11 der 20. Ordnung, Teil 4 (StadtA Essen, 100.106, fol. 272 r–277 v): „Alle biß daher geübte Kirchengebräuch und ceremonien abgethan, die bilder unrechtlich hinweg genommen, die Missen Metten und andere Gezeiten und Güter leute Verordnungen darzu gleichwoll ein merckliches verordnet und gegeben, verhindert und angestohlen." An anderer Stelle sagt Dietrich Ingenhoven (Zeuge 13) aus, dass der Rat schon frühzeitig „die altaria und bilder abgeschafft, alle Gemäls in der Kirchen außgethan, und die Kirch laßen weißen, und ihres Gefallens allerley Spruch in die Platt laßen schreiben". Vgl. ebd., fol. 388 r–388 v.

86 StadtA Essen, 100.103, fol. 391 r–391 v: „Nein, dann die bilder durch einen vfflauff weckhgenommen, derwegen auch ein Rhatt der thätter etzliche gefanglich eingezogenn, die ornamenta aber sein inn deß Rhats warsamb vnnd custodien." Ähnlich äußerte sich auch der stiftische Zeuge Johann Dudinck (Zeuge 6), der berichtete: „… alß der Cüster des crucifix in Sanct Gertruden Kirchen stehend angenommen [sic!], hab ein erbahr Rath derselben derhalb gefänglich angenommen und mitt der Gefängnüß gestrafft." StadtA Essen, 100.106, fol. 275 r–275 v (Artikel 11 der 20. Ordnung, Teil 4).

87 Vgl. hierzu die Ausführungen der stiftischen Zeugen StadtA Essen, 100.106, fol. 104 v–111 v (Besondere Fragen 183–197) sowie der städtischen Zeugen zum 96. (Defensional-)Artikel der Klägerin (Frage 10–13) in den bei Anm. 27 genannten Bänden.

88 StadtA Essen, 100.103, fol. 289 r–289 v.

89 So die Zeugen Johann Schmeling (StadtA Essen, 100.106, fol. 104 v und 108 v [Besondere Fragen 183 und 189, Zeuge 2]), Everhard von Eickel (ebd., fol. 108 r–108 v [Besondere Fragen 188 und 189, Zeuge 3]), Gottfried Tuttmann (ebd., fol. 108 v [Besondere Frage 189, Zeuge 4]), Goswin von Raesfeld (ebd., fol. 104 v, fol. 107 r–107 v, fol. 108 v und fol. 109 v [Besondere Fragen 183, 185, 187, 189 und 191, Zeuge 5]), Johann Dudinck (ebd., fol. 108 v [Besondere Frage 189, Zeuge 6]), Dietrich von der Knippenberg (ebd., fol. 104 v und fol. 108 r–108 v [Besondere Fragen 183, 188 und 189, Zeuge 7]) und Johann Nieß (ebd., fol. 108 v–109 r [Besondere Frage 189, Zeuge 9]).

90 StadtA Essen, 100.106, fol. 104 v–105 r (Besonderen Frage 183, Zeuge 12). Vgl. auch ebd., fol. 109 r (Besondere Frage 189, Zeuge 12). Dagegen habe Elisabeth von Manderscheid „mit ihren Junfferen ihme zeugen gebeicht, und sub

sacro communicirt". Vgl. ebd., fol. 108 r (Besondere Frage 188, Zeuge 12).
91 Ebd., fol. 105 r–106 r, fol. 108 r, fol. 109 r (Besondere Fragen 183, 188 und 190 sowie Zum 20.–26. Artikel, Frage 2, Zeuge 13). Als Beweis führt er u. a. an, dass Irmgard von Diepholz ihn beauftragt habe, zwei Jesuiten nach Essen zu holen, da sie beabsichtigte, „ein schull und praedicanten pro defensione Catholicae religionis anzurichten". Vgl. dazu auch MÜLLER, Reformation (wie Anm. 2), S. 61.
92 Dies sagten von den städtische Zeugen Johann von Tevenar (StadtA Essen, 100.103, fol. 390 r) und Johann Kroese (ebd., fol. 36 v), von den stiftischen Zeugen Melchior von Delwig, Gottfried Tuttmann, Goswin von Raesfeld, Johann Dudinck, Dietrich von der Knippenberg, Johann Nieß, Heinrich Saldenberg und Dietrich Ingenhoven aus, vgl. StadtA Essen, 100.106, fol. 106 r–106 v (Besondere Frage 184, Zeugen 1, 4–7, 9, 12 und 13).
93 Aussagen hierzu finden sich für die stiftischen Zeugen erst im hinteren Bereich des Fragekatalogs (Zum 20.–26. Artikel, Frage 1, vgl. StadtA Essen, 100.106, fol. 385 v–386 r). Die städtischen Zeugen wurden hierfür bereits im allgemeinen Fragekatalog (Allgemeine Frage 23) verhört, weitere indirekte Stellungnahmen finden sich insbesondere zu den Besonderen Fragen 134 und 135, jeweils in den bei Anm. 27 genannten Bänden.
94 StadtA Essen, 100.103, fol. 443 r–443 v.
95 Zweifellos der Rat Johann Schmeling (Zeuge 2) und Johann Nieß genannt Kerstgen (Zeuge 9), vgl. StadtA Essen, 100.106, fol. 386 r.
96 So gaben die speziell hierzu befragten Hermann thon Norden, Johann Kroese hinter dem Hl. Geist sowie Johann Tevenar zu, die *Confessio Augustana* nicht gelesen zu haben (StadtA Essen, 100.103, fol. 37 r–37 v, fol. 390 v–391 r und fol. 445 v–446 v). Lediglich der Adlige Johann von Sevenar bestätigte, Kenntnis von der *Confessio Augustana* zu haben, allerdings habe er diese „leider nitt woll behalten gleichwoll noch dieselbe Latine vnd Germanice bei sich". Ebd., fol. 290 r, vgl. auch fol. 291 r.
97 Auf die Besondere Frage 135, die vermutlich darauf abzielte, räumte lediglich Hermann Maß gen. Kannengießer ein, als Mitglied der Vierundzwanziger an den eingeführten Neuerungen aktiv mitgewirkt zu haben. Vgl. LandesA NRW R, RKG, Nr. 1605 (E 589), Bd. IV, fol. 267 r.
98 Aussagen in StadtA Essen, 100.106, fol. 386 r, fol. 392 r und fol. 395 r (Zeuge 6). Ähnlich verhielt sich auch der städtische Zeuge und Fleischhauer Tonnis Tasche, vgl. StadtA Essen, 100.104, fol. 15 v (Zeuge 11).
99 StadtA Essen, 100.106, fol. 386 r (Zeuge 8).
100 Vgl. die Ausführungen von MÜLLER, Reformation (wie Anm. 2), S. 134–164, zu den lutherischen und den reformierten Predigern nach Barenbroich.
101 StadtA Essen, 100.104, fol. 18 v–19 r (Zeuge 17). Ähnliche Selbstwahrnehmungen finden sich in dieser Zeit auch in Münster, vgl. Ronnie PO-CHIA HSIA, Gesellschaft und Religion in Münster 1535–1618 (= Quellen und Forschungen zur Geschichte der Stadt Münster N. F. 13), Münster 1989, S. 99.
102 LandesA NRW R, RKG, Nr. 1605 (E 589), Bd. IV, fol. 77 v (Besondere Frage 129) und fol. 78 r (Besondere Frage 134): „... vnnd hette der zeidt erleiden mogen, das der mutation nit geschehen were, so hab er sich alle zeidt zu seiner Pfarkirchen, Nemblich S. Johans vnnd daselbst gepflogennen Gotteßdienst gehaltten, der sowoll das Sacrament des Leibs vnnd Bluts Christi in beider gestalt gereichett werde, alß in S. Gertrud, damit er woll zufriden vnd keine weitere verenderung begerdt".
103 StadtA Essen, 100.104, fol. 15 v und fol. 18 r (Allgemeine Frage 21 und 23, Zeuge 7).
104 Ein Großteil der stiftischen Akten befindet sich im LandesA NRW R, Essen, Stift, Akten. Weitere befinden sich im Münsterarchiv Essen, vgl. hierzu Urkunden und Akten des Essener Münsterarchivs, bearb. von Karl Heinrich SCHAEFER und Franz ARENS, in: Beiträge zur Geschichte von Stadt und Stift Essen 28 (1906), S. 3–348. Für die städtischen Akten vgl. u. a. die Korrespondenz des Rates mit dem Herzog von Jülich-Kleve-Berg und anderen Personen in den 1560er und 1570er Jahren: StadtA Essen, 100.2245–2247.
105 Vgl. hierzu Der Jülich-Klevische Erbstreit 1609. Seine Voraussetzungen und Folgen, hrsg. von Manfred GROTEN (= Publikationen der Gesellschaft für Rheinische Geschichtskunde. Vor-

träge 36; Veröffentlichungen der Historischen Kommission für Westfalen N. F. 1; Veröffentlichung des Arbeitskreises Niederrheinischer Kommunalarchivare), Düsseldorf/Hamburg-Hamm 2011.
106 JAHN, Essener Geschichte (wie Anm. 5), S. 241–245; Ute KÜPPERS-BRAUN, Glaube – Liebe – Leidenschaft. Elisabeth von Bergh-s'Heerenberg, Äbtissin der freiweltlichen Damenstifte Essen und Freckenhorst (1605–1614), in: Freckenhorst 16 (2004), S. 80–93.
107 Beide waren erst lutherisch und konvertierten jeweils 1613. Nachdem sie 1609 noch gemeinsam die Regierung in den Vereinigten Herzogtümern angetreten hatten, teilten sie das Erbe im Vertrag von Xanten 1614 auf, wobei eine endgültige Entscheidung erst mit den Verträgen von Kleve 1666 und Cölln 1672 erzielt wurde.
108 Diese versuchte, mit Hilfe spanischer Truppen die Stadt Essen zu unterwerfen und auf militärischem Wege ihre Macht in politischer und religiöser Hinsicht wiederherzustellen, womit sie allerdings keinen Erfolg hatte, als die Stadt 1630 von holländischen und später hessischen Soldaten besetzt wurde und die Rekatholisierung rückgängig gemacht wurde. Vgl. hierzu Helmut MÜLLER, Der Versuch einer Gegenreformation in Essen, in: Das Münster am Hellweg 22 (1969), S. 177–181; Heinrich GOOSENS, Geschichte der spanischen Einfälle in Stadt und Stift Essen, in: Beiträge zur Geschichte von Stadt und Stift Essen 12 (1888), S. 3–91; H. Th. HOEDERATH, Die Religionsordnungen der Fürstäbtissin Maria Clara von Spaur, in: ebd. 48 (1930), S. 279–297; JAHN, Essener Geschichte (wie Anm. 5), S. 246–262; MOHAUPT, Geschichte (wie Anm. 6), S. 51–55.
109 Dies kommt u. a. in der Erneuerung des Erbvogteibriefes vom 12. März 1648 zum Ausdruck, vgl. FUNCKE, Geschichte (wie Anm. 6), S. 335–342.
110 53. Sitzung des Städterats in Osnabrück am 13. Juli 1646, vgl. Die Beratungen der Städtekurie in Osnabrück 1645–1649, bearb. von Günter BUCHSTAB (= Acta Pacis Westphalicae. Serie III. Abt A Protokolle 6), Münster 1981, Nr. 70, S. 313–321 (u. a. zur Frage des Normaljahrs 1624), hier S. 315: „Sagen dabey, daß Eßen in Westphalen vor anno 1624 gravirt worden seye, und andere mehr, man solle aber dahin sehen, daß auch denenselben geholfen werde." und S. 317: „Was wegen Eßen in Westphalen gedacht, habe er [der Gesandte von Herford; Erg. d. Verf.] keine eigentliche nachricht davon, vermeine, das stifft werde mit der statt particular disputen gehabt haben, seien die politica ab ecclesiasticis nicht zu separiren."
111 MOHAUPT, Geschichte (wie Anm. 6), S. 55. Siehe auch Heinrich Kaufmanns Essener Chronik bis zum Jahre 1665, hrsg. von Wilhelm ROTSCHEIDT, in: Beiträge zur Geschichte von Stadt und Stift Essen 50 (1932), S. 261–342, hier S. 304–310 und S. 325–328. Auf Druck Kurbrandenburgs wurden 1655 auch die reformierten Bürger in ihren Rechten den Lutheranern und Katholiken gleichgestellt.
112 Anni EGER, Herrscherinnen über Essen. 12. Anna Salome von Salm-Reifferscheidt, in: Das Münster am Hellweg 7 (1954), S. 194–199; JAHN, Essener Geschichte (wie Anm. 5), S. 272–293; MOHAUPT, Geschichte (wie Anm. 6), S. 56 f.
113 Grund hierfür waren erneute Streitigkeiten zwischen den Parteien hinsichtlich des Judengeleits Ende der 1660er Jahre. Vgl. KÜPPERS-BRAUN, Macht in Frauenhand (wie Anm. 2), S. 96.
114 FUNCKE, Geschichte (wie Anm. 6), S. 342–345.
115 FUNCKE, Geschichte (wie Anm. 6), S. 345–347; KÜPPERS-BRAUN, Macht in Frauenhand (wie Anm. 2), S. 97 f.; JAHN, Essener Geschichte (wie Anm. 5), S. 285–289; MOHAUPT, Geschichte (wie Anm. 6), S. 57 f.
116 So legte die mit dem Urteil unzufriedene Stadt Revision ein und bemühte sich um ein Gutachten der Universität Frankfurt an der Oder, das erst 1696 vorlag und sich zugunsten der Stadt aussprach. Das damals erlassene Urteil wurde dennoch rechtskräftig. Vgl. KÜPPERS-BRAUN, Macht in Frauenhand (wie Anm. 2), S. 98.

Helge Wittmann

CUJUS CORPUS IN HANC INCORRUPTUS INTER HETERODOXOS SUB HUMO LATITAT MÜHLHUSII – DER HL. HERMANN ALS KATHOLISCHER ERINNERUNGSORT IN DER PROTESTANTISCHEN REICHSSTADT MÜHLHAUSEN*

Matthias Werner zum 23. Januar 2017

Hauptaustragungsort der mehrfach von schweren Auseinandersetzungen geprägten Reformationsgeschichte der thüringischen Reichsstadt Mühlhausen war weder die Hauptpfarrkirche St. Blasii (seit der Reformation Divi Blasii), noch die zweite große Pfarrkirche St. Marien, wo jährlich die feierlichen Gottesdienste zum Ratswechsel stattfanden.[1] Die längste Zeit konzentrierten sich die Konflikte seit Februar 1523 stattdessen auf die ehemalige Franziskanerklosterkirche St. Crucis am Kornmarkt.[2] (Abb. 1 und Abb. 2) Sie gehörte zum ausgedehnten Klosterareal der Minderbrüder, das an zentralem Ort in der Stadt unmittelbar nach der dauerhaft erfolgreichen Konventsgründung im Jahre 1231 angelegt wurde, nachdem zuvor ein erster Ansiedlungsversuch der Franziskaner zu Jahresbeginn 1225 noch gescheitert war.[3] Um 1270/80 war direkt benachbart das Rathaus der Stadt errichtet worden.[4] Teile der Ratselite gehörten auch zu den Wohltätern der Franziskaner. Das bemerkenswerteste Zeugnis einer intensiven Förderung durch Bürger der Stadt und Adelige des Umlandes und einer hohen Attraktivität als Begräbnisort bietet das sogenannte Mühlhäuser Totenbuch, dessen überliefertes Original um 1300 angelegt und bis ca. 1465 geführt wurde.[5] Bei den Mühlhäuser Franziskanern fand die reformatorische Lehre früh einzelne Anhänger.[6] Schon 1523 waren Mönche aus dem Kloster entlaufen, die in der Stadt blieben, reformatorisch predigten, teils heirateten und ihre ehemaligen Mitbrüder weiter provozierten. Am 7. Juli 1523 kam es auf Anstiftung der Achtmänner als denjenigen Oppositionsvertretern, die Einfluss auf den Rat gewonnen hatten, zu einer ersten Plünderung des Franziskanerklosters. Folgenreicher waren Stürmung und Verwüstung von Klosterkirche und Konventsräumen am 27. Dezember 1524 durch eine seitens der reformatorischen Prediger aufgehetzte Menge, deren Zorn der Rat auf die Franziskaner zu lenken vermochte. Am darauffolgenden Tag ließ sich der Rat alle verbliebenen Wertgegenstände und allen Hausrat aus-

Abb. 1: Franziskanerklosterkirche St. Crucis am Mühlhäuser Kornmarkt von Südwesten, um 1900. Zustand vor der Sanierung von 1973–1975 (StadtA Mühlhausen, Fotosammlung, Sammlung Conrad)

händigen und verwies die Minderbrüder der Stadt. Die Klosterkirche wurde Lager und zeitweise Kanonengießerei. Nach der Niederlage der zwischenzeitlich siegreichen innerstädtischen Opposition um Thomas Müntzer und Heinrich Pfeiffer im Bauernkrieg im Mai 1525, der Restitution des alten Ratsregiments und der Rekatholisierung der Stadt wurde das Franziskanerkloster am Kornmarkt wiederbesiedelt. Durchgesetzt hatte das maßgeblich der am katholischen Glauben festhaltende Herzog Georg von Sachsen (1500–1539), der als erster von drei sich jährlich abwechselnden Schutzfürsten amtierte, nachdem die Fürsten zuvor die Reichsstadt zur Unterwerfung gezwungen hatten. Auch Georgs Nachfolger im Herzogtum Sachsen übten dann Einfluss auf die Kirchenpolitik Mühlhausens aus, sodass unter dem 1536 lutherisch gewordenen Herzog Heinrich (1539–1541) und dessen Sohn und Nachfolger Moritz (1541–1553) in Verbindung mit den beiden anderen Schutzfürsten, Kurfürst Johann Friedrich von Sachsen (1532–1547/54) und Landgraf Philipp von Hessen (1509/18–1567), die reformatorische Lehre wieder Oberhand gewann. Im September 1542 verwies man alle katholischen Geistlichen der Stadt und alle Klöster wurden aufgehoben. Am Kornmarkt zog daraufhin eine evangelische Schule ein. Das Ende des Franziskanerklosters war damit endgültig besiegelt, doch blieb das nicht der letzte Konfessionswechsel der

Abb. 2: Franziskanerklosterkirche St. Crucis am Mühlhäuser Kornmarkt von Südwesten, 2016 (Mühlhäuser Museen; Foto: Tino Sieland)

Stadt. Im Jahre 1548, nach der Niederlage des Schmalkaldischen Bundes, wurde die Reichsstadt auf Druck maßgeblicher Teile des Rates wieder katholisch. Nun mussten erneut die lutherischen Prediger weichen. Doch im Laufe der 1550er Jahre wurden die Mühlhäuser Kirchen nach und nach wieder lutherisch. Schließlich wurde der kleiner werdenden katholischen Gemeinde die Kornmarktkirche zugewiesen, die nun als deren Pfarrkirche diente.

Freilich nahm der Druck auf die verbliebenen Altgläubigen immer weiter zu, da der Rat mittlerweile von Lutheranern dominiert war. Am 6. Januar 1566 blieb dann die Kornmarktkirche erstmals den Gläubigen verschlossen, die dort den Dreikönigstag feiern wollten. Die katholischen Prediger wurden aus der Stadt gedrängt. Der Zeitpunkt dürfte seitens des Rates mit Bedacht gewählt worden sein, wurden doch die Heiligen Drei Könige im vorreformatorischen Mühlhausen besonders verehrt.[7] Wenig später, am 5. April 1566, folgte der Schließung die Räumung der Kornmarktkirche. In Anwesenheit der Ratsherren Matthias Jude, Sebastian Birkner und Caspar Arnold wurden Einrichtungsgegenstände entfernt und die Ausstattung auf das für evangelische Gottesdienste Notwendige reduziert.[8] Den Vorgang schildert am ausführlichsten eine im Heiligenstädter Jesuitenkolleg entstandene Chronik in ihrem Jahreseintrag zu 1604, bei dem sich der

Abb. 3: Kornmarktkirche, neuzeitliche Einbauten im Chor unmittelbar vor der Sanierung von 1973–1975 (Mühlhäuser Museen, Fotosammlung)

Verfasser auf das Zeugnis eines aus Glaubensgründen aus Mühlhausen weggegangenen Katholiken berief.[9] Der Bericht malt das Geschehen in den schwärzesten Farben und sagt den drei Genannten sogar einen Hostienfrevel nach. Danach hätten die blasphemischen Ratsherren in der Kornmarktkirche eine Hostie gefunden und hineingestochen, woraufhin Blutstropfen erschienen. Das Wunder, das ihnen die Verwerflichkeit ihres Tuns hätte vor Augen führen müssen, bewog sie gleichwohl nicht zur Umkehr. Stattdessen wandten die Ratsherren Bestechung an, um das Vorgefallene zu vertuschen. „Aber" – so führt die gegenreformatorische Stimme vom nahe Mühlhausen gelegenen Eichsfeld die Szene zum didaktischen Höhepunkt – „das Vergehen, das den menschlichen Augen

Abb. 4: Kornmarktkirche, Blick zum Chor nach Abbruch neuzeitlicher Einbauten während der Sanierung 1974 (Mühlhäuser Museen, Fotosammlung)

verborgen blieb, entging nicht den Augen Gottes und seiner Rache, und auch ihr entgingt ihr nicht, ihr Ratsherren!"[10] So wird weiter angeführt, dass Matthias Jude später erblindete, dass Sebastian Birkner im Jahre 1602 bei einem Sturz zu Tode kam und dass zuvor schon Caspar Arnold im Jahre 1591 städtisches Geld unterschlagen hatte, geflohen war und schließlich den Freitod gewählt hatte, womit ihm endgültig ewige Höllenqualen sicher waren. All das galt dem katholischen Chronisten fast vier Jahrzehnte nach der Räumung der Kornmarktkirche als Strafe Gottes für den schweren Frevel, der in Mühlhausen die Reformation und damit die Abwendung der Reichsstadt von der Heiligen Römischen Kirche beschlossen hatte.

Als jener Jesuit diesen Bericht zum Jahre 1604 niederschrieb, wurde die ehemalige Franziskanerklosterkirche in Mühlhausen schon Jahrzehnte lang von den Lutheranern genutzt. Brandschäden machten dann jeweils von 1689 bis 1696 und wieder von 1709 bis 1722 umfangreiche Reparaturen notwendig.[11] Doch ging trotz dieser wiederholten Instandsetzungen im 18. Jahrhundert die gottesdienstliche Nutzung zurück. Im Siebenjährigen Krieg diente die Kirche als Mehlmagazin für einquartierte Truppen. Im Sommer 1802 bestimmten die Preußen als neue Stadtherren die Kornmarktkirche zur städtischen Waage. Im Jahre 1881 folgte der Einbau von Kornböden im Langhaus und von Büros im Chor, die später als Wohnungen dienten. (Abb. 3) Im Jahre 1935 wurde im Chor zusätzlich eine Rot-Kreuz-, später Gemeindeschwesternstation eingerichtet. Diese profanen Nutzungen blieben im Wesentlichen bestehen, bis 1973 die inzwischen mit schweren Bauschäden belastete Kirche grundhaft saniert (Abb. 4) und als „Gedenkstätte Deutscher Bauernkrieg" eingerichtet wurde. Diese Maßnahmen im Vorfeld des in der DDR mit großem Aufwand gefeierten Bauernkriegsjubiläums von 1975 haben den völligen Verfall verhindert, der Stadt ein wichtiges Baudenkmal erhalten und Mühlhausen ein überregional bedeutendes Museum und einen gern genutzten Veranstaltungsort verschafft.

I

Die vorausgeschickte Skizze zur Geschichte der Mühlhäuser Kornmarktkirche verdeutlicht, wie hart erkämpft die protestantische Hoheit über dieses Gotteshaus war, die gleichzeitig den endgültigen Sieg der Lutheraner in der Reichsstadt markierte. Der Triumph am Dreikönigstag 1566 wurde danach über zwei Jahrhunderte lang bis 1789 an jedem 6. Januar gefeiert und mit dem Freudenhymnus „Gefallen ist Babylon, die große" (Off. 14,8) zelebriert.[12] Auf der Gegenseite versuchte die verbliebene katholische Minderheit lange noch, die Kornmarktkirche zurückzugewinnen.[13] Für sie verbanden sich gerade mit diesem Ort auch weit zurückreichende Traditionen, die weder die Beräumung vom 5. April 1566 noch gar die provozierenden Siegesfeiern der Protestanten hatten auslöschen können. Solches wird zuerst Anfang des 18. Jahrhunderts greifbar:
Im Jahre 1704 erschien im Druck die Dissertation des aus reichsstädtischer Pastorenfamilie stammenden Christian Wilhelm Volland (1682–1757).[14] (Abb. 5) Seine in lateinischer Sprache verfasste Schrift „De Sacris Mvlhvsinis" enthält unter anderem eine kurze Beschreibungen der Kornmarktkirche, in der es heißt:

> „Nahe bei diesem Gotteshaus [Divi Blasii am Untermarkt; Erg. d. Verf.] befindet sich die Kirche, mit der ein Kloster der Franziskaner bzw. Barfüßer verbunden war, ebenfalls in der Mitte der Stadt gelegen, wo Gottesdienste und die Examina der Jungen und Mädchen im Katechismus alle sieben Tage, bei Notwendigkeit aber auch jeden Tag durchgeführt werden."[15]

Abb. 5: Superintendent Christian Wilhelm Volland (1682–1757). Ölgemälde im Kreiskirchenamt Mühlhausen (Foto: Bernd Mahr, 2010)

Abb. 6: Superintendent Georg Christian Eilmar (1665–1715). Ölgemälde im Chor der Divi Blasii Kirche (Foto: Bernd Mahr, 2010)

Eine erläuternde Anmerkung ergänzt das Wort „templum":
> „Es befindet sich in dieser Kirche das Grab jenes in katholischen Kreisen verehrten Hermann, der der Mühlhäuser genannt wird, und dem von jenen große Verehrung zuteil wird. Es sind sogar vor einigen Jahren einige Mönche in unsere Stadt gekommen, um von der Geistlichkeit genaueste und eingehende Kunde über dessen Grabstätte zu erfragen."[16]

Dieser kurze Bericht aus dem frühen 18. Jahrhundert bietet die älteste schriftliche Nachricht aus Mühlhausen selbst, die von einem Heiligen berichtet, der Hermann der Mühlhäuser genannt wurde.[17] 1704 gedruckt, spiegelt er die unterschiedlichen Perspektiven der beiden Konfessionen auf eine aus vorreformatorischer Zeit überkommene religiöse Tradition wider, die mit der Kornmarktkirche verbunden war. Denn offenkundig wurde noch zu Vollands Zeiten jenem Hermann in seinem Grab dort eine „magna veneratio" zuteil. Die Kenntnis des Ortes beschränkte sich dabei nicht auf die kleine religiöse Minderheit der Stadt und die deren Treiben kritisch beäugende lutherische Geistlichkeit, sondern sie hatte „abhinc annis", also mehrere Jahre vor Erscheinen der Schrift von 1704, sogar „quidam monachi" nach Mühlhausen geführt, die sich in der Reichsstadt bei den evangelischen Pastoren nach der Begräbnisstätte jenes hl. Hermann in der Kornmarktkirche erkundigten.

Bevor auf diesen bemerkenswerten Vorgang weiter einzugehen ist, sind zuvor noch die Nachrichten einer weiteren zeitnah entstandenen protestantischen Kirchengeschichte der Reichsstadt Mühlhausen heranzuziehen, die willkommene Ergänzungen zu Vollands Bericht liefern:

Der 1665 im reichsstädtischen Dorf Windeberg (ca. 10 km nnö. Mühlhausen) geborene Pfarrerssohn Georg Christian Eilmar war nach Theologiestudium in Wittenberg, Pfarrstelle in Groß-Grabe (ca. 7,5 km onö. Mühlhausen), Diakonat in Langensalza und Superintendentur in Heldrungen im Jahre 1698 als Archidiakon an St. Marien in Mühlhausen berufen und schließlich 1713 zum Superintendenten erhoben worden.[18] (Abb. 6) 1714, nur ein Jahr vor seinem Tod, erschien Eilmars „Kirchen-Historie der Kayserl[ich] Freyen Reichs Stadt Mühlhausen", wo er im Zusammenhang der Schilderungen der vorreformatorischen Glaubenspraxis im Kapitel „Die Reliquien und Heiligthümer" ausführt:

> „Es wird ein grosses Wesen gemachet/ von dem heil. *Hermanno*, welcher alhier in der Parfüsser Kirche, ohnweit des Ohrts, wo die *Collecta* gesungen wird, begraben lieget. Die Päbstler *freqventiren* denn und wenn den Ohrt, solchen einander in der Stille kund zu machen. Vor einigen Jahren sol ohngefehr beym bauen sein Grab geöfnet seyn, so soll er noch unverweset liegen, und die Leiche hätte einen sehr anmuhtigen Geruch von sich gegeben. Sonst beschreiben dieselben sein Leben, und die von ihm gethanen Wunder also:
>
> *Hermannus* von Gerstungen *Molhusinus* genandt, hat im Jahr Christi unsers HErren 1224. den *Franciscaner* Orden angenommen, und mit tiefster Demuth, und inbrünstiger Lieb gegen GOtt und seinen Nechsten geglänzet. Er hat die Armuth dergestalt geliebet, daß er nichts haben wollen, als was zu blosser Aufenthaltung die Natur erfordert. Sein Eifer erschiene vornehmlich gegen der Seelen-Heil, inmassen Er an Sonn- und Feyertagen gemeiniglich in die weit entlegenste wilde Oerter, wo andere nicht hin wolten, sich mit grosser Liebe verfüget. Er hat den armen einfältigen Bauers-Leuten das Wort Gottes, mit höchster Inbrunst des Geistes vorgetragen, und dieselbe in allen nothwendigen Stücken der Christlichen Lehr mit allem Fleiß zu unterweisen, sich angelegen seyn lassen. Der Allerhöchste hat ihn so wohl in seinem Leben, als nach seinem, im Jahr 1287. den 21. Jan. erfolgtem Todte, mit vielen Wunderzeichen gezieret. Er hat von dem höchsten GOTT 2. Kindern, welche in Mutter-Leib gestorben, wie auch 2. Knaben und einem Mägdlein von 12. Jahren, so im Wasser ertruncken, durch sein Gebet, das Leben wieder erlanget, 3. Weibs-Personen aus des Todes-Rachen erlediget, ein Weibsbild von dem Blutgang erlöset, 9. Blinde sehend gemacht, 3. Stummen die Sprache, 2. Tauben das Gehör, 16. Lahmen, den Gebrauch ihrer Glieder, und 2. Unsinnigen, das Licht ihres Verstands wieder gebracht."[19]

Deutlich wird bei näherer Betrachtung, dass Eilmars Darstellung aus zwei Teilen besteht. Der erste beschreibt protestantisch-polemischer noch als Volland eine lebendige katho-

Abb. 7: Kornmarktkirche, Blick zum Chor, 2016 (Mühlhäuser Museen; Foto: Tino Sieland)

lische Erinnerung an den hl. Hermann in der Reichsstadt Mühlhausen des frühen 18. Jahrhunderts („Es wird ein grosses Wesen gemachet/ von dem heil. *Hermanno*, welcher alhier in der Parfüsser Kirche, ohnweit des Ohrts, wo die *Collecta* gesungen wird, begraben lieget."). Die genaue Grabstätte im Chor vor der Altarstelle[20] war also bekannt, und das wohl auch deshalb, weil „die Päbstler denn und wenn den Ohrt" frequentierten, „solchen einander in der Stille kund zu machen." Zu Heimlichkeit genötigt, lebte die Verehrung des Heiligen unter Katholiken offenbar seit Generationen fort. Dass dieser Hermann, bei einer mehrere Jahre zurückliegenden Graböffnung unverwest vorgefunden worden wäre und der Leichnam „einen sehr anmuthigen Geruch von sich gegeben" habe, benennt typische Wunderzeichen für Heiligkeit, deren Nachricht Eilmar offenkundig Hörensagen verdankte und die ihm der Formulierung nach wenig glaubhaft erschien.

In beiden Berichten, den letztlich eher beiläufigen Mitteilungen Vollands und Eilmars von 1704 und 1714, spiegelt sich katholische Glaubenspraxis und katholische Traditionspflege im frühen 18. Jahrhundert in der protestantischen Reichsstadt Mühlhausen, aus der sonst über solcherlei kaum etwas überliefert ist. Festzuhalten bleibt aber auch, dass bei Volland und im ersten Teil von Eilmars Bericht allein das Nachleben Hermanns im nachreformatorischen Mühlhausen, die ungebrochene Präsenz seiner Grabstelle in der Kornmarktkirche und seine Verehrung dort durch Katholiken, greifbar wird. Nähere Informationen zum Hermann vorreformatorischer Zeit enthält allein der zweite Teil von Eilmars Schilderung. Dieser Passus wird dabei eingeführt mit dem Hinweis auf fremde, d. h. von katholischer Seite erhaltene Informationen („Sonst beschreiben dieselben sein Leben, und die von ihm gethanen Wunder also"). Dazu gehören biographische Angaben wie die über seinen Ordenseintritt im Jahre 1224 und die Todesnachricht zum 21. Januar 1287 sowie die ausführliche Darstellung der Vorbildlichkeit dieses Minderbruders, der in radikalst möglicher Weise franziskanische Ideale lebte und den Gott daher im Leben und nach seinem Tode mit Wundern ausgezeichnet hat: Erweckungen von toten Kindern und Frauen, Heilungen von Blutfluss, Blinde wurden sehend, Stumme sprechend, Taube hörend, Lahme gehend, Irrsinnige verständig.

Die ältere Mühlhäuser Stadtgeschichtsforschung hat sich schwergetan, die Quelle von Eilmars Bericht zum mittelalterlichen Franziskanerbruder Hermann zu identifizieren. Jedenfalls ging man von der Voraussetzung aus, dass eine durch Volland und Eilmar bezeugte, weit über die Reformationszeit hinweg bestehende Heiligenverehrung an Hermanns Grab in der Kornmarktkirche in der Zeit vor Aufhebung des Franziskanerkonvents gründen und entsprechend Niederschlag in einstmals dort verwahrtem Schrifttum gefunden haben müsse. Im Ergebnis solcher Überlegungen musste etwa der Archivar Friedrich Stephan (1791–1849) im Jahre 1847 auf den Gedanken verfallen, dass mindestens ein noch bis in Eilmars Zeit aus dem Bibliotheksbestand der Minderbrüder überkommener „Codex des Franziskanerklosters" Nachrichten zum hl. Hermann geboten hatte, der danach verloren gegangen war.[21] In der Tat sind die mittelalterlichen Bibliotheks- und Archivbestände des Franziskanerkonvents der Reichsstadt in der Reformationszeit und danach bis auf in ihrem Umfang bescheidene Reste im Bestand des Stadtarchivs Mühlhausen untergegangen.[22] Einzig das erhaltene Totenbuch der Minderbrüder[23] bietet heute noch eine schriftliche Nachricht mittelalterlicher Zeit Mühlhäuser Provenienz, die auf den hier untersuchten Hermann von Gerstungen zu beziehen ist. Denn eine Hand der Zeit um 1300 trug dort seinen Tod zum Weihnachtstag ein: „o[biit] Fr[ater] H[ermannus] de g[er]stu[n]ge[n]".[24] (Abb. 8) Diese knappe Nachricht freilich, der zudem jeglicher Hinweis auf eine heiligmäßige Verehrung fehlt, war nicht die Quelle von Eilmars weit ausführlicherem Bericht. Es ist zudem fraglich, ob er den Nekrolog überhaupt vor Augen hatte, teilt er doch den Tod des *„Hermannus* von Gerstungen *Molhusinus* genannt" zum 21. Januar (des Jahres 1287) mit. Überhaupt will der von Eilmar selbst mitgeteilte Hinweis auf seine Quelle zu Leben und Wundern Hermanns („Sonst beschreiben dieselben sein Leben, und die von ihm gethanen Wunder also")

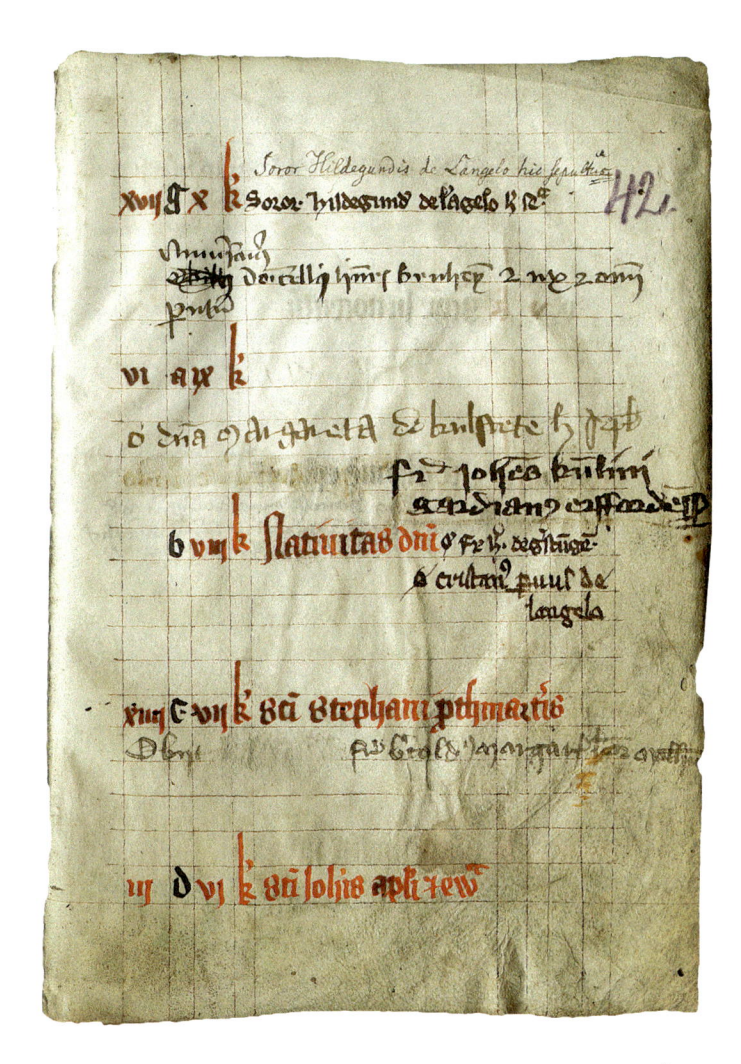

Abb. 8: Mühlhäuser Totenbuch mit Eintrag zum 25. Dezember: „o[biit] Fr[ater] H[ermannus] de g[er]stu[n]ge[n]" (Stadtarchiv Mühlhausen, 60/48, fol. 42, Z. 12)

nicht recht zu eigenen Archivfunden passen, obwohl er andernorts in seiner Kirchengeschichte durchaus auf mittelalterliche Schriftzeugnisse im Stadtarchiv Bezug genommen hat. So hielt es bereits der Mühlhäuser Gymnasialprofessor und Geschichtsschreiber Reinhard Jordan (1847–1916) in einer 1908 erschienenen Miszelle entgegen Stephans Ansicht für deutlich naheliegender, dass Eilmars Darstellung in ihrem der Person und den Wundern des hl. Hermann gewidmeten zweiten Teil nicht auf Kenntnis einer später verschollenen Mühlhäuser Quelle beruht, sondern dass seine Kirchengeschichte an entsprechender Stelle Nachrichten wiedergibt, die jene „quidam monachi" bei ihrem von Volland berichteten Besuch der Reichsstadt einige Jahre vor 1704 mitgebracht hatten.[25] Angeregt war Jordans Äußerung durch die im Vorjahresband der Mühlhäuser Geschichtsblätter erschienene Studie zur Geschichte des Mühlhäuser Franziskanerklosters aus der Feder von P. Michael Bihl OFM (1878–1950)[26], der darin auch knapp auf den hl. Hermann einging und für diese Darstellung ganz selbstverständlich die reiche hagiographische

Literatur seines Ordens verarbeitete, die den Lokalhistorikern bis dahin unbekannt geblieben war. Dadurch wurden die Entsprechungen von Eilmars Darstellung zum hl. Hermann mit franziskanischen Quellen augenfällig.

Einem Franziskanerpater unserer Tage, P. Berthold Duffner, ist es im Jahre 2011 gelungen, diesen Zusammenhang weiter aufzuhellen und ein konkretes Zeugnis franziskanischer Provenienz als maßgebliche Quelle des Berichts des Mühlhäuser Superintendenten von 1714 zu erweisen.[27] Das von Eilmar Mitgeteilte entspricht nämlich in Bezug auf die biographischen Nachrichten zum hl. Hermann dem hagiographischen Werk des französischen Franziskaner-Rekolekten Arthur von Monstier (1586–1662), das unter dem Titel „Martyrologivm Franciscanvm" 1638 in Paris im Druck erschienen ist.[28] Das umfangreiche Kompendium ist chronologisch nach den Sterbetagen der in ihrer Vorbildlichkeit dargestellten Personen angelegt und verzeichnet die Nachrichten zum hl. Hermann unter dem 21. Januar.[29] Hier finden sich neben dem Todestag auch die von Eilmar wiedergegebenen Jahresangaben 1224 zum Ordenseintritt und 1287 zum Ableben Hermanns. Auch seine Darstellung eines vorbildlichen Ordenslebens entspricht dem „Martyrologivm Franciscanvm". Doch scheint Eilmar anstatt auf Nachrichten des lateinischen Drucks eher auf solche der deutschsprachigen Übersetzung und Bearbeitung dieses Werks durch den Franziskaner-Observanten Wolfgang Högner (nachweisbar 1627–1650) zurückgegriffen zu haben.[30] Denn anders als bei Arthur von Monstier findet sich bei Högner eine ausführlichere Darstellung der Hermann zugeschriebenen Wunder, wie sie auch ältere franziskanische Autoren bieten,[31] und schließlich sind über die inhaltlichen auch die sprachlichen Entsprechungen von Eilmars Text mit Högner überdeutlich.[32] In jedem Falle erweist aber zunächst die Angabe Eilmars, dass der hl. Hermann „im Jahr Christi unsers HErren 1224. den *Franciscaner* Orden angenommen [hat]", den direkten oder indirekten Bezug seiner Ausführungen auf das „Martyrologivm Franciscanvm", da diese Nachricht von Arthur von Monstier neu in die Hermann-Hagiographie eingeführt worden ist, die allerdings auf einem Fehlschluss des Autors beruht, der ihm bei der Auswertung des monumentalen Annalenwerks zur Geschichte des Franziskanerordens von P. Lukas Wadding OFM (1588–1657) unterlaufen ist.[33]

Doch hat Duffner einen noch unmittelbareren Zusammenhang zwischen den von Eilmar verwerteten Nachrichten zum hl. Hermann und dem „Martyrologivm Franciscanvm" aufzeigen können. In seinem Heimatkonvent auf dem Fuldaer Frauenberg nahm er nämlich das dortige Exemplar eines 1653 erschienenen Nachdrucks von Arthur von Monstiers Werk zur Hand, der nach handschriftlichem Eintrag auf dem Schmutztitel im Jahre 1670 der Klosterbibliothek hinzugefügt worden war.[34] Abgesehen von diesem Vermerk finden sich im gesamten Band nur noch an genau jenen Passagen Annotationen, die sich auf den Mühlhäuser Heiligen beziehen (Abb. 9 und Abb. 10).[35] Überzeugend hat Duffner dargelegt, dass mit diesen handschriftlichen Einträgen der unmittelbare Niederschlag jenes Besuchs von „quidam monachi" greifbar wird, die nach Vollands

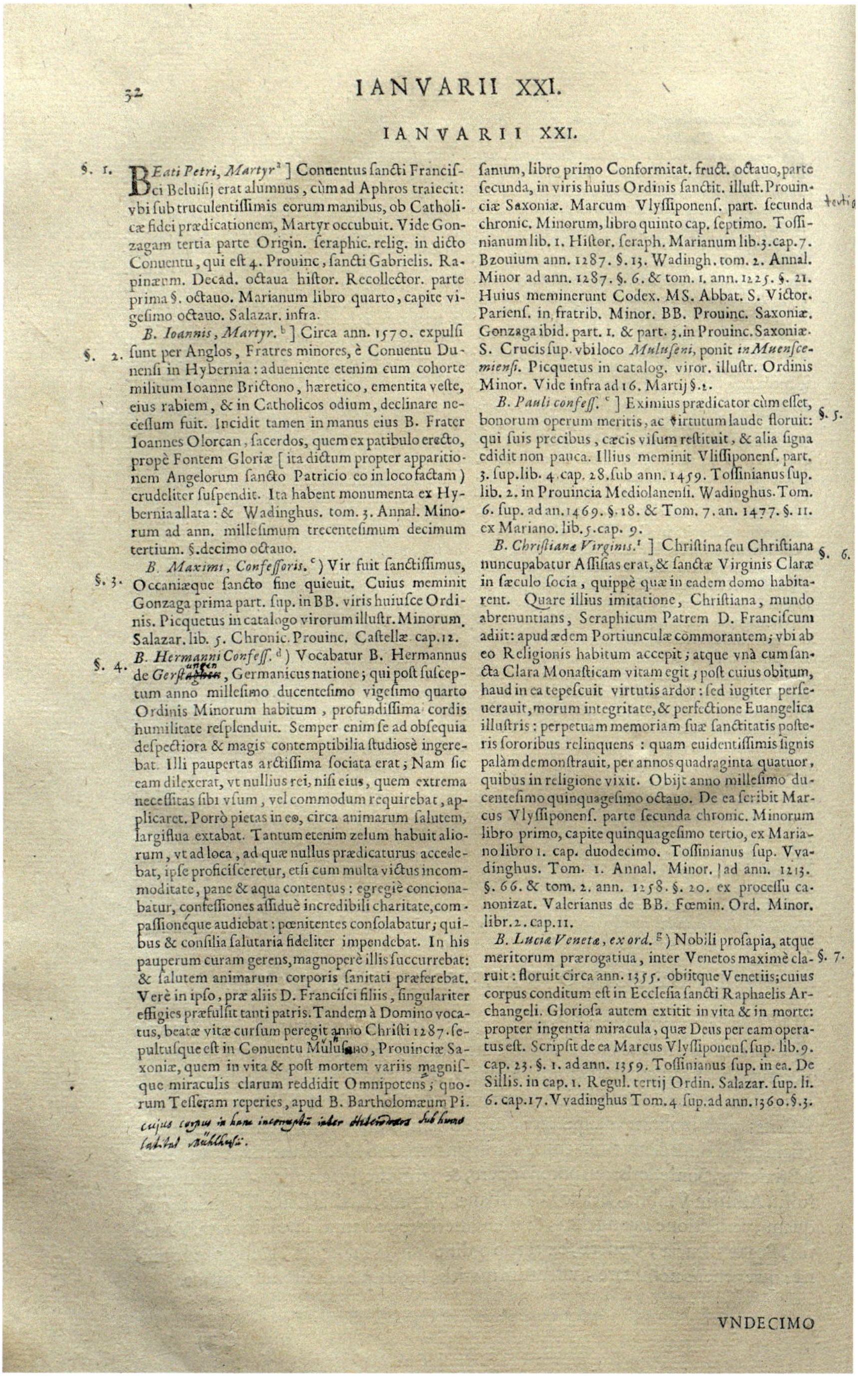

Abb. 9: Verbesserungen und handschriftlicher Zusatz „cujus corpus in hanc incorruptus inter Heterodoxos sub humo latitat Mühlhusii" im Bibliotheksexemplar des Franziskanerklosters auf dem Fuldaer Frauenberg von: Artvri A Monasterio [Arthur von Monstier], Martyrologivm Franciscanvm … , Editio Secvnda, Parisiis [Paris] 1653, S. 32 (Fulda-Frauenberg, Provinzialbibliothek, 2° Q 11)

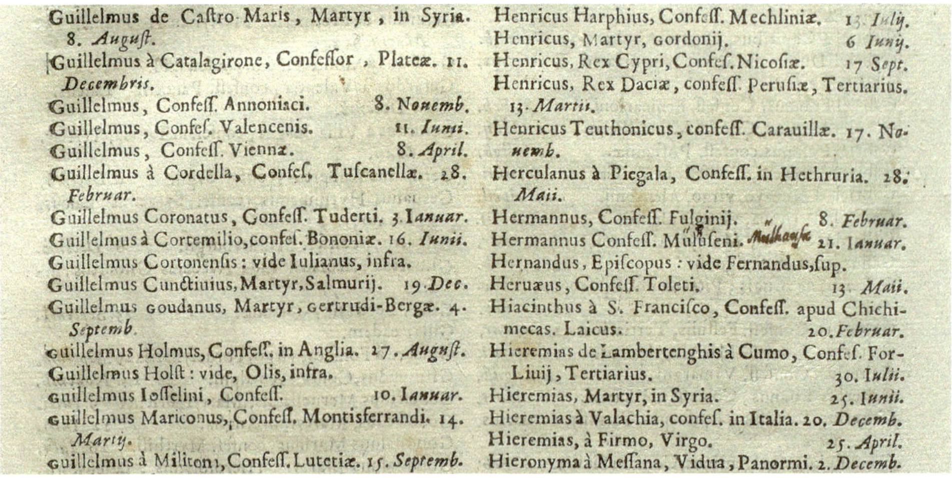
Guillelmus de Castro-Maris, Martyr, in Syria. 8. *August.*
Guillelmus à Catalagirone, Confessor, Plateæ. 11. *Decembris.*
Guillelmus, Confess. Annoniaci. 8. *Nouemb.*
Guillelmus, Confes. Valencenis. 11. *Iunii.*
Guillelmus, Confess. Viennæ. 8. *April.*
Guillelmus à Cordella, Confes. Tuscanellæ. 28. *Februar.*
Guillelmus Coronatus, Confess. Tuderti. 3. I*anuar.*
Guillelmus à Cortemilio, confes. Bononiæ. 16. *Iunii.*
Guillelmus Cortonensis: vide Iulianus, infra.
Guillelmus Cunctiuius, Martyr, Salmurij. 19. *Dec.*
Guillelmus Goudanus, Martyr, Gertrudi-Bergæ. 4. *Septemb.*
Guillelmus Holmus, Confess. in Anglia. 27. *August.*
Guillelmus Holst: vide, Olis, infra.
Guillelmus Iosselini, Confess. 10. I*anuar.*
Guillelmus Mariconus, Confess. Montisferrandi. 14. *Martij.*
Guillelmus à Militoni, Confess. Lutetiæ. 15. *Septemb.*
Henricus Harphius, Confess. Mechliniæ. 13. *Iulij.*
Henricus, Martyr, Gordonij. 6 *Iunij.*
Henricus, Rex Cypri, Confes. Nicosiæ. 17 *Sept.*
Henricus, Rex Daciæ, confess. Perusiæ, Tertiarius. 13. *Martii.*
Henricus Teuthonicus, confess. Carauillæ. 17. *Nouemb.*
Herculanus à Piegala, Confess. in Hethruria. 28. *Maii.*
Hermannus, Confess. Fulginij. 8. *Februar.*
Hermannus Confess. Mülüseni. 21. I*anuar.*
Hernandus, Episcopus: vide Fernandus, sup.
Heruæus, Confess. Toleti. 13. *Maii.*
Hiacinthus à S. Francisco, Confess. apud Chichimecas. Laicus. 20. *Februar.*
Hieremias de Lambertenghis à Cumo, Confes. Foriuij, Tertiarius. 30. I*ulii.*
Hieremias, Martyr, in Syria. 25. I*unii.*
Hieremias à Valachia, confes. in Italia. 20. *Decemb.*
Hieremias, à Firmo, Virgo. 25. *April.*
Hieronyma à Messana, Vidua, Panormi. 2. *Decemb.*

Abb. 10: Handschriftliche Verbesserung des Registereintrags zum hl. Hermann in: Artvri Monasterio [Arthur von Monstier], Martyrologivm Franciscanvm … , Editio Secvnda, Parisiis [Paris] 1653, S. 668 (Fulda-Frauenberg, Provinzialbibliothek, 2° Q 11)

Bericht einige Jahre vor 1704 auf der Suche nach eingehenderen Informationen über das Grab des hl. Hermann in die Reichsstadt Mühlhausen gekommen waren. Denn die Hand eines Franziskanerpaters im Fuldaer Bibliotheksexemplar des „Martyrologivm Franciscanvm" (S. 32) hatte zum einen den Namen Hermanns „de Gerstaghen" in „de Gerstungen" berichtigt und den Ortsnamen „Muluseno" in „Mülhusano" zumindest etwas verbessert, zum anderen aber die mit dem Hinweis auf dessen „variis magnisque miraculis" schließende linke Textspalte um die Nachricht ergänzt, dass Hermanns Leichnam unverwest bei den Andersgläubigen unter der Erde Mühlhausens verborgen liegt („cujus corpus in hanc incorruptus inter Heterodoxos sub humo latitat Mühlhusii"). Die Verbesserungen und vor allem diese Ergänzung gehen gewiss auf Informationen aus der Reichsstadt selbst zurück, bietet doch auch der Mühlhäuser Superintendent Eilmar in seiner Kirchengeschichte von 1714 Hermanns Herkunftsnamen in der Schreibung „von Gerstungen" und berichtet von einer ihm bekannt gewordenen früheren Öffnung von dessen Grab in der Kornmarktkirche und der dabei festgestellten Unversehrtheit von Hermanns Leichnam.[36] Anders als die Konjunktivkonstruktion des Superintendenten lässt der Eintrag von franziskanischer Hand dabei keinerlei Zweifel an diesem Wunderbericht erkennen.[37]

Festzuhalten gilt es an dieser Stelle, dass die Kombination der Nachrichten zum hl. Hermann aus den protestantischen Mühlhäuser Kirchengeschichten Vollands und Eilmars einerseits und dem „Martyrologivm Franciscanvm" mit den handschriftlichen Eintragungen im Fuldaer Bibliotheksexemplar andererseits erweisen, dass zu vorerst noch unbekannter Zeit vor 1704 Franziskanerkonventualen vom Frauenberg nach Mühlhausen gereist waren, um sich dort bei der evangelischen Geistlichkeit der Reichsstadt nach dem Grab des heiligmäßig verehrten Bruders Hermann zu erkundigen. Dieser bemerkenswerte interkonfessionelle Dialog, der wohl in der Kornmarktkirche selbst stattgefunden haben dürfte, verschaffte beiden Seiten neue Informationen. Die in der Reichsstadt in Folge von Reformation und Vertreibung der Minderbrüder verlorene literarische Tradition des Franziskanerordens mit ihren Nachrichten zur Person des längst verstorbenen Bruders Hermann von Gerstungen, der Mühlhäuser genannt, kam mit den Konventualen vom Frauenberg zurück und fand durch Eilmars Kirchengeschichte Eingang in die nachfolgende städtische Historiographie. Die Franziskaner ihrerseits verließen Mühlhausen vor allem mit besseren Kenntnissen zum Wirken ihres heiligmäßig verehrten Mitbruders in nachreformatorischer Zeit, dessen Unversehrtheit im Grabe erst lange Zeit nach der Vertreibung ihres Ordens aus der Reichsstadt und der protestantischen Inbesitznahme ihrer ehemaligen Klosterkirche entdeckt worden war, wobei die Präsenz dieser Nachricht im Mühlhausen des 17., frühen 18. Jahrhunderts ohne die ungebrochene Existenz einer katholischen Minderheit wohl kaum möglich gewesen wäre. In der protestantisch gewordenen Reichsstadt mit ihren wenigen katholischen Bewohnern kreuzten sich somit unterschiedliche Überlieferungstraditionen und es begegneten sich exponierte Vertreter beider Konfessionen an einem Ort, der für beide Seiten die Erinnerung an die Konflikte der Reformationszeit und den seither bestehenden konfessionellen Gegensatz in besonderer Weise symbolisierte. Dabei blieb das Zusammentreffen selbst in der Mühlhäuser Bürgerschaft jenseits der Geistlichkeit offenbar ohne großen Widerhall; jedenfalls nahm die städtische Chronistik auffälliger Weise keinerlei Notiz davon.[38] Unmittelbar fassbare Auswirkungen hatte der interkonfessionelle Dialog um Hermanns Grab in der Kornmarktkirche dagegen für die franziskanische Öffentlichkeit, wie im Weiteren zu zeigen sein wird. Als Voraussetzung dafür ist zunächst aber eingehender noch als zuvor das sich bis ins 17. Jahrhundert ausgeformte Bild vom hl. Hermann in franziskanischer Überlieferung zu betrachten.

II

Nach Mühlhausen geführt hatte die Franziskaner die literarische Tradition ihres Ordens. Nachweislich war es das Fuldaer Bibliotheksexemplar des „Martyrologivm Franciscanvm" mit dem dort über Hermann Berichteten, das unmittelbar mit ihrer Reise in Verbindung stand. Arthur von Monstier seinerseits hatte in diesem Werk, insbesondere in seinem Bericht zum hl. Hermann, einschlägige Nachrichten einer Reihe älterer Darstellungen zu heiligmäßigen Franziskanern verarbeitet, darunter die 1385/90 entstandene Schrift „De conformitate vitae Beati Francisci ad vitam Domini Jesu" des Bartholomäus von Pisa († um 1410).[39] Dieser berichtete tatsächlich auch als erster das, was nach ihm auch andere Autoren mit vergleichbarer Darstellungsabsicht mehr oder weniger vollständig über den hl. Hermann mitgeteilt haben,[40] insbesondere die Zugehörigkeit zum Mühlhäuser Konvent in der damaligen Franziskanerprovinz Saxonia, sein Begräbnis dort, den Herkunftsnamen in der Schreibung „Hermannus de Gerstaden/Gerstagen"[41], das Todesjahr 1287 sowie die Exempla für die Vorbildlichkeit seines Lebens nach franziskanischen Idealen und den seinem Inhalt nach oben bereits dargestellten Wunderkatalog, der freilich bei Bartholomäus von Pisa noch ausführlicher gehalten ist.[42] Der Verfasser konnte sich mit dem um 1335 in der Provincia Sancti Francisci, evtl. in Assisi selbst, entstandenen „Catalogus sanctorum fratrum minorum"[43] und der Generalministerchronik von vor 1369[44] mindestens auf zwei ältere Werke stützen, die ebenfalls schon den hl. Hermann erwähnen. Beide Quellen bieten jedoch nur äußerst knappe Nachrichten, von denen sich die jüngere wohl auch auf die ältere bezieht, und sie liefern keine näheren Datierungsangaben. Doch lassen sie u. a. erkennen, wie in franziskanischer Überlieferung aus dem ursprünglichen Herkunftsnamen „Gerstungen" (an der Werra, ca. 26 km wsw. Eisenach), wie ihn das Mühlhäuser Totenbuch in der Eintragsschicht von um 1300 bietet[45] und wie ihn – offenbar unmittelbar mit dem Grab in der Kornmarktkirche verbunden – auch Eilmar wiedergibt[46], durch Verschreibung von „u" zu „a" erst „Gerstangen" – so im „Catalogus sanctorum fratrum minorum"[47] – und dann unter Wegfall des „n" vor „g" „Gerstagen" – so in der Generalministerchronik[48] und in einer Handschrift des Werks von Bertholomäus von Pisa[49] – bzw. noch durch Verschreibung von „g" zu „d" „Gerstaden" wurde – so in der der gültigen Textedition zugrundeliegende Leithandschrift von „De conformitate vitae Beati Francisci ad vitam Domini Jesu"[50]. Der Eintrag im „Catalogus sanctorum fratrum minorum" stellt dabei sicher, dass der heiligmäßig verehrte Mühlhäuser Franziskanerkonventuale Hermann von Gerstungen vor 1335 verstorben war, wodurch die zuerst von Bartholomäus' von Pisa stammende Nachricht, sein Tod sei im Jahre 1287 erfolgt, an Wahrscheinlichkeit gewinnt. Das Mühlhäuser Totenbuch wiederum verzeichnet einen vor um 1300 verstorbenen Konventualen namens H[ermann] von Gerstungen, jedoch – wie oben bereits angeführt – zu einem anderen als von Bartholomäus von Pisa genannten Todestag und ohne jeden Hinweis auf eine heiligmäßige Verehrung. Doch müssen Berichte über genau diesen nach Gerstungen benannten Mühlhäuser Franziskaner des 13. Jahrhunderts, dessen Wirken als vorbildlich gegolten haben muss und dem Wunderzeichen zugeschrieben wurden, seit vor 1335 ordensintern verbreitet worden sein, worauf seine Aufnahme in den drei genannten Darstellungen verehrungswürdiger Minderbrüder aus dem 14. Jahrhundert zurückzuführen ist. Woher dann aber die im Vergleich zum „Catalogus sanctorum fratrum minorum" und zur Generalministerchronik weit ausführlicheren und präziseren Nachrichten des Bartholomäus von Pisa stammten, muss freilich offenbleiben. Ihr Zeugniswert für den historischen Ordensbruder kann hier aber auf sich beruhen,[51] da in unserem Zusammenhang die von Bartholomäus von Pisa ausgeformte literarische

Figur des hl. Hermann in ihrer weiteren Entwicklung zu verfolgen ist. Diesbezüglich ist herauszustellen, dass Umfang und Inhalt der auf den Pisaner zurückgehenden Nachrichten zum hl. Hermann – bis auf das von Arthur von Monstier eingeführte fehlerhafte Jahr seines Ordenseintritts[52] – in den nächsten fast dreihundert Jahren unverändert geblieben sind. Insbesondere blieb der zuerst von Bartholomäus von Pisa mitgeteilte Wunderkanon auch in den Darstellungen jüngerer franziskanischer Autoren in seinem Kern bestehen.[53] Er erfuhr seine erste wesentliche Ergänzung erst durch das im nachreformatorischen Mühlhausen entdeckte Wunder der Unversehrtheit seines Leichnams im Grabe.

Uns gilt zunächst der handschriftliche Eintrag im Fuldaer Bibliotheksexemplar des „Martyrologivm Franciscanvm" als erster Niederschlag dieser neu hinzugewonnenen Informationen zum hl. Hermann in franziskanischer Überlieferung, auch wenn die genaue Zeitstellung des Besuchs und damit dieses Eintrags bislang nur ungenau als „abhinc annis" vor 1704[54] zu datieren ist und allenfalls einen Terminus post quem 1670 darin findet, dass eben in diesem Jahr der jüngere Nachdruck von 1653 des „Martyrologivm Franciscanvm" in den Bibliotheksbestand des Fuldaer Frauenbergklosters aufgenommen wurde,[55] der in so enger Verbindung zum Besuch der Minderbrüder in der Reichsstadt erscheint. Jedenfalls sprechen zunächst allgemeine Überlegungen dafür, dass erst durch die Reise nach Mühlhausen das in der Reichsstadt erfahrene neue und ganz außerordentliche Wunder der Unversehrtheit des Leichnams in die franziskanische Welt getragen wurde und erst in deren Folge zum festen Bestandteil der jüngeren Hermann-Hagiographie geworden ist.

Der älteste Druck, der auch dieses nachreformatorische Wunder mit berichtet, ist dann Fortunatus Huebers im Jahre 1686 erschienene „Dreyfache Cronickh von dem dreyfachen Orden deß grossen Heyligen Seraphinischen Ordens-Stiffters Francisci".[56] Bezeichnenderweise in Ergänzung zu den aus der älteren franziskanischen Literatur gut bekannten Nachrichten heißt es dort:

> „Noch vill auß denen lebenden Burgeren zu Millhausen bejaen, forderist die Lutherische Meßner bey der alten Closter Kirch, daß sie offtermahl gesehen einen himmlischen Wunder-Glanz und Schein über einen gewisen Grabstain erscheinen und auffgehen. Es ware aber das Grab unsers seeligen Bruders *Hermanni*. Als newlich der *Superintendent* zu Millhausen gestorben, hat ihn ein Neben-*Pastor* wöllen dahin begraben. So bald sie nur den Grabstain deß seeligen *Hermanni* glucket, ist gleich ein so himmlischer übernatürlicher Geruch herauß gegossen worden, daß jedermann auß den Gegenwärtigen mit Glauben unnd Innbrunst ist erfüllet worden. Der *Pastor* sagte: Lasset die Heiligen Gottes ruhen, für unseren Herin *Intendenten* gehöret ein andere Begräbnuß."

Wann und auf welchem Wege Hueber diese Informationen erhalten hat, bleibt unbekannt.[57] Doch beruhen sie kaum unmittelbar auf Berichten der nach Mühlhausen gereisten Mitbrüder vom Frauenberg sondern allenfalls auf Hörensagen. Nur so erklärt sich etwa, warum Hueber den heiligmäßigen Bruder eingangs seiner Ausführungen als „Fr. Hermannus von Gersthagen im Elsaß" und den Ort seines Grabes als „Millhausen in Nider-Sachsen" angibt.[58]

Umso bemerkenswerter erscheint es, dass ein anderer Franziskanerbruder in weit größerer geografischer Entfernung vom Fuldaer Frauenberg das jüngste Hermann-Wunder in einer Schilderung bietet, die offenkundig näher an den Ereignissen bleibt. Pater Benedetto Mazzara (nachweisbar 1667–1689) brachte im Jahre 1689 eine Neuausgabe seiner bereits 1667 erstmals gedruckten Schrift „Leggendario Francescano" heraus.[59] In seiner „Seconda Impressione" ergänzte der Konventuale von S. Nicola in Sulmona (Abruzzen)[60] nun seine eigene ältere Darstellung, die das seit dem 14. Jahrhundert Übliche zum hl. Hermann inklusive des bekannten Wunderkanons darstellt, um eine ihm offenkundig inzwischen neu bekannt gewordene Nachricht:

> „In unserer Zeit nun hat sich der Herr erbarmt, zu Ehren seines Dieners [Hermann; Erg. d. Verf.] und zur Bestätigung des katholischen Glaubens, der durch diesen bekannt worden ist, ein neues Wunder zu wirken. In der Reichsstadt Mühlhausen in Thüringen (*[n]ella Città Imperiale di Molusio in Torincia*) in der Kirche, die in alter Zeit den Brüdern unseres Ordens gehörte, jetzt aber, nach der Vertreibung der Unseren, von den Lutheranern besetzt ist, ist das Grab jenes seligen Hermann (*detto Beato Ermanno*) erhalten geblieben. Vom Sakristan dieser Kirche wurde über dem Grab ein wundersames Licht beobachtet, das ihm aber keine Angst einjagte, sondern vielmehr Heiterkeit und außerordentlichen Trost spendete, und zwar am Abend, wenn nach deutschem Brauch die Glocken geläutet werden. Nachdem er das mehrere Male beobachtet hatte, benachrichtigte er den Magistrat jener genannten Stadt. Alle Ratsherren gingen daraufhin gemeinsam mit dem Superintendenten – das ist der Bischof bei den Lutheranern – in die Kirche, um herauszufinden, was dieses Licht ihnen sagen wolle. Sie öffneten das Grab, bis sie den Körper des seligen Hermann fanden, angetan mit dem Habit unseres Ordens, nachdem er mit diesem mehr als 400 Jahre bestattet gelegen hatte. Vielleicht wollte der Herr mit diesem Zeichen kundtun, dass sich die Seele dieses Heiligen in diesem Licht befand, und daraus lässt sich die Wahrheit des katholischen Glaubens ableiten. Von diesem Spektakel wurden die Häretiker (*gl'Eretici*) in Verwirrung gestürzt, und alle blickten verlegen um sich. Schließlich sagte der Superintendent: Wir wollen den schlafen lassen, der da schläft. So wurde es bestätigt von einem Pater dieser Region, genannt *Padre Federico Stumelio*."[61]

Wie bei Hueber so ist auch in der Darstellung Mazzaras zunächst der lutherische Kirchenbedienstete der Kornmarktkirche derjenige, der als Zeuge eines wundersamen Lichts an Hermanns Grab benannt wird. In beiden Berichten kommt sodann dem namentlich ungenannten Superintendenten bei der weiteren Entdeckung des Wunders große

Bedeutung zu; bei Hueber als Verstorbener, der dem hl. Hermann die Grabstätte streitig machen will, während der Superintendent bei Mazzara fast bischöflich weise agiert. Schließlich wird die Unverwestheit des Leichnams in beiden Beschreibungen nur angedeutet; der anmutige Geruch bei Hueber, die Unversehrtheit des Habits bei Mazzara. Beide Darstellungen sind jeweils voll und ganz von anti-protestantischer Polemik geprägt. Trotzdem lassen Mazzaras Ausführungen im Gegensatz zu Huebers Nachricht gute Kenntnisse der Verhältnisse in der thüringischen Reichsstadt Mühlhausen erkennen, deren Fremdheit gemessen an italienischen Verhältnissen ihn zu zusätzlichen Erläuterungen für seine Leser veranlasst. Seine verlässlichen Informationen verdankte Mazzara offenkundig dem als Zeugen benannten Mitbruder „Padre Federico Stumelio" aus jener Provinz („di quelle parti"), der als Pater Friedrich Stümmel (1623–1682) in der 1633 wiederhergestellten Provinz Thuringia auch tatsächlich gut nachweisbar ist.[62] Stümmel hatte 1642 Profess abgelegt und wurde 1647 zum Priester geweiht, war auf dem Fuldaer Frauenberg als Lehrer für Philosophie und Theologie tätig, wirkte kurzzeitig von 1665 bis 1666 als Guardian in Dettelsbach und später von 1680 an bis zu seinem Tode auf dem Fuldaer Frauenberg. Als Provinzkustos und Provinzvikar der Thüringischen Franziskanerprovinz war er 1666 und 1672 bis 1674 bzw. 1666 bis 1669 und 1674 tätig.

Dank Benedetto Mazzaras Ergänzung der von ihm selbst bereits 1667 publizierten Darstellung zum hl. Hermann in seiner Neuausgabe von 1689 fügen sich die einzelnen Überlieferungsstränge noch fester zusammen:

Die Person des von Mazzara als Zeugen benannten P. Friedrich Stümmel erweist, dass die bislang aus Vollands Bericht über den Besuch von „quidam monachi abhinc annis" vor 1704 und aus den von Berthold Duffner entdeckten handschriftlichen Eintragungen im Frauenberger Bibliotheksexemplar des „Martyrologivm Franciscanvm" erschlossene Reise von Franziskanerkonventualen aus Fulda in die protestantische Reichsstadt Mühlhausen vor 1682, vor Stümmels Tod, und wohl nach 1676, nach Erscheinen von Mazzaras Erstauflage stattgefunden hat. Da Stümmel in den letzten beiden Jahren vor seinem Tod durch Krankheit schwer belastet war,[63] wird der Zeitraum wohl auf die späten 1670er Jahre einzugrenzen sein.[64] Mit Pater Stümmel und seinen Mitbrüdern ist dann das in Mühlhausen gewonnene Wissen um das außerordentliche Wunder von Hermanns unverwestem Leichnam und um jenes wundersame Licht an seinem Grab, das die Wahrheit des katholischen Glaubens an einem von Lutheranern besetzten Ort erweist, aus dem thüringischen Mühlhausen in die franziskanische Welt hinaus getragen worden.[65] Das in der protestantischen Reichsstadt im späten 17. Jahrhundert in Erfahrung Gebrachte ergänzte von da an als neuer Überlieferungsbestandteil den lange schon seit dem 14. Jahrhundert feststehenden Kanon von Wunderberichten zum hl. Hermann und wurde dann, beginnend mit den Schriften Huebers und Mazzaras von 1685 und 1689, Bestandteil der jüngeren franziskanischen Hagiographie.[66]

III

Die in den vorgestellten Texten greifbaren Folgen jenes interkonfessionellen Dialogs wahrscheinlich der späten 1670er Jahre in der Reichsstadt Mühlhausen über das Hermann-Grab in der dortigen Kornmarktkirche und ihre jeweilige Darstellung ließen bereits deutlich die unterschiedlichen konfessionell geprägten Wahrnehmungen der Akteure und des Ortes der Handlung hervortreten. Dieser Aspekt soll abschließend noch eingehender betrachtet werden:

Für die heimkehrenden Fuldaer Konventualen um P. Friedrich Stümmel hatten der Besuch am Grab ihres heiligmäßig verehrten Mitbruders, der Dialog mit der evangelischen Geistlichkeit der Reichsstadt und die bei alledem gewonnenen Kenntnisse über ein nachreformatorisches Wunder des hl. Hermann vor allem erneuerte und gänzlich neue Argumente im Gegenwartskonflikt der Konfessionen erbracht. Das in Mühlhausen Erfahrene und danach in die franziskanische Welt hinein Kommunizierte setzte die Lutheraner der thüringischen Reichsstadt als Besatzer der einstigen Klosterkirche und als Häretiker gleich zweimal ins Unrecht. Deutlich werden in Huebers und Mazzaras Darstellungen, aber auch schon im knappen handschriftlichen Eintrag des Fuldaer Bibliotheksexemplars des „Martyrologivm Franciscanvm" mit der Titulierung der Mühlhäuser als „Heterodoxos", ein lebendiger konfessioneller Gegensatz und gleichzeitig das Eingestehen des vorläufigen Sieges der anderen im Religionskonflikt. Ihr früher Mitbruder Hermann von Gerstungen in seinem Grab in der Kornmarktkirche und der mit ihm und diesem Ort verbundene Wunderbericht waren den Fuldaer Konventualen gegenüber den in Mühlhausen wie anderswo siegreichen Lutheranern Zeugen eigener Glaubensgewissheit an einem in ihrer Gegenwart immer noch von Ketzern beherrschten Ort. Insofern unterscheidet sich in den jüngeren franziskanischen Darstellungen die Funktion des Mirakelberichts von der Unversehrtheit von Hermanns Leichnam und von jenem damit eng verbundenen mysteriösen Licht von der Funktion des aus älteren Vorlagen übernommenen Wunderkanons. Während jener die Vorbildlichkeit und Heiligmäßigkeit des Franziskanerbruders bezeugte, wurde das jüngste Hermannwunder in der Wahrnehmung der Ordensbrüder des späten 17. Jahrhunderts als göttliches Zeichen zur Stärkung katholischer Glaubensgewissheit verstanden und in dieser Deutung weitergetragen. Hermann wurde so in der Literatur des späten 17. Jahrhunderts von einem allgemein vorbildgebenden Franziskanerbruder zusätzlich zu einem antireformatorischen Glaubenszeugen in der katholischen Diaspora weitergeformt.

Auch in den Darstellungen der protestantischen Pastoren Volland und Eilmar zu Beginn des 18. Jahrhunderts bleibt der konfessionelle Gegensatz unverborgen, mit dem sich beide Autoren in ihrer Gegenwart konfrontiert sahen. Doch reduzierte sich das Thema des hl. Hermann bei ihnen nicht auf diesen Aspekt. Die Polemik und das Legitimatorische stehen bei den Siegern der Reformation nicht im Vordergrund. Stattdessen stimmt

Eilmars Mühlhäuser Kirchengeschichte von 1714 in ihrer Darstellung über Leben und Wirken des hl. Hermann ganz und gar mit dem überein, was in der auf das Werk Bartholomäus' von Pisa von 1385/90 zurückgehenden franziskanischen Literatur verfügbar war. Diese Nachrichten hatten in der protestantischen Reichsstadt Mühlhausen für ihn aber keinen Zeugniswert im Sinne einer Gottgefälligkeit franziskanischen Lebens. Das Wunder der Unversehrtheit, das auch Eilmar – allerdings distanzierend – in Ergänzung zum tradierten Wunderkatalog berichtet, ist für den Superintendenten selbstredend auch kein göttlicher Fingerzeig, der zugunsten des Katholizismus im konfessionellen Gegensatz zu den Lutheranern auszulegen wäre. All diese Wundernachrichten wurden von Eilmar aber auch nicht benutzt, um in eine Darstellung gegossen zu werden, die eigene Überlegenheit gegenüber dem Katholizismus begründet. Für ihn ging es stattdessen zuallererst um eine bessere Kenntnis der Geschichte seiner Stadt. Der damalige Superintendent gab in seinem Werk von 1714 die Heiligengeschichte des Hermann voll und ganz literarischer Tradition der Franziskaner folgend wieder, weil er möglichst vollständig alles darzustellen suchte, was er über die vor- und nachreformatorische Kirchengeschichte Mühlhausens in Erfahrung zu bringen vermochte. Ganz ähnlich hielt es dann auch die jüngere, im 19. Jahrhundert begründete wissenschaftliche Stadtgeschichtsschreibung vor Ort, freilich ließen auch deren Vertreter kaum Zweifel am eigenen konfessionellen Standpunkt aufkommen.[67]

Die Lücke aber zwischen Volland und Eilmar im frühen 18. Jahrhundert einerseits und der jüngeren Geschichtsforschung seit der Mitte des 19. Jahrhunderts andererseits, die beider Werke und danach die franziskanische Literatur zum hl. Hermann erst wiederentdecken musste,[68] ist wiederum ein Spiegel der Frömmigkeitsgeschichte der Reichsstadt Mühlhausen. Denn die trotz der Reformation nie abgerissene Verehrung an Hermanns Grab in der Kornmarktkirche durch eine katholische Minderheit, die Volland und Eilmar 1704 und 1714 bezeugen und die überhaupt erst eine örtliche Kenntnis von jenem wundersamen Franziskanerbruder mittelalterlicher Zeit und seinem Grab über die Zeit festgehalten haben dürfte, war später dann doch an ihr Ende gelangt. Aus jüngerer Zeit fehlt es bislang an vergleichbaren Nachrichten zu einer Verehrungspraxis des hl. Hermann. Wann, nach Eilmars Worten,[69] „die Päbstler" aufhörten „denn und wenn den Ohrt zu *freqventiren*, solchen einander in der Stille kund zu machen", bzw. wann es damit zu Ende ging, dass „ein grosses Wesen von dem heil. *Hermanno* gemachet" wurde, ist allerdings nicht überliefert. So paradox das angesichts der bewegten Geschichte der Kornmarktkirche im Reformationszeitalter eigentlich ist, war dafür gewiss das Ende evangelischer Gottesdienste dort verantwortlich. Im weiteren Verlauf des 18. Jahrhunderts hörten die provokanten Feiern des Dreikönigs-Tages auf. Die Umnutzungen zu profanen Zwecken und eine zunehmende Verwahrlosung des Bauwerks haben die Kornmarktkirche restlos ihrer religiösen Aura beraubt. Dieser Kontinuitätsbruch machte eine Wiederentdeckung des hl. Hermann als Thema der Stadtgeschichte seit der zweiten Hälfte des 19. Jahrhunderts erst möglich und er historisierte gleichzeitig die Beschäftigung vor Ort mit dem so lange über die Auflösung des Mühlhäuser Franziskanerklosters 1542 und die endgültige Durchsetzung der Reformation in der Reichsstadt 1566 hinaus verehrten Franziskanerbruder endgültig. Augenfällig hatte sich im damaligen neuen konfessionellen Zeitalter die Figur des hl. Hermann von aktuellen Glaubens- und kirchenpolitischen Fragen völlig gelöst. Denn aus dem 1802 preußisch gewordenen Mühlhausen mit seiner seit 1849 rechtsförmlich bestehenden katholischen Gemeinde, deren Mitglieder gleichwohl nur langsam wirkliche Gleichberechtigung erreichen konnten, sind bislang keinerlei Versuche bekannt, katholischerseits die Erinnerung an den hl. Hermann zu befördern oder gar seine Verehrung zu erneuern. Vielleicht kam die Wiederentdeckung für derlei zu spät. Erst nach dem Zweiten Weltkrieg wurden die vor allem in Reinhard Jordans Chronik verfügbaren Nachrichten speziell für ein regionales katholisches Publikum neu dargestellt.[70] Doch blieb auch das ohne großen Widerhall. Bis heute ist das Wissen um den hl. Hermann in Mühlhausen auf einen Kreis stadtgeschichtlich besonders Interessierter beschränkt. Die Frömmigkeitspraxis und der Umgang der Konfessionen miteinander haben sich längst tiefgreifend gewandelt, sodass der hl. Hermann für Mühlhäuserinnen und Mühlhäuser gleich welchen Bekenntnisses ein interessantes Kapitel der eigenen Stadtgeschichte ist – falls sie denn von ihm hören – als Erinnerungsort aber ist er lange schon erkaltet.

Anmerkungen

* Aufmerksam geworden durch die gerade erschienene Studie von P. Berthold DUFFNER OFM, Hermann von Mühlhausen. Der „Antonius von Thüringen", in: Jahrbuch für mitteldeutsche Kirchen- und Ordensgeschichte 7 (2011), S. 313–319, und dankenswerte Hinweise meines Mühlhäuser Kollegen Bernd MAHR (gedruckt: Der Heilige Hermann von Mühlhausen [?–1287], in: Katholische Pfarrgemeinde St. Josef Mühlhausen. Gemeindebrief. Ausgabe vom 25. Juni 2000, S. 6–11) beschäftigte ich mich mit der Überlieferung zum hl. Hermann erstmals in Vorbereitung des Kolloquiums, das die Kölner und Jenaer Schüler von Prof. em. Dr. Matthias Werner (Jena) gemeinsam mit ihrem Lehrer anlässlich seines 70. Geburtstags im Jahre 2012 im thüringischen Weißensee durchgeführt haben. Galt das ursprüngliche Interesse des Mediävisten noch vorrangig der historischen Person jenes frühen Franziskanerbruders, so wurden danach die in der frühneuzeitlichen Überlieferung fassbaren Aspekte konfessionell geprägter Wahrnehmung für mich immer interessanter. Diese wurden dann im Rahmen der 4. Tagung des Mühlhäuser Arbeitskreises für Reichsstadtgeschichte „Reichsstadt im Religionskonflikt", Mühlhausen 8. bis 10. Februar 2016, den Teilnehmern am Hauptort der Handlung, bei der Besichtigung der Kornmarktkirche, vorgestellt. Dieser Beitrag bietet die für den Druck überarbeitete und ergänzte Fassung des Vortrags. Ich danke P. Dr. Paulus Hägele OFM, Bibliothekar des Franziskanerklosters auf dem Fuldaer Frauenberg, für seine Unterstützung vor Ort und für die Ausleihe des Bibliotheksexemplars von Artvri A Monasterio [Arthur VON MONSTIER], Martyrologivm Franciscanvm …, Editio Secvnda, Parisiis [Paris] 1653 (Fulda-Frauenberg, Provinzialbibliothek, 2° Q 11), mit dem ein besonders eindrucksvolles Originalzeugnis zum Thema am 8. Februar 2016 in der Kornmarktkirche ausgestellt werden konnte. Zu danken habe ich an dieser Stelle auch all denen, die mich bei meinen Forschungen durch ihre Ratschläge und Hinweise unterstützt haben. Namentlich genannt seien hier außer Bernd Mahr auch mein Mühlhäuser Kollege Dr. Thomas T. Müller sowie Bernd Schmies und Christian Loefke von der Fachstelle Franziskanische Forschung in Münster. Darüber hinaus danke ich allen, die mir bei der teils schwierigen Literatur- und Bildbeschaffung geholfen haben. – Der 70. Geburtstag meines verehrten Lehrers war erster Anstoß zur Beschäftigung mit der Überlieferung zum hl. Hermann; sein 75. Geburtstag am 23. Januar 2017 ist mir nun Anlass, ihm diese Veröffentlichung zu widmen. Ich tue das 25 Jahre nach unserer ersten Begegnung in größter Dankbarkeit und in herzlicher Verbundenheit.

1 Zur Kirchengeschichte Mühlhausens vgl. die Zusammenfassung des Forschungsstandes von Jakob ALTERSBERGER, Zur Pfarrstruktur und Kirchengeschichte Mühlhausens im Mittelalter, in: Mühlhäuser Beiträge 36 (2013), S. 35–60, und die Karte „Die kirchliche Organisation in Mühlhausen um 1500" nach Entwurf von Enno BÜNZ und Jakob ALTERSBERGER, in: Alltag und Frömmigkeit am Vorabend der Reformation in Mitteldeutschland. Katalog zur Ausstellung „Umsonst ist der Tod", hrsg. von Hartmut KÜHNE, Enno BÜNZ und Thomas T. MÜLLER, Petersberg 2013, S. 36. Zur Benennung der Hauptpfarrkirche der Stadt vgl. Peter BÜHNER und Beate KAISER, Divi oder Sankt Blasii, in: Mühlhäuser Beiträge 22 (1999), S. 99 f. Zur Funktion von St. Marien als Ratskirche vgl. Martin SÜNDER, Zwischen irdischem Rat und himmlischer Sphäre. Die Königsdarstellungen in der Südquerhausfassade der Mühlhäuser Marienkirche, in: Reichszeichen. Darstellungen und Symbole des Reichs in Reichsstädten. 2. Tagung des Arbeitskreises „Reichsstadtgeschichtsforschung" Mühlhausen 3. bis 5. März 2014, hrsg. von Helge WITTMANN (= Studien zur Reichsstadtgeschichte 2), Petersberg 2015, S. 87–104 (Karte S. 98 in Übernahme aus „Umsonst ist der Tod").

2 Zur Reformationsgeschichte Mühlhausens vgl. die knappe Zusammenfassung des Forschungsstandes von Martin SÜNDER, Die Reichsstädte Mühlhausen und Nordhausen in der Reformation, in: Heimat Thüringen 17/4 (2010), S. 37–39, und den Beitrag von Thomas T. MÜLLER in

diesem Band. Die ausführlichsten Darstellungen bis heute bieten, aus jeweils stark ausgeprägter konfessioneller Perspektive, Heinrich NEBELSIECK, Reformationsgeschichte der Stadt Mühlhausen i. Th., Magdeburg 1905, und Philipp KNIEB, Geschichte der katholischen Kirche in der freien Reichstadt Mühlhausen in Thüringen von 1525 bis 1629. Nach archivalischen und anderen Quellen bearbeitet (= Erläuterungen und Ergänzungen zu Janssens Geschichte des deutschen Volkes 5,5), Freiburg im Breisgau 1907. Vertiefende Einsichten zu zentralen Aspekten gerade der Frühreformation in Mühlhausen wird die gerade abgeschlossene Dissertationsschrift von Thomas T. MÜLLER, Mörder ohne Opfer – Die Reichstadt Mühlhausen und der Bauernkrieg in Thüringen. Studien zu Hintergründen, Verlauf und Rezeption der gescheiterten Revolution von 1525, liefern. Vgl. bislang DENS., Ein ehrbarer Rat, entlaufene Mönche und streitbare Weiber. Zu den reformatorischen Bestrebungen in der Reichsstadt Mühlhausen in Thüringen bis zum Jahr 1525, in: Vor- und Frühreformation in thüringischen Städten (1470–1525/30), hrsg. von Joachim EMIG, Volker LEPPIN und Uwe SCHIRMER (= Veröffentlichungen der Historischen Kommission für Thüringen. Kleine Reihe 35. Quellen und Forschungen zu Thüringen im Zeitalter der Reformation 1), Köln/Weimar/Wien 2013, S. 143–153.

3   Zur Geschichte des Franziskanerklosters der Stadt vgl. zuletzt Christian LOEFKE, Mühlhausen [Konvent], in: Für Gott und die Welt. Franziskaner in Thüringen. Text- und Katalogband zur Ausstellung in den Mühlhäuser Museen vom 29. März bis 31. Oktober 2008, hrsg. von Thomas T. MÜLLER, Bernd SCHMIES und Christian LOEFKE (= Mühlhäuser Museen. Forschungen und Studien 1), Paderborn u. a. 2008, S. 240–243, mit Angaben zur älteren Literatur.

4   Zum ältesten Rathausbau hat Udo HOPF (Weimar) im Auftrag des Thüringer Landesamtes für Denkmalpflege und Archäologie im Jahre 2011/12 „Bauhistorische Untersuchungen zum Kernbau des Rathauses zu Mühlhausen/Thür." erarbeitet (ein Exemplar der Dokumentation: StadtA Mühlhausen, 86/577), die im Vergleich zum publizierten Forschungsstand (vgl. Udo SAREIK, Die Bauforschung 1992–1999, in: Das Rathaus zu Mühlhausen in Thüringen. Beiträge zur Bau- und Kunstgeschichte [= Mühlhäuser Beiträge. Sonderheft 13], Mühlhausen 2000, S. 11–50) eine Fülle neuer Ergebnisse erbracht haben.

5   Eine Neuedition des Nekrologs, dessen Original in einem Band (StadtA Mühlhausen, 60/48) zusammen mit einer 1389 angelegten Zusammenstellung verschiedener Ablässe überliefert ist, wird derzeit von Christian Loefke (Münster) abgeschlossen und erscheint in der Kleinen Reihe der Veröffentlichungen der Historischen Kommission für Thüringen. Vgl. bislang mit kritischen Bemerkungen zum älteren Editions- und Forschungsstand Christian LOEFKE, Das Totenbuch (*Liber mortuorum*) der Franziskaner in Mühlhausen, in: Für Gott und die Welt (wie Anm. 3), S. 77–83, und DENS., Art. „Totenbuch der Mühlhäuser Franziskaner", in: ebd., S. 289, Kat.-Nr. 19.

6   Vgl. dazu und zum Folgenden Thomas T. MÜLLER, Das doppelte Ende des Mühlhäuser Franziskanerklosters, in: Für Gott und die Welt (wie Anm. 3), S. 149–157.

7   Vgl. Martin SÜNDER, Mühlhäuser Stadt- und Schutzheilige?, in: Mühlhäuser Beiträge 30 (2007), S. 113–120.

8   Vgl. dazu und zum Folgenden Bernd MAHR, „… aus dem Brot flossen drei ziemlich große Blutstropfen". Blutwunder in Mühlhausen nach einem Bericht der Heiligenstädter Jesuiten 1566, in: Eichsfeld-Jahrbuch 17 (2009), S. 85–98, mit Nennung der auf die Vorgänge bezogenen historiographischen Quellen.

9   Edition: Historia collegii Heiligenstadiani. Teil 1 (1574–1685), bearb. von Johannes FRECKMANN (= Geschichtsquellen der Provinz Sachsen und des Freistaates Anhalt N. R. 8), Magdeburg 1929, S. 71–73, a. a. 1604; Übersetzung: Die Geschichte des Heiligenstädter Jesuitenkollegs. Teil 1 (1574–1685), hrsg. von Bernd OPFERMANN, Duderstadt 1989, S. 71 f. zu 1604. Der Bericht wird eingeleitet: „Mulhusio oppido haeretico fidei causa ad nos comigraverat homo simplex et pius" (S. 71). Leider ist der Name des Zeugen durch Textverlust verloren.

10 Historia collegii Heiligenstadiani (wie Anm. 9), S. 72: „Atenim non effugerit divinos oculos et

vindictam, quod humanos, peccatum; nec vos, viri senatores!". Die Übersetzung folgt Opfermann (wie Anm. 9), S. 72.
11 Zur Baugeschichte vgl. Udo SAREIK, Die Kornmarktkirche zu Mühlhausen (= Mühlhäuser Beiträge. Sonderheft 3), Mühlhausen 1980. Die Nachrichten zur Kornmarktkirche nachreformatorischer Zeit, die die städtische Chronistik bietet (vgl. dazu unten Anm. 38), stellte zusammen Reinhard JORDAN, Zur Geschichte der Kornmarktkirche, in: Mühlhäuser Geschichtsblätter 11 (1910/11), S. 61–66, S. 63 f.
12 Vgl. KNIEB, Geschichte (wie Anm. 2), S. 92. Zur Einführung dieser Feiern und zur ungebrochenen Praxis bis in seine Zeit vgl. Joh. Adolph Frohnius [Johann Adolph FROHNE], Historicae Narrationis de Ortu & aliqvali Progressu Ministerii Evangelici Ecclesiae Christi, qvae ipsi colligitur in Libera atqve Imperiali Civitate Molhusa Thuringorum … , Molhusae [Mühlhausen] 1709, S. 22. Vor 1715 verschwunden war bereits eine Inschrift in der Kornmarktkirche, die den Sieg der Lutheraner dokumentierte, und über die Georg Christian EILMAR, Kirchen Historie der Kayserl. Freyen-Reichs-Stadt Mühlhausen nach der andern Ordnung fortgesetzt, Mühlhausen 1715, S. 44, berichtet. Gekürzte Wiedergabe mit dortiger Übersetzung nach: Inscriptiones Mulhusinae. Die öffentlichen Inschriften der Stadt Mühlhausen in Thüringen. Gesammelt von W[ilhelm] BADER, neu hrsg. von [Reinhard] JORDAN, Mühlhausen 1906, S. 29: „In der genanten Parfüßer Kirche hatte der Superint. Helmboldus [Superintendent Ludwig Helmbold (1586–1598); Erg. d. Verf.] nachgesetztes *Carmen* an die Wand gegen der Kantzel über anschreiben lassen: *Haec Monachos olim fovit Domus, astra mereri / Stultitia nudi qui voluere pedis; / Nunc recipit dociles pueros docilesque puellas, / […].* Diese Kirche gehörte dereinst den Mönchen, die meinten; / Daß zum Himmel man käm' sicher mit nackendem Fuß. / Jetzt empfängt sie die lernende Schar der Knaben und Mädchen …".
13 Vgl. NEBELSIECK, Reformationsgeschichte (wie Anm. 2), S. 244–246; ausführlicher KNIEB, Geschichte (wie Anm. 2), S. 96–145, und Ernst BRINKMANN, Die Bemühungen der Katholiken um eine Kirche im evangelisch gewordenen Mühlhausen, in: Mühlhäuser Heimatblätter 1/1921 [unpaginiert]. Wieder abgedruckt in: DERS., Aus Mühlhausens Vergangenheit. Gesammelte Vorträge und Aufsätze, Mühlhausen i. Thür. 1925, S. 123–131. Vgl. jüngst auch Ulrich HAUSMANN, *sie gehorchen dem Kaiser, wenn es ihnen beliebt* – Zum Verhältnis zwischen Reichsoberhaupt und Reichsstädten anhand von Untertanensuppliken am Reichshofrat im späten 16. Jahrhundert, in: Kaiser, Reich und Reichsstadt in der Interaktion. 3. Tagung des Mühlhäuser Arbeitskreises für Reichsstadtgeschichte Mühlhausen 16. bis 18. Februar 2015, hrsg. von Thomas LAU und Helge WITTMANN (= Studien zur Reichsstadtgeschichte 3), Petersberg 2016, S. 205–232, hier S. 213 f., und dazu den Beitrag von Thomas LAU in diesem Band.
14 Zur Person vgl. [Georg] THIELE, Verzeichnis der Geistlichen im Gebiet der ehemaligen freien und Reichsstadt Mühlhausen i. Thür., von der Reformation bis zum Ende der Selbständigkeit 1802, in: Mühlhäuser Geschichtsblätter 18/19 (1918/19), S. 1–11, S. 11, und den Online-GND-Eintrag (http://d-nb.info/gnd/104219084). Zum Wirken des späteren Superintendenten in Mühlhausen vgl. Theodor WOTSCHKE, Mühlhäuser Superintendentenbriefe. Mitgeteilt aus der Hamburger Staatsbibliothek, in: Mühlhäuser Geschichtsblätter 25/26 (1924/26), S. 241–281, hier S. 241–273.
15 Christianvs Gvilelmvs Vollandvs [Christian Wilhelm VOLLAND], De Sacris Mvlhvsinis, Wittenberg 1704, S. 11, § XII: „Proxime ab illis collocandum est templum, sodalitatis *Franciscanorum*, seu *Nudipedum*, domicilio coniunctum, atque in media Vrbe situm, in quo conciones sacrae et puerorum puellarumque examina *catechetica* per hebdomadas, opportunitatis loci causa, singulis diebus habentur."
16 VOLLAND, De Sacris Mvlhvsinis (wie Anm. 15): „Est in hoc templo sepulcrum celebris illius in coetu Romano Sancti, *Hermanni*, qui *Mulhusinus* dicebatur, et quem magna ueneratione illi prosequuntur. Immo aliquot abhinc annis *monachi* quidam in nostratem Vrbem uenerunt, accuratamque et singularem de tumulo eius notitiam ab ordinis sacri uiris petierunt."
17 Dem unten bei Anm. 24 zitierten Eintrag im Mühlhäuser Totenbuch (wie Anm. 5), der ge-

18 Zur Person vgl. THIELE, Verzeichnis der Geistlichen (wie Anm. 14), S. 3, und den Online-GND-Eintrag (http://d-nb.info/gnd/100119662). Zum Wirken in Mühlhausen vgl. Ernst KOCH, Die Anfänge des Pietismus in der Reichsstadt Mühlhausen in Thüringen, in: Zeitschrift des Vereins für Thüringische Geschichte 59/60 (2005/06), S. 99–130, bes. S. 110–130, und DENS., Theologische Aspekte der Auseinandersetzungen um den Pietismus in Mühlhausen in Thüringen zwischen 1690 und 1710, in: Herbergen der Christenheit 31 (2007), S. 13–25.

19 Georg Christian EILMAR, Kirchen Historie der Kayserl. Freyen Reichs Stadt Mühlhausen, Mühlhausen 1714, S. 8 f.

20 Ich danke Pfarrer Teja Begrich (Mühlhausen) für seine Erläuterungen zu dieser Frage.

21 Friedrich STEPHAN, Neue Stofflieferungen für die deutsche Geschichte besonders auch für die der Sprache, des Rechts und der Literatur. 2. Heft, Mühlhausen 1847, S. 111 (im Zusammenhang der Mühlhäuser Bibliotheksgeschichte): „Vergebens sieht man sich z. B. nach einem Codex des Franziscanerklosters um, aus welchem der Archidiaconus Eilmar für den ersten Theil seiner mühlhäusischen Kirchenhistorie die S. 8 befindliche Nachricht von dem mühlhäuser Heiligen, Herrmann von Gerstungen, geschöpft haben kann und muß. Denn so viel Anlage zum Papste er hatte, traue ich ihm doch nicht zu, daß er das päpstliche Recht der Heiligsprechung an diesem Heiligen, von dem ich freilich sonst nichts gefunden, ausgeübt habe."

22 Vgl. dazu Beate KAISER und Felicitas MARWINSKI, Art. „Mühlhausen 2. Bibliothek im Stadtarchiv", in: Handbuch der historischen Buchbestände in Deutschland. Bd. 20: Thüringen H–R, hrsg. von Friedhilde KRAUSE, Hildesheim/Zürich/New York 1999, S. 251–266, bes. S. 252–253.

23 Vgl. bei Anm. 5.

24 StadtA Mühlhausen, 60/48, fol. 42. Trotz der Kürzungen des Personen- und Herkunftsnamens, der mit sonstiger Überlieferung nicht übereinstimmenden Tagesangabe und des Fehlens eines Hinweises auf eine Verehrung dieses Bruders im Nekrolog ist die Emendation des Personennamens in der genannten Weise gewiss gerechtfertigt. Der Herkunftsname ist mit Sicherheit als „Gerstungen" zu lesen. Eine andere nach diesem Ort benannte Person als der genannte Bruder „H." begegnet nicht als Konventuale des Mühlhäuser Franziskanerklosters. Der späte Bericht des Georg Christian Eilmar über das Grab in der Kornmarktkirche lässt erschließen, dass es unmittelbar dort einen Hinweis auf den Namen gab, durch den der Bestattete als „*Hermannus* von Gerstungen *Molhusinus* genand" (wie Anm. 19) identifizierbar wurde.

25 Reinhard JORDAN, Der Heilige Hermann von Mühlhausen. Nachtrag zu dem Aufsatze von Bihl im Jahrgang VIII S. 27, in: Mühlhäuser Geschichtsblätter 9 (1908/09), S. 124 (bezogen auf den Beitrag unten Anm. 26). Bereits im 1900 erschienenen ersten Band der von ihm herausgegebenen „Chronik der Stadt Mühlhausen in Thüringen" hatte er den Eintrag „Anno 1287 den 21. Januarii" als wörtliche Übernahme der Darstellung zum hl. Hermann bei EILMAR, Kirchen Historie (wie Anm. 19), gestaltet. Vgl. Reinhard JORDAN, Chronik der Stadt Mühlhausen in Thüringen. Bd. 1–4, Mühlhausen i. Thür. 1900–1908, Bd. 1, S. 57 f. Gegen Stephan verwies er schon hier knapp in der Kommentierung auf VOLLAND, De Sacris Mvlhvsinis (wie Anm. 15), und vermutete: „Daher wohl die ganze Legende" (Anm. ***).

26 Michael BIHL OFM., Zur Geschichte des Mühlhäuser Franziskanerklosters, in: Mühlhäuser Geschichtsblätter 8 (1907/08), S. 26–28, hier S. 27 f.

27 DUFFNER, Hermann von Mühlhausen (wie Anm. *).

28 Arthvri A Monasterio [Arthur VON MONSTIER], Martyrologivm Franciscanvm … , Parisiis [Paris] 1638. Vgl. dazu und zum Folgenden Peter LANGEN, Art. „Zwei franziskanische Martyrologien des 17. Jahrhunderts", in: Elisabeth von Thüringen – Eine europäische Heilige. Katalog, hrsg. von Dieter BLUME und Matthias WERNER, Petersberg 2007, S. 487 f., Kat.-Nr. 336.

29 Arthur VON MONSTIER, Martyrologivm Franciscanvm [1653] (wie Anm. *), S. 32: „B. Hermanni Confess. Vocabatur B. Hermannus de

Gerstaghen, Germanicus natione; qui post susceptum anno millesimo ducentesimo vigesimo quarto Ordinis Minorum habitum, profundissima cordis humilitate resplenduit. Semper enim se ad obsequia despectiora & magis contemptibilia studiosè ingerebat. Illi paupertas arctissima sociata erat; Nam sic eam dilexerat, vt nullius rei, nisi eius, quem extrema necessitas sibi vsum, vel commodum requirebat, applicaret. Porrò pietas in eo, circa animarum salutem, largiflua extabat. Tantum etenim zelum habuit salutem, largistua extabat. Tantum etenim zelum habuit aliorum, vt ad loca, ad quae nullus praedicturus accedebat, ipse proficisceretur, etsi cum multa victus incommoditate, pane & aqua contentus: egregiè concionabatur, confessiones assiduè incredibili charitate, compassionéque audiebat: poenitentes consolabatur; quibus & consilia salutaria fideliter impendebat. In his pauperum curam gerens, magnoperè illis succurrebat: & salutem animarum corporis sanitati praeferebat. Verè in ipso, prae aliis D. Francisci filiis, singulariter effigies praefulsit tanti patris. Tandem à Domino vocatus, beatae vitae cursum peregit anno Christi 1287. sepultusque est in Conuentu Mulusano, Prouinciae Saxoniae, quem in vita & post mortem variis magnisque miraculis clarum reddidit Omnipotens; …".

30   Wolfgang HÖGNER, Avctarivm martyrologii Franciscani, Das ist Vermehrung deß Franciscanerischen Orden-Calenders … , Württzburg [Würzburg] 1650 (Erster Druck Würzburg 1644), S. 36 f. (zum 21. Januar).

31   Vgl. unten bei Anm. 38.

32   Vgl. dazu bei Anm. 19. HÖGNER, Avctarivm martyrologii Franciscani (wie Anm. 30): „Item zu Müllhausen in Theutschland / ist heut die Entschlaffung deß seligen Vatters / vnnd vortrefflichen Predigers / Hermanni von Gersthagen / eines gebohrnen Theutschen; Nach dem er im Jahr Christi 1224. den Orden deß. H. Francisci angenommen / hat er mit thiefster Demuth deß Hertzens darinnen gegläntzet: war sehr begierig die aller verächtlichste Dienstbarkeiten in dem Closter zuverrichten / die äusserste Armuth war sein vnabsönderliche Gesellin / welche er also liebet / daß er nichts wolte haben / als was zu blosser vnd höchster Nothurfft vnd Auffenthaltung deß Lebens die Natur erfordert: sein Eyffer erschien sonderbahr gegen der Seelen-Heyl / welcher so groß war / daß er an Sonn- vnd Feyertägen / gemeiniglich an die weit entlegenste / wilde / bergige Orth / wo andere nicht hin wolten / mit grosser Lieb sich verfüget / den armen einfältigen Bawrsleuthen das H. Wort Gottes mit grosser Inbrunst deß Geists vorgetragen: in nothwendigen Stücken der Catholischen Lehr vnderwisen / Beicht gehört / die H. Sacrament gereicht / vnnd sich mit Wasser und Brodt begnügen lassen. Er war gewißlich vor anderen Kindern deß H. Francisci seines Stiffters vnd Anfängers warhafftiges *Contrafait*. Er hat den Lauff seines Lebens selig vollendet / in dem Jahr deß Herrn 1287. welchen Gott so wol in dem Leben / als nach dem Tode mit Wunderzeichen gezieret hat. Dann er hat zweyen Kindlein / welche in Mutterleib gestorben: wie auch zween Knaben / und ein Mägdlein zu 12. Jahren / welche in dem Wasser ertrunken / durch sein Gebett von Gott widerumb das Leben erlanget / drey Weibspersohn auß deß Todts Rachen erlediget / 9. Blinde sehend gemacht / 3. Stummen die Sprach / vnd 2. Tauben das Gehör / 16. Lahmen den Gebrauch ihrer Glieder / vnd 2. Unsinnigen das helle Liecht ihres Verstands wider gebracht / ein Weibsbild von dem Blutgang: und einen Jüngling der sich auß Kleinmüthigkeit erhencken wöllen / von dem Strick erlöset. Die entfermbte Sachen durch Diebstal / wie auch das verlohrne vnnd jrrgehende Vieh hat er seinen rechten Besitzeren vielmahlen wunderbarlicher Weiß widerumb bekommen / vnd zugestelt."

33   Arthur von Monstier gibt in seiner Darstellung zum hl. Hermann die von ihm benutzten Werke an (vgl. unten Anm. 39). In diesem Zusammenhang einschlägig ist allein seine Zitation „Wadingh. tom. 2. Annal. Minor ad ann. 1287. §. 6. & tom. 1. ann. 1225. §. 21.", die sich bezieht auf: Lvca Waddingo [Lukas WADDING], Annales Minorvm in qvibvs res omnes trivm ordinvm a S. Francisco institvtorvm … . Bd. 2, Lvgdvni [Lyon] 1628, S. 521, a. a. 1287, c. 6, und Bd. 1, Lvgdvni [Lyon] 1647, S. 334, a. a. 1225, c. 21. Wadding seinerseits gibt zu 1287 die bei älteren franziskanischen Autoren überlieferten Nachrichten zum hl. Hermann wieder, weil von diesen der Tod des Bruders zum genann-

ten Jahr berichtet wird. Die Randglosse vermerkt: „Pisan.con.for. 8. Marian. l. 3, cap. 7., Rodul. fol. 107." Mithin bezieht sich Wadding also auf die Werke von Bartholomäus VON PISA, Marian VON FLORENZ und Pietro RIDOLPHI (vgl. ebd.). Für den hier einschlägigen Jahresbericht zu 1225 verwertet Wadding hingegen die Chronik Jordans von Giano mit ihren Nachrichten zur Ankunft der Ordensbrüder in Thüringen. Vgl. Jordan VON GIANO O.Min. Chronik vom Anfang der Minderbrüder besonders in Deutschland (Chronica Fratris Jordani). Eingeführt, nach den bisher bekannten Handschriften kritisch ediert sowie mit einem Anhang ihrer Weiterführungen ins Deutsche übertragen und hrsg. von Johannes SCHLAGETER OFM (= Quellen zur franziskanischen Geschichte 1), Münster 2012, S. 88–90, c. 40 f. Jordan wiederum berichtet unmittelbar nacheinander zum Jahr 1224 über die Ankunft der ersten Franziskaner in Erfurt und zum Jahr 1225 über die Aussendung seiner Mitbrüder von dort nach Eisenach, Gotha, Nordhausen und Mühlhausen. Er schließt dabei den Bericht zum Jahr 1224 mit der Angabe der Begleiter, die mit ihm vom Rheinland aus nach Thüringen gekommen waren: „Fratres vero qui cum fratre Jordane [von Giano; Erg. d. Verf.] missi sunt, hii erant: <u>frater Hermannus de Wicense, sacerdos novicius et predicator</u>, et frater …". Nach namentlicher Nennung aller Brüder folgt dann das nächste Kapitel (c. 41), das den Fortgang der Ereignisse im Folgejahr berichtet: „Anno domini 1225 frater Jordanus misit fratres laicos per Thuringiam ad explorandum statum civitatum. Eos autem subsequebatur et aliquociens precedebat <u>frater Hermannus, sacerdos novicius et predicator</u> …". Wie die Hervorhebungen in den beiden Zitaten verdeutlichen, ist beide Male eindeutig vom selben Bruder Hermann von Weißensee die Rede, der keinesfalls mit dem hl. Hermann personengleich war. So bereits DUFFNER, Hermann von Mühlhausen (wie Anm. *), S. 316–318. Zu Hermann von Weißensee vgl. Matthias WERNER, Elisabeth von Thüringen, Franziskus von Assisi und Konrad von Marburg, in: Elisabeth von Thüringen – Eine europäische Heilige. Aufsätze, hrsg. von Dieter BLUME und Matthias WERNER, Petersberg 2007, S. 109–135, S. 112, und Helge WITTMANN, Netzwerke und Karrieren von Thüringern im frühen Deutschen Orden, in: Herrschaft, Netzwerke, Brüder des Deutschen Ordens in Mittelalter und Neuzeit. Vorträge der Tagung der Internationalen Historischen Kommission des Deutschen Ordens in Marburg 2010, hrsg. von Klaus MILITZER (= Quellen und Studien zur Geschichte des Deutschen Ordens 72. Veröffentlichungen der Internationalen Historischen Kommission zur Erforschung des Deutschen Ordens 12), Weimar 2012, S. 39–65, S. 56 f. Waddings Paraphrase von Jordans Bericht in seinem Jahreseintrag zu 1225 löst nun die in seiner Vorlage eindeutige Personenidentität des „frater Hermannus, sacerdos novicius et predicator" mit dem unmittelbar zuvor genannten „frater Hermannus de Wicense, sacerdos novicius et predicator" auf und lässt den Herkunftsnamen jenes Bruders ungenannt: „Res Germanicae foeliciter hoc anno successerunt, nam Frater Iordanus de Yane [= Giano; Erg. d. Verf.] vallis Spoletanae, Guardianus Moguntinus, quem superiori anno diximus cum septem Fratribus Thuringiam missum, ibidem Ordini amplificè extendédo solertissimè incubuit, Fratres etenim ab eo ex Erpohordia, vbi iam intra ciuitatem translati erant, ab regionè istam perlustrandam ablegati, pluribus in locis sunt recepti, Isenaci, Gothae, Northemij, Mulhusij, quos subsequebatur, & nonnunquā praecedebat <u>Frater Hermannus Sacerdos nouitius</u> …" (Bd. 1, S. 334, a. a. 1225, c. 21, Hervorhebung d. Verf.). In seinem Verweis auf genau diese Stelle macht Arthur von Monstier nachvollziehbar, wie ihm bei der Lektüre Waddings der Fehlschluss unterlaufen konnte, dass hier von jenem hl. Hermann gehandelt wurde, zu dem Wadding selbst a. a. 1287 Nachrichten bietet. Offenkundig liegt sowohl eine Verwechslung mit Hermann von Weißensee als auch eine freie Interpretation des Zusammenhangs vor, wurde doch „sacerdos novitius" von Arthur von Monstier so interpretiert, als sei jener Hermann im Vorjahr Franziskaner geworden. Die Kontamination der Nachrichten zum hl. Hermann von Gerstungen mit Nachrichten zum Franziskanerbruder Hermann von Weißensee, Gefährte Jordans von Giano, wird bei Arthur von Monstier nochmals in seinem Bericht zum Bruder Rodeger deutlich, der in seinem Werk zum 16. März gestellt ist (S. 119 f., § 2). Vor dem aufgezeigten Hintergrund ist Arthur von Monstiers Nachricht zu bewerten, der hl. Hermann sei 1224 Franziskaner geworden („susceptum anno millesimo ducentesimo vigesimo quarto Ordinis Minorum habitum" [wie Anm. 29]), die folglich der Quellenkritik nicht standhält, die dessen ungeachtet bis in die jüngste Hermann-Literatur weitergetragen wurde.

34 Wie Anm. *, Schmutztitel: „Bibliotheca frat[rum] Minoru[m] Fulde[nsis] / anno 1670 . 4. iobris".

35 Neben den Eintragungen auf S. 32 nahm dieselbe Hand auch im Register, S. 686, Annotationen vor. Aus „Hermannus Confess. Muluseni. 21. Ianuar." wurde durch Verbesserung und Ergänzung „Hermannus Confess. Mülhuseni. Mühlhause[n] 21. Ianuar." (Abb. 10). Dagegen stammt der Eintrag „tertia" auf S. 32, rechte Spalte, Z. 3, mit ein Nachweis Arthur von Monstiers korrigiert wird (vgl. Abb. 9), von einer modernen Hand (Duffner?).

36 Vgl. bei Anm. 19.

37 Auf Grund der Entsprechungen von Eilmars Darstellung mit der deutschsprachigen Bearbeitung des „Martyrologivm Franciscanvm" von Wolfgang HÖGNER, Avctarivm martyrologii Franciscani (wie Anm. 30), war zu prüfen, ob auch dieses Werk in der Provinzialbibliothek auf dem Fuldaer Frauenberg verfügbar war und ob sich dort ähnliche handschriftliche Korrekturen und Zusätze bei den Nachrichten zum hl. Hermann finden, was dann als zusätzlicher Niederschlag des Besuchs der Fuldaer Konventualen in der Reichsstadt Mühlhausen zu gelten hätte. In der Bibliothek des Frauenbergkonvents werden heute je ein Exemplar der beiden Ausgaben von Högners Werk von 1644 und 1650 verwahrt. In keinem dieser Bände finden sich jedoch handschriftliche Einträge zum hl. Hermann. Ich danke P. Dr. Paulus Hägele OFM (Fulda) für die Überprüfung und seine entsprechende schriftliche Mitteilung vom 9. August 2016.

38 In der gesamten bislang erschlossenen handschriftlichen historiographischen Überlieferung Mühlhausens, die übrigens überhaupt erst in nachreformatorischer Zeit einsetzt, fehlt es an Hinweisen auf den hl. Hermann. Die ältesten historiographischen Werke der Stadt sind in der mehrbändigen Kompilation von JORDAN, Chronik der Stadt Mühlhausen (wie Anm. 25), verarbeitet. Wie oben bereits dargestellt, liefert Jordan zum 21. Januar 1287 einen Eintrag zum hl. Hermann, der die wörtliche Übernahme des entsprechenden Passus' bei EILMAR, Kirchen Historie bietet (vgl. Anm. 25). Ein weiteres historiographisches Zeugnis zu diesem Thema war ihm folglich unbekannt. Zu Abfassungszeit, Verfasserschaft und Zeugniswert der ältesten Mühlhäuser Chronik, dem „Chronicon Mulhusinum", das in Jordans Kompilation um Nachrichten aus jüngeren Werken ergänzt wurde, vgl. Thomas T. MÜLLER, Thomas Müntzer in der Mühlhäuser Chronistik. Untersuchung und Neuedition der den Bauernkrieg betreffenden Abschnitte des „Chronicon Mulhusinum" (= Veröffentlichungen der Thomas-Müntzer-Gesellschaft e. V. 6), Mühlhausen 2004, S. 9–28.

39 Nachfolgend sind die bei Arthur VON MONSTIER, Martyrologivm Franciscanvm [Nachdruck von 1653] (wie Anm. *), S. 32, genannten Quellen jeweils den identifizierten Werken mit den entsprechenden Belegstellen zugeordnet:
(1) „apud B. Bartholomaeum Pi.//sanum, libro primo Conformitat. fruct. octauo, parte secunda, in viris huius Ordinis sanctit. illust. Prouinciae Saxoniae." = Bartolomei Pisani [Batholomäus VON PISA], De conformitate vitae Beati Francisci ad vitam Domini Jesu (1385/90; Erstdrucke 1510, 1513, 1590). Ed. in: Analecta Franciscana sive Chronica aliaque varia documenta ad historiam Fratrum Minorum spectantia. Bd. 4–5, Quaracchi 1906/12, hier Bd. 4, S. 328 (Fructus VIII – Pars secunda). (2) „Marcum Vlyssiponens. part. secunda chronic. Minorum, libro quinto cap. septimo." = Marcos de Lisboa [Marcus VON LISSABON], Parte Segvnda Das Chronicas Da Ordem dos frades menores ... , Lisboa [Lissabon] 1562, fol. 124 v, Buch 5, c. 7. (3) „Tossinianum lib. 1." = Petro Rodulphio (Tossinianensi Con. Fran.) [Pietro RIDOLPHI], Historiarvm Seraphicae religionis libri tres ... , Venetijs [Venedig] 1586, lib. 1, S. 107. (4) „Histor. seraph. Marianum lib. 3. cap. 7." = Marianus de Florentia [Marian VON FLORENZ], Compendium Chronicarum Ordinis Fratrum Minorum ... (vor 1523). Ed. in: Archivum Franciscanum Historicum 1 (1908),

S. 98–107; 2 (1909), S. 92–107, S. 305–318, S. 457–472, S. 626–641; 3 (1910), S. 700–715; 4 (1911), S. 122–137, S. 318–339, S. 559–587, hier Bd. 2, S. 467, a. a. 1287. (5) „Bzouium ann. 1287. §. 13." = Abrahamo Bzovio [Abraham BZOWSKI], Annales Ecclesiastici Post Illustriss. Et Reverendiss. D.D. Caesarem Baronium S.R.E. Cardinalem Bibliothecar./13: Rerum in orbo Christiano ab Anno Dom. 1198 usq[ue] ad annum D. 1299 Gestarum narrationem complectens, Coloniae Agrippinae [Köln] 1616, Sp. 977 a. a. 1287, c. 13. (6) „Wadingh. tom. 2. Annal. Minor ad ann. 1287. §. 6. & tom. 1. ann. 1225. §. 21." = Lvca Waddingo [Lukas WADDING], Annales Minorvm in qvibvs res omnes trivm ordinvm a S. Francisco institvtorvm … . Bd. 2, Lvgdvni [Lyon] 1628, S. 521, a. a. 1287, c. 6, und Bd. 1, Lvgdvni [Lyon] 1647, S. 334, a. a. 1225, c. 21. (7) „Huius meminerunt Codex. MS. Abbat. S. Victor. Pariens. in fratrib. Minor. BB. Prouinc. Saxoniae." – Die Handschrift bislang nicht identifiziert. (8) „Gonzaga ibid. part. 1. & part. 3. in Prouinc. Saxoniae. S. Crucis sup. vbiloco *Muluseni*, ponit *in Muenscemiensi*." = Francisci Gonzagae [Francesco GONZAGA], De origine Seraphicae Religionis Franciscanae eiusque progressibus …, Romae [Rom] 1587, Teil 1, S. 95, und Teil 3, S. 661, Z. C 1–2. (9) „Picquetus in catalog. viror. illustr. Ordinis Minor. = F. C. Picquet [Claude PICQUET], Commentariola super evangelicam Fratrum Minorum regulam … , Lugduni [Lyon] 1597/98, S. 277. (10) „Vide infra ad 16. Martij §. 2." = Querverweis des Autors auf die bei ihm S. 119 f., § 2, zum 16. März mitgeteilten Nachrichten zum Bruder Rodeger und der Nennung Hermanns dort (wie Anm. 33).

40   Bartholomäus VON PISA, De conformitate (wie Anm. 39): „In Mulhusen iacet frater Hermannus de Gerstaden. In quo, post susceptum ordinis Minorum habitum, resplenduit humilitas profundissima, paupertas arctissima et pietas largiflua circa animarum salutem; in quo prae aliis sancti Francisci filiis singulariter Deus praetulit effigiem tanti patris. Humilitatem enim sui profundi cordis ostendit se semper ad obsequia despectiora et magis contemptibilia [studiose] ingerendo; paupertatem sic dilexit, ut nullius rei, nisi eius, quam extrema necessitas sibi usum vel commodum requirebat, applicaret; tantum zelum habuit ad animas, ut ad loca, ad quae nullus ad praedicandum ibat, etsi cum multa incommoditate victus, scilicet aqua et pane contentus, accedebat, confessiones audiebat assidue et consilia pro animarum salute fideliter impendebat, in his pauperum curam gerens permaximam, eorum procurando salutem. Tandem anno Domini 1287 a Domino vocatus, etsi in vita prius, tandem post mortem magnis miraculis eum clarum reddere Dominus est dignatus. // Puerum submersum, alium puerum, quem mater peperit mortuum, et alium puerum necatum in fluvio, puellam duodecim annorum sub impetu aquae molendini submersam, filium quoque cuiusdam mulieris, quem mortuum pepererat, ac filium cuiusdam militis in partu mortuum suscitavit; a mortis periculo puerum, videlicet qui 15 diebus mammam non suxerat; mulierem, super cuius ventrem transierat currus, qui a sex equis ducebatur, ac mulierem ob partus periculum morti vicinam, et mulierem post partum quasi ad mortem deductam liberavit; caecos novem illuminavit et alios plures a maculis oculorum; tribus mutis loquelam restituit; duos surdos et mulierem habentem vermem in aure liberavit; sexdecim membris contractos erexit; quandam a morbo caduco; ac duos paralyticos curavit; duos ab amentia et furia; a carceribus et praedonibus plures; a morbo beatae Virginis quandam feminam; a sincopi aliam mulierem; quendam puerum gibbosum; a fluxu sanguinis iuvenem vulneratum; a partus dolore unam; aliam a tysi; a tentatione suspendii quendam; alium vagabundum, et plures alios a diversis infirmitatibus liberavit; vaccas furatas a latronibus restituit; sic et equum errantem suo domino reconcessit." Teilübersetzung mit Paraphrase der berichteten Wunder bei DUFFNER, Hermann von Mühlhausen (wie Anm. *), S. 316.

41   Wie Anm. 40. Ebd., Anm. c, der Hinweis auf die Variante „Gerstagen" in anderer handschriftlicher Überlieferung: „As et edd. *Gerstagen*". Die Sigle „AS" verweist auf den Codex Assisiensis (Assisi) des 15. Jahrhunderts. Vgl. dazu das Vorwort zur Edition von „De conformitate vitae Beati Francisci ad vitam Domini Jesu" (wie Anm. 39), Bd. 4, S. VII, Anm. 3, und S. XXVII.

42 Außer der über die Nachweise bei Arthur VON MONSTIER, Martyrologivm Franciscanvm (wie Anm. 39) und die Übersetzung und Bearbeitung seines Werks von Wolfgang HÖGNER, Avctarivm martyrologii Franciscani (wie Anm. 30) erschließbare Rezeption der auf Bartholomäus von Pisa zurückgehenden Berichte zum hl. Hermann bis ca. 1650 ist noch auf die vor 1508 entstandene Chronik des Nikolaus Glassberger als weiterem einschlägigen Zeugnis zu verweisen, die aber ebenfalls nichts Eigenständiges bietet, sondern eine Paraphrase des entsprechenden Berichts aus „De conformitate vitae Beati Francisci ad vitam Domini Jesu" liefert. Vgl. Chronica Fratris Nicolai GLASSBERGER OFM, in: Analecta Franciscana sive chronica alique varia documenta ad historiam fratrum minorum. Bd. 2, Quaracchi 1887, S. 104. Mit Verweis auf Arthur VON MONSTIER, Lukas WADDING, Abraham BZOWSKI und Pietro RIDOLPHI der kurze Eintrag zu „Hermannus Sacerdos ordinis Minorum, Mulhusij in Germaniâ" in: Ioannes Bollandvs [Johann BOLLAND], Acta Sanctorvm … . Bd. 2, Antverpiae [Antwerpen] 1643, S. 338.

43 Fragmenta Minora. Catalogus sanctorum fratrum minorum. Quem scirptum circa 1335, ed. von Leonardus LEMMENS OFM, Romae [Rom] 1903, S. 37 f.: „In Provincia Saxoniae […]. In Mulhusen frater Hermannus de Gerstangen". Zur Quelle vgl. Volker HONEMANN und Gunhild ROTH, Wundermann und Prediger: Das Bild Bertholds von Regensburg in der Sicht mittelalterlicher Autoren, in: Mertens lesen. Exemplarische Lektüren für Volker Mertens zum 75. Geburtstag, hrsg. von Monika COSTARD, Jacob KLINGNER und Carmen STANGE, Göttingen 2012, S. 31–46, S. 39 f.

44 Chronica XXIV generalium Ordinis minorum. Cum pluribus appendicibus inter quas excellit hucusque ineditus „Liber de laudibus S. Francisci" Fr. Bernardi a Bessa, ed. a patribus collegii S. Bonaventurae, in: Analecta Franciscana sive chronica alique varia documenta ad historiam fratrum minorum. Bd. 3, Quaracchi 1897, S. 237 f.: „In eadem etiam Provincia [Saxonia; Erg. d. Verf.] multi fratres alii requiescunt, qui partes illas variis virtutibus et miraculis illustrarunt, videlicet […] in Mulhusen frater Hermannus Gerstagen". Zur Quelle vgl. Ingrid WÜRTH, Art. „Briefe der Königin Sancia von Neapel an die Franziskaner in der Chronica XXIV generalium ordinis minorum", in: Elisabeth von Thüringen. Katalog (wie Anm. 28), S. 317 f., Nr. 210, hier S. 317; Ralf LÜTZELSCHWAB, Art. „Chronica XXIV generalium Ordinis Fratrum Minorum (Chronicle of the 24 Minister Generals of the Franciscan order)", in: Encyclopedia of the Medieval Chronicle, hrsg. von Graeme DUNPHY, Leiden/Boston 2010, S. 451, und Achim WESJOHANN, Mendikantische Gründungserzählungen im 13. und 14. Jahrhundert. Mythen als Element institutioneller Eigengeschichtsschreibung der mittelalterlichen Franziskaner, Dominikaner und Augustiner-Eremiten (= Vita Regularis. Ordnungen und Deutungen religiosen Lebens im Mittelalter. Abhandlungen 49), Dresden 2010, S. 126.

45 Vgl. bei Anm. 24.
46 Vgl. bei Anm. 19.
47 Vgl. Anm. 43.
48 Vgl. Anm. 44.
49 Vgl. Anm. 41.
50 Vgl. Anm. 40.
51 Vgl. zu den Quellen und zur Bewertung der Darstellung H[eribert] ROSSMANN, Art. „Bartholom(a)eus v. Pisa", in: Lexikon des Mittelalters. Bd. 1 (1980), Sp. 1496 f.; Bruno W. HÄUPTLI: Art. „Bartholomäus de Rinonico (Bartholomaeus Pisanus, Bartholomaeus de Rinonichis, de Arnonico)", in: Biographisch-Bibliographisches Kirchenlexikon. Bd. 26, Nordhausen 2006, Sp. 125–127, und WESJOHANN, Mendikantische Gründungserzählungen (wie Anm. 44), S. 125.
52 Vgl. Anm. 33.
53 Dies gilt neben den bislang genannten Werken auch noch für den Bericht des Adam BÜRVENICH, Annales Provinciae Thuringiae fratrum Minorum … von 1672 (Universität Düsseldorf, Bibl. Binterim, Ms., fol. 3, S. 45 a. a. 1287).
54 Vgl. bei Anm. 16.
55 Vgl. Anm. 34.
56 Fortunatus HUEBER, Dreyfache Cronickh von dem dreyfachen Orden deß grossen Heyligen Seraphinischen Ordens-Stiffters Francisci, soweit er sich in Ober- und Nider-Teutschland … erstreckt, München 1686, Sp. 70 f.

57 Zur Person vgl. Friedrich Wilhelm BAUTZ, Art. „Hueber, Fortunat, Franziskaner", in: Biographisch-Bibliographisches Kirchenlexikon. Bd. 2, Hamm 1990, Sp. 1120 f.

58 Hueber bietet im zit. Band keine Quellenangaben. Auffällig ist, dass er in einem seiner jüngeren Werke von 1693 (Fortunatus HUEBER, Stammen-Buch, Oder Ordentliche Vorstellung vnnd Jährliche Bedächtnuß aller Heyligen, Seeligen, Vortrefflichen, Wunderthättigen, Himmelswürdigen, Gnadenreichen, Hocherleuchteten, Verzuckten, Vollkommen, vnd Kirch-berühmten Diener vnnd Dienerinnen Gottes, Martyrer, Beichtiger, Jungfrauen, Frauen vnnd Büsseren Von Anfang biß zu Jetzigen Zeiten zusamm gezogen vnd vorgestellt, Auß denen dreyen HH. Ordens-Ständen … , München 1693, hier S. 86, zum 21. Januar) eine Darstellung des hl. Hermann bietet, die ihn als „Hermanus, ein Edler von Gersthagen" bezeichnet und richtigerweise „Mühlhausen in Sachsen" (d. h. in der vorreformatorischen Franziskanerprovinz Sachsen) als Begräbnisort angibt. Diese Darstellung folgt nach Angaben Huebers hier den Werken von „Gonzaga, Tofsinianus, Daza, Wadingus" (vgl. die Nachweise in den Anm. 38 aufgeführten Drucken von Francesco GONZAGA, Pietro RIDOLPHI und Lukas WADDING. Entgegen der Vermutung, der Hinweis „Daza" beziehe sich auf: Antonio DAZA, Quarta parte de la chronica general de nuestro padre san Francisco y su apostólica orden, Valladolid 1611, konnte dort keine entsprechende Nachricht zum hl. Hermann gefunden werden. Ich danke Frau Sandra Groß [Dresden] für die Mühe, das umfangreiche und durch keinerlei Register erschlossene Werk in der Sächsische Landesbibliothek – Staats- und Universitätsbibliothek Dresden [Sig.: Hist.ord.rel.59-4] durchgesehen zu haben.) Ihr fehlt dabei der eigene, 1686 gebotene blumige Wunderbericht um die Feststellung der Unverwestheit von Hermanns Leichnam. Fünf Jahre später erschien dann Fortunatus HUEBER, Menologivm, Seu Brevis, Et Compendiosa Illuminatio, Relvcens In Splendoribvs Sactrorum, Beatorvm, Miracvlosorvm, Incorrvptorvm, Extaticorvm, Beneficorvm … , Monachij [München] 1698, hier Sp. 465 f., wo der Autor den Bruder „Dei servus P. Hermanvs de Gersthagen" und den Ort „Milhusij in Saxonia" nennt und in knapper Weise das jüngste Wunder bietet: „Fatentur Lutherani, moderni illius Ecclesiae possessores, super hujus F. Hermani sepulchrum, splendorem quendam caelestem ac supernaturale lumen frequenter, praesertim in majoribus Festivitatibus observari." Hier nun lautet die Quellenangabe „Arturus. Gonzaga. Mazara. Högnerus. Triplex Chronica.", womit zusätzlich auch Arthur VON MONSTIER, Martyrologivm Franciscanvm (wie Anm. 28) und das eigene Werk von HUEBER, Dreyfache Cronickh (wie Anm. 56), benannt sind. Dazu verweist Hueber auch auf HÖGNER, Avctarivm martyrologii Franciscani (wie Anm. 30), und, was herauszustellen ist, auf das dem Autor zwischenzeitlich zur Kenntnis gekommene Werk von Benedetto MAZARA (vgl. unten bei Anm. 59), der außer Hueber als einziger aller aufgeführten Autoren das nachreformatorische Wunder Hermanns berichtet.

59 Benedetto MAZZARA, Leggendario Francescano nel quale conforme l'ordine de Mesi si contengono le vite, e motti de Santi, Beati, & altri Huomini Venerabili … . Bd. 1, Venetia [Venedig] 1676, S. 131 f. („Adi 22: di Gennaro. Vita del Beato Ermanno da Gerstadem."), und Seconda Impressione, Venezia [Venedig] 1689, S. 195 f. („Adi 22. di Gennaro. Vita del Beato Ermanno da Gerstagen.").

60 Dies nach Angabe seiner Widmung in der ersten Ausgabe von 1676 (wie Anm. 59); die zweite Ausgabe gibt keine Konventszugehörigkeit des Verfassers an.

61 Mazzara, Leggendario Francescano (1689) (wie Anm. 50), S. 196, c. 245: „In questi nostri tempi s'è compiaciuto il Signore di operare vn nuouo miracolo in onore di questo suo seruo, e confirmazione della Cattolica Fede da lui professata. Nella Città Imperiale di Molusio in Torincia nella Chiesa anticamente de'Frati della Nostra Religione ora discacciati i nostri tenuta da Luterani, rimastoui seppolto il Corpo del detto Beato Ermanno, sù dal Sagrestano d'effa Chiesa sopra il di lui sepolcro veduta vna luce mirabile, che non li cagionaua terrore, ma più tosto allegrezza con istraordinaria consolazione la sera appunto quando conforme all'vsanza costumata in Germania si dà il segno della campana. Ha-

uendo ciò osseruato più volte, ne diede notizia al Magistrato della medesima Città, onde si mossero tutti i Pricipali assieme col sopraintendente, quale è il Vescouo Luterano per vedere che cosa ditar volesse quella luce. Ferono iui cauare sin'che trouarono il Corpó del Beato Ermanno vestito coll'abito della Nostra Religione dopo essere stato con esso sepellito più di quattro cento anni, forsi volendo additare il Signore, che la sua anima si trouaua nella luce come seguace della verità Catolica. Confusi restarono à tale spettacolo gl'Eretici, non sapendo che guardarti l'vn l'altro. Finalmente il sopraintendente disse lasciamo dormire chi dorme. Così vien'attestato da vn Padre di quelle parti detto il Padre Federico Stumelio." Ich danke Frau Dr. Ingrid Würth (Halle) für die Übersetzung.

62 Zu Person und theologischem Werk Stümmels vgl. Necrologium Provinciae S. Elisabeth Thuringiae Ordinis Fratrum Minorum (1633–1910), ed. P. Gallus HASELBECK OFM, in: Analecta Franciscana sive chronica aliaque varia documenta ad historiam fratrum minorum spectantia. Bd. 4: Necrologia, Quaracchi 1907, S. 43–255, S. 62 und S. 133 f., und Johannes SCHLAGETER, Franziskanische Barocktheologie. Theologie der franziskanischen Thuringia im 17. und 18. Jahrhundert (= Quellen und Abhandlungen zur Geschichte der Abtei und Diözese Fulda 30), Fulda 2008, S. 19–41. Zur Gründung der Franziskanerprovinz Thuringia am 13. August 1633 vgl. Christian PLATH, Zwischen Gegenreformation und Barockfrömmigkeit: Die Franziskanerprovinz Thuringia von der Wiederbegründung 1633 bis zur Säkularisation (= Quellen und Abhandlungen zur mittelrheinischen Kirchengeschichte 128), Mainz 2010, S. 36–48, bzw. DENS., Die Wiederbegründung der Thüringischen Franziskanerprovinz am 13. August 1633, in: Für Gott und die Welt (wie Anm. 3), S. 329, Kat.-Nr. 56.

63 Vgl. P. Michael BIHL OFM, Geschichte des Franziskanerklosters Frauenberg zu Fulda 1623–1887 (= Quellen und Abhandlungen zur Geschichte der Abtei und der Diözese Fulda 3), Fulda 1907, S. 125.

64 Vielleicht stand der Besuch in der Reichsstadt Mühlhausen im Zusammenhang mit dem Bau oder der Weihe der ersten Klosterkirche in der neuen Franziskanerniederlassung in Worbis (Grundsteinlegung: 13. Juni 1668; Weihe: 3. April 1678), wo nun nach einem ersten Ansiedlungsversuch in Dingelstädt (ca. 20 km nw. Mühlhausen) für längere Zeit ein Konvent auf dem Eichsfeld entstand, der wie jener auf dem Fuldaer Frauenberg zur Provinz der Thuringia gehörte. Vgl. dazu PLATH, Zwischen Gegenreformation und Barockfrömmigkeit (wie Anm. 62), bes. S. 115–119. Der Baufortschritt beschäftigte jedenfalls auch das Provinzkapitel zu Fulda am 2. September 1674 und damit den damaligen Provinzvikar Friedrich Stümmel. Vgl. dazu Paul KESELING, Das Franziskanerkloster zu Worbis auf dem Eichsfelde, in: Franziskanische Studien 10 (1923), S. 308–332, bes. S. 318. Freilich ließ sich ein solcher Zusammenhang auch nach Durchsicht der weiteren Literatur zum Kloster Worbis, von BIHL, Frauenberg (wie Anm. 63), sowie P. Gallus HASELBECK, Registrum Thuringiae Franciscanae. Regesten zur Geschichte der thüringischen Franziskanerprovinz 1633–1874. 2 Bde., Fulda 1940/[41], bislang nicht weiter erhärten. Unabhängig von dieser Frage ist festzuhalten, dass der 1682 geborene Christian Wilhelm Volland keinesfalls selbst die Franziskaner in Mühlhausen erlebt hatte, deren Besuch – er spricht lediglich von „quidam monachi" – er knapp erwähnt. Berichtet worden war ihm darüber vielleicht von seinem Vater Johann Wilhelm Volland (1648–1718), der von 1678 bis zu seinem Tode Pfarrer im reichsstädtischen Dorf Horsmar war, nachdem er zuvor als Geistlicher in Mühlhausen gewirkt hatte. Zur Person vgl. THIELE, Verzeichnis der Geistlichen (wie Anm. 14), S. 11. Auch der 1665 geborene Georg Christian Eilmar hatte wohl seine Kenntnis des „Martyrologivm Franciscanvm" nicht direkt den Franziskanerpatres um Friedrich Stümmel zu verdanken. Auch in seinem Falle dürfte eher der Vater unmittelbarer Zeuge des Besuchs der Mönche und vielleicht deren Gesprächspartner gewesen sein. Georg Gottfried Eilmar (1637–1683) war von 1663 an Pfarrer im reichsstädtischen Dorf Windeberg, ab 1667 in Mühlhausen an der Vorstadtkirche St. Georgi, dann von 1668 an Diakon an St. Marien und ab 1671 Diakon an der Hauptkirche Divi Blasii, wo er schließlich 1681 zum Archidiakon

erhoben wurde. Zur Person vgl. Thiele, Verzeichnis der Geistlichen (wie Anm. 14), S. 3, und den Online-GND-Eintrag (http://d-nb.info/gnd/120291533), wo allerdings abweichende Angaben vermerkt sind. Im Übrigen wäre zwei bis drei Jahrzehnte später die Atmosphäre einer Reise von Franziskanern nach Mühlhausen und einem Austausch dort mit evangelischen Geistlichen nicht zuträglich gewesen. Denn von 1697 bis 1713 führten P. Edmund Baumann im Kloster Worbis und der Mühlhäuser Superintendent Johann Adolph Frohne einen langwierigen verbissenen publizistischen Streit um theologische Fragen. Vgl. dazu Ewald Müller, Die literarische Fehde zwischen dem Franziskaner P. Edmund Baumann (1645–1731) und dem Superintendenten D. Johann Adolph Frohne zu Mühlhausen i. Th. (1652–1713), in: Franziskanische Studien 10 (1923), S. 199–233; Johannes Schlageter, Franziskanische Barocktheologie (wie Anm. 62), S. 139–178, und dens., Die literarische Fehde zwischen P. Edmund Baumann OFM und Johann Adolf Frohne, in: Für Gott und die Welt (wie Anm. 3), S. 340 f, Kat.-Nr. 68 a–c, sowie – zu den Auswirkungen auf die gesamte Geistlichkeit der Reichsstadt – Koch, Anfänge des Pietismus (wie Anm. 18), S. 123–125.

65 Die Studie Schlageter, Franziskanische Barocktheologie (wie Anm. 62), S. 19–41, bes. S. 29, Anm. 63 und Anm. 65, S. 30, Anm. 67, und S. 41, Anm. 95, beschreibt ein Fuldaer Bibliotheksexemplar von Friedrich Stummelius [Friedrich Stümmel], Hexameron Mysteriologicum … , Erffurti [Erfurt] 1663, das als Autorenexemplar zu gelten hat (Fulda-Frauenberg, Provinzialbibliothek, 12° Qt 85). Dort finden sich handschriftliche Verbesserungen. P. Dr. Paulus Hägele OFM (Fulda) war so freundlich, diese Einträge mit den Berichtigungen und Zusätzen im Bibliotheksexemplar von Arthur von Monstier, Martyrologivm Franciscanvm [1653] (wie Anm. *), zu vergleichen (vgl. Abb. 9 mit Anm. 35). Er wurde dabei unterstützt durch P. Dr. Johannes Schlageter OFM persönlich, der sich glücklicherweise gerade im Fuldaer Frauenbergkloster aufgehalten hat. Die Handschriften stimmen nicht überein, sodass sichergestellt ist, dass die Berichtigungen und Zusätze im Ful-

daer Bibliotheksexemplar von Arthur von Monstiers Werk nicht von Friedrich Stümmel selbst stammen. Ich danke beiden Patres herzlich für die Autopsie der beiden Bände und die entsprechende schriftliche Mitteilung vom 9. August 2016.

66 Vgl. dazu etwa P. Sylvester Winkes, Seraphischer Tugendspiegel oder Leben der Heiligen aus den drei Orden des hl. Franciscus Seraphicus auf alle Tage des Jahres. Mit entsprechenden Erwägungen und Kirchengebeten, Heiligenstadt ²1891 (1. Aufl. 1889), S. 65 f., wo zum 26. (sic!) Januar „[d]er gottselige Hermann von Gersthagen" nach dem bekannten Muster beschrieben wird. Die Darstellung endet mit: „Sein Grab befindet sich in der Klosterkirche zu Mühlhausen, wo er 1287 starb. Noch drei Jahrhunderte später, als die Kirche von den Lutheranern genommen war, wollte man an höhern (sic!) Festen einen hellen Glanz über dem Grabe bemerkt haben." Bei Winkes sind damit freilich die Anzeichen für Unversehrtheit des Leichnams nicht mehr benannt. Gänzlich ohne den Hinweis auf das neuzeitliche Wunder Paul Guérin, Le palmier séraphique ou vie des saints et des hommes et femmes illustres des Ordres de Saint François. Bd. 1, Bar-le-Duc 1872, S. 403 f., der sich auch ausschließlich auf ältere Werke bezieht: „Pisan, Wadding, Gonzague et Arthur" (ebd., S. 405; vgl. die Nachweise in den Anm. 39 aufgeführten Drucken von Bartholomäus von Pisa, Lukas Wadding und Francesco Gonzaga; dazu Arthur von Monstier, Martyrologivm Franciscanvm [wie Anm. 28]). Die kurze Nachricht zum hl. Hermann in: Bibliographia Franciscana. Bd. 11: 1954/57 (1965), S. 799, angeregt durch den 1956 erschienenen Wiederabdruck der knappen Darstellung „Der heilige Hermann von Mühlhausen" von 1952 (unten Anm. 70), die sich wiederum einzig auf die Chronik von Jordan (vgl. Anm. 38) stützte, erwähnt so die Unversehrtheit von Hermanns Leichnahm allein nach dem Bericht von Eilmar, Kirchen Historie (wie Anm. 19). Hier außerdem der Verweis auf Lukas Wadding, Annales Minorvm (wie Anm. 33), in einer jüngeren Ausgabe, sowie auf Marian von Florenz, Compendium Chronicarum (wie Anm. 39). Vgl. außerdem: Vollständiges Heiligen-Lexikon … . Bd. 2, hrsg. von

Joh[ann] Evang[elista] STADLER, Augsburg 1861, S. 670 (Art. „Hermannus, 21. al. 26 Jan."); Albert SCHÜTTE, Handbuch der deutschen Heiligen. Alphabetisches Verzeichnis der deutschen Heiligen, Seligen, Ehrwürdigen und Gottseligen, Köln 1941, S. 168 (Art. „Hermann von Gershagen" [sic!]); Lexikon der deutschen Heiligen, Seligen, Ehrwürdigen und Gottseligen, hrsg. von Jakob TORSY, Köln 1959, S. 230 (Art. „Hermann von Gerstungen").

67 Vgl. Anm. 21 und Anm. 25. Insgesamt blieb der hl. Hermann aber für die städtische Historiographie in Mühlhausen ein ausgesprochen randständiges Thema. So findet sich etwa im Werk des überaus rührigen Archivars und Historikers Ernst Brinkmann (1887–1958), soweit ich es übersehe, zum hl. Hermann allein eine weitgehend unkommentierte Wiedergabe von Jordans Chronik-Eintrag zum 21. Januar 1287 (wie Anm. 25), der wiederum einzig die auf Eilmar zurückgehenden Nachrichten bietet. Vgl. Ernst BRINKMANN, Kulturgeschichte im Spiegel der Mühlhäuser Chronik. 1. Der Heiligen- und Wunderglaube, in: Mühlhäuser Heimatblätter 12/1924 [unpaginiert]. Eine Verbindung etwa mit den durch den Beitrag von Michael Bihl in den Mühlhäuser Geschichtsblättern von 1907/08 neu erschlossenen Quellen franziskanischer Provenienz (vgl. Anm. 26), selbst eine Verknüpfung mit dem Bericht Vollands, dessen Relevanz Jordan bereits in einer Anmerkung zu seinem Chronikeintrag aufgezeigt und in seiner 1908 publizierten Miszelle ausführlich dargestellt hat (vgl. bei Anm. 25), unterblieb bei Brinkmann.

68 Vgl. bei Anm. 21. Rezipiert wurde EILMAR, Kirchen Historie (wie Anm. 19), im 18. Jahrhundert in der deutschsprachigen Übersetzung und Bearbeitung von Brvzen la Martiniere [Antoine Augustin BRUZEN DE LA MARTINIÈRE], Historisch-Politisch-Geographischer Atlas der gantzen Welt … [Dictionnaire Geographique et Critique]. Siebender Theil, Lo.–M., Leipzig 1747, Sp. 2043–2050 (Art. „Mühlhausen"), hier Sp. 2048 („In der Barfüsser-Kirche, ohnweit des Ortes, wo die *Collecte* gesungen wird, liegt der Heilige *Hermannus* begraben."). Den Hinweis bietet JORDAN, Chronik der Stadt Mühlhausen (wie Anm. 25), S. 57 f., Anm. ***.

69 Wie Anm. 19.

70 Vgl. Kurt DÖBLER, Der heilige Hermann von Mühlhausen, in: Thüringer Tageblatt 20./21. Juni 1953 (eingesehen Zeitungsausschnitt StadtA Mühlhausen, 62/15, Bd. 49), der – anders als die beiden anderen hier zu nennenden Autoren – über die in Jordans Chronik-Eintrag zu 1287 (wie Anm. 25) wiedergegebene Passage Eilmars hinaus auch die Nachrichten Vollands in seine kurze Darstellung einbezieht und der Bartholomäus von Pisa als maßgebliche Quelle Eilmars benennt. Vgl. daneben R. G., Der heilige Hermann von Mühlhausen OFM, in: Vita seraphica. Anregungen und Mitteilungen aus der sächsischen Franziskanerprovinz 37 [1956], S. 76 f. (Wiederabruck aus: Thüringer Tageblatt vom 9. April 1952; nochmals abgedruckt unter dem Titel „Der heilige Hermann von Mühlhausen. Ein seltener Fund im Mühlhäuser Stadtarchiv", in: Katholisches Hausbuch 11 [1962], S. 171), und Herbert OBERTHÜR, Hermann von Mühlhausen. Liborius Wagner, in: Im Land der heiligen Elisabeth. Glaube und kirchliches Leben im Bereich des Bischöflichen Amtes Erfurt-Meiningen, Leipzig ²1986 (1. Aufl. 1985), S. 44–46, hier S. 44 f.

Rolf Hammel-Kiesow

Glaubenspolitik im Vergleich – Die Aufnahme von Glaubensflüchtlingen in Hamburg und Lübeck im späten 16. und 17. Jahrhundert

„Stadtgeschichte war im 16. Jahrhundert in einem heute schwer vorstellbaren Maße zugleich Kirchengeschichte".[1] Theologische Differenzen wurden öffentlich ausgetragen und die Prediger hatten eine große Bedeutung in der öffentlichen Meinungsbildung. Der Rat in seiner Rolle als „oberster Kirchenherr" war für die Einhaltung der rechten Lehre zuständig, konnte diese für den inneren Frieden in der Stadt eminent wichtige Aufgabe aber nur in enger Kooperation mit der Geistlichkeit wahrnehmen. Insbesondere für Lübeck hatten die Glaubensfragen ein großes Gewicht, da die Stadt „als Hort des konservativen Luthertums […] überregionale Bedeutung in den theologisch komplizierten, gleichwohl aber politisch relevanten Streitigkeiten innerhalb des Protestantismus" gewann.

Von zentraler Bedeutung war die Klärung der konfessionellen Identität der jeweiligen Gemeinde, im Falle Lübecks und Hamburgs also die Behauptung des Luthertums gegenüber dem römischen Katholizismus, im späten 16. und im 17. Jahrhundert aber auch gegen andere Formen des Protestantismus, vor allen Dingen gegenüber den Reformierten, und gegenüber Juden und getauften Juden von der Iberischen Halbinsel, den sog. Conversos. Da Lübeck und Hamburg als Fernhandelsstädte außerdem diplomatische Beziehungen und Handelsverbindungen zu Städten und Territorien mit anderen Konfessionen hatten, konnten die religiösen Auseinandersetzungen brisante außenpolitische und wirtschaftliche Folgen haben bzw. konnten diplomatisch-wirtschaftspolitische Entscheidungen zu enormen religiös bedingten Verwerfungen innerhalb der Stadtgesellschaft führen.

Dieses spezifische Problem des Umgangs mit Andersgläubigen war Teil einer verwickelten Gemengelage von weiteren Problemen: Erstens der Strukturwandel in der europäischen Wirtschaft des späten 15. und des 16. Jahrhunderts mit erheblichen Auswirkungen auf das hansische Handelssystem, in das Lübeck und Hamburg eingebunden waren.[2] Zweitens die Neuordnung der innerstädtischen Machtverhältnisse in und nach der Reformation bis hin zur Tendenz der städtischen Räte, sich als Obrigkeit ihrer jeweiligen

Bürgerschaften zu verstehen, und einer dadurch hervorgerufenen Opposition dagegen, was sich wiederum mit Glaubensfragen verband, da das orthodoxe Luthertum die mittelalterliche Drei-Stände-Lehre wiederbelebt hatte und daraus das Recht zur Obrigkeitskritik und zum Widerstand ableitete.[3] Drittens kamen die Auswirkungen der Reformation auf die Stellung der Städte im Reichsgefüge und insbesondere in den Territorialstaaten hinzu, die die relative Autonomie vor allem vieler niederdeutscher Hansestädte gefährdeten, zunehmend einschränkten und schließlich beendeten. Alle diese Politikfelder waren miteinander verbunden, was die Beilegung einmal entstandener Konflikte erschwerte.

I

In der Frage der Aufnahme von Glaubensflüchtlingen anderer Konfessionen schlugen die beiden nahe beieinanderliegenden, politisch und in Glaubensfragen oft eng zusammenarbeitenden Hansestädte Lübeck und Hamburg völlig unterschiedliche Wege ein, die auch für die wirtschaftliche Weiterentwicklung der beiden Städte unterschiedliche Folgen haben sollten.[4] Zunächst hatten die Ratsgremien beider Städte bis zum Beginn der 1560er Jahre einvernehmlich die Niederlassung von Glaubensflüchtlingen innerhalb ihrer Mauern abgelehnt. Die traditionelle hansische Abgrenzungspolitik gegenüber butenhansischen, also nichthansischen Kaufleuten in den Hansestädten wurde somit ergänzt durch die Abwehr von Angehörigen fremder Religionen von Seiten der lutherischen Orthodoxie. 1535 hatten gemeinsame Mandate der sechs wendischen Städte, eben Lübeck und Hamburg, dazu Wismar, Rostock, Stralsund und Greifswald, gegen die Wiedertäufer eingesetzt und 1555 beschlossen sie,[5] dass gegen die Anhänger der Irrlehren, gegen Täufer und Calvinisten, „das Ketzerrecht des Reiches angewandt werden [sollte]. Das hieß: genaue Kontrolle, wer seine Kinder nicht taufen ließ und nicht am Abendmahl teilnahm. Die Bürger sollten bei der Überwachung mithelfen und den Täufern weder Unterkunft noch Arbeit gewähren". Dieses 1555er-Mandat war die unmittelbare Antwort auf die erste Auswanderungswelle flämischer Calvinisten, die seit 1546 aus den flandrischen Städten geflohen und nach England emigriert waren, 1553 unter Maria der Katholischen wiederum aus England fliehen mussten und auf ihrer anschließenden Odyssee weder in Kopenhagen, Rostock oder Wismar, noch in Lübeck oder Hamburg aufgenommen wurden.[6] Als sie in Hamburg um Aufnahme baten, herrschte dort zwischen dem Rat und einem großen Teil der Geistlichkeit eine heftige Abendmahlskontroverse,[7] so dass für Maßnahmen zugunsten reformierter Zuwanderer keine Möglichkeit bestand, es sei denn, der Rat hätte heftige innenpolitische Erschütterungen und die Aufkündigung des innerstädtischen Religionsfriedens hinnehmen wollen. Bei den Emigranten dieser Jahre handelte sich vor allem um kleine Handwerker der Textilbranche, die sich schließlich in Emden niederlassen durften, wo sie in der Folge die Textilindustrie stärkten.[8]

II

Die gemeinsame Politik Lübecks und Hamburgs endete im Jahr 1567, als die englischen Merchant Adventurers, anglikanischen Glaubens, in Hamburg ihre erste auf zehn Jahre befristete Aufenthaltsgenehmigung bekamen, nachdem Elisabeth I. deren Niederlassung in Antwerpen endgültig hatte schließen lassen. Die Engländer wurden den Bürgern in ihren Handelsrechten weithin gleichgestellt. Sie mussten nur das hamburgische Stapelrecht respektieren und durften sich weder am Einzelhandel noch an der Tuchfärberei und Tuchbereitung beteiligen. In zwei zugewiesenen Häusern führten sie ein von der hamburgischen Bevölkerung streng abgeschlossenes Leben. Sowohl die Hanse, vertreten durch ihren Syndikus Sudermann, als auch die Geistlichen und wohl die Mehrheit der Bürger in Hamburg waren gegen diese Niederlassung: Erstens aus Glaubensgründen, zweitens wegen des Monopols, das die Merchant Adventurers auf den englischen Tuchexport zum Kontinent beanspruchten, und drittens wegen der niederländischen Kaufleute. Denn diese rissen auf der Grundlage ihrer alten Antwerpener Verbindungen mit den Engländern den Weitervertrieb der englischen Tuche in Hamburg an sich und wurden auch im Detailhandel tätig. Die Hamburger Wandschneider und Tuchhändler, die die Ratspolitik bei der Ansiedlung der Merchant Adventurers unterstützt hatten, wurden daher in der Folge zu Gegnern dieser liberalen Fremdenpolitik des Rats. Hansische Abgrenzungspolitik und lutherische Orthodoxie errangen nochmals einen Erfolg in Hamburg, als die Merchant Adventurers 1577 die Stadt wieder verlassen mussten.[9] Das war innenpolitisch nicht anders möglich, da der Rat in diesem Jahr die Konkordienformel unterschrieben hatte und zudem das Konkordienbuch, die Sammlung lutherischer Bekenntnisschriften, herausgegeben wurde.[10] Darüber hinaus stellte der Bürgerrezess von 1579 den Gästehandel ausdrücklich unter Strafe.[11] Es wird bei alledem deutlich, wie der Rat angesichts der Widerstände aus Bevölkerung und Geistlichkeit taktieren musste.

Nun zu den Niederländern: Seit die Merchant Adventurers 1567 ihre Woll- und Tuchstapel nach Hamburg verlegt hatten, folgten ihnen calvinistische Textilarbeiter aus Antwerpen, deren Spezialität das Appretieren von Tuchen war, sowie auch niederländische Kaufleute, vor allem Antwerpener Emigranten, da sie mit den englischen Kaufleuten in Antwerpen enge Beziehungen unterhalten hatten. Nach 1585, als Antwerpen endgültig von den Spaniern erobert worden war, ließ sich eine große Anzahl der von dort kommenden Flüchtlinge in Hamburg nieder und bildete bald mit ihren Beziehungen einen neuen Brennpunkt für den Hamburger Handel.[12] Im Hinblick auf ihre soziale Herkunft und wirtschaftliche Tätigkeit unterschieden sich diese Personen stark von den kleinen Handwerkern der Textilbranche, die 1554 um Aufnahme gebeten hatten. Nun waren es vor allem Kaufleute, die sich einen Fluchtort wählten, der wirtschaftlich günstige Aussichten bot.[13]

Unter den Emigranten waren nicht nur Reformierte, sondern auch Lutheraner, deren Eingliederung einfacher vonstattenging.[14] Sie gingen bald in der Bevölkerung auf und erlangten neben Wohlstand auch politisches Gewicht. Sie erhielten das Bürgerrecht, während die nicht-lutherischen Zuwanderer den Hamburger Bürgern zwar wirtschaftlich gleichgestellt wurden, ansonsten aber keine weitergehenden Bürgerrechte hatten.

Gleichzeitig mit den niederländischen Zuwanderern kamen spanische und portugiesische Conversos in die Stadt an der Elbe, also Juden, die sich einer Taufe, die zumeist eine Zwangstaufe gewesen war, unterzogen hatten.[15] Das war nicht nur der wirtschaftlichen und politischen Führungsgruppe, sondern breiten Kreisen der Bevölkerung bekannt. Aber erst 1599 wurden die Portugiesen zum ersten Mal öffentlich mit dem Judentum in Verbindung gebracht. In der „Historia Ecclesiasticae" wird berichtet, dass die Schwiegermutter eines portugiesischen Kaufmanns, die „eine Judinn" gewesen wäre, „ther Eren erlich" bestattet worden sein soll.[16] Die Conversos scheinen aber gegenüber anderen Nichtlutheranern nicht erkennbar benachteiligt worden zu sein, wobei das große gesellschaftliche Ansehen vieler dieser Familien eine Rolle gespielt haben mag.[17]

Die Hamburger Bürgerschaft brachte das Thema der jüdischen Neigungen der Portugiesen im Konvent mit dem Rat vom 8./9. Dezember 1603 vor. Ihren Antrag, Portugiesen jüdischen Glaubens aus der Stadt zu verweisen, ließ der Rat unbeantwortet, vermutlich weil es die damals laufenden schwierigen Verhandlungen mit der Bürgerschaft um die Niederlassung der niederländischen Kaufleute erschwert hätte. Die Bürgerschaft war vermutlich der Meinung, dass die Portugiesen „mehrentheils Juden" seien, wie es die Oberalten in diesem Jahr formulierten. Die Beschwerden der Bürgerschaft richteten sich gegen die in ihren Augen zu niedrigen städtischen Abgaben der Portugiesen, wobei

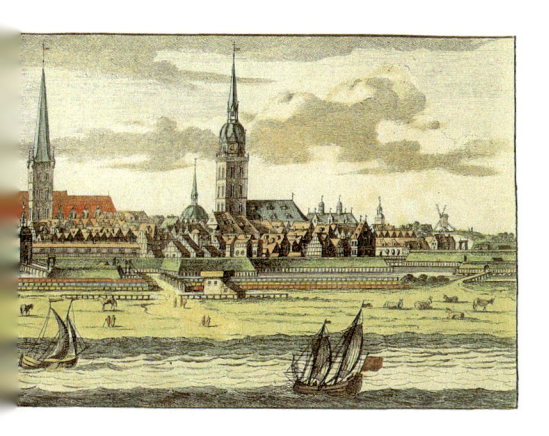

Abb. 1: Die Stadt Hamburg. Kolorierter Kupferstich von Peter Schenk dem Älteren, 1682 (https://commons.wikimedia.org/wiki/File:1682_Hamburg_Schenk.jpg#/media/File:1682_Hamburg_Schenk.jpg)

es ihnen weniger um einen gerechten Beitrag zu den städtischen Lasten ging, sondern um die finanzielle Ausbeutung der Juden, wie es in den anderen Städten und Herrschaften des Reiches damals üblich war. Diese Politik wäre sicher geeignet gewesen, die portugiesischen Kaufleute aus der Stadt zu vertreiben. Im gleichen Jahr 1603 war der Rezess verabschiedet worden, dessen erster Artikel auch den Rat verpflichtete, für Vorrang und Erhalt des lutherisch-orthodoxen Bekenntnisses in der Stadt einzutreten. Es gelang den Ratsherren jedoch, das Problem „auszusitzen", denn im Konvent vom Oktober des Jahres 1605 war von einer Ermittlung nach Portugiesen jüdischen Glaubens nicht mehr die Rede.[18]

Mit allen nicht-lutherischen Zuwanderergruppen suchte der Rat seit der Wende vom 16. zum 17. Jahrhundert in ein festes Vertragsverhältnis zu kommen. 1605 schloss er mit 130 reformierten niederländischen Familien gegen jährliche Abgaben sog. Fremdenkontrakte, ähnlich 1612 mit der portugiesischen Judengemeinde,[19] so dass man sagen kann, dass sich die Stadttore für Juden erstmals zu Beginn des 17. Jahrhunderts öffneten. Das war aus heutiger Perspektive zweifellos ein Zuwachs an Liberalität in Religionsfragen, der allerdings am Ende des Jahrhunderts wieder rückgängig gemacht wurde.[20] Ebenfalls zu Beginn des 17. Jahrhunderts, im Jahr 1611, erhielten die Merchant Adventurers unter Erneuerung ihrer Privilegien ein dauerndes Aufenthaltsrecht. Nach der Schließung des Stalhofs in London 1594 durch Königin Elisabeth I. hatte Hamburg begonnen, erneut um die Engländer zu werben. Die Merchant Adventurers blieben bis 1806 in der Stadt.[21] Sowohl die Politik den Engländern gegenüber als auch die Aufnahmeverträge mit den reformierten Niederländern und den portugiesischen Juden zeigen eine recht elastische Haltung des Hamburger Rats.

Welche wirtschaftlichen Vorteile zog Hamburg nun aus der, man muss es immer wieder betonen, vom Rat gegen großen Widerstand aus der Geistlichkeit und aus der Bürgerschaft durchgesetzten Aufnahme von Glaubensflüchtlingen?

Die Vermögen, die zukunftsweisenden Handelspraktiken und die weiträumigen Geschäftsverbindungen der emigrierten Kaufleute zu ihren Verwandten und Geschäftspartnern in Amsterdam, London und Middelburg, in Spanien und Italien, aber auch in Köln und Frankfurt hatten große Bedeutung für den Aufstieg Hamburgs.[22] Da die Niederlande wegen ihres Konflikts mit Spanien im Spanienhandel ausfielen, konnte vor allem Hamburg, aber auch Danzig und Lübeck, deren Position einnehmen. Alle kriegführenden Staaten benötigten Getreide, Holz, Kupfer, Salpeter, aber auch Käse und Butter, die die niederländischen Bauern und Kaufleute exportieren wollten, dafür aber Getreide benötigten, das nur aus den deutschen Häfen zugeführt werden konnte. Man benötigte auch Erzeugnisse aus Spanien, die über Deutschland nach England und den Niederlanden gehandelt werden konnten. Besonders die nach Hamburg emigrierten Niederländer beherrschten den größten Teil des Handels mit der Iberischen Halbinsel, nicht zuletzt wegen ihrer bereits früher geknüpften Handelsbeziehungen. Hamburger Handelshäuser errichteten Niederlassungen in den wichtigsten iberischen Häfen, wie z. B. in Lissabon und St. Lucar. Die Hanse, vertreten wiederum von Hamburg, Lübeck und Danzig, entsandte ihre letzte große Gesandtschaft im Jahr 1607 an den Königshof in Madrid, wo sie erfolgreich einen Handelsvertrag abschloss.[23] „Die ersten Umsatzkonten der 1619 gegründeten Hamburger Bank zeigten, dass Emigranten aus den Niederlanden und dem Aachener Raum zwei Drittel der reichsten Kaufleute in der Stadt ausmachten. Neben ihnen erlangten die aus Portugal eingewanderten Juden besonders im Pfefferhandel zeitweilig eine monopolartige Stellung und sicherten Hamburg eine wichtige Rolle im europäischen Gewürzhandel". Die Niederländer brachten auch modernere Handels- und Betriebsformen mit. Kommissions-, Speditions- und Wechselgeschäfte nahmen offensichtlich rascher zu als der ebenfalls wachsende Eigenhandel. „Die fortschreitende Spezialisierung von Handelsfunktionen und Warenzweigen führte neben der Trennung von Groß- und Einzelhandel zur Verselbständigung des Bank-und Maklergewerbes, wiederum unter Führung der niederländischen Einwanderer, die insbesondere am Aufbau des Seeversicherungswesen maßgeblichen Anteil hatten, während sich an der Entwicklung des Geld- und Wechselgeschäfts auch die portugiesischen Juden lebhaft beteiligten".[24] Seit dem späten 16. Jahrhundert war Hamburg durch die niederländischen Emigranten und iberischen Sephardim in das internationale System des bargeldlosen Zahlungsverkehrs eingebunden, was durch seine Aufnahme in die Wechselpreiskuranten der nordwesteuropäischen Finanzmärkte, allen voran in den Amsterdamer Preiskuranten belegt wird.[25]

Auch wenn sich einige Kaufleute in Bremen niederließen, so wählte die Mehrheit Hamburg, weil sie dort zurecht den Gewinn versprechenden Handel mit England, die ergiebigen Beziehungen mit dem nordöstlichen Europa über Lübeck und die intensiven Beziehungen auf der Süd-Nord-Achse von und nach Venedig vermuteten.[26]

Neben den Kaufleuten und der Textilindustrie waren Juweliere, Diamantenhändler, Gold- und Silberarbeiter unter den Emigranten, für das Perlengeschäft waren die Marranen, wie die portugiesischen und spanischen bekehrten Juden auch genannt wurden, sehr wichtig, die aber hauptsächlich in Frankfurt saßen, wo sie den Diamanten- und Goldmarkt beherrschten. Bereits in den 1560er Jahren hatte der Hamburger Rat außerdem die Ansiedlung eines Amsterdamer Trippenfabrikanten zugelassen und damit mit zünftlerischen Traditionen gebrochen, da er „diesen und anderen Fremden weitreichende Rechte [überließ], die in eklatantem Widerspruch zu dem herrschenden Wirtschaftssystem standen: unbeschränkte Arbeiterzahl, fabrikartige Betriebsformen, Detailverkaufsrecht und Freiheit von städtischen Abgaben".[27] Als 1611 die Merchant Adventurers den Woll-, Tuch- und Lakenstapel wieder nach Hamburg verlegten, siedelten unter vielen Niederländern auch die seit 1599 in Emden tätigen Gewürzfaktoren nach Hamburg über.[28]

Hamburg war um 1600 mit annähernd 40.000 Einwohnern zur größten Stadt im Norden des Reiches aufgestiegen, insbesondere Dank des Zustroms niederländischer Emigranten und portugiesischer Juden, die insgesamt möglicherweise ein Viertel der Stadtbevölkerung ausmachten.[29] Genaue Zahlen sind jedoch nicht überliefert. Auch ist die Anzahl der Flüchtlinge nicht annähernd festzulegen, da sie oft von Ort zu Ort zogen und häufig nicht gemeldet waren. Sowohl die niederländische als auch die portugiesische Kaufmannsgemeinde waren von einer starken Fluktuation geprägt. Die Beurteilung des Lübecker Rates, der meinte, dass die fremden Kaufleute in Hamburg dort „mehrenteils nur residieren und heut alda, bald aber anderswo hinziehen",[30] war einerseits zwar durchaus zutreffend, aber andererseits sind die oben angesprochenen Umsatzkonten der 1619 gegründeten Hamburger Bank ein deutlicher Beleg für die Wirtschaftskraft zumindest der Spitzengruppe der Glaubensflüchtlinge. Aber selbstverständlich bildete Hamburg wie viele andere Orte für die Kaufleute oft nur eine Etappe auf einem längeren Migrationsweg. Sie wechselten den Ort ihrer Niederlassung in Abhängigkeit von den wirtschaftlichen, politischen und kriegerischen Gegebenheiten, von Geschäfts- und Heiratsstrategien und aus persönlichen Gründen. Es gibt unzählige Beispiele von Niederländern und Portugiesen, die mehrfach ihren Wohnort wechselten. Bezüglich der niederländischen Kaufleute spricht Heinz Schilling sogar davon, dass ihre Auswanderung „häufig eher den Charakter einer Geschäftsverlegung als den einer Flucht" gehabt habe. Die meisten seien aber gleichwohl überzeugte Calvinisten gewesen.[31]

Oben war bereits die Rede von 130 Familien von Niederländern reformierten Glaubens im Jahr 1605. Die sephardischen Juden kamen erst im Laufe des 17. Jahrhunderts in größerer Zahl nach Hamburg. 1610 waren erst ca. 20 Haushaltungen und einige Junggesellen, insgesamt ca. 110 Menschen, in Hamburg ansässig. 1646 sollen es ungefähr 100 Familien mit 600 bis 800 Gemeindemitgliedern gewesen sein.[32] Betrachtet man es von der Ausgangsregion der Fluchtbewegung her, so waren von den rund 90.000 Einwohnern, die Antwerpen um 1566 hatte, im Jahr 1589 nur noch 42.000 in der Stadt, so dass man mit ca. 30.000 Flüchtlingen im Verlauf der vier Jahre von 1585 bis 1589 allein aus Antwerpen rechnen muss. Für Gent rechnet man 1585/87 7.000 bis 9.000, dazu kommen noch Flüchtlinge aus Maastricht, aus dem Maasland, aus Verviers und Lüttich, aus Brüssel, Ypern, Brügge usw., also von überall, wo zwischen 1578 und 1583 reformierte Gemeinden gegründet worden waren.[33] Wie groß auch immer die genaue Zahl der nach Hamburg eingewanderten Glaubensflüchtlinge gewesen sein mag, auf die Wirtschaft der Stadt hatten sie sowohl in Bezug auf den Waren- und Geldhandel als auch auf die gewerbliche Produktion einen enormen Einfluss.[34]

III

Wie war nun die Lage in Lübeck? Dort ist die Überlieferungslage recht schlecht, da der Bestand „Ecclesiastica" des Archivs der Hansestadt Lübeck nach seiner Auslagerung im Zweiten Weltkrieg und der glücklicherweise erfolgten Rückführung 1990 noch nicht geordnet und verzeichnet ist.[35] Zudem sind die Ratsprotokolle erst seit 1597 überliefert, so dass zu den zweifellos stattgefundenen Zuwanderungsdebatten vom sechsten Jahrzehnt des 16. Jahrhunderts bis 1597 keine Überlieferung vorliegt. Fragen wir also, was die ältere Lübecker Stadtgeschichtsschreibung, die z. T. noch Zugriff auf die „Ecclesiastica" hatte, über diese Vorgänge berichtet.

Im zweiten 1784 erschienenen Band seiner „Umständliche[n] Geschichte der Kaiserlichen und des Heiligen Römischen Reichs Freyen Stadt Lübeck" schreibt Johann Rudolph Becker, dass etliche von den wegen der Politik des Herzogs Alba und der spanischen Truppen geflüchteten niederländischen Manufakturisten und Kaufleuten reformierten Glaubens sich in Lübeck gemeldet hätten und mit ihren Familien „unter gewissen Bedingungen sich hieselbst niederzulassen begehreten". Man wollte aber die verlangte freie Ausübung der reformierten Religion „um etwa eines zeitlichen Nutzens willen" nicht gestatten, weil dadurch zwei verschiedene „Religionsverwandte" in der Stadt aufgenommen wären. Die Geistlichkeit habe mit großer Heftigkeit dagegen gepredigt und geschrieben und die Politiker argumentierten, „dass durch die Aufnahme dieser Flüchtlinge den verfallenen Commercio und Stadtwesen im Grunde nichts geholfen sein würde". Die Emigranten wurden nicht angenommen. Becker lässt offen, ob diese Entscheidung richtig gewesen sei, betont aber, dass das benachbarte Hamburg „aus der gutwilligen Aufnahme eben dieser Flüchtlinge so stattlichen Nutzen gezogen" habe.[36] Da es in den folgenden Jahren bis ins zweite Jahrzehnt des 17. Jahrhunderts keine Hinweise auf Auseinandersetzungen in der Stadt in Bezug auf Glaubensflüchtlinge gibt – nicht einmal im Zusammenhang mit den sog. Reiserschen Unruhen zu Anfang des 17. Jahrhunderts, in deren Folge viele bürgerliche Gravamina geklärt wurden –[37], scheinen Rat und lutherische Geistlichkeit eine gemeinsame Politik betrieben und Ansiedlungswillige bereits im Vorfeld abgewiesen zu haben.

1613 kam es jedoch zu einem Konflikt, als im Bündnisvertrag zwischen Lübeck und den (reformierten) Generalstaaten, dem später auch andere Hansestädte beitraten, in Artikel 10 in Bezug auf die Religionszugehörigkeit festgelegt wurde, dass „den Untertanen in den an dieser Vereinigung anteilnehmenden Städten, […] wechselseitig das Bürgerrecht zugestanden werden [sollte], ohne Unterschied der Religion, falls sie sich nur zu einer solchen bekennen, welche im Heiligen Römischen Reich rezipiert und zugelassen ist, jedoch dass sie sich bürgerlich verhielten und nach den Gesetzen des Ortes, wo sie sich niederließen, richteten." Dieses Schutzbündnis, das die Aufnahme und Sicherstellung von Handelsbeziehungen und Schifffahrt zum Ziel hatte, bekam also Sprengkraft dadurch, dass es mit den Niederländern, die sich zur reformierten Kirche bekannten, geschlossen wurde.[38] Der Prediger an der Lübecker Marienkirche, Anton Burchard, predigte von der Kanzel gegen das Bündnis, bezeichnete es als sündlich und dem Worte Gottes geradezu zuwiderlaufend. Die Angelegenheit schaukelte sich durch Schriften und Gegenschriften Burchards und des Superintendenten Georg Stempel dermaßen hoch, dass Burchard vom Rat abgesetzt wurde und die Stadt verlassen musste.[39] Der Lübecker Rat zeigte somit eine gewisse „Tendenz hin zu konfessioneller Neutralität", allerdings nur in der Politik den Zielländern des Lübecker und des hansischen Handels gegenüber,[40] jedoch nicht in Bezug auf die selbstverantwortete Zuwanderung Andersgläubiger.

Als Lübeck rund 30 Jahre später, im Jahr 1646, dem Bündnis der Städte Bremen und Hamburg mit den Generalstaaten beitrat, das kurz zuvor geschlossen worden war,[41] scheint in der Stadt keine Unruhe ausgebrochen zu sein. Jedenfalls erfahren wir nichts davon. Man scheint sich mit den wenigen Bürgern reformierten Glaubens abgefunden zu haben, die aufgrund des Artikels 10 des Bündnisvertrags von 1613 in der Zwischenzeit aufgenommen worden waren.[42] Viele können es nicht gewesen sein, da sie 1692/93 – ihre Anzahl vorher lässt sich nicht ermitteln – nur rund 40 bis 50 Seelen zählten.[43]

Von Gastfreundlichkeit den Reformierten gegenüber konnte jedenfalls keine Rede sein. 1666 durften die Anhänger der reformierten Lehre nach heftigen Streitigkeiten zwar mit Erlaubnis des Rates einen Prediger berufen und Gottesdienst in einem Gartenhaus eines Ratsherrn außerhalb der Stadtmauer in der St-Lorenz-Vorstadt abhalten. Dann aber wurde ihnen verboten, die Stadttore zu passieren und Soldaten sollten den reformierten Prediger unter Arrest stellen, wenn er Gottesdienst hielte. Erst als der reformierte Kurfürst von Brandenburg mit Unterstützung seiner Schwester, der Landgräfin von Hessen-Kassel, im Jahr 1669 drohte, im Falle weiterer Bedrückungen der Reformierten in Lübeck gegen die Lutherischen in seinem Land Repressalien anzuwenden, kehrte Ruhe ein.[44]

Allerdings hatte der Rat schon vor 1666 die Reformierten aufgefordert, mehr Kaufleute und „Manufacturiers" für Lübeck anzuwerben, anscheinend aber ohne Erfolg. 1670 publizierte er einen Erlass ebenfalls mit dem Ziel, Handel- und Gewerbetreibende nach

Abb. 2: Die Stadt Lübeck (Aus: Georg Braun und Franz Hogenberg, Civitates orbis terrarum, 1572/1618; Quelle: https://commons.wikimedia.org/wiki/File: Luebeck_Braun-Hogenberg.jpg#/media/File:Luebeck_ Braun-Hogenberg.jpg)

Lübeck zu holen, vor allem solche, die neue Arten der Produktion beherrschten. Der Widerstand des geistlichen Ministeriums führte dazu, dass die in einer besonderen Klausel vorgesehene Gewährung der privaten Religionsausübung an Calvinisten entfiel.[45] Vermutlich hatte der Rat damals schon die Hugenotten im Auge, die lange vor der Aufhebung des Edikts von Nantes im Jahr 1685 begonnen hatten, Frankreich zu verlassen. In dem Erlass gewährte der Rat besonders für Gewerbe mit Wolle, Leinen, Seiden und Haaren Vorteile, die auch fremden Kaufleuten zugestanden wurden. Ihnen wurden außerdem die Befreiung von der Amtspflicht, also der Zunftpflicht, sowie der ungehinderte Verkauf ihrer Waren in und außerhalb der Stadt zugesagt.

Im Frühjahr 1685 wollte sich eine, wenn auch nicht sehr große Gruppe von französischen reformierten Flüchtlingen in Lübeck niederlassen. Aber das Ministerium wich von seiner hergebrachten Taktik nicht ab. Gegen die Argumente des Rats, der vor allen Dingen die fiskalischen Vorteile für die wirtschaftlich dahinsiechende Stadt hervorhob, machte das Ministerium geltend, dass die meisten der bürgerschaftlichen Kollegien gegen eine Aufnahme seien. Man fürchtete, dass die fremden Gäste aufgrund ihres großen Kapitals den Handel und die Produktion an sich ziehen und die Einheimischen um ihre Nahrung bringen würden. „Um eines zeitlichen Vorteils willen dürfe man diese ‚Sacramentierer' nicht aufnehmen, die doch nicht von ihren Fundamentalirrtümern abgehen würden, sondern im Gegenteil durch ihre Reichtümer noch die Bürger Lübecks zur Annahme des reformierten Bekenntnisses verleiten könnten. Vor allem aber sei es für den Rat unmöglich, sich über die Fundamentalgesetze und Konkordate der Stadt hinwegzusetzen: So hindere ihn an seinem Vorhaben ein Dekret von 1526, nach dem Sacramentierer sich in einer gewissen Zeit aus der Stadt machen müssten".[46] Die Angelegenheit war für die Politik des Rates deswegen brisant, weil die 1669 ausgehandelte Lübecker Stadtverfassung vorschrieb, dass ein Beschluss dieser Art im Einvernehmen mit den bürgerlichen Kollegien in der Bürgerschaft ausgehandelt werden musste.[47]

1687/88 kamen weitere Gruppen französischer Reformierter nach Lübeck und spalteten die Bürgerschaft in zwei Lager. Die vornehmen Kollegien der Bürgerschaft (Junkerkompanie, Kaufleutekompanie) und die Commerzierenden Zünfte mit Ausnahme der Rigafahrer (Schonenfahrer, Nowgorodfahrer, Stockholmfahrer, Bergenfahrer) sowie die Brauer stimmten für deren Aufnahme. Die Rigafahrer, Gewandschneider, Krämer, Schiffer und die Ämter (Zünfte) lehnten dies ab. Die Mehrheit der Stimmen der Vornehmeren gab den Ausschlag.[48] Der Rat gestattete den Zuwanderern deutschen und französischen Gottesdienst. Taufen und Trauungen blieben allerdings einigen Beschränkungen unterworfen.[49] Die Gründe für die Aufnahme der Franzosen waren in der Hauptsache rein wirtschaftlicher Natur. Sie waren nicht christlicher Nächstenliebe entsprungen, auch wenn der Rat 1685 die Duldung des reformierten Gottesdienstes mit dem bemerkenswerten Argument begründete, dass dieser Glaube sich vom lutherischen kaum unterscheide.[50] Unter dem außenpolitischen Druck, den der brandenburgische Kurfürst seit 1669 ausübte, und aus wirtschaftlichen Gründen zeigte der Lübecker Rat den evangelischen Glaubensbrüdern und -schwestern gegenüber zunehmend mehr Toleranz und unterstützte die vom geistlichen Ministerium vertretene Politik gegen fremde Konfessionen nicht mehr vorbehaltslos.[51]

Allerdings wurden die Hoffnungen, kapitalkräftige Hugenotten nach Lübeck zu ziehen, enttäuscht. Die Ratsprotokolle vom 12. und 13. Januar 1689 zeigen, dass nur ärmere Réfugiés, die außer ihrer Armut nur ihre Erwerbstüchtigkeit mitbringen konnten, nach Lübeck kamen.[52] Alles was der Rat machen konnte, war, die Zuwanderer gegenüber den Lübecker Handwerkern in Schutz zu nehmen, denn die erschöpften Finanzen der Stadt gestatteten den Réfugiés noch nicht einmal eine Anzahl von Freijahren oder den

Erlass von Zöllen und Akzisen zu bewilligen, so dass Lübeck einen enormen Wettbewerbsnachteil gegenüber anderen Städten und Territorien wie z. B. Brandenburg hatte, wo die zuwandernden Franzosen große Vorteile erhielten. In Lübeck mussten sie sogar Schutzgeld zahlen, damit sie zugelassen wurden.[53] So wurden zwischen 1686 und 1760 nur rund 300 Einwanderer aktenkundig, wovon ca. die Hälfte in die Jahre 1686 bis 1710 fiel.[54] 1692/93 lebten rund 40 bis 50 Reformierte in Lübeck.[55] Genauere Angaben sind nicht möglich, da viele Hugenotten sich nur sehr kurze Zeit in Lübeck aufhielten. Viele wanderten nach Altona, Hamburg oder Berlin weiter, wo man ihnen mit größerer religiöser Aufgeschlossenheit begegnete.[56] Insgesamt gesehen blieb der erhoffte wirtschaftliche Erfolg aus, auch wenn einige typisch französische Handwerke und Industrien in der lederverarbeitenden und textilen Industrie in Lübeck etabliert werden konnten, insbesondere was die Herstellung von weichem und feinen Leder, das Strumpfwirken und die Spitzenherstellung betraf, aber auch das Schmieden von Bestecken und anatomischen und chirurgischen Instrumenten (deren Produzenten jedoch bald in andere Hugenottenkolonien wechselten, da sie der Senat nicht gegen die Schmiedezunft schützte). Waffenschmiede wurden dagegen vom Rat als Freimeister zugelassen ebenso wie Krämer mit neuem Warenangebot (Parfüms, Kosmetika, Tabakwaren, Tee, Kaffee und Schokolade).[57]

Zur Lage der Katholiken im lutherischen Lübeck: Das evangelische Bistum Lübeck war seit 1561 in der konfessionspolitischen Landschaft des Reiches eine einzigartige Institution.[58] Unter anderem waren zwei der zwölf Domherrenstellen bis zum Ende des Heiligen Römischen Reiches mit Domherren katholischen Glaubens besetzt. Sie durften Gottesdienst in ihren Wohnungen halten. Unberechtigte, die daran teilnehmen wollten, wurden von Wachen ferngehalten, die der Rat vor diesen Häusern aufstellen ließ. Herrscherliche Mandate, die der kaiserliche Resident Adrian Müller erlangte, konnten den Rat nicht dazu bewegen, Taufen und Trauungen nach katholischem Ritus zuzulassen. Auf gleichbleibender Rechtslage trat jedoch allmählich Duldung ein.[59]

Juden war die Niederlassung in der Stadt verboten. Als der Rat im Jahr 1698 einigen dennoch den Aufenthalt in der Stadt gewährte, gab es einen Volksauflauf. Die Juden wurden vertrieben. 1701 gestattete der Rat trotz massiver Widerstände aus dem geistlichen Ministerium und der Bürgerschaft einem (!) Schutzjuden gegen ein Schutzgeld in der Stadt zu wohnen und Geldwechsel, Trödelei und Pfandleihe zu betreiben, die anderen mussten im nahen Dorf Moisling wohnen, wo sich 1656 die ersten aus Polen kommenden Juden niedergelassen hatten. 1667 ließ der Lübecker Bürgermeister Gotthard von Höveln, der sich im Konflikt mit einem Teil der Ratsherren und der Bürgerschaft befand, Moisling unter königlich-dänische Schutzherrschaft stellen, die sein Schwiegersohn und Erbe Gottschalk von Wickede 1686 auf die dort wohnenden Juden ausdehnen ließ. Lübeck durften die Moislinger Juden nur für Stunden und in Begleitung eines Stadtsoldaten betreten, um Kleinhandel zu treiben.[60]

IV

Wie aufgezeigt, war der Unterschied zwischen Hamburg und Lübeck im Hinblick auf die Aufnahme von Glaubensflüchtlingen also enorm groß: in Hamburg sollen Anfang des 17. Jahrhunderts ein Viertel der rund 40.000 Stadtbewohner Glaubensflüchtlinge gewesen sein, in Lübeck zählte man in den 1690er Jahren bei wohl weniger als 20.000 Einwohnern höchstens ein halbes Hundert Reformierte. Was können wir über die wirtschaftlichen Folgen feststellen?

Die unterschiedlich verlaufende wirtschaftliche Entwicklung der beiden Städte dürfte in ursächlichem Zusammenhang mit dieser unterschiedlichen Politik Glaubensflüchtlingen gegenüber gestanden haben, eingewoben allerdings in die Veränderungen der europäischen Wirtschaftslandschaft seit dem 16. Jahrhundert, die Hamburg dank seiner geographischen Lage und seines über die Elbe erschlossenen Hinterlandes die Einbindung in das atlantische Wirtschaftssystem ermöglichte. Lübeck, bis ins 16. Jahrhundert hinein weit bedeutender als Hamburg, wurde in der zweiten Hälfte dieses Jahrhunderts von der Elbestadt im Hinblick auf Einwohnerzahl – um 1600 hatte Lübeck ca. 25.000, Hamburg 36–40.000 Einwohner – und Vermögensentwicklung, bemessen nach den Schosseinnahmen, überholt. Die nachfolgende Darstellung der Schosseinnahmen, der Steuereinnahmen der beiden Städte bis 1650,[61] kann allerdings die Komplexität der Interpretation solcher Schosskurven und der damit verbundenen Probleme nur anreißen. Sie wurden an anderer Stelle ausführlicher behandelt.[62] Aber zur Verdeutlichung der unterschiedlichen Entwicklungen wird die folgende kurze Darstellung genügen.

Zunächst zu Lübeck (Abb. 3): Dort war der Schoss eine gemischte Vermögens- und Personalsteuer, die Bürger und Einwohner zahlen mussten. Die Erhebung beruhte auf Selbsteinschätzung der Veranlagten, die Ablieferung erfolgte jedoch seit dem 15. Jahrhundert (nachweisbar seit 1459) nur noch für die Reicheren geheim. Zunächst seien kurz die Eckdaten des Verlaufs geschildert: Nachdem die Schosseinnahmen im Verlauf des 15. Jahrhunderts von rund 8.000 Mark lübisch (im Folgenden: m. l.) auf unter 2.000 m. l. gefallen waren, stiegen sie seit 1530/31 wieder an.[63] Im hier interessierenden Zeitraum seit der zweiten Hälfte des 16. Jahrhunderts erfolgte ein relativ kontinuierlicher Anstieg, bis 1606 erstmals die 19.000 m. l.- und 1617 die 20.000 m. l.-Grenze überschritten wurde. 1637, mitten im 30-jährigen Krieg, war mit 45.800 m. l. der Höhepunkt erreicht. Das sind allerdings die Nominalwerte in Mark lübisch. Rechnet man diese um in Mark Silber und berücksichtigt die Erhöhung des Steuersatzes im Jahr 1606 von 0,13 % auf 0,2 %, ergibt sich für die ersten Jahrzehnte des 17. Jahrhunderts ein etwas anderes Bild. (Abb. 4) Unbestritten bleibt jedoch das Anwachsen des versteuerten Gesamtvermögens im 16. und 17. Jahrhundert, nur eben nicht so exzeptionell wie die Realeinnahmen in Mark lübisch zunächst nahelegten.

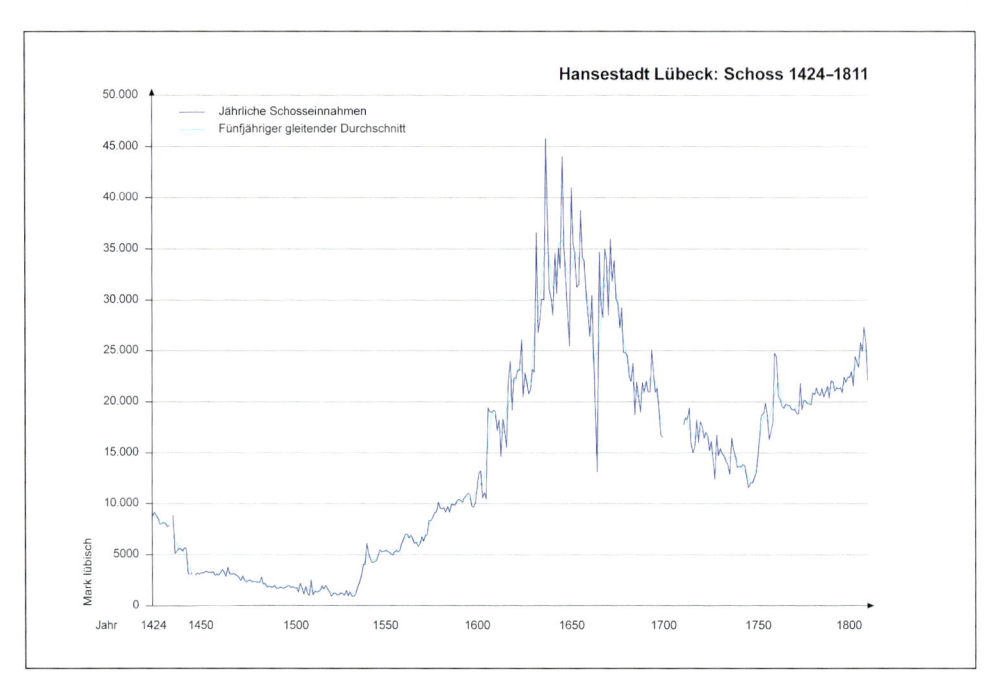

Abb. 3: Diagramm

Kommen wir nun zu Hamburg: Abb. 5 zeigt die Zeitreihen der Schosseinnahmen beider Städte, nun wiederum in Mark lübisch.[64] In Hamburg galten allerdings andere Besteuerungsgrundlagen:[65] Der Steuersatz lag bis 1602 mit 0,2968 % doppelt so hoch wie in Lübeck. Deshalb war die Höhe der Schosseinnahmen in Hamburg auch bereits im 15. und frühen 16. Jahrhundert um ein Drittel bis fast um die Hälfte höher als in Lübeck, in der Zeit, in der die Travestadt nach allgemeiner Überzeugung wirtschaftlich noch bedeutender war als die spätere Elbmetropole. Schwerwiegender ist jedoch, dass der Hamburger Schoss eine reine Vermögenssteuer war, der Vorschoss (in Höhe von 8 s., „später" von 12 s.) dagegen eine Abgabe, die vermögende Bürger zusätzlich, Bürger und Einwohner ohne Vermögen jedoch als einzige Schossabgabe zu entrichten hatten.[66]
Die Hamburger und die Lübecker Schossreihen sind folglich im Hinblick auf die zugrundeliegenden Vermögen nicht direkt vergleichbar, weil Lübeck im Unterschied zu Hamburg eine gemischte Einkommens- und Vermögenssteuer hatte und weil die Zahl der Steuerzahlenden in Hamburg nicht bekannt ist, wobei die Bevölkerungszahl der Stadt aber nicht ganz das Doppelte der Lübecker betrug. Interessant – und cum grano salis vergleichbar – sind aber die Bewegungen der Reihen. Die Hamburger Schosskurve zeigt im 15. und 16. Jahrhundert einen ähnlichen Verlauf wie die Lübecker. In den 1530er Jahren setzte ein allmählicher Anstieg ein (war die Schosspflichtigkeit des Kirchenvermögens nach der Reformation wie in Lübeck der oder ein Grund?), der bis zum Jahr 1603 allerdings keine beachtenswerten Steigerungsraten aufwies. Der Anstieg von 14.003 m. l. im Jahr

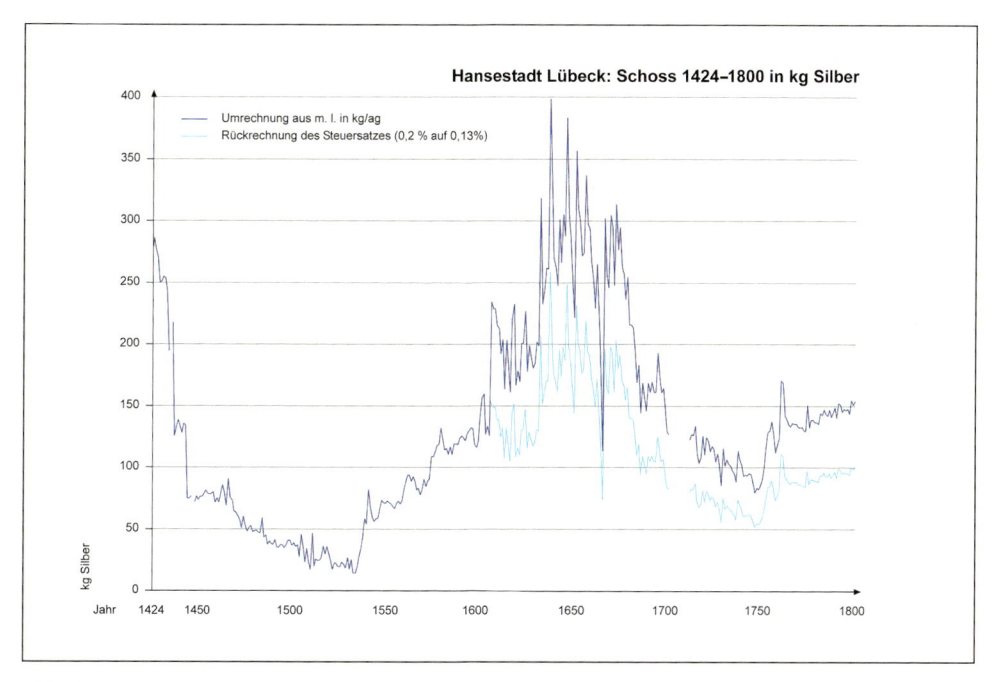

Hansestadt Lübeck: Schoss 1424–1800 in kg Silber

— Umrechnung aus m. l. in kg/ag
— Rückrechnung des Steuersatzes (0,2 % auf 0,13%)

Abb. 4: Diagramm

1536 auf 17.598 m. l. im Jahr 1600 ist nicht so gewaltig, dass er die in der Literatur angesetzte Steigerungsrate der Einwohnerzahl Hamburgs auf rund 40.000 Einwohner um 1600 widerspiegeln würde. Das Phänomen ist derzeit noch nicht zu erklären.[67]

Welche Bedeutung hatten nun die Vermögen der zugewanderten Glaubensflüchtlinge? Die Niederländer und die portugiesischen Juden wurden durch den Fremdenschoss und durch den Portugiesenschoss zur Schosszahlung herangezogen. Allerdings setzen die überlieferten Zahlungen der letzteren erst nach 1603 ein. Die Steuerleistung der Niederländer ist sogar erst seit 1638 greifbar, als sie sich verpflichteten, die allgemeinen Steuern mit jährlich 15.000 m. l. zu entrichten.[68] Die sephardischen Juden kamen, wie wir schon hörten, erst im Laufe des 17. Jahrhunderts in größerer Zahl nach Hamburg. 1610 waren erst ca. 20 Haushaltungen und einige Junggesellen, insgesamt ca. 110 Menschen in der Stadt ansässig. Sie hatten sich in diesem Jahr zu 900 Mark jährlicher Abgabe bereitgefunden; 1612 wurde ein Kontrakt geschlossen, in dem sie sich zu einer jährlichen Abgabe von 1.000 m. l. bereit erklärten, der 1617 um weitere fünf Jahre bei einer nun fälligen Zahlung von 2.000 m. l. verlängert wurde.[69] Die seit 1611 ansässigen Merchant Adventurers waren von der Zahlung städtischer Steuern befreit. Alle anderen Fremden zahlten ihre Steuern an die Wetteherren, die sie mit ihren anderen Einnahmen an die Kämmerei abführten,[70] die also in den Schosseinnahmen auch nicht enthalten sein können. Angesichts dieser Befundlage muss in den Jahren 1601 bis 1603, als die Einnahmen

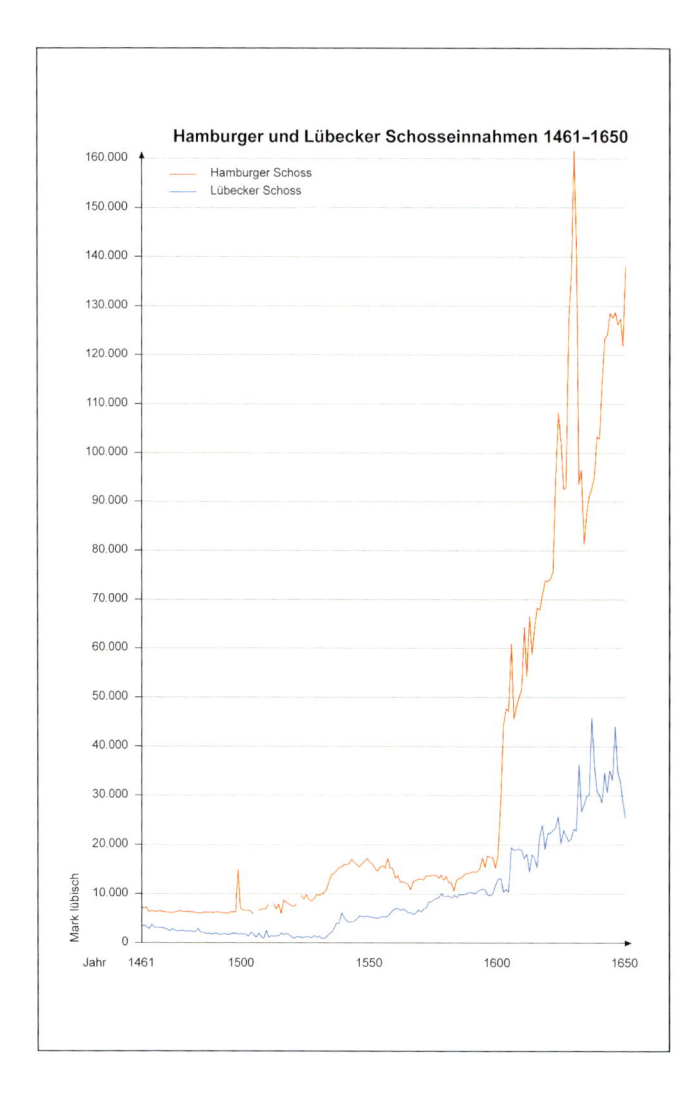

Abb. 5: Diagramm

von 17.803 m. l. über 28.174 m. l. auf 44.102 m. l. anstiegen, eine neue Art der Schosserhebung bzw. eine Erweiterung des Kreises der Schosspflichtigen, vermutlich zusammen mit einer neuen Regelung der Zuständigkeiten innerhalb der Ratsoffizien, eingeführt worden sein, die diesen erheblichen Zuwachs begründete.[71] Ob sich die wirtschaftliche Rolle der Zuwanderer in den Schosszahlungen überhaupt adäquat spiegelt, ist abgesehen von den wenigen überlieferten Angaben zur Höhe ihrer Abgaben noch aus einem weiteren Grund fraglich: Die Bürger pochten in den Auseinandersetzungen des frühen 17. Jahrhunderts auf gerechte Besteuerung der Fremden, wogegen das Interesse des Rates auf der Belebung der Gesamtwirtschaft durch die Emigranten ruhte. Er argumentierte, dass die Fremden wegen der positiven Auswirkungen auf die Wirtschaft in der Stadt gehalten werden sollten, da sie zur Belebung des Handels beitragen würden, „wodurch die Zolleinnahmen gesteigert und die Beschäftigung und Bezahlung von Handwerkern und

Arbeitsleuten gesichert werden könnten. Demgegenüber sei es von nachrangiger Bedeutung, dass der jährliche Schoss und eventuelle zusätzliche Abgaben von den Fremden nicht so aufrichtig und getreu wie von den Bürgern entrichtet würden. Zu hohe Abgaben zu verlangen würde die Gefahr heraufbeschwören, dass die Fremden Hamburg wieder verließen, wie es einst mit den Engländern geschehen sei. Deren Weggang habe bekanntlich ‚eine Narbe' hinterlassen, die noch lange nicht verheilt sei. Eine solche Entwicklung würde zudem lediglich Stade, der hamburgischen Konkurrenz an der Unterelbe, zum Vorteil gereichen".[72] Der Rat setzte daher eine im Vergleich zur tatsächlichen Wirtschaftskraft geringe Abgabenhöhe an.

Die Sicht des Rates wurde von den Bürgern 1605 völlig abgelehnt. „Offensichtlich maßen diese, denen die Verwaltung der städtischen Finanzen oblag, einem unmittelbaren Zuwachs der Steuereinnahmen größere Bedeutung bei als mittelbaren ökonomischen Vorteilen für die Gesamtwirtschaft". Die Bürger sahen das Prinzip der Steuergerechtigkeit verletzt und eine unzulässige Begünstigung der Fremden.[73]

Es ist also für Hamburg noch problematischer als für Lübeck, aus der Überlieferung der Schosseinnahmen den tatsächlichen Verlauf der Vermögensentwicklung zu rekonstruieren. Unbestritten ist angesichts der dargestellten Verlaufskurve jedoch der enorme Aufschwung, den die Hamburger Vermögen und damit die Hamburger Wirtschaft seit Beginn des 17. Jahrhunderts genommen haben.[74] Wann Hamburg Lübeck „überholte", lässt sich angesichts der Schossüberlieferung nicht genau bestimmen. Es dürfte irgendwann zwischen 1550 und 1600 gewesen sein, als die Zahlungen, die nach 1602 in den Schoss integriert worden sein müssen, noch an andere Ratsoffizien gingen.

Festzuhalten bleibt aber, dass in dem hier interessierenden Zeitraum seit den 1560er Jahren die wirtschaftliche Entwicklung beider Städte von einem realen Anwachsen der Vermögen gekennzeichnet war, dass aber der Anstieg in Hamburg ein Mehrfaches betrug und die Schosseinnahmen dort Mitte des 17. Jahrhunderts mit 140.000 m. l. mehr als das Vierfache der Lübecker Einnahmen ausmachten, die unter 30.000 m. l. lagen. Über die Verteilung der Vermögen innerhalb der Bürger- und in Lübeck auch der Einwohnerschaft ist damit allerdings nichts ausgesagt.

V

Es bleibt die Frage nach dem Grund der unterschiedlichen Politik Glaubensflüchtlingen gegenüber: In beiden betrachteten Städten herrschte ein obrigkeitliches Kirchenregiment. In Lübeck berief der Rat allein – und zwar entgegen den Bestimmungen der Kirchenordnung – den Superintendenten (nach der Kirchenordnung wären der 64er Ausschuss [!] und alle Pastoren daran zu beteiligen gewesen). Das geistliche Ministerium hatte nur ein Vorschlagsrecht und die Gemeinde wurde überhaupt nicht beteiligt. Auch die Anstellung und Entlassung der Pastoren lag allein beim Rat.[75] Ähnlich war die Lage in Hamburg, wo die Auseinandersetzung seit Einführung der Kirchenordnung 1529 vor allem die Superintendentur betraf. 1593 wurde sie vom Rat abgeschafft, indem sie nicht wiederbesetzt, sondern die Amtsgeschäfte dem dienstältesten Hauptpastor übertragen wurden, der aber als primus inter pares keine eigentliche Führungsfunktion innehatte. „Die politische Dimension der Nichtbesetzung des Superintendentenamtes erschließt sich, wenn man berücksichtigt, dass dem Superintendenten nach der Kirchenordnung [von Bugenhagen] ein Widerstandsrecht gegenüber der Obrigkeit zustand".[76]

In beiden Städten hatte jedoch die lutherisch-orthodoxe Geistlichkeit einen großen Einfluss. Unter der Prämisse des Erhalts der „reinen" lutherischen Lehre verfolgte sie sehr genau, ob die Politik des Rats mit der Glaubenslehre übereinstimmte und hatte in der Bürgerschaft, die wie sie eine konservative Einstellung hatte, einen potentiellen Bündnispartner, der dazu verhelfen konnte, ihre politischen Ziele durchzusetzen. In der Bürgerschaft überwog in beiden Städten – in Hamburg zunächst, in Lübeck durchgehend – die Furcht, dass die Emigranten aufgrund ihres großen Kapitals den Handel und aufgrund ihrer neuen Techniken die Produktion an sich ziehen und Bürger und Einwohner um ihre Nahrung bringen würden. Die Räte beider Städte mussten folglich enorm taktieren, wenn sie Glaubensflüchtlinge aufnehmen wollten oder wie in Lübeck aus außen- und handelspolitischen Gründen aufnehmen mussten.

Die Ratspolitik in Hamburg wurde vor allem von den Kaufmannskreisen bestimmt, die politisch zur habsburgischen Seite neigten; „Bürgermeister Hieronymus Vogeler (1565–1642), später vom Kaiser geadelt, wirkte sogar als geheimer spanischer Korrespondent aus den Hansestädten".[77] Zahlreiche Geistliche, Bürger und auch Emigranten sahen deswegen die Gefahr einer katholischen Reaktion. Das Verhältnis zwischen Rat und Bürgerschaft war sehr gespannt. Die Bürger zweifelten nicht nur daran, „dass der Rat mit dem nötigen Nachdruck für die Reinheit der lutherischen Lehre eintrat", sie forderten auch, „dass politische Fragen von allgemeinem Interesse mit allen Bürgern zu beraten und zu entscheiden seien".[78]

Parallel zu dem obrigkeitlichen Kirchenregiment legten die Ratsherren beider Städte auch eine zunehmend aristokratisch-autoritäre Haltung an den Tag, die aber sowohl in Hamburg als auch in Lübeck zu Anfang des 17. Jahrhunderts von den Bürgerschaften etwas eingeschränkt werden konnten. In Hamburg wirkte der Rezess von 1603, in dessen erstem Artikel Rat und Bürger auf die lutherische Lehre verpflichtet wurden, beruhigend auf die politische Situation.[79] In Lübeck dagegen spielten Religionsfragen während der fast zeitgleichen Reiserschen Unruhen fast keine Rolle, vermutlich weil das geistliche Ministerium sich in Lübeck auf der Grundlage der von ihm vertretenen konservativen Obrigkeitslehre „eher passiv" verhielt und nicht in der Lage war, die bürgerliche Opposition gegen einen vom Rat angestrebten obrigkeitlichen Absolutismus zu stützen.[80] (Nebenbei bemerkt: Interessanterweise ging die Abneigung der juristischen

Vertreter der Lübecker Bürger gegen die Reformierten nicht so weit, als dass sie nicht die Lehren von deren Staatsrechtslehrern, den Hauptvertretern eines Widerstandsrechts gegen Rechtsbrüche der Obrigkeit, in den juristischen Auseinandersetzungen übernommen hätten, vor allem in der zweiten Hälfte des 17. Jahrhunderts).[81]

Es kann in Lübeck also nicht ein größerer, vereinter Widerstand von Seiten des Ministeriums und der Bürgerschaft gewesen sein, der den Rat zu seiner ablehnenden Haltung Glaubensflüchtlingen gegenüber bewog. Der Widerstand war in Hamburg ausgeprägter, sowohl gegen die obrigkeitliche Stellung des Rats als auch (zunächst) gegen die Zuwanderung. War es also der größere wirtschaftspolitische Weitblick und das größere innenpolitische Geschick der Hamburger Ratsherren, die zu der – nennen wir sie mal – wirtschaftsliberalen Aufnahmepolitik in der Stadt an der Elbe und damit zu dem enormen Aufschwung führten, oder resultierte dieser allein aus den Veränderungen der europäischen Wirtschaftslandschaften und Handelswege, die als Folge des atlantischen Wirtschaftssystem Hamburg zur neuen Wirtschaftsmetropole im Norden Deutschlands werden ließen und Lübeck ins Abseits rückten? Erkannte demgegenüber der Lübecker Rat nicht die Chancen, die die Ansiedlung reformierter und anderer Kaufleute und Handwerker eröffnet hätten? War er zufrieden mit dem – im Vergleich zu Hamburg – bescheidenen Wachstum des Gesamtvermögens in Lübeck, wo er doch die Entwicklung dort sicherlich genau verfolgte? War es die „Pfadabhängigkeit", die ihn an der in den vorangegangenen Jahrhunderten offensichtlich wirtschaftlich erfolgreichen Politik der Abwehr fremder Kaufleute festhalten ließ, in deren Vollzug er dann Argumente gegen das „Hamburger Modell" vorbrachte wie jenes, dass die fremden Kaufleute in Hamburg dort „mehrteils nur residieren und heut alda, bald aber anderswo hinziehen"?[82] Oder wurde er auch in dieser Hinsicht von (Teilen) der Bürgerschaft unter Druck gesetzt? Denn bereits 1605 wurden offenbar in einem Neben-Rezess zu dem Rezess, der die Reiserschen Unruhen beendete, jedenfalls aber in der neuen Kaufmannsordnung des Jahres 1607 Bestimmungen erlassen, dass „alle von Fremden eingeschickten Kommissionsgüter von den hiesigen Faktoren nicht an Fremde, sondern an hiesige Bürger und Kaufleute veräußert werden [sollen]; [und dass] auch diejenigen Waren, welche Erstere für ihre Kommittenten einzukaufen und zu versenden den Auftrag haben, nicht […] von Fremden, sondern nur von einheimischen Bürgern genommen werden [dürfen]. Außerdem sollten die Ämter und Handwerker keinen Handel mehr treiben können, die ihnen noch die Kaufmannsordnung von 1572 erlaubt hatte. Auch die Durchfuhr fremder Güter, die von der See kommen, ist verboten". Der Rat hatte in die Artikel dieses Nebenrezesses allerdings nur unter der Bedingung eingewilligt, dass die Schonenfahrerkompanie in ihrer Entscheidung über den Haupt-Rezess den übrigen bürgerlichen Kollegien beitrete und zu einigen in Verhandlung befindlichen Punkten ihre Zustimmung gebe.[83]

Konfessionspolitisch gesehen hatte Lübeck „als Hort des konservativen Luthertums […] überregionale Bedeutung in den theologisch komplizierten, gleichwohl aber politisch relevanten Streitigkeiten innerhalb des Protestantismus" gewonnen. Da der Lübecker Rat und die Prediger der Stadt vor allem in den Jahren von 1540 bis 1577 „durch Gutachten, Beratungen auf Konventen und Gesandtschaften in Norddeutschland eine führende Rolle bei der Festigung der lutherischen Konfession [hatten], die ihren Abschluss […] in einer umfassenden Lehrverständigung (Konkordie) von 1577 und in der staatsrechtlichen Geltung bestimmter Bekenntnisschriften 1580 im sog. Konkordienbuch [fand]", waren dem Rat der Stadt die Hände weit mehr gebunden als dem Hamburger Rat, der sich in Glaubensfragen eine wirtschaftspolitisch großzügigere Handlungsweise leisten konnte. Lübecks religiöses und kulturelles Leben war aufgrund der Bedeutung der Stadt für das orthodoxe Luthertum von dieser Orthodoxie geprägt, „die oft den Anschluss an die innovatorischen Strömungen der Zeit blockierte".[84]

Wolf-Dieter Hauschild sieht in der Politik des Lübecker Rats am Anfang des 17. Jahrhunderts jedoch auch „Anklänge an den später religions-neutralen Absolutismus. Die sich christlich gebärdende Obrigkeit begründete ihre Stellung mit der Translation der bischöflichen Rechte, faktisch aber verstand sie ihre Macht in kirchlichen Dingen als Ausfluss ihrer staatlichen Gewalt – mit dem Motiv, für die Ordnung der Stadt verantwortlich zu sein", und er ergänzt, dass „auch die gewisse Tendenz hin zu konfessioneller Neutralität – man nehme nur den Streit des Jahres 1614 – […] ein Zeichen der beginnenden Neuzeit [sei]".[85] Allerdings zeigte sich diese „Tendenz hin zu konfessioneller Neutralität" nur in der Politik den Ziellländern des Lübecker oder des Lübeck-hansischen Handels gegenüber, nicht aber in einer Politik der selbst verantworteten Aufnahme Andersgläubiger in die Travestadt.

So lässt sich im Vergleich mit Hamburg resümieren, dass die traditionelle hansische Politik der Abwehr fremder Kaufleute und ihrer Handelstätigkeit in den Hansestädten vom Lübecker Rat im späten 16. und beginnenden 17. Jahrhundert weitergeführt wurde, so dass diese und die lutherisch-orthodoxe Lehre gemeinsam zu einer gesteigerten Abwehrpolitik allem Fremden gegenüber führte, die nur unter außen- und handelspolitischem Druck und allein reformierten Glaubensrichtungen gegenüber – Juden waren und blieben im behandelten Zeitraum ausgeschlossen – eine „gewisse Tendenz zu konfessioneller Neutralität" zeigte. Eine Berechnung der Opportunitätskosten, die der Stadt Lübeck aus dieser Politik entstanden, ist leider nicht möglich. Die Anzahl der Faktoren, die auf die Wirtschaft der Stadt und ihrer Bürger einwirkten, war zu groß, als dass sich die Folgen dieser Abwehrpolitik aus der Überlieferung heraus exakt gewichten ließen. Die Politik des Hamburger Rats den Glaubensflüchtlingen gegenüber kann jedoch auch nur unter rein „wirtschaftsliberaler" Betrachtung positiv bewertet werden. Je nach Ausgangspunkt klafft ihre Beurteilung in der historischen Literatur daher weit auseinander. Während Hermann Kellenbenz davon spricht, dass Hamburg und Bremen dank großzügiger Fremdenpolitik den Vorsprung vor Lübeck, den sie wegen der veränderten internationalen wirtschaftlichen Lage ohnehin gewonnen hatten, weiter vergrößerten,[86] schreibt – in der Tendenz zu positiv – Michael Studemund-Halévy, dass „der Seehandel und die Bereitschaft Zuwanderer ohne wesentliche Benachteiligung [!? d. Verf.] wirtschaftlich, rechtlich und religiös zu integrieren […] die beiden wesentlichen Faktoren für den weiteren Aufstieg Hamburgs als Fernhandelsstadt" waren.[87] Dagegen steht das Urteil Hiltrud Wallenborns, dass „Hamburg, was seine Toleranz gegenüber Angehörigen anderer Konfessionen und Religionen anging, weit hinter anderen Städten in Deutschland und Europa zurückblieb." Während in anderen deutschen Städten „seit dem Ende des 16. Jahrhunderts durchaus eine gewisse Bereitschaft zur Duldung der Religionsausübung anderer Konfessionen erkennbar [sei, habe] Hamburg konsequent an der konfessionellen Einheitlichkeit fest[gehalten]".[88] Bei der Lektüre weiterer Beiträge des vorliegenden Bandes werden dem Leser allerdings Bedenken kommen, was diese „gewisse Bereitschaft zur Duldung der Religionsausübung anderer Konfessionen" in anderen deutschen Städten betrifft.

Anmerkungen

1   Dies und das Folgende nach Wolf-Dieter HAUSCHILD, Frühe Neuzeit und Reformation: Das Ende der Großmachtstellung und die Neuorientierung der Stadtgemeinschaft, in: Lübeckische Geschichte, hrsg. von Antjekathrin GRASSMANN, Lübeck ⁴2008, S. 351–442, hier S. 433–435; Zitate S. 433 und S. 435.

2   Hansischer Handel im Strukturwandel vom 15. zum 16. Jahrhundert, hrsg. von Rolf HAMMEL-KIESOW und Stephan SELZER (= Hansische Studien 25), Trier 2016.

3   Jutta BRADEN, Hamburger Judenpolitik im Zeitalter lutherischer Orthodoxie 1590–1710 (= Hamburger Beiträge zur Geschichte der Deutschen Juden 23), Hamburg 2001, S. 54; Luise SCHORN-SCHÜTTE, Evangelische Geistlichkeit in der Frühneuzeit. Deren Anteil an der Entfaltung frühmoderner Staatlichkeit und Gesellschaft. Dargestellt am Beispiel des Fürstentums Braunschweig-Wolfenbüttel, der Landgrafschaft Hessen-Kassel und der Stadt Braunschweig (= Quellen und Forschungen zur Reformationsgeschichte 62), Gütersloh 1996, S. 331–333, S. 416, S. 453–456.

4   Thema des vorliegenden Beitrags ist der Vergleich der Entwicklungen in Hamburg und Lübeck. Die Verhältnisse in anderen Städten und Regionen des Reichs werden nicht behandelt; siehe dazu z. B. Heinz SCHILLING, Niederländische Exulanten im 16. Jahrhundert. Ihre Stellung im Sozialgefüge und im religiösen Leben deutscher und englischer Städte (= Schriften des Vereins für Reformationsgeschichte 187, Jg. 78 und 79), Gütersloh 1972, der S. 44–82 bezüglich des wirtschaftlich-sozialen Verhältnisses von Einheimischen und Zugezogenen zwei Gruppen unterscheidet: I. Exulantenstädte mit erheblichen wirtschaftlich-sozialen Spannungen (London, Frankfurt am Main, Köln); II. Flüchtlingsstädte ohne bzw. ohne anhaltende wirtschaftlich-soziale Friktionen (Emden, Wesel, Aachen mit reibungsloser Eingliederung; Hamburg mit Überwindung anfänglicher Spannungen). – Robert VAN ROOSBROECK, Niederländische Glaubensflüchtlinge und die wirtschaftliche Entwicklung der deutschen Städte, in: Führungskräfte der Wirtschaft in Mittelalter und Neuzeit, 1350–1850, hrsg. von Herbert Helbig (= Schriften zur

Problematik der deutschen Führungsschichten in der Neuzeit 6), Limburg an der Lahn 1973, S. 123–148, behandelt u. a. die Beispiele der Stadt Emden (S. 134–136), Wesel (S. 136 f.) und Hamburg (S. 137–149); Nürnberg (S. 140), Frankfurt a. M. (S. 140–142); die Einwanderung nach Wesel begann 1544 und endete 1585. Die Stadt hatte 20.000 Einwohner, 4.000 Emigranten können nachgewiesen werden, geschätzt wird der gesamte Zustrom auf 8.000 bis 9.000 Personen (S. 137). – Marie-Louise PELUS-KAPLAN, Travail, immigration et citoyenneté dans les villes hanséatiques, XVIe–XVIIe siècles, d'après les exemples de Lübeck, Hambourg et Danzig, in: Étrangers et sociétés. Représentations, coexistences, interactions dans la longue durée, hrsg. von Pilar GONZÁLEZ-BERNALDO, Manuela MARTINI und Marie-Louise PELUS-KAPLAN, Rennes 2008, S. 337–349; zur unterschiedlichen Aufnahme von Glaubensflüchtlingen in den drei Städten kurz auf S. 341.

5 Wolf-Dieter HAUSCHILD, Kirchengeschichte Lübecks. Christentum und Bürgertum in neun Jahrhunderten, Lübeck 1981, S. 251; Text des Mandats in Abschrift in: Archiv der Hansestadt Lübeck (im Folgenden AHL), Nachlass Funk Nr. 121; Wilhelm DEISS, Geschichte der Evangelisch-Reformirten Gemeinde in Lübeck: zur Feier des 200jährigen Jubiläums der Gemeinde am 26. August 1866, Lübeck 1866, S. 34.

6 C[arl] MÖNCKEBERG, Ausweisung der englischen Exulanten aus Hamburg im Jahre 1553. Ein Vortrag, im Vereine gehalten im Januar 1863, in: Zeitschrift des Vereins für Hamburgische Geschichte 5 (1866), S. 186–201.

7 SCHILLING, Exulanten (wie Anm. 4), S. 122; DERS., Niederländische Exulanten im 16. Jahrhundert. Ihre Stellung im Socialgefüge und im religiösen Leben deutscher und englischer Städte, in: Bijdragen en mededelingen betreffende de geschiedenis der Nederlanden 89/3 (January 1974), S. 22 f., S. 36.

8 VAN ROOSBROECK, Glaubensflüchtlinge (wie Anm. 4), S. 124 f.

9 SCHILLING, Exulanten (wie Anm. 4), S. 77; Rainer POSTEL, Reformation und Gegenreformation 1517–1618, in: Hamburg. Geschichte der Stadt und ihrer Bewohner. Bd. 1: Von den Anfängen bis zur Reichsgründung, hrsg. von Werner JOCHMANN und Hans-Dieter LOOSE, Hamburg 1982, S. 191–258, hier, S. 248.

10 BRADEN, Judenpoltik (wie Anm.3), S. 53; zu Konkordienbuch und Konkordienformel siehe Religion in Geschichte und Gegenwart. 6 Bde., in Gemeinschaft mit Hans Frhr. VON CAMPENHAUSEN u. a. hrsg. von Kurt GALLING, Tübingen ^{3}1957–1965, Bd. 3, S. 1776–1778.

11 POSTEL, Reformation (wie Anm. 9), S. 248.

12 Robert VAN ROOSBROEK, Die Niederlassung von Flamen und Wallonen in Hamburg (1567–1605), in: Zeitschrift des Vereins für Hamburgische Geschichte 49/50 (1964), S. 53–76, hier S. 62 ff.; DERS., Glaubensflüchtlinge (wie Anm. 4), S. 137 f.

13 VAN ROOSBROECK, Glaubensflüchtlinge (wie Anm. 4), S. 134.

14 Hermann KELLENBENZ, Unternehmerkräfte im Hamburger Portugal- und Spanienhandel 1590–1625 (= Veröffentlichungen der Wirtschaftsgeschichtlichen Forschungsstelle 10). Hamburg 1954, S. 180; Robert VAN ROOSBROECK, Emigranten: Nederlandse vluchtelingen in Duitsland; 1550 – 1600, Leuven 1968, S. 245 f.; Wilhelm SILLEM, Zur Geschichte der Niederländer von ihrer Ankunft bis zum Abschluß des Niederländischen Contracts 1605, in: Zeitschrift des Vereins für Hamburgische Geschichte 7 (1883), S. 481–598, hier S. 503–521 und S. 555–562.

15 KELLENBENZ, Unternehmerkräfte (wie Anm. 14), S. 241–243; DERS., Sephardim an der unteren Elbe. Ihre wirtschaftliche und politische Bedeutung vom Ende des 16. bis zum Beginn des 18. Jahrhunderts (= Vierteljahrschrift für Sozial- und Wirtschaftsgeschichte. Beihefte 40), Wiesbaden 1958, S. 27–32.

16 BRADEN, Judenpolitik (wie Anm. 3), S. 74; außerdem sei ein Calvinist, wie sie begleitet von Schülern des Johanneums und den meisten Ratsherren, in geweihter Erde bestattet worden; ebd.

17 BRADEN, Judenpolitik (wie Anm. 3), S. 77.

18 BRADEN, Judenpolitik (wie Anm. 3), S. 79 f.

19 Während der Rat gegen den Einspruch von Geistlichen und Laien auch den Reformierten zögernd Gewissensfreiheit und privaten Gottesdienst gewährte (nur Täufer blieben ausgenommen), betrieb Graf Ernst von Schauenburg im benachbarten Altona eine tatsächliche Toleranz-

politik, gestattete 1601 „die Gründung einer reformierten Gemeinde und die Einrichtung von Gotteshäusern und Begräbnisplätzen. Rat und Bürger konnten nicht verhindern, dass sie gerade von den in Hamburg Ansässigen in Anspruch genommen wurden"; POSTEL, Reformation (wie Anm. 9), S. 239 f.
20 Ende des 17. Jahrhunderts verfolgte der Rat eine judenfeindliche Politik, die der immer radikaler werdenden antijüdischen Stimmung in Hamburg Rechnung trug. „Die Hamburger Portugiesen wehrten sich mit einer Supplik an die kaiserliche Kommission im Jahr 1708, die insofern erfolgreich war, als dann schließlich das kaiserliche Judenreglement von 1710 in der Stadt anerkannt werden musste"; Michael STUDEMUND-HALÉVY, Portugal in Hamburg, Hamburg 2007, S. 63; siehe auch BRADEN, Judenpolitik (wie Anm. 3), S. 77, S. 115.
21 POSTEL, Reformation (wie Anm. 9), S. 249; KELLENBENZ, Sephardim (wie Anm. 15), S. 452–462.
22 Ein kurzgefasster, informativer Überblick über die wirtschaftliche Entwicklung Hamburgs von der Mitte des 16. Jahrhunderts bis Ende des 17. Jahrhunderts siehe in: Philippe DOLLINGER, Die Hanse. Neu bearb. von Volker HENN und Nils JÖRN (= Kröners Taschenausgabe 371), Stuttgart ⁶2012, S. 468–471.
23 DOLLINGER, Hanse (wie Anm. 22), S. 461 f.
24 POSTEL, Reformation (wie Anm. 8), S. 250 f.; dort auch die Zitate; zur Bedeutung der portugiesischen Juden für den Hamburger Geldmarkt siehe KELLENBENZ, Sephardim (wie Anm. 15), S. 248–273.
25 Auch Danzig profitierte von seiner Offenheit gegenüber den Niederländern. 1593 wurde dort die erste Börse im Ostseeraum von den niederländischen Kaufleuten gegründet und zu Beginn des 17. Jahrhunderts war die Stadt wie Hamburg in das internationale System des bargeldlosen Zahlungsverkehrs eingebunden; zu beiden Städten Markus A. DENZEL, Kommerzielle Innovationen für den Hanseraum? Ein Beitrag zum Strukturwandel des internationalen Handels des 15. und 16. Jahrhunderts, in: Strukturwandel (wie Anm. 2), S. 67–100, hier S. 93; siehe auch DERS., Das System des bargeldlosen Zahlungsverkehrs europäischer Prägung vom Mittelalter bis 1914, Stuttgart 2008, S. 170 f.;
DERS. Handbook of World Exchange Rates, 1590 to 1914, Farnham 2010, S. 64, 91.
26 VAN ROOSBROECK, Glaubensflüchtlinge (wie Anm. 4), S. 142.
27 SCHILLING, Exulanten (wie Anm. 4), S. 36. – Schilling wendet sich hier gegen VAN ROOSBROECK, Niederlassung (wie Anm. 12), der S. 64–74 ein verzerrtes Bild biete, da er die Ratspolitik allein aus den Mandaten heraus beurteile. Ratserlasse und tatsächliche Fremdenpolitik seien aber nicht deckungsgleich, doch seien in Hamburg für jene Jahre leider keine Ratsprotokolle erhalten (ebd., Anm. 102).
28 VAN ROOSBROECK, Glaubensflüchtlinge (wie Anm. 4), S. 140; Bernhard STUDT und HANS Olsen, Hamburg, die Geschichte einer Stadt, Hamburg 1951, S. 90–93.
29 POSTEL, Reformation (wie Anm. 9), S. 239.
30 Schreiben des Lübecker Rats an den Hamburger Rat vom 23. Okt. 1609; zit. nach Jorun POETTERING, Handel, Nation und Religion. Kaufleute zwischen Hamburg und Portugal im 17. Jahrhundert, Göttingen 2016, S. 152, zur Ansiedlung der Portugiesen und Niederländer in Hamburg, ebd. S. 151–155.
31 SCHILLING, Exulanten (wie Anm. 4), S. 26.
32 KELLENBENZ, Sephardim (wie Anm. 15), S. 26–32; leicht abweichende Angaben (1609: 30 Männer, davon 17 verheiratet; Gesamtzahl über 150) bei STUDEMUND-HALÉVY, Portugal (wie Anm. 19), S. 48; dort S. 49 die Angaben zum Jahr 1646. – Vergleichszahlen: in Amsterdam lebten 1610 etwa 500 Portugiesen, am Ende des 17. Jahrhunderts ca. 3.000; in London 1680 lediglich 414; ebd.; Hiltrud WALLENBORn, Bekehrungseifer, Judenangst und Handelsinteresse. Amsterdam, Hamburg und London als Ziele sefardischer Migration im 17. Jahrhundert, Hildesheim u. a. 2003, S. 17, gibt an, dass die Hamburger Gemeinde niemals mehr als 600 bis 650 Personen umfasste, die Amsterdamer Gemeinde gegen Ende des 17. Jahrhunderts zwischen 2.000 und 2.500 Mitglieder hatte und die Londoner um die gleiche Zeit 550 bis 600.
33 VAN ROOSBROECK, Glaubensflüchtlinge (wie Anm. 4), S. 131.
34 Siehe den Text oben zwischen Anm. 21 und Anm. 28.

35 Antjekathrin Grassmann, Zur Rückführung der Lübecker Archivbestände aus der ehemaligen DDR und UdSSR 1987 und 1990, in: Hansische Geschichtsblätter 110 (1992), S. 57–70; Meike Kruse, Zur Erschließung der 1942/43 ausgelagerten und zwischen 1987 und 1998 zurückgekehrten Bestände des Archivs der Hansestadt Lübeck, in: Das Gedächtnis der Stadt Lübeck. Festschrift für Antjekathrin Graßmann zum 65. Geburtstag, hrsg. von Rolf Hammel-Kiesow und Michael Hundt, Lübeck 2005, S. 571–582.

36 Johann Rudolph Becker, Umständliche Geschichte der Kaiserlichen und des Heiligen Römischen Reichs Freyen Stadt Lübeck, zweiter Band, Lübeck 1784, S. 178 f.

37 Jürgen Asch, Rat und Bürgerschaft in Lübeck 1598–1669. Die verfassungsrechtlichen Auseinandersetzungen im 17. Jahrhundert und ihre sozialen Hintergründe (= Veröffentlichungen zur Geschichte der Hansestadt Lübeck 17), Lübeck 1961, S. 56–91; Hauschild, Kirchengeschichte (wie Anm. 5), S. 283 f.

38 Becker, Umständliche Geschichte (wie Anm. 36), S. 329–340; das Zitat des Artikels 10 – hier umgesetzt in heutige Schreibweise – auf S. 332. – Das Bündnis war wegen der Erhöhung des Sundzolls gegen Dänemark geschlossen worden. Ihm traten bei das Königreich Schweden 1614 und bis 1618 die Hansestädte Rostock, Stralsund, Wismar, Magdeburg, Braunschweig, Lüneburg, Greifswald, Bremen und Hamburg; AHL, Altes Senatsarchiv (im Folgenden: ASA) Externa, Batavica 382; siehe dazu Dollinger, Hanse (wie Anm. 22), S. 478.

39 Hauschild, Kirchengeschichte (wie Anm. 5), S. 288–291. Die Auseinandersetzungen sind detailliert dargestellt bei Peter Friedrich Julius Kunhardt, Leben und Wirken des M. Georg Stempel, Lübeck 1843; Karl Klug, Der kirchliche Streit, welcher im Jahre 1613 in Lübeck über ein mit den Niederländern geschlossenes Bündnis entstand, in: Neue Lübeckische Blätter 15 (1849), S. 303–354; auch separat Lübeck 1849.

40 Wolf-Dieter Hauschild, Zum Verhältnis Staat-Kirche im Lübeck des 17. Jahrhunderts, in: Zeitschrift des Vereins für Lübeckische Geschichte und Altertumskunde 50 (1970), S. 69–91, hier S. 82 und Anm. 50.

41 Becker, Umständliche Geschichte (wie Anm. 36), S. 426; Ratifikation des Vertrags durch Lübeck: AHL, ASA Externa, Batavica 395.

42 Maren Köhler, Die Hugenotten in Lübeck, in: Der deutsche Hugenott Jg. 61 Nr. 2 (1997), S. 64–79, hier S. 66 unter Berufung auf Hauschild, Kirchengeschichte Lübecks (wie Anm. 3), S. 252–254; Paul Grundmann, Französische Flüchtlinge in Lübeck: Réfugiés und Emigrés. (Hugenotten und Emigranten), Schönberg in Mecklenburg 1920, S. 49, nach dem Lübecker Ratsprotokoll vom 4. März 1670.

43 Antjekathrin Grassmann, Lübeck im 17. Jahrhundert: Wahrung des Erreichten, in: Lübeckische Geschichte (wie Anm. 1), S. 445–498, hier 476 f.

44 Max Hoffmann, Geschichte der freien und Hansestadt Lübeck. 2 Bde., Lübeck 1889–1892, Bd 1, S. 109; Becker, Umständliche Geschichte (wie Anm. 36), Bd. 3, Lübeck 1805, S. 66–71.

45 Grundmann, Flüchtlinge (wie Anm. 42), S. 49.

46 Grundmann, Flüchtlinge (wie Anm. 42), S. 17, nach AHL, Actorum Ministerii Tom. VIII. Schreiben des Ministeriums an den Rat vom 23. Juni 1685.

47 Asch, Rat und Bürgerschaft (wie Anm. 37), S. 170 f.

48 Grundmann, Flüchtlinge (wie Anm. 42), S. 18–21; zur Bildung der Kirchengemeinde der Réfugiés siehe ebd., S. 21–25.

49 Hoffmann, Geschichte Lübecks (wie Anm. 44), S. 109; als rund ein halbes Jahrhundert später, 1736, ein Neubau des für den reformierten Gottesdienst gebrauchten Privathauses in der Vorstadt notwendig wurde, musste es wiederum in Gestalt eines bürgerlichen Wohnhauses errichtet werden.

50 Hauschild, Kirchengeschichte (wie Anm. 5), S. 328.

51 Hauschild, Kirchengeschichte (wie Anm. 5), S. 328.

52 Grundmann, Flüchtlinge (wie Anm. 42), S. 51 f.

53 Grundmann, Flüchtlinge (wie Anm. 42), S. 52.

54 Köhler, Hugenotten (wie Anm. 42), S. 68.

55 Grassmann, Lübeck im 17. Jahrhundert (wie Anm. 43), S. 476 f.

56 Hauschild, Kirchengeschichte (wie Anm. 5), S. 329.

57 KÖHLER, Hugenotten (wie Anm. 42), S. 69 f.
58 HAUSCHILD, Kirchengeschichte (wie Anm. 5), S. 223–232, S. 255 f.
59 HOFFMANN, Geschichte Lübecks (wie Anm. 44), S. 109 f. – Zu den Vorgängen um Adrian Müller und die von ihm forcierten Taufen und Eheschließungen nach katholischem Recht siehe BECKER, Umständliche Geschichte (wie Anm. 36), Bd. 3, S. 355–358.
60 Peter GUTTKUHN, Die Geschichte der Juden in Moisling und Lübeck. Von den Anfängen 1656 bis zur Emanzipation 1852 (= Veröffentlichungen zur Geschichte der Hansestadt Lübeck. Reihe B 30), Lübeck ²2007, S. 11, S. 18–25; HOFFMANN, Geschichte Lübecks (wie Anm. 44), S. 110; GRASSMANN, Lübeck im 17. Jahrhundert (wie Anm. 43), S. 477–479.
61 Die Hamburger Schossdaten und Auskünfte über die Überlieferungslage zum Schoss im Staatsarchiv der Freien und Hansestadt Hamburg verdanke ich meinem inzwischen leider verstorbenen Freund Klaus-Joachim LORENZEN-SCHMIDT.
62 Rolf HAMMEL-KIESOW, Wann überholte Hamburg Lübeck? Schoßeinnahmen als Indikator der wirtschaftlichen Entwicklung, in: Gedächtnis der Stadt Lübeck (wie Anm. 35), Lübeck 2005, S. 301–312.
63 Zur Übereinstimmung mit der Verlaufsform des Lübecker Immobilienmarktes siehe Rolf HAMMEL-KIESOW, Häusermarkt und wirtschaftliche Wechsellagen in Lübeck von 1284 bis 1700, in: Hansische Geschichtsblätter 106 (1988), S. 41–108, hier S. 75–77.
64 Der Hamburger Schoss wurde in Pfund zu 20 Schillingen (im Folgenden: s.) verbucht; zum direkten Vergleich habe ich in Mark zu 16 s. umgerechnet.
65 Zum folgenden siehe Friedrich VOIGT, Der Haushalt der Stadt Hamburg 1601 bis 1650, Hamburg 1916, bes. S. 53–62; Heinz POTTHOFF, Der öffentliche Haushalt Hamburgs im 15. und 16. Jahrhundert, in: Zeitschrift für Hamburgische Geschichte 16 (1911), S. 1–85, bes. S. 28–30; Karl ZEIGER, Hamburgs Finanzen von 1563–1650 (= Hamburger Wirtschafts- und Sozialwissenschaftliche Schriften 34), Rostock 1936, bes. S. 23–27; Peter C. PLETT, Die Finanzen der Stadt Hamburg im Mittelalter (1350–1562), phil. Diss. Hamburg, Hamburg 1960.
66 Wann die Erhöhung stattfand, habe ich in der Literatur nicht gefunden; ZEIGER, Hamburgs Finanzen (wie Anm. 65), S. 26 f.; VOIGT, Haushalt (wie Anm. 65), S. 57; PLETT, Finanzen (wie Anm. 65), S. 50 f. – In Hamburg ist außerdem der geistliche Schoss gesondert ausgewiesen, der auf Renten (Einkünfte) erhoben wurde, die Geistliche aus bürgerlichen Grundstücken bezogen; PLETT, Finanzen (wie Anm. 65), S. 54. In Lübeck war der Klerus steuerfrei, aber solche Arten von Einkünften dürften auch versteuert worden sein, ohne dass es allerdings eine (mir bekannte) schriftliche Regelung dazu gegeben hätte.
67 Möglich wäre, dass nur Bürger schosspflichtig waren – nicht wie in Lübeck die Bürger und Einwohner. Bei VOIGT, Haushalt (wie Anm. 65), ist im Zusammenhang mit dem Schoss tatsächlich nur von Bürgern die Rede; allerdings werden Einwohner in der Abhandlung überhaupt nicht erwähnt, was etwas misstrauisch macht. Wenn nur die Bürger schossten, würde das allerdings bedeuten, dass die Bevölkerungszunahme in Hamburg im 16. Jahrhundert fast ausschließlich auf das Anwachsen der Anzahl der Einwohner zurückzuführen wäre.
68 VOIGT, Haushalt (wie Anm. 57), S. 61; KELLENBENZ, Sephardim (wie Anm. 15), S. 27, S. 30; 1639 gab der präsidierende Bürgermeister das in Hamburg versteuerte Vermögen der Niederländer mit 8 Mio. m. l. an, doch erreichte der Fremdenschoss 1640 und 1641 mit 13.778 m. 8 s. und 11.232 m. 3 s. nicht die dieser Vermögenshöhe entsprechenden 20.000 m. l.; seit 1642 waren die Beträge höher, der höchste im Jahr 1647 mit 24.499 m. 4 s.; VOIGT, Haushalt, ebd.
69 KELLENBENZ, Sephardim (wie Anm. 14), S. 26–32.
70 VOIGT, Haushalt (wie Anm. 57), S. 61 f.
71 Angesichts der Hamburger Quellenlage in Bezug auf politisch-administrative Entscheidungen wird die Klärung des Sachverhalts sehr schwierig, wenn nicht gar unmöglich sein. Die Senatsprotokolle sind bis einschließlich 1743 verbrannt, die Kämmereiprotokolle nur von 1563 bis 1569 erhalten, dann erst wieder nach dem

in Frage kommenden Zeitraum. Ich danke Klaus-Joachim LORENZEN-SCHMIDT für eine detaillierte Auflistung der in Frage kommenden Bestände. Erhalten sind jedoch nur die Einnahme- und Ausgabe-Rechnungsbücher, aus denen heraus es schwerfallen dürfte, die Schossbewegungen zu erklären.

72 BRADEN, Judenpolitik (wie Anm. 3), S. 80 f.; das Zitat wurde von einigen Quellenzitaten „befreit" und leicht umformuliert.
73 BRADEN, Judenpolitik (wie Anm. 3), S. 81 f.
74 Siehe dazu Julia Zunckel, Rüstungsgeschäfte im Dreißigjährigen Krieg. Unternehmerkräfte, Militärgüter und Marktstrategien im Handel zwischen Genua, Amsterdam und Hamburg (= Schriften zur Wirtschafts- und Sozialgeschichte 49), Berlin 1997.
75 HAUSCHILD, Kirchengeschichte (wie Anm. 5), S. 280–284.
76 POSTEL, Reformation (wie Anm. 9), S. 234 f.
77 POSTEL, Reformation (wie Anm. 9), S. 250 f.
78 POSTEL, Reformation (wie Anm. 9), S. 241–244.
79 BRADEN, Judenpolitik (wie Anm. 3), S. 54 f.; zum Rezess von 1603 POSTEL, Reformation (wie Anm. 9), S. 252 f.
80 HAUSCHILD, Kirchengeschichte (wie Anm. 5), S. 283 f.
81 Asch, Rat und Bürgerschaft (wie Anm. 37), S. 139–154, hier S. 141–145 u. a. zu Innozenz GENTILLETS „Antimachiavellus", den „Vindiciae contra Tyrannos" eines anonymen Verfassers und Johannes ALTHUSIUS' „Politica methodice digesta", die alle in mehreren Ausgaben und Exemplaren in Lübeck überliefert sind.
82 Siehe oben bei Anm. 30.
83 BECKER, Umständliche Geschichte (wie Anm. 36), S. 290 f.; die als Zitat ausgewiesene Passage ist aus dem Beckerschen Text in heutige Rechtschreibung umgesetzt. Dieser Neben-Rezess ist bei ASCH, Rat und Bürgerschaft (wie Anm. 37) nicht erwähnt. Zum Durchfuhrverbot siehe Ernst BAASCH, Die Durchfuhr in Lübeck. Ein Beitrag zur Geschichte der lübischen Handelspolitik im 17. und 18. Jahrhundert, in: Hansische Geschichtsblätter 34 (1907), S. 109–152, der den Neben-Rezess von 1605 auch nicht behandelt, sondern auf S. 125–131 von den Bestimmungen der am 28. August 1607 erlassenen neuen Kaufmannsordnung ausgeht. Der „Bürgerliche Rezess vom 14. Juni 1605" in AHL, ASA Interna 627; in „Nachgänge zum Bürgerlichen Rezess vom 14. Juni 1605", ebd. 628, ist ebenfalls kein Neben-Rezess enthalten.
84 HAUSCHILD, Frühe Neuzeit (wie Anm. 1), S. 435, dort auch alle Zitate.
85 HAUSCHILD, Staat – Kirche (wie Anm. 40), S. 82 und Anm. 50.
86 Hermann KELLENBENZ, Hansestädtisches Unternehmertum, in: Rechtsgeschichte und Rechtsdogmatik. Festschrift für Hermann Eichler zum 70. Geburtstag, hrsg. von Ursula FLOSSMANN (= Linzer Universitätsschriften. Festschriften 1), Wien 1977, S. 319–345; wieder abgedruckt, in: DERS., Wirtschaftliche Leitung und gesellschaftlicher Wandel. Kleine Schriften III, aus dem Nachlass hrsg. von Rolf WALTER (= Vierteljahrschrift für Sozial- und Wirtschaftsgeschichte. Beihefte 94), Stuttgart 1991, S. 945–971, hier S. 956.
87 STUDEMUND-HALÉVY, Portugal (wie Anm. 19), S. 37.
88 WALLENBORN, Bekehrungseifer (wie Anm. 32), S. 74.

Andrea Riotte

Die Parität in Biberach 1649 bis 1825 – Wunschbild und Wirklichkeit

I. Zeitgenössische Stimmen: Die Parität im Spannungsfeld von Theorie und Praxis

Ganze vier Sätze billigte der Reichspublizist Johann Jacob Moser (1701–1785) in seiner 1772 erschienenen „Reichs-Stättischen Regiments-Verfassung" im Kapitel „Von denen gemischten Reichs-Stätten" der 1649 eingeführten Biberacher Parität zu, nachdem er zuvor die *seitherige in das Religions- und Kirchen-Wesen einschlagende Streitigkeiten* als belanglos abgetan hatte.[1] Ähnlich lakonisch beurteilte er die Lage in Augsburg, der führenden paritätischen Reichsstadt: Zwar könnte *ein eigenes Buch geschrieben werden, was das Religionswesen allda für Unruhen und Handlungen verursacht hat,*[2] nach Einführung der Parität aber *waren es keine Hauptsachen* mehr.[3] Die Grundsatzfragen zum politischen und religiösen Verhältnis von Katholiken und Evangelischen, um die so lange gerungen worden war, schienen geklärt. Gleichwohl deutete Moser die Kluft zwischen Anspruch und Rechtswirklichkeit an, indem er seinem Abriss über die Auseinandersetzungen in den paritätischen und gemischtkonfessionellen Reichsstädten seit dem Westfälischen Frieden die für sie geltende Formel des Osnabrücker Friedensvertrags voranstellte: *Die Burger von beeden Religionen sollen fridlich und liebreich unter einander leben und umgehen. Beede Theile sollen bey dem freyen Genuß ihrer Religion und Güter verbleiben.*[4] Da Moser das Zitat unkommentiert ließ, bleibt unklar, ob er entgegen dem Zeitgeist, der sich in der aufklärerischen Kritik am paritätischen Verfassungsmodell spiegelte, die Friedenssicherung nach dem hehren Maßstab des Vertragswerks, das sich nicht mit der friedlichen Koexistenz begnügte, für gelungen hielt. Oder ist auch diese Vorgabe in Wirklichkeit nur als eine weitere der „theatralischen Lügen" des Westfälischen Friedensvertrags zu werten, dessen charakteristische Pathosformeln keinesfalls „für bare Münze" zu nehmen seien, wie in Gegenposition zu der im Rahmen des 350-jährigen Gedenkens mehrheitlich vermittelten positiven historischen Einordnung des Westfälischen Friedens vereinzelt zu hören war?[5]
Wenden wir auf der Suche nach einer schlüssigen Einordnung der Parität den Blick auf Mosers eine Generation jüngeren Zeitgenossen Christoph Martin Wieland (1733–

Abb. 1: Christoph Martin Wieland, Porträt von Georg Oswald May. Ölgemälde 1779 (Wieland-Museum Biberach, Inv. 308)

1813), der zwei Jahre nach Erscheinen der „Reichs-Stättischen Regiments-Verfassung" mit der Veröffentlichung seiner „Geschichte der Abderiten" begann,[6] die beim Publikum sogleich Spekulationen über reale Vorbilder auslöste. Nicht nur Wielands eigene Heimatstadt,[7] auch Augsburg geriet angesichts der Herkunft des Autors aus einer paritätischen Stadt in den Fokus. 1777 schrieb Leopold Mozart (1719–1787) an seinen Sohn Wolfgang Amadeus (1756–1791): *So oft ich an deine Reise nach Augsp.[urg] dachte, eben so oft fielen mir Wielands Abderitten ein: man muß doch, was man im lesen für pures Ideal*[8] *hält, Gelegenheit bekommen in Natura zu sehen.*[9] Wielands Erfahrungen mit dem politischen Tagesgeschäft einer paritätischen Reichsstadt, in der sich seine Wahl zum Kanzleiverwalter im Jahr 1760 zum langjährigen Reichshofratsprozess zwischen den Konfessionen auswuchs, färbte zweifellos auf seine Satire ab, wenngleich er 1778 mit dem Ausspruch, *Abdera ist allenthalben*, die im Reich umlaufenden *Anwendungen* auf konkrete Vorbilder abzuwehren versuchte.[10]

Abdera war politisch und konfessionell zwiegespalten, genauso die Stadt Biberach, die den für ihr kommunales Selbstverständnis grundlegenden und integrativen Akt des Schwörtags infolge des Streits um die von katholischer Seite verhinderte Amtseinsetzung Wielands auf Betreiben der Evangelischen über Jahre hinweg aussetzte.[11] Die Suspension des Schwörtags wog schwer und bedeutete auch in diesem Fall – wie schon zuvor in konfessionell ähnlich verfahrenen Situationen – die Aufkündigung der normativen Einheit von Katholiken und Protestanten. Über die außerordentliche Bedeutung des Schwörtags, *woran doch in Reichs = zumahlen Paritäts Städten so important und significant gelegen,*[12] waren sich die Konfessionen einig, wenngleich nie explizit benannt wurde, worin in letzteren die besondere Tragweite lag, nämlich in der Verpflichtung jedes einzelnen Bürgers zum Gehorsam nicht nur seinen eigenen Glaubensgenossen im Rat gegenüber, sondern auch gegenüber den andersgläubigen Vertretern der städtischen Obrigkeit. Im Normalfall konnte sich die Bürgerschaft alljährlich an Michaelis in der Pfarrkirche ein Bild vom *Status particularis dieser mixtirten Stätte*[13] verschaffen. Seit 1649 verlas der Stadtschreiber, seit 1690 Kanzleiverwalter genannt, am Schwörtag Auszüge aus der nach Kaiser Karl V. benannten Karolinischen Wahlordnung von 1551, dem Westfälischen Frieden sowie den gesamten Exekutionsrezess von 1649, der die Parität im Einzelnen regelte.[14] Die Eidesformeln freilich dissimulierten die konfessionelle Spaltung, anstatt jedem Amtsträger die unparteiische Wahrnehmung seiner Pflichten gegenüber Katholiken wie Protestanten ausdrücklich einzuschärfen, wie dies in der paritätischen Praxis unbedingt nötig gewesen wäre.[15] Der Treueschwur der Bürgerschaft wog in einem Locus mixtus umso schwerer, als die Frage der obrigkeitlichen Rechtgläubigkeit der göttlichen Herrschaftslegitimation untergeordnet werden musste, um zu verhindern, dass *sich […] eine heimliche Renitenz einfinden und […] ausbrechen dörffte,* wie der Katholische Rat 1750 betonte.[16] Der gebürtige Biberacher Adam Klopffer († 1675), seit 1649 Prediger in Ravensburg,[17] erklärte seiner dortigen Gemeinde in seiner Schwörtagspredigt anlässlich der Einführung der Parität, auch diese nicht der Norm entsprechende Obrigkeit sei von Gott gesetzt, obgleich die evangelischen Bürger in der Folge nicht nur von *den Rechtglaubigen/ sondern auch den Falschglaubigen Herren* regiert würden.[18] Grundvoraussetzung für das einigende Band des bürgerlichen Treueschwurs gegenüber einer gemischtkonfessionellen Obrigkeit war für Klopffer und seine Zeitgenossen, dass auch die andersgläubigen Mitglieder des Magistrats nach den Geboten Gottes handelten.

Wie im Konflikt um Wielands Amtseinsetzung bedurfte es in der Praxis aber nicht zwingend eines Verstoßes gegen die göttlichen Gebote, damit die Stadt in zwei Teile zerfiel und sich die von Moser unkommentiert angeführte Vorgabe des Westfälischen Friedens für die Gestaltung des öffentlichen und des bürgerlichen Lebens in den paritätischen Städten als Luftnummer erwies. Parallel zu dem entlang der konfessionellen Konfliktlinie verlaufenden Kanzleiverwalterstreit war Wieland, wiederum an vorderster Stelle, in den innerevangelischen Streit um seinen Protegé, den aufklärerisch gesinnten Theologen Johann Jacob Brechter (1734–1772),[19] verwickelt. Dieser Konflikt führte 1761 zur Polarisierung zwischen der aristokratischen Ratspartei und den Traditionalisten aus dem plebejisch-demokratischen Ratslager, die populistisch agierten und die Gemeinde

Abb. 2: Adam Klopffer, Ravenspurgischer Frewd- Danck- Bet- und Huldigungs-Tag, Druck Ulm 1649 (Titelblatt) (Exemplar: Staats- und Stadtbibliothek Augsburg, 4 Th Pr 468)

gegen einen theologischen Richtungswechsel von der lutherischen Orthodoxie hin zur Aufklärung mobilisierten.[20] *Eine Scene in meinen Abderiten hat vielleicht die Farbe davon erhalten*, bekannte Wieland 1803.[21]

Diese zweifache kommunale Zerrissenheit findet sich auch in „Der Prozess um des Esels Schatten" (1779)[22] und in „Die Frösche der Latona" (1780), den letzten Teilen der „Abderiten". In ersterem spielt der Antagonismus von Aristokratie und Demokratie eine zentrale Rolle, wogegen Wieland in letzterem die Abwegigkeiten zweier miteinander konkurrierender religiöser Kulte ironisierte. Damit sind zugleich die beiden grundlegenden Konfliktlinien umrissen, die sich von der Reformationszeit bis zum Ende des Alten Reiches wie ein roter Faden durch die Geschichte Biberachs zogen und deren Wirkmächtigkeit im Kontext zweier für das Biberach der Parität zentralen Grundsatzentscheidungen von 1649 im Folgenden aufgezeigt werden soll. Gemeint ist zum einen die Präzedenz des katholischen Patriziats und der katholischen Zunftbürgerschaft vor den Evangelischen, andererseits die daran gekoppelte Abmachung über die Zukunft der Kapuziner, die seit 1649 die Kontroverstheologie in der Stadt beherrschten. Damit etablierten sich ein permanenter ständischer Hader und ein religiöser Dauerkonflikt unter den Konfessionen, die ausgereicht hätten, die Eingangsformel des Westfälischen Friedens – *Die Burger von beeden Religionen sollen fridlich und liebreich unter einander leben und umgehen. Beede Theile sollen bey dem freyen Genuß ihrer Religion und Güter verbleiben* – ad absurdum zu führen. Andere Konfliktfelder kamen hinzu. Für Wieland bestand kein Zweifel, dass *diese so oft beseufzte Parität* in der politischen Praxis seiner Heimatstadt gleichzusetzen war mit *Eifersucht, Mißgunst und Zwietracht*.[23] Im Kontrast dazu schwebte ihm für seine Landsleute – ähnlich wie schon dem Westfälischen Friedensvertrag – ein Leben in *aufrichtiger menschlicher und bürgerlicher Wohlmeinung und Friedfertigkeit* vor. Gemessen an Mosers Zitat aus dem Friedensinstrument war die Biberacher Parität also gescheitert. Der entscheidende Unterschied zwischen der entsprechenden Sentenz von 1648 und der Formulierung des eine Dekade lang an der Parität leidenden Aufklärers liegt in dem Stichwort *aufrichtig*, mit dem Wieland die Widersprüchlichkeit zwischen praktizierter Parität und den ritualisierten Lippenbekenntnissen der politischen Akteure in Biberach demaskierte, die ihre konfessionellen Sonderinteressen gern mit dem Deckmäntelchen *amore pacis* verbrämten, wie Wieland aus eigener Erfahrung und zur Genüge wusste.[24] Ähnlich der Tenor eines Briefes, in dem er seinem Biberacher Vertrauten Justin Heinrich von Hillern gegenüber am 17. Februar 1783 den *Geist der Zwietracht* und den *Mangel an ächter Vaterlands Liebe* beklagte, die schon immer *Biberachs Unglük gewesen* seien.[25] Auch der Verweis auf patriotische Motive politischen Handelns gehörte zum Standardrepertoire der sich bekämpfenden Parteien, werde Biberach aber schließlich, so Wieland, ins Verderben stürzen. Dass er selbst mitnichten gegen die Versuchung eines protestantischen Partikularpatriotismus gefeit war,[26] weist auf die Inkonsistenz des im paritätischen Milieu zuvorderst als Civis Evangelicus Biberacensis sozialisierten Aufklärers in Denken und Handeln, in Wunsch und Wirklichkeit hin. Wie aber sollten erst Wielands Mitbürger, deren Alltag weit entfernt von literarischer Produktion und damit der intellektuellen Durchdringung eigener wie fremder Handlungsmuster war, der Anfechtung begegnen können, sich vorrangig als evangelischer respektive katholischer Bürger und erst nachgeordnet als Civis Biberacensis zu verstehen? Noch immer wurde zwar mit Verweis auf die ältere Staatsrechtslehre davon ausgegangen, dass in paritätischen Reichsstädten nur in ganz bestimmten, eng begrenzten Fällen jeder Ratsteil in Anlehnung an den Westfälischen Frieden (Art. V § 52) und die Reichsverfassung *vor ein aigenes und besonderes Corpus oder Collegium, vor einen aigenen und besonderen Theil einer Reichs-Stadt gehalten* werde.[27] In Wirklichkeit aber war dies längst Fiktion. Wie im Folgenden gezeigt werden soll, verhielt es sich in der politischen Praxis mittlerweile genau umgekehrt: Nicht das Zusammenbleiben, sondern das konfessionelle Auseinanderstreben war die Regel.

Nicht nur das Reich hatte, um an dieser Stelle Barbara Stollberg-Rilingers These aufzugreifen, nach 1648 „eine doppelbödige Struktur, die die Akteure zu fortgesetzter, strukturell angelegter, geradezu institutionalisierter Heuchelei nötigte".[28] Auch im paritätischen Biberach, das analog zur Reichsverfassung die Itio in partes der zwei konfessionellen Corpora und das Majorisierungsverbot kannte, wurden die von Stollberg-Rilinger herausgearbeiteten „unvereinbare[n] Ansprüche an die Akteure" gestellt. Reden und Handeln gingen, selbst bei einem Aufklärer wie Wieland, zwangsläufig auseinander.

Formal freilich wurde an der Einheit der Reichsstadt festgehalten. Erst nach der Mediatisierung wurde von außen als Resultat des 1648 beschrittenen Sonderweges klar benannt, was von der paritätischen Verfassung nicht vorgesehen gewesen war: die Trennung der Reichsstadt Biberach in politische Parallelgemeinden. Vorher hatte man sich, wie

Abb. 3: Siegel der Reichsstadt Biberach, Gips mit Schellacküberzug. Die Entstehungszeit des Siegelstocks ist nicht bekannt (Museum Biberach, Inv. 1992-14485)

auch bei Wieland zu sehen, mit den verschleiernden Begriffen *Evangelisches Wesen* und *Katholisches Wesen* beholfen, die aus der Perspektive des jeweiligen Konfessionsteils unbestritten Vorrang vor dem Gemeinwesen hatten.

Anhand der beiden ausgewählten Themenkomplexe, deren einer dem kirchlichen, deren anderer dem politischen Bereich entnommen ist, soll exemplarisch beleuchtet werden, wie sich die 1649 niedergelegten Bestimmungen in der paritätischen Praxis, in Rathaus wie Pfarrkirche, aber auch im Alltagsleben beider Konfessionen bewährten. Für die Kontrastierung von papierener und praktizierter Parität wurden mit Blick auf das Tagungsthema gezielt Materien ausgewählt, die von Anfang an am heftigsten umstritten waren. Am Beispiel der Kapuziner und der Präzedenz also soll gezeigt werden, wie per Dekret entschiedene Zwistigkeiten ihr Konfliktpotenzial auf Dauer beibehielten und in der paritätischen Praxis virulent wurden. Ausgeklammert bleiben die darüberhinausgehenden vielfachen konfessionellen Interaktionen, sei es im Spital, im Gesundheitswesen, in den Nachbarschaften, den Schulen, den Zünften, bei Trauer- und bei Festritualen sowie bei der Entfaltung kulturellen Lebens in Schützen-, Komödianten- und Musikgesellschaften. Sie verliefen keineswegs immer friedlich, freilich auch nicht notorisch und permanent konflikthaft. Womit ein grundsätzliches Problem bei der Einschätzung der Praxistauglichkeit der Parität angesprochen ist: die Quellenüberlieferung. Während davon auszugehen ist, dass sich Zwistigkeiten in der Regel schriftlich niederschlagen, lassen sich konfliktfreie Begegnungen nur schlaglichtartig en passant fassen. Die Beiläufigkeit, mit der etwa über Gespräche zwischen konfessionsverschiedenen Nachbarn *auffm Bänckle vorm Hauß* berichtet wird,[29] zeigt aber, dass sie durchaus an der Tagesordnung waren, und dass Katholiken und Evangelische sich nicht mieden.

Zunächst soll, eingebunden in die Rahmenbedingungen einer über hundertjährigen Bikonfessionalität, ein Stimmungsbild am Vorabend der Parität entstehen. Dabei stellt sich die Frage nach der Rolle der zeitgleichen Hexenprozesse. Was versprach man sich in Biberach von der Parität, welche Vorbehalte und Befürchtungen wurden gehegt? Konnte sie angesichts zumindest einer gegen ihren Willen in das System der Parität gezwungenen Partei, der Katholiken, überhaupt gelingen? Was hat es zu bedeuten, wenn anfängliche Tendenzen, das bürgerliche, das wirtschaftliche, das kulturelle Leben nach paritätischem Muster einzurichten,[30] im Lauf der Zeit zugunsten eines Auseinandertretens nach Konfessionen aufgegeben wurden? Dabei ist die Itio in partes näher ins Auge zu fassen, die de jure nur in religiösen Fragen vorgesehen war. Welches Signal sandte sie aus, wenn sie in der Praxis immer weiter interpretiert wurde? War im paritätischen Biberach schließlich alles und jedes religiös? Hatte die Parität durch exakt gleiche politische Teilhabe nicht eigentlich die konfessionelle Neutralisierung der Obrigkeit bezweckt? – Antworten auf diese Fragen sollen unter dem Blickwinkel von Theorie und Praxis der Parität gesucht werden.

II. Die Übergangszeit: Konfliktlagen am Beginn der Parität

II.1. Der Westfälische Frieden vor dem Hintergrund einer hundertjährigen Bikonfessionalität

Anfang November 1648 erreichte die Kunde vom Westfälischen Frieden Biberach.[31] In der oberschwäbischen Reichsstadt, in der sich Katholiken und Protestanten seit vier Generationen unversöhnlich gegenüberstanden, konzentrierte sich das Interesse auf die im Osnabrücker Friedensvertrag verankerte Paritätsklausel und die Normaljahrsregelung.[32] Erstere schrieb die gleichmäßige Verteilung aller Ratsstellen und öffentlichen Ämter unter den Konfessionen vor, während letztere die religiösen Belange nach dem Status des 1. Januar 1624 ordnete. Die in ihrer großen Mehrheit reformatorische Stadt[33] hatte sich seit dem Verfassungseingriff Kaiser Karls V., der 1551 die evangelische Zunftherrschaft abgeschafft und ein patrizisch-altgläubiges Regiment eingesetzt hatte, in immer stärkerem Maß konfessionell polarisiert, wobei die religiöse Positionierung – konfliktverschärfend – zunehmend entlang ständischer Grenzen verlief. Spätestens seit dem Aussterben des evangelischen Patriziats 1638, mit dem die evangelische Präsenz in der bis dahin bikonfessionellen Biberacher Geschlechtergesellschaft erlosch, spitzte sich der ständische wie religiöse Gegensatz auf die Frage zu, wie sich künftig die Gewichte zwischen der nunmehr rein katholischen patrizischen Führungsschicht und den protestantisch dominierten Zünften verteilen würden.[34] 1562 bereits, als der Standesgegensatz die Konfessionsfrage noch nicht in diesem Maß dominiert hatte, war die Idee der numerischen Parität erstmals aufgetaucht, die sich auf dem Westfälischen Friedenskongress in Artikel V § 3 im Hinblick auf die Reichsstädte Augsburg, Ravensburg, Dinkelsbühl und Biberach letztlich durchsetzen sollte.[35] „Als Ordnungsmodell wurde die formale Parität – so hat es zumindest den Anschein – zuerst im Fall Biberach in Betracht gezogen", so Bernhard Rüth.[36] Er betont, dass der „Paritätsgedanke von außen an die Stadt herangetragen" wurde. Einiges deutet aber auf das Gegenteil hin.[37] Die von Johann Ernst von Pflummern (1588–1635) verkörperte lokale katholische Chronistik des beginnenden 17. Jahrhunderts weist nämlich auf den aus Biberach stammenden Tübinger Gelehrten Johann Hochmann (1527/28–1603)[38] und damit auf die Biberacher Provenienz der Paritätsidee hin,[39] der sich eine Chronik des frühen 18. Jahrhunderts anschloss.[40] Pflummern zufolge war die aus katholischer Perspektive nicht als Lösungs-, sondern als Irrweg geltende paritätische Machtverteilung unter Hochmanns Einfluss in einem von seinen Glaubensgenossen 1562 bei der Tübinger Juristenfakultät eingeholten Gutachten[41] originär aufgezeigt worden.

Die infolge paritätischer Gedankenspiele des konfessionellen Gegners, aus denen Jahrzehnte später konkrete politische Zielsetzungen wurden, um ihre Sonderstellung fürchtende katholische Minderheit machte die dafür Verantwortlichen also innerhalb der eigenen Bürgerschaft aus. Dem sich seiner Heimatstadt bis ins hohe Alter als Biberacher *Burgerskind* empfehlenden Johann Hochmann, der sich noch über seinen Tod hinaus als Stifter des Tübinger Hochmannianums nachhaltig für die Interessen seiner Biberacher Glaubensgenossen einsetzte,[42] lasteten die Katholiken die Mitschuld für die Parität an. Ihr vorrangig auf interne Schuldzuweisungen ausgerichtetes Denken und Empfinden wirkte bis in die heiße Phase des Ringens um die Parität auf dem diplomatischen Parkett in Münster und Osnabrück weiter und manifestierte sich 1647 in Biberach selbst zeitgleich dazu in Form von Hexenverfolgungen, die allein dem evangelischen Bevölkerungsteil galten.

In Anbetracht der Konfessionsproportionen bedeutete die 1562 vorgeschlagene Verteilung der Ratssitze und der öffentlichen Ämter unter Katholiken und Protestanten im Verhältnis 1:1 für Letztere freilich eine gewaltige Unterrepräsentation. Vor dem Dreißigjährigen Krieg betrug der Anteil der Katholiken in der auf 5.000 Einwohner[43] geschätzten Stadt ungefähr 10 %.[44] Schon seit der verschärften katholischen Restauration um 1600[45] waren die Evangelischen zunehmend unter Druck geraten, was sich auch in einer allmählichen Verschiebung der Konfessionsproportionen ausdrückte. Bis 1648 konnten die Katholiken ihren Anteil an der Bevölkerung, die im Krieg um mehr als die Hälfte zusammengeschmolzen war, auf gut 14 % steigern.[46] Damals standen ungefähr 60 katholische Familienoberhäupter ca. 360 evangelischen gegenüber. Unklar bleibt, ob es sich um internen oder externen katholischen Zugewinn handelte, ob er also eher der Rekatholisierungspolitik des Patriziats im Bündnis mit der kaiserlichen Besatzung und einer von Wien 1628 zu Restaurationszwecken entsandten Kommission[47] oder aber kriegsbedingten Fluchtbewegungen aus dem Umland hinter die Stadtmauern zu verdanken war. Abgesehen von wenigen Reichsstädten war die konfessionelle Landkarte Oberschwabens katholisch. Auf lange Sicht spielte die demographische Entwicklung deshalb den Katholiken in die Hände. Am Ende des Alten Reiches machten die damals 1.642 katholischen Einwohner fast 38 % der Bevölkerung aus.[48] Sie blieben im System der Parität also auf Dauer politisch überrepräsentiert, wenngleich sich die konfessionelle Diskrepanz im Lauf der Zeit immer weiter verringerte.

Von einer besonderen Wertschätzung der Biberacher Protestanten der anfänglich nur als Denkmodell im Raum stehenden paritätischen Rechtsfigur gegenüber kann vor dem Hintergrund der Konfessionsproportionen zunächst keine Rede sein. Bis in die Vorkriegszeit und selbst noch unmittelbar vor Einführung der Parität im Frühjahr 1649 strebten die Evangelischen nach der Beseitigung der Karolinischen Wahlordnung und der Wiederherstellung des Zunftregiments. In einem während des Reichsvikariats 1612 verfassten Forderungskatalog an den Kurfürsten von der Pfalz äußerten die evangelischen Wortführer die Bitte, er möge sich für eine *freye wahl* des Magistrats durch die Zünfte stark machen.[49] Erst im weiteren Verlauf des Schreibens moderierten sie ihre Forderungen auf die Einführung einer protestantischen Zweidrittelmehrheit bei der Besetzung des

Rats und der öffentlichen Ämter, um ganz am Schluss um Mithilfe auf dem Weg zu der noch am ehesten durchsetzbaren numerischen Parität zu bitten.

Ihre früheren Maximalforderungen spielten für die Protestanten während der westfälischen Friedensverhandlungen keine Rolle mehr. Vergessen aber waren sie nicht. Gegenüber Valentin Heider (1605–1664)[50], ihrem Bevollmächtigten auf dem Friedenskongress, der auch die Protestanten der drei anderen später paritätischen Reichsstädte vertrat, äußerten sie am 8. April 1647 ihre Überzeugung, dass die Parität *nichts anderst ist als ein lauttere billigkeit, und ist freylich respectu numeri Evangelicoru[m] Civiu[m] erga Cathol:[icos] noch keine paritet, dannoch aber,* so versicherten sie, *begehren wür nichts weitters [...] außer disem Mittel ist kein beständig[er] fried[en] inter Evangelicos et Cathol:[icos] in biberach zu hoffen.*[51] Ziel war also ein beständiger Frieden, an dem sich die Parität bei der Bewertung ihrer Grenzen und Leistungen messen lassen muss, wobei sich die Frage nach der Qualität dieses nicht näher erläuterten Friedensbegriffs aufdrängt.

II.2. Georg Gaupp, der Vorkämpfer der Parität

Evangelischer Wortführer vor Ort, auf den der eben zitierte Satz zurückgehen dürfte, war Georg Gaupp (1611–1674).[52] Er war der Sohn des Webers Caspar Gaupp (1561–1642?), der seine Familie seit 1618 mehr schlecht als recht als Schulmeister der gemischtkonfessionellen Spitalschule durchbrachte.[53] Mit Sicherheit gehörte für Georg Gaupp, dessen Vater vom katholischen Stadtregiment gezwungen worden war, seine katholischen Schüler bis zu seiner Entlassung im Zuge der katholischen Restauration im Jahr 1628[54] im Katechismus des Petrus Canisius zu unterrichten,[55] zu einem beständigen Frieden die Beseitigung jeglichen religiösen Gewissenszwangs. Von 1625 bis 1631 hatte Georg Gaupp auf der Universität Tübingen die freien Künste studiert, nachdem er zuvor als Choralumne die evangelische Lateinschule absolviert hatte.[56] Im Anschluss an seine Tübinger Studienzeit begleitete er den Direktor des Ritterkantons Kocher an die Universitäten Basel, Straßburg und Leiden.[57] Im Kriegsverlauf wurde Gaupp 1634 von der schwedischen Besatzung in Biberach zum Hofmeister der beiden benachbarten Klöster Heggbach und Gutenzell ernannt.[58] An der Jahreswende 1636/37 schließlich gelangte er im Zug eines paritätischen Experiments, das bis 1641 dauerte, trotz seines geringen Alters in den Inneren Rat.[59] Schon im Vorfeld hatte er Einfluss auf die Ausgestaltung dieser ersten Parität genommen. Um die obrigkeitliche Handlungsfähigkeit in der von Kriegswirren zerrissenen Stadt mit ihren ständig wechselnden konfessionellen Besatzungen wiederherzustellen, hatte Gaupp bereits im August 1636 auf die Bildung eines gemischtkonfessionellen Bürgerausschusses gedrungen.[60] Der Ausschuss hatte sich hinter eine von ihm verfasste Petition gestellt, in der für begrenzte Zeit die paritätische Besetzung des Rats und aller öffentlichen Ämter gefordert worden war. Aus der späteren

Abb. 4: Georg Gaupp. 1911 von Gustav Gaupp nach dem Bildnis auf dem 1662 entstandenen Gauppschen Familienepitaph in der Heilig-Geist-Kirche Biberach kopiert, Ölfarbe auf Leinwand (Museum Biberach, Inv. 1989-10837)

Entwicklung geht klar hervor, dass Gaupp Spiritus rector der Parität war.[61] Die Phase der freiwilligen, zwischen den Konfessionen ausgehandelten Parität endete im Dezember 1641, als auf Befehl Kaiser Ferdinands III. der für die katholische Seite günstige Regimentsstand des Jahres 1627 restauriert wurde. Gaupp, der auch nach Pfeiffers Beobachtung seit Anfang 1640 die auf die Einführung der Parität zielenden Verhandlungen stärker als die höherrangigen und älteren evangelischen Ratsmitglieder bestimmte,[62] wurde in diesem Zug zum Großen Rat degradiert.[63]

Von seinem Schwager Georg Ludwig Rauch (1621–1685) wurde Gaupp 1674 posthum als *die ainiche Ursach* gerühmt, *daß in dem Instr:[umentum] Pacis die Paritet erfolget* sei.[64] Die familiäre Legendenbildung um Gaupps politische Rolle hatte zwar auch praktische Aspekte, weil seine Verdienste bei der Regimentsbestellung im unmittelbaren Anschluss an seinen Tod nutzbringend für seine Angehörigen in die Waagschale geworfen wurden. Dennoch ist nicht von der Hand zu weisen, dass die Biberacher Geschichte ohne ihn einen anderen Verlauf genommen hätte und dass er in der Tat der lokale Dreh- und Angelpunkt auf dem Weg zur Parität war. In seiner Leichenpredigt wurde betont, Gaupp habe während der Westfälischen Friedensverhandlungen unzählige Reisen zu Kreis- und Städtetagen und zu Fürstenhöfen unternommen, die grundlegend für die Verfassungsänderung gewesen seien.[65]

Abb. 5 a und b: Siegel und Siegelstock des Evangelischen Rates von 1640, der von der Einführung der Parität bis zum Ende der Reichsstadtzeit weiterbenutzt wurde (Museum Biberach, 1992-14451)

Gaupps Bemühungen blieben der katholischen Partei nicht verborgen. So fokussierte sie sich in ihrer antiparitätischen Haltung auf den evangelischen Wortführer, den sie in einer Verzweiflungstat während der für die vier bikonfessionellen Reichsstädte entscheidenden Verhandlungsphase auf dem Friedenskongress politisch aus dem Feld zu schlagen versuchte. Nachdem im April 1647 die Parität in die Entwürfe des Friedensvertrags eingegangen war und alle weiteren Versuche gescheitert waren, durch die Fürsprache Kurfürst Maximilians von Bayern eine Verfassungsänderung in Biberach doch noch abzuwenden,[66] holten die in die Verliererrolle gedrängten Katholiken zu einem Schlag aus, der vordergründig auf Gaupps Schwester zielte, in Wirklichkeit aber ihm und der Parität galt.

II.3. Die Hexenverfolgung und die Parität

Catharina Gaupp (1616–1689)[67] wurde am 11. Mai 1647 als *Hechß und Huer* in Fesseln auf das Rathaus geführt, nachdem sie sich kritisch über die zunehmend paralysierte Biberacher Obrigkeit und positiv über Verhandlungen ihres Bruders mit der Besatzung geäußert hatte.[68] Die Stadt war Anfang 1647 mit fünf unter französischem Befehl stehenden Regimentern belegt worden, *und dannen hero eine solche noth under der burgerschafft entstanden, dergleichen niehmals gewesen bey disem ganzen werenden kriegsweeßen.*[69] Weil *keiner dem andern mehr rathen noch helffen kann, gibt es vil lauffens zu der obrigkeit, weil aber dort gar keine hülff zuerhalten, laßen die burger auß ungedult viel ungleiche reden wider die Oberkeit lauffen.*[70] Catharina Gaupps Kritik am katholischen Stadtregiment war nicht unbegründet. Das Versagen der katholischen Ratsspitze hatte ein solches Ausmaß angenommen,[71] dass anstelle eines höherrangigen Vertreters ihr Bruder ins französische Hauptquartier nach Stuttgart einbestellt worden war,[72] der in Alltagssituationen immer wieder mit Erfolg auf gemeinsame Lösungen beider Konfessionen gedrungen hatte.⁷³ Dennoch war das Klima in der Stadt gegen Ende des Krieges stärker denn je von konfessionellen Verschwörungsängsten vergiftet. Während seine Schwester unter Bewachung vor dem Ratssaal stand, brach Gaupp im Rat in die Worte aus, bevor nicht der gegen ihn erhobene Vorwurf, mit der Besatzung zu paktieren, *mit Ihme erörtert werde, wolle Er sein Schwöster nit vor rath stehen lassen, werde Ihn nun ein Ers.[amer] Rath defendiren, wol und gueth; wa nit woll Er den Herrn Commendanten suechen und anreden. Ja [...] wolle störckheren gewallt suechen und sein Schwöster nit vorstehen lassen, sollte Ihme auch der Kopf gleich ufm Rathhauß abgeschlagen werden.*⁷⁴ Gaupp drohte mit offener Rebellion. Sein katholischer Gegenspieler Johann Wilhelm Hegelin von Straußenberg machte daraufhin einen Rückzieher, drohte freilich noch, dass er sich *die action aber gegen deßen Schwöster hiemit per expressum reseruirt haben wollen.* Entweder war die Intrige im Lauf der Sitzung als allzu fadenscheinig aufgeflogen oder die Katholiken befürchteten tatsächlich einen evangelischen Aufruhr. Gaupps Schwester jedenfalls entging den Mühlen der Justiz: Sie wurde Georg Ludwig Rauchs Ehefrau und Christoph Martin Wielands Ururgroßmutter.

Der Angriff auf die Schwester des evangelischen Wortführers hatte aber Signalwirkung und eröffnete den wohl schon länger unter der Oberfläche schwelende Hexendiskurs. Die Betroffenen erkannten die Gefahr auf der Stelle. Georg Hall (1594–?),⁷⁵ ein evangelischer Büchsenmacher, beantragte noch in derselben Ratssitzung seine Entlassung aus dem Bürgerrecht, die aber an ausstehenden Kontributionszahlungen scheiterte.⁷⁶ Hall schwadronierte im Lauf des Sommers 1647 über eine militärische Lösung der Konfessionsfrage: *Ich wollt d[a]z man unß die Cathol.[ischen] alle hinauß schaffe, es ist ein khleines heüfflin.*⁷⁷ Maria Hägin, seine Frau, geriet bald darauf in den Verdacht der Hexerei. Schon einige Wochen vor ihrer Verhaftung am 11. September war den evangelischen Wortführern klargeworden, dass von katholischer Seite die *außthilgung Ehrlicher Evangelischer leüth, starck gesucht wirdt.*⁷⁸ Ein verklausulierter Hinweis an ihren Bevollmächtigten auf dem Friedenskongress auf die drohende Hexenverfolgung?

Die Hexenverfolgung diente der Kanalisierung unerträglich gewordener konfessioneller und sozialer Konflikte und Ängste. Die „Angst durch sozialen Wandel", die die moderne Forschung mit der Hexenverfolgung verknüpft,⁷⁹ ist gegen Ende der Friedensverhandlungen fast mit Händen greifbar. Am 2. November 1647 wurde Maria Hägin hingerichtet.⁸⁰ Am 5. November drangen die Katholiken noch einmal in den Kaiser, dass *die parität vermitten pleiben möchte.*⁸¹ Als eine treibende Kraft hinter den Prozessen trat von Anfang an der Katholik Georg Zell († 1668) hervor,⁸² der sich ausrechnen konnte, dass er zu den Hauptverlierern der Parität zählen würde. Falls die Evangelischen reüssierten, hätte er als Nichtpatrizier seine Geheime Ratsstelle und die einträgliche Spitalpflege an einen Protestanten abzutreten. Im August 1648 ließ Zell sich im Rausch vernehmen, *der röm:[ische] Kayser sollte der gestallten nit frid machen, sondern ehender d[a]z* *ganze Reich zue grundt richten lassen.*[83] Die Stimmungslage unter den Katholiken war desperat.

Georg Gaupp war alarmiert. Kaum vorstellbar, dass sich fürstliche Höfe auf weitere Verhandlungen mit dem Vorkämpfer der Biberacher Parität einlassen würden, sollte er am Ende doch noch in einen Hexenprozess verwickelt werden.[84] Gaupp entzog sich dem katholischen Zugriff, indem er nach Beginn des Verfahrens gegen Maria Hägin, die am 17. September das erste Mal der Folter unterzogen wurde,[85] seine Entlassung aus dem Biberacher Bürgerrecht betrieb und Anfang Oktober Zuflucht in Ulm suchte, von wo aus er seither die Fäden zog.[86] Er kehrte erst nach dem Friedensschluss nach Biberach zurück.[87]

In der öffentlichen Wahrnehmung war Hexerei bis 1653 ein rein evangelisches Delikt. Bis zur Einführung der Parität im Mai 1649 besetzten die Katholiken 13 von 21 Ratssitzen, darunter die wichtigsten Positionen. Die direkt mit der Hexenverfolgung befassten Amtsträger, der Ratskonsulent und der Scharfrichter,[88] waren katholisch. Ein von evangelischer Seite bei Ulmer Juristen eingeholtes Gutachten in einem der Hexenprozesse wies dem Biberacher Rat im Februar 1649 Verfahrensfehler nach.[89] Den Übertritt zum Katholizismus, den zwei der Angeklagten, Ursula Jegglin und Maria Jergerin, unmittelbar vor ihrer Hinrichtung vollzogen, verbuchte der katholische Pfarrverweser, der Schussenrieder Prior Augustin Arzet († 1666) als Sieg über die Häresie.[90] Unterschwellig klingt an, dass sich aus katholischer Perspektive in jenen Jahren Ketzerei und Hexerei überlagerten und als evangelisches Phänomen darstellten. Arzet, bei seinem Tod als Kämpfer für den Biberacher Katholizismus gerühmt, dem er viele Seelen zugeführt habe,[91] war kurz nach dem gescheiterten Angriff auf Gaupps Schwester von seinem Abt Matthäus Rohrer (1595–1654) in Absprache mit den katholischen Räten zum Pfarrverweser bestimmt worden,[92] um die Katholiken in der als äußerst krisenhaft und bedrohlich empfundenen Umbruchsphase religiös und mental auf Kurs zu halten. Er tat dies, indem er die Evangelischen in seinen Predigten für verdammt erklärte.[93]

II.4. Die konfessionelle Stimmungslage in den Anfangszeiten der Parität

Politisch standen die Katholiken zu jener Zeit schon auf verlorenem Posten, wie ihre vergeblichen Protestationen *Contra die zue oßnabrugg vermeintlich eingewilligte parität* vom April[94] und vom November 1648[95] zeigen. Die Evangelischen hingegen gedachten des Westfälischen Friedens am 1. Januar 1649 mit Glockengeläut in der Pfarrkirche und Salven von allen Türmen.[96] Die Dankpredigt hielt der Mittagprediger Matthäus Brigel, der mit seiner Gemeinde 1628 aus dem Simultaneum an der Pfarrkirche vertrieben worden war. Die Katholiken verweigerten sich einem von evangelischer Seite angestrebten gemeinsamen Dankfest. Der Schussenrieder Abt Matthäus Rohrer, der sich gegen Kriegs-

Abb. 6: Exekutionskommissionsrezess und zugehörige Dekrete. Zu erkennen sind die Spuren der früheren Faltung, die wohl dem Format des genannten beschloßenen Kästleins entsprach (Landeskirchliches Archiv Stuttgart, DA Biberach, Bestell-Nr. 1917)

ende in seine Heimatstadt Biberach geflüchtet hatte,[97] hieß den katholischen Beschluss gut, *alle sollenitaet eingestölt* zu lassen, *weil dieser abscheuliche Frieden nit werth, d[a]s sich ein khristenlich gemüeth darob erfrewen soll.*[98]

Ganz anders die Evangelischen, die die Paritätsverträge einem Kleinod gleich in einem *beschloßene[n] Kästlein* verwahrten.[99] Man lasse sich nicht täuschen: Kaum war die Tinte unter den Verträgen getrocknet, zerbrach der innerevangelische Konsens. Bereits 1654, als wegen innerprotestantischer Verwerfungen eine Gesandtschaft an den herzoglichen Hof in Stuttgart vorbereitet wurde, resümierte der Evangelische Rat, dass seine Glaubensgenossen die Parität *thails auß ohnv[er]standt od[er] anderwertig widrigen affect gering od[er] mehr nachthailig aestimiren.*[100] Herzog Eberhard III. von Württemberg warnte daraufhin seine Biberacher Klientel, das Kleinod der Parität nicht durch inneren Zwist zu verspielen.[101] An wen richtete sich die Warnung und worauf ist der Reputationsverlust der Parität zurückzuführen?

Von Mittagprediger Brigel war schon 1652 zu hören, dass er in einer Predigt *mit schimpflich[er] anziehung d[er] paritet hoch lamentirt[e].*[102] Nicht weniger kritisch äußerte sich sein Kollege, Spitalprediger Ulrich Klöggel (1597–1668). Klöggel *wolte seins thails eb[en] so gern seh[en], d[a]z Sie noch und[er] d[en] Catholisch[en], alß mit dißer paritet* lebten.[103] Der Verlust des in Jahrzehnten erprobten und gefestigten antikatholisch motivierten inneren Zusammenhalts rührte von unpopulären Maßnahmen des eigenen, seit 1649 unter Leitung Georg Gaupps stehenden Evangelischen Rats her. Während zuvor die für die evangelische Gemeinde wesentlichen Beratungen meist unter Mitwirkung der Prediger im evangelischen Pfarrhof stattgefunden hatten, verlagerte sich die Entscheidungsfindung mit Einführung der Parität auf die Ratsmitglieder und das Rathaus. Für die Prediger bedeutete es einen nie gekannten Kompetenz- und Autoritätsverlust, als der Evangelische Rat seine neuerworbene Kirchenhoheit plötzlich auch gegen sie geltend machte, etwa in Fragen der Kontroverstheologie, in der der Evangelische Rat, wie noch zu sehen, mit Blick auf den zu wahrenden Religionsfrieden völlig andere Positionen als die Geistlichkeit bezog.

Zweiter Kritikpunkt der Prediger, wodurch sie das System der Parität insgesamt in Frage stellten, war die jahrelange Darstellung und Wahrnehmung der Hexerei als ausschließlich evangelisches Phänomen. Von 1647 bis 1653 nämlich hielt die katholische Bastion. Erst das achtzehnte Urteil richtete sich gegen eine Katholikin, nachdem die von Protestantinnen unter der Folter geäußerten Besagungen andersgläubiger Einwohnerinnen nicht länger zu ignorieren waren.[104] Wohl mit Bezug auf Abt Rohrers Diarium, in dem die Hexenverfolgung überhaupt erst mit den Verfahren gegen Katholikinnen zur Kenntnis genommen wurde,[105] kommentierte der Verfasser der Schussenrieder Hauschronik um 1760 die Verurteilung Anna Kiefers, der ersten Katholikin – nun bereits unter dem Blickwinkel der Aufklärung auf die Paritätscuriosa: Im Jahr 1653 sei in Biberach zuerst *eine luth.[erische] Hexe* verbrannt worden, *und gleich darauf, damit die Paritaet aufs Härle observirt wurde, mußte auch eine kath.[olische] Burgerin verbrannt werden, sie mochte keine oder eine Hexe seyn – denn in Anno normali 1624. wird es vielleicht auch so gewesen seyn.*[106] Seit dieser Zäsur also paritätische Hexenverfolgung, wie das Zitat insinuiert? Tatsächlich sind von diesem Zeitpunkt bis zum Ende der Prozesse vier katholische und vier evangelische Opfer zu verzeichnen.[107] 21 von 25 Urteilen ergingen, während ein Katholik dem Rat vorsaß. Nach Einführung der Parität 1649 wechselten sich der katholische und der evangelische Bürgermeister alle vier Monate im Amt ab. Von den seither vollstreckten Hinrichtungen fielen zehn in die Amtszeit des Katholiken Christoph Friedrich von Pflummern (1612–1688) und vier in jene Georg Gaupps. Keines der in Gaupps Amtszeit gefällten Todesurteile traf eine Katholikin.

1656 schließlich – Anna Kiefer war noch immer die einzige Katholikin unter den Verurteilten – erhob Matthäus Brigel den Vorwurf der Konfessionsjustiz: *man habe mit d[en] E[van]g[e]lisch[en] Hexen allezeit exeq[uie]rt, wan es ab[er] an Catholische komm[en], habe man uffgehört.*[108] Der Appell des Predigers verfing bei Gaupp nicht. Von den seither noch gefällten sechs Urteilen fiel in seine Zeit als Amtsbürgermeister nur ein Spruch, der sich überdies gegen eine Protestantin richtete. Dennoch stellte sich Hexerei, die von

1647 bis 1653 als evangelisches Delikt erschienen war, von 1653 bis 1658 als paritätische Straftat dar. Auf die gesamte Prozessserie bezogen betrug der Anteil katholischer Verurteilter 16 % bei einem konfessionellen Bevölkerungsanteil von 14 % im Jahr 1648. Reiner Zufall angesichts einer in ihrem Denken um Parität und Proportionalität kreisenden Gesellschaft? Wohl kaum. Die wegen des fast vollständigen Verlusts der Gerichtsakten auf die Ratsprotokolle beschränkte Skizzierung der Hexenverfolgung[109] lässt weiterreichende Schlüsse über eventuell im Hintergrund verlaufende Überlegungen und Beratungen nicht zu. Einig war man sich schließlich über die Konfessionsgrenzen hinweg, dass die Hexenprozesse der Stadt vor allem wirtschaftlich schadeten. Nach der letzten Hinrichtung 1658, mit der die konfessionelle Bilanz ausgeglichen, vielleicht auch die eine oder andere Rechnung beglichen war, wurden alle weiteren Denunziationen wegen Schadenszauber vom Rat niedergeschlagen,[110] ein Prozess, der sich noch bis 1678 hinzog.[111] Parallel zu dieser Kurskorrektur betonte der Rat 1659, dass Teile der Ernte *aus Gottes Verhengnuß* durch Unwetter zerstört worden waren.[112] Damit kehrte die Stadt zur frühneuzeitlichen Deutung des göttlichen Strafgerichts als Folge eigener Verfehlungen und kollektiver Frevel zurück.

Das konfessionelle Sündenbock-Denken, das sich in der Eingangsphase der Hexenprozesse manifestiert hatte, lag eine Generation zurück, als Katholiken und Protestanten vor dem Hintergrund beträchtlicher finanzieller Mehrbelastungen infolge des Reichskrieges gegen Frankreich (1674–1679) erstmals seit Einführung der Parität gemeinsame Sache gegen ihre Obrigkeit machten, indem sie ihr 1677/78 den Steuerhahn zudrehten.[113] Die Bürgerschaft rechtfertigte die Steuerrevolte mit dem Versagen des Rats, der, anstatt die Finanzen in einer fast dreißigjährigen Friedenszeit zu sanieren, in die eigene Tasche gewirtschaftet habe.[114] Die Vertrauenskrise traf katholische wie evangelische Amtsinhaber gleichermaßen. Dem evangelischen Bürgermeister und Stadtrechner Martin Wieland (1624–1685), seit 1674 Gaupps Nachfolger, wurde vorgeworfen, gemeinsam mit dem katholischen Stadtrechner Johann Jacob Eberhardt Steuergelder in Höhe von 1.000 fl. unterschlagen zu haben.[115] Der katholische Bürgermeister und Spitalpfleger Christoph Friedrich von Pflummern stand in der Kritik, weil seine Bezüge seit 1649 um mehr als das Dreifache gestiegen waren.[116]

Selbst nachdem der Rat der Protestbewegung entgegengekommen und alle Besoldungen um ein Viertel gesenkt hatte, schlugen die Personalausgaben noch mit 6.339 fl. jährlich zu Buche.[117] Der Eigennutz der Amtsinhaber, aber auch die *Quantität der Ämpter und diensten* infolge der paritätischen Verfassung waren nach Meinung der Bürgerschaft für die Zerrüttung der Finanzen verantwortlich.[118] Damit stand erneut die Parität auf dem Prüfstand. Die Bürgerschaft insistierte 1678 beim Kaiser, er möge Stellenkürzungen *ohne underschid d[er] Religion* in Anlehnung an die Gegebenheiten der Reichsstädte Memmingen, Lindau, Überlingen, Ravensburg[119] und Kempten anordnen. Ihrer Vorstellung nach waren die seit 1649 unter den Konfessionen parifizierten Ämter zu ver-

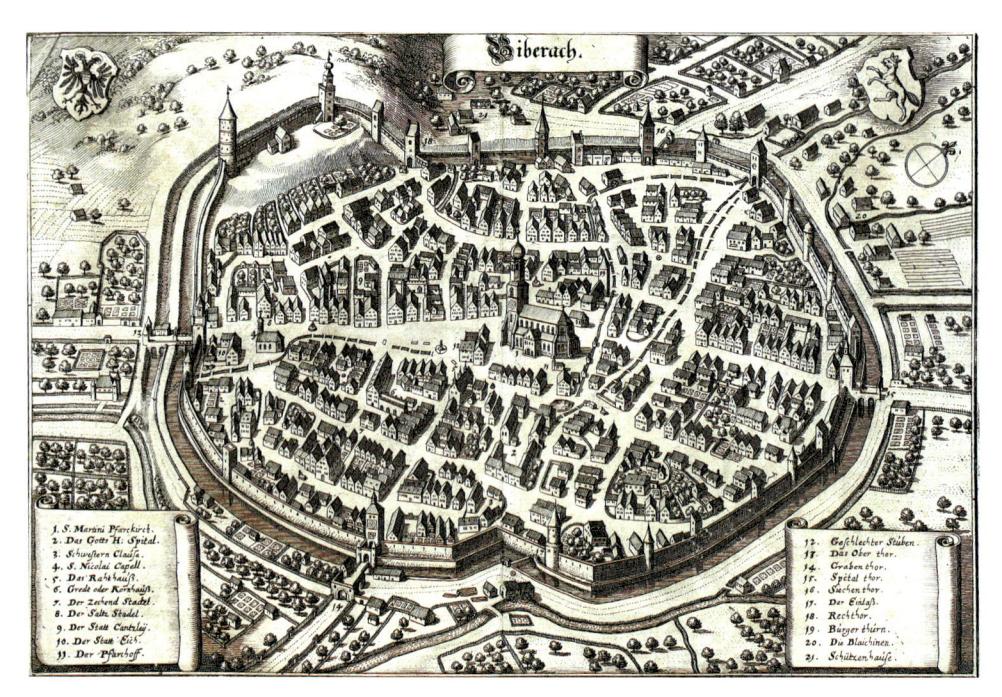

Abb. 7: Plan der Reichsstadt Biberach. Matthäus Merian, Druck auf Papier, 1643 (Museum Biberach, Inv. 2010-00080)

einigen.[120] Beispielsweise sollte das Amt des Ratskonsulenten, das 1649 mit einem Katholiken besetzt war, mit dem des Stadtschreibers, seit Einführung der Parität ein Protestant, in Personalunion versehen werden. Bei den doppelt, also paritätisch besetzten Stellen, etwa dem Stadtammannamt, aber auch bei den städtischen und spitälischen Subalternen strebte die Bürgerschaft die Entlassung je eines Amtsinhabers an. Die Bürgerschaft verwarf folglich das 1649 etablierte paritätische System in Bausch und Bogen und plädierte im Grunde für eine Rückkehr zu der von Kaiser Ferdinand I. 1563 beschlossenen Regelung, wonach das Stadtregiment und alle Ämter und Dienste ohne Ansehen der Religion zu besetzen waren.[121] Das bürgerliche Votum wiegt schwer, bilanziert es doch drei Dekaden praktizierter Parität, während in die anfängliche Paritätskritik auch und vor allem Anpassungs- und Umstellungsprobleme eingeflossen waren. Die Bürgerschaft muss 1677/78 zu dem Schluss gelangt sein, dass der finanzielle Mehraufwand für den paritätischen Apparat im Missverhältnis zum Nutzen stand, den das Gemeinwesen aus der Parität zog.

Wie nicht anders zu erwarten, lehnten die im kaiserlichen Auftrag von den Kreisausschreibenden Fürsten des Schwäbischen Reichskreises, dem Herzog von Württemberg und dem Bischof von Konstanz, nach Biberach beorderten Subdelegierten eine Revision der Parität ab, die seit dem Westfälischen Frieden Teil der Reichsverfassung und somit sakrosankt war.[122] Den Kreisausschreibenden Fürsten hatte kraft des Westfälischen Friedens nicht nur die Einführung und praktische Ausgestaltung der Parität im sogenannten Exekutionskommissionsrezess oblegen. Sie wirkten auch danach immer wieder auf die Reichsstadt Biberach ein, wenn es um strittige Fragen im Kontext der paritätischen Verfassung ging.[123] 1668 bereits hatten sie die Parität im sogenannten Interpositionskommissionsrezess nachgebessert, dessen schriftliche Ausfertigung für die evangelische Partei ihren Platz bei den Paritätsurkunden von 1649 in dem erwähnten abschließbaren Kästchen im Evangelischen Archiv fand.[124] Die Katholiken indessen hatten diese Gelegenheit zu einem erneuten verbalen Angriff auf *die ab: und uffgetrungene laidige parität* genutzt.[125]

Die Kreisausschreibenden Fürsten und ihre mit Handlungsanweisungen versehenen Subdelegierten hatten bereits 1649 am Ausgangspunkt der beiden Konfliktlinien gestanden, die im Folgenden exemplarisch aufgezeigt werden sollen. Im Unterschied zu anderen, weniger schwer ins Gewicht fallenden Diskrepanzen belasteten sie die paritätische Koexistenz durch den Impetus zur Herausbildung konfessioneller Partikularinteressen auf Dauer und von Grund auf, wenngleich sie im bürgerlichen Verdikt des Jahres 1678 über die Parität überhaupt keine Rolle spielten. Die konfessionelle Koordination des bürgerlichen Protests zeigt sogar im Gegenteil, dass religiöse Grenzen und konfessionelle Partikularinteressen überwunden werden konnten, wenn die existenzielle Bedrohung der Stadt von obrigkeitlicher Misswirtschaft ausging[126] – zugleich ein Beleg dafür, dass die Biberacher Parität vielschichtig und in sich durchaus auch widersprüchlich war.

III. Überblick über zwei grundlegende Konfliktlinien der paritätischen Gesellschaft

III.1. Ein exemplarischer Dauerkonflikt aus dem religiösen Bereich: Die Kapuziner und die Frage nach dem Religionsfrieden

In Ergänzung des Exekutionskommissionsrezesses vom 3. Mai/23. April 1649, der die Umsetzung der westfälischen Friedensbestimmungen hinsichtlich der Bestellung des Stadtregiments und der öffentlichen Ämter und Dienste, aber auch der Kirchen und Schulen, des weiteren beispielsweise Fragen der Armen- und Krankenfürsorge regelte,[127] ergingen in den Tagen danach Dekrete der Konstanzer und der württembergischen Subdelegierten zur Beilegung der darüber hinaus noch strittigen Fragen, die nicht auf Anhieb geklärt werden konnten. So entschied die Kommission, dass die Evangelischen das Glockengeläut entgegen dem Normaljahr 1624 *Umb mehrern Friedens, Ruehe und guten Vernehmens willen* wie von den Protestanten begehrt *pari jure mit den Catholischen zuegebrauchen* hätten.[128] Hingegen wurde zugunsten der Katholiken nach heftigen Meinungsverschiedenheiten der Biberacher Verhandlungsführer wie der beiden Kommissionshöfe Konstanz und Württemberg bei der Behandlung der Kapuziner vom Maßstab des Normaljahrs abgewichen.[129] 1624 hatte der Konvent nicht in-, sondern außerhalb der Stadt gelebt, weshalb die Evangelischen während der Kommissionsverhandlungen die sofortige Ausweisung der Mönche aus der Stadtkanzlei forderten, in der sie seit der Zerstörung ihres vor den Mauern gelegenen Klosters im Jahr 1632 wohnten. Den Evangelischen war es ein ständiger Dorn im Auge, dass die Kapuziner seither – ausgehend von ihrem bei der Kanzlei erbauten Oratorium in der Stadt – dem öffentlichen Religionsexerzitium nachgingen. Die Subdelegierten kamen auf Anweisung ihrer Fürsten schließlich überein, dass die Ordensleute bis zum Johannistag, dem 24. Juni 1649, Gastrecht in der Stadt genießen sollten. In der Zwischenzeit mussten sie sich eine provisorische Unterkunft an der Stelle ihres ursprünglichen Klosters errichten. Auch das Oratorium bei der Kanzlei war abzubrechen. 1661 konnten die Kapuziner ihr neuerrichtetes Kloster beziehen,[130] um das sich im Lauf des 18. Jahrhunderts eine unterbürgerlich strukturierte katholische Vorstadt herauszubilden begann. Von Anfang an war es eine Scharnierstelle zwischen Stadt und Land, die nicht nur für die Koordination bürgerlicher und bäuerlicher Volksreligiosität, etwa bei Massenveranstaltungen wie Volksmissionen, bedeutsam war. Das Kloster leistete wohl auch seinen Beitrag zur wachstumsorientierten Entwicklung des katholischen Bevölkerungsteils. Neben vielen anderen Funktionen kamen ihm in der Praxis nämlich auch die Aufgaben einer katholischen Heiratsbörse zu, lasen die Kapuziner doch regelmäßig Messen für Heiratswillige.[131] Ihre Schlüsselposition zwischen Stadt und Land, die sie beim Terminieren festigten, nutzten sie nicht zuletzt für wirtschaftliche Lenkungsversuche, die pointiert gesagt dem Motto „Kauft katholisch!" folgten.[132] Fast überall hatten die Kapuziner ihre Hände im Spiel, überall ihren Fuß in der Tür.[133] Nimmt man den sich während der Exekutionsverhandlungen im Frühjahr 1649 manifestierenden evangelischen Widerwillen gegen die Kapuziner als Gradmesser, so ist anzunehmen, dass sie sich bereits nach Gründung ihres ersten Klosters im Jahr 1615 in ähnlicher Weise für den Katholizismus in der Stadt starkgemacht hatten.

An der Frage nach der Zukunft der Kapuziner, dem Inbegriff des konfessionellen Feindbildes der Protestanten, wäre 1649 beinahe die gesamte Exekution gescheitert. Der Herzog von Württemberg unterstützte die Forderung seiner Biberacher Glaubensgenossen nach unverzüglicher Ausschaffung der Mönche,[134] wogegen der Bischof von Konstanz unter allen Umständen auf ihre Anwesenheit in der Stadt pochte.[135] Die Zustimmung zum letztlich gefundenen Kompromiss ließ sich die katholische Seite teuer bezahlen, wie aus den Ausführungen über den damit verwobenen politischen Dauerkonflikt um die konfessionelle Präzedenz hervorgeht.

Auch die Kapuziner belasteten die paritätische Koexistenz nachhaltig, was sich insbesondere im Kontext der Streitigkeiten um Bekehrungen und Mischehen zeigte, in denen sie ihre Hände regelmäßig im Spiel hatten. Ihr öffentliches Religionsexerzitium übten

Abb. 8: Ansicht des Kapuzinerklosters zu Biberach mit Missionskreuz. Julius Schmid, Tusche und Aquarell auf Papier, 1905 (Museum Biberach, Inv. 1989-09098)

sie uneingeschränkt aus. Sie waren nicht nur in der innerstädtischen Aushilfsseelsorge, insbesondere in Pastoral und Pflege der Kranken, sondern auch in der regulären Liturgie der katholischen Kirchengemeinde allgegenwärtig.[136] Wohl im Gedenken an ihren Ordensmärtyrer Fidelis von Sigmaringen (1578–1622), der bei Rekatholisierungsmaßnahmen im Prättigau am Palmsonntag 1622 in Seewis nach einer antireformatorischen Predigt von Glaubensgegnern erschlagen worden war[137] und der in Biberach früher als anderswo verehrt wurde,[138] hielt ein Kapuziner seit dem frühen 18. Jahrhundert in der Pfarrkirche die sogenannte Palmnachtskontroverspredigt. Sie zog alljährlich *eine grosse Menge Volckhß* aus der Umgebung an.[139] Obwohl der Evangelische Magistrat die Teilnahme verbot, befanden sich immer auch zahlreiche Evangelische unter den Zuhörern, denen die erklärte Absicht des Predigers galt, dass *Pars adversa bekehrt werden möchte*.[140] Tätlichkeiten, die nach 1649 nur in geringer Zahl dokumentiert sind, ereigneten sich am ehesten im Gefolge der Palmnachtspredigt. 1723 schrieb es der Evangelische Rat ihrer aufpeitschenden Wirkung zu, dass ein Katholik zwei Protestanten mit dem Säbel verletzte, als sie beim Anblick der kurz darauf in einer Prozession mitgeführten Monstranz nicht wie üblich die Hüte zogen.¹⁴¹ Zu Todesfällen wie in Augsburg, wo 1718 im Kontext der alljährlichen Fronleichnamsprozession und im Nachhall der konfessionellen Klimaverschärfung infolge des im Vorjahr begangenen Reformationsjubiläums zwei Menschen getötet wurden,¹⁴² kam es in Biberach aber nicht.

Auch Boykotte des Umlands gegen evangelische Gewerbetreibende wiederholten sich alljährlich im Gefolge der Palmnachtspredigt, um erst langsam wieder der Normalität eines vorrangig an wirtschaftlichen statt an konfessionellen Interessen orientierten Warenverkehrs zu weichen. Nach einer scharfen Kontroverspredigt an Palmarum 1750 gipfelte die Ansprache des Kapuziners in der Pfarrkirche an Mariae Geburt desselben Jahres in den Worten: *Maria spann den Mantel aus und jag die lutherische Ketzer naus.*¹⁴³ Die bäuerliche Bevölkerung, die zu den Kontroverspredigten in die Stadt kam und die bei dieser Gelegenheit ihre Geschäfte erledigte und die Gasthäuser besuchte, wird ihn verstanden haben. Ansonsten hätte ein Blick auf die Schutzmantel-Madonna der katholischen Zünfte, die vermutlich in einer der katholischen Zunftherbergen hing, ihrer Entscheidung nachgeholfen. Damit der Geldstrom auch in die richtige Richtung floss, war auf der Rückseite der Madonnendarstellung eine Reklametafel mit den Handwerkszeichen der katholischen Zünfte angebracht – ein katholisches Branchenverzeichnis in der nach eigenen Regeln funktionierenden paritätischen Stadt also. Der Tafel kam in Ver-

Abb. 9 und Abb. 10: Schutzmantelmadonna der katholischen Zünfte mit Reklametafel von 20 Handwerken (Rückseite). Johann Bergmayer, Ölfarbe auf Leinwand, 1720. Ursprünglicher Standort unbekannt (Museum Biberach, Inv. 1989-11416)

Abb. 11: Siegel des evangelischen Konsistoriums Biberach, 1706. Gips mit Schellacküberzug (Museum Biberach, Inv. 1992-14488)

bindung mit der auf sie anspielenden Kontroverspredigt an Mariae Geburt des Jahres 1750 besondere Wirkungskraft zu, empfanden die Protestanten die gegen sie bereits im Anschluss an die vorausgehende Palmnachtspredigt verhängte Wirtschaftssperrung in diesem Jahr doch als besonders einschneidend und anhaltend. In ihrer deswegen beim Kreisausschreibamt in Stuttgart eingereichten Klage charakterisierten sie die Kapuziner als konfessionelle Scharfmacher.[144] Durch ihre Predigten würden *die sonst verträgliche Cathol:[ischen] Innwohnere und Nachbaren zu einem bitteren Hass gegen ihre Augspurg:[ischen] Confess:[ions] Verwandte Mitburgere oder Kunds-Leuthe aufgereizet.* Infolgedessen, so die Evangelischen weiter, würden sie *ihren Widerwillen etliche wochen, so lange solche Schmäh-Wortte in frischem Andencken sind, in gutem und bösem deutlich hervor blicken lassen, die gewöhnliche Läden und Wirths-Häuser meiden.* Um eine nachhaltigere Wirkung zu erzielen, waren die Kapuziner nun offenbar bestrebt, die Abstände zwischen den einzelnen Predigten zu verkürzen.

Der Evangelische Rat übte harte Kritik an den aus seiner Sicht gegen das Gebot des Religionsfriedens verstoßenden *Proselyten machereyen des Gegenteils*,[145] die mit der Palmnachtspredigt Hand in Hand gingen.[146] Mit Blick auf den Religionsfrieden, für den er seit dem Erwerb des Kirchenregiments 1649 in der Verantwortung stand, zwang er seine eigenen Geistlichen, als es im Zug der Verfassungsänderung zu verstärkter Abgrenzungsdynamik auf den Kanzeln kam, zum Verzicht auf Kontroverspredigten. Deren anfängliche Paritätskritik hängt auch mit dem Maulkorb zusammen, den ihnen ihre geistliche Obrigkeit verpasste und der ihr theologisches Lehrgebäude, sie als geistliche Hirten sowie die ihnen anvertraute Herde schutz- und wehrlos gegenüber katholischen Angriffen erscheinen ließ, weil sie sich keine *Satisfaction*[147] im gegenseitigen Schlagabtausch verschaffen durften. Neben Rücksicht auf den Religionsfrieden fielen einmal mehr wirtschaftliche Erwägungen ins Gewicht. Das katholische Umland sanktionierte Angriffe der evangelischen Geistlichen auf die katholische Lehre mit scharfem Boykott, der die Evangelischen in ökonomische Bedrängnis brachte, selbst wenn sie, wie in den 1660er-Jahren noch üblich, in vielen Handwerken eine Monopolstellung besaßen.[148] Ein 1668 bei der Nachbesserung der Parität *zue erhaltung burgerlicher einigkeit* erlassenes Verbot konfessioneller Wirtschaftssperrung[149] blieb, wie im Kontext der Palmnachtspredigten zu sehen, in der Praxis wirkungslos.

Wenn die evangelischen Geistlichen sich doch gelegentlich über das Verbot hinwegsetzten und auf der Kanzel gegen die katholische Lehre polemisierten, schärfte der Evangelische Rat ihnen sofort den Interimscharakter der Parität ein, demzufolge die Konfessionen bei unverändertem Religionsstand *unter einander heben und legen, leben, leyden und sterben müeßen*,[150] bis die Spaltung überwunden wäre. Konversionen zum Luthertum fielen auch wegen des protestantischen Defensivprinzips im Unterschied zum umgekehrten Fall kaum ins Gewicht. Seit 1750, als Übertritte zum Katholizismus sich häuften, quittierten die Prediger die katholischen Kontroverspredigten mit der Verlesung der Confessio Augustana.[151] Sie wähnten sich mit ihrer Strategie in Sicherheit. Dennoch verlangte Wien 1778 ein Ansichtsexemplar des sogenannten *Confessionsbüchleins*,[152] das als Grundlage für die Verlesung der Glaubensartikel diente,[153] nachdem eine im Vorjahr mit außerordentlicher Polemik gehaltene Palmnachtspredigt Schlägereien zwischen den Konfessionen[154] und schließlich einen Reichshofratsprozess heraufbeschworen hatte. Die Evangelischen witterten angesichts des aufgeklärten Reichsoberhaupts erstmals die Chance, dass *derley Controvers-Predigten gäntzl.[ich] abzuschaffen* seien.[155] Ein grundsätzliches Verbot der Kontroverspredigt lehnte Kaiser Joseph II. zwar ab.[156] Der Streit gelangte auf Zutun der Evangelischen aber in die evangelische Presse,[157] nachdem der Kaiser dem Kontroversprediger das Betreten der Kanzel verboten hatte und die Palmnachtspredigt nur noch von einem bescheidenen Prediger gehalten wissen wollte.[158] Den Katholischen Rat wies der Kaiser 1777 an, in Zukunft das Konzept der Kapuzinerpredigt einzusehen.[159] In der Praxis griff die angeordnete Revision jedoch nicht.[160] Zwar konnte der Evangelische Rat wegen seiner 1649 erworbenen Kirchenhoheit von den Reichsgerichten jederzeit für die Verletzung des Religionsfriedens zur Rechenschaft gezogen werden, nicht aber der Katholische Rat, der in solchen Fällen regelmäßig auf die vom katholischen Klerus behauptete geistliche Immunität und die Kirchenhoheit des Bischofs von Konstanz verwies, die ihm die Hände banden.[161]

Dass in jurisdiktioneller Hinsicht zweierlei Maß galt, trug wesentlich zur Ernüchterung der Evangelischen über die Parität bei. Die Frage des Rechtsfriedens stellte sich aus ihrer Sicht als prekär dar, *da* – wie Wieland 1764 zutreffend urteilte – *die Catholischen zu Wien sonst allezeit favorem judicis haben.*[162] So rissen auch die Klagen über die Palm-

Abb. 12: Sogenanntes Confessionsbüchlein von 1730 (Landeskirchliches Archiv Stuttgart, DA Biberach, Bestell-Nr. 1867)

Abb. 13: Bericht über die Kontroverspredigt zu Biberach in der Erlanger Real-Zeitung Jg. 1777, Nr. 92, S. 762 (Universitätsbibliothek Augsburg, Standort 02/Standortsignatur 02/IV.10.8.106)

nachtspredigt nicht ab. Und dennoch, als sie 1804 im Zuge der Mediatisierung abgeschafft wurde,[163] war das Lamento wegen der damit verbundenen finanziellen Verluste groß, was einmal mehr auf die Ambivalenzen des paritätischen Alltags mit seinen durchaus auch spielerischen Konfliktritualen hindeutet. Der Katholik Johann Baptist Pflug konnte sich die Gegenwart vieler Evangelischer bei den katholischen Kontroverspredigten nicht anders erklären, als dass sie geradezu *begierig* waren, *zu hören, wie sie beschimpft wurden*.[164] Sie suchten offenbar genau wie die herbeiströmende Landbevölkerung den mit der Predigt verbundenen Nervenkitzel und das ihr innewohnende Erregungspotential. Ihre besondere Würze erhielten die Kontroverspredigten durch das bikonfessionelle Milieu. In Biberach war dem katholischen Publikum etwas geboten: die Gewissheit, es den Anders-, ja Falschgläubigen wieder einmal gezeigt zu haben. Dass die Kontroverspredigten von evangelischer Seite als schwere Belastungsprobe empfunden wurden, weil sie *nichts als Uneinigkeit und Erbitterung unter zwey in einer Stadt beieinander lebenden Religions Parthien* heraufbeschworen,[165] und gleichzeitig als Wettbewerbs- und Standortvorteil gegenüber den mit Biberach konkurrierenden monokonfessionellen Marktorten wahrgenommen wurden, zeigt folgende Äußerung: *So nachteilig die Controvers-Predigten in moralischer Hinsicht waren,* hielt der Chronist Krais fest, *so nachteilig war dagegen die Abschaffung derselben für die Burgerschaft, weil die Menge der an diesem Tag hieher gekommenen Menschen der Stadt viele Nahrung brachte.*[166] 1810 legte der Magistrat mit Unterstützung katholischer wie protestantischer Bürger Protest gegen die von Württemberg verfügte Aufhebung des Kapuzinerklosters ein.[167] 1649 wäre fast die Einführung der Parität an der Frage nach dem Schicksal der Kapuziner gescheitert. In Wirklichkeit arrangierte man sich im paritätischen Biberach auch mit der Herausforderung durch die konfessionellen Scharfmacher – nur eben nicht nach den eingangs zitierten hehren Richtlinien des Westfälischen Friedens: *Die Burger von beeden Religionen sollen fridlich und liebreich unter einander leben und umgehen.* Die paritätische Praxis war, wie am Beispiel des aufgezeigten Dauerkonflikts um das Wirken der Kapuziner zu sehen, wesentlich komplizierter und vielschichtiger, und in sich durchaus auch widersprüchlich.

III.2. Ein exemplarischer Dauerkonflikt aus dem politischen Bereich: Die konfessionelle Präzedenz

Am selben Tag, an dem die Exekutionskommission den *NebenRecess [...] die Herren P.P. Capucinos betr.* unterzeichnete (8. Mai/28. April 1649), kam es auch in politischer Hinsicht zu einer folgenschweren Weichenstellung: zur Revision des (ersten) Präzedenzdekrets vom 30./20. April 1649.
Zunächst hatte sich trotz *irrung* zwischen den Konfessionen in Rangfragen eine Lösung gefunden.[168] Aufgrund der Karolinischen Wahlordnung stand dem katholischen Patriziat in und außerhalb des Rats der Vorrang vor der dem Zunftzwang unterworfenen Bürgerschaft zu. Das von den Subdelegierten am 30./20. April 1649 verabschiedete Präzedenzdekret wies die vornehmere rechte Ratsbank den Katholiken, die linke den Evangelischen zu. Das Votum sollte konfessionell alternierend, beginnend beim Amtsbürgermeister, eingeholt werden. Nach dieser Ordnung wurden am 1. Mai die rund 250 öffentlichen Ämter und Dienste besetzt, darunter Rat, Gericht und Großer Rat,[169] bevor in der Pfarrkirche gemeinsam der Schwörtag begangen werden konnte.[170] Während die Schlüssel, die zum katholischen Chor führten, in der Hand der Katholiken verblieben, endete nun ihre alleinige Schlüsselgewalt über das simultan genutzte Schiff.[171] Damit waren die Protestanten wieder im Brennpunkt der politischen Macht und des kirchlichen Lebens angelangt. Nun lag es an der Stadt, die Parität mit Leben zu erfüllen.
Es begann mit einem Paukenschlag. Aus der Chronologie ergibt sich ein enger Zusammenhang zwischen Kapuziner- und zweitem Präzedenzdekret. Offenbar als Kompen-

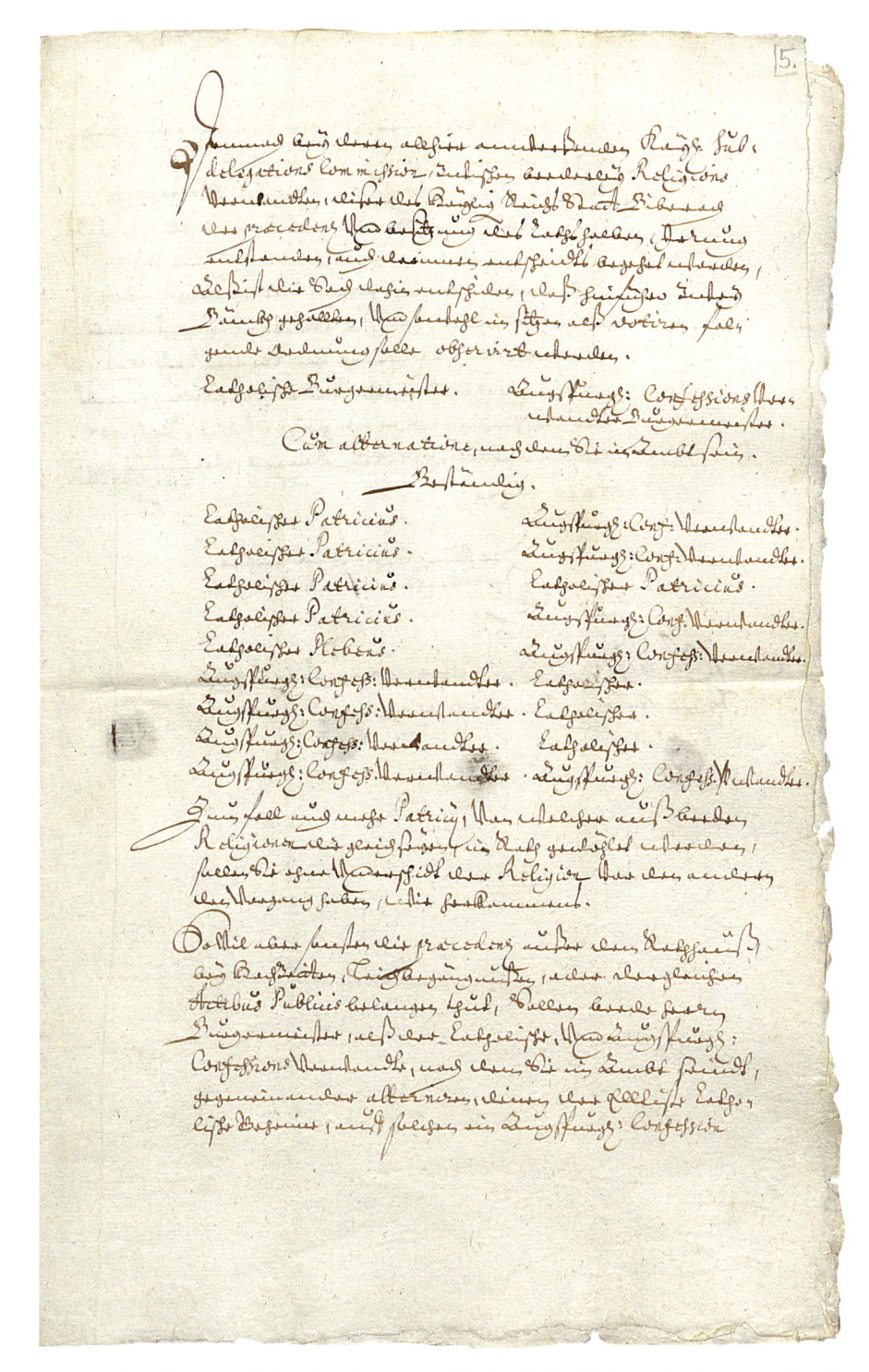

Abb. 14: Sitzordnung des Biberacher Rates von 1649 (Landeskirchliches Archiv Stuttgart, Bestell-Nr. 1917, 5, Präzedenzsignatur vom 28. April/8. Mai 1649)

Abb. 15: Christian Weiß, Der Marktplatz in Biberach. Aquarellfarbe auf Papier, um 1900. Unter dem Turm der Pfarrkirche ist rechts die Giebelwand des Hauses „Zum Stein" zu sehen. Im angrenzenden Haus links war im 18. Jahrhundert die Evangelische Unionsstube untergebracht (Museum Biberach, Inv. 1989-09104)

Abb. 16: Siegelabdruck der Gesellschaft „Zum Stein",
Entstehungszeit und Verbleib des Siegelstocks unbekannt (Stadtarchiv Biberach, D II, 5 [Reinhold Schelle, Siegel-Album, angelegt im Jahr 1900])

sation für die am 8. Mai/28. April 1649 beschlossene Ausschaffung der Kapuziner kassierte die Kommission am selben Tag die erste Präzedenzregelung und erließ eine neue Rangordnung, die die soziale Asymmetrie entlang der Konfessionsgrenzen entschiedener als die erste Ausfertigung zementierte.[172] Den Subdelegierten war selbst nicht wohl dabei, geschah die Unterzeichnung der zweiten Präzedenzsignatur, die den Evangelischen erst nach Abreise der Kommission zugeschickt wurde, doch heimlich.[173] Gaupp führte sich auf, als sei *Er auß der Narrenstuben entrunnen*, als er des Schriftstücks ansichtig wurde.[174] Während es bei den Bürgermeistern und den vier Geheimen Räten bei der konfessionellen Alternation blieb, erhielten die drei patrizischen Inneren Räte im Anschluss an die Geheimen geschlossen Sitz und Stimme vor den übrigen Inneren Räten. Das Prinzip der konfessionellen Bänke wurde aufgegeben. Zwei Protestanten bildeten nun die Schlusslichter im Rat. Gaupp muss schlagartig klar gewesen sein, dass die darin zum Ausdruck gebrachte verstärkte Privilegierung der Katholiken als Spaltpilz wirken und sein Lebenswerk gefährden würde. Und in der Tat: Es folgte Prozess auf Prozess über die Frage, wie die 1649 etablierten divergierenden Systeme – hier ein aus Zunftbürgern bestehendes demokratisches Regiment,[175] dort ein im Verhältnis 6:4 aristokratisch-demokratisch gemischtes Regiment[176] – auszutarieren wären. Die civitas mixta Biberach passte in keine der staatstheoretischen Kategorien, sondern stellte sich gleich im doppelten Sinn als irregulär dar: konfessionell wie politisch. In der Alltagspraxis zog sich die katholische Präzedenz durch bis in sämtliche Verästelungen des bürgerlichen Lebens. Bei Prozessionen wie dem Gang zum Schwörtag wurde das Ungleichgewicht zwischen der jeweiligen ökonomischen Leistungskraft und dem an die Konfession gebundenen sozialen Rang besonders augenfällig, wenn einem katholischen Handwerksmeister, war er noch so ein armer Schlucker, die rechte Hand zukam, einem in seinem Metier als wirtschaftliches Schwergewicht geltenden evangelischen Mitmeister aber nur der Platz zur Linken. Für die Evangelischen war die Parität verbunden mit dem Gefühl permanenter Kränkung und Zurücksetzung.

Gaupps Plan, mit seiner Nobilitierung 1661[177] den Anschluss der Evangelischen an die Patriziatsgesellschaft „Zum Stein" vorzubereiten,[178] scheiterte in der Folge nicht nur am katholischen Widerstand.[179] Er entzweite auch die Protestanten, wie sich beim Streit um das Epitaph zeigte, das der evangelische Bürgermeister 1662 in die Pfarrkirche hängen ließ, um mit der patrizisches Standesbewußtsein symbolisierenden Sepulchralkultur der katholischen Geschlechter gleichzuziehen.[180] Die evangelischen Räte duldeten Gaupps Ausscheren aus der evangelischen Bürgerschaft nicht.[181] Sein letzter konfessionsübergreifender Appell an die 1674 an seinem Sarg versammelte *gantz Gemein […] in Einigkeit* zu leben,[182] verhallte. Der Vorkämpfer der Parität hatte selbst nicht mehr an dieses Ziel geglaubt, wie seine Bilanz nach zehnjähriger Erfahrung mit der Parität erkennen lässt. *Seine intention* [sei] *Jedesmahl dahin gegangen, wie er seine Kinder an gantz Evangelische orth unterbringen möchte,* gab er 1659 ernüchtert zu Protokoll.[183] Seit einem Urteil des Reichshofrats, der 1707 die evangelischen Ratssitze zwischen Nobilitierten und Graduierten einerseits und Plebejern andererseits hälftig verteilte, waren dort Wahlmanipulationen an der Tagesordnung. Ob hinter der Entscheidung Wiens Sachgründe oder Klientelpolitik zugunsten der dadurch letztlich gestärkten Patriziatsgesellschaft „Zum Stein" standen, bleibt offen. Erst 1769 begann sich der innerprotestantische Gegensatz mit dem Zusammenschluss der evangelischen Räte in einer *Evangelische[n] Unions Stuben*[184] wieder langsam zu schließen. Schon zuvor war infolge der Herausbildung der evangelischen Führungsschicht der Nobilitierten und Graduierten eine Korrektur des zweiten Präzedenzdekrets erfolgt. Die Konfessionen waren in einer hundertjährigen Abstoßungsreaktion, die nicht ohne schwere Läsionen verlief, im doppelten Sinn schrittweise voneinander abgerückt. Spätestens 1749 saßen sich, wie vom ersten Präzedenzdekret vorgesehen, die Inneren Räte auf zwei konfessionellen Bänken konfrontativ gegenüber und stimmten alternierend ab.[185]

Am Ende des Alten Reiches kulminierte die politische Auseinanderentwicklung in einem entlarvenden Ratsentscheid. Der evangelische Stadtammann Georg Ludwig Stecher (1760–1826) befasste sich in seiner Dissertation von 1783 mit dem Majorisierungsverbot, der Itio in partes und der Amicabilis compositio im Reichstag wie im Biberacher Ratsaal, in dem es deswegen immer wieder zu Tumulten gekommen war. Dreh- und Angelpunkt im Kapitel über die *Praxis Biberacensis* ist ein von Stecher angeführter Ratsbeschluss von 1783, demzufolge in strittigen Fragen dem nicht vollzählig besetzten Ratsteil entgegen dem Westfälischen Frieden *in allen und jeden Angelegenheiten* das Recht auf die Itio in partes zugestanden wurde, um einer Majorisierung zu entgehen.[186] Begründet wurde dies ganz im Sinn der Aufklärung mit dem auf Friedenswahrung zielenden *sensus legis* der Itio in partes,[187] der über den Wortlaut des Gesetzes hinausgehe. Idealiter folgte dem Auseinandertreten die auf einvernehmliche Konfliktlösung zielende Amicabilis

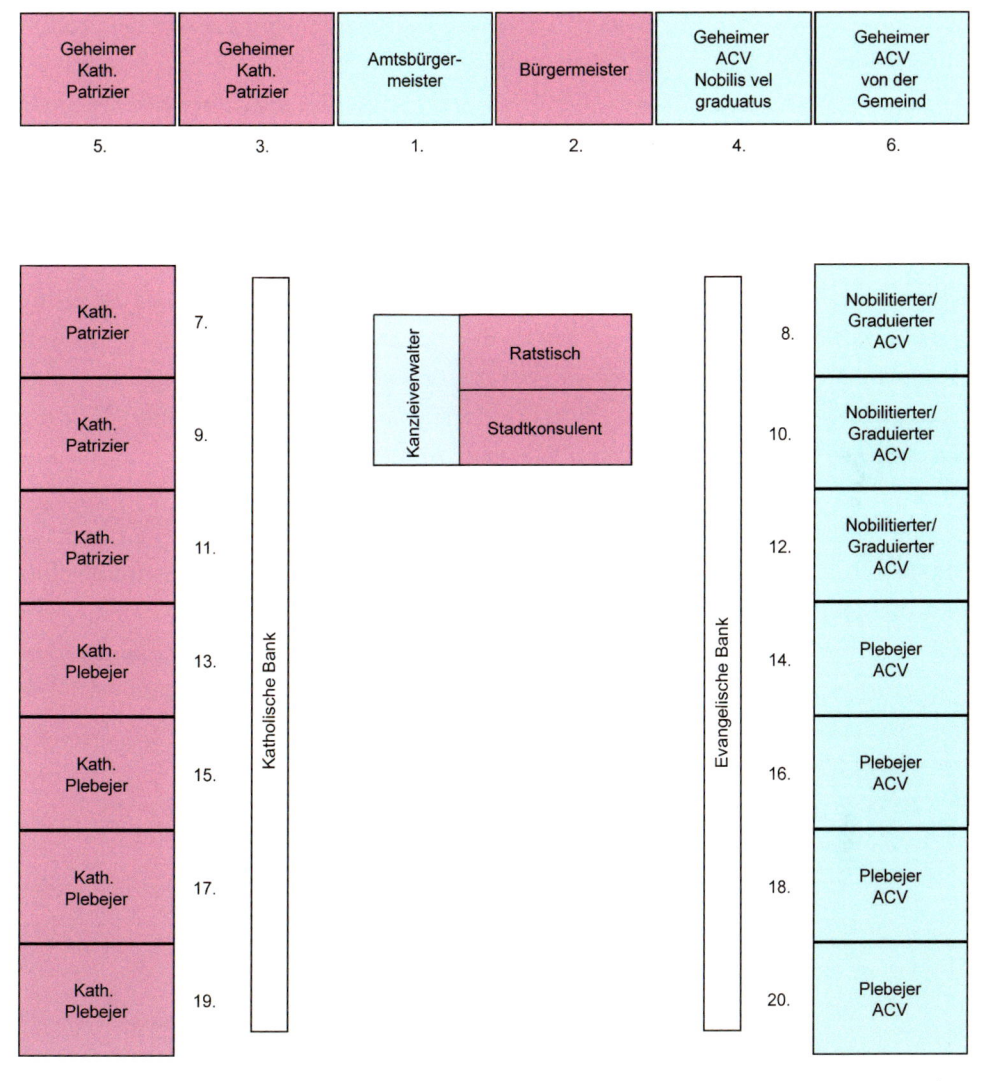

Die Parität in Biberach 1649 bis 1825 – Wunschbild und Wirklichkeit   345

| 5. Geheimer Kath. Patrizier | 3. Geheimer Kath. Patrizier | 1. Amtsbürgermeister | 2. Bürgermeister | 4. Geheimer ACV Nobilis vel graduatus | 6. Geheimer ACV von der Gemeind |

Katholische Bank:
- 7. Kath. Patrizier
- 9. Kath. Patrizier
- 11. Kath. Patrizier
- 13. Kath. Plebejer
- 15. Kath. Plebejer
- 17. Kath. Plebejer
- 19. Kath. Plebejer

Mitte: Kanzleiverwalter | Ratstisch / Stadtkonsulent

Evangelische Bank:
- 8. Nobilitierter/Graduierter ACV
- 10. Nobilitierter/Graduierter ACV
- 12. Nobilitierter/Graduierter ACV
- 14. Plebejer ACV
- 16. Plebejer ACV
- 18. Plebejer ACV
- 20. Plebejer ACV

Abb. 17: Sitz- und Abstimmungsordnung des Biberacher Rats, 1749 (Schema nach der zeitgenössischen Skizze im Haus-, Hof- und Staatsarchiv Wien, Reichshofrat Decisa, Kart. 742, Nr. 304, Lit. H.)

compositio. Bei anhaltender Uneinigkeit freilich pochte jeder Bürgermeister schon seit dem ausgehenden 17. Jahrhundert auf sein *beständig unveränderliches Dominium in allen bei seinen religions=verwanthen zustehend[en] obrigkeitlichen fürfallenheiten*.[188] Mit dem Ratsbeschluss von 1783 wurde zwar einerseits die Gefahr einer konfessionellen Überstimmung ausgeschlossen, gleichzeitig aber ein seit langem eingeübtes Vermeidungsverhalten legitimiert. Bezeichnenderweise endete auch Biberachs Kampf um die Reichsunmittelbarkeit an der nicht einvernehmlich zu klärenden Frage, ob allein der katholische Ratskonsulent oder doch lieber Vertreter beider Konfessionen zusammen mit dem Rottweiler Bürgermeister Hofer und dem Ulmer Syndikus Härlin im Auftrag des Ulmer Städtetages zur Reichsdeputation nach Regensburg abgeordnet werden sollten. *In dem Augenblick da wir von Ulm abreißten, ist von Löbl: R[eich]sStadt Biberach die Nachricht eingetroffen, daß man sich wegen dortiger Religions-Parität über die Wahl eines Subjecti noch nicht vereinigen können,* ließen die beiden Abgesandten das schwäbische Städtekollegium am 3. September 1802 wissen.[189]

Der Vorrang konfessioneller Partikularinteressen vor dem Gemeinwohl, wurden sie auch wie 1783 aufklärerisch verbrämt, führte letztlich zur Entstehung politischer Parallelgemeinden, die unter Führung ihres jeweiligen Ratsteils standen. Als politische Körperschaften verfügten der Katholische und der Evangelische Rat über eigene konfessionelle Hoheitszeichen. Im selben Maß wie die beiden Ratsteile als selbstständige politische Entscheidungsträger in den Fokus rückten, verblasste die anfänglich von Gaupp beschworene *gantz Gemein* als Legitimationsbasis und Ideal paritätischer Existenz.

Wie im Rat so in der Kirche, denn die politische Entwicklung wurde durch die Etablierung paralleler Kulthandlungen flankiert. Trotz Protesten führten die Katholiken um 1715 im Chor der Pfarrkirche während des evangelischen Gottesdiensts *das Sacramentraichen u[nd]: Tauffen* ein.[190] 1765 begann der Klerus dort Messen zu lesen, während die evan-

Abb. 18 a und b: Siegeloblate des Evangelischen (links) und des Katholischen Siegels (rechts). Sammlung Georg Ludwig Stechers, 1819 (Stadtarchiv Biberach, D 100, Bd. 2, S. 169)

gelische Gemeinde zeitgleich im Langschiff zum Gebet versammelt war.[191] Hinweise der Evangelischen auf die für die Pfarrkirche geltenden konfessionellen Nutzungszeiten und Vorhaltungen über die Störung ihres Predigtgottesdienstes beschieden die Katholiken mit dem Hinweis, dass sie in ihrem Chor nach Belieben schalten und walten könnten.[192]

IV. Erschreckende Aussichten am Ende des paritätischen Modells: Das Postulat einer Einzigen Gemeinde

IV.1. Mythos Parität

1833 hielt der nach dem Übergang Biberachs an Württemberg (1806) als Oberamtmann in die ehemalige Reichsstadt beorderte Carl Friedrich Dizinger (1774–1842), der auch die von ihm vor allem wegen der toleranten Haltung der dortigen Geistlichkeit deutlich positiver beurteilten Ravensburger Verhältnisse kannte,[193] in seinen Erinnerungen fest: *Nur in Biberach schienen der Haß und das Mißtrauen, die seit dem 16. Jahrhundert die Katholiken und die Lutheraner daselbst getrennt hatten, durch die nachfolgenden Geschlechter fortgepflanzt, durch einen Teil ihrer Priester genährt – die Kapuziner durften sich angesprochen fühlen –, und durch das Zusammenleben in einer kleinen Stadt, sowie besonders durch den gemeinschaftlichen Gebrauch der Kirchen erhalten worden zu seyn.*[194]
Mit Dizingers Verdikt über die Parität Biberacher Prägung kontrastiert ein aus der Stadt selbst kommendes – kontrafaktisches – Urteil. Retrospektiv sah man dort im Jahr 1818 *die Bewohner Biberachs, während den Religionsstürmen des 16.ten Jahrhunderts, und so lang es sich noch von der einen Seite um die Erhaltung, von der andern um die Erwerbung eines Rechtszustandes handelte, in offener Fehde, und, nachdem ein fester Rechtszustand endlich eingetreten war, in friedlicher Ruhe nebeneinander. Dieser erste Rechtszustand trat mit dem Westphälischen Frieden ein.*[195] Die Katholiken waren es, deren Vorgänger 1648 gegen den *abscheulichen Frieden* polemisiert hatten, die nun eine fulminante Kehrtwende vollzogen und mit 170-jähriger Verspätung einen paritätischen Mythos zu begründen suchten, wogegen die anfänglich auf einen *beständigen Frieden* durch die Parität hoffende evangelische Elite sich im säkularen Verlauf ernüchtert über *[d]iese so oft beseufzte Parität* zeigte, um mit Wieland zu reden.[196] Eine konfessionelle Gegenbewegung der Katholiken also? Mitnichten. Ihre Äußerung war allein dem württembergischen Verfassungsentwurf geschuldet, demzufolge nun *die seit Jahrhunderten dahier einander gegenüber gestandenen 2 Gemeinden der evangelischen und katholischen Confession als eine Einzige Gemeinde betrachtet* werden sollten.[197] Damit hätten die Protestanten erreicht, wovon sie im Vorfeld der Parität geträumt hatten: die freie Wahl. Allein davor suchte die katholische Minderheit

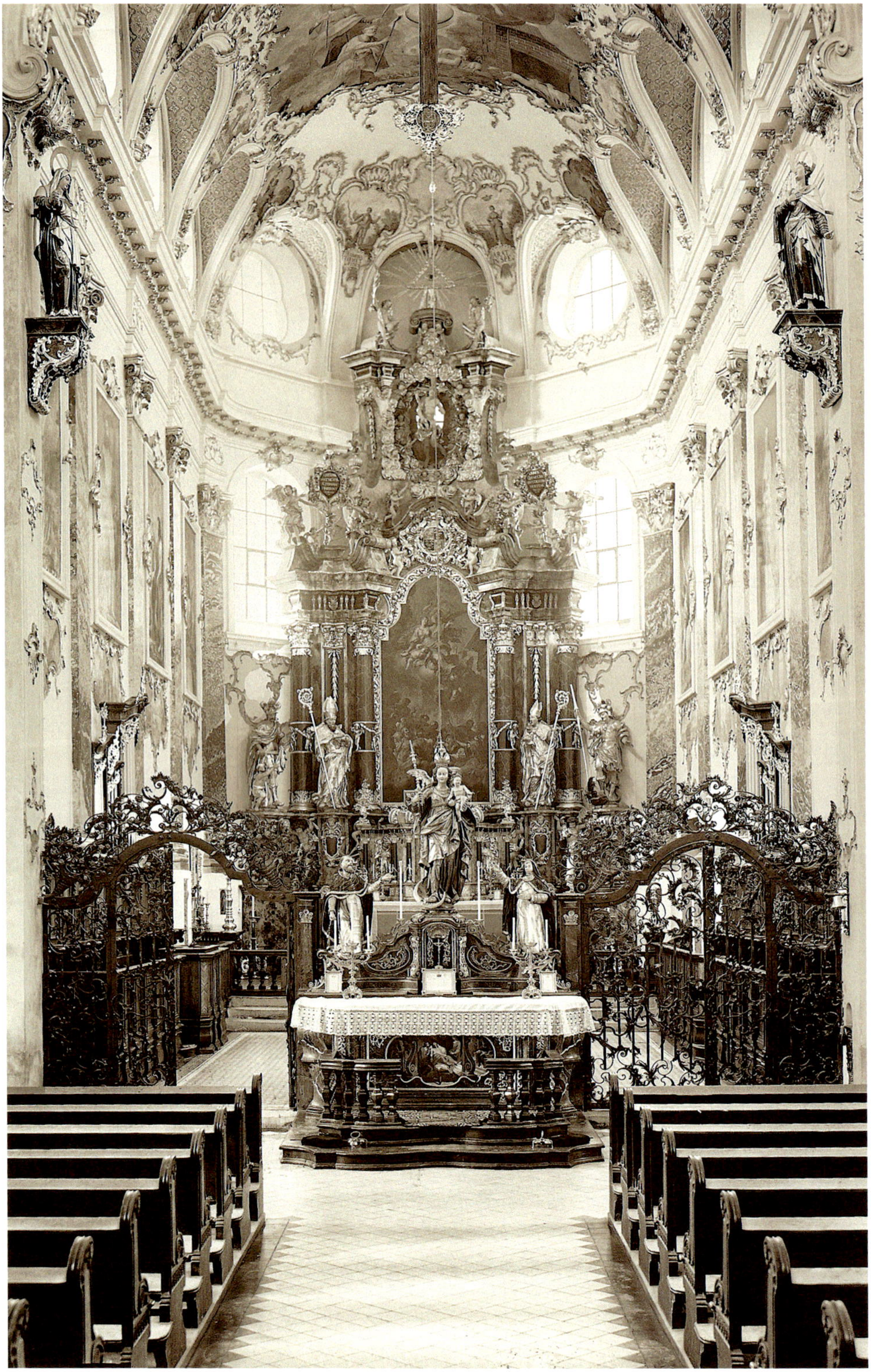

Abb. 19 (linke Seite): Innenansicht der seit 1548 und bis auf den heutigen Tag simultanen Biberacher Pfarrkirche vom 27. Juni 1932 (Foto: Gesellschaft für Heimatpflege Biberach, 10534).
Während der Chor allein der katholischen Gemeinde vorbehalten war, wurde das Kirchenschiff von beiden Konfessionen gemeinsam genutzt, wobei sich die Nutzungszeiten seit dem Westfälischen Frieden nach dem Normaljahr 1624 richteten. An der Schnittstelle von katholischem Chor und simultanem Schiff, an der, wie im Bild zu sehen, der katholische Mittelaltar stand, wurde auch evangelisches Abendmahl gefeiert. 1649 setzten die Evangelischen mit Verweis auf das alte Herkommen die Öffnung der Chorschranken und den Transitus ihrer Gemeindemitglieder durch den katholischen Chor während ihres Abendmahls durch, *damit von den Mannß = die Weibß = Persohnen nicht verhindert, weillen ohne daß die Zeit gar eng* sei (Hauptstaatsarchiv Stuttgart, B 162, Bü 15). Der Durchgang war ihnen seit 1638 von katholischer Seite verwehrt worden.
Bevor die um 1660 datierte Mondsichelmadonna den katholischen Mittelaltar beherrschte, waren dort die Geheimnisse des Rosenkranzes dargestellt, die 1650 unter der Ägide des Pfarrverwesers und Marienverehrers P. Augustin Arzet errichtet worden waren. Im 18. Jahrhundert wichen die hölzernen Chorschranken den im Bild zu sehenden Eisengittern. Im Zug der Renovation 1963 bis 1967 wurde der katholische Mittelaltar entfernt, vor dem an evangelischen Kommuniontagen ein mobiler evangelischer Abendmahlsaltar errichtet worden war. Seither verwenden beide Konfessionen einen Richtung Chor verschobenen gemeinsamen Altar.

Schutz unter dem zerschlissenen Mantel der Parität. Der katholische Gegenentwurf sah, wie das Zitat zeigt, weiterhin ein Leben der beiden Konfessionen *nebeneinander* und nicht miteinander vor. In hohem Ton stellten die Katholiken gar *eine völlige Aussöhnung* der Konfessionen in Aussicht, sollte ihrem Begehren stattgegeben werden.[198]

IV.2. Die Absage des modernen Staates an politische Parallelgemeinden – zugleich ein Fazit

Warum aber sollte jetzt gelingen, was in 170 Jahren gescheitert war, in denen sich die konfessionelle Polarisierung nicht abgeschwächt hatte? Für den modernen Staat mit seiner Idee der bürgerlichen Gesellschaft symbolisierte die Parität den Weg in konfessionalistische Sackgassen. Sein aufklärerischer Maßstab an sie war nicht jener, den die durch den Dreißigjährigen Krieg gegangenen Zeitgenossen anlegten, deren Friedensbegriff ganz elementarer Natur und für die eine *völlige Aussöhnung* angesichts des exklusiven Wahrheitsanspruchs einer jeden Glaubenslehre, sei sie katholisch, sei sie protestantisch, nicht vorstellbar war. Freilich verfing sich selbst ein Geist wie Wieland gelegentlich in der Kluft zwischen aufklärerischem Anspruch und paritätischer Wirklichkeit. Für die Aufklärer war es ein Legitimationsdefizit der Parität, dass sie *mehr nicht als ein Werkzeug der Politik* ist.[199] Wielands Ururgroßonkel Georg Gaupp hätte vielleicht gefragt: Was sonst?
Bestimmende Kraft auf katholischer Seite war seit den Anfängen der Reformation das Patriziat. Sein Selbstbild als Hort des Katholizismus gründete auch in der mit allen Mitteln geführten Kampagne gegen die Parität, wie sie sich im Pakt mit dem Reichsstand

Schussenried, namentlich aber in den durch politische Ranküne gegen Gaupp ausgelösten Hexenprozessen mit ihrer antiprotestantischen Stoßrichtung manifestiert hatte. In Biberach befeuerte die konfessionelle wie ständische Kluft den Religionskonflikt, wogegen die Ravensburger Parität durch die ständische Symmetrie der Konfessionen entlastet war. Der kleine Kreis der durch Wien gestützten Biberacher Patrizier, die von der Parität auch materiell am meisten profitierten, weil er sich 1649 die einträglichsten Stellen gesichert hatte, bildete eine Art Staat im Staat. Die mit ihrer sozialen Zweitklassigkeit hadernde protestantische Mehrheit litt als Zahlmeister des aufgeblähten paritätischen Apparats an einer doppelten Gerechtigkeitslücke. Analog zum Reichstag beschritten die auf Konfrontation gepolten Religionsgemeinschaften den Weg in die konfessionelle Koexistenz, die in der Herausbildung politischer Parallelgemeinden – wohlgemerkt nicht Parallelwelten[200] – gipfelte. Gaupps Ziel eines *beständigen Friedens* zwischen den in einer *gantz Gemein* aufgehenden Konfessionen war ein Wunschbild geblieben. So wurde der Friede in der politischen Wirklichkeit eben nicht im Miteinander, sondern im Nebeneinander gesucht.

Derartigen Ausweichmanövern schob das Innenministerium am 3. Januar 1825 einen Riegel vor, indem es die Stadt wissen ließ: *Die frühere Trennung […] in 2 politische Gemeinden […] hat seit ihrer Unterwerfung unter Würtembergische Hoheit aufgehört. Es giebt keine evangelische und katholische Bürgerschaft, keinen evangelischen und katholischen Magistrat mehr daselbst, es besteht nur Eine Bürgerschaft, nur Ein Magistrat.*[201] Die Biberacher Parität gehörte damit endgültig der Geschichte an. Anders als die paritätische war die bürgerliche Gesellschaft gezwungen, ihre aus der Bikonfessionalität entspringenden Konflikte im gegenseitigen Austausch einvernehmlich zu regeln. Ein Hintertürchen für Ausweichmanöver, wie es in der paritätischen Praxis in der verfassungswidrigen Anwendung der Itio in partes bei unlösbar erscheinenden Konfessionskonflikten gefunden worden war, duldete der moderne Staat nicht.

Anmerkungen

1 Johann Jacob MOSER, Von der Reichs-Stättischen Regiments-Verfassung. Neues teutsches Staatsrecht 18, Frankfurt/Main, Leipzig 1772, S. 564.
2 Ebd., S. 558.
3 Ebd., S. 559.
4 Ebd., S. 555. In moderner Übersetzung lautet der Passus: „vielmehr sollen alle Bürger friedlich und freundlich miteinander wohnen und auf beiden Seiten die ungestörte Ausübung ihres religiösen Bekenntnisses und die Nutzung ihrer Güter stattfinden"; Zit. Instrumentum pacis osnabrugense Art. V § 29, Internet-Portal, Westfälische Geschichte, Projekt „Der Westfälische Friede" (http://www.westfaelische-geschichte.de/que740_15.03.2016).
5 So die scharfe Kritik des Rechtssoziologen Martin Bennhold an den im Gedenkjahr 1998 europäische Integrationsperspektiven beschwörenden „Illusionen über jenen epochalen Friedensschluß" von 1648, insbesondere an seiner einen immerwährenden Frieden und aufrichtige Freundschaft betreffenden Eingangsformel; vgl. Martin BENNHOLD, Der Westfälische Frieden: Besiegelung einer europäischen Kriegsordnung, in: Osnabrücker Jahrbuch Frieden und Wissenschaft V/1998, hrsg. vom Oberbürgermeister der Stadt Osnabrück und dem Präsidenten der Universität Osnabrück, Osnabrück 1998, S. 123–131, Zit. S. 123.
6 Vgl. den ersten Teil: Christoph Martin WIELAND, Geschichte der Abderiten, in: Teutscher Merkur. Bd. 5, hrsg. von DEMS., Weimar 1774, S. 33–112.
7 Wieland selbst widersprach 1797 dem Schwäbisch Haller Gelehrten Friedrich David Gräter (1768–1830), der ihm gegenüber gemutmaßt hatte, *daß seinen Abderiten die Reichsstadt Biberach zu Grunde liege. Den ersten Stoff dazu hätten die Residenzstädter gegeben,* nicht die Biberacher; zit. aus Gräters Aufzeichnungen nach Thomas C. STARNES, Christoph Martin Wieland. Leben und Werk. Aus zeitgenössischen Quellen chronologisch dargestellt. Bde. 1–3, Sigmaringen 1987, Bd. 2, S. 604.
8 Hier im Sinn von Idee.
9 Zit. nach Sabine DOERING-MANTEUFFEL, Josef MANČAL und Wolfgang WÜST, Einleitung, in: Pressewesen der Aufklärung. Periodische Schriften im Alten Reich, hrsg. von DENS., Berlin 2001, S. 11–40, hier S. 22.
10 Christoph Martin WIELAND, Auszug aus einem Schreiben an einen Freund in D*** über die Abderiten im 7ten St. des T. M. d. J., in: Wielands Werke. Bd. 14.1 Text, bearb. von Peter-Henning HAISCHER, Hans-Peter NOWITZKI und Tina HARTMANN, Berlin 2011, S. 271.
11 Landeskirchliches Archiv Stuttgart, Dekanatsarchiv Biberach, Bestell-Nr. 1702, Evangelische Ratsprotokolle 4.10.1760, S. 261. [Im Folgenden zit. als: LKA Stuttgart, DA Biberach, Bestell-Nr. […] EvRP]. 1765 hatte noch immer kein Schwörtag stattgefunden; vgl. Haus-, Hofund Staatsarchiv Wien, Reichshofrat Decisa, Kart. 748, Nr. 10, praes. 14. Oktober 1765. [Im Folgenden zit. als: HHStA Wien, RHR Decisa].
12 HHStA Wien, RHR Decisa, Kart. 724, Zit. aus einem Schreiben des Anwalts der evangelischen Nobilitierten und Graduierten an den Reichshofrat, als der Schwörtag wieder einmal ausgesetzt wurde, praes. 28. Juli 1727.
13 LKA Stuttgart, DA Biberach, Bestell-Nr. 1976, ⌐7, Zit. aus einem Schreiben des Ravensburger Ratskonsulenten Johann Braun vom 12. Juni 1688 an den Evangelischen Biberacher Rat, dessen Interessen er damals auf dem Kreistag vertrat.
14 Vgl. LKA Stuttgart, DA Biberach, Bestell-Nr. 1746, Statuten der Reichsstadt Biberach, S. 100–120.
15 LKA Stuttgart, DA Biberach, Bestell-Nr. 1922, ⌐1. Die Richter etwa schworen, sie wollten *gleiche und gemeine Richter syn, den Armen, wie den Reichen, […] einem als dem andern*; zit. nach Johannes David WECHSLER, Svccinctae Annotationes Ad Analecta Qvaedam Jvris Pvblici Biberacensis Sub Praesidio […] Godofr. Danielis Hoffmann […] A […] Domino Jos. Frider. Romig, Jur. U.D. Civit. Biber. Praetore, Anno MDCCLXIX Defensa, Quas […] Consecrat Johannes David Wechsler, […] Civit. Imp. Biber. Jvdicii Assessor […], Tübingen 1777, S. 10. Schon bei der Vereidigung des ersten paritätischen Rats am 6. Dezember 1636 (zum paritä-

tischen Experiment von 1636–1641 vgl. unten bei Anm. 59) war die konfessionelle Spaltung in den Schwurformeln ausgeblendet worden; vgl. LKA Stuttgart, DA Biberach, Bestell-Nr. 1695, unpag.

16 HHStA Wien, RHR Decisa, Kart. 743, praes. 30. Oktober 1750.

17 Von 1635 bis zu seiner Wahl zum Ravensburger Prediger hatte Klopffer im Dienst der Reichsstadt Ulm gestanden; vgl. StA Ulm, A [5919], Verzeichnis der Ulmer Prediger; Albrecht WEYERMANN, Neue historisch-biographisch-artistische Nachrichten von Gelehrten und Künstlern […] aus der vormaligen Reichsstadt Ulm, Ulm 1829, S. 225.

18 Adam KLOPFFER, Ravenspurgischer Frewd-Danck- Bet- und Huldigungs-Tag […], als die hochbetrangte Evangelische Gemein in der […] Reichs-Stadt Ravenspurg […] wiederumb in die Kirch zun[!] Carmelitern, darauß sie Anno 1628 […] außgetrieben worden […] solenniter eingeführt und darauff dem newerwöhlten Magistrat gehuldiget worden, Ulm 1649, S. 17 (http://www.mdz-nbn-resolving.de/urn/resolver.pl?urn=urn:nbn:de:bvb:12-bsb11229363-9).

19 Zu Brechter vgl. Samuel BAUR, Charakteristik der Erziehungsschriftsteller Deutschlands, Leipzig 1790, S. 54 f.

20 Andrea RIOTTE, „Übrigens ist und bleibt es *Reichsstadt*, wo nur einige die so wohlthätige Strahlen einer wahren Aufklärung empfinden". Das Biberach Wielands, in: Aufklärung in Oberschwaben. Barocke Welt im Umbruch, hrsg. von Dietmar SCHIERSNER und Katharina BECHLER, Stuttgart 2016, S. 33–67, hier S. 54–57.

21 Zit. nach STARNES, Wieland (wie Anm. 7), Bd. 3, S. 140. Zu den Bezügen zwischen den *Abderiten* und der politischen Wirklichkeit in Biberach Andrea RIOTTE, Christoph Martin Wieland, seine Vorfahren und der Biberacher Parteienkampf. Von Aristokratie und Demokratie, von Adligen und Plebejern, von Eseln und Schatten, in: Heimatkundliche Blätter für den Kreis Biberach 2008/1, S. 3–69, bes. S. 41 f. zum Brechter-Streit.

22 Zeitnah zu dessen Veröffentlichung im Januar 1779 kommentierte Wieland die Nachricht über neue Zwistigkeiten in Biberach so: *Es ist recht miserabel zu hören, daß die Biberacher so gar nichts im Frieden unter sich ausmachen können, und um jeden Quarks willen nach Wien laufen, wo sie, wie rechte Abderiten, ihren Balg selbst zum Kirschner tragen*; vgl. Wielands Briefwechsel 7.1, S. 133, Brief vom 9. November 1778 an den Biberacher Kirchen- und Kapellenpfleger Justin Heinrich von Hillern (1732–1792) [im Folgenden zit. WBr], hrsg. von der Deutschen Akademie der Wissenschaften zu Berlin, Institut für deutsche Sprache und Literatur (seit 1968: durch Hans Werner SEIFFERT; seit 1975: hrsg. von der Akademie der Wissenschaften der DDR durch DENS.; seit 1990: hrsg. von der Akademie der Wissenschaften, Berlin, durch Siegfried SCHEIBE; seit 1993: hrsg. von der Berlin-Brandenburgischen Akademie der Wissenschaften durch DENS.).

23 Zit. nach der wohl 1793 entstandenen Ode Wielands „O meine geliebte Vaterstadt", abgedruckt bei J[ohann] P[aul] KALTENBAECK (Hrsg.), Blätter für Literatur, Kunst und Kritik, Nr. 90 vom 9. November 1836 (Beilage zur Oesterreichischen Zeitschrift für Geschichts- und Staatskunde 2. Jg., Wien 1836), S. 357. Ebd. auch das folgende Zitat.

24 Im Kanzleiverwalterstreit versicherten beide Konfessionen, allein aus Friedensliebe gewisse Maßnahmen zu ergreifen – die den Konflikt in Wirklichkeit noch weitere dreieinhalb Jahre in die Länge zogen und öffentliche Gelder verschlangen; vgl. LKA Stuttgart, DA Biberach, Bestell-Nr. 1702, EvRP 12. Februar 1761, S. 277 und S. 278.

25 WBr 8.1, S. 82.

26 1773 bot er der Evangelischen Kasse mit folgenden Worten ein Haus zum Kauf an: *Ich denke als ein Civis Evangelicus Biberacensis zu patriotisch für dasiges Evangelisches Wesen, als dass ich nicht den vermuthlichen Wunsch des dasigen Evangelischen Antheils, dass ein so ansehnliches und wohlgelegenes Haus bey sothanem Antheil möchte verbleiben können, auch mit dem meinigen verstärken sollte*; vgl. WBr 5, S. 216 f., Zit. aus Wielands Brief an Justin Heinrich von Hillern vom 27. Dezember 1773. Zur Einordnung von Wielands geschäftlich-finanziellen Verbindungen zu seiner Heimatstadt in den Kontext der konfessionellen Besitzpolitik vgl. Andrea RIOTTE, Konfessionelle Aspekte von Besitz und Eigen-

tum in der Reichsstadt Biberach von der Reformation bis zur Aufhebung der Parität: Paradigmenwechsel und Rollback, in: Blätter für württembergische Kirchengeschichte 115 (2015), S. 165–219, bes. S. 210–212.
27 Hauptstaatsarchiv Stuttgart [im Folgenden zit. als: HStA Stuttgart], B 162, Bü 17, Zit. aus einem juristischen Gutachten der Universität Tübingen vom 4. Juli 1772, das sich auf Philipp Knipschilds (1595–1657) Standardwerk von 1657 über das reichsstädtische Staatsrecht bezog.
28 Barbara STOLLBERG-RILINGER, Organisierte Heuchelei. Vom Machtverfall des Römisch-deutschen Reiches im 18. Jahrhundert, in: Herrschaftsverlust und Machtverfall, hrsg. von Peter HOERES, Armin OWZAR und Christina SCHRÖER, München 2013, S. 97–110, hier S. 99.
29 Kurt DIEMER, Biberacher Chroniken des 17. und 18. Jahrhunderts. Johann Heinrich von Braunendal (1707 und 1708, 1732 bis 1747) (= Documenta Suevica 16), Konstanz/Eggingen 2008, S. 171.
30 Andrea RIOTTE, *Diese so oft beseufzte Parität*. Biberach 1649–1825: Politik – Konfession – Alltag (hier bes. Kapitel F I. Konfessionelle Interaktionen), phil. Diss. Tübingen (Drucklegung in Vorbereitung).
31 Katholisches Pfarrarchiv Biberach [im Folgenden zit. KPfA Biberach], Bd. 88, Kopiarbuch, S. 249; LKA Stuttgart, DA Biberach, Bestell-Nr. 1695, EvRP 8. November 1648, unpag.
32 Im Einzelnen wurde die Biberacher Parität in Analogie zu Augsburg geregelt in Art. V §§ 3–11 und in Art. V § 29; vgl. Die Westfälischen Friedensverträge vom 24. Oktober 1648. Texte und Übersetzungen (Acta Pacis estphalicae. Supplementa electronica 1) (URL: http://www.pax-westphalica.de/ipmipo/ [09. August 2016]).
33 1530 lehnten bei einer Volksabstimmung nur 13 Kleriker, 14 Patrizier und 43 Zunftbürger die Reformation ab; vgl. Bernhard RÜTH, Reformation in Biberach (1520–1555), in: Geschichte der Stadt Biberach, hrsg. von Dieter STIEVERMANN u. a., Stuttgart 1991, S. 255–288 und S. 723–738, hier S. 269.
34 Vgl. das retrospektive Schreiben des Katholischen Rats vom 26. August 1688 im HHStA Wien, RHR Decisa, Kart. 713.

35 Kurt DIEMER, Von der Bikonfessionalität zur Parität. Biberach zwischen 1555 und 1649, in: Geschichte der Stadt Biberach (wie Anm. 33), S. 289–307 und S. 738–745, hier S. 290 f.; DERS., Simultaneum und Parität. Stationen eines Weges, in: Heimatkundliche Blätter für den Kreis Biberach 1998/1, S. 32–47, hier S. 33.
36 Zum Folgenden Bernhard RÜTH, Von der Reformation zum Simultaneum. Biberachs Weg in die Bikonfessionalität, in: Heimatkundliche Blätter für den Kreis Biberach 1998/1, S. 14–31, Zit. S. 24.
37 Vgl. auch DIEMER, Von der Bikonfessionalität zur Parität (wie Anm. 35), S. 289.
38 Vgl. zu Hochmann Jürgen SCHNEIDER, Die Hochmannsche Studienstiftung an der Universität Tübingen von 1603 bis 1669, in: Zeitschrift für württembergische Landesgeschichte 31 (1972), S. 194–209. Statt einer modernen Biographie ist auf zwei zeitgenössische Leichenreden zurückzugreifen, die eine von Heinrich BOCER, Oratio funebris, de ortu, vitae gradibus & dicessu [...] Iohannis Hochmanni [...], Tübingen 1604, die andere von Hochmanns Verwandtem Jacob SCHOPPER, Oratio De Vita et Obitu […], Tübingen 1605. Hochmann, der mit Hilfe des auch von der Reichsstadt Biberach unterhaltenen Buflerschen Stipendiums von 1545 bis 1547 in Straßburg Theologie studiert hatte, blieb seiner Heimatstadt auch nach dem anschließenden Wechsel nach Tübingen eng verbunden, wo er nach einem Jurastudium die Professorenlaufbahn einschlug. Explizit *als ein Burgerskind von Biberach*, das noch viele Verwandte in Biberach hatte, schrieb Hochmann 1594 das Vorwort zu der von ihm in der Amtszeit des evangelischen Bürgermeisters Gottschalk Klock für den Druck besorgten Biberacher Witwen- und Waisenordnung; vgl. das Druckexemplar im Stadtarchiv Biberach [im Folgenden: StA Biberach], C 30 Nr. 6. Das auf das Jahr 1593 zurückgehende Tübinger Hochmannianum, die mit über 10.000 fl. reich dotierte Studienstiftung des kinderlosen Ehepaares Johann und Maria Hochmann, kam nicht nur dessen Verwandten, sondern auch je zwei evangelischen Biberacher Bürgerssöhnen zugute; vgl. Ferdinand Friedrich FABER, Die württembergischen Familienstiftungen, Stuttgart 1855, S. 1; auch

Universitätsarchiv Tübingen, Stiftung Hochmann 101/1. Die Stiftung war für die politische Entwicklung in Biberach, insbesondere für das Kräfteverhältnis der konfessionellen Eliten insofern von größter Bedeutung, als sie im Unterschied zu anderen Stipendien nicht auf die Ausbildung des Pfarrernachwuchses beschränkt war, sondern auch künftigen Juristen und Medizinern offenstand. Die Stipendiaten waren im Gegenzug verpflichtet, dem Ruf auf eine Stelle in Biberach nachzukommen. Damit war auf Dauer die Gefahr gebannt, die für die Evangelischen durch die Ausdünnung und das letztendliche Aussterben ihrer patrizischen Führungsschicht entstanden war. Biberach betreffende Regelungen des Hochmannschen Stipendiums dienten der Aufrechterhaltung des Protestantismus in der bikonfessionellen Stadt. Zur Herausbildung eines evangelischen Bildungskonzepts seit 1590 und zur Rekrutierung einer neuen protestantischen Führungsschicht nach 1600, die auch die Anfangszeiten der Parität mitbestimmte, Andrea RIOTTE, „Schön ist es auf Gottes Welt". Geschichte des Knabenchorgesangs in Biberach, Biberach 2012, S. 36–39.

39   Zur von Pflummern in seinen „Annales Biberacenses" (HStA Stuttgart, Teil I Bl. 422 und Teil II, S. 1 f.) betonten eigentlichen Urheberschaft Johann Hochmanns auch RÜTH, Von der Reformation zum Simultaneum (wie Anm. 36), S. 30, Anm. 104. Konkret erwähnt Pflummern in einem im Kontext der „Annales" 1628 entstandenen Quellenverzeichnis ihm vorliegende *Manuscripta Doctoris Joannis Hochmani, tybingischen Professoris, was er annis 1561 und 62 den lutherischen Bixenmaistern contra catholicum senatum suggerirt, dardurch die Catollische zur costanzischen Handlung gezogen worden.* (Für den Hinweis auf die betreffende Quellenstelle (Annales Biberacenses. Bd. 1, Probationes Pars Tertia Num. 5, Bl. VI v) danke ich Dr. Kurt Diemer. Die Manuskripte Hochmanns scheinen nicht erhalten.). Die konfessionellen Verwerfungen in Biberach bewogen Kaiser Ferdinand I. zur Entsendung einer Kommission und im Anschluss an den Kommissionsbericht zur Vorladung der Parteien nach Konstanz, wo der Kaiser sich Anfang 1563 aufhielt. Das Treffen endete mit einer Änderung der Wahlordnung Karls V. In Zukunft sollten die Rats- und Gerichtsstellen und die anderen Ämter ohne Ansehen der Religion besetzt werden (vgl. DIEMER, Von der Bikonfessionalität zur Parität [wie Anm. 35], S. 290 f.). In der Praxis freilich wurde dadurch die katholische Dominanz auch wegen der Ausdünnung der evangelischen Elite nicht gebrochen, galten doch weiterhin die bestehenden ständischen Vorgaben bei der Besetzung der Schlüsselstellen.

40   Dieser 1735 beendeten Chronik zufolge stellte es sich nach katholischer Lesart so dar, dass die Evangelischen 1562 *ihre heimliche Anschläg bey der Universitat zu Tübingen (alda durch Mittel Dr. Johan Hochman, von Biberach gebürtig und der Zeit Professoris daselbst, alles dasjenige consulirt, beratschlagt und concipirt worden, was zu völliger Untertruckung der catholischen Personen und des Geschlechterstands erdacht werden mögen) etwas Mehres ausgearbeitet worden*; Zit. nach Kurt DIEMER, Einige denkwürdige Begebenheiten der des Heyligen Römischen Reichs Freyen Statt Biberach. Transkription der Warthauser Handschrift Stadtarchiv Biberach M 5 N. 4, Typoskript, S. 166 f. Ebd., S. 183, wird Hochmanns Einfluss im Jahr 1562 erneut betont. So habe die Tübinger Juristenfakultät damals drei weitere Schreiben für die Evangelischen aufgesetzt.

41   Das Tübinger Gutachten von 1562 befindet sich im HStA Stuttgart, B 162, Bü 12. Mitverfasser war Dr. Nikolaus Varnbüler (1519–1604); vgl. RÜTH, Von der Reformation zum Simultaneum (wie Anm. 36), S. 24 und Anm. 104. Nach Auskunft des Universitätsarchivs Tübingen ist in seinem Bestand kein entsprechendes Consilium überliefert, auch keine Verweisungen darauf, aus denen sich Schlüsse über Hochmanns Beteiligung ziehen lassen.

42   Vgl. zu den Details Anm. 38.

43   Vgl. auch Günther FRANZ, Der Dreißigjährige Krieg und das deutsche Volk. Untersuchungen zur Bevölkerungs- und Agrargeschichte, Stuttgart/New York ^{4}1979, S. 55; Volker PRESS, 1450–1650, in: Die Renaissance im deutschen Südwesten zwischen Reformation und Dreißigjährigem Krieg. Bd. 1, Karlsruhe 1986, S. 17–61, hier S. 57.

44   Für 1612 werden 75 katholische und 900 evangelische Familien genannt, für 1619 100 katholische und 900 evangelische Vollbürger; vgl.

Gerhard Pfeiffer, Das Ringen um die Parität in der Reichsstadt Biberach, in: Blätter für württembergische Kirchengeschichte 56 (1956), S. 3–75, hier S. 32 f., S. 44.; Paul Warmbrunn, Zwei Konfessionen in einer Stadt. Das Zusammenleben von Katholiken und Protestanten in den paritätischen Reichsstädten Augsburg, Biberach, Ravensburg und Dinkelsbühl von 1548 bis 1648, Wiesbaden 1983, S. 142.

45 Erste restaurative Tendenzen waren schon im letzten Viertel des 16. Jahrhundert erkennbar; vgl. Diemer, Von der Bikonfessionalität zur Parität (wie Anm. 35), S. 293.

46 KPfA Biberach, A III 9, ⌐1c; ebd., E VI, Schreiben der katholischen Räte an den König von Frankreich vom 22. Mai 1647; auch StA Biberach, C 2 Akten Reichsstadt, Bü 6.

47 Dazu Diemer, Von der Bikonfessionalität zur Parität (wie Anm. 35), S. 298–301.

48 StA Ludwigsburg, D 21, Statistische und politische Übersicht von Biberach und seinen Zugehörungen von 1807, S. 42 f. Dieses Verhältnis hat sich im Lauf zweier Jahrhunderte annähernd umgedreht: 2003 waren von den 26.000 Einwohnern, die einer christlichen Konfession angehörten, rund 17.000 katholisch (65,3 %); vgl. https://www.ekd.de/aktuell_presse/news_2003_05_13_2_simultankirchen.html.

49 Vgl. zum Folgenden das undatierte Schreiben an den Kurfürsten von der Pfalz im KPfA Biberach, D X, ⌐59; ausführlich dazu Diemer, Von der Bikonfessionalität zur Parität (wie Anm. 35), S. 295 f.

50 Der Lindauer Ratskonsulent Valentin Heider vertrat seit ungefähr 1645/46 neben den späteren Paritätsstädten und dem evangelischen Konfessionsteil der Reichsstadt Kaufbeuren acht süddeutsche evangelische Reichsstädte; vgl. Gerold Meyer von Knonau, Art. „Valentin Heider", in: Allgemeine Deutsche Biographie. Bd. 11 (1880), S. 304 f. [URL: http://www.deutsche-biographie.de/pnd104079908.html?anchor=adb]; Artikel von Werner Dobras, http://www.lwl.org/westfaelische-geschichte/portal/Internet/finde/langDatensatz.php?urlID=5543&url_tabelle=tab_person; Pfeiffer, Parität (wie Anm. 44), S. 68 f.

51 LKA Stuttgart, DA Biberach, Bestell-Nr. 1914, ⌐8, Kopie.

52 Gaupps Schlüsselposition auf dem Weg zur Parität belegt auch ein Schreiben des späteren Biberacher Stadtschreibers Georg Schmid vom 7./17. April 1647, eines gebürtigen Biberachers, der zu jener Zeit Stadtschreiber in Leutkirch war. Das Schreiben, das sich mit den politischen Planungen der Evangelischen befasst, war zwar an den Inneren Rat und Stadtrechner Johann Lay und an den Goßen Rat und Salzmeister Georg Gaupp adressiert. Der inhaltliche Diskurs über das weitere Vorgehen verlief aber zwischen Schmid und Gaupp, dessen *Vorschläg* Schmid zur Sprache brachte. Lay durfte freilich seines höheren Ranges wegen im Anschreiben nicht übergangen werden; vgl. LKA Stuttgart, DA Biberach, Bestell-Nr. 1914, ⌐7.

53 Georg Gaupp gehörte, wie das katholische Establishment im Zuge der paritätischen Verfassungsänderung kritisierte, zu mehreren ehemaligen *spittahlmueßfress[ern]*, die in hohe politische Ämter gelangten; vgl. StA Biberach, Gemeinschaftliches Ratsprotokoll [im Folgenden: GRP] 7. März 1651, I 64, S. 15–17. Bürgerskinder, die nicht von ihren Eltern ernährt werden konnten, erhielten ihren Unterhalt im spitälischen Kindshaus.

54 Evangelisches Pfarramt Biberach Stadtpfarrkirche II, Johann Konrad Krais, Chronik. Bd. 2: Beschreibung der Stadt Biberach. Erster Teil, S. 255; auch Georg Luz, Beiträge zur Geschichte der ehemaligen Reichsstadt Biberach, Biberach 1876, S. 270.

55 Retrospektiv LKA Stuttgart, DA Biberach, Bestell-Nr. 1697, EvRP 26. September 1669, S. 93; ebd., EvRP 3. Oktober 1669, S. 95 f.; zu Caspar Gaupp als Spitalschulmeister Warmbrunn, Zwei Konfessionen (wie Anm. 44), S. 303.

56 Riotte, Geschichte des Knabenchorgesangs (wie Anm. 38), S. 38.

57 Biographische Angaben finden sich bei Nicolaus Cunaeus, Frommer Regenten Beschwerde und Ehre. Das ist: Christliche Leichpredigt [… über] Georg Gaupp, Ulm 1675, S. 45–49, S. 70. An der Universität Basel war Gaupp 1631 bis 1632 immatrikuliert; vgl. Die Matrikel der Universität Basel. Bd. 3 (1601/02–1665/66), hrsg. von Hans Georg Wackernagel, Basel 1962, S. 336 (online: https://dg.philhist.unibas.ch/fileadmin/histsem/user_upload/redaktion/Bereich-

Fruehneuzeit/1962_Band_3.pdf). In den Matrikeln der Universitäten Straßburg und Leiden ist er hingegen nicht nachweisbar.

58 Zum Folgenden LKA Stuttgart, DA Biberach, Bestell-Nr. 2989, S. 29.

59 Vgl. LKA Stuttgart, DA Biberach, Bestell-Nr. 1910, ∟1, Original des Interimsvergleichs, 5. Januar 1637; KPfA Biberach, Bd. 88, Kopiarbuch, Ratswahl vom 4. Dezember 1636, S. 134–138; ebd., Reaktion Gaupps auf seine Wahl (6. Dezember 1636), S. 141; ebd., Regimentsbestellung vom 5. Januar 1637, S. 145–147.

60 KPfA Biberach, Bd. 88, Kopiarbuch, S. 92–97.

61 Gaupp war klug genug, die Fäden im Hintergrund zu ziehen und den protokollarischen Vorrang der älteren evangelischen Ratsherren während der Verhandlungen mit den Katholiken nicht in Frage zu stellen. Zum Eklat kam es erst 1649, als die evangelischen Zünfte den eine Generation älteren Johann Lay übergingen, der 1637 evangelischer Bürgermeister geworden war, und stattdessen Gaupp zum Bürgermeister wählten.

62 PFEIFFER, Parität (wie Anm. 44), S. 61.

63 KPfA Biberach, Bd. 88, Kopiarbuch, S. 211–228, bes. S. 224.

64 Zit. KPfA Biberach, B XVIII.

65 CUNAEUS, Frommer Regenten Beschwerde und Ehre (wie Anm. 57), S. 47 f.

66 KPfA Biberach, B VII, ∟2d und ∟2e, Korrespondenz vom 3.Mai 1647 und vom 10. Mai 1647; auch PFEIFFER, Parität (wie Anm. 44), S. 66 f.

67 LKA Stuttgart, DA Biberach, Bestell-Nr. 2988, S. 138; ebd., Bestell-Nr. 2989, S. 28.

68 StA Biberach, Ratsprotokoll [im Folgenden: RP] 11. Mai 1647, I 62, fol. 58.

69 LKA Stuttgart, DA Biberach, Bestell-Nr. 1914, ∟8.

70 LKA Stuttgart, DA Biberach, Bestell-Nr. 1914, ∟10, Konzeptschreiben der Evangelischen an Valentin Heider vom 9. Mai 1647.

71 Amtsbürgermeister Bruder war nach Ulm geflohen (vgl. StA Biberach, RP 1. März 1647, I 62, fol. 10), seine beiden Stellvertreter von Pflummern und Brandenburg weigerten sich, für ihn einzuspringen und blieben den Ratssitzungen fern (StA Biberach, RP 2. März 1647, I 62, fol. 12 r).

72 StA Biberach, RP 4.5.1647, I 62, fol. 49 r.

73 1636 hatte er die Zünfte dazu gebracht, die wohl infolge von Kriegshandlungen zerstörte Wasserzufuhr wiederherzustellen; vgl. DIEMER, Einige denkwürdige Begebenheiten der des Heyligen Römischen Reichs Freyen Statt Biberach (wie Anm. 40), S. 186.

74 StA Biberach, RP 11. Mai 1647, I 62, fol. 58.

75 LKA Stuttgart, DA Biberach, Bestell-Nr. 2988, S. 57.

76 StA Biberach, RP, I 62, fol. 59 r.

77 StA Biberach, RP 23.8.1647, I 62, fol. 102 r.

78 LKA Stuttgart, DA Biberach, Bestell-Nr. 1914, ∟13, Konzeptschreiben an einen ungenannten Adressaten, dem Inhalt nach wohl Valentin Heider, vom 16. August 1647.

79 Wolfgang BEHRINGER, Hexenverfolgung in Bayern. Volksmagie, Glaubenseifer und Staatsräson in der Frühen Neuzeit, München 1987, S. 9.

80 StA Biberach, RP, I 62, fol. 126 v.

81 KPfA Biberach, B VII, ∟2w.

82 StA Biberach, RP 11. September 1647, I 62, fol. 110 r.

83 StA Biberach, RP 27. August 1648, I 62, fol. 229.

84 Eine Verwandte Maria Hägins war mit Caspar Gaupp verheiratet, wohl einem Verwandten Georg Gaupps; vgl. LKA Stuttgart, DA Biberach, Bestell-Nr. 2989, S. 31. Bereits der Stammvater der Gaupps vom Ende des 15. Jahrhunderts hieß Caspar. Fast in jeder Generation findet sich dieser Leitname. Auch Georg Gaupps Großvater, sein Vater und sein älterer Bruder trugen ihn; vgl. Genealogisches Handbuch bürgerlicher Familien. Bd. 7, 1900, S. 78 f.

85 StA Biberach, RP, I 62, fol. 112 v.

86 StA Biberach, RP 9. Oktober 1647, I 62, fol. 119 v; ebd., RP 24. März 1648, I 62, fol. 186 r; ebd., RP 10. Juni 1648, I 62, fol. 203 r.

87 StA Biberach, RP 23. Dezember 1648, I 62, fol. 274 r.

88 Zur weitverzweigten Scharfrichterfamilie Deubler und ihren Biberacher Mitgliedern Hinweise bei Johann GLENZDORF und Fritz TREICHEL, Henker, Schinder und arme Sünder. Beiträge zur Geschichte des deutschen Scharfrichter- und Abdeckerwesens. Bd. 1, Bad Münder am Deister 1970, S. 249, S. 254.

89 StA Biberach, C 3 Gerichtsprotokolle, Bd. 13, Ulmer Gutachten vom 14. Februar 1649.

90 *At licet fuerit Haeretica, fidem tamen Catholico-Romanam liberrime et sponte sua aliquot diebus ante mortem amplexa fuit, haeresiam suam palam abiuravit*, so lautet der Vermerk wohl von Arzets Hand zum Tod von Ursula Jegglin; vgl. KPfA Biberach, Bd. 1, 16. November 1647. Unter dem Datum 26. Januar 1649 ist ebd. zu lesen: *Ist Maria Jergerin Hebamm burgerin allhir wegen ihrer gelebten Hexerey [...] durch [das] schwert gericht und v[er]brennet worden.* Sie habe zwar *mutata su[am] catholicam fidem*, der Häresie aber kurz vor ihrem Tod abgeschworen.

91 Die Inschrift seines Epitaphs im Kloster Schussenried ist zit. bei Karl Kaufmann, Die Äbte des Prämonstratenser-Reichsstifts Schussenried 1440–1803, o. O. 1985, unpaginiert. Zu Augustin Arzet Hermann Tüchle, Die Gemeinschaft der Weißen Mönche in Schussenried, in: Bad Schussenried. Geschichte einer oberschwäbischen Klosterstadt. Festschrift zur 800-Jahrfeier der Gründung des Prämonstratenserstifts, hrsg. von Hubert Kohler, Sigmaringen 1983, S. 29–59, hier S. 58; Peter Rummel, Die Jesuitenuniversität Dillingen als kirchliche Bildungsanstalt für Württemberg, in: Rottenburger Jahrbuch für Kirchengeschichte 14 (1995), S. 51–63, hier S. 61.

92 HStA Stuttgart, B 505, Bü 2, S. 70; StA Biberach, RP, I 62, fol. 76 v und fol. 99 v.

93 StA Biberach, RP 27. August 1648, I 62, fol. 229 v; LKA Stuttgart, DA Biberach, Bestell-Nr. 1998.

94 Zit. KPfA Biberach, B VII, ⌊ 12a.

95 Johann Jacob Moser, Erläuterungen des Westphälischen Friedens aus Reichshofräthlichen Handlungen. 1. Teil, Erlangen 1775, S. 464.

96 HStA Stuttgart, B 505, Bü 2, Diarium Reverendissimi Abbatis Rohrer von 1648–1654, S. 28; Evangelisches Pfarramt Biberach Stadtpfarrkirche II, Johann Konrad Krais, Auszüge aus der Schussenrieder Hauschronik. Bd. 23b, S. 165. Krais' Auszüge aus dem im Zweiten Weltkrieg verbrannten Original beziehen sich an dieser Stelle auf Rohrers Diarium.

97 HStA Stuttgart, B 505, Bü 2, Diarium Reverendissimi Abbatis Rohrer von 1648–1654, S. 177.

98 Zit. HStA Stuttgart, B 505, Bü 2, S. 28.

99 LKA Stuttgart, DA Biberach, Bestell-Nr. 2654, Archivinventar von 1692; auch StA Biberach, A 1 Spitalarchiv, B 3501. Die Suche nach dem Kästlein im Magazin des Biberacher Museums war vergebens.

100 LKA Stuttgart, DA Biberach, Bestell-Nr. 2100, ⌊ 10, Instruktion vom 26. Juni/6. Juli 1654.

101 LKA Stuttgart, DA Biberach, Bestell-Nr. 2100, ⌊ 11, herzogliches Schreiben vom 4. Juli 1654 an die Biberacher Protestanten. Diese Metapher wurde zum Stereotyp. Im Dankgebet zum 100. Jubiläum des Westfälischen Friedens wurde die Parität als das *Kleinod des Friedens und der Ruhe* gewürdigt. Dieser Friede könne von Menschen nicht mehr gebrochen werden. Die Gemeinde möge unter Beachtung der Gewissensfreiheit *unter unserer allhiesigen Christlichen Obrigkeit ein geruhiges und stilles Leben führen*; vgl. LKA Stuttgart, DA Biberach, Bestell-Nr. 1873, ⌊ 2 und ⌊ 3.

102 LKA Stuttgart, DA Biberach, Bestell-Nr. 1696, EvRP 8. Februar 1652, S. 58.

103 Ebd., Bestell-Nr. 1696, EvRP 15. August 1651, S. 33.

104 Den Auftakt dazu machte ein Prozess im Jahr 1652; vgl. StA Biberach, GRP 15. Februar 1652, I 64, S. 226. Das anschließende Verfahren gegen die mit der Patrizierfamilie von Pflummern entfernt verwandte katholische Honoratiorenfrau Anna Rollin endete nach drei Tagen wegen des vorzeitigen Todes der Angeklagten infolge der angewandten Folter ohne Urteil (vgl. StA Biberach, GRP 20. Februar 1652, I 64, S. 230 f.). Die Bürgerschaft mutmaßte daraufhin, Anna Rollin sei zum Schweigen gebracht worden. Allen Beteiligten vom Rat über den Scharfrichter bis zu den Wächtern wurde strengste Geheimhaltung über dieses Verfahren eingeschärft. Hexerei blieb somit ein evangelisches Delikt – vorerst.

105 Der Schussenrieder Chronist bezog sich wohl auf Einträge im Diarium Abt Rohrers über die Biberacher Hexenprozesse der Jahre 1652/53; vgl. HStA Stuttgart, B 505, Bü 2, S. 218 f., S. 249–251.

106 Zit. von Krais, Schussenrieder Hauschronik (wie Anm. 96), Bd. 23b, S. 174.

107 Zum Folgenden Riotte, *Diese so oft beseufzte Parität* (wie Anm. 30), Kapitel B. III. 2. Die Hexenverfolgung von 1653–1658.

108 LKA Stuttgart, DA Biberach, Bestell-Nr. 1696, EvRP 3. April 1656, S. 187.

109 Eine Ausnahme stellt das in Anm. 89 erwähnte Ulmer Gutachten dar. Eine Recherche im Stadtarchiv Ulm nach weiteren Rechtsgutachten in Biberacher Hexenprozessen blieb erfolglos. Allerdings hat sich dort ein Gutachten des Ulmer Ratskonsulenten im Fall der 59-jährigen evangelischen Ravensburger Bürgerin Barbara Mägerlin erhalten, der Witwe des Schlossers Hans Wuecherer, die am 28. Dezember 1653 ihre Mutter Margaretha Hiltprändin erstochen hatte und die sich daraufhin unter der Tortur auch zum Hexenwerk bekannte (vgl. StA Ulm, A 3547, fol. 89–112). Nach Mitteilung von Beate Falk (Kulturamt und Stadtarchiv Ravensburg) blieb der anschließende Prozess gegen Barbara Mägerlin, die zumindest nach Auffassung des Ulmer Gutachters auch die Standardfrage nach weiteren Beteiligten am Hexenwerk zu beantworten hatte, ein Einzelfall. Beate Falk zufolge wurde Barbara Mägerlin „allein als Muttermörderin" hingerichtet. Das Verfahren stellte also nicht den Auftakt zu einer Serie von Hexenprozessen in Ravensburg dar. Es müsste im Detail untersucht werden, was den Ravensburger Rat veranlasste – vielleicht das abschreckende, den sozialen Zusammenhalt und die Parität gefährdende Biberacher Beispiel? –, dem Verdacht der Hexerei im Fall Mägerlin und darüber hinaus nachzugehen.

110 StA Biberach, GRP 30. August 1658, I 67, S. 164; ebd., GRP 10.9.1658, I 67, S. 171.

111 StA Biberach, GRP 7. Juni 1678, I 76, S. 340.

112 KPfA Biberach, D IX, ⌐ 38, Ratsdekret vom 9. Dezember 1659.

113 StA Biberach, GRP 16. November 1677, I 76, S. 93.

114 HHStA Wien, RHR Decisa, Kart. 712, praes. 7. März 1678; KPfA Biberach, D X, ⌐ 57.

115 KPfA Biberach, B XII, ⌐ 17; StA Biberach, GRP 4. Januar 1678, I 76, S. 154.

116 Vgl. dazu KPfA Biberach, H IV, ⌐ 6; ebd., B II, ⌐ 2. Bürgermeister Gaupps Gehaltsentwicklung stand nicht zur Debatte. Wenige Tage vor seinem Tod hatte er den wegen Hinterziehung im Kreuzfeuer stehenden evangelischen Geheimen Rat und Spitalpfleger Martin Wieland gezwungen, dem Spital den zugefügten Schaden zu ersetzen; vgl. LKA Stuttgart, DA Biberach, Bestell-Nr. 1697, EvRP 8. Dezember 1674, S. 327.

117 KPfA Biberach, B II, ⌐ 2. Die Quellenüberlieferung zum öffentlichen Haushalt ist zwar lückenhaft. Dennoch zeigt sich, dass die Stadt über ihre Verhältnisse lebte. Im Jahr 1700/01 machten Verwaltungskosten 80 % der jährlichen Ausgaben aus; vgl. Albert WEICHHARDT, Die Entwicklung der wirtschaftlichen Verhältnisse der freien Reichsstadt Biberach im 18. Jahrhundert. Ein Beitrag zur Wirtschaftsgeschichte der oberschwäbischen Reichsstädte, Gelnhausen 1931, S. 46.

118 Zum Folgenden HHStA Wien, RHR Decisa, Kart. 712, praes. 7. März 1678; KPfA Biberach, D X, ⌐ 57.

119 Ob das paritätische Ravensburg versehentlich in die Liste aufgenommen wurde oder ob die dortige Verwaltung weniger aufgebläht war als in Biberach, blieb unkommentiert.

120 KPfA Biberach, K I, ⌐ 36a.

121 Vgl. Anm. 39.

122 HHStA Wien, RHR Decisa, Kart. 712, Bericht der Kreisausschreibenden Fürsten an den Kaiser vom 20./30. September 1678; KPfA Biberach, K I, ⌐ 36b; StA Biberach, C 30 Nr. 2, S. 88 f.

123 Zur Kritik des Reichshofrats an den Versuchen Württembergs, sich *zu einem Executore perpetuo Paritatis* in Biberach aufzuschwingen, vgl. HHStA Wien, RHR Decisa, Kart. 729, Relation vom 16. April 1750.

124 StA Biberach, A 1 Spitalarchiv, B 3501. Der Interpositionskommissionsrezess ist abgedruckt bei Kurt DIEMER, Ausgewählte Quellen zur Biberacher Geschichte 1491–1991, Stuttgart/Biberach 1991, S. 64–67.

125 KPfA Biberach, B VII, ⌐ 3.

126 Die Konfliktkonstellation Bürgerschaft contra Rat findet sich auch während der Bürgerhändel der Jahre 1729 bis 1741 und während einer Protestbewegung im Jahr 1800, die sich gegen einen als ungerecht empfundenen Einquartierungsplan und obrigkeitliche Privilegien auflehnte.

127 Der Rezess ist publiziert von DIEMER, Ausgewählte Quellen (wie Anm. 124), S. 45–52.

128 LKA Stuttgart, DA Biberach, Bestell-Nr. 1917, ⌐ 4, Dekret vom 8. Mai/28. April 1649.

129 Zum Folgenden LKA Stuttgart, DA Biberach, Bestell-Nr. 1917, ⌐ 6, Original des Nebenrezesses vom 8. Mai/28. April 1649. Er ist wie alle im Rahmen der Friedensexekution in Biberach

verabschiedeten Rezesse und Dekrete vom April/Mai 1649 gedruckt bei Michael Caspar LONDORP, Der Römischen Kayserlichen Majestät und Deß Heiligen Römischen Reichs Geist- und Weltlicher Stände […] Acta Publica und Schrifftliche Handlungen, Außschreiben, Sendbrieff [...] Sechster oder der Continuation zweyter Theil. Bd. IV, Frankfurt/Main 1668, S. 521–525, hier S. 524 f.; paraphrasiert bei MOSER, Teutsches Staats-Recht (wie Anm. 1), 42. Teil, S. 144 f.
130 HStA Stuttgart, B 162, Bü 14.
131 So überliefert es der katholische Genremaler Johann Baptist Pflug (1785–1866); vgl. Johann Baptist Pflug. Aus der Räuber- und Franzosenzeit Schwabens. Die Erinnerungen des schwäbischen Malers aus den Jahren 1780–1840, hrsg. von Max ZENGERLE, Weißenhorn 1966, S. 19.
132 1668 beklagte der Evangelische Rat, dass den katholischen Handwerksleuten *alles sonderlich aber von der landschafft herein mit hauffen zuelauffet und zuegewisen wird*; vgl. HStA Stuttgart, B 162, Bü 8, Nr. 138.
133 Konfessionelle Berührungsängste kannten sie nicht. So gratulierten sie Pflug zufolge nicht nur den katholischen, sondern auch den evangelischen Honoratioren zum Namenstag, die sich mit Naturalien revanchierten. Beim Almosensammeln klopften die Mönche auch an die Türen der Protestanten, die sich Spenden nicht verweigerten, weil der Konvent die Armen ohne Ansehen der Konfession speiste; vgl. Aus der Räuber- und Franzosenzeit Schwabens (wie Anm. 131), S. 19 f.
134 KPfA Biberach, Bd. 88, Kopiarbuch, S. 258; ebd., A VI, ⌐ 6c; auch HHStA Wien, RHR Decisa, Kart. 715, Lit. Bb, Nr. 7, Summarische Relation die Execution der Statt Biberach betreff: de Anno. 1648. et 49.
135 KPfA Biberach, D I, ⌐ 13; auch HStA Stuttgart, B 505, Bü 2, Diarium Reverendissimi Abbatis Rohrer von 1648–1654, S. 34.
136 KPfA Biberach, A VI, ⌐ 2. Ein Kapuziner wechselte sich seit Mitte des 18. Jahrhunderts bei Sonn- und Feiertagspredigten mit dem Biberacher Pfarrer ab; vgl. KPfA Biberach, N IV, ⌐ 10; ebd., Bü 80, XII a, ⌐ 16, S. 5 und S. 35 f.; StA Biberach, GRP 5. November 1802, II 191, S. 792.

137 Volker TRUGENBERGER, Familiäre Herkunft und Biographie, in: DERS., Otto Becker und Gebhard Füßler: St. Fidelis von Sigmaringen. Leben – Wirken – Verehrung, in: Zeitschrift für Hohenzollerische Geschichte 32 (1996), S. 3–165, hier S. 11–83, bes. S. 18; Matthias ILG, Der heilige Fidelis von Sigmaringen (1578–1622). Leben, Martyrium und Verehrung zwischen Schwaben, Vorarlberg und der Schweiz, in: Heimatkundliche Blätter für den Kreis Biberach. Sonderheft 2009, S. 29–46.
138 ILG, Der heilige Fidelis von Sigmaringen (wie Anm. 137), S. 41.
139 DIEMER, Biberacher Chroniken des 17. und 18. Jahrhunderts. Johann Heinrich von Braunendal (wie Anm. 29), 25. März 1736, S. 200.
140 HStA Stuttgart, B 162, Bü 14, Zit. aus dem Schreiben vom 16. Mai 1777.
141 LKA Stuttgart, DA Biberach, Bestell-Nr. 1700, EvRP 1. April 1723, S. 376.
142 Etienne FRANÇOIS, Die unsichtbare Grenze. Protestanten und Katholiken in Augsburg 1648–1806 (= Abhandlungen zur Geschichte der Stadt Augsburg 33), Sigmaringen 1991, S. 164 f.
143 Zit. LKA Stuttgart, DA Biberach, Bestell-Nr. 1701, EvRP 15. September 1750, S. 654.
144 Zum Folgenden LKA Stuttgart, DA Biberach, Bestell-Nr. 2002, ⌐ 2 (3. Juni 1750).
145 LKA Stuttgart, DA Biberach, Bestell-Nr. 1711, EvRP 28. September 1795, S. 175 f.
146 1780 konvertierte ein protestantischer Zuhörer unter dem Eindruck der Palmsonntagspredigt zum Katholizismus; vgl. LKA Stuttgart, DA Biberach, Bestell-Nr. 1736, Kirchenzensurprotokolle 1713–1800, 24. Januar 1780.
147 1758 wurde Frühprediger Johann Georg Zell aktenkundig, weil er sie sich dennoch verschaffte; vgl. StA Biberach, GRP 27. Juni 1758, I 113, S. 363.
148 Vgl. LKA Stuttgart, DA Biberach, Bestell-Nr. 1696, EvRP 19. August 1666, S. 380. 1668 ergab eine Untersuchung des katholischen Magistrats, dass ihr Konfessionsteil *noch bey 25. handtwercken keine handtwerckhsleuth ihrer religion* hatte; vgl. LKA Stuttgart, DA Biberach, Bestell-Nr. 1697, EvRP 24. September 1668, S. 40. Die in einzelnen Metiers bis weit in das 18. Jahrhundert bestehenden evangelischen Monopole versuchte der Katholische Rat durch

gezielte Bürgeraufnahmen (vgl. LKA Stuttgart, DA Biberach, Bestell-Nr. 1697, EvRP 4. Juli 1674, S. 313) und eine entsprechende Ausbildungspolitik abzubauen. Armen katholischen Bürgerssöhnen wurde das Lehrgeld vorgestreckt, dabei aber die Ausbildung in einem der auf katholischer Seite noch nicht vertretenen Handwerke vorgeschrieben; KPfA Biberach, Katholische Ratsprotokolle [im Folgenden abgekürzt als: KRP] 2. März 1735, Bd. 90, S. 134 f.

149 StA Biberach, C 30 Nr. 2, S. 60; Diemer, Ausgewählte Quellen (wie Anm. 124), S. 66.

150 Zum Folgenden LKA Stuttgart, DA Biberach, Bestell-Nr. 2342, ⌊ 5, Bürgermeister Hillers Verwarnungsschreiben an Senior Schopper vom 30. Juni 1709.

151 LKA Stuttgart, DA Biberach, Bestell-Nr. 1701, EvRP 24. November 1750, S. 658; ebd., Bestell-Nr. 1703, EvRP 7. April 1763, S. 108.

152 Ein Exemplar des im Ulmer Verlag Süß gedruckten Confessionsbüchleins von 1730 befindet sich im LKA Stuttgart, DA Biberach, Bestell-Nr. 1867. Es war anlässlich des 200-jährigen Jubiläums der Confessio Augustana an die evangelischen Schulkinder verteilt worden. 1764 wurde es in Biberach (wohl im Verlag Caspar Wieder) nachgedruckt. Diese Ausgabe, die im Evangelischen Archiv nicht vorliegt, wurde vom Reichshofrat zur Ansicht verlangt.

153 LKA Stuttgart, DA Biberach, Bestell-Nr. 1992, ⌊ 27.

154 LKA Stuttgart, DA Biberach, Bestell-Nr. 1708, EvRP 4. April 1777, S. 85.

155 Zit. LKA Stuttgart, DA Biberach, Bestell-Nr. 1708, EvRP 11. April 1777, S. 89; ebd., Bestell-Nr. 1708, EvRP 4. April 1777, S. 85 f.

156 HStA Stuttgart, B 162, Bü 14, Bericht des Anwalts des Evangelischen Rats vom 12. November 1777.

157 Erlanger Real-Zeitung, Nr. 92 (25. November 1777).

158 LKA Stuttgart, DA Biberach, Bestell-Nr. 1992, ⌊ 26, Abschrift des Conclusums vom 4. November 1777; auch HStA Stuttgart, B 162, Bü 14.

159 HStA Stuttgart, B 162, Bü 14, Schreiben des Anwalts der Evangelischen vom November 1778.

160 1785 verlangte der Katholische Rat erstmals das Predigtkonzept der Palmnachtspredigt; vgl. KPfA Biberach, KRP 12. April 1785, Bd. 102, S. 30 f. Im folgenden Jahr verbot der katholische Dekan dem Kapuzinerprediger die Herausgabe des Manuskripts, ebenso 1790; vgl. KPfA Biberach, KRP 17. März 1786, Bd. 102, S. 131; KPfA Biberach, KRP 13. April 1790, Bd. 102.

161 Exemplarisch ist die Äußerung im Zusammenhang mit einer früheren Kontroverspredigt: *weilen sie in spiritualibus über die clericos keine Jurisdiction haben*; vgl. LKA Stuttgart, DA Biberach, Bestell-Nr. 1700, EvRP 15. April 1723, S. 379

162 Zit. aus Christoph Martin Wielands Brief an Geßner vom 25. Juli 1764, in: WBr 3, S. 292.

163 HStA Stuttgart, J 1, 181a, fol. 7; Evangelisches Pfarramt Biberach Stadtpfarrkirche II, Johann Konrad Krais, Beschreibung des Nonnen- und Kapuziner-Klosters – der Siechen- und evangelischen Gottesaker-Kirche – der S. Nicolai- und h. Kreuz-Kapelle in der Stadt – und einiger vormaliger Kapellen außerhalb der Stadt Biberach, 1832, Bd. 18, S. 134.

164 Aus der Räuber- und Franzosenzeit Schwabens (wie Anm. 131), S. 22.

165 HStA Stuttgart, B 162, Bü 14, Zit. aus einer Klageschrift von 1785.

166 Evangelisches Pfarramt Biberach Stadtpfarrkirche II, Johann Konrad Krais, Beschreibung der Controvers-Predigt und des Acts mit dem Palmesel zu Biberach, 1834, Bd. 37, S. 92 f. Krais gehörte selbst auch zu den Besuchern der Predigt; vgl. HStA Stuttgart, B 162, Bü 14.

167 Kurt Diemer, Art. „Kapuziner/Biberach", in: Württembergisches Klosterbuch. Klöster, Stifte und Ordensgemeinschaften von den Anfängen bis in die Gegenwart, hrsg. von Wolfgang Zimmermann und Nicole Priesching, Stuttgart 2003, S. 191.

168 LKA Stuttgart, DA Biberach, Bestell-Nr. 1917, ⌊ 3, Original der ersten Präzedenzsignatur vom 30./20. April 1649.

169 KPfA Biberach, B VII, ⌊ 4; Diemer, Ausgewählte Quellen (wie Anm. 124), S. 52–63.

170 KPfA Biberach, D I, ⌊ 13; HHStA Wien, RHR Decisa, Kart. 715, Lit. Bb, Nr. 7.

171 KPfA Biberach, D I, ⌊ 13.

172 LKA Stuttgart, DA Biberach, Bestell-Nr. 1917, ⌊ 5, Original der Präzedenzsignatur vom 28. April/8 Mai 1649; gedruckt bei Moser,

Teutsches Staats-Recht (wie Anm. 1), 42. Teil, S. 234.
173 KPfA Biberach, J I a.
174 KPfA Biberach, D I, ⌐ 13.
175 HHStA Wien, RHR Decisa, Kart. 715, Lit. K, Nr. 20; LKA Stuttgart, DA Biberach, Bestell-Nr. 1697, EvRP 6. Januar 1671, S. 145.
176 Aristokratisch verfasste Reichsstädte waren Kommunen, *worinn der Rath und die wichtigsten obrigkeitlichen Aemter Vorzüge eines Patriciats d.i. erbliche Rechte gewisser Familien sind, aus denen die Glieder gewählt werden müssen*; Zit. Friedrich Julius MALBLANK, Abhandlungen aus dem Reichsstädtischen Staatsrechte, Erlangen 1793 S. 56 f.
177 Genealogisches Handbuch bürgerlicher Familien. Bd. 7, Berlin 1900, S. 80 f.; Otto von ALBERTI, Württembergisches Adels- und Wappenbuch. Bd. 1, Stuttgart 1889, S. 216.
178 Der in der evangelischen Bürgerschaft, die nach wie vor der Idee der Zunftherrschaft nachhing, keineswegs mehrheitsfähige Gedanke an den Patriziatsstatus war schon 1652 ausgesprochen worden; vgl. LKA Stuttgart, DA Biberach, Bestell-Nr. 1945, ⌐ 3.
179 In dem vor dem Reichshofrat ausgetragenen Patriziatsstreit der Jahre 1688 bis 1690 kam die evangelische Führungsschicht der Nobilitierten und Graduierten ihrem Ziel nicht näher.
180 StA Biberach, GRP 17. Oktober 1662, I 69, S. 253.
181 StA Biberach, GRP 27. Oktober 1662, I 69, S. 262; ebd., GRP 31. Oktober 1662, I 69, S. 268; LKA Stuttgart, DA Biberach, Bestell-Nr. 1696, EvRP 31. Oktober 1668, S. 318.
182 Gaupps politisches Credo ist gedruckt bei CUNAEUS, Frommer Regenten Beschwerde (wie Anm. 57), S. 77. An den Trauerfeiern für politische und geistliche Repräsentanten beider Konfessionen nahmen Katholiken und Protestanten gemeinsam teil; vgl. LKA Stuttgart, DA Biberach, Bestell-Nr. 1697, EvRP 7. Februar 1669, S. 69.
183 LKA Stuttgart, DA Biberach, Bestell-Nr. 1696, EvRP 20. Dezember 1659, S. 279.
184 Zit. Carl KLEINDIENST, Beiträge zu einem Häuserbuch der Kreisstadt Biberach mit Häuserschlüssel und Register (Typskript StA Biberach). Bde. 1–3, Biberach 1961, hier Bd. 2, S. 562 f.

Die bei ihrer Gründung 1693 als evangelische Patriziatsstube, dann als evangelische Unionsstube bezeichnete Räumlichkeit taucht am Ende der Reichsstadtzeit nur noch als evangelische Stube auf; vgl. LKA Stuttgart, DA Biberach, Bestell-Nr. 1711, EvRP 22. Juni 1796, S. 231–235.
185 Zeitgenössische Skizze im HHStA Wien, RHR Decisa, Kart. 742, Nr. 304, Lit. H.
186 Georg Ludwig STECHER, De Non Attendenda Votorvm Plvralitate In Imperio R. Germanico, Et Liberis Civitatibvs Mixtis ad §§. 9. & 52. Art. V. J.P.O. […] Dispvtabit Avctor Georgivs Lvdovicvs Stecher Praetor Liberae S. R. I. Civitatis Biberacensis, Tübingen 1783, S. 67 f.
187 Ebd., S. 65–68.
188 KPfA Biberach, A IX, ⌐ 4, Zit. aus einer Erklärung des Katholischen Rats vom 26. August 1673.
189 StA Biberach, C 2 Akten Reichsstadt, Bü 75.
190 HHStA Wien, RHR Decisa, Kart. 720, praes. 27. August 1717.
191 StA Biberach, GRP 13. September 1765, II 117, S. 140 f.
192 StA Biberach, GRP 7. Januar 1783, II 142, S. 261; Generallandesarchiv Karlsruhe, 48/5542, S. 34.
193 Zum Folgenden Carl Friedrich DIZINGER, Denkwürdigkeiten aus meinem Leben, Tübingen 1833. Dizinger, der seit 1811 Oberamtmann in Ravensburg war (vgl. ebd., S. 308–334), kontrastierte das konfessionelle Zusammenleben in den beiden ehedem paritätischen Reichsstädten. Seiner Beobachtung nach war das Verhältnis der Ravensburger im Unterschied zu den Biberachern nach der Mediatisierung von Eintracht und religiöser Toleranz geprägt, wobei der Geistlichkeit eine tragende Rolle zukam. Wörtlich heißt es: *Wie in Biberach, so herrschte zwar auch in Ravensburg volle Gleichheit zwischen Lutheranern und Katholiken, allein in diesem Orte konnte man blos in den Kirchen und bey andern kirchlichen Verrichtungen eine Verschiedenheit des Glaubensbekenntnisses bey den Einwohnern bemerken. Die geistlichen und weltlichen Beamten, so wie die Kaufleute waren aufgeklärte und gebildete Männer, und auch die übrigen Bürger waren ordnungsliebend, thätig und unter sich einig. […] Besonders hatten die Geistlichen beider Confessionen Vieles zur Erweckung*

und Erhaltung des Geistes der Duldung und der Eintracht beygetragen. Von den katholischen Geistlichen hatte hiezu hauptsächlich der Dekan und Stadtpfarrer Schnitzer mitgewirkt (Zit. S. 319–321). Infolgedessen herrschten, so Dizinger, in Ravensburg und dem ganzen Oberamt *ein Geist der Duldung und der Eintracht* (S. 320 f.).
Damit stellt sich die Frage nach irenischem Geist in Ravensburg; vgl. dazu Peter EITEL, Friedliches Ravensburg? Das Verhältnis zwischen Katholiken und Protestanten im 19. und 20. Jahrhundert, in: Hahn und Kreuz. 450 Jahre Parität in Ravensburg, hrsg. von Andreas SCHMAUDER (= Historische Stadt Ravensburg 4), Konstanz 2005, S. 143–159. Möglich, dass in Ravensburg im Zug der Aufklärung ein signifikanter Gesinnungswandel stattfand. Die umfangreiche Korrespondenz zwischen den Ravensburger und den Biberacher Evangelischen (LKA Stuttgart, DA Biberach, Bestell-Nr. 1829 [u. a. auch die Ravensburger Kapuziner betreffend]; Bestell-Nr. 1830–1832; Bestell-Nr. 1834; Bestell-Nr. 1835; Bestell-Nr. 1845; Bestell-Nr. 1847; Bestell-Nr. 1944, ∟6–∟8; Bestell-Nr. 1994; Bestell-Nr. 2209; Bestell-Nr. 2211; Bestell-Nr. 2358) vermittelt bis zur Mitte des 18. Jahrhunderts nicht den Eindruck eines ausgesprochen friedlichen Ravensburg. Der Aktenaustausch und die Anfragen in der Schwesterstadt nach der Observanz bei strittigen Themen deuten vielmehr auf vergleichbare konfessionelle Konfliktfelder in beiden Kommunen hin. Allerdings war in Ravensburg die für Biberach charakteristische ständische Asymmetrie bei Einführung der Parität vermieden worden. Dadurch entfiel in Ravensburg eines der die Biberacher Parität beherrschenden Konfliktfelder.

194 Zit. DIZINGER, Denkwürdigkeiten (wie Anm. 193), S. 207. Das Zitat sollte den Gegensatz zum konfessionellen Verhalten der Biberacher Landschaft aufzeigen. Dizingers Biberacher Amtszeit von 1807 bis 1809 betreffend: S. 195–268.
195 Zit. aus der Erklärung der Katholiken vom 9. November 1818; vgl. StA Biberach, D 100 Bd. 2, Schriften und gedruckte Sachen, S. 44 f.
196 Das 100. Jubiläum des Westfälischen Friedens beging man infolgedessen nicht mehr als erstklassige Veranstaltung. Die Feier fand in der Nikolaikapelle, nicht mehr in der Pfarrkirche statt. Die Festpredigt hielt anstelle des ranghöchsten evangelischen Geistlichen sein Vikar, der Rektor der Lateinschule Johann Jakob Doll; vgl. Johann Jacob DOLL, Kurtze Nachrichten, wie es mit der Reformation der Evangelischen Gemeine zu Biberach vor 200. Jahren hergegangen, Biberach 1749.
197 Vgl. StA Biberach, D 100 Bd. 2, Schriften und gedruckte Sachen, S. 47.
198 Ebd., S. 44 f.
199 Anselmus RABIOSUS [Wilhelm Ludwig WEKHRLIN], Reise durch Ober-Deutschland, Salzburg/Leipzig 1778, S. 38. Seine Paritätseindrücke beziehen sich auf Augsburg.
200 Dafür waren die häufig nach paritätischem Muster angelegten Interaktionen innerhalb der gesellschaftlichen Gruppierungen und Organisationseinheiten zu stark ausgeprägt; dazu demnächst RIOTTE, *Diese so oft beseufzte Parität* (wie Anm. 30), Kapitel C. III. 3.2 und 3.6, über die Abwanderung katholischer Schüler in evangelische Schulen; Kapitel F. I. über konfessionelle Interaktionen im Spital, in den Zünften, im Verhältnis von Herrschaft und Ehehalten, in den Stadtteilen und Wohnquartieren, im Gesellschaftsleben sowie im Gesundheitswesen.
201 Evangelisches Pfarramt Biberach Stadtpfarrkirche II, Johann Konrad KRAIS, Kronik der Stadt Biberach. […] Beschreibung einiger Zwistigkeiten, die sich hier, wegen der Parität zugetragen hatten, Bd. 9a, 9. Teil, S. 171 f.

Hanspeter Jecker

Täufertum und Pietismus als Herausforderung für Obrigkeit und Kirche in Bern 1650–1720

Das Thema „Reichsstadt im Religionskonflikt" anhand des Beispiels von Bern in der Zeit zwischen 1700 und 1720 zu behandeln, ist erklärungsbedürftig. Denn formal zählte die Aarestadt in der schweizerischen Eidgenossenschaft spätestens seit dem Westfälischen Frieden von 1648 durch die Erlangung der vollen Souveränität nicht mehr zum Reich. Anderseits gab es um 1700 wohl keine andere aktuelle oder ehemalige Reichsstadt, wo sich diese eine spezifische Variante eines Religionskonflikts – nämlich die Auseinandersetzung einer evangelischen Volkskirche mit dem Täufertum – auch zu diesem späten Zeitpunkt noch derart intensiv abgespielt hat wie in Bern, und dies in ununterbrochener Kontinuität seit der Reformationszeit. Hinzu kommt, dass sich in Bern gleichfalls um 1700 eine zweite Variante eines Religionskonfliktes, diejenige einer Volkskirche mit dem Pietismus, ebenfalls auf dramatische Weise zuspitzt. Mit der einen oder anderen Variante hatten sich zwar auch etliche andere Reichsstädte auseinander zu setzen. Aber meistens – wenn überhaupt – nacheinander und kaum je gleichzeitig. In diesem Sinne ist Bern wohl effektiv einer der ganz wenigen Orte mit Reichsstadt-Bezügen, wo diese beiden Formen eines Religionskonfliktes gleichzeitig aktuell waren und in ihren Interdependenzen studiert werden können.[1]

I. Kirche und Obrigkeit in Bern zur Zeit des Ancien Régime

Bern war um 1700 nicht nur die grösste politische Einheit in der schweizerischen Eidgenossenschaft, es war seit der Übernahme der Waadt (1536) auch der grösste Stadtstaat nördlich der Alpen. Entstanden durch Eroberung, Kauf und Säkularisation bildete dieses grosse Territorium ein Konglomerat an Herrschaften, Städten, Tal- und Dorfschaften, dessen vielfältigen, teils privaten und teils öffentlichen Herrschafts- und Rechtsformen die Berner Obrigkeit ursprünglich – wenigstens in den grossen Linien – den Rechtsbestand zugesichert hatte. Ziel des städtischen Rates war es dabei stets, das eigene Territorium einer einheitlichen Landesherrschaft und Verwaltung zu unterwerfen.[2] Ein wichtiger Schritt erfolgte mit der Annahme der Reformation durch Bern im Jahr 1528, wo die Verantwortung für Kirche, Sittenzucht, Schule und Armenwesen auf einen Schlag vom Bischof an die städtische Obrigkeit überging. Die bernische Kirche wurde damit zu einer wichtigen Stütze beim Auf- und Ausbau des frühneuzeitlichen Staates. Diese vereinheitlichenden Tendenzen der Obrigkeit stießen quer durch das 16., 17. und frühe 18. Jahrhundert konsequenterweise auf den Widerstand derjenigen Kreise, die um den Verlust ihrer alten angestammten Rechte fürchteten. Der Protest artikulierte sich entsprechend dem umfassenden Ansatz der obrigkeitlichen Herrschaftsdurchdringung ebenfalls sehr vielfältig – und zwar je nach Raum, Zeit und Umständen mit eher politischen, eher sozialen, eher wirtschaftlichen, eher juristischen, eher kirchlichen Akzentsetzungen.

Bei diesem Ringen um Wahrung und Ausbau der eigenen Macht ging es naturgemäß um sehr vielfältige Formen von Konflikten: und vor allem ging es dabei auch immer wieder um Gegensätze einerseits zwischen Stadt und Landschaft und anderseits zwischen einzelnen Interessengruppen innerhalb der Hauptstadt bzw. innerhalb einzelner Tal- und Dorfschaften. In immer neuen Konstellationen und Bündnissen versuchten sich einzelne Personen, Familien, Berufs- und Beamtengruppen Vorteile zu sichern oder auszubauen bzw. Nachteile abzuwenden und zu bekämpfen.[3] Im Rahmen dieses Ringens um eine auf Vereinheitlichung zielende Herrschaftsdurchdringung seitens frühneuzeitlicher Obrigkeiten spielte manchenorts der Konflikt mit dem Täufertum eine nicht unwesentliche Rolle.

Neben diesen innenpolitischen Faktoren war der Kampf Berns gegen das Täufertum aber spätestens seit dem 17. Jahrhundert auch immer mehr eingebunden in außenpolitische Dimensionen. Dabei ging es namentlich um die Beziehungen Berns zu seinen eidgenössischen Verbündeten, zu seinen evangelischen Partnerländern in Europa (v. a. die Niederlande) sowie um sein Verhältnis zum kontinuierlich mächtiger werdenden Nachbarn Frankreich. Auf welche Weise dies in Bern geschah und inwiefern der um 1700 gleichzeitig auch gegen den Pietismus geführte Kampf interessante Dynamiken aufzuzeigen vermag, soll nun nachfolgend erörtert werden.[4] Zuvor aber noch ein Wort zur Demographie: Was die Bevölkerungszahlen um 1700 betrifft, so gehen Schätzungen von knapp 10.000 Personen für die Hauptstadt Bern aus und rechnen mit gegen 300.000 Einwohnern für das gesamte Territorium.[5]

II. Der Kampf der Berner Obrigkeit gegen das Täufertum

Bekanntlich hat die Repression gegen radikal-reformatorische täuferische Gruppen europaweit sogleich nach deren erstem Auftreten im Jahr 1525 eingesetzt.[6] Hauptkritikpunkte der politischen und kirchlichen Obrigkeiten waren dabei die täuferische Forderung nach Freiwilligkeit des Glaubens und der Kirchenmitgliedschaft, der Aufbau

Abb. 1: Besonders zahlreich waren die Täufer in der Landvogtei Trachselwald. Der Kampf gegen das einheimische Täufertum erfolgte auch hier in enger Zusammenarbeit zwischen politischen und kirchlichen Behörden. Im Vordergrund die Kirche im Dorf Trachselwald, im Hintergrund auf einer Anhöhe das Schloss Trachselwald, der Amtssitz des bernischen Landvogtes (Foto: Hanspeter Jecker, 2005)

von eigenen, obrigkeitsunabhängigen Gemeinden und die als sichtbarste Konsequenzen dieses eigenständigen Weges praktizierte Verweigerung von Säuglingstaufe, Gottesdienstbesuch, zivilem Eid und Kriegsdienst. Am längsten und umfassendsten gewährt hat die seitens von Obrigkeiten gegen das Täufertum sanktionierte Gewalt im frühneuzeitlichen Europa wohl auf dem Gebiet der schweizerischen Eidgenossenschaft, und hier vor allem in Bern. Charakteristisch für die Auseinandersetzung der bernischen Obrigkeit mit dem Täufertum war dabei die stets sehr enge Zusammenarbeit von kirchlichen und politischen Behörden.

Es sollen nachfolgend einige wesentliche Elemente der Geschichte des Täufertums in Bern kurz vorgestellt und diskutiert werden, um den Rahmen abzustecken für die Thematik „Reichsstadt im Religionskonflikt"[7]:

Zuerst gilt es darauf hinzuweisen, dass in Bern – wie auch in vielen anderen Territorien – das Täufertum zur Reformationszeit zwar massgeblich im städtischen Milieu entstanden ist und vorerst ähnlich breite Bevölkerungsteile rekrutiert hat wie die Reformation insgesamt.[8] Durch die europaweit sehr rasch und umfassend einsetzende Repression vermochte das Täufertum aber fast nur noch im ländlichen Milieu zu überleben, abseits der Machtzentren von Politik, Wirtschaft und Gesellschaft. Dieser geographische Rückzug aus den Städten ins ländlich-agrarische Milieu, in Dörfer an der Peripherie sowie auf isolierte Weiler und Einzelhöfe verlief parallel zu einer soziologischen Fokussierung auf Landwirtschaft und dörfliches Kleinhandwerk sowie bisweilen auch zu einer Tendenz zu kirchlich-theologischen Engführungen.[9] Bedeutsam ist in diesem Zusammenhang aber, dass sich namentlich in den Regionen Emmental, Oberaargau und Oberland täuferische Zellen trotz aller Repression zu halten vermochten. Durch sporadischen Zuzug von Flüchtlingen aus anderen Teilen der Eidgenossenschaft (vor allem aus Zürich), aber auch durch Gewinnung neuer Mitglieder, welche im Kontext einer seit 1600 offenbar auch im Bernbiet neu einsetzenden Frömmigkeits-, Sinn- und Orientierungskrise neu dazu stießen, gelang es dem Täufertum, sich auch in der ersten Hälfte des 17. Jahrhunderts wenigstens an den Rändern der Gesellschaft zu behaupten.

Mit dem Ende des Dreißigjährigen Krieges wurde für das schweizerische Täufertum ein neues Kapitel eingeläutet. Weite Gebiete in Europa waren durch die kriegerischen Ereignisse völlig zerstört und weitgehend entvölkert worden. Örtliche Territorialmächte insbesondere in der Pfalz, im Kraichgau und im Elsass luden die weiterhin unter obrigkeitlicher Repression leidenden schweizerischen Taufgesinnten zur Ansiedlung unter speziell günstigen Konditionen ein. Während das zürcherische Täufertum jetzt fast vollständig seine Heimat verließ, wandte sich nun auch ein namhafter Teil des bernischen Täufertums ins Ausland. Diese Migrantinnen und Migranten profitierten von einer vorübergehend relativ offenen Atmosphäre und fügten sich in ihre neue Umgebung unter teilweiser Preisgabe eines strikten Separatismus relativ gut ein.

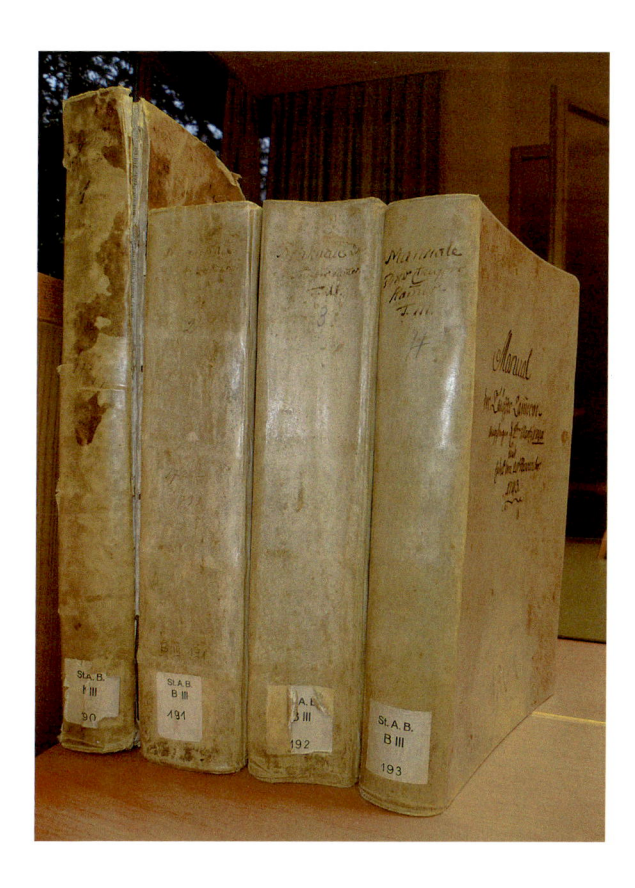

Abb. 2: Von den über zwanzig Bänden der Täuferkammer-Manuale im Berner Staatsarchiv sind leider nur die vier letzten erhalten (Staatsarchiv des Kantons Bern, B III 190 bis 193). Von allen andern fehlt leider jede Spur. Ob sie aufgrund ihres brisanten Inhaltes wohl verschwunden worden sind?! (Foto: Hanspeter Jecker, 2013)

Die im Bernbiet Zurückbleibenden waren in der Folge konfrontiert mit dramatischen Entwicklungen: Die blutige Niederschlagung der aufbegehrenden bäuerlichen Untertanen durch die Berner Obrigkeit im Bauernkrieg von 1653 zerschlug die Hoffnung weiter primär ländlicher Bevölkerungskreise auf eine nachhaltige eigene Besserstellung und umfassendere gesellschaftliche Reformen. Das pazifistische Täufertum war angesichts der Gewaltbereitschaft der Bauernführer bei diesen Vorgängen zwar abseits gestanden und es gelang der Obrigkeit nicht, eine Verbindung zwischen Täufern und Bauernrebellen nachzuweisen. Etliche durch den Bauernkrieg desillusionierte Männer und Frauen wandten sich in der Folge nun aber dem Täufertum zu oder begannen wenigstens mit ihm zu sympathisieren. Dies lässt sich einerseits für einzelne Personen detailliert nachweisen, zum andern ist es aber auch bezeichnend, dass in der Folge oft just solche Gemeinden die rasanteste Zunahme des Täufertums zu verzeichnen hatten, welche bereits im Bauernkrieg eine wichtige Rolle gespielt hatten, etwa Eggiwil im hinteren Emmental oder Steffisburg bei Thun.[10] Als Gründe für die kontinuierliche und in der zweiten Hälfte des 17. Jahrhunderts stetig wachsende Zunahme der Zahl von Täufern und sogenannten „Halbtäufern" bzw. „Treuherzigen" (d. h. Sympathisanten) in manchen Regionen Berns müssen folgende Punkte erwähnt werden:

Erstens war eine generelle Zunahme von Krisenbewusstsein und Daseinsängsten zu beobachten: Da gab es eine weit verbreitete Unruhe durch die sich ausweitenden und näher rückenden kriegerischen Auseinandersetzungen in Mitteleuropa, von denen man viel hörte (u. a. durch eine grosse Zahl von Flüchtlingen!), über die man intensiv diskutierte und in die man bisweilen auch hineingezogen zu werden drohte. Da gab es wirtschaftliche Engpässe – u. a. durch das Auftreten einer klimatischen „Kleinen Eiszeit" im letzten Viertel des 17. Jahrhunderts. Da gab es Unzufriedenheit mit den eigenen landeskirchlichen Zuständen und damit verbunden eine wachsende, aber vorerst ungestillt bleibende Sehnsucht nach kirchlicher und geistlicher Erneuerung. All das führte kontinuierlich zu mehr Interesse und Wohlwollen für Manifestationen täuferischen Lebens und Glaubens im Kontext des frühen bernischen Pietismus (1685 ff.).

Zweitens gilt es aber auch eine generelle Obrigkeitsverdrossenheit nach dem Bauernkrieg zu erwähnen: Für viele war Solidarisierung und Fürsprache für die Täufer ein Ausdruck der Kritik an politischen und kirchlichen Machthabern.

Drittens wirkte eine offensichtlich als glaubwürdig eingestufte täuferische Praxis auf viele attraktiv und anziehend: Immer wieder wurden dabei ein vorbildlicher Lebenswandel, eindrückliches Gottvertrauen, Mut in Not und Gefahr, eine verständliche „kraftvolle" Verkündigung, konkrete Nachbarschaftshilfe etc. als Beispiele dafür genannt, dass Täufer in manchem eigentlich bloss das tun, wovon andere im besten Fall nur reden.[11]

Als Reaktion auf diese stetige Zunahme des Täufertums erfolgte eine Intensivierung und Systematisierung obrigkeitlicher Repression. Diese führte 1659 zur Gründung einer Spezial-Kommission zur Bekämpfung des Täufertums, den sogenannten „Committierten zum Täufer-Geschäft", später als „Täufer-Kammer" bezeichnet. Dieses Gremium bereitete den Erlass einer grossen Zahl immer stärker in alle Lebensbereiche eingreifenden Täufermandate[12] vor – und war damit beauftragt, diese Anordnungen bis zu ihrer Auflösung im Jahr 1743 konsequent durchzusetzen. Ziel dieser Maßnahmen war nichts anderes als die vollständige Eliminierung des Täufertums auf dem eigenen Territorium, was man letztlich durchaus auch als „Ekklesiozid" bezeichnen könnte.

Die beiden Hauptvorwürfe an das Täufertum blieben dabei stets dieselben: Kirchliche Separation und politischer Ungehorsam. Das obrigkeitliche Augenmerk galt dabei einerseits der täuferischen Verweigerung des Kirchgangs und insbesondere der Nichtbeteiligung an zentralen kirchlichen Handlungen wie Abendmahl und Taufe. Das Ausbleiben am viermal jährlich obligatorischen Abendmahl und das Nicht-Taufenlassen von Neugeborenen stellten zentrale Indizien dar für den Verdacht auf täuferische Gesinnung. Ferner wurden der Aufbau einer alternativen täuferischen Gemeinschaft und der Besuch von deren Versammlungen nicht toleriert und streng geahndet. Zweitens sah man im täuferischen Ungehorsam im politischen Bereich – manifest werdend insbesondere bei der Verweigerung von Eid und Kriegsdienst – einen latenten Herd von

Abb. 3: Kirche von Eggiwil im bernischen Emmental, erstellt 1648 zum besseren Kampf gegen das einheimische Täufertum (Foto: Hanspeter Jecker, 2005)

Aufruhr, Rebellion und Verführung, dem es mit allen Mitteln energisch zu wehren galt. In den zahlreichen Täufermandaten wurde eine Reihe von Spezialmassnahmen zur Eruierung von Taufgesinnten ergriffen: Genannt seien eigens zu diesem Zweck angeordnete Huldigungen und Musterungen, ferner ausführliche Weisungen an Chorgerichte über die Meldung von Kirchgangs- und Abendmahlsversäumnissen, die Belohnung von Denunziation, die Anwerbung von Spitzeln und Täuferjägern, sowie das Ansetzen eines Kopfgeldes auf jeden ergriffenen Täufer. Darüber hinaus wurden zusätzliche Vorschriften und Strafmassnahmen festgelegt wie etwa ein Versammlungs- und Beherbergungsverbot für Taufgesinnte, Inhaftierungen, hohe Bußen, Enterbung von Kindern aus täuferischen Ehen, Ausweisungen (teils mit Brandmarkung von Ausgewiesenen), Deportationen, ewige Verbannungen, Güterkonfiskationen, Galeerenstrafen und manch anderes mehr. Verschiedene Maßnahmen zielten zusätzlich auf das Zerbrechen von dörflicher Solidarität mit den einheimischen Taufgesinnten, insbesondere die Geiselhaft, wo ein Dorf solange auf eigene Kosten Geiseln nach Bern senden und dort unterhalten musste, bis es nachweislich „täuferfrei" war. Um eine bessere obrigkeitliche Kontrolle zu gewährleisten, wurde auch eine Reihe von neuen Kirchgemeinden gegründet und Kirchen erstellt (so im Eggiwil 1648, in Schwarzenegg 1693, in Heimiswil 1704) sowie neue Schulen gebaut (so in Sumiswald 1680 ff., im Wasen 1705, in Trub 1710, in Langnau 1719 ff. etc.). Diese Institutionen und Gebäude wurden dabei nicht selten mit just demjenigen Geld finanziert, welches man zuvor von örtlichen Taufgesinnten konfisziert hatte.

Eine wichtige internationale Dimension erhielt die bernische Täuferpolitik durch die ab 1650 zahlreichen Bittschriften aus den Niederlanden seitens von Mennoniten,[13] aber auch von reformierten Kirchenvertretern bis hin zur Landes-Regierung zugunsten der drangsalierten Berner Taufgesinnten. Einerseits verärgerten und verunsicherten diese Interventionen die Berner Obrigkeit, führten bisweilen aber doch zu konkreten Ergebnissen wie Hafterleichterungen oder Ausreiseermöglichungen. Anderseits wurde das schweizerische Täufertum durch diese Begegnung mit den niederländischen Glaubensverwandten auch theologisch herausgefordert – etwa im Hinblick auf unterschiedliche innertäuferische Positionen zur Obrigkeit oder zur Kirchendisziplin.[14] Mit dem Jahr 1670 setzte eine weitere Intensivierung und Systematisierung der Täuferbekämpfung ein. Die Praxis der Geiselhaft wurde seit 1671 konsequent angewandt und auch die Güterkonfiskation wurde nun flächendeckend durchgesetzt.[15] Das führte im Winter 1671/72 zur Ausweisung und Flucht von 700 bernischen Täuferinnen und Täufern ins Elsass, in den Kraichgau und in die Pfalz, wo seit 1664 ein Duldungsgesetz in Kraft war. Allerdings gelang es nur dank äußerst großzügig und speditiv bereitgestellter finanzieller und logistischer Hilfe der niederländischen Mennoniten, diesen meist völlig entkräftet und mittellos angekommenen Frauen und Männern den Aufbau einer neuen Existenz zu ermöglichen. Die kurz darauf eintretende Kriegsnot im Elsass und in der Pfalz (1672–1678; 1688–1697) zerstörte die geleistete Arbeit aber schon bald und führte zur heimlichen Rückkehr vieler Ausgewiesener in ihre bernische Heimat – und damit zur erneuten Anheizung der Verfolgung.

Abschliessend ist für die Zeit des 16. und 17. Jahrhunderts bis zum ersten Auftauchen pietistischer Tendenzen in Bern darauf hinzuweisen, dass seitens der politischen und kirchlichen Machthaber in der Hauptstadt die Festlegung des Vorgehens gegen das Täufertum zwar durchaus nicht stets einmütig erfolgte. Zu allen Zeiten gab es neben den meist obsiegenden Hardlinern auch moderatere Stimmen, die sich bei den Verhandlungen in den einschlägigen Gremien für mehr Milde und Toleranz einsetzten. Mehr als ein meist nur vorübergehendes Nachlassen der Repression vermochten sie allerdings in der Regel nicht zu erreichen. Bedeutsamer war der Widerstand, den die obrigkeitliche Täuferpolitik durch einzelne lokale Verantwortungsträger auf der Landschaft erfuhr. Hier sah man in den immer offensiveren Eingriffen der städtischen Obrigkeit gegen das Täufertum vor Ort eine Bedrohung der eigenen angestammten Rechte. Wo sich dieser generelle Widerstand dann auch noch mit grundsätzlicher Sympathie für die Anliegen der Täufer verband und wo es verwandtschaftliche Bande zu ihnen gab, da gelang es einzelnen Beamten und Korporationen phasenweise durchaus, die Pläne der Obrigkeit kleinräumig zu durchkreuzen. Umgekehrt bestätigte dieser Widerstand die Angst städtischer Kreise vor einem drohenden Schulterschluss von ländlichem Widerstand und Täufertum, dem es mit allen Kräften zu wehren galt, um Rebellion und Chaos abzuwenden.

III. Der Kampf gegen das Täufertum im Kontext der Auseinandersetzungen mit dem frühen Pietismus

Ab 1685 mehrten sich in Bern die Klagen über eine erneute Zunahme des Täufertums.[16] Dieses neuerliche Anwachsen war nicht zufällig parallel und auf mannigfache Weise verknüpft mit den ersten Manifestationen des frühen Pietismus im Bernbiet. Viele mit ihrer eigenen Kirche unzufriedene landeskirchliche Personen, die „mit Ernst Christen sein" wollten und nach glaubwürdigeren Formen des Glaubensvollzugs suchten, sahen im Täufertum eine zwar kostspielige, aber seriös ins Auge zu fassende Alternative. Ab 1688 tauchten zusätzlich neuartige Formen von religiösem Nonkonformismus auf, für welche man vorerst keine andere Bezeichnung wusste als „neue touffersect". Neu war nun allerdings, dass sich diese neue, zunehmend als „pietistisch" bezeichnete kirchliche Opposition nicht bloss auf der Landschaft zeigte, sondern durchaus auch in führenden Kreisen der Stadt. Von besonderer Bedeutung ist hier der hohe Stellenwert, den Ehefrauen und Töchter einflussreicher Männer mit ihrer Fürbitte zugunsten der Täufer innehatten.[17] Die vielfältigen Querverbindungen, aber auch die allmählich deutlicher werdenden Differenzen zwischen Täufertum und frühem Pietismus lassen sich insbesondere anhand des Briefwechsels einzelner bernischer Pfarrer sowie diverser Prosopographien von bernischen Taufgesinnten gut dokumentieren.[18]

Das Jahr 1693 war in mehrfacher Hinsicht ein Schlüsseljahr für die Geschichte von Täufertum und Pietismus in Bern. Seitens der Berner Kirche vermochte sich vorübergehend eine der kirchlichen Erneuerung nahe stehende Gruppe von Geistlichen auf pointierte Weise in die Auseinandersetzung mit dem Täufertum einzubringen. Ein umfangreiches kirchliches Gutachten betonte, dass im Kampf gegen das Täufertum die Bekämpfung von Missständen im eigenen Lager wesentlich dringlicher und effizienter sei als blosse Repression. Diese selbstkritische und im Hinblick auf das Täufertum zu relativer Sanftmut und Zurückhaltung mahnende Richtung kam vor allem in Georg Thormanns (1655–1708) umfangreichem Werk „Probierstein" von 1693 zur Darstellung.[19] Diesem bei allem grundsätzlichen Wohlwollen gegenüber den täuferischen Anliegen insgesamt doch täuferkritischen Werk gelang es einerseits, die reformierten Sympathisanten von einem Übertritt zum Täufertum abzuhalten. Anderseits gewann nun auch in der bernischen Führungsschicht die Überzeugung an Boden, wonach Reformen in Kirche und Gesellschaft in einem moderat-pietistischen Sinne dringend nötig seien.

Erst mit der zunehmenden Radikalisierung sowohl des bernischen Pietismus als auch in Teilen des Täufertums in der ebenfalls 1693 neu entstandenen Gruppe der Amischen[20] gewann im Verlauf der späten 1690er Jahre auch in der Pfarrerschaft allmählich wieder eine repressive Linie die Oberhand – im Verbund mit der politischen Obrigkeit, wo sich ebenfalls die „Falken" wieder zusehends durchsetzten.

Folgerichtig obsiegten im Umfeld des berühmten grossen Berner Pietistenprozesses von 1699 die Hardliner sowohl auf der politischen wie auch der kirchlichen Ebene vollends.[21] Mit der Ausweisung etlicher radikal-pietistischer Berner Theologen (Samuel König [1671–1750], später auch Samuel Güldin [1664–1745] u. a.) und der damit einhergehenden generellen Einschüchterung reformfreundlicher Kreise verloren nicht nur der Pietismus, sondern auch das Täufertum etliche wichtige Fürsprecher nicht nur in der Pfarrerschaft, sondern auch in den führenden politischen Gremien der Stadt. Je mehr zudem die auf eine Zerstörung der dörflichen Solidarität mit den einheimischen Täufern zielenden obrigkeitlichen Maßnahmen zu greifen begannen, umso stärker sah sich das bernische Täufertum isoliert. Nicht wenige desillusionierte reformierte Kirchenmitglieder auf der Landschaft, die für eine Reform in gemäßigt pietistischem

Abb. 4: Titelblatt des 1693 publizierten, gemäßigt-täuferkritischen Traktats „Probierstein" des Berner Pfarrers und Pietisten Georg Thormann (1655–1708) (Privatbesitz)

Sinne offen gewesen wären, schlossen sich in dieser schwigen Phase aber trotzdem dem Täufertum an.

Seit dem Ende der 1690er Jahre war allerdings eine weitere Rückzugsbewegung des Täufertums festzustellen. In der Hoffnung, dass man sich erst einmal ducken und verstecken müsse, wichen zahlreiche Täuferinnen und Täufer aus besiedelteren und zugänglicheren Gegenden in abgeschiedenere Regionen aus.[22] Dass sich diese Wanderungsbewegungen derart nachvollziehen lassen, hängt mit der weit verbreiteten Praxis der Täufer zusammen, früher oder später bei genügend großem pfarrherrlichen Druck die eigenen Kinder reformiert taufen und in die Kirchenbücher eintragen zu lassen. Die täuferischen Eltern oder Elternteile waren bei der Taufe allerdings nie persönlich anwesend, sondern ihnen wohlgesonnene Verwandte und Bekannte haben an ihrer Stelle die Kinder angemeldet und zur Taufe gebracht. Solche Taufeinträge hatten für die getauften Kinder den Vorteil, dass sie sich später allenfalls auf diese Registrierung abstützen konnten, wenn es etwa um den Nachweis ihres Heimatrechtes ging. Eine ähnliche Praxis hatte sich täuferischerseits bei den Eheschlüssen abzuzeichnen begonnen. Da Kinder aus täuferisch geschlossenen Ehen als illegal angesehen wurden, warteten manche mit einem Übertritt zur Täufergemeinde so lange zu, bis sie sich offiziell verehelicht hatten. Diese Einwilligungen zu reformierten Taufen und Eheschlüssen hatten wenig mit theologischen Zugeständnissen zu tun, sondern waren primär strategische Überlegungen.

Einen dramatischen Höhepunkt erreichte die bernische Repression mit der Deportation von mehr als 50 bernischen Taufgesinnten im März 1710 rheinabwärts, welche die Ausgeschafften definitiv nach Übersee bringen sollte. Allerdings war diese Aktion aus bernischer Sicht letztlich völlig gescheitert, indem einerseits viele Betroffene unterwegs das Weite gesucht und auf verschlungenen Pfaden ihre bernische Heimat wieder erreicht hatten. Anderseits führte der internationale Protest und die Befreiung der Ausgeschafften durch die niederländischen Behörden unmittelbar nach dem Grenzübertritt bei Nijmegen europaweit zu einem schweren Schaden des bernischen Images.[23]

Das zweite Schlüsselereignis der bernischen Täuferpolitik im frühen 18. Jahrhundert stellt der „Große Täufer-Exodus" vom Sommer 1711 dar.[24] Mit der Deportation von 1710 war allen klar geworden, dass es Bern bitter ernst meinte mit der Ausmerzung des Täufertums auf seinem Territorium. Insgesamt hatten diese dramatischen Vorgänge bei einem (v. a. dem amischen) Teil des bernischen Täufertums aber ein Umdenken eingeleitet. Als die Berner Behörden 1711 auf massiven Druck aus den Niederlanden und parallel zu einem intensiven diplomatischen Austausch mit Preußen eine befristete „Amnestie" erließen, um den Wegzug der Täufer unter Mitnahme ihrer Güter zu ermöglichen, entschieden sich die meisten Mitglieder amischer Gemeinden für die Ausreise: So kam es im Sommer 1711 zu einem Massenexodus von ca. 350 meist amischen und ursprünglich aus dem Oberland stammenden Taufgesinnten auf vier Schiffen areabwärts, meist

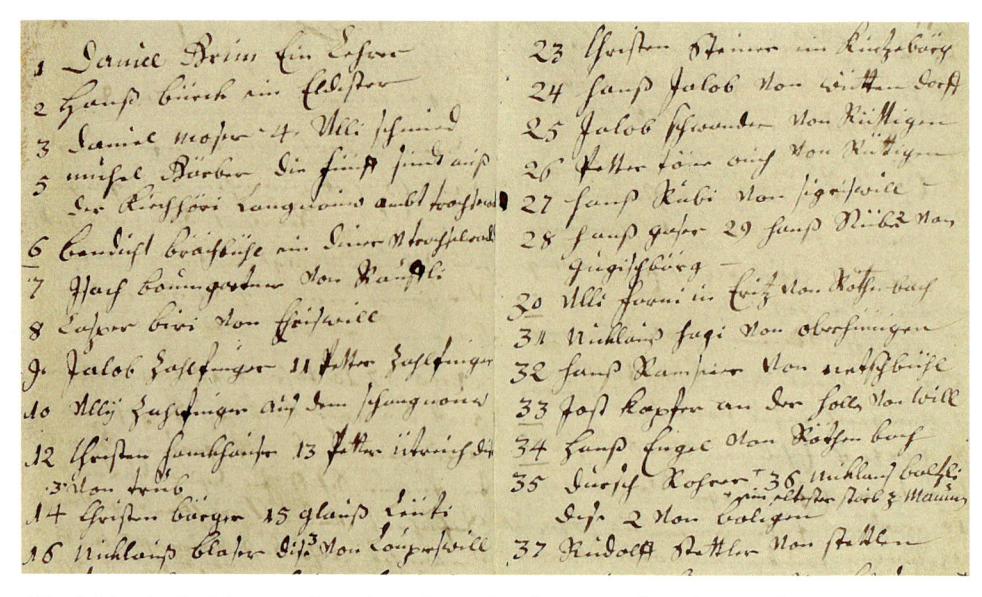

Abb. 5: Liste der im Jahr 1710 deportierten Berner Täuferinnen und Täufer (Ausschnitt aus der Schenk-Chronik. Bd. 6, S. 76–77, Gemeindearchiv Röthenbach im Emmental)

in die Niederlande. Die amische Zustimmung zu dieser mit großer logistischer und finanzieller Unterstützung der niederländischen Mennoniten zustande gekommenen Abreise war durch theologische Akzentsetzungen der letzten Jahre vorbereitet worden, die einem Verlassen der Heimat nicht mehr kritisch gegenüberstanden.[25] Gegen die im Land verbleibenden, meist der nicht-amischen Richtung angehörenden Täuferinnen und Täufer ging die Repression allerdings weiter. Die Publikation eines neuen Täufermandates anno 1714 sowie die damit verbundene Wiedereinführung der Galeerenstrafe markierten sogar einen neuen Höhepunkt in der Unerbittlichkeit bernischer Täuferpolitik.

Auch in diesem Zusammenhang gilt, dass diese Härte nur vor dem Hintergrund großflächiger gesellschaftlicher und wirtschaftlicher Konstellationen interpretiert werden kann. Eingebettet war die bernische Auseinandersetzung mit Täufertum und Pietismus nämlich auch zu Beginn des 18. Jahrhunderts in ein vielfältiges Geflecht von überregionalen und internationalen politisch-gesellschaftlichen Herausforderungen.[26] Erinnert sei bloß daran, dass sich innereidgenössisch nach 1700 die konfessionellen Spannungen im Toggenburg immer mehr zuspitzten, bis dann 1712 prompt der Zweite Villmergerkrieg ausbrach. Ferner trat Bern – im Verbund mit anderen europäischen Mächten – sowohl bei der Regelung der Erbfolge in Neuenburg (1707–1708) als auch im Kontext des Spanischen Erbfolgekrieges (1701–1714) wiederholt den expansiven Interessen Frankreichs entgegen und befand sich aus Angst vor Übergriffen und Vergeltungsaktionen Ludwigs XIV. (1643–1715) anhaltend in höchster Alarmbereitschaft. Angesichts dieser

Bedrohung glaubte man in Bern keine Bewegung dulden zu können, deren Anhänger nicht nur ganz generell die innere Einheit bedrohten, sondern überdies auch – wie beim Täufertum (und teils auch beim radikaleren Pietismus!) – jeglichen Kriegsdienst verweigerten.[27] Anderseits nahmen sowohl der innerbernische wie auch der internationale Druck auf die repressive bernische Täuferpolitik ab 1710 neue Dimensionen an. Auffallend war namentlich der wachsende Einfluss kritischer Stimmen sowohl pietistischer als auch frühaufklärerischer Provenienz, die in Bern allmählich breitere Kreise zu erfassen begannen, sich in einzelnen kirchlichen Stellungnahmen artikulierten und für mehr Toleranz und Großzügigkeit plädierten.[28]

Eine nachhaltige Veränderung der obrigkeitlichen Positionen gegenüber dem Täufertum im Sinne einer größeren Toleranz oder Nachsicht ist im Verlauf der untersuchten Periode bis 1720 zwar (noch) nicht festzustellen. Auf Phasen eines vorübergehenden Nachlassens der strengen Befolgung der insgesamt ungebrochen repressiven Mandate durch stärkeren Einfluss von pietistisch (oder später auch frühaufklärerisch) gesinnten Verantwortungsträgern in Politik und Kirche folgten stets wieder Perioden einer stärkeren Verfolgung und Diskriminierung. Anstrengungen, wenigstens die extremsten Formen der Repression gegen das einheimische Täufertum abzumildern, fanden erst seit den 1720er Jahren allmählich breiteres Gehör und führen dann schliesslich 1743 zur Abschaffung der Täuferkammer.[29]

IV. Schluss

Die Zeit um 1700 war in der Schweizer Geschichte von einer Phase des Umbruchs geprägt. Althergebrachtes wurde zunehmend hinterfragt, Neues brach sich Bahn. Politische und soziale, wirtschaftliche und kirchlich-religiöse Enttäuschungen und Frustrationen verbanden sich mit der Sehnsucht nach neuer Sinngebung und der „Hoffnung auf bessere Zeiten" zu einer oft innovativen, teils aber auch oppositionellen, immer breitere Kreise erfassenden Bewegung. Besonders akzentuiert erfolgte dieser Umbruch in Bern. Die zwei in diesem Beitrag skizzierten Bewegungen – die ältere des Täufertums und die jüngere des Pietismus – profilierten sich an der Wende vom 17. zum 18. Jahrhundert als Sammelbecken sowohl für Unzufriedene als auch für solche, die nach neuen Wegen suchten. Beide traten im reformierten Bern um 1700 gleichzeitig in einer Stärke und mit einem Profil auf, die über die Schweiz hinaus einmalig sind. Und beide wurden in Bern von Obrigkeit und Kirche in einer Intensität bekämpft, die ebenfalls beispiellos ist. Herausragende Eckpfeiler dieser Repression waren für das Täufertum des frühen 18. Jahrhunderts die missglückte Deportation von über 50 Berner Täuferinnen und Täufern im März 1710 sowie der Große Täuferexodus von über 350 Personen im Juli 1711. Für den seit 1699 ebenfalls durch Ausweisung seiner führenden Köpfe beraubten bernischen Pietismus begann nach dem Scheitern seiner bis zu jenem Zeitpunkt noch hoffnungsvollen Reformbemühungen ab 1700 eine Phase verstärkter Radikalisierung und Separation, bevor ab 1715/1720 – anders als beim Täufertum – eine wenigstens teilweise Integration ins kirchliche Leben sich abzuzeichnen begann. Die antitäuferischen Anstrengungen Berns waren insofern von Erfolg gekrönt, als mit dem Großen Exodus von 1711 das amische Täufertum im Oberland effektiv nachhaltig geschwächt wurde und regional von der Bildfläche verschwand. Auch das nicht-amische Täufertum im Emmental und Oberaargau, welches den Wegzug verweigert hatte, war überrascht und geschockt von der ungewohnt konsequenten und langanhaltenden Unerbittlichkeit der Behörden. Zwar war dieses Täufertum nicht ausgemerzt, aber es war im Kern getroffen, und die repressiven Maßnahmen Berns der folgenden Jahre führten auch hier bis 1720 zu einem immer markanteren Rückzug von der Bildfläche.

Bestand ein wesentlicher Effekt des bernischen Kampfes gegen das Täufertum (und den Pietismus) in einer massiven Schwächung der Bewegung im Bernbiet, so führten diese Ereignisse in anderen Territorien umgekehrt zu einer stärkeren täuferischen Präsenz und teils auch erheblichen Stärkung durch den Zustrom von Flüchtlingen und Zuwanderern. Das gilt namentlich für die Niederlande und das Fürstbistum Basel, genannt werden müssen aber auch das zu Preußen zählende Neuenburgische, der Raum Belfort-Montbéliard, Elsass-Lothringen, die Pfalz, das Zweibrückische, der Kraichgau, das Hessische sowie bald auch schon Nordamerika. Von den Einheimischen oft und bald als unliebsame Konkurrenz betrachtet, waren die bernischen Flüchtlinge aufgrund ihres Fleißes, ihrer Fachkompetenz und ihrer teils innovativen Methoden vor allem in der Landwirtschaft namentlich bei vermögenden Gutsbesitzenden zunehmend willkommene und gern gesehene Pächter. Zuerst vor allem an abgelegenen und bisher bloß extensiv genutzten Standorten, mit abnehmenden Vorbehalten gegenüber dem kirchlichen Nonkonformismus der Täufer aber im Verlauf des 18. Jahrhunderts auch immer mehr auf größeren und besser gelegenen Gutsbetrieben, stellten sie einen nicht zu vernachlässigenden Faktor im Wirtschaftsleben ihrer Wohnregionen dar.[30]

Einzelne, den Täuferinnen und Täufern durchaus auch von Gegnern oft zugebilligte positive Merkmale wie Ehrlichkeit, Fleiß oder Nächstenliebe trugen schließlich dazu bei, dass das Bild der Täufer in einer zunehmend von Aufklärung und Pietismus geprägten breiteren Öffentlichkeit sich im Verlauf des 18. Jahrhunderts wandelte. Das Image von Rebellen, Ketzern und Scheinheiligen wich allmählich dem Ruf von vorbildhaften „Stillen im Lande", die in der gesellschaftlichen Abgeschiedenheit „ihres Glaubens lebten" und deren nonkonformistisches Sondergut eine breitere Öffentlichkeit kaum noch groß zu beunruhigen vermochte. Diese täuferische „non-conforming conformity" (Michael Driedger) stand wohl am Anfang einer Entwicklung, welche viele dieser Täufer mit bernischen Wurzeln im schweizerisch-süddeutsch-elsässischen Raum allmählich

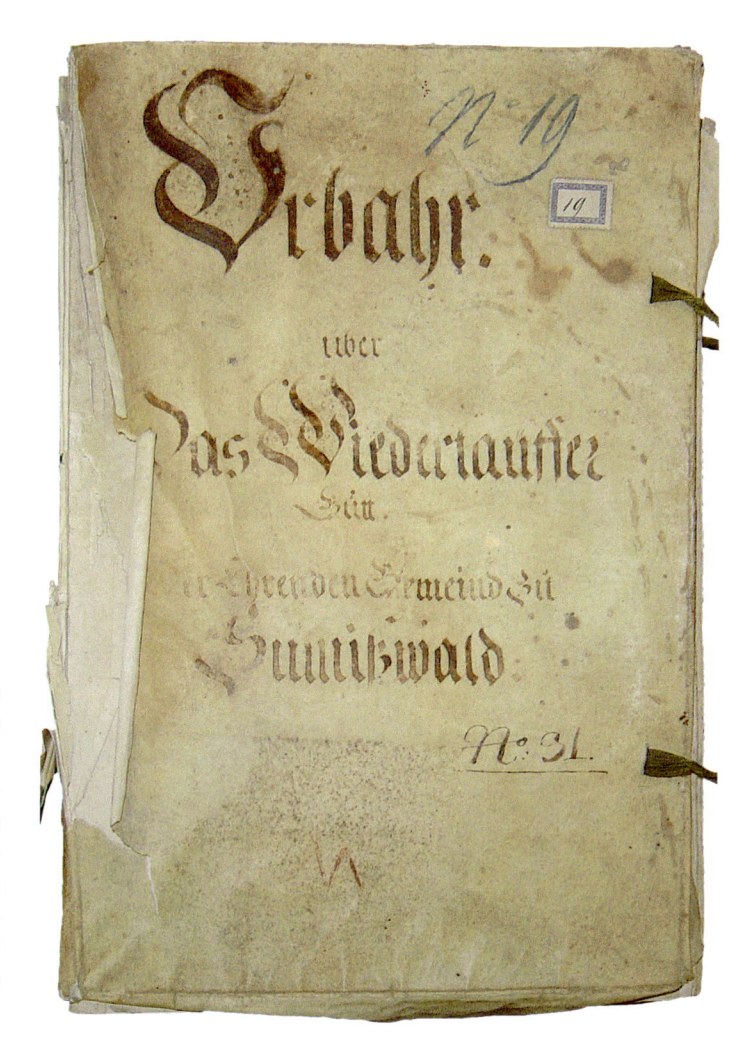

Abb. 6: Urbar über das konfiszierte Täufergut der Kirchgemeinde Sumiswald. Teils bis weit ins 19. Jahrhundert wurde minutiös Buch geführt über die Verwaltung der konfiszierten Besitztümer der ausgewiesenen Täuferinnen und Täufer (Foto: Hanspeter Jecker, 2007)

Akzeptanz finden ließen. Fleiß, berufliche Kompetenz und wirtschaftlicher Erfolg namentlich im Bereich der Landwirtschaft, machten sie schon ab Ende des 18. Jahrhunderts manchenorts zu den „Lieblingen der wohlhabenden Frommen", denen diese die eigenen Gutsbetriebe lieber in Pacht gaben als irgendjemandem sonst. Und viele dieser wohlhabenden Frommen zählten zur politischen Führungsschicht größerer urbaner Zentren. So ist es bezeichnend, dass bereits 1798 in Basel die Klage laut wurde, dass mittlerweile „die besten Lehen im Canton" samt und sonders in der Hand von Täufern seien – Täufern, die notabene fast ausschließlich bernische Wurzeln hatten.[31] Ähnliches kann auch von manch anderen Regionen in Europa gesagt werden.

Zum Schluss noch zwei Bemerkungen zu den längerfristigen Auswirkungen der Auseinandersetzungen mit Täufertum und Pietismus auf die frühneuzeitliche Politik:

Die jahrhundertelange Hartnäckigkeit seiner täuferischen Untertanen zwang die bernische Obrigkeit zu immer konsequenteren gesetzlichen Maßnahmen und trug damit wohl maßgeblich bei zu einer umfassenden „Sozialdisziplinierung", welche sich zunehmend auf die gesamte Bevölkerung erstreckte. Die täuferische Kirchen- und Gesellschaftskritik drängte die Behörden zu einem Anpacken der Missstände im eigenen Lager – und beförderte deren Anliegen zu einer umfassenderen Herrschaftsdurchdringung auf dem eigenen Territorium.

Der Preis, den die herrschende Machtelite für ihre Täuferpolitik bezahlte, war allerdings ein erheblicher. Zum einen war man auf Jahre hinaus auf der internationalen diplomatischen Ebene konfrontiert mit Kritik und Unverständnis seitens der Verbündeten und mit Spott und Sarkasmus seitens der politischen und konfessionellen Gegner. Zum andern profilierten sich in den bern-internen Auseinandersetzungen um die überaus repressive Täuferpolitik zusehends Gruppierungen heraus, welche nun ihrerseits auf kritische Distanz gingen zur politischen und kirchlichen Obrigkeit und welche – inspiriert durch Pietismus und Aufklärung – nach neuen Wegen des Verhältnisses von Kirche und Gesellschaft suchten, die Frage von Glaubens- und Gewissensfreiheit stellten und nach alternativen Formen des Umgangs von Mehrheiten mit Minderheiten Ausschau hielten. So ist zu vermuten, dass die seit 1700 zunehmend emotional geführte Auseinandersetzung um die von manchen Bevölkerungsteilen in Stadt und Land als skandalös empfundene obrigkeitliche Täuferpolitik in Bern einen nicht unwesentlichen Beitrag zur Formierung solcher neueren oppositionellen Kreise geleistet hat. Und was mir für Bern festzustehen scheint, hat möglicherweise auch für andere Regionen und Reichsstädte Europas eine gewisse Gültigkeit.[32]

Anmerkungen

1 Zur Geschichte Berns im untersuchten Zeitraum vgl. besonders Berns mächtige Zeit. Das 16. und 17. Jahrhundert neu entdeckt, hrsg. von André HOLENSTEIN (= Berner Zeiten), Bern 2006, sowie Berns goldene Zeit. Das 18. Jahrhundert neu entdeckt, hrsg. von DEMS. (= Berner Zeiten 4), Bern 2008. Ferner im Hinblick auf das Thema der Tagung auch besonders Heinrich Richard SCHMIDT, Stadtreformation in Bern und Nürnberg – ein Vergleich, in: Nürnberg und Bern. Zwei Reichsstädte und ihre Landgebiete, hrsg. von Rudolf ENDRES, Erlangen 1990. Zur Historiographie des Täufertums in der Schweiz vgl. Hanspeter JECKER, Das Schweizerische Täufertum – Forschungsstand und Forschungsaufgaben, in: Schweizer Kirchengeschichte – neu reflektiert. Festschrift zum 65. Geburtstag von Rudolf Dellsperger, hrsg. von Ulrich GÄBLER, Martin SALLMANN und Hans SCHNEIDER (= Basler und Berner Studien zur historischen und systematischen Theologie 73), Bern 2010, S. 193–210.

2 Für eine detailliertere Differenzierung der pauschalen Begriffe „Obrigkeit" und „Rat" im Falle von Bern sowie für die im Folgenden gemachten Ausführungen vgl. man namentlich Anne-Marie DUBLER, Staatswerdung und Verwaltung nach dem Muster von Bern (= Archiv des Historischen Vereins des Kantons Bern 90), Bern 2013, sowie François DE CAPITANI, Staat und Obrigkeit in Bern zwischen Reformation und Revolution, in: Berner Zeitschrift für Geschichte und Heimatkunde 53 (1991), S. 61–77.

3 Vgl. dazu die wesentlichen Impulse aus der älteren Forschung, namentlich in den zahlreichen Publikationen von Peter Blickle, etwa in Peter BLICKLE, Die Reformation im Reich (= Kohlhammer-Urban-Taschenbücher 747), Stuttgart ⁴2015 (4. überarbeitete und aktualisierte Auflage – Erstauflage 1982) oder DERS., Unruhen in der ständischen Gesellschaft 1300–1800 (= Enzyklopädie deutscher Geschichte 1), München ³2012 (3., aktualisierte und erweiterte Auflage – Erstauflage 1988). Seit den 1980er Jahren wurde die Konfliktforschung massgeblich ausgebaut. Für sozialgeschichtliche Anregungen im Hinblick auf das Tagungsthema vgl. beispielsweise Devianz, Widerstand und Herrschaftspraxis in der Vormoderne. Studien zu Konflikten im südwestdeutschen Raum (15.–18. Jahrhundert), hrsg. von Mark HÄBERLEIN (= Konflikte und Kultur. Historische Perspektiven 2), Konstanz 1999.

4 Die Interpretation der bernischen Täuferpolitik im Kontext dieser zeitgenössischen innen- und außenpolitischen Herausforderungen ist bislang erst ansatzweise geschehen, zumal oft auch die ereignisgeschichtlichen Fakten zum bernischen Täufertum erst sehr unvollständig aufgearbeitet sind. Vgl. dazu etwa Mark FURNER, The repression and survival of Anabaptism in the Emmental, Switzerland 1659–1743, Diss. (masch.) Cambridge 1998, sowie Heinrich Richard SCHMIDT, Inquisition im Reformiertentum. Die Bekämpfung von Täufern und Pietisten in Bern, in: Tribunal der Barbaren? Deutschland und die Inquisition in der Frühen Neuzeit, hrsg. von Albrecht BURKHARDT und Gerd SCHWERHOFF (= Konflikte und Kultur. Historische Perspektiven 25), Konstanz/München 2012, S. 335–358. Für die aktuellsten Publikationen mit Resultaten meiner eigenen Forschungen vgl. man Hanspeter JECKER, „Dises unkraut in unseren landen ausswurtzlen". Einige Anmerkungen zum anvisierten Ekklesiozid des Täufertums, in: Gewalt gegen Christen. Formen, Gründe, Hintergründe, hrsg. von Georg PLASGER und Heinz Günther STOBBE, Leipzig 2014, S. 195–211, ferner Hanspeter JECKER, Bendicht Brechtbühl (1666–1720) – Täuferlehrer, Grenzüberschreiter, Brückenbauer, in: Mennonitica Helvetica 36 (2013), S. 105–158, sowie DERS., Der Grosse Berner Täufer-Exodus von 1711, in: ebd. 34/35 (2011/2012), S. 115–174.

5 Christian PFISTER, Bevölkerung, in: HOLENSTEIN (Hrsg.), Berns mächtige Zeit (wie Anm. 1), S. 386, sowie DE CAPITANI, Staat und Obrigkeit, in: ebd., S. 61.

6 Für einen neueren Überblick zur Geschichte des Täufertums in Europa in der Frühen Neuzeit vgl. besonders A Companion to Anabaptism and Spiritualism, 1521–1700, hrsg. von John D. ROTH und James M. STAYER (= Brill's companions to the Christian tradition 6), Leiden/

7 Vgl. dazu vor allem Die Wahrheit ist untötlich. Berner Täufer in Geschichte und Gegenwart, hrsg. von Rudolf Dellsperger und Hans Rudolf Lavater, Bern 2007 [= Mennonitica Helvetica 30 (2007)].

8 Für die Frühzeit des Berner Täufertums vgl. besonders Drei Täufergespräche. Quellen zur Geschichte der Täufer in der Schweiz. Bd. 4, hrsg. von Martin Haas, Zürich 1974, sowie Quellen zur Geschichte der Täufer in der Schweiz. Bd. 3: Aargau-Bern-Solothurn, hrsg. von Dems., Zürich 2008.

9 Diese Charakterisierung trifft namentlich für das schweizerische-süddeutsch-elsässische Täufertum zu. In den Niederlanden und in Norddeutschland verlief die Entwicklung mit anderen Akzentsetzungen, vgl. die entsprechenden Abschnitte in: Roth/Stayer (Hrsg.), A Companion (wie Anm. 6).

10 Erstaunliche neue Einsichten sind diesbezüglich zum Beispiel über Bezüge des bekannten Bauernführers Ueli Galli aus Eggiwil und seines familiären Umfeldes zum Täufertum entdeckt worden, die wesentlich über das hinausgehen, was bisher bekannt war! Vgl. dazu Ulrich Berger, Der Lebensweg des Täufers und Schärers Ulrich Galli senior aus dem Eggiwil, in: Mennonitica Helvetica 32/33 (2009/2010), S. 190–236.

11 Zum Beispiel der in der Öffentlichkeit wegen ihrer Hilfeleistungen beliebten „Täuferärzte" vgl. Hanspeter Jecker, Im Spannungsfeld von Separation, Partizipation und Kooperation. Wie täuferische Wundärzte, Hebammen und Arzneyer das „Wohl der Stadt" suchten, in: Mennonitica Helvetica 39 (2016) (in Vorbereitung).

12 Wichtig sind insbesondere die Mandate von 1659, 1670 f., 1693, 1695, 1711, 1714 und 1718, abgedruckt in: Die Rechtsquellen des Kantons Bern. 1. Teil: Stadtrechte. Bd. 6: Kirche und Staat, hrsg. von Hermann Rennefahrt (= Sammlung Schweizerischer Rechtsquellen. Abteilung II), Aarau 1960 f.

13 In den Niederlanden hatte sich für Täuferinnen und Täufer seit den 1540er Jahren neben „Doopsgezinde" auch der Name „Mennoniten" etabliert. Der Begriff knüpft an Menno Simons (1496–1561) an, welcher den Grossteil des niederländischen Täufertum nach dem Ende des „Wiedertäuferreichs von Münster" anno 1535 auf einen freiwilligkeitskirchlichen und gewaltfreien Kurs führte. Dieser Begriff hat sich heute weitgehend weltweit für die meisten der in der Mennonitischen Weltkonferenz vereinigten Nachkommen des Täufertums der Reformationszeit durchgesetzt. Vgl. dazu Hans-Jürgen Goertz, Art. „Mennoniten", in: Mennonitisches Lexikon. Bd. 5, nur online unter: http://www.mennlex.de/doku.php?id=top:mennoniten (Besucht am 25. Juli 2016).

14 Viele der Quellen zur Geschichte des niederländisch-mennonitischen Hilfswerks zugunsten der Schweizer Täufer sind publiziert von James Lowry, Brotherly Love. Dutch Mennonite Aid to Swiss Anabaptists. 2 Bd., Millersburg 2007/2015.

15 Eine besonders umfangreiche Auseinandersetzung um eine Güterkonfiskation ist dokumentiert in Hanspeter Jecker, Von Sympathisanten, Querulanten und Profiteuren. Der Täuferlehrer Christian Güngerich von Oberdiessbach (1595–1671) und der Streit um seinen Nachlass, in: Mennonitica Helvetica 37 (2015), S. 85–106.

16 Insbesondere im oberen Emmental, im Raum Thun-Oberhofen, in den Landgerichten Seftigen und Konolfingen, etwas später auch in der Region Spiez und Frutigen.

17 Vgl. dazu das Beispiel von Elisabetha von Tscharner-von Graffenried (1662–1722), deren Einsatz zugunsten der Täufer bekannt war. Über sie vgl. Jecker, Exodus (wie Anm. 4), S. 135 und S. 144 f. Für Beispiele aus dem 17. Jahrhundert vgl. Hanspeter Jecker, Ketzer – Rebellen – Heilige. Das Basler Täufertum von 1580 bis 1700 (= Quellen und Forschungen zur Geschichte und Landeskunde des Kantons Baselland 64), Liestal 1998, S. 390–391.

18 Hanspeter Jecker und Heinrich Löffler, „Wie dem schädlichen Übel der Taüfferey zu remedieren sey" – Zwei Briefe des Pfarrers Johann Rudolf Salchli von Eggiwil im Emmental (1693 f.), in: Mennonitica Helvetica 28/29 (2005/2006), S. 89–145. Ferner auch Jecker, Brechtbühl (wie Anm. 4), bes. S. 110–112.

19 Georg THORMANN, Probier-Stein. Oder Schrifftmässige / und auß dem wahren innerlichen Christenthumb hargenommene/ Gewissenhaffte Prüffung deß Täufferthums, Bern 1693. Zu Thormann vgl. Rudolf DELLSPERGER, Die Anfänge des Pietismus in Bern (= Arbeiten zur Geschichte des Pietismus 22), Göttingen 1984, bes. S. 28–70, und Res RYCHENER, „Der Probier-Stein", in: Mennonitica Helvetica 14 (1991), S. 27–50.

20 Das Jahr 1693 ist nun aber auch das Jahr des Zerbrechens des schweizerisch-süddeutsch-elsässischen Täufertums im sogenannt Amisch-Reistischen Schisma. Mit der Gruppe der Amischen konstituierte sich eine innertäuferische Bewegung, die gegenüber Ausgleich und Kompromiss wieder stärker auf Konfrontation und Separation zielte. Vgl. dazu Robert BAECHER, Art. „Jakob Amman", in: Mennonitisches Lexikon. Bd. 5, nur online unter: http://www.mennlex.de/doku.php?id=art:amman_jakob&s[]=ammann (Besucht am 13. Februar 2016) und die dort genannte Literatur.

21 DELLSPERGER, Anfänge (wie Anm. 18), bes. S. 115–166. Ferner auch DELLSPERGER, Täufertum und Pietismus um 1700. Das Beispiel Bern, in: Mennonitica Helvetica 34/35 (2011/2012), S. 11–42.

22 Durch eine flächendeckendere Untersuchung von Kirchenbüchern und Chorgerichtsmanualen lässt sich nun nachverfolgen, wie sowohl aus dem unteren Emmental als auch insbesondere aus den Dörfern und Weilern des Oberlandes (v. a. von Oberhofen, Spiez, Aeschi, Frutigen etc.) eine erhebliche Anzahl von Familien auf abgelegenen Einzelhöfen und Alphütten im Einzugsbereich von Oberdiessbach, Röthenbach, Eggiwil, Schangnau, Steffisburg, Sigriswil und Trub sowie im grenznahen luzernischen Hinterland ein Auskommen sucht.

23 Hans Rudolf LAVATER, Die vereitelte Deportation emmentalischer Täufer nach Amerika 1710. Nach dem Augenzeugenbericht der „Röthenbacher Chronik", in: Mennonitica Helvetica 14 (1991), S. 51–124, ferner Hanspeter JECKER, Von der „Ausschaffung kriminalisierter Einheimischer" zur „Endlösung in der Täuferfrage". Zum 300. Jahrestag einer missglückten Deportation, in: ebd. 32/33 (2009/2010), S. 237–258.

24 Vgl. dazu „Bis das gantze Land von disem Unkraut bereiniget seÿn wird". Das Täufertum im Spannungsfeld von obrigkeitlicher Repression, pietistischem Aufbruch und internationaler Diplomatie. Akten des Kolloquiums zum 300. Jahrestag des grossen Berner Täufer-Exodus von 1711. Bienenberg/Liestal, 1.–2. September 2011, hrsg. vom Schweizerischen Verein für Täufergeschichte, Liestal 2012 [= Mennonitica Helvetica 34/35 (2011/2012)].

25 Währendem das vor allem im Emmental beheimatete ältere Täufertum mit Ps 24 („Die Erde ist des Herrn") stets betont hatte, dass keine irdische Obrigkeit das Recht hatte, die letzte Verfügungsgewalt über Grund und Boden auszuüben und das Aufenthaltsrecht zu entziehen, setzen die Amischen mit dem Dordrechter Bekenntnis auf das Evangelium, wo nach Mk. 6,11 par die Gläubigen weiterziehen sollen, wo man sie nicht aufnehmen will. Vgl. zum Ganzen JECKER, Exodus (wie Anm. 4).

26 Vgl. dazu Thomas LAU, „Stiefbrüder". Nation und Konfession in der Schweiz und in Europa (1656–1712), Köln 2008.

27 JECKER, Exodus (wie Anm. 4), bes. S. 123.

28 Beispiele bei DELLSPERGER, Täufertum und Pietismus (wie Anm. 21).

29 Eindrücklicher Ausdruck der Forderung nach dieser allmählich doch zunehmenden duldsameren Gesinnung war etwa die Publikation der „Lettres Missives" des quietistischen Pietisten Nicolas de Treytorrens aus dem welschbernischen Cudrefin von 1717. Vgl. dazu Pierre BARTHEL, Die „Lettre Missive" (1717) des Nicolas S. de Treytorrens, in: Pietismus und Neuzeit 11 (1985), S. 1–39.

30 Vgl. etwa Frank KONERSMANN, Soziogenese und Wirtschaftspraktiken einer agrarkapitalistischen Sonderformation. Mennonitische Bauernkaufleute in Offstein (1762–1855), in: Nachbarn, Gemeindegenossen und andere. Minderheiten und Sondergruppen im Südwesten des Reiches während der Frühen Neuzeit, hrsg. von André HOLENSTEIN, Sabine ULLMANN und Karin RICKLIN (= Oberschwaben – Geschichte und Kultur 12), Tübingen 2004, S. 215–237, und Frank KONERSMANN, Existenzformen des asketischen Protestantismus. Täufermennoniten in der Pfalz und in Rheinhessen im Vergleich zu

nördlichen Täufergemeinden (1632–1850), in: Mennonitica Helvetica 31 (2008), S. 155–183.

31 Hanspeter JECKER, „Und ob es schon nicht in Kana wäre ...". Die Rückkehr des Täufertums nach Basel und die Anfänge einer „unteren" und einer „oberen" Gemeinde 1770–1800, in: Mennonitica Helvetica 26/27 (2003/2004), S. 7–91, hier S. 71.

32 Vgl. dazu auch die Aussagen von Hartmut Lehmann zu den längerfristigen Auswirkungen einer repressiven Religionspolitik im Hinblick auf die Ausmerzung diverser Gruppen „entschiedener Christen" im Europa der Frühen Neuzeit in: Hartmut LEHMANN, Die langfristigen Folgen der kirchlichen Ausgrenzung des radikalen Pietismus, in: DERS., Religiöse Erweckung in gottferner Zeit (= Bausteine zu einer europäischen Religionsgeschichte im Zeitalter der Säkularisierung 12), Göttingen 2010, S. 45–56.

André Krischer

Vormoderne Städte und ihre Religionskonflikte – Eine Rückschau

Diese Tagung hat das Problem „Reichsstadt im Religionskonflikt" aus meiner Sicht unter drei thematischen Hinsichten in den Blick genommen. Es sind chronologisch begründete Themenfelder, die sich nur teilweise mit dem Verlauf der Tagung decken: Die *Reformation* erwies sich als der Paradefall für städtische Religionskonflikte und war schlicht Zäsur setzend. Die Reformation als Religionskonflikt bildete das Thema der Beiträge von Wolfgang Reinhard, Klaus Krüger, Michael Matthäus und Werner Freitag. Der zweite Themenblock drehte sich um städtische Religionskonflikte im *Zeitalter der Konfessionalisierung*, mit Beiträgen von Rolf Hammel-Kiesow, Gérald Chaix, Thomas Kirchner, Christian Helbich und in gewisser Weise auch von Christhard Schrenk. Die Beiträge von Helge Wittmann, Andrea Riotte und Hanspeter Jecker verweisen auf das fortgesetzte Konfliktpotenzial von Religion im späten 17. und 18. Jahrhundert. Die Beiträge von Ingrid Würth und Andreas Willershausen lassen sich aus frühneuzeitlicher Perspektive nonchalant dem Thema reichsstädtische *Religionskonflikte vor der Reformation* zuordnen. Ich komme zu diesen Periodisierungsfragen zurück und beginne zunächst einmal mit dem Thema Stadt und Reformation.

1. Stadtgeschichte der Reformation, oder: Religiöse Konfliktkommunikation und ihre urbanen Medien

Im Nachwort der Neuausgabe seiner bahnbrechenden Studie „Reichsstadt und Reformation" von 1987 machte der Göttinger Kirchenhistoriker Bernd Moeller klar, dass er nicht eigentlich an der Stadt und ihrer Sozialgeschichte interessiert ist, sondern an der Stadt sozusagen als Sprungbrett der Reformation.[1] So gesehen ist „Reichsstadt und Reformation" tatsächlich primär ein reformations- und kein stadtgeschichtliches Buch, und man könnte zugespitzt sagen, dass dies auch für die von Möller stimulierten profanhistorischen Arbeiten gilt.[2] Wenn es in den 1970er und 1980er Jahren um Stadt und Reformation ging, dann wurde zumeist *in* Städten und nicht *über* diese geforscht, dann geriet die Komplexität des urbanen Gefüges über die Frage nach Rats- oder Gemeindereformation oder nach Typologien des Verlaufs der reformatorisch-evangelischen Bewegungen zumindest ein Stück weit aus dem Blick. Es sei, so der Historiker Johannes Merz 1997, enorm viel über die Bedeutung der Städte für die Reformation, aber nur wenig über die Bedeutung der Reformation für die Städte geforscht worden.[3]

Das hat sich in der Forschung der letzten 20 Jahre doch erheblich verändert, und auch diese Tagung war ein Beitrag dazu, die Reformation als *ein stadtgeschichtliches* Problem zu positionieren – und nicht andersherum. Das zeigte sich schon am Untersuchungszeitraum, der vom Spätmittelalter bis zum frühen 19. Jahrhundert reichte und der damit die Reformation zu *einem* religionshistorischen Problem der vormodernen Stadt unter mehreren nivellierte. Auch die thematische Zuspitzung auf den Religions*konflikt* ist aus stadthistorischer Sicht überzeugend, lässt sich doch so beobachten, wie das grundlegende Problem „städtischer Konfliktaustrag" durch religiöse Themen in unterschiedlicher Weise stimuliert werden konnte. Die reformatorische Bewegung steht damit für einen Fall religiös induzierter Konflikthaftigkeit in der Stadt, der mit anderen verglichen werden kann: etwa mit dem Umgang mit „religiösen Abweichlern" im 15. Jahrhundert (Ingrid Würth), mit religiösen und konfessionellen Minderheiten im 17. und 18. Jahrhundert (Christhard Schrenk, Rolf Hammel-Kiesow, Hanspeter Jecker) oder mit konfessionell motivierten Präzedenzstreitigkeiten unter den Bedingungen der Biberacher Parität (Andrea Riotte).

Aber was heißt es eigentlich, spezifisch stadtgeschichtliche Perspektiven zu eröffnen, was rückt in den Blick, wenn es um die *Stadt als Stadt* gehen soll? Das haben sehr präzise die Beiträge von Christhard Schrenk und Rolf Hammel-Kiesow herausgearbeitet: Es geht um Sozialstruktur und Sozialtopographie, um wirtschaftshistorische und bevölkerungsstatistische Zugriffe (und deren quantitative Auswertungen) sowie um vergleichende Perspektiven. Aber es gibt noch weitere Perspektiven: Vor allem die Bielefelder Bürgertumsforschung brachte seit den späten 1980er Jahren Fragen nach politischer Partizipation ins Spiel,[4] daneben gab es die Debatte über die politische Kultur der Stadt als Republikanismus oder Kommunalismus.[5] Nach 2000 ist unter kulturgeschichtlichen Vorzeichen eine neue Perspektive hinzugetreten, die die anderen nicht ablöst oder degradiert, sondern ergänzt, die aber im Besonderen dazu dienen kann, das Frühneuzeitliche oder Vormoderne der Stadt als Stadt herauszuarbeiten: nämlich die Perspektive der *Kommunikation*. Dabei geht es um symbolische Kommunikation, also um die Welt der Rituale,[6] aber auch um die kommunikativen Netzwerke, auf die Wolfgang Reinhard hingewiesen hat. Gemeint ist aber auch die von dem Konstanzer Historiker Rudolf Schlögl ausformulierte Idee von der Kommunikation unter Anwesenden, die typisch war für die spätmittelalterlich-frühneuzeitliche Stadt als einer Form der „Vergesellschaftung unter Anwesenden".[7] „In der Reformation", so Schlögl, „manifestiert sich die Logik der Vergesellschaftung unter Anwesenden in mehrfacher Hinsicht"[8]. Die reformatorische Bewegung und die durch sie freigesetzten Konflikte können als geradezu exemplarisch für eine urbane Kommunikationspraxis von Angesicht zu Angesicht gelten, die zwar von den Druckmedien zweifelsohne dynamisiert wurde, bei der jene allerdings vor allem im Wechselspiel mit unmittelbarer Interaktion maximale Wirkung entfalteten. Es ist natürlich richtig (und von den Zeitgenossen auch schon so gesehen worden): Ohne Buchdruck hätte es keine Reformation gegeben.[9] Aber der Druck war nur eine notwendige und keine hinreichende Begründung für deren eigentümliche Dynamik. Die Volksaufstände und Ausschreitungen, auf die Wolfgang Reinhard verweist, und die ikonoklastischen Praktiken, die Klaus Krüger thematisiert hat, sind Beispiele für diese performative Präsenz, die sich so nur in Städten ereignen und nur dort ihre unmittelbaren und folgenreichen Resonanzen erzeugen konnten – Resonanzen, die sich wiederum als kommunikative Reaktionen darstellten, wenn etwa ein Rat Disputationen zur Entscheidung über den alten oder neuen Glauben veranstaltete. In Frankfurt war es, wie Michael Matthäus gezeigt hat, der im öffentlichen Raum interaktiv erzeugte Druck, der den Rat immer wieder zu Zugeständnissen an die evangelisch gesinnten Einwohner nötigte. Die 46 Artikel wurden dem Rat 1525 von einer Art Schickung ausgehändigt. Genau dieser performative Akt der Übergabe wurde wiederum auf dem Frontispiz der gedruckten *Sechs undviertzig Artickel* visualisiert (S. 185, Abb. 3). Der Rat hatte die Aufständischen zwar dazu bewegen können, die Botschaften ihres Straßenprotests in Schriftform zu bringen, mit abkühlenden Effekten auf die Bewegung, aber die Überlieferung der Schrift war selber wieder der Anlass für eine symbolisch-expressiv aufgeladene Interaktion. Die Übergabe der Artikel wurde damit nicht nur öffentlich gemacht. Es verbanden sich damit nun auch Erwartungen an den Rat, darauf zu reagieren. Musterfälle radikaler Konfliktperformanz stellten auch die frühreformatorischen Bewegungen in Nordhausen und Mühlhausen dar, zumal in der Verschränkung mit dem Bauernkrieg (Thomas T. Müller).

Die Reformation in der Stadt erklärt sich also nicht nur über eine besondere Affinität des Stadtbürgertums bzw. der städtischen Sakralgemeinschaft zur reformatorischen Lehre, sondern beruhte auch ganz erheblich auf spezifisch urbanen kommunikativen, medialen, räumlichen und sozialen Formationen, die so im ländlichen und höfischen Kontext nicht möglich waren. Der durch die reformatorische Botschaft freigesetzte Religionskonflikt trat im städtischen Kontext im Besonderen als ein unmittelbarer kommunikativer Prozess aus Aktion und Reaktion in Erscheinung. Vergesellschaftung unter Anwesenden (und die damit einhergehenden Kommunikationsformen) waren allerdings kennzeichnend für die mitteleuropäischen Städte schlechthin, weswegen es auch aus strukturellen Gründen nicht verwunderlich ist, dass die Reformation eben kein genuin reichsstädtisches Phänomen war. Dass es evangelische Bewegungen, Konfliktkommunikation und gewaltsamen Tumult auch in Autonomie- oder Territorialstädten gab, hat der Beitrag von Werner Freitag gezeigt. Hier haben wir auch noch einmal gesehen, wie der Druck, aufgrund dessen der Rat seine pro-reformatorischen Entscheidungen traf, im Nachhinein wieder unsichtbar gemacht wurde. Rituale lassen sich als eine spezifische Ausprägung der Anwesenheitskommunikation verstehen. Es ist deswegen richtig, dass ihre Untersuchung mittlerweile als stadthistorische Pflichtübung angesehen wird. Rituale waren eben nicht nur bloßer Schein, sondern wesentliche Modi, durch die stadtgesellschaftliche Ordnungsmuster zum Ausdruck gebracht wurden: Rangverhältnisse, aber auch konfessionelle Hegemonien wie im Fall der Kölner Prozessionen, auf die Gérald Chaix hingewiesen hat.

Ein letzter Punkt zum Problem städtische Reformation und Kommunikation: Es ist tatsächlich von großer Bedeutung, die Städte als Teil eines kommunikativen Netzwerks zu sehen und damit die städtische Politik als eingebunden in dieses übergreifende Netzwerk; es geht also um eine systematische Verknüpfung von Binnen- und Außenperspektiven. Unter Außenperspektiven lassen sich unmittelbare personale Beziehungen fassen, wie sie in den 1980er Jahren von Wolfgang Reinhards Verflechtungsprojekt untersucht wurden, das konnte aber auch die Orientierung am Kaiser sein, aufgrund deren der Frankfurter Rat politisch taktierte, soweit das eben ging (Michael Matthäus). Im Aachener Fall konnte man das ebenfalls sehen (Thomas Kirchner). Ein drittes Beispiel für die Relevanz von Außenbeziehungen hat wiederum Christian Helbich mit dem Essener Fall vorgestellt, bei dem der Konflikt zur Entscheidung an das Reichskammergericht externalisiert wurde.

2. Stadt und Religion im Konfessionellen Zeitalter: Zwischen Konfliktvermeidung und Segregation

Kommen wir nun zur Stadt im Konfessionellen Zeitalter und damit zum zweiten thematischen Block dieses Bands: Thomas Kirchner konnte zeigen, dass von verhärteten Frontlinien zumindest in Aachen keine Rede sein konnte. Vielmehr ging es dort um gelebte konfessionelle Vielfalt und tagtägliche Aushandlungsprozesse „im Rahmen traditioneller Geselligkeit und Konfliktbeilegungsverfahren". In Bezug auf unser Thema zeigt sich also: Während die Reformation im Zeichen der Konflikt*eskalation* stand, suchte man im Zeitalter der Konfessionalisierung vermehrt nach konflikt*vermeidenden* Strategien. Es ging darum, die Bi- und Multikonfessionalität in Städte wie Aachen und Hamburg im Alltag auszuhalten – auch wenn dies auf räumliche Segregation hinauslaufen konnte. Selbst die skrupellos vertriebenen Juden blieben offenbar im Schatten der Stadtmauer und kehrten als Tagespendler in die Städte zurück. Auch das war eine Konfliktvermeidungsstrategie.

Konfliktdämpfende Effekte besaß aber auch die Verrechtlichung (i. S. v. Winfried Schulze) der Religionsfrage in Essen (Christian Helbich). In diesem Kontext wurde es möglich, die reformatorische Bewegung als einen gerichtlich verwertbaren Sachverhalt aus konkurrierenden städtischen und stiftischen Blickwinkeln zu rekonstruieren. Der von Andrea Riotte geschilderte Biberacher Fall zeigt wiederum, dass von Bikonfessionalität als Vorreiter der Toleranz keine Rede sein kann und das Parität nicht etwa die Konfessionsproblematik entschärfte, sondern sie vielmehr auf viele Lagen des städtischen Lebens ausdehnte, bis hin zu Hexenprozessen. Am Ende blieb auch hier nur die räumliche, soziale und politisch-administrative Segregation. Extreme Formen von Exklusion und Vertreibung wurden schließlich im Beitrag von Hanspeter Jecker dargestellt.

Helge Wittmann hat schließlich mit detektivischem Spürsinn die unterschiedlichen Sinnzuschreibungen des Besuchs der Fuldaer Konventualen am Grab des hl. Hermann in der Mühlhäuser Kornmarktkirche am Ende des 17. Jahrhunderts freigelegt. Es ist dabei deutlich geworden, dass dieses Ereignis von der Chronistik zwar einerseits für konfessionelle Polemik genutzt wurde. Andererseits scheinen zwischen den Zeilen aber auch Möglichkeiten interkonfessioneller Kommunikation zwischen den Franziskanermönchen und der Mühlhäuser Geistlichkeit durch. Der Superintendent Eilmar schließlich nutzte das offenbar aus Fulda stammende franziskanische Märtyrerkompendium für seine Kirchengeschichte, indem altgläubige Reste sozusagen als kulturelles Kapital der Stadt angeeignet und präsentiert wurden.

3. Städtische Religionskonflikte vor der Reformation

Mit Blick auf die Einbeziehung des Spätmittelalters (das ist natürlich die hegemoniale Frühneuzeitperspektive!) stellt sich die Frage, inwiefern sich die von Ingrid Würth und Andreas Willershausen dargestellten religiös imprägnierten Konfliktlagen von den städtischen Konflikten seit der Reformation unterschieden. Es geht also um stadtgeschichtliche Periodisierungsfragen, die auch schon in anderen Tagungsbänden des Mühlhäuser Arbeitskreises für Reichsstadtgeschichte diskutiert worden sind. In Bezug auf unser Thema lautet die Frage: Bildete die Reformation eine Zäsur in dem Sinne, dass Religionskonflikte vor und nach der Reformation gänzlich anders aussahen? Oder sollten wir eher, mit Bernhard Jussen und Craig Koslofsky von einer „Kulturellen Reformation" und damit von einer „umfassenden kulturellen Transformationsphase" zwischen 1400 und 1600 sprechen, die den epochalen Charakter der Reformation negiert?[10]

Wir haben auf jeden Fall bei Ingrid Würth gesehen, wie religiöse Devianz und damit Konfliktpotenzial in Straßburg, Nordhausen und Mühlhausen als Häresie eingekreist und durch Inquisitionsprozesse entschärft werden konnte. Häresien mobilisierten keine Straßenaufläufe, es war möglich, „das Problem" ohne viel Aufhebens und „pragmatisch" zu beheben. Diese Strategien zur Vermeidung von Konflikten, oder zumindest ihrer Eskalation, erinnern zumindest entfernt an vergleichbare Praktiken in den Städten des konfessionellen Zeitalters. Und auch bei der städtischen Außenpolitik sieht man Handlungschancen vor und nach der Reformation: Die Partizipation an Bündnissen und Kriegszügen war sowohl für die Städte der Wetterau im 15. Jahrhundert als auch für Soest 1536 eine Option.

Abschließend lässt sich sagen, dass die vorliegenden Beiträge städtische Religionskonflikte dezidiert als städtische Probleme beobachtet haben, und zwar aus ganz verschiedenen Blickwinkeln. Dabei wurden nicht nur in erkenntnisfördernder Weise Epochengrenzen überschritten. Auch das Problem, wie sich das Verhältnis von Stadt, Religion und Konflikt im Laufe der Frühen Neuzeit wandelte, wurde aufgegriffen. Das alles wird in der Forschung auf großes Interesse treffen.

Anmerkungen

1 Bernd MOELLER, Reichsstadt und Reformation. Bearbeitete Neuausgabe, Berlin 1987, S. 70–97.
2 Vgl. für die Forschung bis zur Mitte der 1980er Jahre Kaspar VON GREYERZ, Stadt und Reformation: Stand und Aufgaben der Forschung, in: Archiv für Reformationsgeschichte 76 (1985), S. 6–63.
3 Johannes MERZ, Landstädte und Reformation, in: Die Territorien des Reichs im Zeitalter der Reformation und Konfessionalisierung. Land und Konfession 1500–1650. Bd. 7: Bilanz – Forschungsperspektiven – Register, hrsg. von Anton SCHINDLING und Walter ZIEGLER (= Katholisches Leben und Kirchenreform im Zeitalter der Glaubensspaltung 57), Münster 1997, S. 107–135, hier S. 107 f.
4 Vgl. etwa Gerd SCHWERHOFF, Apud Populum Potestas? Ratsherrschaft und korporative Partizipation im spätmittelalterlichen und frühneuzeitlichen Köln, in: Stadtregiment und Bürgerfreiheit. Handlungsspielräume in deutschen und italienischen Städten des Späten Mittelalters und der Frühen Neuzeit, hrsg. von Klaus SCHREINER und Ulrich MEIER (= Bürgertum. Beiträge zur europäischen Gesellschaftsgeschichte 7), Göttingen 1994, S. 188–243.
5 Heinz SCHILLING, Gab es im späten Mittelalter und zu Beginn der Neuzeit in Deutschland einen städtischen „Republikanismus"? Zur politischen Kultur des alteuropäischen Stadtbürgertums, in: Republiken und Republikanismus im Europa der Frühen Neuzeit, hrsg. von Helmut G. KOENIGSBERGER (= Schriften des Historischen Kollegs 11), München 1988, S. 101–143; Peter BLICKLE, Kommunalismus, Parlamentarismus, Republikanismus, in: Historische Zeitschrift 242 (1986), S. 529–556.
6 Vgl. dazu im Überblick Barbara STOLLBERG-RILINGER, Rituale (= Historische Einführungen 16), Frankfurt a. M. u. a. 2013, S. 114–123.
7 Rudolf SCHLÖGL, Vergesellschaftung unter Anwesenden. Zur kommunikativen Form des Politischen in der vormodernen Stadt, in: Interaktion und Herrschaft. Die Politik der frühneuzeitlichen Stadt, hrsg. von DEMS. (= Historische Kulturwissenschaft 5), Konstanz 2004, S. 9–60
8 Rudolf SCHLÖGL, Anwesende und Abwesende. Grundriss für eine Gesellschaftsgeschichte der Frühen Neuzeit, Konstanz 2014, S. 214.
9 Das wurde bereits von Johannes BURKHARDT, Das Reformationsjahrhundert. Deutsche Geschichte zwischen Medienrevolution und Institutionenbildung 1517–1617, Stuttgart 2002, unterstrichen und zuletzt eindrucksvoll entfaltet von Thomas KAUFMANN, Erlöste und Verdammte. Eine Geschichte der Reformation, München 2016.
10 Kulturelle Reformation. Sinnformationen im Umbruch 1400–1600, hrsg. von Bernhard JUSSEN und Craig KOSLOFSKY (= Veröffentlichungen des Max-Planck-Instituts für Geschichte 145), Göttingen 1999.

Register

Aufgenommen wurden alle Orts- und Personennamen, die in den Texten und den Anmerkungen der Beiträge genannt werden. Nicht aufgenommen wurden die Namen von biblischen Personen und frühchristlichen Heiligen sowie von modernen Autoren, Editoren und Herausgebern. Päpste werden unter dem Lemma „Päpste", die Könige und Kaiser des römisch-deutschen Reichs unter dem Lemma „Deutsche Herrscher" verzeichnet. Diese sind den weiteren Personen vorangestellt

Orte

Aachen 17, 25, 99, 127, 132, 145–146, 148, 152–154, 205–216, 218–223, 234, 294, 309, 386
Aeschi 381
Allmenhausen 169
Altona 300, 310
Amiens 148
Amsterdam 13, 294–295, 311
Ansbach 52
Antwerpen 132, 145, 291, 295–296
Asbeck 241
Assisi 268, 282
Augsburg 15, 28–29, 83, 97, 100–101, 104–107, 112, 116, 126–128, 130, 132–133, 142, 172, 177, 179–180, 188, 195–196, 209–214, 221, 225, 233, 236, 239, 241, 315–316, 322, 336–338, 362
Auhausen 142
Aussig 65, 68

Basel 28, 58, 81, 83, 88, 142–143, 154, 324, 355, 376–377
Bayreuth 52
Belfort 376
Bensheim 149, 159
Berg 118, 124, 128, 208, 227, 236, 243
Bergh 243
Berlin 300
Berlin-Spandau 103
Bern 88–91, 154, 363–381
Bessenbach 75
Biberach 22, 42, 126, 132, 154, 315–317, 319–326, 328–337, 339–347, 349–362, 384, 387
Bielefeld 247–248, 250, 384
Blankenheim 79, 96, 239

Bochum 247
Bolland 149
Bommersheim 51
Boppard 149, 154–155, 158, 200
Bornheim 183
Brandenburg 44, 60, 65–66, 179, 195, 243–244, 252, 297, 299–300, 356
Braunschweig 116, 159, 312
Breitenworbis 171
Bremen 116, 294, 297, 308, 312
Brügge 296
Brüssel 296
Büren 194
Burgsolms 51
Burtscheid 216

Catalhöyük 9
Clairvaux 140
Colmar 127
Creuzburg 167
Cudrefin 381

Danzig 294, 311
Daun 227
Delwig 233, 235, 247, 249, 251
Dettelsbach 271
Diepholz 225, 227, 239, 245, 251
Diest 79, 81
Diez 71
Dingelstädt 285
Dinkelsbühl 15, 88, 128, 132, 322
Dinker 121
Donauwörth 17, 99–100, 128
Dordrecht 381

Dortmund 75, 127, 200, 230, 245, 247
Dresden 284
Düdelsheim 70
Düsseldorf 121, 236

Ebeleben 169–170
Eggiwil 367, 369, 380–381
Eickel 250
Eisenach 268, 280
Emden 291, 295, 309–310
Eppstein 48
Erfurt 15, 85, 88, 101, 161, 163, 168, 175, 280
Erlangen 339
Erlenbach 33
Essen 20, 127, 225–232, 234–238, 241, 243–249, 251–252, 386
Esslingen 154

Fauerbach 60, 70
Fischborn 53, 75
Florenz 83, 280
Frankenbach 42
(Bad) Frankenhausen 103, 171
Frankfurt am Main 13, 35, 43–44, 47–49, 51–54, 60, 62, 64, 66–72, 74–75, 91, 177–198, 200–203, 252, 294–295, 309–310, 385–386
Frauenberg 264–267, 269–271, 275, 281, 285–286
Freiburg im Üchtland 79, 88–89, 99, 154
Freising 54
Friedberg 43, 48–49, 51–53, 59, 67–71, 75, 200
Frutigen 380–381
Fulda 264–267, 269–272, 275, 281, 285–286, 387

Gelnhausen 43, 48–49, 51–54, 56–57, 59–63, 67–71, 73–75
Genf 142
Gerstungen 260, 262–263, 266–268, 272, 278–280, 282–284, 286
Giano 280
Giengen 154
Gießen 200
Glauberg 75
Göbekli Tepe 9
Görmar 169
Göttingen 85, 383
Goslar 154, 168, 175
Gotha 280
Greifswald 290, 312
Großbockenheim 51
Groß-Grabe 260
Gutenzell 324

Hagenau 75, 100
Halle an der Saale 113, 148, 158–159, 285
Hamburg 116, 289–297, 300–313, 386
Hameln 155
Hanau 70
Hanstein 195
Hattstein 51
Heggbach 324
Heidelberg 191
Heilbronn 21–39, 41–42, 126
Heiligenstadt 170, 255
Heimiswil 369
Heldrungen 260
Hipfelhof 22, 42
Hochheim 200
Höchst 51, 179
Holzhausen 182–184, 193–194
Holzthaleben 91, 100
Horkheim 22, 36, 42
Horsmar 285
Hoym 88, 99

Isny 126, 154

Jena 189–190, 275
Jerusalem 10, 12–13
Jülich 99, 118, 124, 128, 152, 208, 227, 236, 243, 245, 251

Karlstadt 110, 141, 184
Kassel 297
Katzenelnbogen 48, 54, 73
Kaufbeuren 19, 126, 128, 355
Kempen 225, 234, 248–250
Kempten 126, 154, 331
Kirchhausen 22, 42
Kleve 118–119, 124, 128, 208, 226–227, 233, 236, 243, 245, 249, 251–252
Koblenz 49
Köln 26, 71, 75, 113, 126, 130, 132–133, 154, 179, 184, 188, 200, 206, 226, 248–249, 252, 275, 294, 309, 386
Konstanz 25, 27, 43, 83, 103, 106, 126, 152, 154, 168, 182, 188, 332–334, 338, 354, 384
Kopenhagen 290
Kreuznach 197
Kronberg 51, 70, 183, 199
Kulmbach 195

Langensalza 169, 260
Langnau 370
Langula 91

Lauingen 29
Lausanne 88
Leiden 324, 356
Leipzig 102, 153, 158
Leutkirch 355
Lichtenau 83
Lichtenberg 79
Limburg 200
Lindau 126, 154, 188, 331, 355
Lissabon 294
Löwenstein 32
London 293–294, 309, 311
Lontzen 213
Lübeck 75, 116, 151, 158, 160, 289–291, 294–295, 297–309, 311, 313–314
Lüneburg 116, 312
Lüttich 208, 296
Lützelstein 79
Luxemburg 46, 71
Luzern 381
Lyon 79

Maastricht 296
Madrid 294
Magdeburg 116, 127, 155, 161, 312
Mainz 15, 25, 28, 30, 48, 53, 59–60, 62–63, 68, 75, 79, 91, 148, 177, 179, 183–184, 187, 191, 193, 200–201
Manderscheid 239, 250
Mantua 83
Marburg 90–91, 155, 182
Medina 12
Meißen 85
Memmingen 106, 126, 128, 142, 154, 188, 331
Minden 114, 118, 124
Moisling 300
Montbéliard 376
Montfort 236
Moudon 88
Mühlberg 127
Mühlhausen 14–17, 79, 90–94, 100, 103, 112, 161, 164, 166–172, 174–175, 253–275, 278, 280–287, 385, 387
Münster 103, 114, 117, 143–145, 155, 200, 243, 251, 275–276, 323, 380

Nantes 298
Naumburg 19
Neckarsulm 30, 32, 34–36, 40, 42
Neckarwestheim 40
Neuenburg am Neuenburger See 374, 376
Neuenburg am Rhein 154

Nijmegen 373
Nördlingen 56, 60, 68, 100, 126
Nordhausen 79, 85–89, 93–94, 99, 161–164, 166–173, 175–176, 280, 385, 387
Nürnberg 25–26, 28–29, 46–47, 53, 66–68, 71, 75, 79, 97, 100–101, 105–107, 111, 116, 126, 145–146, 154, 159–160, 168, 179–180, 187–188, 191, 193, 200, 310

Oberdiessbach 381
Oberdorla 91
Oberhofen 380–381
Oberstein 227
Oberursel 183–184
Oberwesel 200
Obrigheim 54
Oppenheim 70, 132, 149, 154
Osnabrück 200, 243, 252, 315, 322–323

Palermo 13
Passau 195
Pflummern 322, 330–331, 354, 356–357
Pirna 160
Pisa 267–269, 273, 280–281, 283, 286–287
Plauen 67
Prag 16, 43, 59, 206, 220–221

Raesfeld 248–251
Ravensburg 128, 132, 317, 322, 331, 347, 350–352, 358, 361–362
Regensburg 54, 59, 72, 79, 100, 142, 154, 160, 346
Reifenberg 62
Reifferscheidt 243
Reutlingen 126
Rödelheim 195
Röthenbach 381
Ronneburg 62, 75
Rosenegg 79
Rostock 116, 290, 312
Rothenburg ob der Tauber 88, 154, 157
Rotterdam 140
Rottweil 29–30, 32, 345
Rückingen 51

Sachsenhausen 178, 183–184
Salm 243
Şanlıurfa 9
Schaffhausen 154
Schangnau 381
Schauenburg 310
Schlotheim 169

Schmalkalden 105, 113, 119–121, 126–127, 177, 186, 188, 191, 193–194, 196, 202, 255
Schönau 149
Schwäbisch Hall 26, 168, 351
Schwarzburg 52, 59, 68–71
Schwarzenegg 369
Selbold 74
s'Heerenberg 243
Sickingen 29
Sigmaringen 335
Sigriswil 381
Soest 114–124, 388
Solms 51–52, 70, 195
Solothurn 100, 154
Sontheim 22, 36, 42
Spaur 243
Speyer 25, 49, 59, 100, 154, 168, 187, 200, 226
Spiez 380–381
Sponheim 51
St. Gallen 126, 154
St. Goar 146, 155
St. Lucar 294
Stade 116, 305
Steffisburg 367, 381
Stettin 95
Steyr 79
Stöffeln 44, 60, 84
Stolberg 85, 88, 99, 163, 173
Stralsund 116, 155, 290, 312
Straßburg 25, 49, 72, 75, 79–91, 93–98, 101, 105–106, 116, 126, 128, 154, 179, 188, 191, 193, 201, 324, 353, 356, 387
Stuttgart 326, 329, 357
Sulmona 270
Sumiswald 370, 377

Talheim 40
Talheym, siehe Holzthaleben
Tecklenburg 236, 247
Thun 367, 380
Toba 87, 91, 100
Trachselwald 365
Treytorrens 381

Trier 25, 182, 216
Trub 370, 381
Tübingen 106, 322, 324, 353–354

Überlingen 331
Ulm 60, 68, 126, 131–132, 154, 160, 184, 191, 193, 328, 345–346, 352, 356, 358, 360

Venedig 294
Verviers 296
Volkenroda 168–169, 175

Waldeck 117
Wasen 370
Weimar 170
Weinsberg 25, 28–31, 37, 130
Weißenburg 75, 100, 126
Weißensee 275, 280
Wernigerode 102
Wesel 58, 74, 309–310
Wetzlar 43, 48–49, 51–53, 59, 63, 67–68, 70–71, 75, 200
Wickede 119, 300
Wien 15, 101, 323, 338, 344, 350, 352
Wiesbaden 200
Wimpfen 32, 154, 158
Windeberg 260, 285
Windsheim 26, 126
Wismar 290, 312
Wittenberg 101, 103, 105–107, 110, 116, 155, 161, 163, 172–173, 192, 208, 260
Worbis 285–286
Worms 75, 149–150, 154, 157–159, 181–182, 184, 187, 200
Worms-Herrnsheim 147
Würzburg 24, 39, 53, 79

Xanten 252

Ypern 296

Zürich 106–107, 142–143, 154–155, 366
Zug 154

Personen

Päpste

Lucius III. 77
Gregor IX. 77
Martin V. 83

Deutsche Herrscher

Friedrich II. 78
Ludwig IV. der Bayer 39, 48, 69
Karl IV. 25, 39, 177, 226, 229, 246

Wenzel 43, 226
Ruprecht 51–52
Sigismund 24–29, 37, 40, 43, 46, 59, 67, 71, 74, 177
Friedrich III. 29–30, 31, 226
Maximilian I. 41, 226, 245
Karl V. 32, 104–105, 177, 179, 182, 188, 195, 226, 230, 244, 246, 317, 322, 354
Ferdinand I. 20, 32–33, 179, 187–188, 208, 212, 226, 230, 246, 332, 354
Maximilian II. 226
Leopold I. 243
Rudolf II. 16, 205–206, 208, 212, 215–216, 221, 223, 226
Ferdinand III. 325
Joseph II. 338

Weitere Personen

Aachen, Heinrich von 234
Abels, Patroclus 230, 247
Abraham 27
Abraham, Sohn der Mintz 25
Adrian 247
Aegioldus 142
Alba, Herzog Fernando Álvarez de Toledo von 296
Aldemohrer, Henne 75
Altenstetter, David 132
Althusius, Johannes 314
Ambach, Melchior 202
Amya, Peter 148
Angermeier, Heinrich 88
Antorff, Adrian Kalb von 156
Aquin, Thomas von 78
Arnold, Caspar 255, 257
Arnold, Johannes 81
Arzet, Augustin 328, 349, 357
Asbeck, Dietrich von 241
Augsburg, Mosse von 29

Baden, Markgraf Bernhard von 25
Bagner, Hans 148
Barenbroich, Heinrich, auch Heinrich van Kempen 225, 234, 236, 244, 248, 251
Baumann, Edmund 286
Baumgartner, Hieronymus 106
Bayern, Kurfürst Maximilian von 326
Bayern-München, Herzog Wilhelm III. von 66
Beaufort, Henry Kardinal 46, 62, 66
Beckens, Gertrud 87
Becker, Johann Rudolph 296
Beeck, Jost von 213

Benßheim, Johann von 59
Bergh-s'Heerenberg, Elisabeth von, siehe Essen, Äbtissin von
Bergmayer, Johann 336
Bernhard, Johann gen. Algesheimer 186
Berolfins, Else 82, 96
Berolfins, Metze 82, 96
Bessenbach, Concze von 75
Bielefeld, Everdt von 248, 250
Bielefeld, Wilhelm von 247
Birken, Hermann zur 98
Birken, Klaus zur 98
Birken, Lawelin zur 98
Birkner, Sebastian 255, 257
Blankenheim, Friedrich von, siehe Straßburg, Bischof von
Blumstein, Johannes 81–84, 87, 89, 96–98
Blumstein, Konrad 83
Blumstein, Margarethe 83
Bodenstein, Andreas gen. Karlstadt 110, 141, 184
Böckeler, Nikolaus 81
Bolandus, Johann Fabricius 149, 159
Bongarts, Marß 247
Bora, Katharina von 106
Borchwede, Thomas 114–115
Brandenburg, Albrecht von, siehe Mainz, Erzbischof von
Brandenburg, Kurfürst Friedrich I. 65
Brandenburg, Kurfürst Friedrich III. von 297
Brandenburg-Kulmbach, Markgraf Albrecht II. Alkibiades von 195
Braun, Georg 227, 298
Brechter, Johann Jacob 317, 352
Brell, Hartmann 53, 54, 56, 58, 60, 62, 72, 75–76
Brell, Johann 56
Brigel, Matthäus 328–330
Brumann, Heinrich 60
Brunonis, Johannes 85
Bucer, Martin 77, 104–105, 111, 201–202
Büren, Graf Maximilian von 194
Bugenhagen, Johannes 306
Burchard, Anton 297
Burkhardt, Johannes 107

Calvin, Johannes 141
Campen, Johann van 114
Canisius, Petrus 324
Cardenus, Matthaeus 236
Cartheiser, Wolfgang 149
Castiglione, Branda de Kardinal 53, 62
Christianus, Peter 158
Christianus, Wychmod 158

Clairvaux, Bernhard von 140
Cochläus, Johannes 181, 199
Curtia, Catharina 159

Daumen, Jorge 173
Daun-Oberstein, Meyna von, siehe Essen, Äbtissin von
Degenhart, Jakob 202
Delscher, Rotgar 247
Delwig, Drost Melchior von 233, 235, 247, 249, 251
Diepholz, Irmgard von, siehe Essen, Äbtissin von
Diest, Wilhelm von, siehe Straßburg, Bischof von
Dizinger, Carl Friedrich 347, 361–362
Döring, Johann 59
Doll, Johann Jakob 362
Drauz, Richard 21
Dudinck, Johann 241, 250–251
Dymerad, Hans 87
Dymerod, Johann 87
Dymeroden, Katherina 87

Ebeling, Moritz 151, 160
Eberhardt, Johann Jacob 331
Edlibach, Gerold 143
Egenolff, Christian 188
Eichholz, Eva 27
Eichholz, Peter 27
Eickel, Everhard von 250
Eilmar, Georg Christian 259–262, 264, 266–267, 272–273, 278, 281, 285, 387
Eilmar, Georg Gottfried 285
Ellerborn, Gerhard 217, 221, 224
Engelbrecht, Simon 213
England, Königin Maria I. von 290
England, Königin Elisabeth I. von 291, 293
Eppstein, Werner von, siehe Mainz, Erzbischof von
Erlebach, Kunze 98
Erlenbach, Herz von 33
Erstenberger, Andreas 127
Essen, Äbtissin Elisabeth von Nassau 226
Essen, Äbtissin Meyna von Daun-Oberstein 227
Essen, Äbtissin Sibylla von Montfort 236
Essen, Äbtissin Katharina von Tecklenburg 236, 247
Essen, Äbtissin Irmgard von Diepholz 224, 225, 227, 239, 245, 251
Essen, Äbtissin Elisabeth von Manderscheid-Blankenheim 239, 250
Essen, Äbtissin Elisabeth von Bergh-s'Heerenberg 243
Essen, Äbtissin Maria Clara von Spaur 243
Essen, Äbtissin Anna Salome von Salm-Reifferscheidt 243

Faber, Conrad von Kreuznach 197
Fauerbach, Wais von 60, 70
Fettmilch, Vinzenz 197, 203
Ffroß, Albert 99
Fibus, Johann 213
Fischborn, Eckhart von 53, 75
Florenz, Marian von 280
Frankreich, König Ludwig XIV. von 374
Freising, Otto von 54
Frohne, Johann Adolph 286
Frosch, Johannes 105
Fürstenberger, Philipp 181–182

Gaill, Andreas 214, 223
Galli, Ueli 380
Gauch, Nikolaus 202
Gaupp, Caspar 324, 355–356
Gaupp, Catharina 326–327
Gaupp, Georg 324–328, 330–331, 343–344, 346, 349–350, 355–356, 358, 361
Gaupp, Gustav 325
Geltner, Peter 193
Gentillet, Innozenz 314
Giano, Jordan von 280
Glassberger, Nikolaus 283
Glauberg, Johann von 75
Gosse, Ulrich 81, 83
Gräter, Friedrich David 351
Granvelle, Anton von 208, 212
Grünsleder, Ulrich 59, 75
Güldin, Samuel 372
Gutmeyer, Gregor 149

Hägin, Maria 327–328, 356
Härlin, Johann Gottfried Benjamin 345
Hall, Georg 327
Hanstein, Konrad von 195
Hartlieb, Johann 45
Hase, Heinrich 208, 212
Heiden, Claas an der 248
Heider, Valentin 324, 355–356
Helmbold, Ludwig 277
Helmsdorf, Bertold 169–170
Herting, Hans Christian 167
Hessen, Landgraf Ludwig I. von 62–63
Hessen, Landgraf Philipp von 119, 121, 175, 187, 191, 193, 254
Hessen, Landgraf Wilhelm IV. von 195
Hessen-Kassel, Landgräfin Hedwig Sophie von 297
Hessen-Rheinfels, Landgraf Ernst von 157
Hessen-Rheinfels, Landgraf Wilhelm von 157
Hessus, Eobanus 161, 163

Heysze, Valentin 173
Hieberin, Sabine 132
Hillern, Justin Heinrich von 319, 352
Hiltprändin, Margaretha 358
Hiltrop, Wirich 247, 249
Hirsch 32
Hirschhorn, Elisabeth 39
Hirtze, Kleinhans zum 98
Hisolidus, Matthäus 167
Hitler, Adolf 24
Hochmann, Johann 322–323, 353–354
Hochmann, Maria 353
Högner, Wolfgang 264, 281
Hoveln, Gotthard von 300
Hofer, Johann Baptist 345
Hogenberg, Franz 227, 298
Holzhausen, Blasius von 182–183
Holzhausen, Hamman von 182–184, 193–194
Hueber, Fortunatus 269–272, 284
Hus, Jan 43, 182
Hutten, Ulrich von 180, 183

Ibach, Hartmann 182–183, 199
Im Steinhaus, Gerlach 60, 74
Ingenhoven, Dietrich 233, 239, 248–251
Isselburg, Kaspar 236

Jegglin, Ursula 328, 357
Jergerin, Maria 328, 357
Jonas, Justus 161
Jude, Matthias 255, 257
Jülich-Kleve-Berg, Herzog Johann III. von 118–120, 227
Jülich-Kleve-Berg, Herzog Wilhelm V. von 227, 236

Kalckberner, Johann 152–153, 160
Kappel, Hermann 90–92
Karlstadt, Andreas, siehe Bodenstein, Andreas gen. Karlstadt
Katzenelnbogen, Johann Graf von 73
Katzenelnbogen, Philipp Graf von 54
Kempen, Heinrich van, Heinrich Barenbroich 225, 234, 248–250
Kerstgen, siehe Johann Nieß
Kiefer, Anna 330
Kistenmacher, Peter 32
Kling, Wilhelm 149
Klock, Gottschalk 353
Klöggel, Ulrich 329
Klopffer, Adam 317–318, 352
Knippenberg, Dietrich von der 230, 233, 250–251
Knipschild, Philipp 353

Knottenschmit, Niclaus 19
König, Samuel 372
Königstein, Wolfgang 199
Kopmann, Johannes 245
Krais, Johann Konrad 340, 357
Kroese, Johann 246–247, 251
Kronberg, Hartmut XII. von 183, 199
Kurtz, Catharina 149, 159
Kurtzrock, Johannes 232

La Varenne 34
Lamb, Hieronymus zum 202
Lammerts, Marß 241, 246, 248, 250
Laue, Johann 167
Lauingen, Mosse zu 29
Lay, Johann 355–356
Lersner, Achilles Augustus von 202
Lichtenberg, Ulrich von 79
Lindemann 169–170
Link, Wenzel 105
Löwenstein, Gumbrecht von 32
Lontzen, Johann von 213
Lützelstein, Burkard von 79
Luther, Martin 31, 101–102, 104–108, 111, 119, 126, 141, 147–148, 152, 155, 163, 169, 179–182, 191–193, 199
Luttgers, Johann 246

Mägerlin, Barbara 358
Mainz, Erzbischof Werner von Eppstein 48
Mainz, Erzbischof Konrad III. von Dhaun 62–63
Mainz, Erzbischof Albrecht von Brandenburg 179
Manderscheid-Blankenheim, Elisabeth von, siehe Essen, Äbtissin von
Mangold, Peter 81, 88
Marsteller, Johann 199
Maß, Hermann gen. Kannengießer 247–251
Mazzara, Benedetto 270–272, 284
Mecklenburg, Herzog Johann Albrecht I. von 195
Mecklenburg, Herzog Georg von 195
Medenbach, Jakob 202
Melanchthon, Philipp 101, 120, 126, 189–191
Melander, Dionysius 186, 202
Men, Gerhard 221
Merian, Matthäus 171, 207, 332
Meyenburg, Michael 161, 163–164, 170, 173
Meyer, Peter 179, 183
Michel 32
Michel, Blasius 163
Micyllus, Jakob 193–194, 202
Mintz, Mutter des Abraham 25
Mohammed 12

Molitoris, Friedrich 85–86, 88
Monstier, Arthur von 264, 267, 269, 279–281, 286
Montfort, Sibylla von, siehe Essen, Äbtissin von
Mordache 29
Moser, Johann Jacob 315, 317, 319
Mosse 30
Moudon, François 88
Mozart, Leopold 316
Mozart, Wolfgang Amadeus 316
Mühlhausen, Hermann von 252, 259–264, 266–275, 277–287, 387
Mülich, Hektor 97
Müller, Adrian 300, 313
Münster, Bischof Franz von Waldeck 117
Münster, Bischof Erich von Sachsen-Lauenburg 143
Müntzer, Thomas 14, 102–103, 107, 163, 167–169, 171, 254
Mürer, Wilhelm 241, 247

Nassau, Elisabeth von, siehe Essen, Äbtissin von
Nathan 23, 39
Nebenzahl, Hermann 60
Neckerkolb, Georg 163
Neelmann, Adolf 247
Nelman, Arndt 247
Nesen, Wilhelm 180–181, 199
Niehoff, Laurentius 247
Nieß, Heinrich 230–231
Nieß, Johann gen. Kerstgen 250–251
Nusspicker, Georg 121

Obrigheim, Hans Sure von 54
Oekolampad, Johannes 142
Oethe, Jakob 174
Öttelmon, Hans 148
Orsini, Giordano Kardinal 68
Orsini, Giovanni Kardinal 66
Oswald, Georg 316

Peltzer, Matthias 213
Peutinger, Konrad 180
Pfalz, Kurfürst Ludwig V. von der 191
Pfalz, Pfalzgraf Friedrich von der 29
Pfalz-Neumarkt, Johann von 60, 68
Pfalz-Neumarkt, Otto von 60
Pfannschmidt, Claus 169
Pfeiffer, Heinrich 14, 163–164, 166–168, 170–171, 174, 254
Pfeiffer, Herrmann 163
Pflug, Johann Baptist 339, 359
Pflummern, Christoph Friedrich von 330–331, 354, 356
Pflummern, Johann Ernst von 322
Pirckheimer, Willibald 179–180
Pisa, Bartholomäus von 267–269, 273, 280–281, 283, 286–287
Plaun, Heinrich von 67

Rabus, Ludwig 131
Raesfeld, Goswin von 248–251
Rauch, Georg Ludwig 325, 327
Rebening, Claus 87
Rebening, Heinrich 87, 89
Rebening, Nikolaus 87
Regensburg, Freiherr Ulrich von 142
Regensburg, Andreas von 53–54, 72
Reifenberg, Kuno von 62
Reiser, Friedrich 97
Reslin, Jerg 142
Rhegius, Urbanus 105
Rintfleisch 23
Rodeger 280, 282
Rohrer, Matthäus 328, 330, 357
Roisbach, Anton 149
Rollin, Anna 357
Rosenegg, Werner von 79
Roßkampff, Georg Heinrich von 36
Rothmann, Bernhard 117
Rotterdam, Erasmus 101, 140, 181
Rudolf, Johannes 83

Sachse, Johann 173
Sachsen, Kurfürst Johann Friedrich von 119, 254
Sachsen, Kurfürst Moritz von 195, 254
Sachsen, Herzog Georg von 166, 171, 175, 254
Sachsen, Herzog Johann von 167, 170
Sachsen, Herzog Heinrich von 254
Sachsen-Lauenburg, Erich von, siehe Münster, Bischof von
Sack, Siegfried 161–163
Sack, Thomas 163
Saldenberg, Heinrich 233–234, 236, 239, 247–251
Salm-Reifferscheidt, Anna Salome von, siehe Essen, Äbtissin von
Samson 27, 30
Samsonin 27
Sander, Hans 169–171
Sannel 39
Sartorius, Dietrich 183, 199
Scharpenberg, Peter 236
Schaubrot, Johann 53
Schauenburg, Graf Ernst von 310
Schele, Jürgen 247

Schenk, Elisabeth 132
Schenk, Peter d. Ä. 293
Scheuren, Eberhardt von 247
Scheurl, Christoph 107
Schilder, Johann 239
Schmeling, Johann 121, 233, 247, 250–251
Schmid, Georg 355
Schmid, Julius 335
Schmid, Konrad 98
Schoenvelt, Heinrich 85
Scholle, Heinrich 237–238
Schrick, Johann 213
Schwarzburg, Graf Günther von 68
Schwarzenberg, Walter von 44, 67, 69
Schwolgen, Johann 249
Sebander, Markus 202
Seiblin, Georg 157
Senders, Clemens 142
Sevenar, Johann von 230, 234, 239, 246–249, 251
Sickingen, Friedrich von 29
Sigmaringen, Fidelius von 335
Simons, Menno 380
Solms, Graf Johann IV. von 51
Spangenberg, Johann 163–165
Spaur, Maria Clara von, siehe Essen, Äbtissin von
Spinola, Ambrosio 152
Spon, Hermann 174–175
Sponheim, Heinrich von 51
Stalburg, Claus 180–181, 198
Staudt, Johann Melchior 159
Staupitz, Johann 105
Stauschan, Martin 173
Stecher, Georg Ludwig 344
Steffan, Hans d. J. 184
Steffan, Heinrich 202
Stegeman, Veit 170
Steinhuis, Johann 249
Stempel, Georg 297
Stöffeln, Heinrich von 44, 60, 66
Stollhofen, Bernhard 33
Straßburg, Bischof Friedrich von Blankenheim 79, 96
Straßburg, Bischof Wilhelm von Diest 79, 81
Straßburg, Bischof Wilhelm III. von 184
Strattmann, Johann 247–248
Straußenberg, Johann Wilhelm Hegelin von 327
Strussin, Kunigunde d. Ä. 83, 96–97
Strussin, Kunigunde d. J. 83, 96–97
Strussin, Metze 83, 96–97
Stümmel, Friedrich 270–272, 285–286
Sudermann, Heinrich 291
Süße, Laurentius 163–164
Sutor, Johann Jakob 147, 158

Tasche, Tonnis 246, 251
Tecklenburg, Katharina von, siehe Essen, Äbtissin von
Tevenar, Johann 239, 247, 251
Thom Norde, Brictius 119, 120
Thon Norden, Hermann 239, 247, 251
Thormann, Georg 371–372
Traibote, Nikolaus 85
Treytorrens, Nicolas de 381
Trogkenbache, Osanna 98
Tscharner-von Graffenried, Elisabeth von 380
Tuttmann, Gottfried 250–251

Urban, Jakob 202
Utenheim, Wolfgang von 142–143

Varnbüler, Nikolaus 354
Vener, Job 53
Verver, Heinrich 247
Vogeler, Johannes 306
Volkers, Mechthild 87
Volland, Christian Wilhelm 258–264, 266, 271–273, 285, 287
Volland, Johann Wilhelm 285

Waldeck, Franz von, siehe Münster, Bischof von
Weinsberg, Engelhard von 25
Weinsberg, Konrad von 28–29, 37
Weinsberg, Hermann 130
Weiß, Christian 342
Weißensee, Hermann von 280, 282
Westerburg, Gerhard 184, 200
Weyner, Ayla 98
Weyner, Kunna 98
Wickede, Gottschalk von 300
Wieland, Christoph Martin 315–317, 319–321, 327, 331, 338, 347, 349, 351–352, 358, 360
Wimpfen, Seligmann von 32
Windecke, Eberhard 46
Winterhoff, Joseph 120
Wolf 29
Wordtberg, Sebastian 250
Wuecherer, Hans 358
Württemberg, König Wilhelm I. 24
Württemberg, Herzog Eberhard III. von 329
Württemberg, Graf Eberhard IV. von 25
Württemberg, Graf Eberhard V. von 30

Zell, Georg 327
Zell, Johann Georg 359
Zwicker, Peter 95
Zwingli, Huldrych 77, 102, 104, 111, 126, 141

Die Autorinnen und Autoren

Prof. Dr. Gérald Chaix, Jg. 1947, studierte Geschichte und Erdkunde in Paris an der Sorbonne. Er wurde in Tours mit einer Arbeit über die Kölner Kartause im 16. Jahrhundert promoviert (gedruckt 1981) und habilitierte sich an der Université de Strasbourg mit einer Arbeit über das religiöse Leben in Köln in der Zeit der „Réformes" (1994). Er lehrte an der Université François Rabelais de Tours (1977–1986) und leitete dort das Centre d'études supérieures de la Renaissance (1996–2002). Im Anschluss war er als recteur d'académie in Strasbourg (2002–2008) und Nantes (2008–2013) tätig. Er ist emeritiert und derzeit Vorsitzender des Institut européen en sciences des religions (Paris, École Pratique des Hautes Études).

Prof. Dr. Werner Freitag, Jg. 1955, studierte nach einer betrieblichen Ausbildung Geschichte und Wirtschaftswissenschaften in Bielefeld und Hagen. Er arbeitete von 1986 bis 1988 als Stadtarchivar. 1989 wurde er in Bielefeld mit einer Arbeit über Marienwallfahrten promoviert und habilitierte sich dort 1995. 1996 wurde er auf die Professur für sachsen-anhaltische Landesgeschichte der Martin-Luther-Universität Halle-Wittenberg berufen. 2004 wechselte er an die Westfälische Wilhelms-Universität Münster wo er westfälische und vergleichende Landesgeschichte lehrt. Seit 2007 ist Werner Freitag Vorstand des Instituts für vergleichende Städtegeschichte, seit 2008 Hauptantragsteller im münsterischen Exzellenzcluster „Religion und Politik".

Prof. Dr. Rolf Hammel-Kiesow, Jg. 1949, studierte Geschichte, Germanistik und Politische Wissenschaft an der Universität Heidelberg und wurde bei Hermann Jakobs promoviert. Von 1978 bis 1984 war er im Amt für Vor- und Frühgeschichte der Hansestadt Lübeck, danach im Amt für Denkmalpflege tätig. Von 1993 bis zu seinem Eintritt in den Ruhestand 2016 war er Leiter der Forschungsstelle für die Geschichte der Hanse und des Ostseeraums in Lübeck und zugleich stellvertretender Leiter des Archivs der Hansestadt Lübeck. Seit 1994 lehrt er an der Universität Kiel, seit März 2008 als Honorarprofessor. Seit 2010 ist er Vorsitzender des Hansischen Geschichtsvereins. Rolf Hammel-Kiesow leitete die Erstellung der wissenschaftlichen Konzeption für das 2015 eröffnete Europäische Hansemuseum und war bis Juni 2016 dessen wissenschaftlicher Leiter.

Dr. Christian Helbich, Jg. 1980, studierte an den Universitäten Halle-Wittenberg, Swansea (Großbritannien) und Münster Geschichte bzw. Neuere und Neueste Geschichte, Kunstgeschichte und Klassische Archäologie. Nach seinem Abschluss 2007 (Magister Artium) promovierte er 2011 in Münster mit einer Arbeit über erasmische Reformkonzepte, humanistische Bildungsideale und die städtische Kirchenpolitik in Dortmund, Essen und Bielefeld im 16. Jahrhundert. Zwischen 2011 und 2013 war er wissenschaftlicher Mitarbeiter an der Westfälischen Wilhelms-Universität Münster und am Institut für vergleichende Städtegeschichte, Münster, u. a. in einem Projekt zu mittelalterlichen Königs- und Kaiserpfalzen in Westfalen. Von 2013 bis 2015 absolvierte er das Archivreferendariat am Niedersächsischen Landesarchiv (NLA) Hannover und an der Archivschule Marburg. Anschließend war er Archivbeschäftigter bzw. seit Januar 2016 Archivrat im NLA Hannover und ist seit Februar 2016 im NLA Wolfenbüttel tätig.

Dr. Hanspeter Jecker, Jg. 1954, studierte Geschichte, Deutsch und Theologie in Basel und Elkhart (USA). 1997 promovierte er in Basel mit der Dissertation „Ketzer – Rebellen – Heilige: Das Basler Täufertum von 1580–1700" (gedruckt 1998). Seit 1982 ist er Dozent für Historische Theologie und Ethik am Theologischen Seminar Bienenberg in Liestal (Schweiz). Er übernahm Gastlehraufträge im Bereich Kirchengeschichte u. a. am Centro Evangélico Menonita de Teología Asunción (San Felipe, San Lorenzo, Paraguay), am Theologisch-Diakonischen Seminar Aarau und an der Universität Bern. Seit 1991 ist er in verschiedenen Forschungsprojekten des Schweizerischen Nationalfonds zu Täufertum und radikalem Pietismus tätig. 2013 übernahm er die Leitung der Fachstelle für Geschichte und Theologie des Täufertums am Bildungszentrum Bienenberg. Hanspeter Jecker ist Präsident des Schweizerischen Vereins für Täufergeschichte.

Dr. Thomas Kirchner, Jg. 1982, studierte Geschichte, Wirtschafts- und Sozialgeschichte und Soziologie an der Rheinisch-Westfälischen Technischen Hochschule (RWTH) Aachen. Er wurde dort 2015 mit der Arbeit „Katholiken, Lutheraner und Reformierte in Aachen. Konfessionskulturen im Zusammenspiel" promoviert. Von 2008 bis 2013 war er Stipendiat der Neuman&Esser Stiftung der Familie Peters, Aachen. Seit 2013 ist er wissenschaftlicher Mitarbeiter am Lehr- und Forschungsgebiet „Geschichte der Frühen Neuzeit" der RWTH Aachen.

PD Dr. André Krischer, Jg. 1974, studierte Geschichte, Philosophie und Anglistik in Köln, Bonn und Münster. 2006 wurde er mit einer Arbeit über die Statuspolitik von Reichsstädten in der Fürstengesellschaft an der Westfälischen Wilhelms-Universität Münster (WWU) promoviert und habilitierte dort 2015 mit einer Studie über englische Hochverratsprozesse (1550–1850). Von 2005 bis 2009 war er Wissenschaftlicher Geschäftsführer des Gottfried-Wilhelm-Leibniz-Projekts „Vormoderne Verfahren" von Barbara Stollberg-Rilinger, von 2009 bis 2016 Juniorprofessor für die Geschichte Großbritanniens und des Commonwealth in Münster. 2016 wurde er als Akademischer Rat a. Z. am Historischen Seminar der WWU Leiter der Arbeitsstelle Geschichte Großbritanniens, Leiter der Teilprojekte B05 und C04 im SFB 1150 „Kulturen des Entscheidens" und Leiter des Projekts „Transkulturelle Außenbeziehungen in der Sattelzeit. Die britischen Beziehungen mit Persien und Marokko, ca. 1750–1850", gefördert von der Gerda Henkel Stiftung im Sonderprogramm „Islam, moderner Nationalstaat und transnationale Bewegung".

Prof. Dr. Klaus Krüger, Jg. 1960, studierte in Kiel Geschichte, Germanistik sowie Ur- und Frühgeschichte. Nach dem Staatsexamen 1988 in den Fächern Geschichte und Deutsch folgten die Mitarbeit am dortigen Institut für Landesforschung und Assistenzvertretungen bei Werner Paravicini, bei dem er 1994 mit einer Arbeit zum mittelalterlichen Grabmalbestand in Schleswig-Holstein promoviert wurde (gedruckt 1999). Von 1993 bis 2001 war er bei Helmut G. Walther Wissenschaftlicher Assistent am Lehrstuhl für Mittelalterliche Geschichte des Historischen Instituts der Universität Jena, wo er sich mit einer Arbeit zur Bündnispolitik der Städte in der Mark Brandenburg im 14. und 15. Jahrhundert habilitierte. Nach einer Zwischenstation als Wissenschaftlicher Mitarbeiter am Lehrstuhl für Sächsische Landesgeschichte des Historischen Seminars der Universität Leipzig ist er seit 2002 Leiter der Abteilung für Historische Hilfswissenschaften am Institut für Geschichte der Universität Halle, wo er 2009 zum außerplanmäßigen Professor ernannt wurde.

Tit. Prof. Dr. Thomas Lau, Jg. 1967, studierte an den Universitäten Basel, Freiburg im Breisgau und Dublin Geschichte und öffentliches Recht. 1999 wurde er mit einer Dissertationsschrift über „Bürgerunruhen und Bürgerprozesse in den Reichsstädten Mühlhausen und Schwäbisch Hall in der Frühen Neuzeit" an der Universität Fribourg/Freiburg (Schweiz) promoviert. 2005 habilitierte er mit der Arbeit „Stiefbrüder. Nation und Konfession in der Schweiz und in Europa (1656–1712)." Seit 2008 ist er als „Maître d'Enseignement et de Recherche" an der Universität Fribourg tätig, die ihm 2011 die Titularprofessur verlieh.

Dr. Michael Matthäus, Jg. 1967, studierte Geschichte und Germanistik an der Goethe-Universität Frankfurt am Main. Dort wurde er 2001 bei Notker Hammerstein mit der Dissertationsschrift „Hamman von Holzhausen (1467–1536). Ein Frankfurter Patrizier im Zeitalter der Reformation" promoviert (gedruckt 2002). Seit 1997 ist er Mitarbeiter am Institut für Stadtgeschichte Frankfurt am Main, seit 2016 Leiter der Alten Abteilung –Städtische Überlieferung bis 1868. An der Goethe-Universität Frankfurt hat er seit 2005 einen Lehrauftrag für Paläografie und Quellenkunde des späten Mittelalters inne.

Dr. des. Thomas T. Müller, Jg. 1974, studierte in Göttingen, Erfurt und Potsdam Mittlere und Neuere Geschichte, Ur- und Frühgeschichte, Kunstgeschichte und Archivwissenschaften. Seine Magisterprüfung legte er im Jahr 2001 bei Ernst Schubert in Göttingen ab. Von August 1999 bis November 2005 leitete er das Stadtarchiv Heilbad Heiligenstadt. Von Dezember 2005 bis Januar 2006 war er Fachreferent für Kulturgeschichte an den Mühlhäuser Museen, seit Februar 2006 ist er deren Direktor. 2016 wurde er an der Universität Hannover bei Michael Rothmann mit einer Arbeit zu Frühreformation und Bauernkrieg im Umfeld der Reichsstadt Mühlhausen promoviert (Druck in Vorbereitung). Seit 2016 ist Thomas T. Müller Vorsitzender der internationalen Thomas-Müntzer-Gesellschaft.

Prof. Dr. Dr. h. c. Wolfgang Reinhard, Jg. 1937, ist Professor emeritus für neuere Geschichte der Universität Freiburg und kooptierter Fellow des Max-Weber-Kollegs Erfurt. Er promovierte 1963, war dann zunächst im Schuldienst tätig, bevor er von 1966 bis 1973 als Forschungsstipendiat, bis 1970 in Rom, tätig war. Nach Habilitation in Freiburg 1973 war er Professor in Augsburg für Geschichte der Frühen Neuzeit (1977–1986), nach einem Ruf an die Emory University (Atlanta/USA) für Neuere und Außereuropäische Geschichte (1986–1990) und anschließend von 1990 bis 2002 für neuere Geschichte in Freiburg. Im Jahre 2001 erhielt Wolfgang Reinhard den Preis des Historischen Kollegs, 2012 das Ehrendoktorat der Universität Konstanz. Er ist Mitglied der Heidelberger Akademie der Wissenschaften und der British Academy.

Dr. des. Andrea Riotte, Jg. 1960, studierte Geschichte und Kunstgeschichte (Magister Artium) in Tübingen. 2012 wurde ihre Dissertationsschrift „*Diese so oft beseufzte Parität*. Biberach 1649–1825: Politik – Konfession – Alltag" von der Universität Tübingen angenommen (Druck in Vorbereitung). Seit 2015 ist sie als wissenschaftliche Mitarbeiterin im Forschungs- und Editionsprojekt „Der politische Wieland" des Wieland-Forschungszentrums Oßmannstedt tätig.

Prof. Dr. Christhard Schrenk, Jg. 1958, studierte Mathematik und Geschichte an der Universität Konstanz und ist promovierter Wirtschaftshistoriker. Seit 1992 leitet er als Direktor das Stadtarchiv Heilbronn. Er trat durch zahlreiche Veröffentlichungen, Vorträge und Ausstellungen insbesondere zu landesgeschichtlichen Themen an die Öffentlichkeit. Außerdem gibt er mehrere geschichtswissenschaftliche Veröffentlichungsreihen heraus. Er ist Vorstands-, Beirats- und Ausschussmitglied in verschiedenen Historischen Vereinen, Arbeitskreisen und Organisationen und Honorarprofessor an der Hochschule Heilbronn.

Dr. Andreas Willershausen, Jg. 1979, studierte Mittelalterliche Gesichte, Didaktik der Geschichte und Medienpädagogik an der Universität Augsburg. 2010 wurde er dort mit einer Dissertation über die Friedensvermittlung der Päpste von Avignon während des Hundertjährigen Krieges promoviert. In den Jahren 2010 bis 2015 war er Wissenschaftlicher Mitarbeiter an der Professur für Deutsche Landesgeschichte an der Universität Gießen. Seit 2015 ist er Akademischer Rat an der Gießener Professur für Didaktik der Geschichte. Derzeit arbeitet er an seiner spätmittelalterlichen und landesgeschichtlichen Habilitation zu den Reichsstädten der Wetterau und Nördlingen während der Hussitenkrise (1419–1430).

Dr. Helge Wittmann, Jg. 1970, studierte Geschichte, Sozialkunde und Thüringische Landesgeschichte an der Friedrich-Schiller-Universität Jena. Bei Matthias Werner in Jena promovierte er 2004 mit der Dissertationsschrift „Im Schatten der Landgrafen. Studien zur adeligen Herrschaftsbildung im hochmittelalterlichen Thüringen" (Titel der 2008 gedruckten Arbeit). Er war als Wissenschaftlicher Mitarbeiter und Kurator an mehreren kulturhistorischen Ausstellungsprojekten beteiligt. Von 2004 bis 2009 war er als Referent der Sparkassen-Kulturstiftung Hessen-Thüringen tätig. Seit Januar 2010 leitet er das Stadtarchiv Mühlhausen.

Dr. Ingrid Würth, Jg. 1978, studierte Mittelalterliche Geschichte, Alte Geschichte und Germanistik an der Friedrich-Schiller-Universität Jena und an der Università degli Studi di Siena. Bei Matthias Werner in Jena promovierte sie 2011 mit der Dissertationsschrift „Geißler in Thüringen. Die Entstehung einer spätmittelalterlichen Häresie" (Titel der 2012 gedruckten Arbeit). Von 2005 bis 2007 war sie als Wissenschaftliche Mitarbeiterin der 3. Thüringer Landesausstellung „Elisabeth von Thüringen – Eine europäische Heilige" tätig. Seit November 2009 ist sie Wissenschaftliche Mitarbeiterin am Institut für Geschichte der Martin-Luther-Universität Halle-Wittenberg.